भगवतीचरण वर्मा की सम्पूर्ण कहानियाँ

भगवतीचरण वर्मा
की
सम्पूर्ण कहानियाँ

राजकमल प्रकाशन

ISBN : 978-81-267-0597-9

मूल्य : ₹ 995

पहला संस्करण : 2002
सातवाँ संस्करण : 2024

प्रकाशक : राजकमल प्रकाशन प्रा.लि.
1-बी, नेताजी सुभाष मार्ग, दरियागंज
नई दिल्ली-110 002
शाखाएँ : अशोक राजपथ, साइंस कॉलेज के सामने, पटना-800 006
पहली मंजिल, दरबारी बिल्डिंग, महात्मा गांधी मार्ग, प्रयागराज-211 001
1, अनमोल सोराबजी संतुक लेन, धोबी तलाव, मरीन लाइंस, मुम्बई-400 002

वेबसाइट : www.rajkamalprakashan.com
ई-मेल : info@rajkamalprakashan.com

मुद्रक : विकास कंप्यूटर एंड प्रिंटर्स
ट्रॉनिका सिटी-201 102

BHAGWATI CHARAN VERMA KI SAMPURNA KAHANIYAN

भूमिका

कहानियाँ मैंने बहुत कम लिखी हैं, और जितनी लिखी हैं उतनी भी मेरे पास नहीं हैं। न जाने कितनी छपी हुई कहानियाँ खो गईं—यानी वह पुरानी पत्र-पत्रिकाओं की फाइलों में कहीं दबी पड़ी होंगी। तो उनका उद्धार करना मेरे वश में नहीं है।

मेरे मित्रों और हितैषियों का मुझ पर यह आरोप है कि मैं अपने प्रति बहुत अधिक गैर-जिम्मेदार हूँ। उनकी बात का मैं प्रतिवाद नहीं करूँगा। शायद वे अपने इस कथन में सही हैं। लेकिन मैं करूँ क्या, मैं अपने से विवश हूँ।

बात यह हुई कि बचपन में ही मेरे सिर पर पारिवारिक जिम्मेदारियों का बोझ आ पड़ा। पिता की मृत्यु तब हुई जब मैं पाँच वर्ष का था, जब मैं सोलह वर्ष का था, मेरे चाचा की भी मृत्यु हो गई। घर में विधवा माँ, विधवा चाची और छोटे-छोटे सगे-चचेरे भाई-बहन ! सिर पर किसी तरह का नियन्त्रण नहीं, न कोई राह दिखानेवाला, न कोई सहारा देनेवाला। तो दूसरों के प्रति जिम्मेदारियों के विरोध में मैं अपने प्रति अपनी जिम्मेदारी छोड़ बैठा हूँ।

जो कहानियाँ मैंने लिखी हैं वे कुछ लोगों को बेहद पसन्द आई हैं। अधिकांश में जो कहानियाँ अभी मेरे लिए मौजूद हैं, वे इधर-उधर बिखरी पड़ी हैं। उपन्यासों को अपना क्षेत्र बना लेने के कारण कहानी एक तरह से उपेक्षित रह गई है मेरे लिए।

तो मैं अपनी समस्त कहानियों का यह संग्रह प्रस्तुत कर रहा हूँ ताकि ये कहानियाँ आपका मनोरंजन कर सकें। इन कहानियों के संग्रह को प्रकाशित करके मैं अपने प्रति गैर-जिम्मेदारी के आरोप से जो ऊपर उठ रहा हूँ वह केवल इसलिए कि मुझे अपने पाठकों के प्रति अपनी जिम्मेदारी निभानी है, और दूसरों के प्रति जिम्मेदारी निभाना मैंने हमेशा से अपने जीवन का परम कर्त्तव्य समझा है।

—भगवतीचरण वर्मा

['मेरी कहानियाँ' (1971) में प्रकाशित भूमिका]

अनुक्रम

भगवतीचरण वर्मा
की
सम्पूर्ण कहानियाँ

प्रायश्चित

अगर कबरी बिल्ली घर-भर में किसी से प्रेम करती थी, तो रामू की बहू से, और अगर रामू की बहू घर-भर में किसी से घृणा करती थी, तो कबरी बिल्ली से। रामू की बहू, दो महीने हुए मायके से प्रथम बार ससुराल आई थी, पति की प्यारी और सास की दुलारी, चौदह वर्ष की बालिका। भंडार-घर की चाभी उसकी करधनी में लटकने लगी, नौकरों पर उसका हुक्म चलने लगा, और रामू की बहू घर में सब कुछ। सासजी ने माला ली और पूजा-पाठ में मन लगाया।

लेकिन ठहरी चौदह वर्ष की बालिका, कभी भंडार-घर खुला है, तो कभी भंडार-घर में बैठे-बैठे सो गई। कबरी बिल्ली को मौका मिला, घी-दूध पर अब वह जुट गई। रामू की बहू की जान आफत में और कबरी बिल्ली के छक्के पंजे। रामू की बहू हाँडी में घी रखते-रखते ऊँघ गई और बचा हुआ घी कबरी के पेट में। रामू की बहू दूध ढककर मिसरानी को जिंस देने गई और दूध नदारद। अगर बात यह यहीं तक रह जाती, तो भी बुरा न था, कबरी रामू की बहू से कुछ ऐसा परच गई थी कि रामू की बहू के लिए खाना-पीना दुश्वार। रामू की बहू के कमरे में रबड़ी से भरी कटोरी पहुँची और रामू जब आए तब कटोरी साफ चटी हुई। बाजार से बालाई आई और जब तक रामू की बहू ने पान लगाया बालाई गायब।

रामू की बहू ने तय कर लिया कि या तो वही घर में रहेगी या फिर कबरी बिल्ली ही। मोर्चाबन्दी हो गई, और दोनों सतर्क। बिल्ली फँसाने का कठघरा आया, उसमें दूध मलाई, चूहे, और भी बिल्ली को स्वादिष्ट लगनेवाले विविध प्रकार के व्यंजन रखे गए, लेकिन बिल्ली ने उधर निगाह तक न डाली। इधर कबरी ने सरगर्मी दिखलाई। अभी तक तो वह रामू की बहू से डरती थी; पर अब वह साथ लग गई, लेकिन इतने फासिले पर कि रामू की बहू उस पर हाथ न लगा सके।

कबरी के हौसले बढ़ जाने से रामू की बहू को घर में रहना मुश्किल हो गया। उसे मिलती थीं सास की मीठी झिड़कियाँ और पतिदेव को मिलता था रूखा-सूखा भोजन।

एक दिन रामू की बहू ने रामू के लिए खीर बनाई। पिस्ता, बादाम, मखाने और तरह-तरह के मेवे दूध में औटाए गए, सोने का वर्क चिपकाया गया और खीर से भरकर कटोरा कमरे के एक ऐसे ऊँचे ताक पर रखा गया, जहाँ बिल्ली न पहुँच सके। रामू की बहू इसके बाद पान लगाने में लग गई।

उधर बिल्ली कमरे में आई, ताक के नीचे खड़े होकर उसने ऊपर कटोरे की ओर देखा, सूँघा, माल अच्छा है, ताक की ऊँचाई अन्दाजी और रामू की बहू पान लगा रही है। पान लगाकर रामू की बहू सासजी को पान देने चली गई और कबरी ने छलाँग मारी, पंजा कटोरे में लगा और कटोरा झनझनाहट की आवाज के साथ फर्श पर।

आवाज रामू की बहू के कान में पहुँची, सास के सामने पान फेंककर वह दौड़ी, क्या देखती है कि फूल का कटोरा टुकड़े-टुकड़े, खीर फर्श पर और बिल्ली डटकर खीर उड़ा रही है। रामू की बहू को देखते ही कबरी चम्पत।

रामू की बहू पर खून सवार हो गया, न रहे बाँस, न बजे बाँसुरी, राम की बहू ने कबरी की हत्या पर कमर कस ली। रात-भर उसे नींद न आई, किस दाँव से कबरी पर वार किया जाए कि फिर जिन्दा न बचे, यही पड़े-पड़े सोचती रही। सुबह हुई और वह देखती है कि कबरी देहरी पर बैठी बड़े प्रेम से उसे देख रही है।

रामू की बहू ने कुछ सोचा, इसके बाद मुस्कुराती हुई वह उठी, कबरी रामू की बहू के उठते ही खिसक गई। रामू की बहू एक कटोरा दूध कमरे के दरवाजे की देहरी पर रखकर चली गई। हाथ में पाटा लेकर वह लौटी तो देखती है कि कबरी दूध पर जुटी हुई है। मौका हाथ में आ गया, सारा बल लगाकर पाटा उसने बिल्ली पर पटक दिया। कबरी न हिली, न डुली, न चीखी, न चिल्लाई, बस एकदम उलट गई।

आवाज जो हुई तो महरी झाड़ू छोड़कर, मिसरानी रसोई छोड़कर और सास पूजा छोड़कर घटनास्थल पर उपस्थित हो गईं। रामू की बहू सर झुकाए हुए अपराधिनी की भाँति बातें सुन रही है।

महरी बोली—"अरे राम ! बिल्ली तो मर गई, माँजी, बिल्ली की हत्या बहू से हो गई, यह तो बुरा हुआ।"

मिसरानी बोली—"माँजी, बिल्ली की हत्या और आदमी की हत्या बराबर है, हम तो रसोई न बनावेंगी, जब तक बहू के सिर हत्या रहेगी।"

सासजी बोलीं—"हाँ, ठीक तो कहती हो, अब जब तक बहू के सर से हत्या न उतर जाए, तब तक न कोई पानी पी सकता है, न खाना खा सकता है। बहू, यह क्या कर डाला ?"

महरी ने कहा—"फिर क्या हो, कहो तो पंडितजी को बुलाय लाई।"

सास की जान-में-जान आई—"अरे हाँ, जल्दी दौड़ के पंडितजी को बुला लो।"

बिल्ली की हत्या की खबर बिजली की तरह पड़ोस में फैल गई—पड़ोस की औरतों का रामू के घर ताँता बँध गया। चारों तरफ से प्रश्नों की बौछार और रामू की बहू सिर झुकाए बैठी।

पंडित परमसुख को जब यह खबर मिली, उस समय वे पूजा कर रहे थे। खबर पाते ही वे उठ पड़े—पंडिताइन से मुस्कुराते हुए बोले—"भोजन न बनाना, लाला घासीराम की पतोहू ने बिल्ली मार डाली, प्रायश्चित होगा, पकवानों पर हाथ लगेगा।"

पंडित परमसुख चौबे छोटे और मोटे से आदमी थे। लम्बाई चार फीट दस इंच

और तोंद का घेरा अट्ठावन इंच। चेहरा गोल-मटोल, मूँछ बड़ी-बड़ी, रंग गोरा, चोटी कमर तक पहुँचती हुई।

कहा जाता है कि मथुरा में जब पंसेरी खुराकवाले पंडितों को ढूँढ़ा जाता था, तो पंडित परमसुखजी को उस लिस्ट में प्रथम स्थान दिया जाता था।

पंडित परमसुख पहुँचे और कोरम पूरा हुआ। पंचायत बैठी—सासजी, मिसरानी, किसनू की माँ, छन्नू की दादी और पंडित परमसुख। बाकी स्त्रियाँ बहू से सहानुभूति प्रकट कर रही थीं।

किसनू की माँ ने कहा—"पंडितजी, बिल्ली की हत्या करने से कौन नरक मिलता है ?"

पंडित परमसुख ने पत्रा देखते हुए कहा—"बिल्ली की हत्या अकेले से तो नरक का नाम नहीं बतलाया जा सकता, वह महूरत भी जब मालूम हो, जब बिल्ली की हत्या हुई, तब नरक का पता लग सकता है।"

"यही कोई सात बजे सुबह"—मिसरानीजी ने कहा।

पंडित परमसुख ने पत्रे के पन्ने उलटे, अक्षरों पर उँगलियाँ चलाईं, मत्थे पर हाथ लगाया और कुछ सोचा। चेहरे पर धुँधलापन आया, माथे पर बल पड़े, नाक कुछ सिकुड़ी और स्वर गम्भीर हो गया—"हरे कृष्ण ! हरे कृष्ण ! बड़ा बुरा हुआ, प्रातःकाल ब्रह्म-मुहूर्त में बिल्ली की हत्या ! घोर कुम्भीपाक नरक का विधान है ! रामू की माँ, यह तो बड़ा बुरा हुआ।"

रामू की माँ की आँखों में आँसू आ गए—"तो फिर पंडितजी, अब क्या होगा, आप ही बतलाएँ !"

पंडित परमसुख मुस्कुराए—"रामू की माँ, चिन्ता की कौन सी बात है, हम पुरोहित फिर कौन दिन के लिए हैं ? शास्त्रों में प्रायश्चित का विधान है, सो प्रायश्चित से सब कुछ ठीक हो जाएगा।"

रामू की माँ ने कहा—"पंडितजी, इसीलिए तो आपको बुलवाया था, अब आगे बतलाओ कि क्या किया जाए !"

"किया क्या जाए, यही एक सोने की बिल्ली बनवाकर बहू से दान करवा दी जाय। जब तक बिल्ली न दे दी जाएगी, तब तक तो घर अपवित्र रहेगा। बिल्ली दान देने के बाद इक्कीस दिन का पाठ हो जाए।"

छन्नू की दादी बोली—"हाँ और क्या, पंडितजी ठीक तो कहते हैं, बिल्ली अभी दान दे दी जाय और पाठ फिर हो जाय।"

रामू की माँ ने कहा—"तो पंडितजी, कितने तोले की बिल्ली बनवाई जाय ?"

पंडित परमसुख मुस्कुराए, अपनी तोंद पर हाथ फेरते हुए उन्होंने कहा—"बिल्ली कितने तोले की बनवाई जाय ? अरे रामू की माँ, शास्त्रों में तो लिखा है कि बिल्ली के वजन-भर सोने की बिल्ली बनवाई जाय; लेकिन अब कलियुग आ गया है, धर्म-कर्म का नाश हो गया है, श्रद्धा नहीं रही। सो रामू की माँ, बिल्ली के तौल-भर की बिल्ली तो

क्या बनेगी, क्योंकि बिल्ली बीस-इक्कीस सेर से कम की क्या होगी। हाँ, कम-से-कम इक्कीस तोले की बिल्ली बनवा के दान करवा दो, और आगे तो अपनी-अपनी श्रद्धा !''

रामू की माँ ने आँखें फाड़कर पंडित परमसुख को देखा—''अरे बाप रे, इक्कीस तोला सोना ! पंडितजी यह तो बहुत है, तोला-भर की बिल्ली से काम न निकलेगा ?''

पंडित परमसुख हँस पड़े—''रामू की माँ ! एक तोला सोने की बिल्ली ! अरे रुपया का लोभ बहू से बढ़ गया ? बहू के सिर बड़ा पाप है, इसमें इतना लोभ ठीक नहीं !''

मोल-तोल शुरू हुआ और मामला ग्यारह तोले की बिल्ली पर ठीक हो गया।

इसके बाद पूजा-पाठ की बात आई। पंडित परमसुख ने कहा—''उसमें क्या मुश्किल है, हम लोग किस दिन के लिए हैं, रामू की माँ, मैं पाठ कर दिया करूँगा, पूजा की सामग्री आप हमारे घर भिजवा देना।''

''पूजा का सामान कितना लगेगा ?''

''अरे, कम-से-कम सामान में हम पूजा कर देंगे, दान के लिए करीब दस मन गेहूँ, एक मन चावल, एक मन दाल, मन-भर तिल, पाँच मन जौ और पाँच मन चना, चार पंसेरी घी और मन-भर नमक भी लगेगा। बस, इतने से काम चल जाएगा।''

''अरे बाप रे, इतना सामान ! पंडितजी इसमें तो सौ-डेढ़ सौ रुपया खर्च हो जाएगा''—रामू की माँ ने रुआँसी होकर कहा।

''फिर इससे कम में तो काम न चलेगा। बिल्ली की हत्या कितना बड़ा पाप है, रामू की माँ ! खर्च को देखते वक्त पहले बहू के पाप को तो देख लो ! यह तो प्रायश्चित है, कोई हँसी-खेल थोड़े ही है—और जैसी जिसकी मरजादा ! प्रायश्चित में उसे वैसा खर्च भी करना पड़ता है। आप लोग कोई ऐसे-वैसे थोड़े हैं, अरे सौ-डेढ़ सौ रुपया आप लोगों के हाथ का मैल है।''

पंडित परमसुख की बात से पंच प्रभावित हुए, किसनू की माँ ने कहा—''पंडितजी ठीक तो कहते हैं, बिल्ली की हत्या कोई ऐसा-वैसा पाप तो है नहीं—बड़े पाप के लिए बड़ा खर्च भी चाहिए।''

छन्नू की दादी ने कहा—''और नहीं तो क्या, दान-पुन्न से ही पाप कटते हैं—दान-पुन्न में किफायत ठीक नहीं।''

मिसरानी ने कहा—''और फिर माँजी आप लोग बड़े आदमी ठहरे। इतना खर्च कौन आप लोगों को अखरेगा।''

रामू की माँ ने अपने चारों ओर देखा—सभी पंच पंडितजी के साथ। पंडित परमसुख मुस्कुरा रहे थे। उन्होंने कहा—''रामू की माँ ! एक तरफ तो बहू के लिए कुम्भीपाक नरक है और दूसरी तरफ तुम्हारे जिम्मे थोड़ा सा खर्चा है। सो उससे मुँह न मोड़ो।''

एक ठंडी साँस लेते हुए रामू की माँ ने कहा—''अब तो जो नाच नचाओगे नाचना ही पड़ेगा।''

पंडित परमसुख जरा कुछ बिगड़कर बोले—''रामू की माँ ! यह तो खुशी की बात

है–अगर तुम्हें यह अखरता है तो न करो, मैं चला''–इतना कहकर पंडितजी ने पोथी-पत्रा बटोरा।

''अरे पंडितजी–रामू की माँ को कुछ नहीं अखरता–बेचारी को कितना दुख है–बिगड़ो न !''–मिसरानी, छन्नू की दादी और किसनू की माँ ने एक स्वर में कहा।

रामू की माँ ने पंडितजी के पैर पकड़े–और पंडितजी ने अब जमकर आसन जमाया।

''और क्या हो ?''

''इक्कीस दिन के पाठ के इक्कीस रुपए और इक्कीस दिन तक दोनों बखत पाँच-पाँच ब्राह्मणों को भोजन करवाना पड़ेगा,'' कुछ रुककर पंडित परमसुख ने कहा–''सो इसकी चिन्ता न करो, मैं अकेले दोनों समय भोजन कर लूँगा और मेरे अकेले भोजन करने से पाँच ब्राह्मण के भोजन का फल मिल जाएगा।''

''यह तो पंडितजी ठीक कहते हैं, पंडितजी की तोंद तो देखो !'' मिसरानी ने मुस्कुराते हुए पंडितजी पर व्यंग्य किया।

''अच्छा तो फिर प्रायश्चित्त का प्रबन्ध करवाओ, रामू की माँ ग्यारह तोला सोना निकालो, मैं उसकी बिल्ली बनवा लाऊँ–दो घंटे में मैं बनवाकर लौटूँगा, तब तक सब पूजा का प्रबन्ध कर रखो–और देखो पूजा के लिए...''

पंडितजी की बात खतम भी न हुई थी कि महरी हाँफती हुई कमरे में घुस आई और सब लोग चौंक उठे। रामू की माँ ने घबराकर कहा–''अरी क्या हुआ री ?''

महरी ने लड़खड़ाते स्वर में कहा–''माँजी, बिल्ली तो उठकर भाग गई !''

दो बाँके

शायद ही कोई ऐसा अभागा हो जिसने लखनऊ का नाम न सुना हो; और युक्तप्रान्त में ही नहीं, बल्कि सारे हिन्दुस्तान में, और मैं तो यहाँ तक कहने को तैयार हूँ कि सारी दुनिया में लखनऊ की शोहरत है। लखनऊ के सफेदा आम, लखनऊ के खरबूजे, लखनऊ की रेवड़ियाँ—ये सब ऐसी चीजें हैं जिन्हें लखनऊ से लौटते समय लोग सौगात की तौर पर साथ ले जाया करते हैं, लेकिन कुछ ऐसी भी चीजें हैं जो साथ नहीं ले जाई जा सकतीं, और उनमें लखनऊ की जिन्दादिली और लखनऊ की नफासत विशेष रूप से आती हैं।

ये तो वे चीजें हैं, जिन्हें देशी और परदेशी सभी जान सकते हैं, पर कुछ ऐसी भी चीजें हैं जिन्हें कुछ लखनऊवाले तक नहीं जानते, और अगर परदेसियों को इनका पता लग जाए, तो समझिए कि उन परदेसियों के भाग खुल गए। इन्हीं विशेष चीजों में आते हैं लखनऊ के 'बाँके'।

'बाँके' शब्द हिन्दी का है या उर्दू का, यह विवादग्रस्त विषय हो सकता है, और हिन्दीवालों का कहना है—इन हिन्दीवालों में मैं भी हूँ—कि यह शब्द संस्कृत के 'बंकिम' शब्द से निकला है; पर यह मानना पड़ेगा कि जहाँ 'बंकिम' शब्द में कुछ गम्भीरता है, कभी-कभी कुछ तीखापन झलकने लगता है, वहाँ 'बाँके' शब्द में एक अजीब बाँकापन है। अगर जवान बाँका-तिरछा न हुआ, तो आप निश्चय समझ लें कि उसकी जवानी की कोई सार्थकता नहीं। अगर चितवन बाँकी नहीं, तो आँख का फोड़ लेना अच्छा है; बाँकी अदा और बाँकी झाँकी के बिना जिन्दगी सूनी हो जाए। मेरे खयाल से अगर दुनिया से बाँका शब्द उठ जाए, तो कुछ दिलचले लोग खुदकुशी करने पर आमादा हो जाएँगे। और इसीलिए मैं तो यहाँ तक कहूँगा कि लखनऊ बाँका शहर है, और इस बाँके शहर में कुछ बाँके रहते हैं, जिनमें गजब का बाँकपन है। यहाँ पर आप लोग शायद झल्लाकर यह पूछेंगे—"म्याँ, यह 'बाँके' है क्या बला ? कहते क्यों नहीं ?" और मैं उत्तर दूँगा कि आप में सब्र नहीं; अगर इन बाँकों की एक बाँकी भूमिका नहीं हुई, तो फिर कहानी किस तरह बाँकी हो सकती है !

हाँ, तो लखनऊ में रईस हैं, तवायफें हैं और इन दोनों के साथ शोहदे भी हैं। बकौल लखनऊवालों के, ये शोहदे ऐसे-वैसे नहीं हैं। ये लखनऊ की नाक हैं। लखनऊ की सारी बहादुरी के ये ठीकेदार हैं और ये जान ले लेने तथा दे देने पर आमादा रहते

हैं। अगर लखनऊ से ये शोहदे हटा दिए जाएँ, तो लोगों का यह कहना, 'अजी, लखनऊ तो जनानों का शहर है।' सोलह आने सच्चा उतर जांए।

जनाब, इन्हीं शोहदों के सरगनों को लखनऊवाले 'बाँके' कहते हैं। शाम के वक्त तहमत पहने हुए और कसरती बदन पर जालीदार बनियान पहनकर उसके ऊपर बूटेदार चिकन का कुरता डाटे हुए जब ये निकलते हैं, तब लोग-बाग बड़ी हसरत की निगाहों से उन्हें देखते हैं। उस वक्त इनके पट्टेदार बालों में करीब आध पाव चमेली का तेल पड़ा रहता है, कान में इत्र की अनगिनती फुरहरियाँ खुँसी रहती हैं और एक बेले का गजरा गले में तथा एक हाथ की कलाई पर रहता है। फिर ये अकेले भी नहीं निकलते, इनके साथ शागिर्द-शोहदों का जलूस रहता है, एक-से-एक बोलियाँ बोलते हुए, फबतियाँ कसते हुए और शेखियाँ हाँकते हुए। उन्हें देखने के लिए एक हजूम उमड़ पड़ता है।

तो उस दिन मुझे अमीनाबाद से नखखास जाना था। पास में पैसे कम थे; इसलिए जब एक नवाब साहब ने आवाज दी, 'नखखास' तो मैं उचककर उनके इक्के पर बैठ गया। यहाँ यह बतला देना बेजा न होगा कि लखनऊ के इक्केवालों में तीन-चौथाई शाही खानदान के हैं, और यही उनकी बदकिस्मती है कि उनका वसीका बन्द या कम कर दिया गया, और उन्हें इक्का हाँकना पड़ रहा है।

इक्का नखखास की तरफ चला और मैंने मियाँ इक्केवाले से कहा–"कहिए नवाब साहब ! खाने-पीने भर को तो पैदा कर लेते हैं ?"

इस सवाल का पूछा जाना था कि नवाब साहब के उद्गारों के बाँध का टूट पड़ना था। बड़े करुण स्वर में बोले–"क्या बतलाऊँ हुजूर, अपनी क्या हालत है, कह नहीं सकता ! खुदा जो कुछ दिखलाएगा, देखूँगा ! एक दिन थे जब हम लोगों के बुजुर्ग हुकूमत करते थे। ऐशोआराम की जिन्दगी बसर करते थे; लेकिन आज हमें–उन्हीं की औलाद को–भूखों मरने की नौबत आ गई। और हुजूर, अब पेशे में कुछ रह नहीं गया। पहले तो ताँगे चले, जी को समझाया-बुझाया, म्याँ, अपनी-अपनी किस्मत ! मैं भी ताँगा ले लूँगा, यह तो वक्त की बात है, मुझे भी फायदा होगा; लेकिन क्या बतलाऊँ हुजूर, हालत दिनोदिन बिगड़ती ही गई। अब देखिए, मोटरों-पर-मोटरें चल रही हैं। भला बतलाइए हुजूर, जो सुख इक्के की सवारी में है, वह भला ताँगे या मोटर में मिलने का ? ताँगे में पालथी मारकर आराम से बैठ नहीं सकते। जाते उत्तर की तरफ हैं, मुँह दक्खिन की तरफ रहता है। अजी साहब, हिन्दुओं में मुरदा उलटे सिर ले जाया जाता है, लेकिन ताँगे में लोग जिन्दा ही उलटे सिर चलते हैं और जरा गौर फरमाइए ! ये मोटरें शैतान की तरह चलती हैं, वह बला की धूल उड़ाती हैं कि इंसान अन्धा हो जाय। मैं तो कहता हूँ कि बिना जानवर के आप चलनेवाली सवारी से दूर ही रहना चाहिए, उसमें शैतान का फेर है।"

इक्केवाले नवाब और न जाने क्या-क्या कहते, अगर वे 'या अली !' के नारे से चौंक न उठते।

सामने क्या देखते हैं कि एक आलम उमड़ रहा है। इक्का रकाबगंज के पुल के

पास पहुँचकर रुक गया।

एक अजीब समाँ था। रकाबगंज के पुल के दोनों तरफ करीब पन्द्रह हजार की भीड़ थी; लेकिन पुल पर एक आदमी नहीं। पुल के एक किनारे करीब पचीस शोहदे लाठी लिये हुए खड़े थे, और दूसरे किनारे भी उतने ही। एक खास बात और थी कि पुल के एक सिरे पर सड़क के बीचोबीच एक चारपाई रक्खी थी, और दूसरे सिरे पर भी सड़क के बीचोबीच दूसरी। बीच-बीच में रुक-रुककर दोनों ओर से 'या अली !' के नारे लगते थे।

मैंने इक्केवाले से पूछा—"क्यों म्याँ, क्या मामला है ?"

म्याँ इक्केवाले ने एक तमाशाई से पूछकर बतलाया—"हुजूर, आज दो बाँकों में लड़ाई होनेवाली है, उसी लड़ाई को देखने के लिए यह भीड़ इकट्ठी है।"

मैंने फिर पूछा—"यह क्यों ?"

म्याँ इक्केवाले ने जवाब दिया—"हुजूर, पुल के इस पार के शोहदों का सरगना एक बाँका है और उस पार के शोहदों का सरगना दूसरा बाँका। कल इस पार के एक शोहदे से पुल के उस पार के दूसरे शोहदे का कुछ झगड़ा हो गया और उस झगड़े में कुछ मार-पीट हो गई। इस फिसाद पर दोनों बाँकों में कुछ कहा-सुनी हुई और उस कहा-सुनी में-ही मैदान बद दिया गया।"

चुप होकर मैं उधर देखने लगा। एकाएक मैंने पूछा—"लेकिन ये चारपाइयाँ क्यों आई हैं ?"

"अरे हुजूर ! इन बाँकों की लड़ाई कोई ऐसी-वैसी थोड़ी ही होगी; इसमें खून बहेगा और लड़ाई तब तक खत्म न होगी, जब तक एक बाँका खत्म न हो जाय। आज तो एक-आध लाश गिरेगी। ये चारपाइयाँ उन बाँकों की लाश उठाने आई हैं। दोनों बाँके अपने बीवी-बच्चों से रुखसत लेकर और कर्बला के लिए तैयार होकर आवेंगे।"

इसी समय दोनों ओर से 'या अली !' की एक बहुत बुलन्द आवाज उठी। मैंने देखा कि पुल के दोनों तरफ हाथ में लाठी लिये हुए दोनों बाँके आ गए। तमाशाइयों में एक सकता सा छा गया; सब लोग चुप हो गए।

पुल के इस पारवाले बाँके ने कड़ककर दूसरे पारवाले बाँके से कहा—"उस्ताद !"

और दूसरे पारवाले बाँके ने कड़ककर उत्तर दिया—"उस्ताद !"

पुल के इस पारवाले बाँके ने कहा—"उस्ताद, आज खून हो जायगा, खून !"

पुल के उस पारवाले बाँके ने कहा—"उस्ताद, आज लाशें गिर जाएँगी, लाशें !"

पुल के इस पारवाले बाँके ने कहा—"उस्ताद, आज कहर हो जायगा, कहर !"

पुल के उस पारवाले बाँके ने कहा—"उस्ताद, आज कयामत बरपा हो जाएगी, कयामत !"

चारों ओर एक गहरा सन्नाटा फैला था। लोगों के दिल धड़क रहे थे, भीड़ बढ़ती ही जा रही थी।

पुल के इस पारवाले बाँके ने लाठी का एक हाथ घुमाकर एक कदम बढ़ते हुए

कहा—"तो फिर उस्ताद होशियार !"

पुल के इस पारवाले बाँके के शागिर्दों ने गगन-भेदी स्वर में नारा लगाया—"या अली !"

पुल के उस पारवाले बाँके ने लाठी का एक हाथ घुमाकर एक कदम बढ़ाते हुए कहा, "तो फिर उस्ताद सँभलना !"

पुल के उस पारवाले बाँके के शागिर्दों ने गगन-भेदी स्वर में नारा लगाया—"या अली !"

दोनों तरफ के दोनों बाँके, कदम-ब-कदम लाठी के हाथ दिखलाते हुए तथा एक-दूसरे को ललकारते आगे बढ़ रहे थे, दोनों तरफ के बाँकों के शागिर्द हर कदम पर 'या अली !' के नारे लगा रहे थे, और दोनों तरफ के तमाशाइयों के हृदय उत्सुकता, कौतूहल तथा इन बाँकों की वीरता के प्रदर्शन के कारण धड़क रहे थे।

पुल के बीचोबीच, एक-दूसरे से दो कदम की दूरी पर दोनों बाँके रुके। दोनों ने एक-दूसरे को थोड़ी देर गौर से देखा। फिर दोनों बाँकों की लाठियाँ उठीं, और दाहिने हाथ से बाएँ हाथ में चली गईं।

इस पारवाले बाँके ने कहा—"फिर उस्ताद !"

उस पारवाले बाँके ने कहा—"फिर उस्ताद !"

इस पारवाले बाँके ने अपना हाथ बढ़ाया, और उस पारवाले बाँके ने अपना हाथ बढ़ाया। और दोनों के पंजे गुँथ गए।

दोनों बाँकों के शागिर्दों ने नारा लगाया—"या अली !"

फिर क्या था ! दोनों बाँके जोर लगा रहे हैं; पंजा टस-से-मस नहीं हो रहा है। दस मिनट तक तमाशबीन सकते की हालत में खड़े रहे।

इतने में इस पारवाले बाँके ने कहा—"उस्ताद, गजब के कस हैं !"

उस पारवाले बाँके ने कहा—"उस्ताद, बला का जोर है !"

इस पारवाले बाँके ने कहा—"उस्ताद, अभी तक मैंने समझा था कि मेरे मुकाबिले का लखनऊ में कोई दूसरा नहीं है।"

उस पारवाले बाँके ने कहा—"उस्ताद, आज कहीं जाकर मुझे अपनी जोड़ का जवाँ मर्द मिला !"

इस पारवाले बाँके ने कहा—"उस्ताद, तबीयत नहीं होती कि तुम्हारे जैसे बहादुर आदमी का खून करूँ !"

उस पारवाले बाँके ने कहा—"उस्ताद, तबीयत नहीं होती कि तुम्हारे जैसे शेरदिल आदमी की लाश गिराऊँ !"

थोड़ी देर के लिए दोनों मौन हो गए; पंजा गुँथा हुआ, टस-से-मस नहीं हो रहा है।

इस पारवाले बाँके ने कहा—"उस्ताद, झगड़ा किस बात का है ?"

उस पारवाले बाँके ने कहा—"उस्ताद, यही सवाल मेरे सामने है !"

इस पारवाले बाँके ने कहा—"उस्ताद, पुल के इस तरफ के हिस्से का मालिक मैं !"

उस पारवाले बाँके ने कहा—"उस्ताद, पुल के इस तरफ के हिस्से का मालिक मैं !"

और दोनों ने एक साथ कहा—"पुल की दूसरी तरफ से न हमें कोई मतलब है और न हमारे शागिर्दों को !"

दोनों के हाथ ढीले पड़े, दोनों ने एक-दूसरे को सलाम किया और फिर दोनों घूम पड़े। छाती फुलाए हुए दोनों बाँके अपने शागिर्दों से आ मिले। बिजली की तरह यह खबर फैल गई कि दोनों बराबर की जोड़ छूटे और उनमें सुलह हो गई।

इक्केवाले को पैसे देकर मैं वहाँ से पैदल ही लौट पड़ा क्योंकि देर हो जाने के कारण नखास जाना बेकार था।

इस पारवाला बाँका अपने शागिर्दों से घिरा चल रहा था। शागिर्द कह रहे थे—"उस्ताद, इस वक्त बड़ी समझदारी से काम लिया, वरना आज लाशें गिर जातीं।"—"उस्ताद हम सब-के-सब अपनी-अपनी जान दे देते !"—"लेकिन उस्ताद, गजब के कस हैं।"

इतने में किसी ने बाँके से कहा—"मुला स्वाँग खूब भर्‌यो !"

बाँके ने देखा कि एक लम्बा और तगड़ा देहाती, जिसके हाथ में एक भारी सा लट्‌ठ है, सामने खड़ा मुस्कुरा रहा है।

उस वक्त बाँके खून का घूँट पीकर रह गए। उन्होंने सोचा—एक बाँका दूसरे बाँके से ही लड़ सकता है, देहातियों से उलझना उसे शोभा नहीं देता।

और शागिर्द भी खून का घूँट पीकर रह गए। उन्होंने सोचा—भला उस्ताद की मौजूदगी में उन्हें हाथ उठाने का कोई हक भी है ?

मुगलों ने सल्तनत बख्श दी

हीरोजी को आप नहीं जानते, और यह दुर्भाग्य की बात है। इसका यह अर्थ नहीं कि केवल आपका दुर्भाग्य है, दुर्भाग्य हीरोजी का भी है। कारण, वह बड़ा सीधा-सादा है। यदि आपका हीरोजी से परिचय हो जाए, तो आप निश्चय समझ लें कि आपका संसार के एक बहुत बड़े विद्वान् से परिचय हो गया। हीरोजी को जाननेवालों में अधिकांश का मत है कि हीरोजी पहले जन्म में विक्रमादित्य के नव-रत्नों में एक अवश्य रहे होंगे और अपने किसी पाप के कारण उनको इस जन्म में हीरोजी की योनि प्राप्त हुई। अगर हीरोजी का आपसे परिचय हो जाय, तो आप यह समझ लीजिए कि उन्हें एक मनुष्य अधिक मिल गया, जो उन्हें अपने शौक में प्रसन्नतापूर्वक एक हिस्सा दे सके।

हीरोजी ने दुनिया देखी है। यहाँ यह जान लेना ठीक होगा कि हीरोजी की दुनिया मौज और मस्ती की ही बनी है। शराबियों के साथ बैठकर उन्होंने शराब पीने की बाजी लगाई है और हरदम जीते हैं। अफीम के आदी नहीं हैं; पर अगर मिल जाय तो इतनी खा लेते हैं, जितनी से एक खानदान का खानदान स्वर्ग की या नरक की यात्रा कर सके। भंग पीते हैं तब तक, जब तक उनका पेट न भर जाय। चरस और गाँजे के लोभ में साधु बनते-बनते बच गए। एक बार एक आदमी ने उन्हें संखिया खिला दी थी, इस आशा से कि संसार एक पापी के भार से मुक्त हो जाय; पर दूसरे ही दिन हीरोजी उसके यहाँ पहुँचे। हँसते हुए उन्होंने कहा—यार, कल का नशा नशा था। रामदुहाई, अगर आज भी वह नशा करवा देते, तो तुम्हें आशीर्वाद देता। लेकिन उस आदमी के पास संखिया मौजूद न थी।

हीरोजी के दर्शन प्रायः चाय की दूकान पर हुआ करते हैं। जो पहुँचता है, वह हीरोजी को एक प्याला चाय का अवश्य पिलाता है। उस दिन जब हम लोग चाय पीने पहुँचे, तो हीरोजी एक कोने में आँखें बन्द किए हुए बैठे कुछ सोच रहे थे। हम लोगों में बातें शुरू हो गईं, और हरिजन-आन्दोलन से घूमते-फिरते बात आ पहुँची दानवराज बलि पर। पंडित गोवर्धन शास्त्री ने आमलेट का टुकड़ा मुँह में डालते हुए कहा—"भाई, यह तो कलियुग है। न किसी में दीन है, न ईमान। कौड़ी-कौड़ी पर लोग बेईमानी करने लग गए हैं। अरे, अब तो लिखकर भी लोग मुकर जाते हैं। एक युग था, जब दानव तक अपने वचन निभाते थे, सुरों और नरों की तो बात ही छोड़ दीजिए। दानवराज बलि ने वचनबद्ध होकर सारी पृथ्वी दान कर दी थी। पृथ्वी ही काहे को, स्वयं अपने

को भी दान कर दिया था।"

हीरोजी चौंक उठे। खाँसकर उन्होंने कहा—"क्या बात है ? जरा फिर से तो कहना !"

सब लोग हीरोजी की ओर घूम पड़े। कोई नई बात सुनने को मिलेगी, इस आशा से मनोहर ने शास्त्रीजी के शब्दों को दोहराने का कष्ट उठाया—"हीरोजी ! ये गोवर्धन शास्त्री जो हैं, सो कह रहे हैं कि कलियुग में धर्म-कर्म सब लोप हो गया। त्रेता में तो दैत्यराज बलि तक ने अपना सब कुछ केवल वचनबद्ध होकर दान दिया था।"

हीरोजी हँस पड़े—"हाँ, तो यह गोवर्धन शास्त्री कहनेवाले हुए और तुम लोग सुननेवाले, ठीक ही है। लेकिन हमसे सुनो, यह तो कह रहे हैं त्रेता की बात, अरे, तब तो अकेले बलि ने ऐसा कर दिया था; लेकिन मैं कहता हूँ कलियुग की बात। कलियुग में तो एक आदमी की कही हुई बात को उसकी सात-आठ पीढ़ी तक निभाती गई और यद्यपि वह पीढ़ी स्वयं नष्ट हो गई, लेकिन उसने अपना वचन नहीं तोड़ा।"

हम लोग आश्चर्य में पड़ गए। हीरोजी की बात समझ में नहीं आई, पूछना पड़ा—"हीरोजी, कलियुग में किसने इस प्रकार अपने वचनों का पालन किया है ?"

"लौंडे हो न !" हीरोजी ने मुँह बनाते हुए कहा—"जानते हो मुगलों की सल्तनत कैसे गई ?"

"हाँ, अँगरेजों ने उनसे छीन ली।"

"तभी तो कहता हूँ कि तुम सब लोग लौंडे हो। स्कूली किताबों को रट-रट कर बन गए पढ़े-लिखे आदमी। अरे, मुगलों ने अपनी सल्तनत अँगरेजों को बख्श दी।"

हीरोजी ने यह कौन सा नया इतिहास बनाया ? आँखें कुछ अधिक खुल गईं। कान खड़े हो गए। मैंने कहा—"सो कैसे ?"

"अच्छा तो फिर सुनो !" हीरोजी ने आरम्भ किया—"जानते हो शाहंशाह शाहजहाँ की लड़की शाहजादी रौशनआरा एक दफे बीमार पड़ी थी, और उसे एक अँगरेज डॉक्टर ने अच्छा किया था। उस डॉक्टर को शाहंशाह शाहजहाँ ने हिन्दुस्तान में तिजारत करने के लिए कलकत्ते में कोठी बनाने की इजाजत दे दी थी।"

"हाँ, यह तो हम लोगों ने पढ़ा है।"

" लेकिन असल बात यह है कि शाहजादी रौशनआरा—वही शाहंशाह शाहजहाँ की लड़की—हाँ, वही शाहजादी रौशनआरा एक दफे जल गई। अधिक नहीं जली थी। अरे, हाथ में थोड़ा सा जल गई थी, लेकिन जल तो गई थी और थी शाहजादी। बड़े-बड़े हकीम और वैद्य बुलाए गए। इलाज किया गया; लेकिन शाहजादी को कोई अच्छा न कर सका—न कर सका। और शाहजादी को भला अच्छा कौन कर सकता था ? वह शाहजादी थी न ! सब लोग लगाते थे लेप, और लेप लगाने से होती थी जलन। और तुरन्त शाहजादी ने धुलवा डाला उस लेप को। भला शाहजादी को रोकनेवाला कौन था। अब शाहंशाह सलामत को फिक्र हुई ! लेकिन शाहजादी अच्छी हो तो कैसे ? वहाँ तो दवा असर करने ही न पाती थी।

" उन्हीं दिनों एक अँगरेज घूमता-घामता दिल्ली आया। दुनिया देखे हुए, घाट-घाट का पानी पिए हुए पूरा चालाक और मक्कार ! उसको शाहजादी की बीमारी की खबर लग गई। नौकरों को घूस देकर उसने पूरा हाल दरियाफ्त किया। उसे मालूम हो गया कि शाहजादी जलन की वजह से दवा धुलवा डाला करती है। सीधे शाहंशाह सलामत के पास पहुँचा। कहा कि डॉक्टर हूँ। शाहजादी का इलाज उसने अपने हाथ में ले लिया। उसने शाहजादी के हाथ में एक दवा लगाई। उस दवा से जलन होना तो दूर रहा, उलटे जले हुए हाथ में ठंडक पहुँची। अब भला शाहजादी उस दवा को क्यों धुलवाती। हाथ अच्छा हो गया। जानते हो वह दवा क्या थी ?" हम लोगों की ओर भेदभरी दृष्टि डालते हुए हीरोजी ने पूछा।

"भाई, हम दवा क्या जानें ?" कृष्णानन्द ने कहा।

"तभी तो कहते हैं कि इतना पढ़-लिखकर भी तुम्हें तमीज न आई। अरे वह दवा थी वेसलीन—वही वेसलीन, जिसका आज घर-घर में प्रचार है।"

"वेसलीन ! लेकिन वेसलीन तो दवा नहीं होती," मनोहर ने कहा।

हीरोजी सँभलकर बैठ गए। फिर बोले—" कौन कहता है कि वेसलीन दवा होती है ? अरे, उसने हाथ में लगा दी वेसलीन और घाव आप-ही-आप अच्छा हो गया। वह अँगरेज बन बैठा डॉक्टर—और उसका नाम हो गया। शाहंशाह शाहजहाँ बड़े प्रसन्न हुए। उन्होंने उस फिरंगी डॉक्टर से कहा—'माँगो।' उस फिरंगी ने कहा—'हुजूर, मैं इस दवा को हिन्दुस्तान में रायज करना चाहता हूँ, इसलिए हुजूर, मुझे हिन्दुस्तान में तिजारत करने की इजाजत दे दें।'—बादशाह सलामत ने जब यह सुना कि डॉक्टर हिन्दुस्तान में इस दवा का प्रचार करना चाहता है, तो बड़े प्रसन्न हुए। उन्होंने कहा—'मंजूर ! और कुछ माँगो।' तब उस चालाक डॉक्टर ने जानते हो क्या माँगा ? उसने कहा—'हुजूर, मैं एक तम्बू तानना चाहता हूँ, जिसके नीचे इस दवा के पीपे इकट्ठे किए जावेंगे। जहाँपनाह यह फरमा दें कि उस तम्बू के नीचे जितनी जमीन आवेगी, वह जहाँपनाह ने फिरंगियों को बख्श दी।' शाहंशाह शाहजहाँ थे सीधे-सादे आदमी, उन्होंने सोचा, तम्बू के नीचे भला कितनी जगह आवेगी। उन्होंने कह दिया 'मंजूर।'

" हाँ तो शाहंशाह शाहजहाँ थे सीधे-सादे आदमी, छल-कपट उन्हें आता न था। और वह अँगरेज था दुनिया देखे हुए। सात समुद्र पार करके हिन्दुस्तान आया था न ! पहुँचा विलायत, वहाँ उसने बनवाया रबड़ का एक बहुत बड़ा तम्बू और जहाज पर तम्बू लदवाकर चल दिया हिन्दुस्तान। कलकत्ते में उसने वह तम्बू लगवा दिया। वह तम्बू कितना ऊँचा था, इसका अन्दाज आप नहीं लगा सकते। उस तम्बू का रंग नीला था। तो जनाब वह तम्बू लगा कलकत्ते में, और विलायत से पीपे-पर-पीपे लद-लदकर आने लगे। उन पीपों में वेसलीन की जगह भरा था एक-एक अँगरेज जवान, मय बन्दूक और तलवार के। सब पीपे तम्बू के नीचे रखवा दिए गए। जैसे-जैसे पीपे जमीन घेरने लगे, वैसे-वैसे तम्बू को बढ़ा-बढ़ाकर जमीन घेर दी गई। तम्बू तो रबड़ का था न, जितना बढ़ाया, बढ़ गया। अब जनाब तम्बू पहुँचा प्लासी। तुम लोगों ने पढ़ा होगा कि प्लासी

का युद्ध हुआ था। अरे सब झूठ है। असल में तम्बू बढ़ते-बढ़ते प्लासी पहुँचा था, और उस वक्त मुगल बादशाह का हरकारा दौड़ा था दिल्ली। बस यह कह दिया गया कि प्लासी की लड़ाई हुई। जी हाँ, उस वक्त दिल्ली में शाहंशाह शाहजहाँ की तीसरी या चौथी पीढ़ी सल्तनत कर रही थी। हरकारा जब दिल्ली पहुँचा, उस वक्त बादशाह सलामत की सवारी निकल रही थी। हरकारा घबराया हुआ था। वह इन फिरंगियों की चालों से हैरान था। उसने मौका देखा न महल, वहीं सड़क पर खड़े होकर उसने चिल्लाकर कहा—'जहाँपनाह, गजब हो गया। ये बदतमीज फिरंगी अपना तम्बू प्लासी तक खींच लाए हैं, और चूँकि कलकत्ते से प्लासी तक की जमीन तम्बू के नीचे आ गई है, इसलिए इन फिरंगियों ने उस जमीन पर कब्जा कर लिया है। जो इनको मना किया तो इन बदतमीजों ने शाही फरमान दिखा दिया।' बादशाह सलामत की सवारी रुक गई थी। उन्हें बुरा लगा। उन्होंने हरकारे से कहा—'म्याँ हरकारे, मैं कर ही क्या सकता हूँ। जहाँ तक फिरंगियों का तम्बू घिर जाय, वहाँ तक की जगह उनकी हो गई, हमारे बुजुर्ग यह कह गए हैं।' बेचारा हरकारा अपना सा मुँह लेकर वापस आ गया।

"हरकारा लौटा और इन फिरंगियों का तम्बू बढ़ा। अभी तक तो आते थे पीपों में आदमी, अब आने लगा तरह-तरह का सामान। हिन्दुस्तान का व्यापार फिरंगियों ने अपने हाथ में ले लिया। तम्बू बढ़ता ही रहा और पहुँच गया बक्सर। इधर तम्बू बढ़ा और उधर लोगों की घबराहट बढ़ी। यह जो किताबों में लिखा है कि बक्सर की लड़ाई हुई, यह गलत है भाई, जब तम्बू बक्सर पहुँचा, तो फिर हरकारा दौड़ा।

"अब जरा बादशाह सलामत की बात सुनिए। वह जनाब दीवान खास में तशरीफ रख रहे थे। उनके सामने सैकड़ों, बल्कि हजारों मुसाहब बैठे थे। बादशाह सलामत हुक्का गुड़गुड़ा रहे थे—सामने एक साहब जो शायद शायर थे, कुछ गा-गाकर पढ़ रहे थे और कुछ मुसाहब गला फाड़-फाड़कर 'वाह-वाह' चिल्ला रहे थे। कुछ लोग तीतर और बटेर लड़ा रहे थे। हरकारा जो पहुँचा तो यह सब बन्द हो गया। बादशाह सलामत ने पूछा—'म्याँ हरकारे, क्या हुआ—इतने घबराए हुए क्यों हो ?' हाँफते हुए हरकारे ने कहा—'जहाँपनाह, इन बदजात फिरंगियों ने अन्धेर मचा रखा है। वह अपना तम्बू बक्सर खींच लाए।' बादशाह सलामत को बड़ा ताज्जुब हुआ। उन्होंने अपने मुसाहबों से पूछा—'म्याँ, हरकारा कहता कि फिरंगी अपना तम्बू कलकत्ते से बक्सर तक खींच लाए। यह कैसे मुमकिन है ?' इस पर एक मुसाहब ने कहा—"जहाँपनाह, ये फिरंगी जादू जानते हैं, जादू !'—दूसरे ने कहा—'जहाँपनाह, इन फिरंगियों ने जिन्नात पाल रखे हैं—जिन्नात सब कुछ कर सकते हैं।' बादशाह सलामत की समझ में कुछ नहीं आया। उन्होंने हरकारे से कहा—"म्याँ हरकारे, तुम बतलाओ यह तम्बू किस तरह बढ़ आया।' हरकारे ने समझाया कि तम्बू रबड़ का है। इस पर बादशाह सलामत बड़े खुश हुए। उन्होंने कहा—"ये फिरंगी भी बड़े चालाक हैं, पूरे अकल के पुतले हैं।' इस पर सब मुसाहबों ने एक स्वर में कहा—'इसमें क्या शक है, जहाँपनाह बजा फरमाते हैं।' बादशाह सलामत मुस्कुराए—'अरे भाई, किसी चोबदार को भेजो, जो इन फिरंगियों के सरदार को बुला

लावे। मैं उसे खिलअत दूँगा।' सब मुसाहब कह उठे—'वल्लाह ! जहाँपनाह एक ही दरियादिल हैं—इस फिरंगी सरदार को जरूर खिलअत देनी चाहिए।' हरकारा घबराया। वह आया था शिकायत करने, यहाँ बादशाह सलामत फिरंगी सरदार को खिलअत देने पर आमादा थे। वह चिल्ला उठा—'जहाँपनाह ! इन फिरंगियों ने जहाँपनाह की सल्तनत का एक बहुत बड़ा हिस्सा अपने तम्बू के नीचे करके उस पर कब्जा कर लिया है। जहाँपनाह, ये फिरंगी जहाँपनाह की सल्तनत छीनने पर आमादा दिखाई देते हैं।' मुसाहब चिल्ला उठे—'ऐ, ऐसा गजब।' बादशाह सलामत की मुस्कुराहट गायब हो गई। थोड़ी देर तक सोचकर उन्होंने कहा—'मैं क्या कर सकता हूँ ? हमारे बुजुर्ग इन फिरंगियों को उतनी जगह दे गए हैं, जितनी तम्बू के नीचे आ सके। भला मैं उसमें कर ही क्या सकता हूँ। हाँ, फिरंगी सरदार को खिलअत न दूँगा।' इतना कहकर बादशाह सलामत फिरंगियों की चालाकी अपनी बेगमात से बतलाने के लिए हरम में अन्दर चले गए। हरकारा बेचारा चुपचाप लौट आया।

"जनाब ! उस तम्बू ने बढ़ना जारी रखा। एक दिन क्या देखते हैं कि विश्वनाथपुरी काशी के ऊपर वह तम्बू तन गया। अब तो लोगों में भगदड़ मच गई। उन दिनों राजा चेतसिंह बनारस की देखभाल करते थे। उन्होंने उसी वक्त बादशाह सलामत के पास हरकारा दौड़ाया। वह दीवान-खास में हाजिर किया गया। हरकारे ने बादशाह सलामत से अर्ज की कि वह तम्बू बनारस पहुँच गया है और तेजी के साथ दिल्ली की तरफ आ रहा है। बादशाह सलामत चौंक उठे। उन्होंने हरकारे ने कहा—'तो म्याँ हरकारे, तुम्हीं बतलाओ, क्या किया जाय ?' वहाँ बैठे हुए दो-एक उमराओं ने कहा—'जहाँपनाह, एक बड़ी फौज भेजकर इन फिरंगियों का तम्बू छोटा करवा दिया जाय और कलकत्ते भेज दिया जाय। हम लोग जाकर लड़ने को तैयार हैं। जहाँपनाह का हुक्म भर हो जाय। इस तम्बू की क्या हकीकत है, एक मर्तबा आसमान को भी छोटा कर दें।' बादशाह सलामत ने कुछ सोचा, फिर उन्होंने कहा—'क्या बतलाऊँ, हमारे बुजुर्ग शाहंशाह शाहजहाँ इन फिरंगियों को तम्बू के नीचे जितनी जगह आ जाय, वह बख्श गए हैं। बख्शीशनामा की रूह से हम लोग कुछ नहीं कर सकते। आप जानते हैं, हम लोग अमीर तैमूर की औलाद हैं। एक दफा जो जबान दे दी वह दे दी। तम्बू का छोटा कराना तो गैरमुमकिन है। हाँ, कोई ऐसी हिकमत निकाली जाय, जिससे ये फिरंगी अपना तम्बू आगे न बढ़ा सकें। इसके लिए दरबारआम किया जाय और यह मसला वहाँ पेश हो।'

"इधर दिल्ली में तो यह बातचीत हो रही थी और उधर इन फिरंगियों का तम्बू इलाहाबाद, इटावा ढकता हुआ आगरे पहुँचा। दूसरा हरकारा दौड़ा। उसने कहा—'जहाँपनाह, वह तम्बू आगरे तक बढ़ आया है। अगर अब भी कुछ नहीं किया जाता, तो ये फिरंगी दिल्ली पर भी अपना तम्बू तानकर कब्जा कर लेंगे।' बादशाह सलामत घबराए—दरबारआम किया गया। सब अमीर-उमरा इकट्ठा हो गए तो बादशाह सलामत ने कहा—'आज हमारे सामने एक अहम मसला पेश है। आप लोग जानते हैं कि हमारे बुजुर्ग शाहंशाह शाहजहाँ ने फिरंगियों को इतनी जमीन बख्श दी थी, जितनी उनके तम्बू के नीचे आ सके। इन्होंने

अपना तम्बू कलकत्ते में लगवाया था; लेकिन वह तम्बू है रबड़ का, और धीरे-धीरे ये लोग तम्बू आगरे तक खींच लाए। हमारे बुजुर्गों से जब यह कहा गया, तब उन्होंने कुछ करना मुनासिब न समझा; क्योंकि शाहंशाह शाहजहाँ अपना कौल हार चुके हैं। हम लोग अमीर तैमूर की औलाद हैं और अपने कौल के पक्के हैं। अब आप लोग बतलाइए, क्या किया जाए।' अमीरों और मंसबदारों ने कहा—'हमें इन फिरंगियों से लड़ना चाहिए और इनको सजा देनी चाहिए। इनका तम्बू छोटा करवाकर कलकत्ते भिजवा देना चाहिए।' बादशाह सलामत ने कहा—'लेकिन हम अमीर तैमूर की औलाद हैं। हमारा कौल टूटता है।' इसी समय तीसरा हरकारा हाँफता हुआ बिना इत्तला कराए ही दरबार में घुस आया। उसने कहा—'जहाँपनाह, वह तम्बू दिल्ली पहुँच गया। वह देखिए, किले तक आ पहुँचा।' सब लोगों ने देखा। वास्तव में हजारों गोरे खाकी वर्दी पहने और हथियारों से लैस, बाजा बजाते हुए तम्बू को किले की तरफ खींचते हुए आ रहे थे। उस वक्त बादशाह सलामत उठ खड़े हुए। उन्होंने कहा—'हमने तय कर लिया। हम अमीर तैमूर की औलाद हैं। हमारे बुजुर्गों ने जो कुछ कह दिया, वही होगा। उन्होंने तम्बू के नीचे की जगह फिरंगियों को बख्श दी थी। अब अगर दिल्ली भी उस तम्बू के नीचे आ रही है, तो आवे ! मुगल सल्तनत जाती है, तो जाय, लेकिन दुनिया यह देख ले कि अमीर तैमूर की औलाद हमेशा अपने कौल की पक्की रही है,'—इतना कहकर बादशाह सलामत मय अपने अमीर-उमरावों के दिल्ली के बाहर हो गए और दिल्ली पर अँगरेजों का कब्जा हो गया। अब आप लोग देख सकते हैं, इस कलियुग में भी मुगलों ने अपनी सल्तनत बख्श दी।''

हम सब लोग थोड़ी देर तक चुप रहे। इसके बाद मैंने कहा—''हीरोजी, एक प्याला चाय और पियो।''

हीरोजी बोल उठे—''इतनी अच्छी कहानी सुनाने के बाद भी एक प्याला चाय ? अरे, महुवे के ठर्रे का एक अद्धा तो हो जाता।''

तिजारत का नया तरीका

मुंशी उल्फतराय के शराब के नशे में तिमंजिले से उड़ने की कोशिश करने पर वहाँ से गिरकर मर जाने की सूचना तार द्वारा जिस समय उनके एकमात्र सुपुत्र तथा उत्तराधिकारी मुंशी खुशबख्तराय उर्फ मिस्टर के. राय के पास आई उस समय वे एक एंग्लो-इंडियन गर्ल के कारण एक टामी से पिटने के बाद अस्पताल से मरहम-पट्टी करवाकर अपने कमरे में दर्द से कराह रहे थे।

इतवार का दिन था। मैं अपने मित्रों के साथ बैठा हुआ ब्रिज खेल रहा था। नौकर ने आकर इत्तला दी कि मिस्टर के. राय ने मुझे सलाम भेजा है, और, मुझे उठना ही पड़ा। वहाँ से उठना कुछ अखरा अवश्य; पर करता क्या, खुशबख्तराय मेरे सबसे घनिष्ठ मित्र थे।

मुझे देखते ही खुशबख्तराय ने तार मेरे सामने फेंक दिया। तार मैंने पढ़ा, मुख कुछ गम्भीर हो गया, स्वर कुछ भारी; मैंने कहा—"अरे ! दोस्त, मुझे सख्त अफसोस है।"

एक हल्की मुस्कुराहट खुशबख्तराय के मुख पर आई—"अफसोस की कोई ऐसी खास बात तो नहीं है। जो होना था वही हुआ; आखिर बाबूजी को मरना तो था ही, बीमार होकर महीनों चारपाई पर कराह कर तिल-तिल कर मरने की जगह कुछ क्षणों में ही उनके प्राण निकल गए, यह उनके लिए ही अच्छा हुआ।"

मैंने कहा—"यह तो ठीक है; पर तुम अनाथ हो गए—सारा उत्तरदायित्व अब तुम्हारे ऊपर आ पड़ा। पिता की मृत्यु तो लड़के के लिए बहुत बड़ी विपत्ति है।"

पर खुशबख्तराय पर उसका भी कोई असर न हुआ—"ठीक कहते हो; पर किया क्या जाय। आखिर एक दिन तो घर का उत्तरदायित्व मुझ पर आना ही था—कल की जगह वह आज मुझ पर आ गया। और देखो सुरेश, उत्तरदायित्व एक अयोग्य आदमी से उतरकर योग्य आदमी पर आ गया है, यह भी कुछ बुरा नहीं है।"

खुशबख्तराय ने जो कुछ कहा, उसमें सत्य का कुछ अंश अवश्य था। मुंशी उल्फतराय ने अपने पिता से दो गाँव सोलह आने, एक बड़ी हवेली, एक फिटन और पन्द्रह हजार रुपए नकद पाए थे। अपने बीस वर्ष के शासनकाल में उनके दोनों गाँव बिक गए थे, पन्द्रह हजार रुपया उड़ गया था तथा फिटन टूट गई थी। पर मुझे इसमें शक था कि उल्फतराय और खुशबख्तराय इन दोनों में अधिक योग्य कौन है।

मैं एक कुर्सी पर बैठ गया सर झुकाए हुए—उसी तरह जिस तरह कोई भी

मातमपुर्सी करनेवाला बैठता है। थोड़ी देर तक चुप रहने के बाद खुशबख्तराय ने कहा—"भाई सुरेश, मैं समझता हूँ कि मुझे घर जाना चाहिए। और तुम देखते हो कि मैं उठने के काबिल नहीं हूँ—इसीलिए तुम्हें बुलाया है कि तुम मेरे घर तक मुझे पहुँचा दो।"

यह बात मेरी समझ में जरा कम आई, मैंने कहा—"भाई, देखो यूनिवर्सिटी का अभी बहुत काम-काज करना है, फिर आज शाम को मिस...का डांस है और कल लोफर्स मनलाइट में बोटिंग क्लब की बैठक है और परसों है—हाँ, स्टेशन तक चलकर तुम्हें गाड़ी पर लाद अवश्य दूँगा।"

पर खुशबख्तराय को उस समय तुलसीदास की एक चौपाई याद आ गई, जो मैंने उनसे दस रुपए माँगने के समय—ये दस रुपए मैं ब्रिज में हारा था और अगर उसी समय मैं न दे देता तो मेरी इज्जत जाती रहती, और दुर्भाग्यवश मेरे पास रुपए थे नहीं—उनको सुनाई थी और जिसको सुनते ही उन्होंने दस रुपए का नोट मुझे दे दिया था। उन्होंने मेरे ही स्वर में चौपाई पढ़ी :

धीरज धर्म मित्र अरु नारी,
आपत काल परखिए चारी।

इस चौपाई को सुनते ही मैं निरुत्तर हो गया। मुझे उनके साथ उनके घर तक जाना ही पड़ा।

मुंशी उल्फतराय की बीवी अथवा यों कहिए कि मिस्टर के. राय की माता का देहान्त बहुत दिन पहले हो चुका था, और खुशबख्तराय की बीवी अपने मायके में थी। घर में मुंशी उल्फतराय की मृत्यु पर रोनेवालों में सिवा एक चमारिन के, जिसको पाँच वर्ष पहले मुंशी उल्फतराय ने घर में डाल लिया था, और कोई न था, और वह चमारिन भी मुंशी उल्फतराय की मृत्यु पर रो रही थी, या उस घर से अपने निकाले जाने की आशंका पर रो रही थी, यह कहना कठिन है।

मैं दूसरे दिन सुबह ही लौट आया और अपने काम-काज में लग गया। हाँ, खुशबख्तराय की अनुपस्थिति मुझे ही क्या, हम लोगों की पार्टी को बुरी तरह अखर रही थी : पर करते क्या, मजबूरी थी। इतना निश्चय था कि तेरह दिन तक वे किसी तरह नहीं आ सकते।

और तेरह दिन भी बीत गए। मुंशी खुशबख्तराय तो नहीं आए। उनका एक पत्र अवश्य आया। उसमें उन्होंने लिखा था कि जायदाद का हिसाब वें समझ रहे हैं, अभी कुछ दिन घर में और ठहरना होगा।

यह घटना जनवरी की थी। फरवरी आई और निकल गई, मार्च आया और निकल गया। एम.ए. की परीक्षा शुरू होनेवाली थी, हम लोगों की पढ़ाई-लिखाई जोरों पर थी। एक दिन क्या देखते हैं कि मिस्टर के. राय का ताँगा बोर्डिंग के फाटक पर रुका। दौड़ कर हम लोगों ने उनका स्वागत किया, बहुत दिनों से बिछुड़े हुए मित्र गले मिले।

सुचित्त होकर जब मिस्टर खुशबख्तराय बैठे, तब मैंने उनसे पूछा—"कहो भाई, क्या

इस साल परीक्षा देने का विचार नहीं है ?''

"नहीं।"

"क्यों ?''

खुशबख्तराय मुस्कुराए—"परीक्षा देकर क्या करूँगा ? एम.ए. पास करके कौन सी नौकरी मेरे वास्ते रखी है ? चालीस-पचास रुपए की क्लर्की से तो भूखे मरना अच्छा है।''

"तो फिर करोगे क्या ?''

एक अजीब शान के साथ मिस्टर खुशबख्तराय ने अपनी जेब से अपना पर्स निकालकर अपने सामने रख लिया—"हम करेंगे क्या ? तिजारत जनाब जो हवेली मेरे बालिद साहब ने मेरे वास्ते छोड़ी थी, वह भी कर्ज से लदी हुई थी। बीस हजार में मैंने वह बेच दी। बीस हजार में से दस हजार तो कर्जवाले ले गए—और दस हजार में से पाँच हजार मेरी बीवी ले गई। रह गए पाँच हजार, सो जनाब वह मेरे पर्स में हैं, तिजारत करने निकला हूँ !''

थोड़ी देर तक चुप रहकर उन्होंने फिर कहा—"और सुरेश, तिजारत से ही आदमी अमीर हो सकता है। नौकरी करके आप करोड़पति नहीं बन सकते—तिजारत करो। और हम पढ़े-लिखे लोग तिजारत करना नहीं चाहते। इसीलिए तो बेकारी बढ़ रही है। फिर मैं कहता हूँ कि अगर ये निरक्षर मारवाड़ी लाखों रुपए तिजारत से पैदा कर सकते हैं, तो मैं क्यों नहीं इसमें सफल हो सकता, जब कि मैं काफी शिक्षित हूँ।''

और तीसरे दिन मिस्टर खुशबख्तराय कलकत्ता के लिए रवाना हो गए।

एम.ए. पास करके मैंने वकालत पढ़ना आरम्भ किया। एक वर्ष बीत गया; पर मिस्टर खुशबख्तराय का कोई पता न चला। पहले तो कुछ दिनों तक पत्र-व्यवहार हुआ और अन्तिम सूचना मुझे यह मिली थी कि उन्होंने किसी विदेशी फर्म की एजेंसी ले ली। इसके बाद क्या हुआ, यह मुझे मालूम न था; पर उसे जानने को मैं बड़ा उत्सुक था।

और फिर एक दिन मिस्टर खुशबख्तराय लदे-फँदे होस्टल पहुँचे। उन्हें देखते ही मैं उछल पड़ा। नौकर से उनका सामान मैंने अपने कमरे में रखवाया। इस बार मिस्टर खुशबख्तराय कुछ अधिक तन्दुरुस्त थे। कपड़े अधिक कीमती और बिल्कुल अप-टू-डेट थे। मुख पर ललाई थी और आँखों में चमक और मैंने समझ लिया कि मिस्टर खुशबख्तराय व्यापार में फले-फूले हैं।

दिन-भर गपबाजी होती रही। रात के समय एकान्त में हम दोनों अपने सुख-दुख की बातें करने बैठे। मैंने पूछा—"कहो भाई, कलकत्ता में कैसी बीत रही है ?''

मिस्टर खुशबख्तराय का मुख उतर गया—"यार, कलकत्ता तो छोड़ आया !''

"अरे !'' आश्चर्य से मैंने पूछा।

"हाँ, दुनिया बड़ी बेईमान है और कलकत्ता तो बेईमानों का घर है। एक आदमी के साझे में एजेंसी ली थी। एजेंसी का काम-काज यह देखता था और मैं जरा कलकत्ता

की रंगत देखने में लग गया। साल-भर बाद उसने जब हिसाब-किताब बताया, तो मालूम हुआ कि आठ हजार रुपया का घाटा आया। उस आठ हजार में चार हजार मेरे और चार हजार उसके थे। अब वह बोला कि चार हजार और दो तो काम चले और मेरे पास तुम जानते ही हो कि कुल पाँच हजार रुपए थे।''

''यार यह तो बुरा हुआ,'' मैंने गम्भीर होकर कहा।

खुशबख्तराय मुस्कुराए—''ऐसा कोई बुरा भी नहीं हुआ। साला बेईमानी कर गया; क्योंकि वह अकेले अब एजेंसी लिये हुए है। लेकिन इससे क्या, मैं यह जान गया हूँ कि दुनिया में किसी पर विश्वास नहीं करना चाहिए। कुछ सीखा ही। अब जो व्यापार करूँगा उसमें मेरा अनुभव मेरी सहायता करेगा।''

''लेकिन तुम्हारे पास रुपया कहाँ है, जो तुम व्यापार करोगे ?'' अपनी मुस्कुराहट दबाते हुए मैंने पूछा। खुशबख्तराय का मुख उतर गया—''हाँ, यार यह तो ठीक कहते हो।'' पर एकाएक मुख खिल उठा, ''अरे अभी एक हजार तो मेरे पास हैं—कोई छोटा काम आरम्भ करूँगा—वह बढ़ते-बढ़ते बड़ा काम हो जाएगा।''

फिर यह सोचा गया कि खुशबख्तराय अब कौन काम करें, किसी निर्णय पर हम नहीं पहुँच सके। एकाएक खुशबख्तराय कुर्सी से उछल पड़े—''आ गया, एकबारगी अच्छा काम समझ में आ गया ! क्यों, यूनिवर्सिटी में रेस्तराँ क्यों न खोलें।'' और रेस्तराँ खुल गया बड़ी शान से। ओपनिंग सेरीमनी में दावत हुई, गाना-बजाना हुआ और बड़े जलसे रहे। महीने-भर के अन्दर ही रेस्तराँ चल निकला।

मैंने वकालत पास की और अपने घर चला गया। मिस्टर खुशबख्तराय का रेस्तराँ जोरों के साथ चल रहा था और मुझे प्रसन्नता यह थी कि साल-भर के अन्दर ही वे अपने काम में सफल हुए; पर कनवोकेशन के समय जब मैं आया तब अचानक एक अजीब दृश्य देखने को मिला।

मिस्टर खुशबख्तराय के रेस्तराँ के सामने भीड़ लगी थी। भीतर मिस्टर खुशबख्तराय उदास बैठे थे और उनको घेरे खड़े थे पाँच-छह आदमी बही व एकाउंट-बुक के साथ। बाहर एक आदमी डुग्गी बजा रहा था और भीतर दो नौकर दूकान का सामान हटा रहे थे।

मुझे देखते ही मिस्टर खुशबख्तराय की जान-में-जान आई। तपाक के साथ वे उठे, मुझे उन्होंने कुर्सी पर बैठाया। मैंने पूछा—''यह क्या है ?''

मिस्टर खुशबख्तराय का स्वर दृढ़ हो गया—''है क्या ? वे लोग सब-के-सब बेईमान। इतना कहा कि भाई, अपना हिसाब-किताब ठीक बनाओ, लेकिन मानते ही नहीं। दूना और चौगुना तो हिसाब बनाए हुए हैं, और मेरा रुपया उधार में फँसा है। भला बतलाओ मैं दूँ तो कहाँ से ? अब आए हैं दूकान नीलाम करवाने, ले जाएँ साले, क्या लेंगे, कुछ चीनी के और कुछ टीन के बर्तन ! यही न ! और चलो—तुम अच्छे आ गए, मैं तो यहाँ से जाने ही वाला था। यह दूकान है सो लो, क्रेडिटबुक है सो लो और भुगतो बाबा, मैं बाज आया।'' और यह कहते हुए उन्होंने शान से अपना हैट

लगाया और मेरा हाथ पकड़े हुए दूकान के बाहर आ गए।

मैं उनके घर आ गया, वहाँ बैठकर मैंने उनसे बातें कीं। अपनी सारी कथा आदि से अन्त तक उन्होंने मुझे सुना डाली। किस प्रकार यूनिवर्सिटी के लड़कों ने उनको दाम नहीं दिए, किस प्रकार उन्होंने मुरौवत में रुपयों का तकाजा नहीं किया। किस प्रकार उन पर मुकदमे चले, किस प्रकार उन पर डिगरियाँ हुईं और किस प्रकार उनकी दूकान कुर्क हुई।

"अब क्या करोगे ?" मैंने पूछा।

कुछ सोचकर उन्होंने कहा—"अबकी बार ऐसा व्यापार करूँगा, जिसमें मुझे घाटा हो ही नहीं सकता।"

"ऐसा कौन सा व्यापार है ?"

"यह न पूछो। बस इतना जानना काफी है कि व्यापार करूँगा, नौकरी नहीं।"

"और व्यापार करने के लिए रुपया ?"

"अरे हाँ, यह तो भूल ही गया था," मिस्टर खुशबख्तराय कुछ विचलित हुए; पर शीघ्र ही वे सुव्यवस्थित होकर बोले—"दोस्त, सौ रुपया तो मेरे पास है चार सौ रुपया और चाहिए। अगर तुम उधार दे सको, तो मैं तीन महीने के अन्दर ही तुम्हें लौटा दूँगा।"

मैं मुस्कुराया। खुशबख्तराय के कन्धे पर हाथ रखते हुए मैंने कहा—"यार, रुपया वापस करने की तो बात छोड़ो, क्योंकि हम दोनों के बीच कभी वापस करने का अवसर नहीं रहा है, हाँ, चार सौ रुपया मैं तुम्हें अवश्य दे सकता हूँ एक शर्त पर, कि फिर तुम आगे मुझसे और कुछ न माँगो।"

मेरी बात खुशबख्तराय को कुछ बुरी लगी। उनका मुख तमतमा उठा—"सुरेश, तुम बड़े कमीने आदमी हो। तुम्हारे चार सौ की जगह मैं तुम्हें चार हजार रुपया वापस करूँगा, समझे !"

किसी तरह मैंने खुशबख्तराय को शान्त किया। चार सौ रुपए मैंने उन्हें दे दिए।

कचहरी से लौटते समय मैंने अपनी कार सराफे में बढ़ा दी। मेरी बीवी जिद पकड़ गई थी कि अपनी कमाई से एक गहना मैं उसे बनवा दूँ।

और वहाँ मैंने देखा कि एक दूकान पर भीड़ जमा है। एक अप-टू-डेट जेंटिलमैन को पकड़े हुए चार-पाँच आदमी बैठे हुए हैं और बीच-बीच में लोग उस जेंटिलमैन के एक-आध धप भी रख देते हैं। मैंने कार रोक दी और पूछा—"क्या है ?"

एक आदमी बोला—"वकील साहब, जाली सिक्के चला रहा है, पुलिस में खबर तो भिजवा दी है; लेकिन पुलिस के आने तक इनकी थोड़ी सी मरम्मत हमीं लोग कर रहे हैं।"

मेरे आश्चर्य का ठिकाना न रहा, जब मैंने देखा कि जो सज्जन पिट रहे थे, वे मेरे सबसे घनिष्ठ मित्र मिस्टर खुशबख्तराय थे। मैं कार से उतर पड़ा, खुशबख्तराय मुझे

देखते ही उछल पड़े। एक झटके में उन्होंने अपने को चार-पाँच लोगों से छुड़ा लिया, तन कर वे खड़े हो गए। उन्होंने कहा—"मिस्टर सुरेश आप हैं ! देखिए ये लोग एक शरीफ परदेशी की इज्जत बिगाड़ रहे हैं। एक तो मेरे रुपयों को जाली कहकर छीन लिया और ऊपर से मुझे मार रहे हैं।"

दूकानवाले ने मुझसे कहा—"वकील साहब, देखिए ये जाली रुपए हैं या नहीं ?" यह कहकर उसने दो सौ रुपए मेरे सामने रख दिए।

खुशबख्तराय गरज उठे—"ये रुपए मेरे नहीं हैं, खुद जाली रुपए बनाता है और मेरे रुपए दूकान में रखकर कहता है कि मैंने जाली रुपए दिए। आने दो पुलिस को !" और इतना कहकर तेजी के साथ अंग्रेजी में वे मुझसे मेरी क्षेम-कुशल पूछने लगे।

दूकानवाला घबराया। मैंने भी अब मौका देखकर कहा—"अच्छा, अब क्या है ? पुलिस को बुलाना बेकार है, तुम दोनों ही फँसोगे।"

दूकानवाले ने सकपकाते हुए कहा—"तो वकील साहब, अब बतलाइए क्या हो ?"

"हो क्या ? तुम उनके रुपए उनको दे दो और वे चले जाएँ।"

काफी कहा-सुनी के बाद खुशबख्तराय, अपने जाली रुपए लेकर वहाँ से हटे। कार पर उन्हें बिठलाकर मैं अपने घर पर लाया।

कार पर मैंने खुशबख्तराय से कहा—"ये जाली रुपए लेकर क्यों घूम रहे हो ? जानते हो कि उसमें तुम्हें क्या सजा हो सकती है ?"

"यार क्या बतलाऊँ, तौल में कुछ गलती हो गई।"

"कैसी तौल ?" मैंने आश्चर्य से पूछा।

बड़े इत्मीनान के साथ मि. खुशबख्तराय ने कहा—"आजकल मैं रुपया बनाने का रोजगार कर रहा हूँ।"

"कुछ पैदा किया ?" मैंने पूछा।

"नहीं, अभी तक तो सिर्फ मेरा ही खर्च निकल रहा है, और वह भी बड़ी मुश्किल से। इन रुपयों को निकालनेवाला एजेंट जब तक नहीं मिलता, तब तक वह काम अधिक नहीं चल सकता।" थोड़ी देर तक रुककर उन्होंने फिर कहा—"और अगर आज तुम न आ गए होते, तो मैं बड़ी मुसीबत में पड़ जाता। भाई, आज के अनुभव के बाद से यह काम भी छोड़ना जरूरी हो गया।"

"फिर अब क्या करोगे ?" मैंने पूछा।

"कुछ समझ में नहीं आता, कुछ-न-कुछ तो करना ही पड़ेगा।"

एक हफ्ते बाद मि. खुशबख्तराय मेरे मकान पर आए। उस दिन वे बड़े प्रसन्न दिखते थे। बातचीत होती रही। एकाएक उन्होंने मुझसे कहा—"सुरेश, पैसा पैदा करने का एक बड़ा सुन्दर तरीका मैंने ढूँढ़ निकाला है।"

"वह क्या है ?"

"देखो, कल यहाँ के सबसे बड़े सेठ...से मैं मिला। मैंने उससे कहा कि एक हफ्ते के अन्दर पाँच हजार रुपया मुझे दे दो, नहीं तो उसके बाद शहर के किसी भी चौराहे

पर मैं तुम्हारे पाँच जूते मारूँगा।''

''तो तुम क्या समझते हो कि वह तुम्हें पाँच हजार रुपया दे देगा ?''

''क्यों नहीं, अगर उसे इज्जत बचानी है, तो वह शर्तिया देगा।''

''और अगर न दे तो ?''

''तो मैं उसके पाँच जूते जरूर मारूँगा और वह भी ठीक चौराहे पर, जहाँ सब लोग देख सकें।''

''तो उसके लिए तुम्हें जेल जाना पड़ेगा।''

''अरे जेल जाने से क्या हुआ ? जहाँ महात्मा गांधी, पंडित जवाहरलाल जैसे बड़े आदमी जेल जाते हैं, वहाँ मुझे जेल जाने में क्या आपत्ति ?''

''वे लोग तो राजनीतिक कारणों से गए हैं ?''

''और मैं भी तो राजनीतिक कारणों से ही जाऊँगा। जानते हो कि मैं सोशलिस्ट हूँ। मैं धन के बराबर बँटवारे में विश्वास करता हूँ। सेठ के पास अधिक रुपया है और उसे इतना रुपया रखने का अधिकार नहीं है।''

''तुम्हारी सफलता के लिए मेरी शुभकामना !'' यह कहकर मैं हँस पड़ा।

और पन्द्रह दिन बाद मिस्टर खुशबख्तराय कचहरी में हाजिर किए गए। उन पर अभियोग था कि...चौराहे पर उन्होंने सेठ...के पाँच जूते मारे। अपने सबसे घनिष्ठ मित्र की पैरवी मुझे ही करनी पड़ी।

अदालत में मिस्टर के. राय ने सोशलिज्म पर एक लम्बा-चौड़ा व्याख्यान दिया और मजिस्ट्रेट ने उनकी प्रतिभा से प्रभावित होकर उन्हें छह महीने के लिए सरकारी मेहमान बना लिया।

जिस समय मिस्टर खुशबख्तराय जेल जा रहे थे, उन्होंने मुझसे कहा—''सुरेश, देखना छह महीने बाद जब मैं उस सेठ से कहूँगा कि अबकी रुपया दो या बीच चौराहे पर फिर पाँच जूते मारूँगा, तो इस बार वह शर्तिया रुपए दे देगा। समझ और देखो पत्रों में मेरा बयान प्रकाशित करवा देना।''

तीन महीने बीत चुके हैं, और तीन महीने बाद मिस्टर खुशबख्तराय जेल से बाहर आवेंगे। मैं उनकी प्रतीक्षा कर रहा हूँ : देखूँ कि इस बार उनको सफलता मिलती है या नहीं। यदि उनको सफलता मिल गई, तो दुनिया को रुपया पैदा करने का एक बहुत ही नया और सरल उपाय मालूम हो जाएगा।

लाला तिकड़मीलाल

1

उस दिन एक विराट् कवि-सम्मेलन था, और कवि-सम्मेलन के सभापति थे ठाकुर नामकमावनसिंह। ठाकुर नामकमावनसिंह एक बहुत बड़े जमींदार थे—अगाध सम्पत्ति के स्वामी और पूरे कलाकार। संगीत और चित्रकला से उन्हें रुचि थी, अन्य कलाओं से भी अनुराग था। एक दिन हिन्दी-कवियों के भाग्य खुल गए। ठाकुर नामकमावनसिंह ने यह तय किया कि और-और बातों पर जहाँ लाखों रुपया खर्चा हो जाता है, वहाँ कुछ थोड़ा सा साहित्य पर भी खर्च होने में कोई हर्ज नहीं। साहित्यकारों के हाथ में ख्याति की बागडोर है—उनकी खातिरदारी से लाभ ही हो सकता है।

ठाकुर नामकमावनसिंह ने पत्रों में सूचना निकाल दी कि हिन्दी में कविता की सर्वश्रेष्ठ पुस्तक लिखनेवाले को वे पाँच सौ रुपए का पुरस्कार देंगे। प्रत्येक पुस्तक की सात-सात प्रतियाँ आनी चाहिए। पुस्तकें पहुँचने लगीं और पुस्तकों के साथ-साथ पहुँचने लगे कवि। कवियों में ठाकुर नामकमावनसिंह को प्रसन्न करने की होड़ लग गई। किसी ने नामकमावन-बावनी का निर्माण किया और किसी ने नामकमावन-वन्दना बनाई। किसी ने ठाकुर नामकमावनसिंह की कुबेर से उपमा दी और किसी ने ठाकुर नामकमावनसिंह को नवयुग का प्रवर्तक कह डाला। ठाकुर नामकमावनसिंह के चित्रों के साथ उनके जीवन-चरित्र पत्रों में प्रकाशित हुए, उनकी प्रशंसाएँ लिखी गईं, और उनका गुण गाया गया। अन्त में कवियों ने मिलकर उन्हें कवि-सम्मेलन का सभापति भी बना दिया।

मंच पर सभापति महोदय विराजमान थे—और उनको घेरे हुए तथा उनकी खुशामदें करता हुआ कवि-समाज भी बैठा था। कविताओं का पाठ हो रहा था और कविगण ठाकुर नामकमावनसिंह को अपना चमत्कार दिखला रहे थे। सभा-भवन दर्शकों से ठसाठस भरा था—एक समाँ बँधा था।

एक कोने में लाला तिकड़मीलाल बैठे हुए कविताओं का आनन्द ले रहे थे। लाला तिकड़मीलाल करीब तीस वर्ष के गोल-मटोल जवान थे। लाला तिकड़मीलाल के मित्र उनकी उपमा फुटबाल से देते हैं और उनके शत्रु—जिनमें अधिकांश वे लोग हैं जिनसे लाला तिकड़मीलाल अपने पिता द्वारा दिए गए सौ रुपए के बदले में पाँच सौ रुपए वसूल कर चुके हैं और अब जिन पर हजार रुपए की डिगरी लदी हुई है—उन्हें भैंसासुर का

अवतार मानते हैं। मालूम होता है कि जिस समय ब्रह्मा लाला तिकड़मीलाल को गढ़ने की सोच रहे थे, उनको सामने आबनूस का एक मोटा सा कुन्दा मिल गया था। उनका मारकीन का कुरता अपने सैकड़ों मुखों द्वारा उनसे गिड़गिड़ाकर प्रार्थना कर रहा था—''मालिक, अब तो हम पर दया करो और शान्तिपूर्वक हमें मरने दो। अब हममें शक्ति नहीं है, जो हम तुम्हारी सेवा कर सकें। बारह गंडे देकर सूद-दर-सूद सहित दस रुपए का काम हमसे करवा चुके हो। अब हम समाप्त हो चुके।''

उस कवि-सम्मेलन से तिकड़मीलाल प्रभावित हुए, जीवन का दूसरा पहलू उन्हें देखने को मिला। रुपए के साथ प्रतिष्ठा भी कुछ वस्तु होती है, लाला तिकड़मीलाल इस नतीजे पर पहुँच गए।

कवि-सम्मेलन समाप्त हुआ और लाल तिकड़मीलाल घर पहुँचे। अपनी धर्मपत्नी को उन्होंने सारा किस्सा बतलाया। धर्मपत्नी कुछ समझी और कुछ नहीं समझी। पर लाला तिकड़मीलाल पर नाम कमाने की धुन सवार हो गई।

रात-भर लाला साहब ने सपने देखे। कवि-सम्मेलन का दृश्य उनकी आँखों के आगे था और सभापति स्वयं लाला तिकड़मीलाल थे। कविगण उनको घेरे बैठे थे और चारों ओर उनकी प्रशंसा हो रही थी। दूसरे दिन सुबह उठकर लाला तिकड़मीलाल ने साबुन लगाकर अपना शरीर साफ किया, कपड़े बदले और शीशे में मुँह देखा। इसके बाद वे फटीशजी के घर पहुँचे।

फटीशजी हिन्दी के एक सुविख्यात कवि हैं। उन्होंने एक बार लाला तिकड़मीलाल से दस रुपए लिये थे, जिसे लौटाने का उन्होंने कभी नाम न लिया। जहाँ लाला तिकड़मीलाल ने रुपए माँगे, वहीं फटीशजी ने उन चुने हुए शब्दों में, जिनका प्रयोग साहित्यकारों ने कुँजड़िनों तथा भटियारिनों के लिए ही छोड़ दिया है, लाला तिकड़मीलाल का गुणगान करना शुरू कर दिया; और लाला तिकड़मीलाल नालिश की धमकी देते हुए घर लौटे।

फटीशजी अपनी बैठक में बैठे हुए भंग घोट रहे थे। उन्होंने सड़क पर लाला तिकड़मीलाल को देखा और लपककर उन्होंने बैठक का दरवाजा बन्द कर लिया।

तिकड़मीलाल ने आवाज दी—''फटीशजी !''

फटीशजी ने उत्तर दिया—''घर पर नहीं हैं।''

तिकड़मीलाल का मुख क्रोध से लाल हो गया; पर अपने क्रोध को दबाते हुए उन्होंने कहा—''बोल तो रहे हो और कहते हो घर पर नहीं हैं !''

कुछ देर तक चुप रहने के बाद फटीशजी ने उत्तर दिया—''हैं तो, लेकिन तुमसे नहीं मिलेंगे।''

''अरे भाई, रुपया माँगने नहीं आया हूँ,'' तिकड़मीलाल ने कहा।

''अच्छा तो फिर मिल सकते हैं; लेकिन भंग थोड़ी ही है, भंग न माँगना,'' यह कहते हुए कविवर फटीश ने द्वार खोला।

कमरे-भर में कागज और अखबार बिखरे पड़े थे। बीच में एक चटाई पड़ी थी,

जिस पर फटीशजी डटे थे। लाला तिकड़मीलाल ने अपने कपड़ों को देखा और फिर धूल जमी हुई चटाई को। फटीशजी लाला तिकड़मीलाल के मनोभावों को ताड़ गए। मुस्कुराते हुए उन्होंने कहा–"मालूम होता है, हरिजन मूवमेंटवालों ने तुम्हें भी देख लिया।"

और उन्होंने अपने अँगोछे से चटाई की धूल पोंछ दी। लाला तिकड़मीलाल बैठ गए।

भाँग छानकर फटीशजी सुव्यवस्थित हुए। उन्होंने तिकड़मीलाल से पूछा–"कहिए लालाजी, कैसे कष्ट उठाया ?"

तिकड़मीलाल ने मुस्कुराने का प्रयत्न करते हुए कहा–"यों ही, सोचा कुछ आपसे साहित्य के विषय में बातचीत करूँ।"

"साहित्य !" फटीशजी ने अपनी आँखें फाड़कर कहा–"साहित्य ! तुमसे और साहित्य से क्या सम्बन्ध ?"

सकपकाते हुए तिकड़मीलाल ने कहा–"भाई, मैं सोच रहा हूँ कि साहित्य की सहायता करना हर एक आदमी का धर्म है। आप साहित्य के धुरन्धर विद्वान् हैं–आपसे बढ़कर मुझे कोई ऐसा आदमी नहीं दिखलाई देता, जिससे कुछ सलाह लूँ। इसीलिए आपकी सेवा में आया हूँ।"

फटीशजी ने अपनी छाती फुलाई, मत्था ऊँचा किया। खाँसा और खँखारा और फिर बोले–"खैर, आपने अच्छा किया कि आप मेरे यहाँ चले आए। लोग साहित्य को समझते ही नहीं–तमीज हो तो समझें। मैंने तो लोगों की तबीयत ठीक कर दी है। ये बड़े-बड़े आचार्य और विद्वान सब-के-सब मूर्ख हैं हाँ, तो आप क्या चाहते हैं ?"

रुपयों का तकाजा कर-करके लाला तिकड़मीलाल फटीशजी की प्रकृति से यथेष्ट परिचित हो गए थे। उन्होंने कहा–"मैं हिन्दी में एक पुरस्कार देना चाहता हूँ।"

"कैसा पुरस्कार ?"

"हिन्दी कविता की सर्वश्रेष्ठ पुस्तक पर मैं पाँच सौ रुपए का पुरस्कार देना चाहता हूँ।"

फटीशजी ने लाला तिकड़मीलाल को गौर से कुछ देर तक देखा। उसके बाद बोले–"लाला, डॉक्टर से अपने दिमाग की परीक्षा करवा आए थे कि नहीं ?"

फटीशजी के इस प्रश्न पर लाला तिकड़मीलाल को बुरा नहीं लगा। मुस्कुराते हुए उन्होंने कहा–"मैं पागल नहीं हूँ, फटीशजी। अब आप यह बतलाइए कि किस प्रकार काम किया जाय ?"

फटीशजी ने मुँह बनाते हुए कहा–"हिन्दी की सर्वश्रेष्ठ कविता-पुस्तक कौन है, इसका निर्णय कौन करेगा ? हिन्दी में जितने निर्णायक हैं, वे सब-के-सब परले सिरे के बेईमान, ढोंगी और बेवकूफ हैं। और अगर नहीं भी हैं तो भी समझे तो जाते ही हैं। लेकिन इससे क्या ? तुम्हारे ऐसे मक्खीचूसों की टेंट से अगर पाँच सौ निकलकर किसी बेचारे कवि को मिल जायँ, तो इसमें प्रसन्नता की ही बात होगी।"

उसी दिन पत्र में पुरस्कार की सूचना भेज दी गई। कवियों से उनकी पुस्तकों की

दस-दस प्रतियाँ माँगी गईं। पत्रों ने लाला तिकड़मीलाल के दान की प्रशंसा में कॉलम रँगे, सम्पादकों के पत्र लाला तिकड़मीलाल के चित्रों के लिए आए और कवियों ने उनके घर के चक्कर काटने आरम्भ कर दिए।

2

लाला घासीराम ने नमक की पुड़िया बाँधने के लिए रद्दी में खरीदे हुए अखबार का एक टुकड़ा फाड़ा ही था कि उनकी दृष्टि उस टुकड़े पर छपे हुए एक वाक्य पर पड़ गई। वाक्य इस प्रकार का था—'लाला तिकड़मीलाल की दानशीलता।' लाला घासीराम नमक देना भूलकर उस खबर को पढ़ने लगे। ग्राहक ने जल्दी मचाई, और कागज का दूसरा टुकड़ा फाड़कर उन्होंने नमक बाँधा। इसके बाद वे अपने पुत्र दमड़ीलाल को दूकान पर बिठलाकर तिकड़म के घर को चल दिए। तिकड़मीलाल अपनी बैठक में गावतकिए के सहारे बैठे थे और उनको कवियों का समूह घेरे बैठा था। एक सुकवि 'तिकड़म-पचीसी' का पाठ कर रहे थे और अन्य कवि वाह-वाह कर रहे थे। लाला घासीराम ने जो यह दृश्य देखा, तो सन्नाटे में आ गए। घासीराम के प्रवेश करते ही तिकड़मीलाल उठ खड़े हुए और उन्होंने बड़े आदर के साथ कहा—"आइए चाचाजी !"

'चाचाजी' का उग्र-रूप देखकर कवि-समाज सकपकाया। तिकड़मीलाल ने आँख का इशारा किया और कवि लोग एक-एक करके खिसकने लगे। जब मैदान साफ हो गया, तब लाला घासीराम ने कहा—"क्यों तिकड़म ! अब क्या घर-बार फूँकने की सोची है ?"

"नहीं तो, आपसे यह किसने कह दिया ?"

"किसने कह दिया ! अरे, अखबारों में जो कुछ निकला है वह हमने भी पढ़ा है। इसी तरह से रुपया बाँटोगे तो कंगाल हो जाओगे, कंगाल ! भइया ने कौड़ी-कौड़ी करके जो माल-मता जोड़ा है, वह तुम साल-दो साल में खतम करके भीख माँगोगे। बनिया का लड़का इतना गावदी निकला—राम-राम !"

तिकड़मीलाल मुस्कुराए। घासीराम के चरण छूकर उन्होंने कहा—"चाचा, तुम निसाखातिर रहो, मैं एक पैसा-कौड़ी किसी को नहीं देने का। मैंने तो वह काम किया है कि नाम का नाम हो और रुपया भी पैदा करूँ।"

"यह कैसे ?" लाला घासीराम के चेहरे पर स्पष्ट आश्चर्य की मुद्रा आ गई थी।

"तो सुनिए। मैंने पाँच सौ रुपया देने को कहा है और हरएक कवि से दस-दस किताबें मँगवाई हैं। सत्तर कवियों ने किताबें भेजी हैं। इस तरह करीब सात सौ किताबें मेरे पास इकट्ठी हो गई हैं। इन सात सौ किताबों का दाम औसतन बारह सौ रुपया होता है। मैं किताबों के एजेंट से बातचीत कर रहा हूँ—छह सौ रुपया में किताबें बिक जाएँगी। इसमें मान लीजिए कि पाँच सौ रुपया दे भी दिया, तो सौ रुपया बच जाएगा।"

यह कहकर लाला तिकड़मीलाल ने अपने चाचा को किताबों से भरी अलमारियाँ दिखलाईं—और एजेंट से पत्र-व्यवहार दिखलाया।

लाला घासीराम की आँखों में अश्रु उमड़ पड़े, उन्होंने अपने भतीजे के सिर पर हाथ रखते हुए कहा—"बेटा, तुम कुल-उजागर पैदा हुए। तुम हमारे कुल का नाम चलाओगे, हमें मालूम हो गया। और देखो, दमड़ी को भी अपने साथ लेकर कुछ ऐसे ही करतब सिखलाओ।" और अपना आशीर्वाद देकर लाला घासीराम दूकान की ओर चल दिए।

3

अगर श्रीयुत टेवप्रसाद टेव का कहना था कि वे देव से बढ़कर हैं, तो उन्हें कोई रोक नहीं सकता था। उन्होंने काफी रुपया पैदा किया था और मुक्तहस्त से हिन्दी में कवियों तथा लेखकों को रुपया बाँटकर उन कंगाल कवियों तथा लेखकों पर काफी एहसान करते थे।

एहसान के बोझ से लदे हुए कवियों ने श्रीयुत टेवप्रसाद के नाम से कविताएँ लिखीं और लेखकों ने उनके नाम से लेख लिखे और एक दिन टेवप्रसाद 'महाकवि टेव' बन गए। महाकवि 'टेव' का दावा था कि उन्होंने साहित्य का निर्माण किया, कवियों तथा लेखकों को उन्होंने प्रोत्साहन दिया और हिन्दी-साहित्य में उन्होंने वह किया, जो किसी दूसरे ने नहीं किया। 'टेवजी' ने एक दिन अपनी कविताओं का संग्रह प्रकाशित कराया और उसका नाम रखा 'टेव-शतक'। 'टेव-शतक' की चारों ओर आलोचनाएँ हुईं। लोगों ने (लोगों से प्रयोजन टेवजी के एहसान से लदे हुए साहित्यिकों से है) फतवा दे दिया कि 'टेवजी' 'देवजी' से बढ़ गए हैं।

'तिकड़म-पुरस्कार' में टेवजी ने भी अपनी 'टेव-शतक' भेज दी। इधर हिन्दी-संसार में धूम मची हुई थी कि देखें 'तिकड़म-पुरस्कार' इस बार किसको मिलता है और उधर 'टेव-शतक' पर यह विवाद उठ खड़ा हुआ था कि हिन्दी में 'टेव' बड़े हैं या 'देव'। कुछ लोगों ने टेवजी का विरोध किया। इन विरोधियों में वे थे, जिन्हें 'टेवजी' ने कभी कुछ नहीं दिया था, और टेवजी ने कमर कस ली कि तिकड़म-पुरस्कार लेकर ही छोड़ेंगे।

टेवजी ने एक दिन लाला तिकड़मीलाल को अपने यहाँ आमन्त्रित किया। स्वादिष्ट भोजन हुए, बिजली के पंखे के नीचे दोनों आदमी बैठे। 'टेवजी' ने बात आरम्भ की, "तिकड़मीजी, इस बार आपने निर्णायक कौन-कौन लोग रखे हैं ?"

अपनी एक आँख दबाए हुए तिकड़मीलाल ने कहा—"टेवजी, मुझे दुख है कि मैं आपको निर्णायकों के नाम न बतला सकूँगा; क्योंकि ऐसे मामलों में निर्णायकों के नाम बहुत अधिक गुप्त रखे जाने चाहिए। आप जो कुछ चाहें, मुझसे बातें कर लें।"

'टेवजी' ने देखा कि मौका अच्छा है। वे बोले—"हाँ तिकड़मीजी, आप ही सब कुछ हैं, आपने 'टेव-शतक' पर निकली हुई समालोचनाएँ तो पढ़ी होंगी।"

तिकड़मीलाल मुस्कुराए—"हाँ साहब, समालोचनाएँ तो पढ़ डालीं और बड़ी अच्छी हैं; पर लोगों का कहना है कि आपके पक्ष में निकली हुई समालोचनाएँ निष्पक्ष भाव से नहीं लिखी गईं।"

टेवजी आवेश में काँपने लगे, गरजकर बोले—"ऐसा कहनेवाले लुच्चे हैं, शोहदे हैं, नमकहराम हैं। मेरे यहाँ से इतना रुपया पाया है और मेरी ही निन्दा करते हैं। उनकी बातों का आप विश्वास क्यों करते हैं ?"

"विश्वास तो नहीं करता; पर अविश्वास ही क्यों किया जाय ? निर्णायकों के हाथ में पुस्तकें हैं, वे अपना निर्णय दे देंगे। आप साफ-साफ कहिए कि आप क्या चाहते हैं ?"

टेवजी ने साहस किया—"मैं यह चाहता हूँ कि वह पुरस्कार मुझको मिले।"

तिकड़मीलाल ने अपने मत्थे पर हाथ लगाया, "यह तो बड़ी मुश्किल बात है; लेकिन अगर आप एक बात मान लें तो शायद मसला हल हो जाय !"

"वह बात ?" उत्सुकतापूर्वक टेवजी ने पूछा।

"वह बात यह है कि पुरस्कार आपको मिल जाएगा; लेकिन पाँच सौ रुपए आपको न मिलकर निर्णायकों में सम्मति देने के लिए बाँट देने पड़ेंगे।"

"स्वीकार है !" तपाक के साथ टेवजी ने कहा।

4

उस दिन एक विराट् कवि-सम्मेलन था और सम्मेलन के सभापति थे श्रीमान् लाला तिकड़मीलाल। संयोजक श्रीयुत टेव थे और टेवजी ने बड़े परिश्रम के साथ बाहर से बड़े-बड़े कवियों को आमन्त्रित किया था।

मंच पर लाला तिकड़मीलाल विराजमान थे और वे फूलों से लदे हुए थे। उनको घेरे हुए बैठा था कवि-समुदाय। कवि-सम्मेलन आरम्भ हो गया।

कवि-सम्मेलन के समाप्त हो जाने के बाद सभापति महोदय उठे। उन्होंने कहा—"सज्जनो, इस वर्ष का तिकड़म-पुरस्कार हिन्दी के सर्वश्रेष्ठ कवि कविसम्राट् 'टेवजी' को दिया जाता है।" चारों ओर से करतल-ध्वनि होने लगी और लोगों ने लाला तिकड़मीलाल की जय के नारे लगाए।

एकाएक कवि-सम्मेलन में सन्नाटा छा गया। मंच पर एक हाथ से लाला तिकड़मीलाल का हाथ पकड़े हुए और दूसरे हाथ में चप्पल लिये हुए कविवर फटीशजी आसीन थे और ऊँचे स्वर में कह रहे थे—"भाइयो, इस तिकड़मीलाल ने कवियों से किताबें मँगाकर छह सौ रुपए में बेच ली हैं, और टेवजी को इसने एक पैसा नहीं दिया।

यह बड़ा धूर्त और जालिया है। जिस एजेंट के हाथ इसने किताबें बेची हैं, वह मय इसके पत्रों के यहाँ पर मौजूद है।"

फिर क्या था, अगर पुलिस पाँच मिनट और देर कर देती तो लाला तिकड़मीलाल घासीराम से रात का किस्सा एक महीने तक न कह पाते।

अनशन

पांडेय मस्तराम का कहना है कि मित्रों के आग्रह से उस दिन, सुबह भंग पीने के आदी न होते हुए भी, उन्होंने भंग बनाई और मित्रों का कहना है कि सुबह उठते ही पांडेयजी परीक्षा समाप्त हो जाने की प्रसन्नता में हम लोगों को भंग पीने के लिए आमन्त्रित करके सिल-लोढ़े पर जुट पड़े। पांडेयजी का कहना है कि उनके मित्रों ने काफी भाँग पी और उनके लिए सिर्फ दो लोटे भाँग बची थी और मित्रों का कहना है कि पांडेयजी ने पहले दो लोटे भाँग जमा ली, फिर इसके बाद बची हुई लोटे-भर भाँग को चुल्लुओं की नाप से हम लोगों में प्रसाद-रूप में वितरित किया। पांडेयजी की बात पर अविश्वास करने का कोई कारण नहीं दिखलाई देता; पर उनके मित्रों की बात पर भी अविश्वास नहीं किया जा सकता। इतना तय है कि पांडेय मस्तराम ने उस दिन सुबह नौ बजे भाँग पी पूरे दो लोटे और इसके बाद एक सप्ताह तक उन्होंने उस भाँग का आनन्द उठाया।

पता नहीं किस प्रकार अपने पुत्र के जन्मकाल के समय ही पांडेयजी के पिता को अपने पुत्र के गुण मालूम हो गए थे क्योंकि ज्योतिषी वे थे नहीं और फिजियोनॉमी साइंस का अध्ययन करने का उन्हें कभी मौका न मिला था; पर उन्होंने अपने पुत्र का नाम सोलह आने उसके गुणानुसार रखा था, पांडेय मस्तराम को जाननेवाले यह दावे के साथ कह सकते हैं। लम्बे-चौड़े गोल-मटोल और गोरे-चिट्टे जवान थे, हँसते थे तो बोर्डिंग की छत हिल उठती थी। दीन-दुनिया की उन्हें फिक्र न थी। पढ़ने-लिखने में उनका मन न लगता था। खाना, सोना और जब इनसे फुर्सत मिले, तब गप लड़ाना—बस यही उनका काम था।

हाँ, तो उस दिन पांडेय मस्तराम ने सुबह नौ बजे भाँग पी, दस बजे स्नान किया और ग्यारह बजे भोजन पर बैठे। एक दिन पहले परीक्षा समाप्त हुई थी; पर उस दिन पर्चा खराब हो जाने के कारण परीक्षा समाप्त होनेवाली निश्चिन्तता का आनन्द वह न ले सके थे। खाना खाकर ग्यारह बजे सुबह सोए थे और उठे थे शाम को छह बजे, इसके बाद खाना खाकर फिर सो गए और दूसरे दिन सुबह चार बजे उनकी आँख खुली। उस समय तक उनका दुःख दूर हो गया था : क्योंकि पहला काम जो उन्होंने किया था, वह था प्रभाती की अलाप भरना। दुःख के समय कोई गाना नहीं गा सकता, यह मैं अच्छी तरह जानता हूँ। हिन्दुस्तानी थिएटरों की बात जाने दीजिए, वहाँ तो दूसरों को मरने के समय या स्वयं अपने मरने के समय लोग एक-से-एक मीठी तानों के साथ मीड़ों और

मूर्च्छनाओं से युक्त शुद्ध राग-रागिनियों में तबला और हारमोनियम के ऊपर अलापें भरते हैं और कला का प्रदर्शन करते हैं।

उस दिन न तो एकादशी थी और न कोई पर्व, पर पांडेयजी का कहना है कि उन्होंने व्रत रखा था। पांडेयजी की बात मानते हुए इसी निर्णय पर पहुँचा जा सकता था कि उनका व्रत अपने बिगड़े हुए परचे के परीक्षक इष्टदेव को प्रसन्न करने के लिए था, जो पांडेयजी की कॉपी जाँचते समय परीक्षक के हृदय में करुणा और दया की भावनाओं का स्रोत प्रवाहित कर दे।

पांडेयजी के सामने मखाने की खीर से भरा ढाई सेरवाला कटोरा था (कटोरा का वजन मय खीर के बतलाया जा रहा है) और चीनी पड़ी हुई आध सेर बालाई थी। ठीक ग्यारह बजे भोजन आरम्भ करके साढ़े ग्यारह बजे उन्होंने भोजन समाप्त किया और चौके से उठने के लिए पेट में पहुँचे हुए माल का उतना हिस्सा बचाने के लिए जो उनके हिलने-डुलने में बाधक हो रहा था, आध घंटे तक पैर फैलाए हुए चौके में बैठकर बारह बजे वे उठे।

लोगों का कहना है कि गर्मियों में सुबह बनारस की, शाम लखनऊ की और रात बुन्देलखंड की मशहूर है, और मैं कहूँगा कि उनमें यदि दोपहर इलाहाबाद की भी जोड़ ली जाय, तो अनुचित न होगा। लू के झोंके और एक सौ बारह डिगरी का टेम्परेचर ! पर महीना था अप्रैल का, गर्मी की शुरुआत-भर थी। पांडेयजी अपने कमरे में गए, बिस्तर पर लेटे और धीरे-धीरे उन्हें मालूम हुआ कि अनादिकाल से उनके कमरे में भट्ठी जलती चली आई है। उन्हें आश्चर्य हो रहा था कि उस कमरे में वे अभी तक जीवित किस प्रकार बचे रहे। उधर शरीर शिथिल पड़ रहा था, आँखें झपी जा रही थीं।

एकाएक पांडेयजी उछल पड़े। उन्होंने शीतलपाटी बगल में दबाई, कमरे के बाहर निकलकर दरवाजे पर ताला दिया, और अल्फ्रेड पार्क की राह पकड़ी। चारों तरफ सन्नाटा था, दोपहर जल रही थी—'तले की मुलमुल ऊपर घाम' पांडेयजी ने मिसरा बनाया और एकाएक उनको परचा खराब होने की बात याद आ गई। दूसरा मिसरा उसी समय बना, 'हमें पास करवा दो राम !' पांडेयजी मुस्कुराए, उनमें कवित्व-प्रतिभा जाग उठी, फिर क्या था, मिसरे-पर-मिसरे बनने लगे :

मस्तराम है मेरा नाम। मौज उड़ाना अपना काम।
मिले जिन्दगी-भर आराम। लगे न मुँह में कभी लगाम।

और उनकी ठोड़ी पर एक मक्खी बैठी, उसे उड़ाने के लिए उन्होंने ठोड़ी पर हाथ मारा। मक्खी तो उड़ गई, हाथ पड़ा ठोड़ी पर और ऐसा मालूम हुआ कि खड़ी सुइयों के गुच्छे पर उन्होंने अपना हाथ पटक दिया। याद आया कि इम्तिहान की फिक्र में उन्होंने एक हफ्ते से दाढ़ी नहीं बनवाई, मिसरा लगा :

हमें चाहिए अब हज्जाम

जेब में हाथ डाला; उसी समय दूसरा मिसरा बना :

टेंट में अपनी नहीं छदाम !

इस समय तक पांडेयजी की आँखें बन्द थीं। एक गढ़े में पैर पड़ा और आँखें खुल गईं। देखा कि अल्फ्रेड पार्क में चले जा रहे हैं, उसी समय मिसरा बना :

अब करना होगा विश्राम !

पांडेयजी ने अपने चारों ओर दृष्टि डाली, निर्जन एकान्त और धूप के रूप में आसमान से बरसती हुई आग। उस पर हल्की लू भी चल रही थी। थोड़ी दूर पर नाला था, काफी गहरा। दिमाग न काम किया, नाले के नीचे कोई बाधा नहीं है, न कोई आदमी आवेगा और न कोई अड़चन पड़ेगी। फिर जमीन से करीब पन्द्रह फीट नीचे होने के कारण तहखाने का काम भी दे सकता है। पांडेयजी नाले में उतर पड़े। एक सघन वृक्ष के तले उन्होंने अपने बनाए हुए मिसरों को याद करने का प्रयत्न किया, पर भाँग के बोझ से लदे हुए दिमाग ने जब इससे इनकार कर दिया, तब महाकवि बनने की कल्पना करने लगे। दिमाग पर पेट ने विजय पाई, जो काफी भरा हुआ था। पांडेयजी ने दाहिनी करवट ली, चैन न मिली, बाईं करवट ली, चैन न मिली, चित्त लेटे, फिर भी चैन नदारद। पेट के बल औंधे लेटे—इस समय तक शायद चैन को उन पर रहम आ गया था और सो गए।

मिस्टर जे.पी. श्रीवास्तव, जैसा वे स्वयं अपने को कहते थे, बाबू झटपटप्रसाद, जैसा उनके वालिद व अन्य सम्बन्धी उनका नाम बतलाते थे, और झटपट मुंशी जैसा कि उनके हमजोलियों ने उनका नाम रख दिया था, काफी तेज व चलते-पुरजे आदमी थे। दुबला-पतला मझोला कद, मुँह लम्बा सा और उस पर बुरी तरह चेचक के दाग, रंग साँवला और आँखें छोटी-छोटी तथा चमकीली, और लाल शुतुरमुर्ग की तरह। उनकी परीक्षा उसी दिन समाप्त हुई थी। हाल से निकलकर वे सीधे अपनी भावी ससुराल गए। उनके भावी ससुर ने परचे कैसे हुए इसका विवरण सुना, भावी सास ने विविध प्रकार के स्वादिष्ट व्यंजन खिलाए, भावी साले ने शाम के समय के लिए सिनेमा में आमन्त्रित किया और भावी पत्नी ने हारमोनियम पर दो गाने सुनाए और भावी सलहज ने कुछ देर तक इनके चेहरे को गौर से देखने के बाद मुस्कुराते हुए कहा—"बाबू, तबीयत होती है, तुम्हारा मुँह चूम लूँ, तुम इतने सुन्दर दिख रहे हो !" झटपट मुंशी की सलहज सुन्दरी थी और उसके उद्‌गार सुनकर उन्हें बड़ी प्रसन्नता हुई। इन सबमें एक बज गया, सिविल लाइंस में सवारी मिलना मुश्किल होता है, मुंशीजी पैदल ही बोर्डिंग को रवाना हो गए। कायस्थ पाठशाला बोर्डिंग जाना था, अल्फ्रेड पार्क से उन्होंने शार्टकट लिया। झटपट मुंशी की प्रसन्नता की सीमा न थी, लम्बे-लम्बे डग रखते हुए चले जा रहे थे। वे सोच रहे थे—"उफ ! रामू की बीवी (रामू उनके भावी साले का नाम था) गजब की खूबसूरत है, सरला से कहीं अधिक ! (सरला इनकी भावी पत्नी का नाम था) क्या रामू की बीवी मुझसे प्रेम करती है, हाँ, जरूर प्रेम करती है, तभी तो उसने मुझसे वह सब कहा। लेकिन नहीं, मुझे उससे प्रेम करने का कोई अधिकार नहीं—मैं सरला के प्रति अन्याय न करूँगा।

आह रामू की बीवी ! मुझे क्षमा करना, मैं जानता हूँ कि तुम मुझसे प्रेम करती हो; पर मैं तुमसे प्रेम नहीं कर सकता—हर्गिज नहीं कर सकता !"

अचानक यह सुखद विचारधारा टूट गई। जिस नाले के बगल से वे जा रहे थे, उसके नीचे झटपट मुंशी की नजर गई। वे चौंक उठे, उनका मुख सफेद हो गया और सारा शरीर काँपने लगा। इस एकान्त में अल्फ्रेड पार्क के नाले में इस आदमी मरा हुआ पड़ा था—चारों ओर निर्जन एकान्त ! कोई फकीर न था—अच्छे कपड़े पहने हुए कोई सुशिक्षित व्यक्ति। सम्भवतः कोई विद्यार्थी। अरे हाँ, उन्होंने कई बार सुना था कि फेल हो जाने पर कोई-कोई व्यक्ति आत्महत्या कर लेते हैं। आजकल परीक्षाएँ हो रही हैं, जरूर इसने आत्महत्या की होगी; पर अभी परीक्षाफल निकला नहीं, आत्महत्या करने के ये दिन तो नहीं। बहुत सम्भव है किसी ने इसे मारकर डाल दिया हो। झटपट मुंशी ने यह सब एक साँस में सोच डाला।

यह तय था कि उसकी इत्तिला थाने में देनी चाहिए, कर्नलगंज थाना बोर्डिंग के रास्ते में पड़ता था, वे चल दिए। थाने पहुँचकर उन्होंने दारोगा गिरफ्तारअली के पास इत्तिला भिजवाई।

दारोगा गिरफ्तारअली खस की टट्टियों से सुवासित कमरे में लेटे हुए अपनी तोंद पर हाथ फेर रहे थे। सिपाही से खबर सुनते ही वे मरनेवाले को और मरनेवाले की इत्तिला देनेवाले को कोसते हुए बाहर निकले। आजाद की मृत्यु के बाद से दारोगा गिरफ्तारअली के दिमाग में क्रान्तिकारी बुरी तरह से घुस गए थे। मृत मनुष्य की हुलिया सुनते ही उन्होंने गम्भीरतापूर्वक सिर हिलाते हुए कहा—"जरूर कोई क्रान्तिकारी होगा !" थाने से बारह सिपाही छाँटे गए, झटपट मुंशी के साथ पुलिस-फोर्स ने अल्फ्रेड पार्क की ओर मार्च किया।

नाले के पास पहुँचकर झटपट मुंशी ने इशारा करते हुए कहा—"देखिए, लाश वहाँ पड़ी है !"

दारोगाजी रुक गए और उनके रुकते ही सिपाही भी रुक गए। दारोगाजी झटपट मुंशी के साथ आगे बढ़े, ठीक उस जगह पहुँचकर, जिसके नीचे पांडेयजी विश्राम कर रहे थे, दारोगाजी रुके, गौर से उन्होंने नीचे देखा, फिर धीरे से कहा—"जनाब ! जैसा मैंने कहा था, साफ जाहिर है कि कोई क्रान्तिकारी है।"

इस समय तक सब सिपाही दारोगाजी को घेरकर खड़े हो गए थे। एक ने मुस्कुराते हुए कहा—"हुजूर, मालूम होता है कि यह यहीं का कोई तालिब-इल्म है जिसने खुदकुशी कर ली है।"

दूसरे ने कहा—"शायद कोई बनिया है, बदमाशों ने रकम छीन ली है और मारकर यहाँ डाल गए हैं।"

इस पर तीसरे ने कहा—"लेकिन फिर इसके नीचे चटाई कैसे आई ?"

चौथे ने कहा—"मुमकिन है कि किसी इसके रिश्तेदार ने इसे घर पर ही मार डाला, फिर चटाई में लपेटकर यहाँ डाल गए।"

बातें हो रही थीं, पर नीचे कोई न उतरता था। करीब पन्द्रह मिनट तक काफी मशविरे के बाद सब लोग नाले के नीचे उतरे। फूँक-फूँककर कदम रखते हुए वे पास पहुँचे और खड़े हो गए, हाथ लगाने की हिम्मत किसी की नहीं पड़ी। दारोगा झटपट मुंशी के साथ ऊपर ही खड़े थे, चिल्लाकर उन्होंने कहा—"अरे चुप खड़े हो, लाश सीधी तो करो।" सब लोग एक-दूसरे को आगे बढ़ने को उत्तेजित करने लगे। दारोगाजी इस बार गरज उठे—"नमकहरामो, पुलिस की नौकरी करने चले हो और यहाँ नानी मर रही है।"

दारोगाजी इस जोर से गरजे कि पांडेयजी की नींद खुल गई, उन्होंने करवट ली, आँखें खोलीं, देखा कि लाल पगड़ियाँ उनको घेरे खड़ी हैं, और फिर आँखें बन्द कर लीं।

दारोगाजी ने जब देखा कि नाले में पड़ा हुआ आदमी मरा नहीं है, तब और भी झल्लाए। उन्होंने झटपट मुंशी पर तीव्र दृष्टि डाली, मानो वे उन्हें खा जाएँगे और तेजी के साथ नीचे उतरे। इधर झटपट मुंशी ने मामला बिगड़ते हुए देखकर लम्बे-लम्बे डग रखते अपने घर की राह ली।

दारोगाजी ने पांडेयजी का कन्धा पकड़कर हिलाया, पांडेयजी उठकर बैठ गए। दारोगाजी ने पूछा—"तुम यहाँ क्यों पड़े हो ?"

पांडेयजी ने जम्हाई लेते हुए कहा—"मेरी तबीयत...!"

इस जलती हुई दोपहर में खस की टट्टियों के बाहर निकलकर बारह सिपाहियों को मार्च करवाते हुए थाने से अल्फ्रेड पार्क आने से दारोगाजी का दिमाग गरम हो गया था। उन्हें झटपट मुंशी पर क्रोध आ रहा था, उन्होंने यह कहते हुए सिर उठाया—"क्यों जी..." लेकिन मुंशी गायब !

अब दारोगाजी आपे से बाहर हो गए, दाँत किटकिटाते हुए उन्होंने पूछा—"तुम्हारा नाम ?"

पांडेयजी अजब चक्कर में थे—इतने लाल पगड़ीवाले क्यों वहाँ खड़े थे। फिर कच्ची नींद जगाए जाने पर उन्हें बुरा भी लग रहा था। दारोगाजी की बात सुनकर पांडेयजी को भी क्रोध आ गया, उन्होंने कहा—"जनाब, आदमियत से बात कीजिए !"

दारोगाजी ने आँखें तरेरते हुए कहा—"आप नाम बतलाते हैं कि नहीं ?"

पांडेयजी का क्रोध बढ़ता जा रहा था—"नाम नहीं बतलाऊँगा, यहाँ से जाते हो या नहीं ?"

सिपाही एक-दूसरे की ओर देखकर मुस्कुरा रहे थे, दारोगाजी ने कहा—"अच्छा तुम सीधी तरह से नहीं मानोगे !"

पांडेयजी ने बैठे-ही-बैठे कहा—"जनाब आप अब मार खाएँगे !"

दारोगाजी दो कदम पीछे हट गए—"समझ गया, जनाब आप हिरासत में ले लिये गए।"—और सिपाहियों को उन्होंने पांडेयजी को गिरफ्तार कर लेने का हुक्म दिया।

पांडेयजी की तलाशी ली गई, इसके बाद वे कोतवाली भेज दिए गए। वहाँ भी पांडेयजी ने अपना नाम व पता बतलाने से इनकार किया, और वे कोतवाली से हवालात

भेज दिए गए। दारोगाजी ने लिखा—"यह शख्स मुश्तबा हालत में अल्फ्रेड पार्क में पाया गया, मालूम होता है कि कोई रिवेल्यूशनरी है; क्योंकि अपना नाम व पता बतलाने से कत्तई इनकार करता है—फिलहाल इसका चालान आवारागर्दी में किया जाता है।"

पांडेयजी ने जेल का फाटक देखा, और उनका सारा नशा उतर गया। दारोगा के सवालों का जवाब न देनेवाली भूल उन्हें मालूम हो गई। सुपरिंटेंडेंट जेल के सामने जब वे पेश किए गए, तब तक उन्होंने अपना नाम व पता सब कुछ बतला दिया; लेकिन अब तो बहुत कुछ हो गया था—जेल में वे बन्द कर दिए गए।

नॉन-कोऑपरेशन मूवमेंट उन दिनों जोरों पर था—जेल में लोग ठसाठस भरे हुए थे। पांडेयजी ने बड़े-बड़े नेताओं के दर्शन किए, कुछ ढाँढ़स बँधा; लेकिन भोजनों की तकलीफ। रात किसी तरह से बीती—सुबह सुपरिंटेंडेंट साहब का राउंड हुआ। पांडेयजी रात-भर में जेल-जीवन से ऊब गए थे, सुबह नाश्ता कुछ मिला नहीं, बिगड़कर सुपरिंटेंडेंट साहब से बोले—"जनाब, न तो नाश्ता मिलता है और न मेरी समझ में आता है कि मैं यहाँ क्यों बन्द हूँ।" सुपरिंटेंडेंट साहब ने पांडेयजी को गौर से देखा, फिर मुस्कुराए—"जनाब यह तो जेल है, यहाँ नाश्ता कुछ नहीं मिलने का।" और आगे बढ़ गए।

गुस्से के मारे पांडेयजी की बुरी हालत; पर कर क्या सकते थे ? पास खड़े हुए कुछ पोलिटिकल कैदी मुस्कुरा रहे थे। इस गुस्से में पांडेयजी ने दिन में खाना नहीं खाया। सन्ध्या के समय पांडेयजी ने जेलर से कहलाया कि भाँग-बूटी का प्रबन्ध करवा दिया जाए। इस पर उन्हें कोई उत्तर न मिला।

जेल में एक सज्जन अनशन कर रहे थे, उनकी माँगें पूरी हो गई थीं और उस दिन सुबह उन्होंने अनशन तोड़ा था। रात के समय यह इत्तिला पांडेयजी को भी मिली, और अब पांडेयजी ने भी अनशन की ठानी।

रात के समय फिर पांडेयजी ने भोजन न किया, उन्होंने घोषित कर दिया कि जब तक उनकी माँगें पूरी न की जाएँगी, तब तक वे अनशन करेंगे। उनकी माँगें दरयाफ्त की गईं, उन्होंने कहा—"सुबह दूध-जलेबी का नाश्ता, दोपहर को भोजन के साथ आध पाव घी, सन्ध्या के समय भाँग और रात के समय पूड़ी तथा बालाई।" यह मानी हुई बात थी कि पांडेयजी की माँगें स्वीकार नहीं की गईं।

रात-भर नींद न आई—भूख के मारे आँतें कल्ला रही थीं। पर दो-तीन राजनीतिक कैदी भी उनके साथ थे। उन्होंने पांडेयजी का उत्साह बढ़ाया। एक ने कहा—देखो, कायरता न करना—अपना अधिकार क्यों छोड़ रहे हो। तुम पर अभी कोई मुदकमा नहीं चला, व्यर्थ ही लोग तुम्हें पकड़ लाए—जब तक तुम पर जुर्म न साबित हो जाय, तुम्हें कष्ट देने का गवर्नमेंट को कोई अधिकार नहीं है। दो-एक दिन का कष्ट है, सहन करो, कष्ट सहन करने के लिए तो मनुष्य का जन्म ही हुआ है।" आदि-आदि।

दूसरे दिन बुरे हाल थे—आँखों-तले अँधेरा छाया था; पर दूसरा दिन भी पांडेयजी ने काट दिया।

तीसरे दिन सुपरिंटेंडेंट जेल के सामने पांडेयजी का मामला पेश हुआ। उनकी माँगें बतलाई गईं और यह भी बतलाया गया कि दो दिन से उन्होंने कोई भोजन नहीं किया।

सुपरिंटेंडेंट ने सिर हिलाते हुए ऑर्डर दिया—"फोर्स-फीडिंग हो।" और साथ ही उन्होंने कह दिया—"देखो, ज़्यादा सख़्ती से काम न लेना—आसामी कोई गहरा नहीं है। जल्दी ही काबू में आ जावेगा।"

दोपहर के समय मेडिकल ऑफिसर के साथ तीन आदमी पांडेयजी की सेवा में उपस्थित हुए। दूध और दूध पिलानेवाली नली साथ में। पांडेयजी ने पूछा—"तुम लोग क्यों आए हो ?"

"आपको जबर्दस्ती दूध पिलाने," मेडिकल ऑफिसर ने उत्तर दिया।

पांडेयजी हिचकिचाए, तबीयत हो रही थी कि कह दें—"जबर्दस्ती क्यों, लाओ मैं खुद ही पी लूँ—यहाँ तो मारे भूख के वैसे ही जान निकली जा रही है।" पर उनकी दृष्टि अपने साथियों पर पड़ गई। उन्हें ऐसा मालूम हुआ कि मानो उनके साथियों की आँखें कह रही हैं—"साहस करो, मनुष्य को निर्बल नहीं होना चाहिए।" और पांडेयजी ने दबी जबान उत्तर दिया—"नहीं, मैं दूध नहीं पियूँगा।"

दो आदमियों ने पांडेयजी के हाथ पकड़े और एक ने पैर। पांडेयजी लिटा दिए गए। नली पांडेयजी के मुँह में डाल दी गई—और पांडेयजी दूध पी गए। इसके बाद सब लोग चले गए।

अब सुबह-शाम पांडेयजी को दूध मिलने लगा। मेडिकल ऑफिसर के आते ही पांडेयजी स्वयं लेट जाते थे और चिल्लाने लगते थे कि "मैं खाना नहीं खाऊँगा, कभी नहीं खाऊँगा"—और उसके बाद दूध पी जाते थे।

पाँचवें दिन पांडेयजी को दोपहर में बड़ी भूख लगी—वे बाहर निकले और चिल्लाने लगे—"मैं खाना नहीं खाऊँगा। कभी नहीं खाऊँगा।" बात वार्डरों के कानों तक पहुँची। वार्डरों ने जेलर से कहा। जेलर हँसा, मेडिकल ऑफिसर के साथ दूध और नली उसने भिजवा दी, पांडेयजी दूध पी गए। यह खबर जेल-भर में फैल गई। अब क्या था, जहाँ पांडेयजी को भूख लगी और उन्होंने हल्ला मचाना शुरू किया, और जहाँ पांडेयजी ने हल्ला मचाया, वहाँ लोग दूध और नली लेकर पांडेयजी की सेवा में उपस्थित हो गए। साथ ही दर्शकों की भीड़ लग जाती थी।

सातवें दिन पुलिस की तहकीकात समाप्त हुई—और पांडेयजी छोड़ दिए गए।

छह आने का टिकट

उस दिन जब मैं दफ्तर पहुँचा तो मैंने एक सज्जन को अपनी कुर्सी पर बैठा हुआ पाया। ये सज्जन अपने पैर मेज पर रखे हुए गुनगुना रहे थे और कभी-कभी एक पेंसिल से अपनी जाँघों पर रखे हुए मेरे लेटर-पैड पर एक-आध लाइन भी लिख देते थे। यहाँ यह बतला देना अनुचित न होगा कि मैंने एक लेटर-पैड तीन-रंगों में छपाया था और हरएक पन्ने की लागत ढाई पैसे पड़ी थी।

वे मझोले कद के मोटे से आदमी थे, चेहरा किसी कदर गोल-मटोल, ऊबड़-खाबड़ और भद्दा। उनकी मूँछें आधी और अच्छी तरह से छँटी हुई; आँखें बिल्ली की तरह। बिजली के पंखे की हवा में इनकी चुटिया फहरा रही थी और यह बतला रही थी कि ये सज्जन काफी मौज में हैं। खादी का कुरता और धोती पहने थे।

मेज के पास पड़े हुए तख्त पर मैं बैठ गया यह समझकर कि दफ्तर के किसी कर्मचारी के ये मुलाकाती होंगे, और सुबह आए हुए पत्रों को उलटने-पुलटने लगा।

एकाएक इनकी निगाह मुझ पर पड़ी—मैं उस समय कुछ सिकुड़ा हुआ कुछ सहमा हुआ एक पत्रिका के एक विशेष लेख को पढ़ रहा था, जिसमें हिन्दीवालों को यह सूचित किया गया था कि मैं घमंडी हूँ, मक्कार हूँ, मूर्ख हूँ। उन्होंने मुझे कुछ देर तक गौर से देखा, शायद मेरी मुद्रा देखकर उन्हें कुछ दया आई; उन्होंने मुस्कुराते हुए मुझसे पूछा—"क्या आप इस दफ्तर में काम करते हैं।"

बहुत विनयपूर्वक मैंने उत्तर दिया—"जी हाँ !"

उन्होंने फिर पूछा—"और सम्पादक किशोरजी कब आते हैं ?"

"कोई समय तो उनका ठीक नहीं है—क्या आप उनसे मिलना चाहते हैं ?" मैंने पूछा।

"जी...मैं उन्हीं से मिलने आया हूँ, अभी हावड़ा स्टेशन से आ रहा हूँ, वह सामने मेरा असबाब रखा है। मेरी-उनकी मित्रता है—सोचा मिल आऊँ, और चला आया। वे रहते कहाँ हैं ?"

और वास्तव में उनका ट्रंक और बिस्तर वहीं रखा था। उनके असबाब को देखकर मैं घबराया, लेकिन जब उन्होंने मेरे मकान का पता पूछा तो मैं मर्माहत सा हो गया। मैंने कहा—"जी...रहते तो वे यहाँ से करीब दस मील की दूरी पर हैं, लेकिन शायद आजकल वे यहाँ नहीं हैं, एक हफ्ते बाद उनके लौटने की खबर है !"

"अरे–वे यहाँ नहीं हैं। खैर दफ्तर तो है–यहीं रहूँगा। एक हफ्ता कोई बड़ी बात नहीं है, इन्तजार करूँगा !"

यह वार खाली गया। मैं सोच ही रहा था कि अब दूसरा वार कौन सा हो कि मेरे सहकारी श्रीराम ने प्रवेश किया। आते ही उन्होंने कहा–"नमस्कार किशोरजी–आज जरा देर हो गई, क्षमा कीजिएगा।"

मेरे सहकारी की बात सुनते ही वे उठकर खड़े हो गए। बड़ी भक्ति के साथ हाथ जोड़कर उन्होंने मुझसे कहा–"अहा–आप ही किशोरजी हैं ! आपने दिल्लगी तो खूब की। आप मुझे जानते ही हैं, मैं हूँ रामखेलावन शरण नारायणप्रसाद सिंह ! वही जिसने आपको छह कविताएँ भेजी थीं जिस पर आपने लिखा था कि खो गईं और जिस पर मैंने बारह कविताएँ भेजीं तो आपने लिखा था कि आँधी में उड़ गईं, और फिर मैंने अठारह भेजी थीं तो आपने लिखा कि जिस कम्पोजीटर को आपने कविताएँ कम्पोज करने को दी थीं उस पर उनका इतना प्रभाव पड़ा कि वह साधु बन गया और कविताएँ अपने साथ लेता गया। लिहाजा मैं खुद अब अपनी चौबीस कविताएँ लेकर आपकी सेवा में उपस्थित हुआ हूँ !"

अब मुझे भी आतिथ्य-सत्कार की सरगर्मी दिखलाने को मजबूर होना पड़ा। मैंने कहा–"ओह–तो आप ही रामखेलावन शरण नारायणप्रसाद सिंह हैं–आपका इस कुटी में स्वागत है–आपके दर्शनों से मैं कृतार्थ हो गया।" इसके बाद मैंने अपने सहकारी से कहा–"श्रीरामजी–आपके ठहरने का प्रबन्ध छेदीलालजी के धर्मशाले में करा दें, कमरा अच्छा होना चाहिए। और..."

लेकिन मेरी बात पूरी न हो पाई कि बीच ही में मेरे अतिथि ने बात काटकर कहा–"जी, धर्मशाले में ठहरना मैं कभी पसन्द नहीं करता, चोरों और बदमाशों का वहाँ जमघट रहता है–मैं इसी दफ्तर के अतिथि-गृह में ठहर जाऊँगा। उससे आपकी सेवा करने का मुझे पूरा अवसर प्राप्त होगा।"

मेरे दफ्तर में अतिथियों के लिए एक कमरा है–इसका पता भगवान जाने किस प्रकार श्री रामखेलावन शरण ने लगा लिया था–मैं निरुत्तर रह गया।

2

चार दिन बाद सुबह के समय जब मैं सोकर उठा तो मुझे यह देखकर महान आश्चर्य हुआ कि श्री रामखेलावन शरण नारायणप्रसाद सिंह बरामदे में एक कुर्सी पर बैठे हैं और उनके सामने उनका बिस्तरा तथा ट्रंक रखा है। मुझे देखते ही वे तपाक के साथ उठे, प्रणाम करके मुस्कुराते हुए उन्होंने मुझसे कहा–"कल रात मैंने यह तय किया कि मुझसे आपका सम्पर्क पूर्णरूप से प्राप्त नहीं हो रहा, क्योंकि दफ्तर में दिन-भर आप व्यस्त रहते हैं, आपकी अमृत-वाणी मैं नहीं सुन पाता। लिहाजा मेरा आपके घर में आपके

साथ ही ठहरना उचित होगा। इसके साथ ही बाजार का भोजन मुझे रुचिकर नहीं होता, यहाँ घर का भोजन मिलेगा !"

मेरी सबसे बड़ी कमजोरी यह है कि आदमी मैं मुरौवतवाला हूँ और आसानी से 'न' नहीं कह सकता हूँ। लिहाजा अब श्री रामखेलावन शरण नारायणप्रसाद सिंह मेरे निजी अतिथि बनकर मेरे घर पर जम गए। रोज सुबह वे मेरे साथ चाय पीते थे, भोजन करते थे, दफ्तर जाते थे। उनका ट्राम का किराया मुझे ही देना पड़ता था क्योंकि कंडक्टर के पास आते ही वे मेरा मुँह देखने लगते थे।

एक दिन दफ्तर पहुँचकर उन्होंने मुझसे कहा—"किशोरजी, आज इच्छा होती है कि कलकत्ता घूम आऊँ !"

"बड़ी प्रसन्नता की बात है," मैंने उत्तर दिया।

"जरा आप अपना ट्राम का टिकट दे दीजिए !"

"वह मेरे नाम है—आप पकड़े जाएँगे," मैंने कहा।

"वाह ! आपके दफ्तर के सभी आदमी तो उसका प्रयोग करते हैं—मैं क्या मूर्ख हूँ जो पकड़ा जाऊँगा !" और उस दिन वे मेरा ट्राम का टिकट ले गए। मुझे अपने आदमियों को ट्राम का किराया देकर ट्राम पर भेजना पड़ा—और शाम को जो मैंने हिसाब लगाया तो दस आने का मुझे नुकसान हुआ।

दूसरे दिन जब उन्होंने फिर ट्राम का टिकट माँगा तो मैंने उत्तर दिया—"मुझे बड़ा दुख है, ट्राम का टिकट मुझसे एक मेरे मित्र ले गए।"

उन्होंने ठंडी साँस भरकर कहा—"कोई बात नहीं, मैं उनकी प्रतीक्षा कर रहा हूँ, उनके आने पर चला जाऊँगा।"

और उस दिन अपने झूठ को छिपाने के लिए दिन-भर अपने आदमियों को ट्राम के किरायों के पैसे देकर भेजना पड़ा। उस दिन बारह आने का नुकसान हुआ।

तीसरे दिन उन्होंने फिर ट्राम का टिकट माँगा और मैंने फिर वही बहाना किया। पर उस दिन के लिए मैंने एक स्कीम सोच ली थी। जैसे ही दफ्तर का कोई कर्मचारी बाहर जाने लगा तो मैं उसके साथ दफ्तर के बाहर निकला, बाहर निकलकर एकान्त में उसे अपना टिकट दिया और उससे कह दिया कि वह मुझे बुलाकर एकान्त में ही टिकट वापस भी करे। लिहाजा रोज का अब मेरा यही दस्तूर हो गया।

इतवार के दिन सुबह मेरे साथ चाय पीते हुए श्री रामखेलावन शरण नारायणप्रसाद सिंह ने मुझसे कहा—"किशोर जी, आज तो आपकी छुट्टी है—आज आप मुझे कलकत्ता घुमा दीजिए !"

मैं उस दिन कुछ झल्लाया हुआ था। मैंने उत्तर दिया—"मुझे दुःख है कि मुझे आपकी सेवा करने से वंचित रहना पड़ेगा क्योंकि मुझे आज कई लोगों से मिलने जाना है," और यह कहकर मैंने अपने नौकर भीखू को आवाज दी--"देखो ! बाबूजी को आज शहर घुमा लाओ ! दो छह-छह आनेवाले टिकट ले लेना—दिन-भर के," यह कहकर मैंने एक रुपया भीखू के सामने फेंक दिया।

लेकिन उसी समय श्री रामखेलावन शरण बोल उठे–"नहीं, एक ही टिकट लाना–मैं अकेले ही घूम लूँगा।" और भीखू ने छह आनेवाला टिकट उनके हवाले कर दिया।

उस दिन उन्होंने जो चा पी तो मैं दंग रह गया। चार टोस्ट और छटाँक-भर मक्खन के अलावा उन्होंने पूड़ियों के साथ चार लँगड़ा आमों का नाश्ता किया। इसके बाद वे छह आनेवाला टिकट जेब में रखकर कलकत्ता घूमने के लिए निकल पड़े। चलते हुए उन्होंने मुझसे कहा था–"आप मेरे भोजन की प्रतीक्षा न कीजिएगा, रात में लौटकर भोजन करूँगा।"

दिन-भर मैं काम-काज में व्यस्त रहा। रात को मैं करीब ग्यारह बजे घर लौटा, लेकिन एक अजब सन्नाटा मुझे मालूम हुआ। नौकर-चाकर सभी मौजूद थे, लेकिन न मुझे भक्तिपूर्वक प्रणाम करनेवाला मेरा भक्त था और न लगातार प्रश्नों की झड़ी लगानेवाला, अजीब-अजीब शंकाएँ उठानेवाला और मेरी सूनी जिन्दगी की सुख-शान्ति हरनेवाला मेरा अतिथि था। यानी श्री रामखेलावन शरणजी अभी तक न लौटे थे।

नौकर मेरा खाना ले आया, लेकिन यकीन दिलाता हूँ मुझसे खाना न खाया गया। मैं न जाने क्यों अपने अतिथि के लिए चिन्तित हो उठा था। कलकत्ता बहुत अच्छा नगर नहीं है–और श्री रामखेलावन अपने जीवन का जहाज लेकर अकेले ही इस कलकत्ता नामक महासागर में निकल पड़े थे। मुझे चिन्ता हो रही थी कि कहीं बस के नीचे तो नहीं आ गए या रास्ता तो नहीं भूल गए। या उन्हें कोई भगा तो नहीं ले गया।

मुझे अच्छी नींद भी नहीं आई। बिस्तर पर मैं करवटें बदलने लगा। मुझे आश्चर्य हो रहा था कि श्री रामखेलावन शरण के प्रति मुझमें इतनी अधिक ममता कैसे आ गई।

एकाएक मैं चौंक उठा–टेलीफोन की घंटी बज रही थी। मैं उठा–घड़ी पर मेरी नजर गई और उस समय तीन बजे थे। धड़कते दिल के साथ काँपते हुए हाथों से मैंने रिसीवर उठाया–"हलो।"

उत्तर मिला–"भवानीपुर थाने से बोल रहा हूँ। आपके यहाँ कोई रामखेलावन शरण प्रसाद सिंह तो नहीं ठहरे हैं ?"

मेरा चेहरा पीला पड़ गया। मैंने घबराकर पूछा–"खैरियत तो है–जिन्दा हैं न ?"

एक हँसी की आवाज सुनाई पड़ी–"जी हाँ हैं तो खैरियत से, लेकिन पिये हुए हैं। आध-घंटा हुआ लाए गए हैं ! आप उन्हें ले जाइए !"

रिसीवर मैंने रख दिया। मैं आसमान से गिरा–तो हमारे श्री रामखेलावन शरण प्रसाद सिंह इतने पहुँचे हुए आदमी हैं। विश्वासों को एक भयानक धक्का लगा। जी चाहता था कि जमीन फट जाय और मैं उसमें समा जाऊँ। जब श्री रामखेलावन शरण नारायणप्रसाद सिंह ऐसे आदमी पी सकते हैं, और इतनी पी सकते हैं कि थाने में बाँध दिए जाएँ, तब मेरे न पीने के अर्थ यही थे कि मेरी जिन्दगी अकारथ गई।

बहरहाल अपने अतिथि को हवालात से लाना ही था–और मैं हवालात पहुँचा। पाँच रुपए देकर रामखेलावन शरण को मैंने छुड़ाया–और उन्हें घर लाया।

घर आते ही श्री रामखेलावन शरण ने खींचकर एक गिलास पानी पिया और फिर मत्था पकड़कर बैठ गए। अब देखिए कि उनकी आँखों से टप-टप आँसू गिर रहे हैं और वे मौन बैठे हैं, न हिलते हैं, न डोलते हैं; न बोलते हैं, न चालते हैं।

आखिरकार मुझे बात आरम्भ करनी पड़ी–''रामखेलावन शरणजी, भला आपको यह क्या सूझी कि आप पीकर रास्ते में निकले ?''

इस सवाल का पूछा जाना था कि श्री रामखेलावन के उद्गारों का फूट निकलना था। ''मैं शपथ से कहता हूँ कि मैंने मदिरापान का जघन्य पाप नहीं किया है। बदमाश पुलिसवालों ने मुझे जबर्दस्ती ही बन्द कर दिया।''

''यह क्यों ?'' मैंने पूछा।

''यह मेरा दुर्भाग्य है–मुझमें अब जान नहीं है, इतना थका हुआ हूँ। आज छह आने के टिकट ने मुझे मार डाला।''

''यह कैसे ?'' सहानुभूति दिखाते हुए मैंने पूछा; पर मुझमें सहानुभूति की अपेक्षा कौतूहल की मात्रा अधिक थी।

'' देखिए किशोर जी–आपने मुझे छह आने का टिकट दे ही दिया था। जब मैं कलकत्ता घूमने निकला तो मैंने दो आने पैसे और साथ में ले लिये कि वक्त जरूरत काम आएँगे। अब मैं रवाना हुआ। ट्राम पर बैठ जाता था–जहाँ तक जाती थी, वहाँ तक जाता था और उसी ट्राम पर धरमतल्ला वापस आता था। टालीगंज गया, बालीगंज गया, बेहला गया, खिदरपुर गया, पार्क-सर्कस गया, सियालदह और राजाबाजार गया, श्यामबाजार गया, बागबाजार गया, डलहौजी गया, हाईकोर्ट गया, बऊ बाजार गया, हैरिसन रोड गया और नीमतल्ला भी मैं घूम आया। शाम को कुछ थोड़ी सी भूख लगी थी तो पास में दो आने पैसे थे ही, नाश्ता डट कर किया।

'' अब करीब दस बजे मैं हैरिसन रोड और चितपुर रोड चौराहे पर उतरा। मैंने हिसाब लगाया, छह आने के टिकट से मैं एक रुपया बारह आने का घूम चुका था–और घर आने में दो आने का और सफर करता तो इस प्रकार एक रुपए चौदह आने का घूम चुकता। और छह आने में अपने हिसाब से मुझे डेढ़ रुपया का घूमना चाहिए था। इसलिए मुझे सन्तोष करके उस समय लौट आना चाहिए था। लेकिन मालूम होता है कि उस समय मुझ पर शैतान सवार था क्योंकि एकाएक खयाल आया कि खर्च छह आने नहीं बल्कि आठ आने हुए हैं क्योंकि दो आने का नाश्ता तो घूमने के सिलसिले में ही मैंने किया था। और आठ आने के हिसाब से मुझे दो रुपए का घूमना चाहिए था।

'' इधर यह खयाल आया और उधर मुझे एक ट्राम दिखलाई दी जिस पर बेलगछिया लिखा था। एकाएक मुझे खयाल आया कि बेलगछिया अभी तक नहीं गया–और मैं उस ट्राम में बैठ गया।

'' बेलगछिया पहुँचकर मैं इस आशा से ट्राम में बैठा रहा कि यह वापस जाएगी। लेकिन एक आदमी ने आकर मुझसे कहा–'अब आप जाइए–?'

“ मैंने कहा–‘मैं धरमतल्ला जाऊँगा !’

“ उसने घड़ी की तरफ इशारा करते हुए कहा–‘ग्यारह बज गए हैं, देख रहे हैं आप ! अब यहाँ से कोई ट्राम नहीं जाएगी !’

“ किशोरजी–मैं चौंक उठा ! मैंने कहा–‘क्या–यहाँ से क्या अब कोई ट्राम नहीं जाएगी ?’

“ उसने कहा–‘कह तो दिया नहीं जाएगी–अभी बस मिल जाएगी चले जाओ !’

“ मैं उठा। लेकिन मेरी जेब में एक पैसा नहीं; भला बस पर कैसे आता। मैंने उस आदमी से पूछा–‘धरमतल्ला यहाँ से कितनी दूर है ?’

“ उसने जवाब दिया–‘होगा कोई पाँच मील !’

“ और किशोरजी, मैं पैदल धरमतल्ले की तरफ रवाना हुआ। करीब साढ़े बारह बजे मैं धरमतल्ला पहुँचा–बुरी तरह थका हुआ। धरमतल्ला में भी कोई ट्राम नहीं मिली और इसलिए मुझे वहाँ से भी पैदल ही रगड़ना पड़ा। डेढ़ बजे के करीब मैं उस बड़े चौराहे पर पहुँचा। किशोरजी–जरा देखिए, नौ मील पैदल चलकर आया था, दिन-भर खाया भी नहीं था–प्यास जोरों से लगी थी। पैर लड़खड़ा रहे थे, आँखें निकली पड़ती थीं। और उसी समय एक पुलिसवाले ने बढ़कर मुझसे पूछा–‘तुम कौन हो ?’

“ मैं ऐसा बेकाबू और बेहोश था कि मेरे मुँह से शायद शब्द ही नहीं निकले, और अगर निकले भी तो टूटे-फूटे, बिना मतलब के रहे होंगे। तब तक एक-दूसरा पुलिसवाला आ गया। उसने पहले से पूछा कि मामला क्या है। दूसरे ने जवाब दिया–‘मालूम होता है सार दारू पिये है। पैर सीध नाहीं पड़त हैं–जबान नाहीं खुलत है–नसा माँ बेहोस है।’ दूसरे ने कहा–‘तो फिर थाना लै चलो, काल सुबह होस आय जाई।’

“ उस समय मैंने उन्हें समझाने की कोशिश की, लेकिन या तो मैं उन्हें नहीं समझा सका, या फिर वे मुझे नहीं समझ सके !”

“अरे तो यह बात है !” मैंने मुस्कुराते हुए कहा। मैंने नौकर को बुलाकर खाना मँगाया। वे भोजन करने लगे और मैंने उनसे कहा–“आपका अनुभव तो बुरा हुआ है। अब मेरी सलाह यह है कि आप कल सुबह अपने घर वापस चले जाएँ, आप अच्छी साइत पर घर से नहीं चले थे।”

खाना खाते हुए उन्होंने कहा, “जी हाँ किशोरजी–बात तो ठीक है। लेकिन मेरे मामा के ससुर के बहनोई जो टिकट-कलक्टर हैं और मुझे कलकत्ता मुफ्त लाए थे, कह गए थे कि करीब पन्द्रह दिन में वापस लौटेंगे तब साथ ले जाएँगे। बारह दिन हो गए हैं; दो-तीन दिन में आनेवाले हैं, तब चला जाऊँगा।”

लेकिन इस घटना को हुए करीब पन्द्रह दिन हो गए हैं और मेरा घर अभी तक आबाद है क्योंकि श्री रामखेलावन शरण नारायणप्रसाद सिंह के मामा के ससुर के बहनोई अभी तक वापस नहीं लौटे हैं।

विक्टोरिया क्रॉस

हमारे जीवन में कभी-कभी ऐसी घटनाएँ घटित हो जाती हैं जिनकी हम कल्पना नहीं कर सकते। पता नहीं कहाँ तक मनुष्य स्वयं अपने कर्मों का उत्तरदायी है। यदि कहीं एक नियम है, तो वहीं पर उस नियम का इतना स्पष्ट और पक्का अपवाद भी है कि संयम का अस्तित्व ही नहीं रह जाता। फिर जिसे हम विधि का विधान कहेंगे, उसका कोई नियम भी तो नहीं है; उसके जितने नियम हमारे सामने हैं, वे सब हमारी कल्पना द्वारा निर्मित हैं। हमारे जीवन में न जाने कितनी शक्तियाँ काम करती रहती हैं, उदाहरण के रूप में हमारी मनःप्रवृत्ति, हमारी परिस्थितियाँ, क्षणिक आवेग और भावनाएँ, समाज के नियम और बन्धन आदि। ये तो वे शक्तियाँ हैं जिन्हें हम स्पष्ट देखते हैं और अनुभव करते हैं; पर एक और भी शक्ति है, जिसका हम कभी विश्लेषण नहीं करते। वह शक्ति मानव-नियमों का उपहासात्मक प्रतिवाद है, और इस कारण मनुष्यों ने भी उसे उपहासात्मक नाम दिया है—हिन्दी में हम उसे 'धुप्पल' कहते हैं, अंग्रेजी में 'फ्लूक' कहते हैं। इस 'धुप्पल' पर आप मनन कीजिए, और आप उसका अध्ययन अरोचक न पाएँगे। 'धुप्पल' का अध्ययन करने के समय आप ऐसी-ऐसी घटनाओं से परिचित हो सकेंगे कि आपको न मनुष्य की शक्ति पर विश्वास रह जाएगा, और न भलाई तथा बुराई को ही आप महत्त्व दे सकेंगे। हाँ, आप जी खोलकर हँस सकेंगे; लेकिन शर्त यह है कि आप खुश-मिजाज हों। यदि आप खुश-मिजाज नहीं हैं, या यों कहिए कि आपने मुहर्रम में जन्म लिया है, तो इस धुप्पल की क्या मजाल, जनाब, इस धुप्पल के निर्माता भी आपको नहीं हँसा सकेंगे। रही एक हल्की सी मुस्कुराहट, वह तो बड़े लोगों के लिए है—और बड़े लोगों की बात मैं चलाने को तैयार नहीं।

हाँ, तो धुप्पल की बात चली थी न। यह बात क्यों चली, आप यही प्रश्न करेंगे ! दुनिया में और भी अनेक महत्त्व के प्रश्न हैं। आदर्शवादी कहेगा—"महाशयजी, आप किसी आदर्श को लीजिए, संसार उससे शिक्षा ग्रहण करे और जीवन में एक पवित्र साहस के साथ अग्रसर हो।" यथार्थवादी कहेगा—"जनाब इन बेकार की बातों में क्या रखा है ? मनोविज्ञान का विश्लेषण कीजिए और जीवन की घटनाओं में छिपे हुए सत्य को निकालिए।" सोशलिस्ट कहेंगे—"यह क्या बक रहे हो ? किसानों और मजदूरों की बातें करो, उनके दुखों को दूर करने का प्रयत्न करो, संसार से उत्पीड़न का नाम उठा दो।" और भी लोग न जाने क्या-क्या कहेंगे; पर मैं साफ-साफ कह दूँ कि मैं तो इस समय

धुप्पल के फेर में पड़ा हूँ, कल शाम से; और धुप्पल के अलावा मैं इस समय किसी अन्य विषय पर लिखने को तैयार नहीं।

कल शाम के समय मैं अपनी आदत से मजबूर होकर फिर एक महीने के बाद उसी पुराने रेस्तराँ में चाय पीने जा पहुँचा। बात यों हुई कि मेरे दोस्त आ गए थे। उनसे बातचीत हुई, और उनके जाने के बाद मुझे एक लिफाफा मिला, जिसमें उन्होंने एक पत्र के साथ पाँच रुपए का एक नोट छोड़ दिया था। ये पाँच रुपए वे मुझसे शर्त में हारे थे, और वह शर्त यह थी कि मैं कहानी नहीं लिख सकता और यदि कभी लिख भी लूँ, तो वह किसी अच्छे पत्र में न छप सकेगी। मैंने शर्त बदने को तो बद ली थी; पर बाद में मुझे दुःख हुआ, क्योंकि यह शर्त बदना न था, बल्कि उन मित्र की जेब से जबर्दस्ती रुपया निकाल लेना था। अगर कोई व्यक्ति आपकी प्रतिभा को स्वीकार नहीं करता, तो आपका यह कर्त्तव्य है कि उसे आप अपनी प्रतिभा से प्रभावित करके उससे अपनी प्रतिभा को मनवाएँ, न कि आप उससे शर्त बदकर उसके रुपयों को छीन लें।

मुझे पाँच रुपए मिले, मुफ्त के ही थे; पर वे रुपए जिस तरह से आए थे, उसी तरह से खर्च भी होने चाहिए। घर से निकला यह सोचकर कि पाँच रुपए किसी संस्था को दान दे दूँ। रास्ते में रेस्तराँ मिला। पैर रुक गए, या यों कहिए कि मेरी जेब के रुपयों ने मेरे पैर रोक दिए। सोचा, पच्चीस फी सैकड़ा कमीशन हरएक सौदे में जायज है—मराठों ने चौथ ली थी, हिन्दी के ग्राहक तक किताबों पर पच्चीस फी सैकड़ा कमीशन माँगते हैं, फिर मैंने ही कौन सा पाप किया है कि पाँच रुपए में सवा रुपया अपने ऊपर न खर्च करूँ ? पैर मुड़े और मैं रेस्तराँ के अन्दर।

मैंने एक बार रेस्तराँ का मुआइना किया, अन्दाजा; किस मेज पर बैठूँ कि एकाएक मेरा हाथ सेल्यूट करने को उठ गया। यहाँ यह बतला दूँ कि मैं जब यूनिवर्सिटी में था, तो ट्रेनिंग कोर का मेम्बर था। एक वर्ष और भी सैनिक शिक्षा पाई थी और शायद एक-आध वर्ष और भी सैनिक शिक्षा लेता, यदि एक दिन ऑफिसर कमांडिंग ने कन्धे पर राइफिल लदवाकर चौदह मील तक पैदल रूट मार्च न करवा दिया होता। हाँ, तो सामने एक कोने में मेज पड़ी थी और उस पर दो फौजी बैठे हुए चाय पी रहे थे। एक के सीने पर विक्टोरिया क्रॉस मेडल चमक रहा था। जिस व्यक्ति के विक्टोरिया क्रॉस लगा हो उसे क्या कलक्टर, क्या कमिश्नर और क्या गवर्नर सबको सलाम करना पड़ता है, फिर भला उसे क्यों न सलाम करता ? तय कर लिया कि उन दो फौजियों की मेज पर बैठकर चाय पिऊँ—विक्टोरिया क्रॉस पाए हुए लोगों से बातें करते हुए उनके साथ बैठकर चाय पीने का अवसर कोई रोज थोड़े ही मिला करता है, और साधारण आदमियों को तो कभी नहीं मिलता।

उसी मेज पर जाकर मैं डट गया। उन फौजियों को शायद मेरा उनकी मेज पर बैठना

बुरा लगा, क्योंकि एक ने आँखें मिचमिचाई और दूसरे ने अपनी मूँछ पर हाथ फेरा। एक ने खाँसा और दूसरे ने मेज पर हाथ पटका। एक ने मुँह बनाया और दूसरे ने नाक सिकोड़ी। मैंने अब अधिक देर चुप रहना उचित न समझा। जिन सज्जन के विक्टोरिया क्रॉस लगा था उनसे मैंने कहा—"क्या यह विक्टोरिया क्रॉस आपको इस ग्रेट वार में मिला ?"

उन्होंने सिर हिला दिया।

मैंने फिर पूछा—"क्या मैं आपका नाम जान सकता हूँ ?"

"सुखराम !"

मैंने विक्टोरिया क्रॉस को गौर से देखते हुए कहा—"आप बड़े वीर आदमी हैं, हमारे देश को आप-जैसे वीरों पर अभिमान होना चाहिए !"

"हूँ—" कहकर सुखराम ने आँखें नीची कर लीं।

मैं एक-एक शब्द के उत्तर को सुनकर घबरा गया था और उठकर चलनेवाला ही था कि मेरी दृष्टि सुखराम के साथी पर पड़ गई जो मुस्कुरा रहा था। मुझे घबराया हुआ देखकर उसने कहा—"बाबू साहब, आप आखिर चाहते क्या हैं ?"

लड़खड़ाते स्वर में मैंने कहा—"कुछ नहीं; यही जानना चाहता था कि वीरता के किस काम में आपके साथी को विक्टोरिया क्रॉस मिला।"

सुखराम के साथी ने सुखराम की ओर देखा, इसके बाद मेरी ओर। कुछ मुस्कुराते हुए उसने कहा—"बाबू साहब, बतला तो दूँ लेकिन दो शर्तें हैं, पहली यह कि सुखराम बतलाने दें और दूसरी यह कि आप उस कहानी को सुनकर शक न करें।"

सुखराम ने अपने साथी को घूरकर देखा। उसके साथी ने कहा—"बाबू साहब ! सुखराम नहीं चाहते कि मैं कुछ बताऊँ, अब आप ही समझिए, मैं किस प्रकार बतला सकता हूँ ?"

इस समय तक मेरा कौतूहल काफी बढ़ चुका था। जिसने वीरता नहीं की थी, वह वीर का गुणगान करना चाहता था; पर वीर स्वयं ही नहीं चाहता था कि उसका गुणगान किया जाए। सुखराम क्यों मना कर रहा है, इसे जानने को मैं उत्सुक था। सुखराम के सम्बन्ध की कहानी विचित्र होगी, इतना मैं अनुमान किए हुए था। मैंने सुखराम के साथी से कहा—"जैसी आपकी इच्छा, यदि आपके साथी नहीं चाहते हैं तो न सही।" यह कहकर मैंने ब्वॉय को आवाज दी और तीन गिलास बियर के मँगवाए।

कुछ थोड़ा सा इनकार करने के बाद सुखराम और सुखराम के साथी ने बियर के गिलास खाली कर दिए। इधर-उधर की बातें हो रही थीं। उठते हुए मैंने सुखराम के साथी से कहा—"यह मेरा दुर्भाग्य ही है कि मैं आपकी उस कहानी को न जान सका, अच्छा अब मैं चलूँगा।"

बियर के गिलासों ने सुखराम और सुखराम के साथी की गम्भीरता को दूर कर दिया था। थोड़ी देर में हमलोग पक्के दोस्त हो गए थे। सुखराम के साथी ने मेरा हाथ पकड़कर मुझे बिठला लिया—"बाबू साहब, अब चाहे सुखराम कहने दें, चाहे न कहने दें, लेकिन

मैं तो आपको कहानी सुनाऊँगा ही।''

सुखराम भी मुस्कुराया–''अरे सुना भी दो, कौन मेरा बिगड़ जाएगा।''

सुखराम के साथी ने आरम्भ किया :

बाबू साहब, हमलोग एक ही गाँव के रहनेवाले हैं। जब लड़ाई छिड़ी, उस वक्त मैं फौज में था। पहले तो समझा लड़ाई जल्दी ही खतम हो जावेगी, लेकिन वह काहे को खतम होने की, और जरमनी ने दाँत खट्टे कर दिए। हमलोग न होते तो बाबू साहब, अँगरेज शर्तिया यह लड़ाई हार जाते, अरे हमी लोगों ने तो यह लड़ाई जीती।

हाँ–तो जब लड़ाई शुरू हुई तब भरती भी शुरू हुई। और जैसे-जैसे लड़ाई जोर पकड़ती गई, वैसे-वैसे भरती जोर पकड़ती गई। एक दिन भरती करनेवाले पहुँचे हमारे गाँव, और उनके सामने पड़ गए सुखराम। सुखराम अपनी जोरू से पिट के नदी में डूबने जा रहे थे। सो भरती करनेवालों ने देखा सुखराम को और सुखराम ने देखा भरती करनेवालों को। सुखराम की समझ में बात आ गई कि भरतीवाले जान के ग्राहक हैं और भरतीवालों की समझ में यह बात आ गई कि सुखराम जिन्दगी से आजिज हैं। बस फिर क्या था, सुखराम भरती हो गए।

छह महीने तक कवायद सिखाई गई और सातवें महीने लाद दिए गए सुखराम जहाज पर, लड़ने के लिए। वहाँ ये हमलोगों को मिले। सुखराम मुझे देखकर बड़े खुश हुए। लगे कहने कि दुनिया घूम रहे हैं, फौजी हैं, लौटकर मारे बूट के-मारे बूट के जोरू का कचूमर निकाल देंगे। ये बातें कर ही रहे थे कि हम लोगों का फायरिंग लाइन में जाने का हुक्म आया। फायरिंग लाइन में जाने का हुक्म पाते ही हमारी बटालियन के लोगों के चेहरे पीले पड़ गए; लेकिन सुखराम के चेहरे पर शिकन नहीं। आप नहीं जानते बाबू साहब, कि ऐसा क्यों था ? बात यह थी कि सुखराम बेचारे क्या जानें कि फायरिंग लाइन क्या बला है ? इनके लिए तो जैसे हिन्दुस्तान से विलायत आना वैसे ही बन्दरगाह से फायरिंग लाइन पर जाना।

हम लोग ट्रेंचों में पहुँचे, और गोलाबारी शुरू हुई। अब सुखराम की हालत देखिए, इन्होंने रोना शुरू किया। जिन्दगी में तोप की आवाज सुनी न थी, यहाँ जब तोपें और बन्दूकें चलती देखीं तो बौखला गए। इधर गोली चली और उधर सुखराम भागे पर मैंने सुखराम को पकड़ लिया। ट्रेंचों के बाहर निकलना और मर के गिर पड़ना बराबर ही है। लेकिन सुखराम बौखलाए हुए, उन्हें यह पता कहाँ ? हमलोगों ने लाख समझाया, पर इनकी समझ में बात न आई। समझते तब, जब रोने और चिल्लाने से इन्हें फुर्सत मिलती। अन्त में हमलोगों ने इन्हें बाँध दिया।

तीन दिन तक ये बँधे रहे। इन तीन दिनों तक हमें किन-किन मुसीबतों का सामना करना पड़ा, यह हमीं जानते हैं। चौथे दिन गोलाबारी ने भयानक रूप धारण किया। दुश्मन ने हमारी ट्रेंचों पर धावा बोला और हमलोग सब-के-सब उनको रोकने में लग

गए। सुखराम को यह मौका मिला, किसी तरह इन्होंने अपनी रस्सी तुड़ाई, और रस्सी तुड़ाकर ट्रेंच के ऊपर चढ़ गए और बेतहाशा पीछे भागे।

बाबू साहब ! सुखराम की ऐसी बेशरम जिन्दगी भी हमलोगों ने नहीं देखी। चारों तरफ से गोलियों की बौछार हो रही है, तोप के गोले गिर रहे हैं, बम फूट रहे हैं और सुखराम इन सबों के बीच से सही-सलामत भागे चले जा रहे हैं ! एक गोली कान से बातें करती हुई निकल गई, तोप के गोले से जो जमीन फट के उछली, उसी के साथ इन्होंने भी दस फुट की छलाँग मारी। इनका साफा गोलियों से चलनी हो रहा था, जूते की एड़ियों में गोलियाँ चिपकी हुईं, वरदी गोलियों से छिदी हुई, और सुखराम के बदन पर एक खराश तक नहीं !

सौ गज की दौड़ें तो आपने देखी होंगी, लेकिन मैं दावे के साथ कहता हूँ कि तेज-से-तेज दौड़नेवाला उस दिन इनका मुकाबिला नहीं कर सकता था। बीच-बीच में गढ़े थे और वहाँ इन्होंने जो लाँगजम्प किया है, उसके आगे दुनिया का रिकॉर्ड मात है, क्योंकि एक दफे ये करीब इक्कीस फीट चौड़ा गढ़ा फाँद गए थे। और इन्होंने जो कलाबाजियाँ खाईं, अगर आज ये उनको दुहरावें तो किसी भी सरकस में हजार-पाँच सौ रुपया महीना पैदा कर सकते हैं। हम लोग चिल्लाते ही रह गए, लेकिन सुखराम भला काहे को रुकने के !

अब सुखराम डेंजर-जोन के बाहर निकले, लेकिन उनका दौड़ना बन्द नहीं हुआ। डेंजर-जोन के बाद कडैल साहेब का खीमा गड़ा था। तारबकीं हो रही थी, और कडैल साहब दूरबीन लगाए बैठे थे। जब सुखराम खेमे के पास आए तो कडैल साहब ने चिल्लाकर कहा—"कहाँ जाता है ?" सुखराम एक सेकंड के लिए रुके, हाँफते हुए इन्होंने कहा—"साहब, गोली ! गोली !" और यह कहते हुए सुखराम बेहोश होकर गिर पड़े।

यहाँ तक तो जो कुछ हुआ वह ठीक ही हुआ। सुखराम किस तरह से बच आए, कौन बतलाए, लेकिन मालूम होता है भगवान अच्छा-खासा मजाक करने पर तुले हुए थे। कडैल साहब ने दौड़कर सुखराम को खुद अस्पताल भिजवाया। इसके बाद उन्होंने अपने खरीते में लिखा—"सुखराम ने बहुत बड़ी बहादुरी का काम किया। जिस वक्त ट्रेंचों में एम्यूनिशन खतम हो गया और ट्रेंचों से यहाँ तक की कम्यूनिकेशन काम नहीं कर रही थी, यह आदमी अपनी जान पर खेलकर ट्रेंचों के बाहर निकलकर यहाँ एम्यूनिशन खतम हो जाने की इत्तिला देने आया। ताज्जुब हो रहा है कि यह शख्स इतनी दूर जिन्दा कैसे चला आया—हजारों गोलियों के निशान इसके बदन पर के कपड़ों पर हैं; पर इसके एक भी गोली नहीं लगी। शायद इसके इस विल-फोर्स ने कि किसी-न-किसी तरह एम्यूनिशन खतम होने की इत्तिला देनी ही चाहिए, इसे जिन्दा रखा। यहाँ पर हम परमेश्वर का हाथ देखते हैं। साथ ही हम यह सिफारिश करते हैं कि सुखराम को उसकी बहादुरी के लिए विक्टोरिया क्रॉस दिया जाए।" और बाबू साहब, आप देखते ही हैं सुखराम को विक्टोरिया क्रॉस मिल गया।

मैं मुस्कुराया; पर न जाने मैंने क्यों यह प्रश्न कर दिया—''और इनकी बीवी का क्या हाल है ?''

सुखराम का साथी सुखराम का हाथ पकड़कर उठ खड़ा हुआ। हँसते हुए उसने कहा—''बीवी ! अरे हाँ, अब इनकी बीवी जब इन्हें पीटने लगती है, तब ये विक्टोरिया क्रॉस जेब में रख लेते हैं।''

रहस्य और रहस्योद्घाटन

लखनऊ के शनिवार क्लब के सदस्य तो सोलह हैं, लेकिन उस दिन कुल चार आदमी ही एकत्र हो पाए थे। जनवरी महीने की सर्दी वैसे ही काफी तेज होती है, लेकिन उस दिन तो सुबह से ही बर्फीली हवा चलने लगी थी और दोपहर के बाद हल्की बूँदाबाँदी शुरू हो गई थी।

पहले मैं आपको अपना परिचय दे दूँ। ज्ञानगुप्त गौतम के नाम से हरेक देशवासी को परिचित होना चाहिए क्योंकि मेरे खिलाफ गाँजे की स्मगलिंग का जो मुकदमा चला था, उसे लेकर देश के सभी प्रमुख पत्रों में मेरे चित्र छपे थे, मेरे सम्बन्ध में न जाने क्या-क्या लिखा गया था। सरकार के भरसक प्रयत्न के बावजूद नीचे की अदालत से लेकर सुप्रीम कोर्ट तक से निर्दोष ही साबित होता रहा। पाँच लाख रुपया खर्च हो गया था मेरा उस मुकदमे में, लेकिन इज्जत का मामला था। कहावत है कि 'जान है तो जहान है,' सो अपने दो सुपुत्रों की परवाह न करके मैंने अपनी इज्जत बचाई। मेरी एक्सपोर्ट और इम्पोर्ट की फर्म 'गुप्त गौतम ब्रदर्स' बम्बई में है, लेकिन इस मुकदमेबाजी के बाद उस फर्म का नाम बदलकर 'समृद्धि और विकास' कर दिया है। मुझे जबर्दस्ती लखनऊ भेज दिया गया है स्वास्थ्य-लाभ के लिए, क्योंकि उस मुकदमेबाजी में मैं जीता तो था लेकिन तन्दुरुस्ती टूट गई थी और डॉक्टरों ने लम्बे विश्राम की सलाह दी थी। यहाँ लखनऊ में मैं अपनी कोठी में जम गया हूँ। मेरी कोठी 'शोभा सदन' लखनऊ की शानदार कोठियों में अग्रगण्य मानी जाती है। अब मैं पूर्णतः स्वस्थ हूँ, लेकिन मेरे पुत्रों ने मुझे बम्बई जाने से रोक दिया है। धीरे-धीरे उनकी साख बढ़ने लगी है और उन्हें खतरा इस बात का है कि कहीं पुलिस का टंटा फिर से न शुरू हो जाए। तो मैंने निश्चय कर लिया कि व्यापार-धन्धे से संन्यास लेकर अपने पुराने पापों का प्रक्षालन करूँ और देश की सेवा में अपना जीवन अर्पित कर दूँ। यानी मैं पार्लियामेंट का सदस्य बनकर देश को समृद्ध बनाऊँ, अपनी फर्म 'समृद्धि और विकास' को समृद्ध बनाऊँ और अपने मित्रों एवं शुभचिन्तकों को समृद्ध बनाऊँ। तो किसी राजनीतिक पार्टी के टिकट पर मैं लोकसभा का चुनाव लड़नेवाला हूँ। मेरे सुपुत्रों ने दो लाख की रकम मेरे पास भेज दी है।

मैंने अपने इस इरादे की खबर सिवा अपने सुपुत्रों के और किसी को नहीं दी है, लेकिन उस दिन सुबह ही प्रसिद्ध तान्त्रिक एवं भविष्यवक्ता चमन चांडाल मेरे यहाँ

पधारे। आते ही उन्होंने मुझसे कहा—"दुर्दिन समाप्त, शुक्र में राहु, राहु में शनि, मन्त्री बनेगा, मन्त्री। ये ले भभूत।" और जबर्दस्ती मेरे माथे पर एक चुटकी भभूत मलकर वह उलटे पैरों तेजी से चले गए, बिना बैठे, बिना मिठाई-नाश्ता किए, बिना दान-दक्षिणा लिये।

दोपहर के समय जनसंघ के एक प्रमुख कार्यकर्ता पधारे—"आप बड़े आस्थावान प्राणी हैं, हम आपको अपनी पार्टी का प्रत्याशी बनाना चाहते हैं, आप अपनी स्वीकृति दे दीजिए।"

'जल्दी का काम शैतान का' मुझे यह कहावत याद है, सो मैंने कहा था—"दो दिन का समय दीजिए, सोचकर उत्तर दूँगा, वैसे राजनीति में आकर देश-सेवा का जी तो चाहता है..." और मैंने उनको अच्छा जलपान कराके विदा किया।

शाम के समय कांग्रेस कमेटी के एक विशिष्ट मन्त्री ने मुझे फोन किया—"लखनऊ की कांग्रेस कमेटी लखनऊ नगर से अपने प्रत्याशियों की जो एक सूची बना रही है उसमें आपका नाम सर्वप्रथम रखना चाहती है, आपको इसमें आपत्ति तो नहीं होगी ?"

"मुझे भला क्या आपत्ति हो सकती है, मैं तो देश का एक तुच्छ सेवक हूँ, लेकिन चुनाव-खर्च मैं सिर्फ अपना दूँगा। दूसरे का चुनाव-खर्च देने की अवस्था में नहीं हूँ।"

"हें-हें, क्यों मजाक करते हैं, हमारी पार्टी को क्या भिखमंगों और कंगालों की पार्टी समझ लिया है आपने ? हमें इसी से सन्तोष है कि आप अपना चुनाव-खर्च स्वयं बर्दाश्त कर लेंगे।"

मैंने तत्काल अपने साले के लड़कों को, जो इन दिनों प्राइवेट सेक्रेटरी भी है, बुलाकर पचास रुपए के फूल, मेवे और मिठाइयाँ तथा पचास रुपए नकद तान्त्रिक चमन चांडाल के यहाँ भिजवा दिए और फिर तुलसीदास का यह पद 'जब जानकीनाथ सहाय करें तब कौन बिगाड़ सके नर तेरो' गुनगुनाते हुए कपड़े बदले। ड्राइवर से मैंने कहा—"शनिवार क्लब की तरफ।"

क्लब के बाहर सन्नाटा था। चौकीदार बुधई पासी गुरसी जलाए हुए बरामदे में बैठा आग ताप रहा था और भीतर से मिस्टर भोलानाथ टंडन निहायत बिगड़े हुए मूड में मौसम को और सदस्यों को गालियाँ देते हुए निकल रहे थे। मुझे देखते ही वह रुक गए, "अरे मिस्टर गौतम, बड़े अच्छे आ गए, मैं तो जा ही रहा था। यह साला मौसम भी क्या है, साढ़े सात बज गए हैं, और यहाँ सन्नाटा..."

मैंने उसका हाथ पकड़कर कहा, "किसी को गाली देने से क्या मिल जाएगा, आप एक और मैं एक, एक और एक मिलकर ग्यारह होते हैं, तो आइए जमा जाए।"

"आऊँगा नहीं तो जाऊँगा कहाँ ? हफ्ते में एक शाम का समय निकालता हूँ तफरीह के लिए, वैसे दम मारने की फुर्सत नहीं।" हम लोग एक मेज के दोनों तरफ बैठ गए थे। बेयरा रामदीन ने लपककर हम दोनों को सलाम किया, "क्या लावें

सरकार ?" और मैंने उत्तर दिया—"एक-एक पेग छोटा व्हिस्की।"

बैरिस्टर टंडन ने ताश की गड्डी उठाई और रमी के पत्ते बाँटने लगे, तब तक एक आवाज सुनाई दी—"तीन जगह बाँटिएगा, मैं भी आ गया।" और मैंने देखा कि मिस्टर लोकनाथ मिश्र कमरे में प्रवेश कर रहे हैं। आते ही उन्होंने पुकारकर कहा—"एक बड़ा पेग रम का।" और बैठते हुए मानो वह अपने ही अन्दर मुनमुनाए—"साले मिनिस्टर क्या हुए, हमें गुलाम और कंगाल समझ लिया। दिन-भर देहातों में घूमते रहे, दोपहर को मक्के की रोटी, दही और साग, शाम के वक्त चिउड़ा और मूँगफली के साथ चाय। मिठाई देहात के सड़े हुए खोए की और चाहता है कि मैं उसे देश का निर्माता, भारत का भाग्य-विधाता बनाऊँ। हाथ-पैर अकड़ गए हैं।"

श्री लोकनाथ मिश्र, 'स्टॉर्म एंड थंडर' नामक दैनिक पत्र के विशेष संवाददाता हैं और उस पत्र की अन्तर्राष्ट्रीय ख्याति है। उनकी उम्र कोई पचास साल की रही होगी। निहायत काले और हब्शी से दिखनेवाले आदमी, लेकिन कलम में बला की ताकत। लोग उनका जितना आदर करते थे उससे अधिक उनसे डरते थे।

ताश बाँट दिए गए थे। तीनों के सामने शराब के गिलास थे। तभी डॉक्टर महेश्वरनाथ ने प्रवेश किया। मोटे से आदमी, उम्र करीब सत्तावन-अट्ठावन साल, मुँह में सिगार लगा हुआ, बड़े इत्मीनान के साथ चौथी कुर्सी पर बैठे, फिर उन्होंने लोकनाथ मिश्र से कहा—"क्यों मिश्रजी, कल मैं आपका इन्तजार ही करता रह गया, अपने असिस्टेंटों को इकट्ठा कर रखा था मैंने। उनसे कह दिया कि आपकी आँखें देश की आँखें हैं, उनका ठीक तौर से इलाज होना चाहिए। अगर आप जल्दी चश्मा नहीं लेते, तो आपकी आँखों की खैर नहीं।"

डॉक्टर महेश्वरनाथ मेडिकल कॉलेज में नेत्र-विभाग के प्रोफेसर हैं, जल्दी ही रिटायर होनेवाले हैं। घर में काफी जमा-जथा है, ज्यादा मेहनत करने में उन्हें विश्वास नहीं। बड़े खुशमिजाज, दवा-इलाज की अपेक्षा विभिन्न सांस्कृतिक एवं राजनीतिक गतिविधियों में दिलचस्पी। लोकनाथ ने उत्तर दिया—"माफ कीजिएगा डॉक्टर साहब, कल सूफी हफीज मुहम्मद शरीफ उल-उलेमा से मुलाकात हो गई। उन्होंने ममीरे का सुरमा दिया है, कहा है कि पन्द्रह दिन बाद दिन में तारे दिखने लगेंगे। पहुँचे हुए पीर, औलिया, न जाने क्या-क्या हैं।"

बेयरा रामदीन बिना पूछे ही डॉक्टर महेश्वरनाथ के सामने व्हिस्की रख गया था। एक घूँट पीकर डॉक्टर महेश्वरनाथ ने बड़े इत्मीनान के साथ कहा—"ठीक है, ठीक है, इन सन्तों और औलियों का क्या कहना अगर साथ में वैद्य या हकीम भी हुए। बड़े पहुँचे हुए लोग होते हैं। न रहे बाँस, न बजे बाँसुरी। जड़ से साफ कर देते हैं मर्ज।"

"क्या मतलब आपका ?" कुछ भड़ककर लोकनाथ मिश्र बोले।

"जी, आपको तारे क्या, स्वर्गलोक, जन्नत और न जाने क्या-क्या दिखेगा, बाकी यह दुनिया भी कोई देखने की चीज है ?" मुँह बनाते हुए डॉक्टर महेश्वरनाथ ने कहा—"मैं कहता हूँ हजरत, चश्मा लीजिए, इन अनाड़ियों के फेर में मत पड़िए।"

मिस्टर मिश्र ने मुस्कुराते हुए कहा—"डॉक्टर साहब, आप लोग साइंसवाले आदमी हैं, हर चीज को मैटेरियल नजर से देखते हैं, लेकिन इस मैटेरियल यानी भौतिक तत्त्व से भी ऊपर चीजें होती हैं।"

बैरिस्टर टंडन ने ताशों की गड्डी एक तरफ रखते हुए कहा, "हाँ मिश्रजी, होती हैं, मैंने खुद देखी हैं।"

"आपको क्या कोई अनुभव हुआ है ऐसा ?" डॉक्टर महेश्वरनाथ ने पूछा।

"जी हाँ, कहिए तो सुनाऊँ ?"

"हाँ, हाँ !" हमने एक स्वर में कहा, और मिस्टर टंडन ने प्रारम्भ किया...

अभी दो साल पहले की बात है, वह जो यहाँ सुप्रसिद्ध सेठ घसीटेमल हैं, जी वही, एक दिन सुबह बड़े घबराए हुए मेरे यहाँ आए, बोले—"बैरिस्टर साहब, बड़ा गजब हो गया, बाबा देवमलंग हवालात में बन्द हैं।"

"यह बाबा देवमलंग कौन हैं, और हवालात में क्यों बन्द हैं ?" मैंने पूछा।

"बड़े पहुँचे हुए सिद्ध हैं। कल रात करीब एक बजे बटलर रोड पर आई.जी. के बँगले के पास से होते हुए, लम्बे-लम्बे डग भरते हुए बनारसी बाग जा रहे थे कि पुलिसवालों ने उन्हें रोककर उनसे पूछताछ की। लेकिन बाबा ने चुप्पी साध ली। तो पुलिसवालों ने उन्हें हवालात में बन्द कर दिया। तब से बाबाजी मौन हैं, न खाते-पीते हैं, न बोलते हैं।"

तो लाला घसीटेमल बात कर ही रहे थे कि एक आदमी मेरे कमरे में घुस गया, जिसके पीछे मेरे मुंशी उसे रोकते हुए आ रहे थे। लम्बा-चौड़ा आदमी, निहायत मैले कपड़े पहने हुए, दाढ़ी बढ़ी हुई, आँखें लाल-लाल चेहरा डरावना। हाथ में एक बड़ा सा झोला। उस आदमी की बदतमीजी पर मुझे बड़ा गुस्सा आया, लेकिन तभी सेठ घसीटेमल उठकर उनके पैरों पर गिर पड़े। उस आदमी ने घसीटेमल को उठाया—"क्यों रे घसीटे, बैरिस्टर साहब से मुझे छुड़वाने आया था। तो मैं खुद ही आ गया हूँ। हवालात में वैसे-का-वैसा ताला लगा है, ढूँढ़ रहे होंगे साले मुझे।" और वह एक खाली कुर्सी पर बैठता हुआ मुझसे बोला—"देख क्या रहे हो, दो दिन का भूखा हूँ, मँगवाइए कुछ खाने को। आध सेर जलेबी और एक सेर दूध—बस इतने से काम चल जाएगा।"

मैं समझ गया कि यही बाबा देवमलंग हैं। मैंने मुंशी को दौड़ाया दूध-जलेबी लाने के लिए। बाबा देवमलंग मुझसे बोले—"क्या सोचता है भगत, वैसे सब कुछ यहीं मँगवा सकता हूँ, लेकिन हरेक चीज की कीमत देनी पड़ती है, जो चीज चाहे वह इसी वक्त यहाँ मँगवा दूँ, लेकिन उसे वापस कर देना होगा।"

"मैंने सुन रखा था कि कुछ बाबालोग अपने झोलों में तरह-तरह के सामान रखते हैं और वह लोगों पर सम्मोहन डालकर उनसे यह चीजें मँगवाने को कहला देते हैं, जो उनके झोलों में हो। फिर झोलों से वही चीजें निकालकर लोगों को चकित कर देते हैं। तभी मुझे अपने समधी लाला बलराज खन्ना की याद हो आई, जो दो-तीन दिन पहले मेरे यहाँ आए थे। उनके गले में सोने की एक खूबसूरत माला थी, जिसमें भगवान कृष्ण

की मूर्ति थी। तो मैंने बाबा देवमलंग से कहा कि वह बलराज खन्ना के गले की माला मँगवा दें तो हम जानें।"

"अभी लो, पहले जलपान हो जाए," और बाबा पद्मासन लगाकर तख्त पर जम गए।

मुंशी दूध और जलेबी ले आया। बाबाजी ने डटकर नाश्ता किया, इसके बाद उन्होंने कहा—"भगत, वह माला चाहता है, तो ले।" और उन्होंने हवा में हाथ हिलाया और माला उनकी मुट्ठी में थी। उन्होंने माला मुझे पकड़ा दी।

लोकनाथ मिश्र चौंक उठे—"आपने गौर से देखी, वही माला थी ?"

जी, अच्छी तरह उलट-पुलटकर देखा, वही माला थी। तो उसके बाद एक घंटे बैठे बाबा मेरे यहाँ। मैंने वह माला अपने गले में पहन ली थी। एक घंटे बाद बाबाजी उठे..."भगत, तेरे कचहरी जाने का वक्त हो गया है और मुझे भी रामेश्वरम् जाना है मध्याह्न काल की आरती में बाबा भूतनाथ पर गंगाजल चढ़ाने के लिए। भगत घसीटेमल, फिर कभी आऊँगा, तेरी सेवा स्वीकार करने के लिए।" और देवमलंग बाबा तीर की तरह मेरे कमरे से बाहर हो गए। हमलोग उनके पीछे दौड़े, लेकिन बाबा देवमलंग की धूल का पता नहीं। गले पर हाथ लगाया, लाला बलराज खन्नावाली माला वहीं मौजूद थी।

तो उसके बाद मैं गया कचहरी, एक सेशंस का मामला था। दो बजे तक मुकदमे में लगा रहा। वहाँ से मैं अपने चेम्बर में लौटा। बड़ी थकावट मालूम हो रही थी, आरामकुर्सी पर बैठ गया और लगता है मुझे झपकी आ गई। मुश्किल से पाँच मिनट की झपकी आई होगी, ढाई बजे दूसरा केस था न। मुअक्किल ने मुझे आवाज दी। मैं उठा अपनी टाई ठीक करते हुए, और कलेजा धक्क से रह गया। माला मेरे गले में न थी। रात में घर लौटते ही मैंने बलराज खन्ना को फोन मिलाया और उन्होंने बताया कि उस दिन सुबह के समय जब वह स्नान करने गए तो उन्होंने अपनी माला बाथरूम की खूँटी पर टाँग दी थी। स्नान करके जब वह माला लेने को मुड़े तब उन्होंने देखा कि माला खूँटी पर नहीं थी। इधर-उधर ढूँढ़ा, कहीं नहीं मिली। उन्हें जल्दी थी, ऑफिस में कुछ खास लोगों से मिलना था तो चले गए। शाम को जब वापस लौटे तो बाथरूम में गए, माला वहीं खूँटी पर टँगी हुई मिली।

खुद मिस्टर भोलानाथ टंडन के साथ यह घटना घटी, विश्वास तो नहीं होता था, लेकिन अविश्वास भी नहीं किया जा सकता था। थोड़ी देर तक सन्नाटा छाया रहा। फिर मिस्टर लोकनाथ मिश्र ने कहा—"दैवी शक्ति पर तो मुझे विश्वास नहीं, लेकिन सोने की माला इलाहाबाद से आपके कमरे में आ गई और उसे आते किसी ने देखा नहीं, वैज्ञानिक ढंग से उस पर विश्वास नहीं किया जा सकता।"

इसके पहले कि बैरिस्टर टंडन कोई उत्तर देते, डॉक्टर महेश्वरनाथ बोल उठे—

"डॉक्टर हूँ और मैंने साइंस पढ़ी है, लेकिन मैं उस पर विश्वास कर सकता हूँ एक वैज्ञानिक के नाते।"

मैं चौंक उठा—"आप विश्वास करते हैं ! अजीब बात है !"

"बिल्कुल साधारण बात है," डॉक्टर महेश्वरनाथ ने सिगार की राख झाड़ी—"आप लोग जानते ही हैं कि वैज्ञानिकों ने अणु का विस्फोट कर दिया है। पदार्थ अणुओं से बना है, और अणु के विस्फोट पर इनर्जी या ऊर्जा रह जाती है। यह ऊर्जा अदृश्य है। इतनी तो विज्ञान को उपलब्धि हो चुकी है। अब ऊर्जा से अणु बने और अणु से पदार्थ बने, विज्ञान यह नहीं कर सका है। तो बाबा देवमलंग ने यह किया होगा कि सोने की माला को एक अणु-समूह में बदल दिया होगा, और फिर उस अणु-समूह को ऊर्जा बना दिया होगा। वह ऊर्जा इलाहाबाद से लखनऊ—और यहाँ आते ही ऊर्जा के अणु बने, और अणु से फिर पदार्थ बन गया। यानी सोने की माला, वैसी-की-वैसी बन गई।"

बैरिस्टर टंडन ने ताली बजाते हुए कहा—"वाह डॉक्टर ! कितना वैज्ञानिक विश्लेषण कर दिया है तुमने !"

मैं तेजी के साथ सोच रहा था। हिन्दुस्तान में अणु-बम बनाने की बात चल रही है। लेकिन अरबों-खरबों का खर्च है इसमें। फिर विदेशी मशीनें, विदेशी मुद्रा, विदेशी विशेषज्ञ। और बाबा देवमलंग यहाँ मौजूद हैं। पल में लखनऊ, पल में रामेश्वरम्। तो अगर बाबा देवमलंग को किसी फैक्टरी में बैठाकर धड़ाधड़ एटम बमों के निर्माण का काम आरम्भ हो जाय तो क्या कहना ! मैंने मिस्टर टंडन से कहा, "दोस्त टंडन ! बाबा देवमलंग का पता लगाओ, आदमी बड़े काम के साबित होंगे हमारे लिए। यह अमेरिका, रूस, चीनवाले—एक हाथ में साफ !"

आश्चर्य से मिस्टर टंडन ने मेरी ओर देखा, तब लोकनाथ मिश्र बोल उठे—"वाह मिस्टर ज्ञानगुप्त गौतम ! बात बड़े पते की कही है तुमने। क्यों डॉक्टर महेश्वरनाथ, यहीं लखनऊ में भैंसाकुंड से कुछ आगे बढ़कर भारतवर्ष की सबसे बड़ी एटमबम की फैक्टरी बन जाए। न कोई मैशिनरी, न वैज्ञानिक, न मजूदर, न लोहालंगड़, न यूरेनियम। अपने बाबा देवमलंग बैठे हैं उसमें और दे धड़ाधड़—दे धड़ाधड़ एटमबम तैयार हो रहे हैं।"

डॉक्टर महेश्वरनाथ ने गम्भीरतापूर्वक सर हिलाते हुए कहा—"यह सब आध्यात्मिक और पारभौतिक बातें हैं मिश्रजी, इतनी आसानी से नहीं हो सकेगा। सबसे पहली बात बाबा देवमलंग की है, कब वह सेठ घसीटेमल या मिस्टर टंडन के हाथ लगेंगे—यह नहीं कहा जा सकता। वह स्वयं एक जगह से गायब होकर हजारों, लाखों या करोड़ों मील की दूरी पर प्रकट हो सकते हैं। वह इस समय चन्द्रमा या मंगल में हों कोई कुछ नहीं कह सकता। लेकिन अगर उनके फेर में पड़कर मिस्टर टंडन या आप लोग गायब हो गए, तो फिर आप लोग प्रकट हो सकेंगे—इस पर मुझे शक है। तो मेरी सलाह तो यह है कि आप लोग इस चक्कर में न पड़ें, इन पहुँचे हुए सिद्धों के चक्कर में पड़े हुए एक आदमी का मैं दुखद अन्त देख चुका हूँ।"

बाहर अब तेजी से वर्षा होने लगी थी। रह-रहकर बिजली चमक रही थी। वातावरण कुछ अजीब डरावना हो गया था। मैंने कहा—"एक-एक पेग मेरी तरफ से। हाँ डॉक्टर, किस आदमी का और कैसा दुखद अन्त देखा है आपने ?"

रामदीन पीछे ही खड़ा था—उसने तत्काल हम लोगों के गिलास भरे और डॉक्टर महेश्वरनाथ ने कहानी आरम्भ की :

बात सन् 1950 की है। मैं मेडिकल कॉलेज में लेक्चरर था लेकिन नेत्र-चिकित्सा में मेरी ख्याति काफी अधिक हो गई थी। तो एक दिन मैं अपने कमरे में बैठा आराम कर रहा था कि एक गोरा सा और लम्बा सा आदमी मेरे कमरे में घुस आया। बड़ा सुन्दर चेहरा, लेकिन मुख पर एक अजीब उदासी। उसकी अवस्था करीब पच्चीस-छब्बीस वर्ष की रही होगी। सफेद धोती-कुरता पहने, सिर पर सफेद पगड़ी, नंगे पैर, गले में रुद्राक्ष की माला, मत्थे पर त्रिपुंड। इस तरह उसके मेरे कमरे में घुस आने पर मुझे कुछ क्रोध हुआ, लेकिन उस आदमी की उदास मुद्रा को देखकर मैंने अपना क्रोध दबाया। मैंने उनसे कहा—"कहिए क्या काम है आपको ?"

"आपको अपनी आँखें दिखानी हैं डॉक्टर साहब। यह जग-विख्यात है कि आप कुशल और धर्मनिष्ठ डॉक्टर हैं, आप मेरी आँख के चश्मे का नम्बर दे दें।"

मैं उसे क्लिनिक में ले गया और मैंने उसकी आँखों की अच्छी तरह परीक्षा करके उसके चश्मे का नम्बर दे दिया। इस परीक्षा के दौरान मुझे ऐसा लगा कि उस आदमी का रक्तचाप बहुत बढ़ा हुआ है, उसके शरीर के अन्य भागों में भी कुछ विकार हो सकता है। आँख की कमजोरी उन्हीं विकारों के कारण हो सकती है। मैंने उससे कहा—"अपनी पूरी तरह से परीक्षा करा लो, मैं अपने मित्र डॉक्टर धर्मेन्द्रनाथ गौड़ को फोन किए देता हूँ। कल करीब दो-तीन बजे तुम मुझसे आकर चश्मे का नम्बर ले लेना।"

मैंने उसे डॉक्टर गौड़ के पास भेज दिया। उन्होंने उसकी अच्छी तरह परीक्षा की, इसके बाद उन्होंने मुझे फोन पर बतलाया—"रक्तचाप बढ़ा हुआ है, लेकिन किसी तरह की और बीमारी नहीं दिखाई देती, असाधारण प्रक्रिया है इसके शरीर की, मेरी समझ में नहीं आता। एक हफ्ते बाद फिर देखना होगा इसे।"

दूसरे दिन वह आदमी फिर मेरे यहाँ आया, न जाने क्यों, उस आदमी से इस कदर प्रभावित हुआ था कि मैंने उसका चश्मा मयफ्रेम के उसी दिन अपने पैसों से बनवा दिया था। उसके आते ही मैंने उसका चश्मा देते हुए कहा—"यह रहा आपका चश्मा, मेरी तरफ से आपको भेंट। एक हफ्ते बाद आप डॉक्टर गौड़ से मिल लीजिएगा !"

एक ठंडी साँस लेकर उसने उत्तर दिया—"बहुत-बहुत धन्यवाद, आप वास्तव में धर्मात्मा हैं—भगवान आपका भला करे। डॉक्टर गौड़ से मुझे नहीं मिलना, आज के ग्यारह मास के बाद मेरी मृत्यु हो जाएगी—उसे कोई नहीं रोक सकता। आँखों से कुछ कम दिखाई देने लगा है तो मैं चश्मा लेने आपके यहाँ चला आया था।"

मेरी उत्सुकता जाग उठी, मैंने कहा—"यह कैसे कहते हैं आपको कोई बीमारी नहीं है !"

उसने बड़े उदास भाव से सिर हिलाया—"मैं जानता हूँ कि मेरी मृत्यु निश्चित है। आपने मेरे साथ जो उपकार किया उसके लिए आपको आशीर्वाद। एक महीने बाद आप विदेश-यात्रा करेंगे, वहाँ से लौटकर आपकी पदोन्नति होगी।"

मैंने उससे कहा—"महाराज, आप अपने रहस्य को अपने अन्दर ही रखते हुए नहीं जा सकते, क्या बात है ? आप मुझे बताएँ, कुपात्र मैं नहीं साबित हूँगा।"

मेरे आग्रह को वह नहीं टाल सका। उसने कहा—"डॉक्टर साहब, आपकी इतनी ममता पाकर मैं धन्य हो गया हूँ। अच्छी बात है, सुनिए—मेरा नाम है शिवकुमार अग्निहोत्री, मेरे पिता रामकुमार बाराबंकी में कर्मकांडी पुरोहित हैं। मुझे भी वह पुरोहित बनाना चाहते थे और इसीलिए उन्होंने मुझे अंग्रेजी से दूर रखकर संस्कृत पढ़ाई लेकिन युग बदल रहा था। मुझे जिन्दगी से शौक...घर से पैसे चुराकर मैं सिनेमा देखता था, शराब पीता था। तो एक दिन मेरे पिता ने मुझे बहुत पीटा। दूसरे दिन मैं अपनी माता के गहने चुराकर बम्बई भागा। मैंने सोचा कि फिल्म में मैं हीरो बनूँगा। ठाठ की जिन्दगी रहेगी। खैर, हीरो तो मैं क्या बनता, जैवन्ती नाम की एक अभिनेत्री से मुझे प्रेम हो गया। जितनी पूँजी लाया था सब उसे अर्पित कर दी। करीब सात-आठ महीने राग-रंग में बीते। और फिर जमा-पूँजी खत्म हो गई। फिर भला वेश्या भी कहीं प्यार करती है ? इधर मेरा रुपया खत्म हुआ और उधर उसने मुझे जूते मारकर अपने घर से निकाल दिया। तो मैं कर्मकांडी कुल का कान्यकुब्ज ब्राह्मण एक वेश्या के जूते खाकर क्षोभ और ग्लानि से भर गया। हृदय ताप से जल रहा था—मैं चोर, अधम, मुझे अपने जीवन का अन्त कर लेना चाहिए। उस दिन रात के समय मैं मलाबार हिल के पीछे जो श्मशान है, वहाँ सन्नाटे में प्राण त्यागने गया। बारह बजे रात का घुप अँधेरा। समुद्र की लहरें भयानक गर्जन के साथ मुझे बुला रही थीं और मैं समुद्र में घुस पड़ा। तब तक किसी ने मुझे समुद्र से खींचते हुए कहा—"क्यों बे, यहाँ आत्महत्या कर रहा है ? ब्रह्मराक्षस बनकर मेरी तपस्या में विघ्न डालेगा, कायर कहीं का, भाग यहाँ से।"

मेरे सामने एक विशालकाय योगी खड़ा था—घुटने तक पहुँचती हुई दाढ़ी, और पीछे एड़ी तक उसकी जटाएँ, निर्वस्त्र, मुख बालों से ढका हुआ, केवल अंगारों की तरह जलती हुई दो आँखें दिखाई दे रही थीं। मैं उनके हाथ से छूटकर समुद्र की लहरों में बहने का प्रयत्न कर रहा था और वह मुझे समुद्र तट की ओर ढकेल रहे थे। मैंने उनके चरणों पर गिरकर कहा—"अब मैं जीवित नहीं रहूँगा, मुझे मरने दीजिए। योगिराज !"

और उन्होंने उत्तर दिया—"तुझे मैं जाने देता अगर आत्महत्या करने के बाद उच्चकुलीन कान्यकुब्ज ब्राह्मण के ब्रह्मराक्षस बनने का प्रश्न न होता, तू बड़े जबर्दस्त किस्म का ब्रह्मराक्षस बनेगा। वहाँ दूर, समुद्र से निकली हुई उस शिला पर नित्य-प्रति सारी रात मैं तपस्या करता आ रहा हूँ डेढ़ सौ वर्ष से। अब तू ब्रह्मराक्षस बनकर वहाँ उत्पात मचाएगा। मैं तुझे किसी हालत में मरने नहीं दूँगा। योगबल द्वारा मुझे पूरा पता चल गया है तेरी विपत्ति का। मैं तुझे एक मन्त्र बताता हूँ, सन्ध्या के समय ठीक चार बजे स्नान करके इस मन्त्र का पाँच बार जाप करना—और उसी समय तेरी आँखों के

सामने एक संख्या आ जाएगी। वह उस दिन रात में ग्यारह बजे खुलनेवाला सोने का भाव होगा। तो यहाँ जो लोग सोने का सट्टा करते हैं, उनमें से किसी एक को उचित दक्षिणा लेकर तू वह संख्या बता दे। लेकिन केवल एक व्यक्ति को ही यह बताना। इस संख्या का उपयोग तू स्वयं अपने लिए नहीं करेगा, अन्यथा एक वर्ष के अन्दर तेरी मृत्यु हो जाएगी। जो धन तुझे मिलेगा वह व्यय के लिए, संचय के लिए नहीं, संचय ब्राह्मण का गुण नहीं है।'' और योगिराज मेरे कान में मन्त्र देकर समुद्र के जल पर चलते हुए पीछे लौट गए। मैं विमूढ़ सा बैठा था। थोड़ी देर बाद मैंने समुद्र की ओर देखा—गहरा अन्धकार। लेकिन दूर एक शिला का धुँधला सा आकार मुझे दिख रहा था और कुछ ऐसा प्रतीत होता था कि योगिराज उस शिला पर मौन खड़े तपस्या कर रहे हैं।

वहाँ से मैं लौट आया। दिन-भर मैं अपने कमरे में बन्द सोता रहा, शाम को चार बजे मैंने स्नान करके उस मन्त्र का पाँच दफे जाप किया, और मेरी आँखों के आगे एक संख्या आ गई। मैंने वह संख्या एक कागज के पुर्जे पर लिखकर रख ली। फिर मैं सट्टा बाजार पहुँचा। भीड़ इकट्ठा हो रही थी। एक निहायत मरियल सा मारवाड़ी वहाँ खड़ा कुछ सोच रहा था और इधर-उधर देख रहा था। मैंने समझ लिया कि यह सट्टे में हारा हुआ आदमी है। मैंने उसे अलग ले जाकर पूछा कि क्या वह रात खुलनेवाले भाव जानना चाहता है, सौ रुपए लूँगा और भाव बता दूँगा। उसने कहा कि दो लाख में उसके पास अब पाँच सौ बचे हैं। मैंने कहा—''सेठ लगा दे यह पाँच सौ ,रुपए, आ गया तो मुझे सौ रुपए दे देना।'' और मैंने उसे संख्या बता दी।

उसने पाँच सौ रुपए लगा दिए, रात ग्यारह बजे भाव खुला और पागल-सा दौड़कर वह मारवाड़ी मेरे गले से लिपट गया। वह जीत गया था। उसने सौ रुपए मेरे हाथ पर रख दिए। तो इस तरह मैं सौ रुपए रोज पैदा करने लगा। और दिन-भर खुले हाथों से खर्च करता था। मेरी प्रेमिका ने जो यह खबर सुनी कि मैं रुपए लुटा रहा हूँ तो वह मेरे पास दौड़ी आई, बड़ी-बड़ी माफी माँगी, बड़ी रोई और गिड़गिड़ाई भी। फिर से हम दोनों का मेल हो गया।

एक दिन मेरी प्रेमिका ने बड़े आँसू बहाते हुए मुझसे कहा कि फिल्मों में वह हीरोइन तभी बन सकती है जब उसके प्रेमी की खुद कम्पनी हो। मैं उसकी कथा से द्रवित हो गया, मैंने कहा—''कौन सी बड़ी बात है, एक महीने के अन्दर फिल्म कम्पनी खोले देता हूँ।'' मैं योगिराज की चेतावनी भूल ही गया था कि अपने लिए उस संख्या का उपयोग न किया जाए। जब दुर्दिन आता है तब मति भ्रष्ट हो जाती है। और मैं उस संख्या पर खुद दाँव लगाने लगा।

एक महीने में ही मेरे पास पाँच लाख रुपए हो गए—शानदार फ्लैट, शानदार कार। तो एक रात मैं अपनी प्रेमिका के साथ जुहू समुद्र तट पर घूमने गया। मेरी प्रेमिका स्नान करके कुछ हटकर कपड़े बदल रही थी और मैं अकेला बैठा था। तभी देखता हूँ कि एकाएक वही पुराने योगिराज समुद्र से निकलकर सामने खड़े हो गए। कड़ककर मुझसे

बोले—"क्यों बे शिवकुमार अग्निहोत्री, तूने अपने वचन का पालन नहीं किया, इस पापिनी के फेर में पड़कर तूने अपने ब्राह्मणत्व पर कलंक लगाया। एक साल के बाद आज के दिन ही तुझे यमलोक की यात्रा करके नरक भोगना पड़ेगा। अब तू ब्रह्म-राक्षस भी नहीं बन सकेगा।" मेरी तो घिग्घी बँध गई, जब तक मैं सँभलूँ तब तक योगिराज गायब हो चुके थे। उसी समय एक भयानक ग्लानि भर आई मेरे अन्दर। वहाँ से लौटकर मैंने वह जमा-जथा जैवन्ती के हाथों सौंप दी—और दूसरे दिन खाली हाथों, बिना किसी को कुछ बताए हुए मैं बम्बई छोड़कर चल दिया, अपने पापों का प्रक्षालन करने के लिए। सोचा, अपनी जन्मभूमि में चलकर अपने प्राण दूँगा। लेकिन यहाँ लखनऊ आकर मैं रुक गया। पिता के यहाँ जाने की हिम्मत नहीं पड़ी। एक महीना हुआ यहाँ मुझे लखनऊ आए हुए। मेरे पिता को मेरा पता चल गया है, वह मुझे साथ ले चलने की जिद पकड़े हैं। जीवन के अब ग्यारह मास शेष हैं। इधर मेरी आँख खराब हो गई तो मैं आपसे अपना चश्मा लेने चला आया।

मैंने शिवकुमार को गौर से देखा। बड़ी विचित्र कहानी सुनाई है उसने, उसमें कितना झूठ है मैं यही अन्दाजना चाहता था। लेकिन उसकी शान्त मुद्रा-निस्पृह भाव ! डॉक्टर होने के नाते मुझे मालूम था कि यह आदमी किसी भी वक्त मर सकता है, इसलिए झूठ नहीं बोलेगा, फिर भी विश्वास नहीं होता था, मैंने पूछा—"क्या आज रात खुलनेवाले सोने का भाव भी बतला सकते हो ?"

बड़े भोलेपन के साथ उसने उत्तर दिया—"इधर एक महीने से तो किसी को बताया नहीं, उस मन्त्र का जाप भी नहीं किया। सम्भव है अब भी बता दूँ लेकिन आप इस सबके चक्कर में मत पड़िए। यह सब पिशाचविद्या और पिशाचवृत्ति है, मैं तो अनजाने ही इसमें फँस गया हूँ, आप धर्मात्मा आदमी हैं, आप इससे दूर ही रहिए।"

मेरे मन में खयाल आया कि शिवकुमार टाल रहा है, यह सब कहानी मनगढ़न्त है। तभी शिवकुमार बोल उठा—"डॉक्टर साहेब, आपके मन में मेरे प्रति अविश्वास पैदा हो गया है। तो अभी दोपहर के तीन बजे हैं, एक घंटा बाकी है चार बजने में। एक घंटा बाद मैं यहीं स्नान करके मन्त्र का जाप करूँगा और रात में खुलनेवाला सोने का भाव बता दूँगा।"

इधर शिवकुमार स्नान करके पूजा करने गया, उधर मैंने सेठ झुनझुनवाला को फोन मिलाकर उस दिनवाले सोने का भाव पूछा, फिर उनसे कहा कि रात ग्यारह बजे जो सोने का रेट आवे वह मुझे बतला दें। और शिवकुमार अग्निहोत्री ने जो रात को खुलनेवाला रेट था वह सही-सही बतला दिया।

डॉक्टर महेश्वरनाथ के गिलास की व्हिस्की खत्म हो गई थी और वह घर लौटने की मुद्रा में थे, मैंने उनसे पूछा—"डॉक्टर साहब, फिर शिवकुमार का क्या हुआ ?"

"अरे होना क्या था, उसी बताई हुई तिथि पर वह मर गया। जैसा उसने कहा था, एक महीने बाद ही मुझे फिलाडेल्फिया में आँख के विशेषज्ञों की कांफ्रेंस में जाना पड़ गया। जाना तो प्रोफेसर अडवानी को था अपना पेपर पढ़ने के लिए, लेकिन वह पड़

गए बीमार, उन्होंने अपना पेपर पढ़ने के लिए मुझे भेज दिया। शिवकुमार अग्निहोत्री का आशीर्वाद या भविष्यवाणी, जो कुछ भी आप उसे समझें, ठीक निकली। मेरे अमेरिका जाने के एक दिन पहले वह मेरे घर पर आए थे। मेरे यहाँ उन्होंने भोजन भी किया। मुझे भेजने के लिए वह स्टेशन भी गए। ट्रेन में उन्होंने मुझसे कहा—"डॉक्टर साहब, जा तो रहे हैं : आप तीन हफ्ते के लिए लेकिन आप दस महीने बाद ही लौटेंगे। अमेरिकावाले आपको रोक लेंगे, कुछ महत्त्वपूर्ण अनुसन्धान के सिलसिले में...और जब आप वहाँ से लौटेंगे, यहाँ आते ही आपको ऊँचा पद मिलेगा। लेकिन उस समय मैं दुनिया में नहीं रहूँगा। तो इसीलिए मैं आपसे अन्तिम विदा लेने और आपको आशीर्वाद देने बाराबंकी से चला आया हूँ।"

"और उसकी आँखों में आँसू आ गए थे। तो हुआ भी वैसा ही। दस महीने अमेरिका में रहकर मैं वापस लौटा, तब मैं यहाँ रीडर बन गया। और रामकुमार अग्निहोत्री ने आकर मुझे सूचना दी कि शिवकुमार अग्निहोत्री मर चुके हैं।"

डॉक्टर महेश्वरनाथ उठ खड़े हुए, उन्होंने लोकनाथ मिश्र से कहा—"अपनी आँखों की खैरियत चाहते हैं तो कल मेरे घर सुबह आ जाइए—इतवार है, आपकी आँखें एक्जामिन कर दूँगा अच्छी तरह से। इन पीरों और महात्माओं के चक्कर में न पड़िएगा, न जाने क्या-से-क्या हो जाए ?" और वह चलते बने।

उनके जाते ही हम तीनों उठ खड़े हुए। लोकनाथ मिश्र ने कहा—"दुनिया भी बड़ी अजीबो-गरीब जगह है, बड़े विचित्र अनुभव होते रहते हैं लोगों को।"

और मिस्टर टंडन ने कहा—"इसमें क्या शक है, इन्हीं अनुभवों में तफरीह भी है।" और वह हँस पड़े।

यह दोनों बाहर निकल गए—मैं इत्मीनान के साथ दरवाजे की ओर बढ़ा। तभी कहीं से आती हुई बेयरा रामदीन की आवाज सुनाई पड़ी—"ई पढ़े-लिखे मनई गदहा होते हैं, ई हमें नाहीं मालूम रहा।"

और उसके बाद मुझे चौकीदार की आवाज सुनाई पड़ी—"अरे ई गदहा न आएँ—हराम केर पैसा, हराम केर शौक, हराम केर लन्तरानी ! गदहा तो आन हम छुटकवा मनई।"

मुझे क्रोध तो बहुत आया, लेकिन मैं चुपचाप अपनी कार में बैठ गया।

पटा-बनेठी

उस दिन मैं फँस ही गया।

लेकिन अगर महज इतनी ही सी बात होती तो मुझे इतना दुःख न होता। मुझे दुःख तो इस बात का है कि मेरी वजह से एक बननेवाली गृहस्थी छूट गई, एक बसनेवाली दुनिया उजड़ गई।

बात यों हुई कि मैं उस दिन घर में लड़ पड़ा था। लड़ाई किस बात पर हुई थी, यह तो इस समय याद नहीं, लेकिन लड़ाई जरूर थी, और प्रथा के अनुसार मैंने अपनी श्रीमतीजी के तर्कों का उत्तर अपने हाथों से दिया था। मैं जानता हूँ कि मेरी यह हरकत सभ्य समाज में बुरी समझी जाएगी, लेकिन मैं यह विश्वास दिलाता हूँ कि इन अवसरों पर खुजली मेरे हाथों को नहीं होती, वह श्रीमतीजी के गालों को होती है।

बहरहाल मैं बरामदे में बैठकर सोचने लगा—पुरुष पुरुष है, स्त्री स्त्री है; और दुनिया में स्त्री है, पुरुष है—यानी यह दोनों हैं और बिना एक के दूसरे का काम नहीं चल सकता। तो जो कुछ है वह है—यानी—यानी—सिनेमा चलने का समय हो रहा है, निहायत शानदार पिक्चर लगी है, और चाय अभी तक नहीं मिली। अपनी इस बेहूदा हरकत के बाद चाय का अनशन घर में करना पड़ेगा। खैर चाय तो बाजार में किसी होटल से भी पी जा सकती है और सिनेमा देखना ही है, पिक्चर का आज आखिरी दिन है। लेकिन पैसे—वह तो श्रीमती के पास में हैं, महीने की तनख्वाह है और तनख्वाह मिलने के दिन ही वह कब्जा कर लेती हैं और फिर मुझे हरेक खर्च की कैफियत देकर उनसे पैसा माँगना पड़ता है। मेरे लिए यह सुविधाजनक है क्योंकि अगर तनख्वाह मेरी जेब में हो तो जो यार-दोस्त दस-पाँच दिन में ही रकम हमसे वसूल कर ले जाएँ। तो भला बताइए कि मैं उस वक्त अपनी श्रीमतीजी से पैसे माँग सकता था ? अभी तक आप मेरी श्रीमतीजी को जानते नहीं। श्रीमतीजी स्त्री हैं, और स्त्री स्त्री है, पुरुष पुरुष है।

यकीन दिलाता हूँ कि मुझे उस समय पंडित त्रिवेणीलाल का आना जरा भी नहीं अखरा। पंडित त्रिवेणीलाल मेरे मित्र हैं लेकिन न जाने क्यों इधर कुछ दिनों से मुझे उनकी शक्ल देखते ही कुछ अजीब सी उलझन होने लगती है। वह वकील हैं या यों कहिए वह वकील थे तो बेजा न होगा क्योंकि आजकल वकील वह नाम मात्र के हैं, नेता और समाज-सुधारक वे सबसे पहले हैं। और नेता तथा समाज-सुधारक—इन दोनों से ही मैं घबराता हूँ क्योंकि तन-मन-धन इनमें यह पहले को छोड़कर बाकी दो को वसूल करने

की कोशिश किया करते हैं, यानी मन वसूल कर लेते हैं दिमाग चाट कर और धन वसूल कर लेते हैं चन्दा माँग कर। और कभी-कभी इस उपेक्षित तन को भी ऊब कर मन और धन के साथ एक चपत के रूप में देने की तबीयत होती है, लेकिन ऐसे अवसरों पर मैंने बड़े संयम के साथ काम लिया है।

पंडित त्रिवेणीलाल एक महिला-विद्यालय के सेक्रेटरी के रूप में समाज-सुधारक हैं और हिन्दू महासभा के सेक्रेटरी के रूप में नेता हैं। और मैं कांग्रेसमैन हूँ, लिहाजा हिन्दू महासभा के सेक्रेटरी पंडित त्रिवेणीलाल से मेरा गहरा मतभेद है।

बरामदे पर कदम रखते ही उन्होंने मुझसे कहा—"यार कहो रमेश—जय रामजी की।"

और उनका स्वागत करने के लिए उठते हुए मैंने कहा—"आओ त्रिवेणीलाल—जय हिन्द।"

हम दोनों आमने-सामने बैठ गए। अपने पोर्टफोलियो से उन्होंने एक रसीद-बुक निकालते हुए कहा—"हाँ रमेश ! तुम्हें एक कष्ट देना चाहता हूँ।"

"जी, वह तो मैं रसीद-बुक देखकर ही समझ गया। लेकिन साफ बतला दूँ कि मेरे पास एक भी पैसा नहीं है। मेरी सारी अमानत श्रीमतीजी के पास रहती है और वह कोपभवन में हैं। तो अगर उन्हें समझा सको तो उनसे दस रुपए वसूल कर लो। पाँच तुम ले लेना और पाँच मुझे दे देना, सिनेमा जाना है।"

मैं जानता था कि दस रुपए क्या त्रिवेणीलालजी मेरी श्रीमती से दस पैसे भी वसूल नहीं कर सकते। लेकिन मैं त्रिवेणीलाल की हिम्मत का कायल—चौखट पर खड़े होकर उन्होंने आवाज देनी शुरू की—"भाभीजी, अजी भाभीजी, मैं त्रिवेणीलाल हूँ।" और तब तक आवाज देते रहे जब तक आँसू पोंछकर, मुँह धोकर और साड़ी बदलकर श्रीमतीजी बरामदे में नहीं आ गईं। उनके आते ही त्रिवेणीलाल ने कहा—"भाभीजी, अगले सप्ताह महिला-विद्यालय का विशेष वार्षिक अधिवेशन मनाया जाएगा।"

"तो ?" बड़ी रुखाई के साथ मेरी धर्मपत्नी ने उत्तर दिया।

"तो उसके लिए मैं आपको विशेष रूप से आमन्त्रित करने आया हूँ। और—और—यह देखिए..."

"जी, और आपको चन्दा चाहिए, इसीलिए मुझे निमन्त्रण मिल रहा है। लेकिन अच्छी तरह सुन लीजिए, मैं एक पैसा नहीं दूँगी। मेरा कहना तो यह है कि महिला-कॉलेज बिल्कुल बेकार की चीज है। स्त्री को पढ़ा-लिखा के होगा क्या ? उसे तो पुरुषों की गुलामी करनी ही पड़ेगी, उसके अत्याचार सहने पड़ेंगे। नहीं, मैं एक पैसा न दूँगी चन्दे में," और यह कहकर श्रीमतीजी अन्दर लौटने को बढ़ीं।

लेकिन पंडित त्रिवेणीलाल इतनी आसानी से पराजित होनेवाले व्यक्ति नहीं थे। उन्होंने कहा—"भाभीजी, पहले आप मेरी पूरी बात सुन लें तब अपना निर्णय दें।"

श्रीमतीजी को बैठ जाना पड़ा।

"बात यों है," त्रिवेणीलाल ने अपना गला साफ करके आरम्भ किया, "इसमें कसूर

शिक्षा का नहीं है बल्कि स्त्रियों की असहायावस्था का है। पुरुष स्त्री पर अत्याचार इसलिए करता है कि स्त्री निर्बल है। अगर स्त्री सबल हो जाए, यानी उसके रग-पुट्ठे मजबूत हो जाएँ, तो फिर देखें कि कोई पुरुष स्त्री पर कैसे अत्याचार करता है। और देखिए भाभीजी, भारतीय स्त्रियों की हालत बहुत ही गिरी हुई है। दिन-दहाड़े गुंडे उन पर प्रहार करते हैं और वह अपनी रक्षा नहीं कर पातीं। और इसलिए मैंने महिला-विद्यालय में बालिकाओं के लिए व्यायामशाला खोल दी है।''

''व्यायामशाला—महिलाओं के लिए व्यायामशाला !'' मैंने आँखें फाड़कर पूछा।

''जी हाँ, व्यायामशाला ! और यही नहीं, लड़कियों को तलवार चलाने और लाठी चलाने की शिक्षा दी जाती है। रमेश—सरकार से लिखा-पढ़ी कर रहा हूँ—जल्दी ही उन्हें बन्दूक और राईफल चलाने की शिक्षा देने का प्रबन्ध हो जाएगा।'' और अब उन्होंने मेरी श्रीमतीजी से ओज-भरे स्वर में कहा—''भाभीजी, आप जरूर आइएगा। देखिएगा कि हम स्त्री को क्या से क्या बना रहे हैं। मजाल है कि अब हमारी हिन्दू गृह-देवियों पर गुंडे हमला कर सकें। हमारी वीरांगनाएँ देश की गौरव बनेंगी—हजारों—लाखों—करोड़ों लक्ष्मीबाई यहाँ पैदा होंगी।''

पंडित त्रिवेणीलाल के लेक्चर का असर पड़ा। हम दोनों साथ-साथ घर से चले, सड़क पर जाकर पाँच रुपए उन्होंने मुझे दिए और पाँच रुपए खुद लेकर उन्होंने कहा—''देखो रमेश, आना जरूर ! तुम्हें व्याख्यान भी देना होगा।''

2

मेरे एक मित्र हैं और मेरे मित्र के एक सुपुत्र हैं। मित्र पहले कभी बड़े जमींदार थे, अब उनके पास बहुत बड़ा फॉर्म है और उनके सुपुत्र एम.ए. के विद्यार्थी हैं। ये सुपुत्र मुझे बहुत मानते हैं क्योंकि साहित्य में उन्हें किसी कदर दिलचस्पी है और वह मुझे चचा कहते हैं।

एम.ए. का इम्तहान देकर यह इलाहाबाद से अपने पिता के फार्म पर लौट रहे थे तो दो-एक दिन के लिए वह मेरे यहाँ उतर पड़े। दो महीने बाद इनकी शादी होनेवाली थी, और जिस लड़की से शादी होनेवाली थी वह यहाँ महिला-विद्यालय में ही पढ़ती थी। और मैं समझता हूँ कि यह हजरत अपनी होनेवाली बीवी को भी देखना चाहते थे क्योंकि बात-बात में इन्होंने इसका इशारा मुझसे किया था।

यहाँ थोड़ा सा अपने भतीजे के सम्बन्ध में और बतला देना उचित होगा। कसरती बदन, हृष्ट-पुष्ट जवान, फुटबाल कैप्टेन और पता नहीं फुटबाल का कैप्टेन बने रहने के लिए या स्वयं में दिमाग की कमी होने के कारण यह तीन साल से एम.ए. पास होने का नाम नहीं ले रहे थे। बाप लखपती आदमी वह सुपुत्र से फार्मिंग कराना चाहते थे, लिहाजा उन्हें भी इस बात की चिन्ता नहीं थी कि बेटा इम्तहान पास करे ही। कह दिया

करते थे—"अभी खेलने-खाने की उम्र है, कर लेने दो मौज। आखिरकार करनी पड़ेगी खेती ही।"

महिला-विद्यालय के वार्षिक अधिवेशन के दिन श्रीमतीजी मय अपने बच्चों व नौकर के अपनी समझ में दस रुपया देनेवाली सम्मानित महिला की हैसियत से, घर वास्तव में मेरी श्रीमती होने के नाते दोपहर के बाद ही महिला-विद्यालय में पहुँच गईं। निर्धारित समय पर मैं भी अपने भतीजे के साथ वहाँ पहुँचा और हम दोनों सबसे आगे बिठलाए गए।

कार्यवाही आरम्भ हुई 'वन्दे मातरम्' के गान के साथ और फिर हुए व्याख्यान। मुझे भी व्याख्यान देना पड़ा। अब लड़कियों के व्यायाम का प्रदर्शन आरम्भ हुआ। डंड-बैठक, डम्बिल-मुग्दर, सभी तरह की कसरतें हुईं। उपस्थित महिलाओं एवं पुरुषों ने हर्ष से तालियाँ पीटीं। मेरे भतीजे ने मुझसे कहा—"चचा, वाकई हिन्दुस्तान में बड़ी तरक्की हो रही है।" लेकिन मैं खामोश ही रहा।

इतने ही में दो लड़कियाँ हाथ में लाठियाँ लिये हुए स्टेज पर आ गईं, चारों तरफ सन्नाटा फैल गया और लाठियाँ चलने लगीं।

किस जोर के साथ वार हो रहे थे और किस सफाई के साथ वार बचाए जा रहे थे। चारों तरफ वाह-वाह हो रही थी, लोगों की साँस ऊपर-की-ऊपर और नीचे-की-नीचे। और मेरे 'भतीजे' बड़े गौर से यह द्वन्द्व-युद्ध देख रहे थे। बीच-बीच में बड़े जोश के साथ—'शाबाश !'—'वह मारा—' 'खूब बचाया।' के नारे भी लगाते जाते थे। मैंने एकाध बार उन्हें टोका भी कि इतना शोर न करें तो उन्होंने मुस्कुराते हुए उत्तर दिया—"वाह चचा ! आज तबीयत खुश हो गई। इस खुशी को जाहिर करने से कोई मुझे कैसे रोक सकता है !"

व्यायाम-प्रदर्शन समाप्त हो गया। तालियों की गड़गड़ाहट के साथ स्टेज पर परदा गिरा, एनाउंसर ने पुकारा, "अब सांस्कृतिक कार्यक्रम होगा। पाँच मिनट तक आप लोग प्रतीक्षा कीजिए।"

लेकिन मैं अपने भतीजे की याददाश्त को दाद देता हूँ। इस प्रदर्शन के उत्साह और उमंग में उन्हें यह बात नहीं भूली कि उनकी भावी-पत्नी महिला-विद्यालय में पढ़ती है और उसे देखना उनका मुख्य उद्देश्य है। परदा गिरते ही उन्होंने मुझसे कहा—"चचा कहिए अब पता लगाया जाय अपनी होनेवाली बीवी के सम्बन्ध में ?"

"जरूर—अभी पाँच मिनट का वक्त है।"

इस बीच में लड़कियों का एक गिरोह स्टेज से उतरकर दर्शकों की कुर्सियों के पास खड़ा हो गया। एक लड़की जो पिछले पटा-बनेठी के प्रदर्शन में भाग लेकर आई थी पास में ही खड़ी थी। उसकी लाठी अब भी उसके हाथ में थी। हृष्ट-पुष्ट, लम्बी सी लड़की, रंग सुनहरा, आँखें बड़ी-बड़ी, चेहरे पर भरपूर स्वास्थ्य की लाली। भतीजे साहब ने उससे पूछा—"आपके विद्यालय में महामाया नाम की कोई लड़की बी.ए. में पढ़ती है ?"

वह लड़की तनकर खड़ी हो गई और उसने अपनी लाठी कसकर पकड़ते हुए कहा–"जी हाँ–मैं ही हूँ महामाया ! आपको मैं नहीं पहचानती, कहिए, आपको मुझसे क्या काम है ?"

लेकिन वाह रे मेरे भतीजे ! किस खूबी के साथ उन्होंने मुस्कुराते हुए जवाब दिया, "आपके भाई प्रभानाथजी का मैं मित्र हूँ–आपके गुण गाते हुए वह नहीं अघाते ! तो आपके दर्शन करने की इच्छा हो गई थी।"

"तो अब आपने कर लिए मेरे दर्शन ! मेरे भाई की आवारा लोगों की दोस्ती है–इसका मुझे दुःख है; अबकी जब मुझे मिलेंगे तब मैं उन्हें आड़े हाथों लूँगी।" और वह वहाँ से हट गई।

इस प्रदर्शन से लौटकर पहला काम जो मेरे भतीजे ने किया वह एक पत्र लिखना था जो अपने होनेवाले श्वसुर के नाम लिखा गया था। पत्र लिखकर उन्होंने मुझे दिखाया–पत्र इस प्रकार है :

महोदय,

पहले मैं आपको अपना थोड़ा सा परिचय दे दूँ, फिर मैं काम की बात लिखूँगा।

आपने मुझ पर बड़ी कृपा करके मुझ नालायक को–क्योंकि एम.ए. में तीन साल से फेल हो रहा हूँ–अपना दामाद बनाने का निर्णय किया है। दो महीने बाद मेरा विवाह होनेवाला है। तो इतना परिचय काफी होगा।

इतना और बतला दूँ कि मैं हृष्ट-पुष्ट तन्दुरुस्त आदमी हूँ। मेरी ऊँचाई पाँच फुट ग्यारह इंच है और मैं अपनी यूनिवर्सिटी में फुटबाल का कप्तान हूँ।

यहाँ यह बतला देना अनुचित न होगा कि मैं काफी बिगड़ैल व गुस्सैल भी हूँ। फुटबाल-फील्ड पर खेल के समय अक्सर विपक्षियों के साथ मेरी घूँसेबाजी हो जाया करती है और कभी-कभी तो दो-चार के लिए मैं अकेला काफी साबित हुआ हूँ।

लेकिन कल मुझे यहाँ के महिला-विद्यालय में आपकी सुयोग्य सुपुत्री के दर्शन करने का सौभाग्य प्राप्त हुआ। वह अनिन्द्य-सुन्दरी है–यह मैं दावे के साथ कह सकता हूँ। लेकिन कल ही मुझे आपकी सुपुत्री के पटा-बनेठी के हाथ देखने को मिले, और मैं आपको यकीन दिलाता हूँ कि उसकी बहादुरी तथा उसके साहस से मेरे छक्के छूट गए।

अब मैं काम की बात पर आता हूँ। मैंने बहुत गौर किया और मैं अपने को आपकी सुपुत्री का 'धर्म-पति' बनने के सर्वथा अयोग्य पाता हूँ। इसका कारण भी मैं आपको बतला देना उचित समझता हूँ।

मैंने कहा न कि आदमी मैं गुस्सैल हूँ और किसी कदर हथ-छुट भी। लिहाजा आपकी सुपुत्री से मेरा झगड़ा कभी-न-कभी अवश्य होगा और ऐसी हालत में मेरा हाथ भी अपनी आदत के अनुसार छूटेगा।

यहाँ मैं यह भी बतला दूँ कि मैंने जिन्दगी में लाठी कभी नहीं चलाई। पटा-बनेठी के हाथों से मैं अपनी रक्षा किसी हालत में नहीं कर सकता। और मैं यह भी जानता

हूँ कि आपकी वीर और बहादुर सुपुत्री अपनी शिक्षा का उपयोग अवश्य करेगी। लिहाजा उसकी लाठी और पटा-बनेठी के हाथों से मेरी खोपड़ी सुरक्षित नहीं रह सकती। सुधार घर से ही शुरू होते हैं और बाहर के गुंडे की खोपड़ी तोड़ने के पहले उसे घर के अन्दरवाले गुंडे की खोपड़ी तोड़ने का मौका मिलेगा। और आप समझ ही सकते हैं कि अपनी खोपड़ी तुड़वाने के लिए कोई समझदार आदमी तैयार नहीं होगा।

यहाँ मैं आपको एक अमूल्य सलाह देना चाहता हूँ। आप अपनी सुपुत्री का विवाह किसी ऐसे योग्य वर के साथ करें जो मरियल हो, दब्बू हो और आपकी सुपुत्री का फरमाबरदार नौकर बन सके। उस हालत में अपने पति की तथा अपनी रक्षा करने के लिए आपकी सुपुत्री अपने पटा-बनेठी के हाथों का सार्थक उपयोग कर सकेगी।

—आपका चरण-सेवक

इंस्टालमेंट

चाय का प्याला मैंने होंठों से लगाया ही था कि मुझे मोटर का हॉर्न सुनाई पड़ा। बरामदे में निकलकर मैंने देखा चौधरी विश्वम्भरसहाय अपनी नई शेवरोले सिक्स पर बैठे हुए बड़ी निर्दयता से इलेक्ट्रिक हॉर्न बजा रहे हैं। मुझे देखते ही वह—"हलो, गुड इवनिंग, सुरेश !"—कहकर कार से उतर पड़े।

"गुड इवनिंग, चौधरी साहब ! अभी चाय पीने बैठा ही था। बड़े मौके से आए।"

चौधरी विश्वम्भरसहाय गठे बदन के लम्बे से युवक थे। उम्र करीब पच्चीस वर्ष की थी। रंग साँवला, चेहरा लम्बा और मुख की बनावट बहुत सुन्दर। बाल बीच से खिंचे हुए, कलम कान के नीचे तक और दाढ़ी-मूँछ साफ। चेहरे पर पाउडर और क्रीम की एक हल्की सी अस्पष्ट तह। वह धारीदार सिल्क की शेरवानी पहने थे और उनकी टोपी, जिसे वह हाथ में लिये थे, उसी कपड़े की थी। गरारेदार पाजामा, पैर से मोजा नदारद, लेकिन पेटेंट लेदर का ग्रीशियन पम्प।

चौधरी विश्वम्भरसहाय के पिता चौधरी हरसहाय अवध के एक छोटे-मोटे ताल्लुकेदार थे। विश्वम्भरसहाय अपने पिता की एकमात्र सन्तान थे, लेकिन लड़कर प्रयाग चले आए थे। पिता और पुत्र के स्वभाव में काफी समता होते हुए भी हल्की-हल्की बातों में आपस में गहरा मतभेद रहता था। चौधरी हरसहाय और चौधरी विश्वम्भरसहाय शराब में बराबर रुपया खर्च करते, लेकिन जहाँ पिता महुवे के ठर्रे की सवा बोतल पी जाते थे, वहाँ पुत्र व्हिस्की के दो पेगों से ही सन्तुष्ट हो जाया करते थे। न पिता वेश्यागामी थे, न पुत्र। केवल, पिता रियासत की कुछ जवान बारिनों और चमारिनों पर दस-पन्द्रह रुपया महीना खर्च कर दिया करते थे, तो पुत्र नगर में 'सोसायटी गर्ल्स' की दावत पर तथा उनको खेल-तमाशे दिखलाने में दस-पन्द्रह रुपया महीना खर्च कर दिया करते थे। पिता और पुत्र दोनों को ही राजनीति से रुचि थी, लेकिन जहाँ पिता अमन-सभा के सभापति थे, वहाँ पुत्र कभी-कभी खद्दर पहनकर कांग्रेस मंच के व्याख्यान दे दिया करते थे।

परिणाम स्पष्ट था ! एक दिन पुत्र ने पिता को बाग में भूसा भरनेवाली कोठरी में बन्द कर दिया और गाँव में फिर वापस न आने की कसम खाकर शहर की राह पकड़ी। बारह घंटे तक गुम रहने के कारण काफी छानबीन करने के बाद चौधरी हरसहाय उस भूसेवाली कोठरी से बरामद किए गए।

अपने पुत्र की नालायकी पर चौधरी हरसहाय बहुत क्रोधित हुए और उन्होंने अपना पिस्तौल निकाला। पति का यह उग्र रूप देखकर चौधराइन साहिबा, अर्थात् चौधरी हरसहाय की पत्नी या चौधरी विश्वम्भरसहाय की माता ने स्वरों के साथ रोना आरम्भ किया। शायद पत्नी का अकेले रोना चौधरी साहब को बुरा लगा, इसलिए उन्होंने भी अपनी पत्नी के स्वर-में-स्वर मिलाया। उसके बाद दोनों गले मिले।

प्रयाग आकर चौधरी विश्वम्भरसहाय ने सिविल लाइंस में एक कॉटेज किराए पर ली। घर से चलते समय वह काफी रुपए साथ ले आए थे, फिर उनकी माता भी किसी-न-किसी प्रकार घर का खर्च काट-कूटकर दो-तीन सौ रुपया पुत्र को भेज दिया करती थीं।

"यार सुरेश, तीन सौ रुपया आज शाम तक चाहिए। आज दिन-भर शहर की गली-गली छान डाली, लेकिन कहीं इन्तजाम न हो सका। आखिर में हारकर तुम्हारा दरवाजा देखना पड़ा।"

मैं मुस्कुराया—"बस इतनी सी बात है ! अभी लो !"—चाय का प्याला चौधरी साहब के सामने बढ़ाते हुए मैंने कहा। कुछ रुककर मैंने फिर पूछा—"आखिर ऐसी क्या जरूरत आ पड़ी ?"

"यार, यह न पूछो !"

"क्या कहीं से कुछ फरमाइश तो नहीं हुई है ?" मैंने भेद-भरी दृष्टि डालते हुए पूछा।

"नहीं, फरमाइश नहीं हुई है, इसका मैं तुम्हें यकीन दिलाता हूँ," सकपकाते हुए चौधरी साहब ने कहा।

मैं ताड़ गया कि कुछ दाल में काला है। "देखो चौधरी साहब, बनो मत, ठीक-ठीक बतला दो। रुपया ही लेना है," हँसते हुए मैंने कहा।

"भाई, कल कार का 'इंस्टालमेंट' देना है, बस इतनी सी बात है।"

"आखिर तुम्हें यह क्या सूझी जो कार खरीद बैठे, जब तुम्हारे रोज के खर्च ही मुश्किल से चलाए चलते हैं ?" मैंने पूछा।

"यार, उस दिन फँस ही गए—अब क्या किया जाए।"

"किस दिन ?"

"अच्छा तो जो बात अभी तक किसी को नहीं बतलाई, वह तुम्हें बतलानी ही पड़ गई। तो सुनो ! अभी तीन महीने की बात है। भुवन के बड़े भाई आए थे, उनसे मिलने के लिए मैं सुबह उनके बँगले पर पहुँचा। ताँगा मैंने बँगले पर पहुँचते ही छोड़ दिया, क्योंकि काफी लोग इकट्ठा थे और मेरा खयाल था कि जल्दी छुट्टी न मिलेगी। मेरा अनुमान गलत भी न था। खा-पीकर करीब बारह बजे फुर्सत मिली।

"मुझे एक काम से चौक जाना था। मैंने भुवन से एक ताँगा मँगवाने को कहा तो मालूम हुआ कि नौकर बीमार है। यह सोचकर कि बाहर निकलकर कोई सवारी ले लूँगा, मैं भुवन के बँगले से चल पड़ा। भाई सुरेश, जानते ही हो कि बरसात की धूप

कितनी कड़ी होती है। ठीक दोपहर—जमीन जल रही थी और खोपड़ी चटकी जा रही थी। फाटक के बाहर आकर मैं एक पेड़ की छाया में खड़ा हो गया और सवारी की प्रतीक्षा करने लगा।

" मैं करीब आध घंटे खड़ा रहा, लेकिन कोई खाली ताँगा न निकला। तबीयत परेशान हो गई। मेरा बँगला वहाँ से करीब दो मील की दूरी पर था। पैदल चलने के खयाल से ही आँखों के आगे अँधेरा छा जाता था। कुछ समझ में न आ रहा था कि क्या करूँ। अन्त में मैंने यह तय किया कि यदि दस मिनट में कोई सवारी नहीं आती, तो जान पर खेलकर घर तक का रास्ता पैदल ही नापूँगा।

" दस मिनट भी हो गए; पर सवारी का पता नहीं। अब मैंने चलने के लिए कमर बाँधी। पैर उठाया ही था कि इक्के की घड़घड़ाहट मुझे सुनाई दी। पीछे मुड़कर देखा तो एक खाली इक्का चला आ रहा था।

" मैं रुक गया। सुरेश, सच कहता हूँ कि उस इक्के को देखकर जान-में-जान आई। लेकिन उस इक्के की बावत यहाँ कुछ बतला देना आवश्यक होगा। मेरा ऐसा खयाल है कि वह इक्का गदर के पहले बना होगा, क्योंकि इतनी पुरानी लकड़ी की चीज मैंने पहले कभी न देखी थी। पहिए छोटे-छोटे जिन पर लोहे का हाल चढ़ा हुआ था, धुरे से निकलने की लगातार कोशिश कर रहे थे, लेकिन निकल न पाते थे; क्योंकि लोहे की एक-एक कील उनको रोक रही थी। इसीलिए शायद उन कीलों से लड़ने के समय कभी-कभी एक कर्कश आवाज कर देते थे। इक्के की छत बेर-बेर चारों तरफ हिल-डुलकर अपने बुढ़ापे को प्रकट कर रही थी। छत के तीन डंडे तो मौजूद थे, लेकिन चौथे के जवाब दे देने के कारण बाँस का डंडा लगाया गया था। बाकी तीन डंडों में भी काफी मरहमपट्टी हो चुकी थी। उस इक्के पर एक गद्दा बिछा हुआ था जिसके ऊपर का कपड़ा फट गया था और रुई हवा में उड़कर दुनिया में घूमने-फिरने की सोच रही थी।

" उस इक्के में जो घोड़ी जुती हुई थी, वह करीब साढ़े तीन फीट ऊँची, पाँच फीट लम्बी और एक फुट चौड़ी होगी। उसकी एक-एक हड्डी गिनी जा सकती थी। वह कभी-कभी रुककर सुस्ताने का प्रयत्न भी कर लेती थी। इक्केवान करीब सत्तर वर्ष के बुजुर्गवार थे, जिनकी दाढ़ी काफी लम्बी थी और सन की तरह सफेद। कमर झुकी हुई और दाँत नदारद। उनके एक हाथ में चाबुक थी और एक हाथ में घोड़ी की रास। वह उस समय शायद अफीम की पिनक में ऊँघ रहे थे।

" सुरेश ! तबीयत तो न हुई कि इस इक्के पर बैठूँ, लेकिन मरता क्या न करता। मैं चलते इक्के पर ही उचककर बैठ गया। घोड़ी ने अन्दाज लिया कि इक्के पर बोझ अधिक हो गया और वह विरोध-रूप में खड़ी हो गई। इक्के के खड़े होने के साथ ही जो झटका लगा, तो बड़े मियाँ ने आँखें खोल दीं। एक ही साँस में घोड़ी को माँ-बहन की गालियाँ देते हुए चार-पाँच चाबुक फटकार गए। घोड़ी को चलना पड़ा। इसके बाद उन्होंने मुझे देखा।

“ ‘बाबूजी सलाम !–कहाँ चलना होगा ?’

“ ‘बस सीधे चले चलो।’ मैंने कहा, क्योंकि मेरा बँगला उसी सड़क पर था।

“ थोड़ी दूर चलने के बाद एक ताँगा मेरी दाहिनी ओर से आगे बढ़ा। मैंने देखा कि उस ताँगे पर दो स्त्रियाँ बैठी थीं। उन दोनों को तुम भी जानते हो–प्रभा और कमला। ये दोनों जब मैं यूनिवर्सिटी में था तो मेरे साथ पढ़ती थीं। इधर इन दिनों इन दोनों से मेरी दोस्ती कुछ थोड़ी सी गहरी हो रही थी। सुरेश, क्या कहूँ, इनको देखते ही मेरा चेहरा पीला पड़ गया, कलेजा धक से हो गया।–अगर इन्होंने मुझे इस इक्के पर देख लिया तो ?...एकदम मैंने अपना मुँह उधर से फेर लिया।

“ लेकिन बदकिस्मती से मैं ही अकेला इक्के पर था। अगर और सवारियाँ होतीं तो शायद मैं छिप भी जाता। ताँगा तेजी के साथ बढ़ा जा रहा था, लेकिन एकाएक धीमा हो गया। मैं उस समय पीछे देख रहा था। मैंने सोचा कि ताँगा चाहे लाख धीमा किया जाए, मेरे इक्के को नहीं पा सकता। यह सोचकर मैंने सन्तोष की गहरी साँस ली। लेकिन एकाएक ताँगा रुक गया और प्रभा तथा कमला दोनों ही जोर से खिलखिलाकर हँस पड़ीं।

“ सुरेश, तुम नहीं जान सकते, उस वक्त मेरी क्या हालत थी। लज्जा और क्रोध से मेरे मुख का रंग बेर-बेर बदल रहा था। दिल में तरह-तरह के खयाल आ रहे थे, कभी तबीयत होती थी कि इस इक्केवाले की जान ले लूँ, कभी अपनी ही जान लेने की सोचता था। फिर कभी उन दोनों का गला घोंट देने की तबीयत होती थी। लेकिन मैंने अपना मुँह सामने न किया, न किया। मैंने भी इक्केवाले से कहा–इक्का रोक दो। लेकिन काफी देर तक ताँगे ने चलने का नाम न लिया, तो मुझे मजबूरन इक्केवाले से कहना पड़ा–इक्का मोड़ लो। और मैं जहाँ से चला था वहीं लौट आया।

“ इतना अपमानित मैं जीवन में कभी न हुआ था। मैंने तय कर लिया कि मैं इन दोनों को दिखला दूँगा कि मेरे पास कार है और इस प्रकार मैं अपने आत्म-सम्मान पर लगे हुए धब्बे को धो दूँगा। उसी दिन शाम को मैंने यह कार ले ली। पास में रुपया न था, इसलिए ‘इंस्टालमेंट सिस्टम’ पर यह कार लेनी पड़ी।”

मैं हँस पड़ा, “अच्छा ! इस तरह से कार आई। खैर, कार तो आ गई।”

चौधरी विश्वम्भरसहाय ने चाय का दूसरा प्याला बनाते हुए कहा–“यार सुरेश ! यह कार मैं नहीं रख सकता। अपना खर्च चलाना ही मुश्किल पड़ रहा है, कार तो एक बला पीछे लगी। लेकिन क्या करूँ, मजबूर हूँ। जिस दिन से कार ली है, उस दिन से उन दोनों की शक्ल ही नहीं दिखलाई दी। आज दो महीने से दिन-रात कार पर चक्कर लगा रहा हूँ। शहर की हरएक सड़क छान डाली और उनके मकान के तो न जाने कितने चक्कर लगा डाले, सिर्फ इसलिए कि वे मुझे कार पर कहीं देख लें, लेकिन न जाने कहाँ गायब हो गईं कि उनका पता ही नहीं लगा। जिस दिन उन्होंने यह कार देखी, उसके दो-चार दिन बाद ही मैं यह कार बेच दूँगा। बाबा, मैं कार से बाज आया। अच्छा, अब ‘इंस्टालमेंट’ के लिए तो रुपया निकालो।”

प्रेजेंट्स

हम लोगों का ध्यान अपनी सोने की अँगूठी की ओर, जिस पर मीने के काम में 'श्याम' लिखा था, आकर्षित करते हुए देवेन्द्र ने कहा–"मेरे मित्र श्यामनाथ ने यह अँगूठी मुझे प्रेजेंट की। जिस समय उसने यह अँगूठी प्रेजेंट की थी उसने कहा था कि मैं इसे सदा पहने रहूँ, जिससे कि वह सदा मेरे ध्यान में रहे।"

परमेश्वरी ने कुछ देर तक उस अँगूठी की ओर देखा, इसके बाद वह मुस्कुराया, "प्रेजेंट्स की बात उठी है तो मैं आप लोगों को एक विचित्र मजेदार और सच्ची कहानी सुना सकता हूँ। यकीन करना या न करना आप लोगों का काम है, मुझे कोई मतलब नहीं है। मैं तो केवल यह जानता हूँ कि यह बात सच है क्योंकि इस कहानी में मेरा भी हाथ है। अगर आप लोगों को कोई जल्दी न हो तो सुनाऊँ।"

चाय तैयार हो रही थी, हम सब लोगों ने एक स्वर में कहा, "जल्दी कैसी ? सुनाओ।"

परमेश्वर ने आरम्भ किया :

दो साल पहले की बात है। अपनी कम्पनी का ब्रांच-मैनेजर होकर मैं दिल्ली गया था। मेरे बँगले के बगल में एक कॉटेज थी, जिसमें एक महिला रहती थीं : उनका नाम श्रीमती शशिबाला देवी था। वे ग्रेजुएट थीं और किसी गर्ल्स-स्कूल में प्रधान अध्यापिका थीं। सन्ध्या के समय जब मैं टहलने के लिए जाया करता था तो श्रीमती शशिबाला देवी प्रायः टहलती हुई दिखाई देती थीं। हम लोग एक-दूसरे को देखते थे, पर परिचय न होने के कारण बातचीत न हो पाती थी।

एक दिन मैं टहलने के लिए नजदीक के पार्क में गया। वहाँ जाकर देखा कि श्रीमती शशिबाला देवी एक फव्वारे के पास खड़ी हैं। उन्होंने भी मुझे देखा और वैसे ही वे वहाँ से चल दीं। श्रीमती शशिबाला देवी मन्थर गति से टहलती हुई आगे-आगे चल रही थीं और मैं उनके पीछे करीब दस गज के फासले पर। वे बीच-बीच में मुड़कर पीछे भी देख लिया करती थीं। एकाएक उनका रूमाल गिर पड़ा, या यों कहिए कि एकाएक उन्होंने अपना रूमाल गिरा दिया, तो अनुचित न होगा क्योंकि मैंने उन्हें रूमाल गिराते स्पष्ट देखा था। रूमाल गिराकर वे आगे बढ़ गईं।

जनाब ! मेरा कर्त्तव्य था कि मैं रूमाल उठाकर उन्हें वापस दूँ। और मैंने किया भी ऐसा ही। मुस्कुराते हुए उन्होंने कहा–"इस कृपा के लिए मैं आपको धन्यवाद

देती हूँ।"

मैंने भी मुस्कुराते हुए कहा—"धन्यवाद की क्या आवश्यकता ? यह तो मेरा कर्त्तव्य था।"

शशिबाला देवी ने मेरी ओर तीव्र दृष्टि से देखा—"क्या आप यहीं कहीं रहते हैं? देखा तो मैंने आपको कई बार है।"

"जी हाँ, आपके बराबरवाले बँगले में ठहरा हुआ हूँ। अभी हाल में ही आया हूँ।"

"अच्छा ! तो आप मेरे पड़ोसी हैं, और यों कहना चाहिए कि निकटतम पड़ोसी हैं।" कुछ चुप रहकर उन्होंने कहा—"यह तो बड़े मजे की बात है। इतना निकट रहते हुए भी हम लोगों में अभी तक परिचय नहीं हुआ ?"

मैंने जरा लज्जित होते हुए कहा, "एक-आध बार इरादा तो हुआ कि अपने पड़ोसियों के परिचय प्राप्त कर लूँ, और परिचय प्राप्त भी किए, पर आप स्त्री हैं इसलिए आपके यहाँ आने का साहस न हुआ।"

शशिबाला देवी खिलखिलाकर हँस पड़ीं—"अच्छा तो आप स्त्रियों से इतना अधिक डरते हैं ! लेकिन स्त्रियों से डरने का कारण तो मेरी समझ में नहीं आता। अब अगर आप अपने भय के भूत को भगा सकें तो कभी मेरे यहाँ आइए। आप से सच कहती हूँ कि स्त्री बड़ी निर्बल होती है और साथ ही बड़ा कोमल। उससे डरना तो बड़ी भारी भूल है !"

शशिबाला की मीठी हँसी और उसकी वाक्पटुता पर मैं मुग्ध हो गया। वह सुन्दरी न थी, पर वह कुरूपा भी नहीं कही जा सकती थी। उसकी अवस्था लगभग तीस वर्ष की रही होगी। गठा हुआ दोहरा बदन, बड़ी-बड़ी आँखें और गोल चेहरा। मुख कुछ चौड़ा था, माथा नीचा और बाल घने तथा काले और लापरवाही के साथ खींचे गए थे क्योंकि दो-चार अलकें मुख पर झेल रही थीं, जिन्हें वह बराबर सँभाल देती थीं। रंग गेहुँआ और कद मझोला। छपी हुई मलमल की धोती पहने हुए थीं : पैरों में गोटे के काम की चट्टियाँ थीं।

मैंने शशिबाला की ओर प्रथम बार पूरी दृष्टि से देखा, शशिबाला को मेरी दृष्टि का पता था। वह जरा सिमट सी गई, फिर भी मुस्कुराते हुए उसने कहा—"आप विचित्र मनुष्य दिखाई देते हैं। फिर अब कब आइएगा ?"

"कल शाम को आप घर पर ही रहेंगी ?"

"अगर आप आइएगा। नहीं तो नित्य के अनुसार घूमने चली जाऊँगी।"

"तो कल शाम को पाँच बजे मैं आऊँगा।"

शशिबाला की और मेरी दोस्ती आशा से अधिक बढ़ गई। मैं विवाहित हूँ, यह तो आप लोग जानते ही हैं; और साथ ही मेरी पत्नी सुन्दरी भी है। इसलिए यह भी कह सकता हूँ कि मेरी दोस्ती आवश्यकता से भी अधिक बढ़ गई। शशिबाला में एक विचित्र प्रकार

का आकर्षण था, जो गृहिणी में नहीं मिल सकता। शशिबाला की शिक्षा और उसकी संस्कृति ! मैं नित्य ही उसके यहाँ आने लगा। कभी-कभी रात-रात-भर मैं घर नहीं लौटा।

एक दिन जब सुबह मेरी आँख खुली तो सर में कुछ हल्का-हल्का दर्द हो रहा था। मैं उठकर पलंग पर बैठ गया। वह कमरा शशिबाला का था। पर शशिबाला उस समय कमरे में न थीं, वह बाथरूम में स्नान कर रही थीं। घड़ी देखी, आठ बज रहे थे। अँगड़ाई लेकर उठा, खिड़की खोली। सूर्य का प्रकाश कमरे में आया। रात को जरा अधिक देर तक जगा था—सर में शायद उसी से दर्द हो रहा था। ड्रेसिंग-टेबल में लगे हुए आईने में मैंने अपना मुख देखा, सिर्फ आँखें लाल थीं और चेहरा कुछ उतरा हुआ। एकाएक मेरी दृष्टि ड्रेसिंग-टेबल के कोने में चिपके हुए कागज के टुकड़े पर पड़ गई। उसमें कुछ लिखा हुआ था। उसे पढ़ा, अँगरेजी में लिखा था, 'प्रकाशचन्द्र' यह प्रकाशचन्द्र कौन है ? मैं इसी पर कुछ सोच रहा था कि मैंने शशिबाला देवी का वेनिटी-बाक्स देखा। वैसे तो वेनिटी-बाक्स कई बार ऊपर से देखा है, उस दिन उसे अन्दर से देखने की इच्छा हुई। पाउडर, क्रीम लिपस्टिक, ब्राउ-पेंसिल आदि कई चीजें सजी हुई रखी थीं। सबको उलटा-पुलटा। एकाएक वेनिटी-बाक्स की तह में एक कागज चिपका हुआ दिखलाई दिया जिसमें लिखा था, 'सत्यनारायण'। वेनिटी-बाक्स बन्द किया लेकिन प्रकाशचन्द्र और सत्यनारायण—इन दोनों ने मुझे एक अजीब चक्कर में डाल रखा था। एकाएक मेरी दृष्टि कोने में रखे हुए ग्रामोफोन पर पड़ी। सोचा, एक-आध रिकॉर्ड बजाऊँ तो समय कटे। ग्रामोफोन खोला और खोलने के साथ ही चौंककर पीछे हटा। अन्दर, ऊपरवाले ढकने के कोने में एक कागज चिपका हुआ था जिस पर लिखा था, 'ख्यालीराम'। वहाँ से हटा, हारमोनियम बजाने की इच्छा हुई। धौंकनी में एक कागज था, जिस पर लिखा था—'भूटासिंह।' चुपके से लौटा, कपड़े पहने; लेकिन जूता पलंग के नीचे चला गया था। उसे उठाने के लिए नीचे झुका—उफ् ! पाए में पीछे की ओर एक कागज चिपका हुआ था, 'मुहम्मद सिद्‌दीक।'

अब तो मैंने कमरे की चीजों को गौर से देखना आरम्भ किया। सबमें एक-एक कागज चिपका हुआ और उस कागज पर एक-एक नाम—जैसे, 'विलियम डर्बी', 'पेस्टनजी सोराबजी बागलीवाला,' 'रामेन्द्रनाथ चक्रवर्ती', 'श्रीकृष्ण रामकृष्ण मेहता', 'रामायण टंडन', 'रामेश्वर सिंह' आदि-आदि।

उस निरीक्षण से थककर मैं बैठा ही था कि शशिबाला देवी बाथरूम से निकलीं। मुस्कुराते हुए उन्होंने कहा—"परमेश्वरी बाबू ! आज बड़ी देर से सोकर उठे।"

मैंने सर झुकाए उत्तर दिया—"सोकर उठे हुए तो बड़ी देर हो गई। इस बीच में मैंने एक अनुचित काम कर डाला, मुझे क्षमा करोगी ?"

मेरे पास आकर और मेरा हाथ पकड़ते हुए उन्होंने कहा—"मैं तुम्हारी हूँ, मुझसे क्यों क्षमा माँगते हो।"

"फिर भी क्षमा माँगना मैं आवश्यक समझता हूँ। एक बात पूछूँ, सच-सच बतलाओगी ?"

"तुमसे झूठ बोलने की मैंने कल्पना तक नहीं की है !"

"नहीं, वचन दो कि सच-सच बतलाओगी !"

मेरे गले में हाथ डालते हुए शशिबाला ने कहा—"मैं वचन देती हूँ।"

मैंने कहा—"मैंने तुम्हारे कमरे को प्रथम बार, आज पूरी तरह से देखा है, और वह भी तुम्हारी अनुपस्थिति में। मैं जानता हूँ कि मुझे ऐसा न करना चाहिए था, पर उत्सुकता ने मुझ पर विजय पाई। उसने मुझे नीचे गिराया। हाँ, मैंने तुम्हारे कमरे की सब चीजों को देखा, बड़े ध्यान से। पर एक विचित्र बात है, हरएक चीज पर एक कागज चिपका हुआ है जिस पर एक पुरुष का नाम लिखा है। अलग-अलग चीजों पर अलग-अलग पुरुषों के नाम लगे हैं। इस रहस्य को लाख प्रयत्न करने पर भी मैं नहीं समझ सका। अब मैं तुमसे ही इस रहस्य को समझना चाहता हूँ।"

शशिबाला देवी मुस्कुरा रही थीं, उन्होंने धीरे से कोमल स्वर में कहा—"परमेश्वरी बाबू, यह रहस्य जैसा है वैसा ही रहने दो—उस रहस्य का चुप मुझसे न समझो। तुम इस रहस्य को समझकर दुखी हो जाओगे और बहुत सम्भव है इसे जानकर तुम नाराज भी हो जाओ।"

"नहीं, मैं दुखी न होऊँगा और न नाराज ही होऊँगा।"

"अच्छा, तुम मुझे वचन दो।"

"मैं वचन देता हूँ।"

शशिबाला कुर्सी पर बैठ गई। "परमेश्वरी बाबू ! इस रहस्य में मेरी कमजोरी है और साथ ही मेरा हृदय है। ये सब चीजें मुझे अपने प्रेमियों से प्रेजेंट में मिली हैं। याद रखिएगा कि मैंने प्रत्येक प्रेमी से केवल एक वस्तु ही ली है। अब मेरे पास इतनी अधिक चीजें हो गई हैं कि हरएक प्रेमी का नाम याद रखना असम्भव है। चीजें नित्य के व्यवहार की हैं, इसलिए प्रत्येक प्रेमी की वस्तु पर मैंने उसका नाम लिख दिया है। इससे यह होता है कि जब कभी मैं उस वस्तु का व्यवहार करती हूँ, उस प्रेमी की स्मृति मेरे हृदय में जाग उठती है। क्या करूँ परमेश्वरी बाबू ! मेरा हृदय इतना निर्बल है कि मैं अपने प्रेमियों को नहीं भूलना चाहती, नहीं भूलना चाहती।"

"तुम्हारे पास कुल कितनी चीजें हैं ?" मैंने पूछा।

"सत्तानवे।"

"इतनी अधिक !"—आश्चर्य से मैं कह नहीं उठा बल्कि चिल्ला उठा।

"हाँ, इतनी अधिक !"—शशिबाला देवी का स्वर गम्भीर हो गया। "परमेश्वरी बाबू, इतनी अधिक ! मेरा विवाह नहीं हुआ, आप जानते हैं पर आप यह न समझिएगा कि मेरी विवाह करने की कभी इच्छा ही न थी। मैं सच कहती हूँ कि एक समय मेरी विवाह करने की प्रबल इच्छा थी। प्रत्येक व्यक्ति जो मेरे जीवन में आया भविष्य के सुख-स्वप्न पैदा करता आया, प्रत्येक व्यक्ति को मैंने भावी पति के रूप में देखा। पर क्या हुआ ? वह व्यक्ति मुझे प्रेजेंट दे सकता था, पर अपनी न बना सकता था। धीरे-धीरे मैं इसकी अभ्यस्त हो गई। एक रहस्यमय जीवन धीरे-धीरे मेरे वास्ते एक खेल

हो गया। सोचती हूँ कि उन दिनों मैं कितनी भोली थी जब विवाह के लिए लालायित रहती थी, जब पत्रों में मैंने अपने विवाह के लिए विज्ञापन तक निकलवाए। पर हरएक आदमी गलती करता है, मैंने भी गलती की। अब बन्धन की कोई आवश्यकता नहीं है। जीवन एक खेल है, जिसका सबसे सुन्दर हृदय का खेल, नहीं भोग-विलास का खेल है और खुलकर खेलना ही हमारा कर्त्तव्य है। परमेश्वरी बाबू, यह मेरी स्मृति की कहानी है और मेरी स्मृति के रूप को तो आपने देखा ही है।''

''साधारण मनुष्यों के लिए यह ठीक हो सकता है,'' कुछ हिचकिचाते हुए मैंने कहा।

''साधारण मनुष्यों के लिए ही क्यों ? आपका नम्बर अट्ठानवेवाँ होगा,'' खिलखिलाकर हँसते हुए शशिबाला ने उत्तर दिया।

उस समय मैं न जाने क्यों दार्शनिक बन गया। जनाब ! मेरे जीवन में वैसे तो दर्शन में और मुझमें उतना ही फासला है जितना ज़मीन और आसमान में, पर शशिबाला की कहानी सुनकर मैं वास्तव में दार्शनिक बन गया। मैंने कहा–''हाँ, जीवन एक खेल है और तब तक जब तक हम खेल सकते हैं। अशक्त होने पर वही जीवन हमारे सामने एक भयानक और कुरूप समस्या बनकर खड़ा हो जाता है। तुम वर्तमान की सोच रही हो, मैं भविष्य की सोच रहा हूँ, दस वर्ष बाद की सोच रहा हूँ। उस समय तुम्हारे मुख पर झुर्रियाँ पड़ जाएँगी, लोग तुम्हारे साथ खेलने की कल्पना तक न कर सकेंगे। और फिर–फिर से स्मृतियाँ तुम्हें सुखी बनाने के स्थान में तुम्हें काटने को दौड़ेंगी। तुम्हारे आगे-पीछे कोई है नहीं, अपने बनाव-सिंगार के कारण, तुम कुछ बचा भी न सकती होगी। तब इस खेल के खत्म हो जाने के बाद बुढ़ापा, दुर्बलता, भूख, बीमारी और–और गत-जीवन का पश्चात्ताप बाकी रह जाएगा। इसलिए मैं तुम्हें वह चीज प्रेजेंट करूँगा जो उन दिनों तुम्हारे काम आवे। तुम्हारा संग्रह बहुमूल्य है, मैं वचन देता हूँ कि मैं दस वर्ष बाद तुम्हारे संग्रह को पाँच हजार रुपए में खरीद लूँगा। इस प्रकार ये अभिशापित स्मृति-चिह्न उस समय तुम्हारे सामने से हट जावेंगे जब तुम राम का भजन करोगी और भगवान के सामने जाने की तैयारी करोगी। साथ ही पाँच हजार रुपए से तुम बुढ़ापे के कष्टों को भी कम कर सकोगी ?''

मैंने परमेश्वरी से कहा–''और उसने तुम्हें नौकर द्वारा अपने कमरे से निकलवा नहीं दिया ?''

परमेश्वरी हँस पड़ा–''नहीं।'' उसने कुछ देर तक सोचा, फिर उसने कहा–''तुमने जो कुछ कहा उसमें मैं सब बातें ठीक नहीं मानती, पर इतना अवश्य मानती हूँ कि मैंने अपने बुढ़ापे के लिए कोई इन्तजाम नहीं किया। इसलिए मैं तुम्हारे हाथ यह सब बेच दूँगी। कांट्रेक्ट साइन कर दो।''–और मैंने कांट्रेक्ट साइन कर दिया। अभी दो वर्ष तो हुए ही हैं। परसों ही उसका पत्र आया है, जिसमें उसने लिखा है कि इस समय तक उसके पास एक सौ तेरह चीजें हो गई हैं।''

वरना हम भी आदमी थे काम के

लोग मुझे कवि कहते हैं, और गलती करते हैं; मैं अपने को कवि समझता था और गलती करता था। मुझे अपनी गलती मालूम हुई मियाँ राहत से मिलकर, और लोगों को उनकी गलती बतलाने के लिए मैंने मियाँ राहत को अपने यहाँ रख छोड़ा है।

मियाँ राहत वास्तव में कवि हैं। वह नामी आदमी नहीं हैं। उनका कोई दीवान अभी तक नहीं छपा, और शायद कभी छपेगा भी नहीं। मुशायरों में वह नहीं जाते, या यों कहिए कि मुशायरों में वह नहीं पढ़ते। एक बार मुशायरे में उन्होंने अपनी गजल पढ़ी, तो उनको इतनी दाद मिली कि बेचारे घबरा गए, और उस दिन से मुशायरों में न पढ़ने की कसम खा ली। और, दूर की नहीं हाँकते, पर फिर भी वह कवि हैं, इतने बड़े कि आजकल के नामी-नामी शायर सब एक साथ उन पर न्यौछावर किए जा सकते हैं।

यदि आप चालीस-पचास साल के एक ऐसे आदमी को मेरे बँगले के बरामदे में देखें, जो लम्बा सा और किसी हद तक मोटा सा कहा जा सके, जिसका चेहरा गोल, भरा हुआ और उस पर चेचक के दाग, मूँछ नदारद, लेकिन दाढ़ी तोंद तक पहुँचती हुई, सिर पर पट्टे और बाल बीच से खिंचे हुए, आँखें बड़ी-बड़ी, ऊपर उभरी हुई और उनमें सुरमा लगा हुआ, चिकन का कुरता और लंकलाट का गरारेदार पाजामा पहने हुए हों तो आप समझ लें कि यही मियाँ राहत हैं। वह आपसे झुककर सलाम करेंगे, अदब के साथ आपका नाम पूछेंगे, आपको कुर्सी पर बिठालकर मुझे आपकी इत्तिला देंगे, और फिर धीरे से वहाँ से खिसक जाएँगे। आप उनको मेरा नौकर किसी हालत में नहीं समझ सकते, और मैं उनसे मालिक का बर्ताव करता भी नहीं हूँ। मैं उनकी इज्जत करता हूँ, बुजुर्ग की तरह उन्हें मानता हूँ।

मियाँ राहत से मेरी मुलाकात तीन साल पहले हुई थी। यों तो इसके पहले से मैं उन्हें देखता आता था, पर उस समय मुझे उनके नाम और उनकी खूबियों का पता न था। इलाहाबाद के स्टेनली रोड और कैनिंग रोड के चौराहे पर, खाकी वर्दी पहने और लाल पगड़ी बाँधे हुए मियाँ राहत को मैंने सवारियों को रास्ता बतलाते हुए देखा था। इक्केवाले झुककर मियाँ राहत को सलाम करते थे और उनकी कुशल-क्षेम पूछते थे, और मियाँ राहत मुस्कुराकर उन सबको जवाब देते थे। साथ ही इक्के और ताँगेवाले, उलटे-सीधे, दाएँ-बाएँ जहाँ से तबीयत होती थी, इक्का-ताँगा ले जाते थे।

मुझे शक था कि मियाँ राहत शायर अवश्य होंगे। कभी-कभी सवारियों को अपने

भाग्य पर छोड़कर मियाँ राहत एक नोटबुक और एक पेंसिल लिये हुए चौराहे के एक कोने में नजर आते थे। कभी-कभी वह अपनी पेंसिल से नोटबुक में कुछ दर्ज भी कर लेते थे। पहले तो मैंने समझा, मियाँ राहत किसी का चालान कर रहे हैं, लेकिन जब मैंने उनका गुनगुनाना सुना, तो बात समझ में आ गई।

उस दिन मैं सिविल लाइंस में घूमने जा रहा था। शाम का समय था, इलाहाबाद के शौकीन रईस अपनी-अपनी मोटरें लेकर घूमने को निकल पड़े थे। स्टेनली रोड और कैनिंग रोड के चौराहे पर जब मैं पहुँचा, तब पैर आप-ही-आप रुक गए। आँखों ने मियाँ राहत को ढूँढ़ ही तो निकाला। एक किनारे खड़े हुए मियाँ राहत कागज पर अपनी पेंसिल चला रहे थे। रुककर मैं मियाँ राहत को देखने लगा। इसी समय चौक की तरफ से एक कार तेजी के साथ आई और अपनी दाहिनी ओर आई मियाँ राहत पर चढ़ती हुई। कार की स्पीड साठ मील प्रति घंटे से कम न रही होगी।

मियाँ राहत अपनी नोटबुक और पेंसिल के साथ इतने मशगूल थे कि उन्हें कार के आने की जरा भी खबर न थी। मैंने खतरे को देखा और जोर से चिल्ला उठा–मियाँ भागो, नहीं तो जान गई।

मियाँ राहत उछले लेकिन कार इस तेजी के साथ चल रही थी कि उनके हटते-हटते उसके अगले मडगार्ड का झोंका मियाँ राहत के लग ही तो गया, और राहत 'लाहौल विलाकूवत' कहते हुए जमीन पर आ गए। मैं दौड़ा और कार भी थोड़ी दूर चलकर रुक गई। मैंने मिया राहत को उठाया, चोट न आई थी, सिर्फ घुटने और कोहनी कुछ छिल गए थे। उठते ही मियाँ राहत ने अपनी पगड़ी दुरुस्त की और वर्दी से धूल झाड़ी। उस समय कार से एक चौबीस-पच्चीस वर्ष की युवती उतरकर मियाँ राहत के पास आई। बहुत सुन्दर, गोरी और यौवन-भार से लदी हुई। मुस्कुराते हुए उसने मियाँ राहत से पूछा–"चोट तो नहीं लगी ?"

मियाँ राहत ने प्रायः दस सेकेंड तक बड़ी गम्भीरतापूर्वक उस युवती को देखा, इसके बाद वह भी मुस्कुराए–"नहीं, चोट तो कोई ऐसी नहीं लगी, लेकिन जरा देख-भालकर मोटर चलाया कीजिए।"

युवती ने पाँच रुपए का नोट मियाँ राहत को देते हुए कहा–"हाँ, अभी हाल में ही मोटर चलानी सीखी है। लो, अपने बचने की खैरात बाँट देना।"

अपने हाथ हटाकर जेब में डालते हुए मियाँ राहत ने अपना मुँह फेर लिया–"मिस साहब, मेरी क्या ? मैं तो आप लोगों का गुलाम हूँ, आप लोगों पर अपनी जान न्यौछावर करने में भी मैं फख्र समझूँगा। आप ही, अपनी इस खुशकिस्मती पर कि इस चौराहे पर मैं था, यह खैरात बाँट दीजिएगा।"

वह युवती मुस्कुराती हुई चल दी। मियाँ राहत ने उसे झुककर सलाम किया, इसके बाद उन्होंने अपनी नोटबुक और पेंसिल उठाई। मैंने पूछा–"मियाँ, तुमने इनका चालान क्यों नहीं किया ?"

मियाँ राहत बोले–"क्या करूँ बाबू साहब, दिल गवाही नहीं देता। इन परीजादों

की तो परस्तिश करनी चाहिए, और आप चालान करने की बात कहते हैं," इतना कहकर मियाँ राहत और कोने में खिसक गए, और नोट-बुक तथा पेंसिल का झगड़ा सुलझाने लगे। मैं वहाँ से चल दिया, पर चलते-चलते मुझे ये दो पंक्तियाँ सुनाई पड़ीं, जो शायद मियाँ राहत ने उसी समय बनाकर नोटबुक में दर्ज की थी :

किसी हसीन की मोटर से दब के मर जाना
ये लुत्फ यार, हमारे नसीब ही में न था!

न जाने क्यों उस दिन के बाद से मेरे हृदय में मियाँ राहत के प्रति श्रद्धा उत्पन्न हो गई। मियाँ राहत मेरे यहाँ प्रायः आया करते थे और घंटों मुझे अपनी कविता सुनाते थे। मैं उनकी कविता समझता भी था, और उनकी काफी दाद देता था।

इस घटना को हुए दो मास हो गए थे। सत्याग्रह-संग्राम जोर से चल रहा था। कई दिनों से मियाँ राहत मेरे यहाँ न आए थे। एक दिन शाम के वक्त मैं बरामदे में बैठा हुआ एक किताब पढ़ रहा था कि मियाँ राहत आए। उनकी मुद्रा देखकर मैं घबरा गया—आँखें डबडबाई हुईं, चेहरा पीला और पैर लड़खड़ा रहे थे। मैंने पूछा—"मियाँ राहत ! खैरियत तो है ? यह तुम्हारी क्या हालत, क्या बीमार तो नहीं रहे ?"

कुर्सी पर बैठते हुए उन्होंने कहा—"बाबू साहब ! उफ् बाबू साहब !" इसके बाद वह लगातार ठंडी साँस भरने लगे।

मैं वास्तव में घबरा गया। मैंने पूछा—"क्या कुछ तबीयत खराब है ?"

"नहीं," मियाँ राहत ने एक ठंडी साँस ली।

"तुम्हारे बीवी-बच्चे तो अच्छी तरह हैं ?"

"हाँ ," मियाँ राहत ने फिर एक ठंडी साँस ली।

"अरे भाई, बतलाते क्यों नहीं कि क्या हुआ ?"

मियाँ राहत ने बहुत करुण स्वर में आरम्भ किया—"बाबू साहब, उस दिन की बात तो आपको याद है, जिस दिन मैं मोटर से दबते-दबते बचा था।"

"हाँ-हाँ। भला, उस दिन की बात मैं भूल सकता हूँ !"

"बाबू साहब, उस दिन जो मिस साहब मोटर चला रही थीं, वह कांग्रेस में काम करती हैं !"

"हाँ, यह तो मैं जानता हूँ। उनका नाम सुशीलादेवी है न ?"

"हाँ बाबू साहब ! यही नाम है। आज वह गिरफ्तार हो गईं।"

"तो फिर इससे क्या ?"

"क्या बतलाऊँ बाबू साहब ! मुझे भी दारोगा साहब के साथ उन्हें गिरफ्तार करने के लिए जाना पड़ा था," मुझे ऐसा मालूम पड़ा कि मियाँ राहत रोनेवाले हैं।

थोड़ी देर तक चुप रहने के बाद मियाँ राहत ने फिर कहा—"बाबू साहब ! यह सरकारी नौकरी बड़ी खराब है। इसमें अपनी रूह को चाँदी के चन्द टुकड़ों पर बेच देना पड़ता है। जानते हैं बाबू साहब, आज मैंने अपनी रूह का गला घोंटकर कितना बड़ा गुनाह किया ?"

मैंने कहा—"मियाँ राहत ! इस सोच-विचार से कुछ फायदा नहीं। तुम नौकर हो, तुमने अपना फर्ज अदा किया। इसी के लिए तो तुम तनख्वाह पाते हो !"

मियाँ राहत चिल्ला उठे—"मैं यह तनख्वाह नहीं चाहता, इस गुलामी से मैं आजिज आ गया हूँ।"

मैंने देखा, मियाँ राहत की भावुकता जोरों के साथ उमड़ी हुई है, और रंग बिगड़ा हुआ है।

मैंने कहा—"मियाँ, तुम्हारी बीवी है, बच्चे हैं। उनका पेट भरना तुम्हारा फर्ज है। उनसे भी कभी पूछा है कि वे तनख्वाह चाहते हैं या नहीं। जाओ, अपना काम करो।"

बीवी और बच्चों का नाम सुनते ही मियाँ राहत की उमड़ती हुई भावुकता पर ब्रेक लग गया। "क्या करूँ बाबू साहब, कुछ समझ में नहीं आता।" इस बार उन्होंने एक बहुत गहरी साँस ली, और उनकी आँख से दो आँसू टपक पड़े।

दूसरे दिन शाम के समय जब मैं काम से लौट रहा था, तो मियाँ राहत के मकान के सामने से निकला। वहाँ जो दृश्य देखा वह जीवन-भर कभी न भूलूँगा। मियाँ राहत जमीन पर सिर झुकाए बैठे थे और उनकी बीवी उनके सिर पर बिना गिने हुए तड़ातड़ चप्पलें लगा रही थी। बीवी रो-रोकर कह रही थी—"निगोड़ा, कलमुँहा कहीं का। नौकरी छोड़ आया, हम लोगों को भूखा मारने के लिए। ले, नौकरी छोड़ने का मजा ले !"

मियाँ राहत की आँखों से टप-टप आँसू गिर रहे थे, और वह यह शेर बेर-बेर गा-गाकर पढ़ रहे थे :

इश्क ने हमको निकम्मा कर दिया,
वरना हम भी आदमी थे काम के।

एक अनुभव

उस दिन मेरे मित्र नरेन्द्र ने दावत दी थी। और यह तय हुआ था कि खाना खाने का लुत्फ जितना अच्छा किसी होटल में मिल सकता है उतना अच्छा घर में नहीं। नवयुवकों की धमाचौकड़ी, एक-दूसरे को गाली-गलौज और फिर बहुत गम्भीरतापूर्वक अपनी-अपनी प्रेम-कहानियाँ—इस सबकी गुंजाइश भले घर में नहीं होती। पहले तो माताएँ, बहनें, भौजाइयाँ इत्यादि-इत्यादि, दूसरे चश्मा चढ़ाए हुए और दाढ़ी फटकारते हुए बुजुर्गवार जो किसी-न-किसी बहाने अपने बरखुरदारान व उनको खराब करनेवाले शोहदे दोस्तों की हरकतें देखने के लिए कमरे में एक-आध बार अवश्य झाँक जाते हैं, और तीसरे यदि खाना खराब बना तो घरवालों को मुक्त-कंठ से गालियाँ नहीं दी जा सकतीं। इसलिए होटल ही तय रहा।

शाम को हम लोग नरेन्द्र के घर पर ही एकत्रित होकर काश्मीरी होटल पहुँचे। हम लोग कुल सात आदमी थे। होटल को सूचना पहले से ही दी जा चुकी थी, सीधे डायनिंग हाल में डट गए। खाना पाँच मिनट के अन्दर ही हम लोगों के सामने आ गया।

हम लोगों ने खाना आरम्भ ही किया था कि एक सज्जन ने डायनिंग हाल में प्रवेश किया। हम लोगों की मेज के पास ही एक छोटी सी मेज पड़ी थी, उसी पर वे सज्जन बैठ गए। उनका खाना भी उनके सामने आ गया।

अपने बीच में उन सज्जन का आना हम लोगों को बुरा लगा, और घनिष्ठ मित्रों के बीच में एक अपरिचित व्यक्ति का आ जाना बुरा लगने की बात भी थी। रामेश्वर ने प्रस्ताव किया कि उन सज्जन को इतना बनाया जाय कि वे स्वयं ही वहाँ से उठ जाएँ। प्रस्ताव सर्व-सम्मति से स्वीकृत हो गया। रामेश्वर ने उन सज्जन से कहा—महाशयजी, आप अलग क्यों बैठे हैं ? इसी मेज पर चले आइए, काफी जगह है।

उत्तर में अपनी थाली लिये हुए वे स्वयं हमारी मेज पर आ पहुँचे। उनकी उस बेतकल्लुफी पर आश्चर्य हुआ। वे मँझोले कद के तथा गठे बदन के एक सभ्य पुरुष थे। सेटीन जीन का सूट पहने थे। दाढ़ी-मूँछ साफ, रंग गेहुँआ और बातचीत से उच्चकोटि के समाज के व्यक्ति मालूम होते थे। उनका नाम था पृथ्वीनाथ, जाति के कायस्थ थे, जमींदार थे और रईस थे। तफरीहन घूमा करते थे, एम.ए. पास थे, नेता बनने की धुन में थे। कभी व्याख्यान दे देते थे और प्रायः अंग्रेजी अखबारों में राजनीतिक लेख लिख मारा करते थे।

"अच्छा, तो आप लोग सब-के-सब इसी नगर के रहनेवाले हैं," हम लोगों का परिचय पाकर उन्होंने कहा, "दावत का प्रबन्ध तो घर पर ही हो सकता था, फिर होटल क्यों चुना ?"

मैंने कहा—"साहब, होटल में जितनी सुविधा तथा स्वच्छन्दता प्राप्त है उतनी घर में नहीं मिलती।"

"बात तो आपने ठीक कही। मुझको ही लीजिए, इस नगर में मेरे प्रायः एक दर्जन रिश्तेदार हैं, लेकिन मैं होटल में ही ठहरा करता हूँ। सुविधा तथा स्वच्छन्दता के साथ-साथ होटलों में कभी-कभी ऐसे अनुभव प्राप्त हो जाते हैं जो जिन्दगी-भर याद रहते हैं।"

हम लोगों का कौतूहल बढ़ा—"तो क्या कभी आपको ऐसा अनुभव प्राप्त हुआ ?" परमेश्वरी नें पूछा।

"हाँ," पृथ्वीनाथ ने उत्तर दिया, "और एक अनुभव तो मैं शायद जिन्दगी-भर न भूलूँगा। यदि आप लोग सुनना चाहें तो मैं उसे सुना भी सकता हूँ।"

"अवश्य सुनाइए !" हम सब लोगों ने एक साथ कहा।

अभी पारसाल की बात है। अक्टूबर का महीना था। कश्मीर से लौटते समय मैं दो दिन के लिए लाहौर रुक गया। लाहौर उत्तर भारत में विशेषता रखता है, और वहाँ मेरे दो-एक मित्र भी हैं। मैं वहाँ एक होटल में ठहरा। होटल का नाम मैं आप लोगों को न बतलाऊँगा, पर इतना कह देना काफी होगा कि वहाँ प्रबन्ध बहुत सुन्दर था और वहाँ हर तरह का आराम था। दिन-भर मैं नगर में घूमता रहा, भोज मैंने अपने एक मित्र के यहाँ किया और आठ बजे के करीब मैं वापस आया। उस समय होटल के मैनेजर वहाँ न थे।

पंजाब में परदा नहीं होता, यह मैं आपको बतला दूँ। मैनेजर की पत्नी वहाँ अपने पति के स्थान पर आसीन थीं। उन्होंने मुझसे पूछा, "खाना भिजवा दूँ ?"

"नहीं, धन्यवाद ! मैं अपने एक मित्र के यहाँ भोजन कर आया हूँ।"

और कोई प्रबन्ध चाहिए तो बतलावें यहाँ हर तरह की सुविधा प्राप्त है," आँखें मटकाते हुए और मुस्कुराते हुए उसने मुझसे कहा।

"नहीं, धन्यवाद !" मैं उस स्त्री का मतलब न समझ पाया था।

गर्मी समाप्त हो चुकी थी और गुलाबी जाड़ा पड़ने लगा था। मैं सीधे अपने कमरे में गया, मैंने बिजली जलाई और कपड़े बदले। इसके बाद कुर्सी पर बैठकर 'ट्रिब्यून' पढ़ने लगा।

मैं जिस कमरे में था उसकी बाबत भी कुछ थोड़ा सा बतला दूँ। कमरा काफी छोटा था, केवल एक चारपाई उसमें आ सकती थी, बगल में एक मेज और एक कुर्सी पड़ी थी।

वह कमरा एक हाल का टुकड़ा था। हाल बड़ा था और इसलिए होटलवालों ने उसमें चार कमरे निकाले थे। उन कमरों की दो ओर तो दीवारें थीं और दो ओर लकड़ी के पार्टीशन थे, जिन पर सीमेंट का हल्का सा प्लास्टर था। हाल की ऊँचाई प्रायः सोलह फीट थी और पार्टीशन की ऊँचाई प्रायः आठ फीट।

अच्छा तो जिस समय मैं 'ट्रिब्यून' समाप्त करनेवाला था, मुझे बरामदे में स्त्रियों के कंठ-स्वर सुनाई पड़े। एक क्षण के लिए मेरा ध्यान उस ओर आकर्षित हुआ, पर यह सोचकर कि सम्भवतः होटल में इस समय कुछ अतिथि आए होंगे, मैं फिर पत्र पढ़ने लग गया। इसके बाद होटल के कमरों के खुलने तथा बन्द होने की आवाज मुझे सुनाई दी।

मैंने 'ट्रिब्यून' पूरा पढ़ डाला, घड़ी देखी दस बज चुके थे। दिन-भर का थका था, बिजली बुझाकर मैंने सोने की ठानी; पलंग पर लेट गया और दिन-भर जो कुछ देखा-सुना था उस पर विचार करने लगा। एकाएक मैं चौंक उठा।

पूरबवाले कमरे से एक दबी हुई सुरीली आवाज सुनाई दी। जनाब, मैं आप लोगों को बतला दूँ कि मैं कलाविद हूँ, गाना पसन्द करता हूँ, और जब गानेवाले का कंठ कोमल हो तब तो उसे सुनने के लिए मैं बेचैन हो जाता हूँ। यह सुरीली आवाज किसी स्त्री की थी और वह स्त्री बहुत दबे हुए स्वर में एक पंजाबी गाना गा रही थी, जिसकी पहली पंक्ति मुझे अब भी याद है, "कदी आउँदा कदी नहीं आउँदा।"

जिस कमरे से यह आवाज आ रही थी उस कमरे में ठहरे हुए सज्जन को मैं पहचानता था। ये सज्जन मेरे साथ ही लाहौर उतरे थे और उन्हीं के कहने से मैं इस होटल में ठहरा भी था। ये सज्जन अकेले थे इसलिए इनके कमरे में से निकलते हुए स्त्री के स्वर को सुनकर मुझे आश्चर्य हुआ और मेरा कौतूहल बढ़ा। मैं कान लगाकर गाना सुनने लगा।

उसी समय उत्तरवाले कमरे में से कुछ अस्पष्ट प्रेमालाप सुनाई पड़ा। उस प्रेमालाप के साथ उबलते हुए उच्छ्वासों की ध्वनि भी मिली थी। अब पूरबवाले कमरे से हटकर मेरे कान उत्तरवाले कमरे की ओर लग गए। उत्तरवाले कमरे में जो सज्जन ठहरे थे उनसे सुबह चाय पीते हुए मेरी बातचीत हुई थी। उस बातचीत से मुझे पता चल गया था कि वे विधुर हैं, विवाह पर विश्वास नहीं करते और उनके जीवन का ध्येय है—"खाओ, पिओ और मस्त रहो।"

आप लोग मुझे नीच समझते होंगे क्योंकि मैं दूसरों की बात सुन रहा था। पर मैं आप लोगों से सच कहता हूँ कि मैं उतना नीच नहीं हूँ। मैं दूसरों की बात सुनने को कभी उत्सुक नहीं रहा हूँ। और जो कुछ उनके कमरों में हो रहा था वह नहीं सुनना चाहता था। पर पार्टीशन इतना नीचा था कि मैं सुनने को बाध्य था। हाँ, इतनी बात अवश्य थी कि मेरी आँखों से नींद गायब हो गई थी और लाख कोशिश करने पर भी मैं उधर से अपना ध्यान न हटा सकता था।

एकाएक मेरी समझ में सारा रहस्य आ गया। मैनेजर की पत्नी का मुझसे पूछना—

'और कोई प्रबन्ध चाहिए, तो बतलावें !' स्त्रियों का कंठ-स्वर और कमरे का खुलना तथा बन्द होना इत्यादि। उस समय मेरा सारा शरीर जल रहा था, साँस तेजी के साथ चलने लगी थी, और चित्त बहुत अधिक उद्विग्न हो उठा था।

जनाब ! यहाँ पर मेरा आप लोगों को यह बतला देना अनुचित न होगा कि मैं विवाहित हूँ और मेरे बाल-बच्चे हैं। आज तक मैंने अपने को यदि विचारों में नहीं तो कर्मों में अवश्य पवित्र रखा है। पर उन दिनों मैं दो महीने से घर से बाहर था, और कश्मीर के जलवायु तथा फलों के कारण मेरा वजन करीब सात पौंड बढ़ गया था। मेरे चेहरे पर सुर्खी छा गई थी। ऐसी अवस्था में आप लोग समझ ही सकते हैं कि उस कमरे में मेरा दम घुटना अस्वाभाविक न था।

मैं उठ खड़ा हुआ, उठकर मैंने बिजली जलाई और द्वार खोला। ठंडी हवा का एक झोंका आया, पर उसका भी कोई विशेष असर न हुआ। मेरे कान लगातार दीवार की ओर लगे थे।

उस समय मेरी मानसिक स्थिति क्या थी, आप लोग नहीं समझ सकते और न मैं समझा ही सकता हूँ। उसे वह मनुष्य समझ सकता है जो कभी उस स्थिति में पड़ा हो। अपना ध्यान उधर से हटाने के लिए कुर्सी पर बैठकर मैंने पत्र लिखना आरम्भ कर दिया। एक पंक्ति लिखता था और ध्यान फिर उन कमरों में दौड़ जाता था। उसके बाद क्या लिखना है यह सब भूल जाता था। उस पंक्ति को काटकर दूसरी पंक्ति लिखी और फिर वही हाल।

मैं नहीं बतला सकता कि कितनी देर तक मैं यह तमाशा करता रहा, पर उसी समय मुझे बाहर बरामदे में से स्त्रियों के कुछ कंठ-स्वर अवश्य सुनाई पड़े। एक कंठ-स्वर मैं पहचानता था, वह मैनेजर की पत्नी का था, दूसरा अपरिचित था। रात का सन्नाटा था, और मेरा कमरा खुला था। इसलिए मैं उन दोनों की बातचीत, यद्यपि वह बहुत दबी जबान में हो रही थी, भली-भाँति सुन सकता था।

मैनेजर की पत्नी ने कहा—"तुम अभी तक क्यों नहीं आईं, अब बहुत देर हो गई, क्योंकि यहाँ पूरा इन्तजाम हो चुका है।"

इस पर उस अपरिचित स्त्री ने बहुत करुण स्वर में कहा—"मेरी तकदीर ! क्या करूँ मेरे यहाँ कुछ लोग शराब पीकर घुस आए थे, इसीलिए देर हो गई। देखो कोई मेहमान खाली हों।"

मैनेजर की पत्नी ने कहा—"नहीं, अब कोई मेहमान खाली नहीं है।" पर कुछ सोचकर उसने फिर से कहा—"हाँ, एक मेहमान जरूर खाली हैं, लेकिन वह या तो आर्यसमाजी हैं या बेवकूफ हैं।"

उस स्त्री ने बहुत गिड़गिड़ाकर कहा—"अच्छा तो एक दफे कोशिश कर लो।"

मैनेजर की पत्नी मेरे कमरे में आई। इस बार मैंने उसको गौर से देखा। वह अधेड़ थी और उसका रंग गोरा था। गालों पर झाईं पड़ गई थी, पर हृष्ट-पुष्ट थी। ऐसा मालूम होता था कि किसी समय वह भी सुन्दरी रही होगी। उसने मुस्कुराते हुए मुझसे

कहा—“बाबूजी, रात का कोई इन्तजाम आपको चाहिए ?”

मैं उस समय अपना ग्यारहवाँ लेटर-पेपर फाड़ रहा था। बिना सोचे-समझे मैंने कह दिया—“भेज दो !”

“दस रुपए हुए, और वह भी पेशगी।”

मैंने पास से दस रुपए का नोट निकालकर उसे दे दिया। वह बाहर चली गई। उसके बाहर जाने के आध मिनट बाद ही एक स्त्री ने मेरे कमरे में प्रवेश किया। उस समय मेरे हाथ में फाउंटेन पेन था और मेरे सामने खुला हुआ लेटर-पैड। वह स्त्री दरवाजे पर रुक गई।

मैंने अपनी आँखें उठाईं। जिस स्त्री ने मेरे कमरे में प्रवेश किया था वह सुन्दरी थी, यह स्पष्ट था। उसका रंग गोरा था और बदन इकहरा। शायद वह दुबली थी और इसीलिए वह लम्बी मालूम होती थी। उसका मुख गोल था और गालों का बैठना आरम्भ हो रहा था। उसकी आँखें बड़ी-बड़ी थीं; पर उनमें आभा न थी।

वह एक नीली शलवार पहने थी, जो मखमल की थी और जिस पर गोटे का काम था। शलवार पर रेशमी कुरता था और उस पर महीन रेशमी चिकन का हरा दुपट्टा था। वह प्रतीक्षा कर रही थी कि मैं कुछ कहूँ।

मैं नहीं जानता था कि क्या करूँ। कभी पहले ऐसी परिस्थिति में पड़ा न था; पर कहना कुछ अवश्य था, इसलिए बैठे-ही-बैठे मैंने कहा, “दरवाजा बन्द कर दो !”

उसने दरवाजा बन्द कर दिया, और फिर मेरी ओर देखा। मेरे सामने फिर वही समस्या रह गई कि क्या किया जाय। एकाएक मेरे मुख से निकल पड़ा, “अपने सब कपड़े उतार दो !”

आप लोग शायद यह पूछें कि मैंने ऐसा क्यों कहा। मैं स्वयं भी कारण नहीं बतला सकता। बहुत सम्भव है कि ‘किस प्रकार आगे बढ़ा जाए’ यह सोचने के लिए मैं समय निकालना चाहता था, या बहुत सम्भव है कि मैंने वैसे ही बिना समझे-बूझे यह वाक्य कह दिया हो, पर कह मैंने अवश्य दिया; और उस स्त्री ने निःसंकोच अपने वस्त्र उतार दिए। जिस समय वह वस्त्र उतार रही थी, मेरी आँखें मेज पर गड़ी थीं और मैं यह सोच रहा था कि क्या किया जाए। उस स्त्री ने कहा—“बाबूजी, अब क्या करूँ ?”

उस समय तक मैं कुछ स्थिर न कर पाया था। मैंने उस स्त्री की ओर देखा, और वैसे ही मैंने चिल्लाकर अपनी आँखें फेर लीं, अपने कपड़े पहन लो !

मैंने यह क्यों किया, यह आप पूछेंगे। उस समय मेरे हृदय में यह भावना उत्पन्न हुई थी कि रुपया मनुष्य को पशु बना सकता है। रुपए के वास्ते मनुष्य घृणित-से-घृणित काम करने को बाध्य होता है। स्त्री का सर्वश्रेष्ठ प्राकृतिक गुण लज्जा है। मेरे सामने जो स्त्री खड़ी थी, चाँदी के कुछ टुकड़ों की आवश्यकता ने उसे इतना अधिक गिरा दिया था कि वह अपने सर्वोत्तम गुण को तिलांजलि दे चुकी थी; पर एक बात और भी सम्भव है, वह यह कि वहाँ पर मेरी संस्कृति तथा सामाजिक भीरुता ने काम किया हो, क्योंकि मैंने उस दिन बाजार में बिकनेवाले नग्न तथा अश्लील सौन्दर्य को प्रथम बार देखा था।

या फिर दोनों ही भाव मुझमें एक साथ आए हों; पर इतना निश्चय है कि मेरे हृदय में बड़ी ग्लानि उत्पन्न हुई।

उस स्त्री ने कपड़े पहन लिये। मैंने उससे कहा—"यहाँ आओ !"

वह मेरे निकट आ गई। मैंने उसे सिर से पैर तक देखा, इसके बाद उससे पूछा—"तुम इस पेशे में कितना पैदा कर लेती हो ?"

कुछ झिझकते हुए कहा, "करीब सत्तर-अस्सी रुपया महीना।"

"और तुम कितना खर्च करती हो ?"

"सब-का-सब खर्च हो जाता है। कभी दस-पाँच रुपए बच गए तो बच गए।"

मैंने फिर पूछा—"क्या तुम इस काम को पसन्द करती हो ?"

वह हँस पड़ी। पर उसकी वह हँसी कितनी रूखी थी, कितनी भयानक थी ! मैं घबरा गया। उसने कहा—"क्या सभी आदमी वह काम करते हैं जिसे वे पसन्द करते हैं ? हमारे सामने सवाल जिन्दा रहने का है, और जिन्दा रहने के लिए तो लोग न जाने क्या-क्या करते हैं। फिर धीरे-धीरे आदमी अपने काम का आदी हो जाता है और पसन्द करने लगता है।"

मैंने उसकी ओर आश्चर्य से देखा, अब भी वह मुस्कुरा रही थी। मैंने कहा—"क्या एक काम करोगी ?"

"आप जो कुछ कहेंगे वह मैं करूँगी, अगर वह करने लायक होगा। आज रात के लिए तो मैंने अपने को आपके हाथ बेच दिया है !"

मैं चिल्ला उठा—"रुपए-पैसे के सौदे की बात छोड़ो। मैं एक मनुष्य की हैसियत से तुमको मनुष्य समझते हुए पूछ रहा हूँ—करोगी ?"

इस बार उसने मेरी ओर बड़े आश्चर्य से देखा। शायद वह मुझे सनकी समझती थी, या बहुत सम्भव है उसने मुझे पागल समझा हो; पर इतना निश्चय है कि उसे मुझ पर आश्चर्य अवश्य था। फिर भी उसने मुझसे कहा—"बाबूजी, करने लायक काम होगा तो मैं वादा करती हूँ कि करूँगी।"

मैं अधिक भावुक नहीं हूँ। मैंने संसार देखा है और भावुकता तथा अनुभव में बहुत अन्तर है। इसीलिए मैं आज तक आश्चर्य कर रहा हूँ कि मैंने ऐसा क्यों किया और शायद आप लोग भी आश्चर्य करेंगे। मैंने अपना पर्स निकाला, उसमें से मैंने सौ रुपए का एक नोट निकालकर उसकी ओर बढ़ाते हुए कहा—"देखो, मैं तुम्हारा नाम नहीं जानता और न जानना ही चाहता हूँ। तुम क्या थीं और आगे चलकर तुम क्या होगी, उससे मुझे कोई प्रयोजन नहीं; क्योंकि मनुष्य अपने ही सुख-दुख के भार से इतना अधिक लदा हुआ है कि दूसरों के भार को वह नहीं उठा सकता। बहुत सम्भव है कि तुम्हें अपने इस काम में सुख मिलता हो, बहुत सम्भव है कि तुम्हें यह काम मजबूरन करना पड़ता हो, इसकी बाबत मैं तुमसे कुछ न पूछूँगा। हम-तुम क्यों मिले, यह एक पहेली है, जिसे शायद मैं कभी भी न सुलझा सकूँगा, और फिर कभी भी क्या हम-तुम मिलेंगे, इसको भी मैं नहीं जानता। इतना सब होते हुए भी एक प्रार्थना है और इसे

तुम अस्वीकृत न करोगी। तुम कहती हो कि तुम महीने में सत्तर-अस्सी रुपया पैदा कर लेती हो, यह सौ रुपए का नोट लो और एक महीने के लिए तुम अपने इस काम को छोड़ दो। एक महीने के बाद जो तुम्हारा जी चाहे करना।''

इस बार उसकी मुस्कुराहट लोप हो गई। वह मुख जिस पर कामुकता हँस रही थी, एकाएक पीला पड़ गया। मेरे सामने करुणा की एक प्रतिमूर्ति खड़ी थी। उसने धीरे से कहा—''बाबूजी, मैं यह रुपया न लूँगी।''

''क्यों ? क्या तुम अपने काम को इतना पसन्द करती हो कि एक महीने के लिए भी नहीं छोड़ सकतीं ?''

उसका गला भर आया—''हाथ जोड़ती हूँ, बाबूजी ! हाथ जोड़ती हूँ, आप यह न कहिए। मैं करूँगी, आप जो कुछ कहते हैं, वह करूँगी।'' यह कहकर उसने नोट मेरे हाथ से ले लिया। उस समय उसके हाथ काँप रहे थे।

''अच्छा, अब तुम जा सकती हो !''

उसने कहा—''बाबूजी, यह नहीं सोचा था कि दुनिया में अभी दया, हमदर्दी और इंसानियत बाकी है। भगवान आपका भला करें।'' इतना कहकर उसने अपना मुख फेर लिया। लाख कोशिश करने पर भी वह अपनी आँखों से गिरते हुए आँसुओं को मुझसे न छिपा सकी और वह कमरे से बाहर चली गई।

वह चली गई और मैं सोचता ही रह गया—अरे ! किस भगवान से यह मेरा भला करने को कह गई है ? उसी भगवान से, जो इसे यह घृणित जीवन व्यतीत करने को बाध्य कर रहा है ? उसी भगवान से, जो उसे गिराता ही जा रहा है ? उसी भगवान से, जिसने इसको उठाना तो दूर रहा है, इसे पशु बना दिया है ? क्या वह भगवान इसके कहने से मेरा भला कर सकता है ?

खिलावन का नरक

ठसाठस भरे हुए थर्ड-क्लास की एक बेंच के नीचे खिलावन लेटा हुआ था। वह सो न रहा था, सोने का कोई समय भी न था; वह लेटा था केवल इसलिए कि कहीं टिकट-कलक्टर उसे देख न ले।

आज तीन साल बाद वह घर लौट रहा था, बम्बई से। दो दिन का सफर उसने एक हफ्ते में पूरा किया था, गाड़ी पर चढ़ते और उतारे जाते। यह उसकी आखिरी मंजिल थी, और इस समय तक उसे बिना टिकट सफर करने का पूरा तजुर्बा भी हो चुका था। टिकट कलक्टर को दूर से अपने डिब्बे की ओर बढ़ते देखकर ही उसने बेंच के नीचे पनाह ली थी, और वह इस तरह लेट गया था कि पन्द्रह मिनट तक गाड़ी में रहने पर भी टिकट-कलक्टर को उसकी गन्ध न मिली।

खिलावन सँकरी बेंच के नीचे अपने बदन को समेटे हुए पड़ा था—मानो इस तरह सोने का वह आदी है। बम्बई में भी तो वह इसी तरह सोया करता था—एक छोटी सी कोठरी थी, उसमें बारह आदमी रहते थे। रात में जब लोग सोते थे, तब उन लोगों में हरएक को सोने के लिए सिर्फ इतनी ही जगह मिलती थी, जितनी खिलावन को बेंच के नीचे मिली थी।

उस समय खिलावन सोच रहा था : आज तीन साल बाद वह देस लौट रहा है, और देस में उसकी माँ है, बाप है, छोटा भाई है, और—और उसकी सुखिया है ! तीन साल पहले जब वह परदेस कमाने चला था, तब वह सुखिया कितनी रोई थी—एक साल तो उसका विवाह हुए ही हुआ था।

सुखिया को याद करते ही खिलावन मुस्कुरा पड़ा। खिलावन के आने से सुखिया कितनी सुखी होगी—किस तरह वह उसके घर में पहुँचते ही घूँघट की ओट से तिरछी नजरों से मुस्कुराते हुए देखेगी, और—और खिलावन को एक धक्का सा लगा।

माँ-बाप-बीवी—सभी समझेंगे कि खिलावन कमाकर लाया है। सभी उसकी तरफ किसी आशा से देखेंगे; और फिर वह क्या कहेगा ? पास में कपड़ा नहीं, लत्ता नहीं, पैसा नहीं ! दो महीने की हड़ताल में जो कुछ उसने बचाया था, वह स्वाहा हो गया। मकान-मालिक जेल भिजवा रहा था, कपड़ा-लत्ता उसी कोठरी में छोड़कर अपनी जान बचाकर वह भागा था। आखिर वह घर में क्या कहेगा !

और एक झटके के साथ गाड़ी रुकी। खिलावन का सर बेंच के पाये से टकराया

और उसने अपना सर पकड़ लिया। उसी समय उसे दरवाजा खुलने की तथा बन्द होने की आवाज सुनाई दी।

चोर की तरह अब वह अपने छिपने की जगह से बाहर आया। टिकट-कलक्टर चला गया था, खिड़की से मुँह निकालकर वह बाहर देखने लगा। एकाएक बाहर रेल के खलासी ने आवाज दी, "बहादुरपुर ! बहादुरपुर !" और उसी समय गाड़ी ने सीटी दी !"

खिलावन जल्दी से गाड़ी से उतर पड़ा—बहादुरपुर स्टेशन पर ही तो उसे उतरना था न !

गाड़ी चली गई—और खिलावन ने अपने चारों ओर देखा। ज्यादा समय न हुआ था, सिर्फ साढ़े छः बजे थे; फिर भी उसके चारों ओर अँधेरा छाया था। आसमान पर गहरे बादल घिर आए थे और बिजली चमक रही थी।

वह बड़ी देर तक चुपचाप खड़ा रहा—हत-बुद्धि सा। स्टेशन सुनसान था, दो-एक मुसाफिर उतरे थे; दूर से उनके चलने की आवाज खिलावन को सुनाई पड़ रही थी, पर वह आवाज धीरे-धीरे हल्की होती जाती थी। स्टेशन के खलासी ने स्टेशनवाला लोहे का फाटक बन्द कर स्टेशन मास्टर को आवाज दी कि सब कुछ ठीक है।

खिलावन की चेतना धीरे-धीरे लौट आई। तार लाँघकर अब वह सड़क पर आ गया था। रुककर उसने हिसाब लगाया—उसका गाँव वहाँ से डेढ़ कोस की दूरी पर है। फिर उसने आसमान की ओर देखा; बादल भरे हुए खड़े थे, किसी भी समय वे बरस सकते थे !

खिलावन चल पड़ा अपने गाँव की ओर ! लेकिन जैसे उसके पाँव घर की ओर उठते ही न थे। भरसक जोर लगाकर वह तेज चलने की कोशिश कर रहा था, पर उसके मन की शिथिलता उसके सारे शरीर में व्याप्त हो गई थी।

कितनी देर खिलावन चलता रहा, उसे इसका ज्ञान न था। वह उस समय विचार-शून्य और भावना-शून्य था। पर एकाएक वह चौंक पड़ा—एक बड़ी सी बूँद उस पर पड़ी, और दूसरी बूँद पड़ी; और देखते ही देखते मूसलाधार पानी गिरने लगा !

खिलावन एक पेड़ के नीचे खड़ा हो गया—सामने करीब दो फर्लांग पर उसका गाँव था। और पानी इस तरह बरस रहा था मानो प्रलय की वर्षा हो रही थी। देखते-ही-देखते पेड़ से भी पानी छन-छनकर गिरने लगा।

उसी समय बिजली चमकी। और बिजली के प्रकाश में खिलावन ने वह टूटा हुआ पुराना मन्दिर देखा, जिसमें बचपन के काल में वह अक्सर खेला करता था। अब उसे पता लगा कि वह मन्दिर से करीब दस गज की दूरी पर ही है। तेजी से वह मन्दिर में घुस गया।

मन्दिर में पहुँचकर उसने सन्तोष की गहरी साँस ली। मन्दिर के अन्दर गहरा अन्धकार था, और बाहर हवा जोरों के साथ चल रही थी, बादल गरज रहे थे और बिजली चमक रही थी।

और खिलावन को ऐसा लगा मानो मन्दिर के अन्दरवाले खंड में और भी कोई है। उसके कान खड़े हुए, ध्यान से उसने सुनने की कोशिश की—कोई कह रहा था—"यह बारिश भी अजब बेमौके शुरू हो गई। भगवान जाने कब तक होती रहे !"

और उसका उत्तर मिला—"तुम्हें क्या—मुसीबत तो हमारी है। अम्माजी पुछिहैं—कहाँ रही—तब का कहब ? और अम्माजी दद्दाजी के एक-से-एक की सौ-सौ जड़िहैं !"

खिलावन के मानों काटो तो खून नहीं; यह आवाज तो सुखिया की थी। सुखिया उस समय इस मन्दिर में, और उसके साथ आदमी ! दबे पाँवों वह और भीतर खिसका।

मर्द ने कहा—"अरी कुछ न होगा। तेरी सास बक-झक कर चुप हो जाएगी। हाँ—उस दिन तेरे ससुर ने जो मुझे देख लिया था, तो क्या हुआ ?"

"होता क्या ?" आवाज औरत की थी—"पहिले तो बहुत बिगड़े, कहिन की हम नाक कटाव दीन्ह—घर से निकसैं की धमकी दीन्ह—लेकिन जब चाँदी की हँसली देखिन और अम्माजी हमरे अँचरा माँ बँधे पाँच रुपैया जो हमें दीन्हे रहौ खोल के उनके सामने रख दीन्हिन, तो शान्त हुई गे !'" और स्त्री हँस पड़ी।

खिलावन के मुख पर पसीने की बूँदें आ रही थीं।

मर्द ने फिर कहा—"और वह तेरा वह—उसकी कुछ खबर मिली !"

"कहाँ—आज छह महीना से न एक रुपया भेजिस और न कोनों चिट्ठी-पत्री लिखिस। मालुम होत है कौनौ राँड के फेर माँ पड़िगा। नास होय ऊका। इहाँ घर माँ सब भूखन मरत हैं, तुम्हारे पाँच रुपैया से आज खाना मिला है"—और कुछ रुककर स्त्री ने फिर कहा, "हमरे देवर का एक-आध बीघा जमीन दिबाय देय ! जिलादार आप तो इतनौ नहीं करि सकत हौ ?"

खिलावन चुपचाप मन्दिर के बाहर चला आया। उसी समय बिजली चमकी, और उसने देखा कि धोती चिथड़ा है; उसका कुरता फेंक देने के काबिल है।

खिलावन चल पड़ा भीगता हुआ, घर की तरफ नहीं, स्टेशन की तरफ ! पानी मूसलाधार पड़ रहा था—हवा तेजी के साथ चल रही थी; बादल गरज रहे थे और बिजली चमक रही थी ! और खिलावन चला जा रहा था, तेजी के साथ—मानो वह भागा जा रहा हो !

और दूर पर वह कभी-कभी चमक उठनेवाली बिजली के प्रकाश में स्टेशन की जमीन में धँसी हुई सी इमारत को देख लेता था।

स्टेशन पर आकर उसने साँस ली। भीगता हुआ वह प्लेटफॉर्म पर खड़ा था और स्टेशन की इमारत को देख रहा था। वह उस समय बहादुरपुर के स्टेशन की और बम्बई के विक्टोरिया टर्मिनस स्टेशन की तुलना कर रहा था—वह उस समय अपने चारों ओर फैले हुए शून्य से भरे हुए अन्धकार और बम्बई की चहल-पहल से भरे प्रकाश पर सोच रहा था; और इस प्रकार वह गाड़ी की प्रतीक्षा कर रहा था, उस गाड़ी की जो उसे एक नरक से निकालकर दूसरे नरक में ले चले !

पियारी

" और मनोहर, वहाँ सामने मोड़ पर बैठी हुई उस बुढ़िया भिखारिन को देखते हो न ! न जाने क्यों बिना मेरी इच्छा के मेरी नजर उस पर ठहर जाती है। ऐसा मालूम होता है कि मैं उसे जानता हूँ, यही नहीं वह भी मुझे जानती है। लेकिन वह मुझे नहीं पहचानती, शायद इसलिए कि मुझमें बहुत अधिक परिवर्तन हो गया है। लेकिन उसमें भी बहुत अधिक परिवर्तन हो चुका है—अगर वह वही है। और उसमें जो परिवर्तन हुआ है, वह भयानक है।

" हाँ मनोहर, वह वास्तव में भयानक परिवर्तन है, और मेरे तो रोंगटे खड़े हो जाते हैं। देखते हो उसका शरीर फोड़ों से भरा है जिसमें से मवाद-पीप निकल रहे हैं, उसके पास तुम नहीं जा सकते, इतनी भयानक दुर्गन्ध उसके सारे शरीर से निकल रही है। उसका मुख कितना विकृत है, उसकी आँखें कैसी पथराई हुई सी हैं। और फिर भी मनोहर, वही बुढ़िया एक दिन इतनी अधिक सुन्दर युवती थी कि लोग इसके आसपास उसी प्रकार मँडराया करते थे, जैसे भौंरे कली के चारों तरफ मँडराते हैं। मैं सोच रहा हूँ कि वे लोग कहाँ गए ? अरे, कैसा बेवकूफी से भरा सवाल है—वे लोग अब जिन्दा बैठे होंगे ? सबके सब मर गए होंगे, और अगर उनमें दो-एक जिन्दा भी होंगे, तो वे खुद दया दिखलानेवाले होवे के बजाय खुद दया के पात्र ही होंगे।

" हाँ मनोहर—अधिकांश मनुष्य दया के पात्र ही हैं अपनेपन में भूले हुए, यह झुंड-का-झुंड जन-समुदाय दया का पात्र है। इस बुढ़िया का शरीर इतना विकृत हो गया है, हम देख सकते हैं और दया कर सकते हैं; इसलिए यह बुढ़िया किसी कदर भाग्यशाली है, पर जिन लोगों की आत्माएँ भयानक रूप से विकृत हो गई हैं, और उनकी आत्मा को देख न सकने के कारण हम उन पर दया भी तो नहीं कर सकते। यह हमारा इतना दुर्भाग्य नहीं है, जितना उनका है।

" हाँ, तो मैं कह रहा था न कि एक दिन यह बुढ़िया जवान थी—इसमें जितनी जी मिचलानेवाली कुरूपता आज है, उतनी ही मनमोहक सुन्दरता तब थी। उन दिनों मैं लड़का था। मेरी उम्र—मेरी उम्र यही कोई दस-बारह साल की रही होगी। और मेरे मकान के एक हिस्से में यह और इसका पति किराए पर रहते थे।

" इसके पति का नाम नारायन था—कितना अच्छा आदमी था वह नारायन ! सीधा-सादा, अथक परिश्रम करनेवाला, मोहल्लेवालों का खयाल रखनेवाला !

" नारायन गरीब था—वह एक बैंक में चपरासी था ! मुझे याद नहीं उसे क्या तनख्वाह मिलती थी—आज तीस साल होने आए; पर तनख्वाह ज्यादा तो थी नहीं, चपरासी को भला ज्यादा तनख्वाह मिल ही कहाँ सकती है ! तो मनोहर कम तनख्वाह पानेवाला वह आदमी था, उसकी स्त्री थी, खर्च लम्बा था। गहने-कपड़े मेले-तमाशे का उसकी स्त्री, यानी इस बुढ़िया को शौक था। इसका नाम था पियारी, और उन दिनों इसकी उम्र कोई तीस साल की रही होगी। कुन्दन का-सा रंग, बड़ी-बड़ी आँखें और चाल में एक अजीब तरह की मस्ती। इसके कोई लड़कावाला न था। और मनोहर, यह बुढ़िया मुझे कितना मानती थी, मुझे कितना प्यार करती थी, खिलाया करती थी। दोपहर को मैं जब घर से भागकर इसके यहाँ आ जाया करता था, घंटों इसके यहाँ बैठा रहता था; कभी-कभी यह मुझे खिलौने भी ला दिया करती थी।

" और मुझे याद है कि जब नारायन नौकरी पर चला जाया करता था, तब मोहल्ले-पड़ोस के कुछ लोग इसके यहाँ आते थे। वे लोग मुझे जरा भी अच्छे न लगते थे लेकिन भला मैं कह ही क्या सकता था ? और फिर पियारी घंटों इन मोहल्ले-पड़ोस के नौजवानों से बातें किया करती थी। अक्सर वह मुझे घर भेजकर उनके साथ कहीं चली जाती थी।

" और शायद तुम मुझसे पूछो कि क्या नारायन को इस सब बात का पता था ! कहा न कि उन दिनों मैं अबोध था—मैं ठीक तरह तो नहीं कह सकता। पर शायद नारायन से कुछ लोगों ने उसकी शिकायत की थी। और नारायन ने उन शिकायतों पर कभी कोई ध्यान नहीं दिया—यह मैं जरूर जानता हूँ क्योंकि मैंने पियारी और नारायन को कभी लड़ते-झगड़ते नहीं देखा।

" मनोहर, मैं आज तक नहीं समझ पाता कि कौन मनुष्य वास्तव में क्या है। लोग कहते थे कि नारायन कायर है, कुछ कहते थे कि वह अपनी औरत के वश में है, कुछ कहते थे कि वह सीधा है और कुछ कहते थे कि वह बेवकूफ है। मैं आज तक नहीं समझ सका हूँ कि वह क्या था; पर एक दिन मैंने देखा कि पुलिस उसे पकड़ ले गई। उस पर अभियोग यह था कि उसने बैंक का रुपया गायब किया है। और नारायन ने यह तसलीम किया था।

" नारायन को सजा हुई छह साल की। मनोहर, मुझे अब याद आ रहा है कि पियारी उसके सजा होने पर कितना रोई थी। मेरी माँ के सामने उसने यह कहा था कि नारायन ने उस रुपए से उसे गहने गढ़ा दिए हैं। अपनी बीवी के शौक को पूरा करने के लिए नारायन जेल गया।

" और फिर सब कुछ शान्त हो गया। पियारी के यहाँ अब मोहल्ले-पड़ोसवालों का आना-जाना बहुत बढ़ गया। एक दिन बाबूजी और माँ में कुछ बातें हुईं, इसके बाद पियारी से कह दिया गया कि वह मेरा मकान खाली कर दे। पियारी ने मकान खाली कर दिया; लेकिन उसने वह पड़ोस नहीं छोड़ा; अब उसने एक अच्छा सा मकान किराए पर ले लिया।

“ और मनोहर, मैं बड़ा हो गया था। उन दिनों मेरी उम्र 14 या 15 साल की थी। मैं भी पियारी से घृणा करता था—मैं, जिसे उसने अपनी गोदी में खिलाया था—मैं, जिसके लिए वह खिलौना ला दिया करती थी ! मनोहर, सच कहता हूँ कि जब कभी पियारी मुझे देखती थी—वह मुस्कुराकर कहती, ‘अरे राजा बाबू—तुम तो मुझे भूल ही गए। कहो पढ़-लिख तो रहे हो। खूब दरजा पास करो—अमीर आदमी बनो !’

“ पता नहीं, वह यह सब क्यों कहती थी। मैं उससे दूर भागता था, पर उसके दिल में मेरे लिए एक प्रकार की ममता जरूर थी। पर मैं उसे पिशाचनी समझता था, उससे घृणा करता था; उसकी छाया से घृणा करता था। और सुनोगे ! तो मनोहर एक दिन वह मेरा पड़ोस भी खाली कर गई।

“ इसके बाद फिर वह उस शहर में नहीं दिखलाई दी। नारायन जेल से छूटकर आया सीधे मेरे घर, अपनी पत्नी की तलाश में जिसके शौक को पूरा करने के लिए वह जेल गया था। और उससे पड़ोसवालों ने उस औरत के कारनामे बतलाए। फिर नारायन भी वहाँ से चला गया।

“और फिर मैं पियारी को भूल ही गया। नारायन को भी भूल गया। इस विशाल दुनिया के दो महत्त्वहीन जर्रों की भाँति ये दो प्राणी कहाँ गायब हो गए, इसकी चिन्ता किसी को न थी; और होती भी कैसे ? वे मरें या जिएँ—वे क्या थे, कौन थे, कहाँ से आए और कहाँ गए—किसी ने इसकी चिन्ता न की ! जब वे वहाँ थे तब उनके मित्र थे, हितैषी थे, उन्हें माननेवाले थे; और उनके जाते ही सबों ने उन्हें इस तरह भुला दिया जैसे उनका कोई अस्तित्व ही न था।

“ और मनोहर—आज करीब पचीस साल बाद इस बुढ़िया को देख रहा हूँ। उस चौराहे पर करीब एक हफ्ता हुआ मैंने उसे पहले-पहल देखा—और देखते ही चौंक उठा था। मैंने उसके पास जाने की, उससे बात करने की पहले दिन कोशिश भी की थी लेकिन उसके शरीर से इतनी भयानक दुर्गन्ध आ रही थी कि मैं बढ़ नहीं सका। दूर से एक पैसा उसके पास फेंककर मैं कुछ आगे बढ़ गया—पर सच कहता हूँ मुझे बड़ी लज्जा आई। ‘एक पैसा !’ यह पैसा मैंने किसके आगे फेंका था—एक भिखारिन के आगे या पियारी के आगे जिसने लड़कपन में न जाने कितने रुपए मुझ पर खर्च कर दिए थे; मुझ पर दया करके नहीं, ममता से प्रेरित होकर। और फिर मेरे अन्दर से किसी ने कहा—तुम कितने बड़े पशु हो—जाओ देखो वह पियारी ही तो नहीं है। मैं लौटा, पर मनोहर उसी जगह आकर जहाँ से मैंने पैसा फेंका था, मुझे रुक जाना पड़ा। मैं आगे न बढ़ सका तो न बढ़ सका। हाँ, इस बार मैंने उसके सामने एक रुपया फेंक दिया।

“ और एक हफ्ते से मैं परेशान हूँ। एक क्षण के लिए मुझे शान्ति नहीं मिलती। क्या वह वास्तव में पियारी है—यह प्रश्न बराबर मेरे दिमाग में चक्कर काटा करता है। और आज मुझे इस प्रश्न का उत्तर पाना ही है। आज मैं पूछूँगा कि वह कौन है।

“ हाँ, यही वह सीमा है जिसे मैं पार नहीं कर सका था। क्यों—तुम कहते हो कि बड़ी बदबू आ रही है—हाँ; अब ममझ गए होगे—कि मैं क्यों आगे नहीं बढ़ सका

था। तुम यहाँ नहीं रह सकते–तो कुछ दूर हटकर खड़े हो जाओ, मैं तो उसके पास जा रहा हूँ। ''

'' चलो मनोहर, जल्दी चलो, तेजी से चलो, भागो ! मेरा दम घुट रहा है।

'' तुम पूछते हो बात क्या है–जरा दम ले लेने दो। उफ !

'' हाँ, मैं उसके पास गया। आज वह आँखें बन्द किए हुए थी। मैंने पुकारा–'पियारी !'

'' और मनोहर, उसने एक झटके के साथ आँखें खोल दीं, और बल लगाकर उठते हुए उसने कहा–'आप आय गए–अरे जेल से छूटि के आय गए !' और उसने आँखें फाड़कर मेरी ओर देखा।

'' फिर उसने कहा–'बोलो, हमें दिखाई नहीं पड़त। तुम्हार रास्ता देखत-देखत आँखें पथराय गईं–बोलो न !'

'' और मैंने दिल को कड़ा करते हुए कहा, 'मैं हूँ पियारी–राजा बाबू।'

'' पियारी के मुख पर एक अजीब निराशा छा गई–'राजा बाबू ! अरे हाँ अच्छी तरह तो रहे राजा बाबू ! खूब पढ़ो-लिखो–खूब दरजा पास करो !'

'' और फिर कुछ रुककर उसने कहा, 'राजा बाबू ! एक बिनै है–जब उइ मिलैं तो कहि दीन्हब कि रास्ता देखत-देखत...' और इतना कहकर लुढ़क पड़ी; ठीक उसी तरह जैसे प्राण निकल जाने पर मृत-शरीर लुढ़क पड़ता है। ''

दो रातें

गाड़ी एक झटके के साथ रुकी और जीवन ने खिड़की खोलकर बाहर देखा। झुलसा देनेवाली लू का एक थपेड़ा उसे लगा, पर मानो जीवन ने उसकी कोई परवाह ही न की। उसकी आँखें स्टेशन की भीड़ में बरफवाले को ढूँढ़ रही थीं।

उस समय तीन बज रहे थे—जीवन ने अपनी रिस्टवाच में देखा। जून का महीना था, और दोपहर भयानक रूप में तप चुकी थी।

कानपुर स्टेशन पर दिल्ली मेल खड़ी थी और मुसाफिर चढ़-उतर रहे थे। जीवन दिल्ली से कलकत्ता जा रहा था। वह कलकत्ता क्यों जा रहा था, अगर उससे कोई पूछता तो वह इसका उत्तर न दे सकता। सम्पन्न कुल में पैदा हुआ जीवन—उसने 'क्यों और किसलिए' इन बातों पर ध्यान तक न दिया था। वह युवक था, उसके हृदय में उमंग थी, उल्लास था।

जीवन कलाकार था—और 'कलकत्ता के लिए है', इस पर उसे विश्वास था। उसने ऊँची शिक्षा पाई थी, वह सुसंस्कृत था। और शिक्षा, संस्कृति, कला और वैभव इन सबों में एकत्रित हो जाने के कारण वह कुछ असाधारण सा हो गया था। उसने प्रेम पर उपन्यास लिखे थे बिना प्रेम किए, उसने विवाह की समस्याएँ सुलझाई थीं बिना विवाह के बन्धन में बँधे हुए। वह लोगों को समझ न पाता था, लोग उसे समझ न पाते थे। उसका जीवन उल्लास-विलास का जीवन था, जहाँ न उसे उल्लास मिलता था, न वह विलास का अनुभव करता था। एकाएक एक दिन शाम के समय उसने यह अनुभव किया—कि जो कुछ उसके चारों तरफ है वह कुछ अजीब सा है—और उसी दिन उसने अपना असबाब बाँधा। सुबह वह कलकत्ता के लिए रवाना हो गया।

जीवन सेकेंड क्लास में बैठा था, और उस कम्पार्टमेंट में वह अकेला था। पर वह अकेलापन उसे बुरा भी न लग रहा था—जीवन में जिस अकेलेपन का कभी-कभी उसने अनुभव किया उसके मुकाबले कम्पार्टमेंट में उसका अकेलापन कुछ भी न था।

बरफवाले से बरफ लेकर उसने थरमॉस की बोतल में भरी और फिर अन्यमनस्क भाव से वह स्टेशन की चहल-पहल देखने लगा। उसने देखा—कुछ लोग आए हैं और उन लोगों को लेने आनेवाले लोग कितने प्रसन्न हैं, सबके-सब हँस-हँसकर बातें कर रहे हैं। और उसने देखा कि कुछ लोग जा रहे हैं, और जो उन्हें भेजने आए हैं उनमें किसी-किसी की आँखों में आँसू भी हैं। बगल में एक सत्रह-अठारह साल की स्त्री उदास

खड़ी एक चौबीस-पचीस साल के युवक से बातें कर रही है और उसकी आँखें तरल हैं।

जीवन मन-ही-मन मुस्कुराया। संयोग और वियोग–अनादि काल से चलते रहे हैं, अनन्त काल तक चलते रहेंगे।

गाड़ी ने सीटी दी और जीवन ने सर भीतर कर लिया। वैसे ही उसने अनुभव किया कि किसी ने उसके कम्पार्टमेंट का दरवाजा खोला। चौंककर उसने देखा, एक स्त्री उसके डिब्बे में आ गई थी और कुली चलती गाड़ी में असबाब रख रहा था। जीवन ने उठकर असबाब रखने में सहायता दी।

असबाब रखवाकर जीवन फिर अपने बर्थ पर बैठ गया। और इस बार उसने उस स्त्री की ओर देखा जो उसके एकाकीपन को तोड़ते हुए उसके कम्पार्टमेंट में आ गई थी।

स्त्री सामनेवाले बर्थ पर बैठकर हाँफ रही थी। जीवन ने देखा कि वह युवती है और सुन्दरी है। धीरे-धीरे जीवन की नजर में उसकी सुन्दरता बढ़ती जा रही थी। उसी समय उस स्त्री ने अपने ही आप कहा–''उफ ! बड़ी मुश्किल से गाड़ी मिली। कितनी प्यास लगी है। अरे ! मेरी सुराही तो छूट गई।''

जीवन मुस्कुराया। उसने कुछ कहा नहीं, केवल अपना थरमॉस-फ्लास्क उसने स्त्री की ओर बढ़ा दिया। स्त्री ने बिना धन्यवाद दिए ही थरमॉस-फ्लास्क ले लिया; बरफ के टुकड़ों से उसने अपनी प्यास बुझाई।

स्त्रियों की ओर ताकना असभ्यता है–जीवन यह जानता था। उसने उस स्त्री की ओर से आँखें फेर लीं और वह अपने बर्थ पर लेट गया। सिरहाने रखी हुई किताबों में से एक को उठाकर वह पढ़ने लग गया।

किताब में क्या लिखा है, इसका उसे पता न था–उसे केवल एक बात का पता था कि उसके कम्पार्टमेंट में एक स्त्री है और वह सुन्दरी है। बीच-बीच में कनखियों से वह उस स्त्री को देख लेता था और जितना वह देखता था उतना ही उसकी देखने की अभिलाषा बढ़ती जाती थी।

गाड़ी तेजी के साथ चली जा रही थी, और अब जीवन अनुभव कर रहा था कि सारा कम्पार्टमेंट जल रहा है। बिजली के पंखे से गरम हवा निकल रही थी, और जीवन पढ़ने का विफल प्रयत्न कर रहा था। उसी समय स्त्री ने उठकर जीवन की बर्थ के नीचे थरमॉस-फ्लॉस्क रख दिया।

जीवन ने मुड़कर देखा, एक झटके के साथ वह उठ बैठा। उसने कहा, ''आपको यह कष्ट करने की आवश्यकता नहीं थी, वहीं रख देतीं।''

युवती मुस्कुराई, एक जादू की मुस्कुराहट। ''हर चीज अपनी जगह पर ही शोभा देती है, है न !'' और उसने गौर से उन किताबों की ओर देखा जो जीवन के सिरहाने रखी थीं। ''क्या मैं इन्हें देख सकती हूँ ?''

''प्रसन्नतापूर्वक !'' और जीवन ने सब किताबें युवती के हाथों में दे दीं।

किताबें लेकर युवती अपनी बर्थ पर बैठ गई; जीवन ने अपने हाथवाली किताब

को पढ़ने का प्रयत्न फिर से करना आरम्भ किया। एक-आध बार जीवन ने मुड़कर युवती को देखा, वह आधी लेटी एक किताब को पढ़ने में तल्लीन थी; जीवन की भूखी दृष्टि का उसे पता न था।

जीवन को पता नहीं वह कब सोया, पर उसकी नींद जब खुली तब गाड़ी इलाहाबाद स्टेशन से रवाना हो चुकी थी। उसने मुड़कर युवती को देखा, वह अपने बर्थ पर बैठी थी और बड़े ध्यान से जीवन की ओर देख रही थी।

एक किताब हाथ में लिये हुए युवती उठी और जीवन के पास आकर बोली—"क्या मैं आपसे एक बात पूछ सकती हूँ ?"

मुस्कुराते हुए जीवन ने कहा—"एक बात क्यों, जितनी आप चाहें पूछ सकती हैं।"

युवती ने बैठते हुए किताब खोली, अन्दरवाले चित्र को दिखाते हुए उसने कहा—"यह चित्र तो आपका मालूम होता है !"

जीवन ने सिर झुका दिया।

"तो यह किताब भी आपकी ही लिखी हुई है ?"

"जी हाँ।"

"और बड़ी सुन्दर किताब है, इतनी सुन्दर कि मैं पढ़ते-पढ़ते रोने लगी। ऐसी सुन्दर किताब मैंने एक अरसे के बाद पढ़ी है।"

जीवन मौन था। अपनी तारीफ वह सुन रहा था और उसके अन्दर उल्लास उमड़ा पड़ता था।

युवती ने कुछ मौन रहकर कहा, "आपका नाम जीवनकृष्ण है—है न ! पहले भी आपकी कहानियाँ पढ़ी थीं और आज आपके दर्शन हो गए—अनायास ! आपकी कहानियाँ पढ़कर मैं समझ गई थी कि आप नेक आदमी होंगे, सहृदय। लेकिन कल्पना मैंने की थी एक ऐसे आदमी की जो बड़ी उम्रवाला हो, जिसके बालों को अनुभवों ने पका दिया हो, रोते-रोते जिसकी आँखें इतनी धुँधली हो गई हों कि वह चश्मा लगाता हो, जो दुनिया को तमाशा समझकर गम्भीर हो गया हो—और, और न जाने क्या-क्या !" युवती हँस पड़ी, "और मेरी कल्पना कितनी गलत थी ! आप तो बोलते ही नहीं !"

मन्त्रमुग्ध की भाँति जीवन उस स्वर को सुन रहा था जिसके संगीत में एक मादकता थी, एक उल्लास था। मुस्कुराते हुए उसने कहा—"आज मैं अनुभव कर रहा हूँ कि सुनने में भी आनन्द होता है !"

"इसके पहले आपने यह अनुभव नहीं किया ?" विस्फारित नयनों से युवती ने जीवन की ओर देखते हुए कहा—"क्या आप कलरव के प्रातःकालीन संगीत को सुनकर विमुग्ध नहीं हुए ? क्या आपने कोकिल के पंचम में अपने सारे अस्तित्व को घुलते हुए अनुभव नहीं किया ? क्या पपीहे के 'पिउ कहाँ ?' से आपके दिल में एक कोमल टीस नहीं उठी ?"

जीवन सुन रहा था, बस सुन रहा था। संसार का सारा काव्य, सारा संगीत, सारा

उन्माद मानो उस युवती में मूर्तिमान हो गया था। उसकी नजर खिड़की के बाहर क्षितिज पर थी।

युवती कहती ही गई—"शायद सुनने में कहने से ज्यादा आनन्द है, सुनने में तुम्हें कोई रोक नहीं सकता, सुनने में तुमसे कोई ऊब नहीं सकता, कोई बुरा नहीं मान सकता। कहना !—आखिर हमें कहना ही क्या है और कितना है ? सिर्फ एक चीज, अपने दर्द की बात ! और तुम्हारे दर्द की बात ! और तुम्हारे दर्द से दुनिया को कोई दिलचस्पी नहीं। अपनी कहानी बेर-बेर दोहराते रहने से वह कहानी खुद अपने को खोखली मालूम होने लगती है। है न ? सिर्फ एक बात—सिर्फ एक स्वर !"

जीवन ने इस बार युवती को गौर से देखा। सन्ध्या के धुँधले प्रकाश में उसने अनुभव किया कि युवती की सुन्दरता एकाएक कई गुना बढ़ गई है। उसने कहा—"आप शायद ठीक कहती हैं, लेकिन मैं समझ नहीं पाता। मैं तो अभी तक कहता ही रहा हूँ, कहने में ही मैंने विश्वास किया है। ऐसी बात नहीं थी मैंने सुना न हो। लेकिन सब कहनेवालों में मैंने एक ही बात पाई, वही अपना रोना, वही अपना दर्द। उनकी बातें सुनकर मैं ऊब गया, जबर्दस्ती अपने कान बन्द कर लेने की तबीयत हुई।" और जीवन कहते-कहते रुक गया। उसे ऐसा लगा मानो जो कुछ वह कह रहा है वह निःसार है। वह अपने स्वर को ही न पहचान पा रहा था।

और एकाएक युवती ने कहा—"वह देखिए !"

जीवन ने बाहर देखा, आग का लाल गोला धीरे-धीरे क्षितिज के नीचे उतर रहा था। और जीवन ने युवती की ओर देखा। उसका मुख क्षितिज की लाली से प्रतिबिम्बित होकर असीम आभामय हो रहा था। उसके मुख पर एक तन्मयता थी, एक उल्लास था। और युवती धीरे-धीरे कह रही थी—"रात हो रही है—और रात के काले सूनेपन में सूरज गिरता जा रहा है। लेकिन वह कितना शान्त है, कितना गम्भीर है। अपनी आभा के उन्माद को खोकर वह कितना सुन्दर बन गया है !"

जीवन ने देखा कि युवती के होंठ काँप रहे हैं, उसकी आँखें कुछ तरल हैं। एकाएक युवती उठ खड़ी हुई, वह अपने बर्थ पर बैठ गई।

गाड़ी तेजी के साथ चली जा रही थी मानो उसे उसके अन्दर क्या-क्या हो रहा है इससे कोई सरोकार ही नहीं। जीवन चुपचाप खिड़की के बाहर देख रहा था जहाँ अब अन्धकार छा रहा था, क्या सोच रहा था, यह वह स्वयं न जानता था।

कितनी देर इस प्रकार वह बैठा रहा, उसे इसका ज्ञान न था। पर उसके कानों में एक आवाज आई—"खाने का समय हो गया है। अगर आप हर्ज न समझें, तो मैं आपके पानी का कर्ज खाने से अदा कर दूँ !"

जीवन ने मुड़कर देखा—युवती ने अपने टिफन कैरियर से खाना निकालकर दो हिस्सों में रख दिया था। इस बार वह उठा।

जीवन खाना खा रहा था और सोच रहा था कि यह सब एकाएक क्यों हो रहा है और कैसे हो रहा है। वह अपने सामनेवाली युवती को न जानता था, आज के पहले

उसने उसे देखा भी न था। और इतने थोड़े से समय में...

और जीवन को अनुभव हुआ कि मानो युवती ने उसके हृदय की बात पढ़ ली, वह कह रही थी—"क्यों, आप क्या सोच रहे हैं ? यही न कि हम दोनों की घनिष्ठता कितनी जल्दी बढ़ गई। मेरी समझ में भी यह नहीं आ रहा है, पर है यह अवश्य।"

खाना समाप्त हो गया, बात करते और खाते। खाना खाकर जीवन अपनी बर्थ पर बैठ गया।

युवती भी उसके बर्थ पर आकर बैठ गई। वह एक अजीब तरह से जीवन की ओर देख रही थी। जीवन ने मुस्कुराते हुए पूछा—"क्यों, आप इस तरह मुझे क्यों देख रही हैं ?"

युवती ने गम्भीरतापूर्वक उत्तर दिया—"मैं आपको पहचानने की कोशिश कर रही हूँ। ऐसा लगता है मैंने आपको कहीं देखा है—देखा ही नहीं है, हम दोनों एक-दूसरे को अच्छी तरह जानते हैं। लेकिन इस समय मुझे याद नहीं आ रहा..." कुछ रुककर उसने फिर कहा—"क्या आप सपनों पर विश्वास करते हैं ?"

जीवन हँस पड़ा—"रोज ही सपने देखा करता हूँ ! और 'सपना' से हमारे ऋषियों-मुनियों का, धर्माचार्यों का मतलब 'मिथ्या' से है—जिसका अस्तित्व न हो। इसीलिए वे कहते हैं कि दुनिया सपना है। यानी मनुष्य आज है—कल मर गया। जो बनता-बिगड़ता है, उसका अस्तित्व ही कहाँ ! यानी मैं भी सपना हूँ, तुम भी सपना हो !"

युवती की गम्भीरता धीरे-धीरे मुस्कुराहट में परिणत हो गई। "हाँ, मैं सपना हूँ, तुम सपना हो ! और वास्तविकता—कौन जाने;—वास्तविकता—एक सूनापन है—भयानक सूनापन जिससे जिन्दगी भरी हुई है। सुख—सुख—सुख तो सपना है—केवल सपना !"

उस समय जीवन ने अनुभव किया कि उसके हाथों में युवती का हाथ है।

युवती कहती जा रही थी—"सपना—जिस समय हम जिन्दगी की कुरूपता के ऊपर उठ जाते हैं, जिस समय दुनिया की विवशता, और उस विवशता से मिली हुई चेतना की कसक हमें क्षण-भर के लिए मुक्त कर देती है—वही अवस्था सपने की होती है !" और युवती का सिर जीवन के कन्धे पर था।

गाड़ी तेजी के साथ जा रही थी। जीवन ने आँखें खोलीं—युवती—उसके सिरहाने बैठी उसकी ओर बड़ी तन्मयता के साथ देख रही थी। खिड़की के बाहर धूप चढ़ने लगी थी। वह उठ बैठा। थोड़ी देर तक वह कुछ सोचता रहा, फिर उसने मुस्कुराते हुए कहा—"रात मैंने एक बड़ा सुन्दर सपना देखा !"

युवती फिर मुस्कुराई—"और वह सपने की रात खत्म हो गई। बर्दवान देर हुई निकल गया—हम हाबड़ा के बहुत पास हैं !"

"अरे !" जीवन ने चौंकते हुए कहा।

"हाँ ! और हमें अब विदा होना है।"

गाड़ी धीमी पड़ने लगी थी। जीवन बैठा ही रहा, और सामने युवती अपना असबाब

बाँध रही थी। जीवन ने कहा—"लेकिन—लेकिन—यह सब इतनी जल्दी समाप्त हो गया। और—और यह भी नहीं जानता कि आप कौन हैं, आपका नाम क्या है ?"

युवती घूमी—"मैं कौन हूँ, मेरा नाम क्या है—यह जानकर क्या कीजिएगा। हम व्यक्ति को याद नहीं रखते, हम सपने को याद रखते हैं। और इसीलिए मैं न आपको अपना कोई परिचय दूँगी, न नाम बतलाऊँगी। अज्ञात खंड से हम दोनों आए, एक-दूसरे से मिले—और जब मिले तब खुलकर मिले, कोई भेदभाव नहीं—और अज्ञात खंड में हमें लुप्त हो जाना है। जीवन में यही होता है। कब किसी-ने-किसी का परिचय पाया है। यह सब बेकार है !"

गाड़ी रुक गई थी और कुली असबाब उतारने लगा था। युवती ने जीवन का हाथ पकड़कर कहा—"अब मैं आपसे विदा लेती हूँ। लेकिन आपसे एक प्रार्थना है। आप मेरा पीछा न कीजिए, मेरा पता लगाने की कोशिश न कीजिए, बस यही एक भीख मैं आपसे माँगती हूँ।" और जीवन ने देखा कि युवती की आँखों में आँसू हैं।

जीवन का गला-भर आया—"जाइए—आप विश्वास रखिए। एक निधि मुझे अचानक मिली और अचानक मेरे हाथ से भी निकल गई। एक स्मृति—केवल एक स्मृति !" और जीवन ने देखा कि युवती जा रही है।

जीवन कलकत्ता मन बहलाने आया था लेकिन उसने देखा कि कलकत्ता उसे काट रहा है। इतने बड़े नगर में, उसकी इतनी बड़ी हलचल में उसका हृदय भयानक सूनापन अनुभव कर रहा था। दिन-रात वह सोचा करता था—कभी-कभी वह अनुभव करने लगता था कि वह पागल हो जाएगा। एक दिन उसके मित्रों ने उसका जी बहलाने का प्रयत्न किया। वे उसे घुमाने ले चले, और वे सीढ़ी पर चढ़े। जीवन सबसे पीछे था।

एक स्त्री ने उन लोगों का स्वागत किया। जीवन उसे देखते ही चौंक उठा। और उसी समय उस स्त्री की नजर जीवन पर पड़ी।

उस स्त्री के होंठों की सारी हँसी गायब हो गई। चित्रलिखित सी खड़ी वह जीवन की ओर देखती रही।

एक अजीब सा वातावरण वहाँ उपस्थित हो गया था। और वहाँ एक मौन छा गया।

जीवन को वह मौन असह्य हो गया, उसने कहा—"आप !"

"जी हाँ, मैं !" युवती ने बहुत धीरे से कहा—"साक्षात् मैं ! और मुझे यहाँ पाकर आपके दिल में धक्का सा लगा होगा।"

"आप ठीक कहती हैं," जीवन ने धीरे से कहा।

युवती ने फिर कहा—"और आपको यहाँ देखकर मेरी एक दुनिया ही नष्ट हो गई। जिन्दगी में एक रात, केवल एक रात मैंने प्रेम किया। वह जिन्दगी का एकमात्र सपना था। उस सपने को मैंने अस्तित्व बनाकर रखना चाहा था जीवन बाबू, उस एक रात

के प्रेम को मैंने अनन्त रातों में भरना चाहा था—पर वह न हो सका ! एक मिनट ठहरिएगा, मैं आई !'' और युवती अन्दर चली गई। अन्दर से वह चाँदी के फ्रेम में जड़ी हुई एक फोटो उठा लाई।

''जीवन बाबू—आपकी पुस्तकवाले चित्र को मैंने अपना देवता बनाया था, सुबह-शाम, हर समय मैं उसकी पूजा करती थी। और आज मेरा देवता नष्ट हो गया, मेरा सपना टूट गया,'' यह कहते-कहते युवती ने फ्रेम से फोटो को निकालकर फाड़ डाला—''सब कुछ समाप्त हो गया जीवन बाबू। अब आइए, बैठिए। एक वेश्या आपका नहीं, आपके पैसों का स्वागत करती है।'' और युवती पागल की भाँति हँस पड़ी।

उस समय जीवन युवती की उस हँसी से डर गया। एकाएक वह घूम पड़ा और तेजी के साथ नीचे उतरा। वह भाग रहा था, तेजी के साथ भाग रहा था।

मेज की तस्वीर

रामनारायण ने लिखना आरम्भ किया "जीवन एक पहेली है और मृत्यु उस पहेली का उत्तर है–" और उसकी दृष्टि सामने मेज पर रखे हुए फोटोग्रॉफ पर पड़ी। उसका हाथ रुक गया, उसकी विचारधारा एकाएक विश्रृंखल हो गई। उसने अपना फाउंटेन पेन रख दिया।

वह फोटोग्रॉफ एक स्त्री का था जिससे कभी रामनारायण ने प्रेम किया था, और जिसने कभी रामनारायण से प्रेम किया था। उसका नाम था मनोरमा और वह रामनारायण के साथ पढ़ती थी। रामनारायण के सामने उसका विद्यार्थी-जीवन आ गया– "हाँ, वह कितना अच्छा जीवन था। मनोरमा ! यह मनोरमा मेरे साथ पढ़ती थी और–और मैं उससे प्रेम करता था। फिर क्या हुआ–हाँ मनोरमा से मैंने उसका चित्र माँगा, चित्र लेकर चाँदी के चौखटे में मैंने मढ़वाया, यही तो उसका चित्र है न–वही बड़ी-बड़ी आँखें–वही मुख पर बच्चों का-सा भोलापन, वही उसकी तन्मयता !" रामनारायण मुस्कुराया–उठकर उसने चित्र को उठा लिया, अपनी आँखों से अधिक नजदीक लाकर उसने उस चित्र को अच्छी तरह से देखा–"हाँ, मनोरमा से मैं प्रेम करता था, और वह भी मुझसे प्रेम करती थी। पर हाँ याद आया, वह मुझसे विवाह नहीं कर सकती थी–विवाह की कोई आवश्यकता भी तो नहीं थी–क्यों ?" रामनारायण चित्र की ओर देखते हुए भी न देख रहा था–वह केवल सोच रहा था–"हाँ, वह विवाह पर विश्वास नहीं करती थी और मैं भी विवाह पर विश्वास नहीं करता था। बिना जीवन की कठिनाइयाँ झेले हुए जीवन का आनन्द लेने में हम दोनों विश्वास करते थे–" रामनारायण मुस्कुराया–"ठीक ! कितना सुन्दर विचार था क्योंकि आज मैं विवाहित हूँ, मेरे पास धन नहीं है और मेरी पत्नी है, बच्चे हैं–सब-के-सब कितने निराश्रय हैं, कितने निरीह हैं !" रामनारायण की मुस्कुराहट गायब हो गई "ठीक है–पर मनोरमा ने भी तो विवाह कर लिया ! वह अपनी बात पर नहीं जमी रह सकी, और वह सुखी है। जिसका पति लखपती आदमी है, उसके पास मोटर है, बँगला है। वह आज अगाध वैभव की स्वामिनी है, और मैं–मैं भिखारी से भी गया-बीता हूँ। पर मनोरमा ने विवाह क्यों किया ? मुझसे उसने कहा था कि वह विवाह न करेगी। फिर क्या उसने मुझे धोखा दिया था ?" रामनारायण ने तस्वीर उसी स्थान पर रख दी जहाँ वह रखी हुई थी–"मनोरमा का विवाह पहले हुआ था, मुझे याद है। उसने मुझे निमन्त्रण भी तो दिया था, और मैं–मैं

उसके विवाह में नहीं गया। मुझे उस पर क्रोध था, उसने मेरे साथ विश्वासघात किया था। उसे विवाह करना ही न चाहिए था, और अगर उसे विवाह करना था तो वह मेरे साथ विवाह करती। उसने मुझे धोखा दिया और उसने अपने पति को धोखा दिया। उसका पति हम दोनों के सम्बन्ध भला कैसे जान सका होगा—उफ ! मनोरमा का वह कागज कितना घृणित था, कितना दूषित था !''

रामनारायण ने फाउंटेन पेन उठा लिया पर वह अपनी विचारधारा को तोड़ न सका, ''पर इसमें उसका क्या दोष ? कमजोरियाँ किसमें नहीं होतीं ? उसने अच्छा ही किया जो उसने मेरे साथ विवाह नहीं किया। मेरे साथ वह कितनी दुखी होती। मेरी स्त्री ही कौन सुखी है। और फिर मैं ही कौन अपनी बात पर अटल रहा ? मैं भी तो विवाह के विरुद्ध था न—''

एकाएक रामनारायण के हृदय में यह विचार आया—''पर मैंने मनोरमा की तस्वीर अभी तक क्यों रख छोड़ा ? मनोरमा मेरी है कौन ? वह तो विगत एक सपना है—इससे अधिक कुछ नहीं। जब से हम दोनों अलग हुए तब से फिर एक बार मिले तक भी नहीं। फिर इसकी तस्वीर मेरी मेज पर क्यों है ? और मेरी स्त्री को देखो—वह सारा किस्सा जानते हुए भी कभी मेरी मेज पर मनोरमा के चित्र के रखे रहने पर विरोध नहीं करती—उफ, मेरी स्त्री कितनी सीधी है—वह देवी है। अच्छा ही हुआ जो मनोरमा ने मुझसे विवाह नहीं किया—मेरी स्त्री मनोरमा से कहीं अच्छी है, कहीं अधिक सीधी है। मैं अपनी स्त्री से सुखी हूँ। फिर मनोरमा की फोटो की मेरी मेज पर क्या आवश्यकता—सब समाप्त हो गया तब उसकी याद ही क्यों बाकी रहे—'' रामनारायण ने तस्वीर फिर उठा ली। ''आज इस तस्वीर को नष्ट क्यों न कर दें—पर नहीं, नहीं, मैंने इससे प्रेम किया था—किया क्यों था, अब भी करता हूँ। यदि मैं उससे प्रेम न करता होता तो मुझे उस पर क्रोध क्यों होता ? हाँ, मैं कहता हूँ कि मैं उससे अब भी प्रेम करता हूँ। क्या यह ठीक है ? मैं उसके विवाह में क्यों नहीं गया ? उसके विवाह के बाद मैं उससे फिर कभी क्यों नहीं मिला—केवल इसलिए कि मैं उससे क्रोधित हूँ, और यही क्रोध की भावना मेरे प्रेम की द्योतक है।''

रामनारायण ने तस्वीर की ओर देखा—''पर क्या यह आवश्यक ही है कि प्रेम का अन्त विवाह ही हो ? मैंने उससे प्रेम किया, क्या यही काफी नहीं है ? उसके विवाह कर लेने पर मुझे क्रोधित क्यों होना चाहिए था—उफ ! मैं कितना मूर्ख हूँ ! बिना विवाह किए भी प्रेम किया जा सकता है, फिर मैं अभी तक मनोरमा से मिला क्यों नहीं ?'' रामनारायण के मुख पर एक पैशाचिक मुस्कुराहट आई। ''प्रेम तो बिना विवाहित हुए ही किया जा सकता है, उफ मैं कितना मूर्ख था कि मैं अभी तक मनोरमा से नहीं मिला ! अब क्यों न मिलूँ—मुझे देखकर वह कितनी प्रसन्न होगी, मेरे जाते ही वह आत्म-समर्पण कर देगी—कल ही चलना चाहिए ! हाँ, प्रयाग से कानपुर का कितना खर्च लगेगा ? दस रुपए।'' रामनारायण की मुस्कुराहट लोप है गई। ''दस रुपए ! एक कहानी लिखने से इतना मिल जाएगा। पर अभी मकान का किराया नहीं दिया है, पत्नी बीमार है, और

खाने का सामान खत्म होने को आ गया है। इन सबका प्रयत्न ! उफ जीवन में रुपया कितना भयानक है और मनुष्य कितना विवश है। प्रत्येक पग पर वह अपनी विवशता अनुभव करता है, मैं कितना विवश हूँ ? धन ! धन ! संसार इसी धन का गुलाम है''–एकाएक विचारधारा, बदली–''और मनोरमा ! वह भी तो धन की गुलाम है ! उसने मुझसे प्रेम करते हुए भी उस लखपती से विवाह किया–केवल धन के वास्ते ! धन सभी बातों पर विजय पा सकता है, प्रेम पर भी–प्रेम पर भी !'' रामनारायण ने तस्वीर मेज पर रख दी–''हाँ, रुपया प्रेम पर भी विजय पा सकता है–प्रेम पर ही क्यों, हमारी मनुष्यता पर, हमारी आत्मा पर ! हम सब रुपए के लिए घृणित-से-घृणित काम करते हैं, खुशामद करते हैं, झूठ बोलते हैं, धोखा देते हैं–कुछ नहीं, हम सब रुपए के गुलाम हैं–'' रामनारायण मुस्कुराया, उसने कागज पर अपना ध्यान लगाया, कलम चली।

''पर क्या मृत्यु भी उस पहेली को सुलझा सकती है...!''

कायरता

"अगर मैं आपसे कह दूँ कि आप कायर हैं तो आप बुरा मान जाइएगा। मान जाइएगा कि नहीं ?" कोने में बैठे हुए बूढ़े ने कुछ रुक-रुककर कहा। "पर मैं अपने इस साठ वर्ष के अनुभव से इस नतीजे पर पहुँचा हूँ कि हम सब कायर हैं, और कायर होना इतना बड़ा दुर्गुण भी नहीं है जितना आप समझते हैं।"

हम लोगों ने उस बूढ़े की ओर देखा। उसका कृश मुख, जिस पर झुर्रियाँ पड़ गई थीं, शान्त तथा गम्भीर था। वह एक खद्दर का कुरता और खद्दर की धोती पहने था, और उसकी गांधी टोपी मेज पर रखी थी। उसके सर के बाल सन की तरह सफेद थे, दाढ़ी और मूँछ साफ थी। उसकी आँखों में एक विशेष तरह की चमक थी और उसके स्वर में एक प्रकार की मिठास-भरी दृढ़ता।

हम लोग वेटिंग रूम में बैठे हुए गपबाजी कर रहे थे। हम चार आदमी थे, विश्वम्भरदयाल सब-जज, रामचन्द्र एडवोकेट, प्रेमनाथ प्रोफेसर और मैं। रामचन्द्र ने कहा था—"अवध यदि समाज के भय से प्रेमा से विवाह नहीं करता तो कायर है !" और रामचन्द्र की बात समाप्त होने पर उस बुड्ढे ने जिसके अस्तित्व तक का हम लोगों को पता न था, यह बात कही थी।

रामचन्द्र उस बुड्ढे की तरफ से घूम पड़ा—"मैं आपकी बात का मतलब नहीं समझा। कायरता बहुत बड़ा नैतिक अपराध है—यह तो सर्वमान्य बात है।"

उस बुड्ढे ने कुछ रुककर उत्तर दिया—"शायद आप ठीक कहते हैं, अधिकांश मनुष्य कायरता को बहुत बड़ा नैतिक अपराध बिना सोचे-समझे कह देंगे। पर अधिकांश मनुष्य सोचने और समझने की क्षमता रखते हैं ? एक बात आप याद रखिएगा कि जिन लोगों का अपराधियों से पाला पड़ा है वे आपसे कह देंगे कि प्रायः सब अपराधी साहसी होते हैं। मैंने तो किसी अपराधी को कायर नहीं पाया। और मैं तो यहाँ तक कहने को तैयार हूँ कि साहस ही अपराध है, हमें जो चीज अपराधी होने से रोकती है वह हमारी कायरता ही है !" यह कहकर वह बूढ़ा जोर से हँस पड़ा और उसने सब लोगों की ओर ध्यान से देखा। हम लोग मौन थे। उस बूढ़े ने फिर आरम्भ किया—" मैंने आज एक मजेदार बात कही है, आप यह सोचते होंगे। पर क्या करूँ दुर्भाग्यवश यह सत्य है। इस संसार में सफल वह है जो अपराधी है, और अपराधी वही हो सकता है जो साहसी है। एक बात याद रखिएगा, अपराधी होना असफलता की सीढ़ी है और यह

भाग्य की बात है कि कुछ पकड़े जाते हैं और दंड पाते हैं और कुछ मौज करते हैं।

" मुझको ही लीजिए न ! मैं कायरता की जीती-जागती तस्वीर हूँ। यदि मुझमें थोड़ा सा साहस हो तो मैं बहुत बड़ा आदमी हो सकता हूँ। बस थोड़ा सा साहस—और मेरे जीवन में एक बहुत बड़ा परिवर्तन हो सकता है; यही निराशा-विवशता और सफलता का अस्तित्व जो मेरे ऊपर एक असह्य भार सा लदा हुआ है, यदि इसे एक बार अपने ऊपर से उतारकर फेंक देने-भर का साहस होता—तो ! पर नहीं, मेरी कायरता मुझे अपराधी बनने से सदा रोकती रही है, और अब भी रोक रही है—मेरी सफलता में बाधा-रूप अड़ी है।

" मैं देख रहा हूँ मनुष्य मनुष्य को खा डालने के लिए तैयार है। मैं देख रहा हूँ समर्थ अधिकारी है और असमर्थ अधिकार में है; मैं देख रहा हू कि सामर्थ्य, एक अन्धे और पैशाचिक बर्बरता से युक्त साहस का दूसरा नाम है।

" और मैं आपसे पहले ही कह चुका हूँ कि मैं कायर हूँ। आज तीस वर्ष हुए जब से मैं अपनी पत्नी और बच्चों के साथ भटक रहा हूँ। तीस वर्ष पहले जब मेरे बड़े भाई जिन्दा थे, मैं अमीर था। मेरे भाई के कोई सन्तान न थी, उनकी सम्पत्ति का उत्तराधिकारी मैं था। पर भाई साहब की मृत्यु के बाद मेरी भावज ने मुझे घर से निकाल दिया। मैं मुकदमा लड़ा, पर भावज ने लम्बी रकम जज को दी और वे जीत गईं। यह तय हुआ कि भावज की मृत्यु के बाद ही मुझे सम्पत्ति मिल सकती है।

" जनाब, तीस वर्ष तक मैं दुःख भोगता रहा। इस आशा में कि कभी-न-कभी वह औरत मरेगी और मुझे उसकी सम्पत्ति मिलेगी ही। मैंने कलकत्ते में नरक देखा है, नरक ! एक गन्दी कोठरी में अपनी पत्नी और बच्चों के साथ मैंने तीस वर्ष बिताए हैं। और अब स्त्री अकेली करोड़ों की सम्पत्ति भोगती रही। और तीस वर्ष बाद मृत्यु ने उस स्त्री पर भी फेरा किया। आप नहीं समझ सकते थे कि इन तीस वर्षों को मैंने किस प्रकार व्यतीत किया; एक-एक मिनट, एक-एक घंटा, एक-एक दिन, एक-एक सप्ताह, एक-एक महीना और एक-एक वर्ष गिनकर किस प्रकार मैंने अपने यौवन को नष्ट किया, केवल एक आशा के बल पर !

" और तीस वर्ष बाद—जब मुझे अपनी भावज की मृत्यु की सूचना मिली, मेरा हृदय ठंडा पड़ चुका था। मेरे हृदय में न उमंग थी, और न स्पन्दन। एक भयानक तथा विकराल सूनापन मेरी आत्मा में प्रवेश कर चुका था। मेरे लड़कों ने जब यह सूचना सुनी तो उन्हें विश्वास ही नहीं हुआ। वे दरिद्र पिता के पुत्र वैभव की कल्पना ही नहीं कर सकते। मैंने उन्हें समझाने की कोशिश की और बड़ी मुश्किल से वे समझ सके।

" मैं लौटा—अकेला, सम्पत्ति पर अधिकार करने के लिए, और लौटकर जो कुछ देखा, उससे मैं स्तब्ध रह गया, मेरी आँखों के आगे अँधेरा छा गया और मेरे पैरों के नीचे पृथ्वी खिसक गई।

" मैंने देखा एक चौबीस-पचीस वर्ष का नवयुवक मेरी सम्पत्ति पर अधिकार जमाए बैठा है। और अपने को मेरा भतीजा बतलाता है। उसका कहना था कि मेरे भाई ने उसे

गोद लिया था। इतना बड़ा झूठ ! पर मैं कर ही क्या सकता था ? सम्पत्ति पर उस लड़के का अधिकार था।

" पड़ोसियों ने मुझे सब बातें बतलाईं। वह लड़का मेरी भावज का भतीजा था। वह बुढ़िया उसको वहाँ छोड़ गई थी, मुझे पूर्ण रूप से मिटाने के लिए। साथ ही पड़ोसियों ने मुझे सलाह दी कि मैं उस सम्पत्ति का दावा करूँ। सम्पत्ति मेरी है, इसकी वे गवाही देने को तैयार थे। एक बार मैं मुकदमा लड़ भी चुका था, सम्पत्ति पर अधिकार पाना निश्चित था।

" और जनाब, एक बार फिर मुकदमाबाजी हुई। बचे-खुचे जेवर तथा अपना अन्य सामान बेचकर मैं मुकदमा लड़ा। एक वर्ष से अधिक हो गया है—और अब तो भूखों मरने की नौबत आ गई है, पर मुकदमा अभी तक चल ही रहा है।

" उस समय मैंने देखा कि उसकी बातों से विश्वम्भरदयाल जरा विचलित हुए। उन्होंने पूछा—'आपका मुकदमा कहाँ है ?' "

"यहीं इसी शहर में," उस बूढ़े ने कहा।

"आपका नाम क्या है ?" विश्वम्भरदयाल ने फिर पूछा।

"रामेश्वर !" उस बूढ़े ने उत्तर दिया। कुछ चुप रहकर उसने कहा—"पर इससे क्या होता है, मेरी कहानी अभी अधूरी ही है। हाँ चुनाव लड़ा और आप देख ही रहे हैं कि मैं कितना बूढ़ा हूँ। मेरे बड़े लड़के ने पैरवी की। और अब की बार जब वह कलकत्ता गया, उसने बहुत करुण स्वर में मुझ से कहा, बाबूजी, परमानन्द ने (परमानन्द उस युवक का नाम है जिसके साथ मुकदमाबाजी हो रही है) जज को पचास हजार की रिश्वत दी है, फैसला हमारे खिलाफ होगा।

"अपने लड़के की बात सुनकर मैं बेहोश हो गया। मेरे हृदय की धड़कन क्यों नहीं बन्द हो गई, यह मैं नहीं जानता—शायद अभी और कुछ भोगना बाकी है। मेरे पास अब एक पैसा नहीं जिससे आगे लड़ूँ—कर्ज से बुरी तरह लदा हुआ हूँ। अब क्या होगा ? एक महीने तक मैं बीमार रहा हूँ।

"कल बहस है—पर उससे होता क्या है ? पचास हजार रुपए मनुष्यता पर बड़ी आसानी से विजय पा सकते हैं, मैं जानता हूँ कि मैं हार जाऊँगा। मैं हाईकोर्ट से जीत सकता हूँ, पर हाईकोर्ट तक लड़ने के लिए मुझमें सामर्थ्य नहीं है। यह बात मैं ही नहीं जानता हूँ, इसे परमानन्द भी जानता है और वे जज साहब भी जानते हैं जिन्होंने रिश्वत ली है।"

कुछ देर रुककर उस बूढ़े ने फिर कहा—"अरे, मैं आपसे पहले ही कह चुका हूँ कि मैं कायर हूँ। थोड़े साहस की आवश्यकता है और मैं पासा पलट सकता हूँ। मैं अगर उस जज को गोली मार दूँ तो अभी सब कुछ हो सकता है। परमानन्द अब दूसरी बार पचास हजार रिश्वत नहीं दे सकता, यह निश्चित समझिए, और अगर वह दे भी सकता तो दूसरे जज के रिश्वत स्वीकार करने में मुझे शक है। बस थोड़ा सा साहस मुझमें यदि होता तो ! रही बात मैं बूढ़ा हूँ, यदि पकड़ा गया तो मेरी मृत्यु से मुझे विशेष हानि नहीं

होगी। इस निराशा और असफलता के अस्तित्व की अपेक्षा मृत्यु अच्छी है, पर ऐसी हालत में मेरे लड़के तो सुखी रहेंगे। और यदि नहीं पकड़ा गया तो मैं बहुत बड़ा आदमी हो जाऊँगा। पर नहीं, यह सम्भव नहीं। मैं कायर हूँ और यह जानते हुए भी कि अपनी कायरता के कारण मैं पशु से भी गया-बीता हूँ, मैं कायरता नहीं छोड़ सकता—नहीं छोड़ सकता।''

यह कहकर वह बूढ़ा उठ खड़ा हुआ और कमरे के बाहर चला गया।

और उस समय मैंने देखा कि विश्वम्भरदयाल का मुख पीला पड़ गया है, उनके मस्तक पर पसीने की बूँदें चमक रही हैं और उनका सारा शरीर काँप रहा है।

विवशता

मैं पुरुष हूँ, इसलिए कभी-कभी मैं यह विश्वास कर लेने का दम भर लेता हूँ कि मैं स्त्री के प्रति पुरुष के प्रेम को समझता हूँ; पर मैं आज तक पुरुष के प्रति स्त्री के प्रेम को नहीं समझ सका। स्त्री के प्रेम में कितना त्याग है, कितना आत्म-समर्पण है और कितनी विवशता है, मैं सच कहता हूँ कि स्त्री के इस रूप को देखकर मुझे आश्चर्य होने लगता है। मैं कभी-कभी पूछ बैठता हूँ—"क्या स्त्री ने प्रेम करने के लिए जन्म लिया है ?"

लोग मुझसे भले ही सहमत न हों, पर मैं तो यह जानता हूँ कि प्रेम पुरुष के लिए एक क्षणिक भावना है, जिसमें वासना और अहम्मन्यता का जबर्दस्त पुट रहता है; वह पुरुष का एक ऐसा खेल है जिसे खेलने में उसे सुख मिलता है; पर है वह एक खेल ही—उससे अधिक कुछ नहीं।

पर स्त्री के लिए प्रेम अस्तित्व है—शायद प्रेम ही उसका जीवन है। ऐसा क्यों है, इसी को तो मैं नहीं समझ सका।

और इसीलिए जब आप मुझसे पूछेंगे कि किस अभिलाषा से प्रेरित होकर तथा किस आशा को लेकर मैं उस दिन लीला के यहाँ गया था, तब कहूँगा कि मैं उस प्रश्न का स्पष्ट उत्तर देने को तैयार नहीं हूँ। जीवन की कुरूपताओं की विवेचना कुछ थोड़े से समय के लिए भले ही रुचिकर हो, पर कुरूपता अन्त में कुरूपता है, उसे अधिक देर तक देखते रहने पर आँखें ही नहीं जल उठती हैं, सारा शरीर जल उठता है; यहाँ तक कि उस जलन से आत्मा तक झुलस उठती है। और इसीलिए इतना ही कह देना काफी होगा कि उस दिन मैं लीला के यहाँ पहुँचा था—भूला हुआ सा एक चोर की भाँति !

पाँच वर्ष पहले लीला मेरी सब कुछ थी—मेरी दुनिया थी। वह मेरे पड़ोस में रहती थी, साथ खेली थी और साथ पढ़ी थी। हम दोनों के पिता अभिन्न मित्र थे; और मेरा ऐसा विश्वास था कि मैं लीला से प्रेम करता था। एक दिन लीला के दरवाजे बारात आई और वह अपने पति के साथ विदा हो गई। लीला की और मेरी मित्रता उसके बाद साल-भर तक पत्रों द्वारा और चली, पर धीरे-धीरे पत्र-व्यवहार भी बन्द हो गया।

और इसके बाद मेरा भी विवाह हो गया। मेरी पत्नी सुन्दर थी—लीला से अधिक। अन्य बातों में भी वह बुरी न थी। धीरे-धीरे मैं लीला को भूल सा गया।

उस दिन एकाएक लीला की याद मुझे आ गई—एक अजीब प्रकार का कम्पन लिये हुए। पाँच वर्ष का समय कम नहीं होता। न जाने कितने परिवर्तन पाँच वर्ष में हो चुकते

है। पर पाँच वर्ष बाद उस दिन लीला की याद मेरे हृदय में कसक उठी तब मैं अपने को न रोक सका। मुझे ऐसा मालूम हुआ कि अतीत लौट सकता है—उसी तीव्रता के साथ, उसी उन्माद को लिये हुए।

मुझे देखकर लीला को आश्चर्य हुआ, उसका आश्चर्य उसके मुख पर स्पष्ट था। पर उसका आश्चर्य मुझे सुख-दुख से सूना मालूम पड़ा—केवल आश्चर्य, उसके आगे कुछ नहीं।

उस समय सन्ध्या हो गई थी। लीला के पति बाबू रामकिशोर टहलने निकल गए थे और लीला कमरे में अपने दो बच्चों के साथ बैठी थी। मुझे देखते ही वह उठ खड़ी हुई—"अरे रमेश—तुम !" उसने उठते हुए कहा।

"हाँ लीला, मैं ही हूँ !" मुस्कुराने का प्रयत्न करते हुए मैंने उत्तर दिया।

एक क्षण के लिए हम दोनों की आँखें एक-दूसरे से मिलीं, और फिर लीला ने अपनी आँखें जमीन पर गड़ाते हुए एक साँस ली—"अच्छा हुआ तुमने मेरी याद तो कर ली।"

लीला के इस उत्तर से मैं स्तब्ध सा रह गया। मैंने लीला को एक बार सिर से पैर तक देखा—और मैं आपसे सच कहता हूँ, मैं सिहर उठा। मेरे सामने एक प्राणहीन स्त्री खड़ी थी; लीला बदल गई थी—बुरी तरह बदल गई थी। उसके गाल पीले पड़ गए थे, उसकी आँखों की चमक जाती रही थी। उसके मुख पर सूनेपन की स्पष्ट रेखाएँ विद्यमान थीं, उसकी आत्मा का सूनापन उसके सारे अस्तित्व में छलक पड़ा था।

करीब ग्यारह बजे रात बाबू रामकिशोर लौटे। उस समय वे होश में कम थे।

बाबू रामकिशोर की अवस्था लगभग चालीस वर्ष की थी। सुन्दर मुख जिसकी कान्ति समय के बहुत पहले उतर गई थी। और बड़ी-बड़ी आँखें जो गढ़े में धँस रही थीं तथा जो कभी-कभी बुरी तरह चमक उठती थीं। बाबू रामकिशोर शहर के बहुत बड़े रईसों में गिने जाते थे। कहा जाता है कि लीला के पिता ने लीला का विवाह करते समय रामकिशोर के रुपयों पर अधिक ध्यान दिया था। पर लीला के पिता को सम्भवतः यह पता न था कि वे अपनी पुत्री का विवाह एक बिगड़े हुए आदमी के साथ कर रहे हैं।

रामकिशोर ने मेरा कुशल-क्षेम पूछा। इतना जानता हूँ कि मेरा कुशल-क्षेम पूछने में उन्हें कुछ परिश्रम करना पड़ा था, और इसके बाद वे सोने चले गए।

दूसरे दिन बाबू रामकिशोर ने मेरा खुले हृदय से स्वागत किया। मुझे उस समय यह देखकर आश्चर्य हुआ कि लीला को बाबू रामकिशोर का मेरा स्वागत करना अच्छा नहीं लग रहा है।

सन्ध्या के समय बाबू रामकिशोर मुझे और लीला को सिनेमा ले गए। लीला गई तो थी, पर मुश्किल से। ऐसा मालूम होता था कि लीला को सिनेमा अच्छा नहीं लग रहा है। वह बिल्कुल भावनाहीन बैठी रही। इंटरवल में बाबू रामकिशोर ने मुझसे धीरे

से कहा—"रमेश, एक-आध पेग लोगे ?"

"नहीं," मैंने उत्तर दिया।

रामकिशोर लीला से यह कहते हुए कि 'अभी आता हूँ,' बाहर चले गए। मैंने लीला से पूछा—"लीला, बाबू रामकिशोर की क्या हालत है ?"

बड़े करुण स्वर में लीला ने उत्तर दिया—"रमेश, यह न पूछो !"

"नहीं, बतलाओ तो ! मैं देख रहा हूँ कि तुम बड़ी दुखी हो," मैंने आग्रह किया।

"तो सुनो—हम पर बहुत अधिक कर्ज लदा है। ये दुनिया को मानो जानते ही नहीं। सामर्थ्य से बाहर खर्च करते हैं। आय बढ़ाने के लिए घुड़दौड़ खेलते हैं, और वहाँ हारकर अपना दुःख दूर करने के लिए शराब पीते हैं।"

लीला की बात समाप्त भी न हो पाई थी कि रामकिशोर लौट आए। उस समय उनकी आँखें कुछ लाल थीं। लीला ने उनकी ओर देखा—कुछ देर तक उसकी आँखें रामकिशोर की आँखों से मिली रहीं। फिर रामकिशोर हँस पड़े। उन्होंने लीला का हाथ अपने हाथ में लेते हुए कहा—"देखो मुझे माफ कर दो—मैं तो गलतियाँ करने का इतना आदी हो गया हूँ कि अब मेरा सँभलना गैरमुमकिन है।" यह कहकर उन्होंने लीला की ओर से अपनी आँखों के आँसुओं को छिपाने के लिए मुँह फेर लिया। लीला ने एक ठंडी साँस भरी और एक विवश भाव से उसने मेरी ओर देखा।

हम लोग सिनेमा से लौटे—और उस रात मुझे नींद नहीं आई। मैं न जाने क्या-क्या सोचता रहा। उस आलीशान मकान का यह आलीशान कमरा जिसमें मैं लेटा हुआ था, एक अजीब कुरूप की नजर से मुझे देख रहा था। मुझे ऐसा मालूम होता था कि वैभव का पिशाच बराबर मेरे सिर पर पहरा दे रहा है।

सुबह हुई—बड़ी मुश्किल से। जलपान करके मैंने कपड़े पहने, बाबू रामकिशोर ने पूछा—"कहो भाई, क्या प्रोग्राम है ?"

"शहर घूमने का इरादा है !"

बाबू रामकिशोर ने ड्राइवर को आवाज दी—"रमेश बाबू को शहर घुमा लाओ !" और उन्होंने मुझसे कहा—"मुझे क्षमा कीजिएगा, मेरी तबीयत ठीक नहीं है।"

दो घंटे बाद जिस समय मैं लौटा, मैंने देखा कि लीला बैठी रो रही है—रो नहीं रही बल्कि हिचकियाँ ले रही है, और बाबू रामकिशोर शून्य-दृष्टि से अपने चारों ओर देखते हुए बैठे थे। मुझे देखकर लीला ने बल लगाकर अपने को सँभाला। उसने खाने का प्रबन्ध किया, और हम सब खाने बैठे। पर उस समय न लीला ने खाया और न बाबू रामकिशोर ने। उन दोनों के कारण मुझसे भी नहीं खाया गया।

खाना खाकर जब हमलोग उठे तब बाबू रामकिशोर ने मुझसे कहा—"रमेश, मेरी तबीयत ठीक नहीं है, मैं तो लेटूँगा। शाम को हमलोग घुड़दौड़ चलेंगे। इस समय लीला से बातें करो।" यह कहकर वे अपने कमरे में चले गए।

हम दोनों थोड़ी देर तक हाल में बैठे रहे। मैंने कहा—"लीला, तुम इतनी उदास क्यों हो—इससे लाभ ही क्या है ?"

"शायद कुछ नहीं," किंचित् मुस्कुराते हुए लाला ने कहा—"लाभ तो किसी काम में नहीं है और उदास होना तो एक स्वाभाविक बात है।"

लीला ने बात ठीक कही थी। एकाएक मैं लीला से पूछ बैठा—"क्या तुम बाबू रामकिशोर से प्रेम करती हो।"

मुझे पता नहीं कि किस भावना से प्रेरित होकर मैं यह प्रश्न कर बैठा, और उस प्रश्न के पूछने का मुझे आज तक दुःख है। लीला ने बड़े आश्चर्य के साथ मेरी ओर देखा, मानो मैंने कोई बहुत अनुचित बात कह दी हो। फिर उसने बाबू रामकिशोर के कमरे की ओर देखते हुए कहा—"हाँ रमेश ! बहुत अधिक—इतना अधिक कि जिसकी तुम कल्पना तक न कर सकोगे !"

हम दोनों मौन हो गए; वह बड़ा सा हाल बिल्कुल स्तब्ध था; बड़ी घड़ी का 'टिक-टिक' शब्द साफ सुनाई पड़ रहा था, और मैं सच कहता हूँ कि घड़ी की वह आवाज मुझे भयावनी लग रही थी। लीला अपने गाल पर हाथ रखे कुछ सोच रही थी; उसका पीला मुख न जाने क्यों धुँधला पड़ गया था।

मैंने अनुभव किया कि वहाँ का सारा वातावरण मेरे लिए असह्य हो उठा। अपनी कल्पना के सौन्दर्य के स्थान पर वास्तविकता की कुरूपता देखकर मैं विचलित हो उठा। थोड़ी देर तक चुप रहने के बाद मैंने लीला से कहा—"लीला, मुझे तुम्हारी हालत देखकर बड़ा दुःख हुआ है। मैं आज शाम को जाना चाहता हूँ।"

"इतनी जल्दी !" लीला चौंक सी उठी। फिर उसने धीरे से कहा—"अच्छी बात है !"

सन्ध्या समय लीला ने मेरा असबाब कार में रखवा दिया। बाबू रामकिशोर उस समय घर पर नहीं थे, शायद वे घुड़दौड़ चले गए थे। लीला मुझे पहुँचाने के लिए स्वयं स्टेशन चली।

गाड़ी आने में अभी आध घंटे की देर थी, हम दोनों वेटिंग रूम में बैठे थे। एकाएक लीला की दृष्टि से मैं चौंक उठा। उसकी दृष्टि में अजीब बात थी—एक अजीब करुणा थी, एक अजीब विवशता थी। थोड़ी देर तक वह मुझे एकटक देखती रही। फिर उसने धीरे से मुझसे कहा—"रमेश ! तुमने मुझसे कभी प्रेम किया है ? है न !"

मैं चुप रहा, पर मेरा हृदय तेजी से धड़क रहा था। बिना मेरे उत्तर की प्रतीक्षा किए हुए लीला कहती गई—"रमेश, तुम मुझे क्षमा कर देना, मैं बड़ी अभागिनी हूँ, बड़ी पापिनी हूँ। मैंने तुम्हारे साथ एक बड़ा अपराध किया है। रमेश, जिस समय तुम घूमने गए थे, वे एक वारंट से गिरफ्तार हो गए। उनके ऊपर दो सौ रुपए की डिग्री थी और उनको छुड़ाने के लिए रमेश, मैंने तुम्हारे सूटकेस से तुम्हारे दो सौ रुपए निकाल लिये !"

मैं स्तब्ध सा रह गया, मैंने केवल इतना कहा—"लीला !"

लीला के हृदय का बाँध फूट पड़ा—"रमेश ! आज दिन-भर मैं रोई हूँ, और न जाने कब तक मुझे रोना पड़ेगा। पर मैं क्या करूँ, मैं कितनी विवश हूँ। वे मेरे सब कुछ

हैं—अपने सारे जेवर मैंने बेच दिए, अब मैं कंगाल हो गई हूँ। लेकिन भगवान ने मुझे इसके आगे भेजा—मुझे आज चोरी भी करनी पड़ी। रमेश, तुमसे मेरी यही प्रार्थना है कि तुम मुझे क्षमा करो और हमारे लिए भगवान से प्रार्थना करो !''

उस समय गाड़ी प्लेटफार्म पर आ गई थी। रामकिशोर के ड्राइवर ने मेरा असबाब कुली से उठवाकर गाड़ी पर रखवाया। मैंने लीला से कुछ कहा नहीं, चुपचाप लीला का हाथ पकड़े हुए मैं गाड़ी में बैठ गया। थोड़ी देर तक मैं कुछ सोचता रहा, फिर मैंने लीला को एक बार अच्छी तरह से देखा।

और मैंने लीला के मुख पर क्या देखा, यह मैं नहीं बतला सकता। पर इतना कह सकता हूँ कि लीला को देखकर मेरे हृदय में एक प्रकार की मुर्दनी सी छा गई—लीला के हृदय की भावनाएँ बरबस मेरे हृदय में प्रवेश कर गई थीं।

मैं एकाएक चौंक उठा, रेल ने सीटी दी थी। लीला गाड़ी के बाहर खड़ी थी। उसने धीरे से कहा—''रमेश ! मुझे क्षमा करते हो न—बोलो !''

गाड़ी धीरे-धीरे चलने लगी। उस समय मैंने लीला से कहा—''लीला, मैं कह नहीं सकता कि तुमने कोई अपराध किया है या नहीं। यदि तुमने अपराध किया है तो मैं तुम्हें क्षमा करता हूँ। भगवान तुम्हारा भला करें।''

गाड़ी तेज हो गई थी। मैं लीला को देख रहा था और लीला मुझे देख रही थी—एकटक, मौन !

रेल में

इंटर क्लास के उस डिब्बे में तीन बर्थें थीं और तीन मुसाफिर थे। एक ओर एक वृद्ध सज्जन बिस्तर बिछाए आराम के साथ लेटे थे। दूसरी ओर एक अधेड़ सज्जन बैठे हुए सिगरेट पी रहे थे। बीचवाली बर्थ पर एक स्त्री लेटी थी जिसकी गोद में एक बच्चा भी था।

उन अधेड़ महोदय की बगल में मैं बैठ गया। उस डिब्बे में मेरे आने से उन अधेड़ सज्जन को प्रसन्नता हुई क्योंकि उन्होंने बड़े तपाक के साथ मेरा स्वागत किया था।

यहाँ पर उन अधेड़ सज्जन की थोड़ी सी हुलिया बतला देना अनुचित न होगा। उनकी मूँछ, जिस पर देखनेवाले की नजर सबसे पहले पड़ती थी और फिर काफी देर तक वहाँ से हटने का नाम न लेती थी, काफी बड़ी, घनी और चितकबरी थी। चेहरा गोल, भरा हुआ और सुन्दर था, माथा नीचा, नाक सिरे पर गोल और आँखें चमकीली तथा छोटी-छोटी थीं जिन पर सोने की कमानी का चश्मा चढ़ा था। सर के बाल भी खिचड़ी थे पर महीन कटे थे। वे एकहरे बदन के हृष्ट-पुष्ट आदमी थे, मझौले कद के। काशी-सिल्क का कुरता और महीन किनारे की महीन धोती पहने हुए थे। चट्टियाँ बर्थ के नीचे पड़ी थीं और किश्तीदार काश्मीरी टोपी एटेची केस के ऊपर।

गाड़ी चल दी, और उस अधेड़ सज्जन से मेरी, या मुझसे अधेड़ सज्जन की, बातचीत शुरू हुई।

"आप कहाँ जा रहे हैं ?" उन्होंने पूछा।

"कलकत्ता !" मैंने उत्तर दिया।

"इतनी दूर ! मैं तो इलाहाबाद तक ही जा रहा हूँ, लेकिन आ दूर से रहा हूँ; दिल्ली से," खिड़की से बाहर देखते हुए उन्होंने कहा।

उनकी बात का जवाब मुझे उस समय नहीं सूझा और चुप रह गया। कभी-कभी सोच लिया करता हूँ कि क्या उस बात का कोई उत्तर हो भी सकता था।

"आप क्या करते हैं ?" कैंची सिगरेट की डिब्बी जिसमें केवल दो सिगरेटें बाकी थीं, मेरे सामने बढ़ाते हुए उन्होंने पूछा।

"धन्यवाद, मैं सिगरेट नहीं पीता। हाँ, मैं यों ही तफरीहन सफर किया करता हूँ !"

डिब्बी से एक सिगरेट निकालकर उन्होंने बड़े इत्मीनान के साथ जलाई। इसके बाद मेरे मुँह पर सिगरेट का धुआँ फेंकते हुए उन्होंने कहा, "आप तो पढ़े-लिखे आदमी मालूम

होते हैं !''

मैं मुस्कुराया, ''जी हाँ, आपका कयास गलत नहीं है। लेकिन आपने यह कैसे समझ लिया कि पढ़े-लिखे आदमी आवारा हो ही नहीं सकते !''

इस बार उन्होंने आश्चर्य से मुझे सिर से पैर तक देखा, ''तो फिर आपके पास जमींदारी वगैरह कुछ होगी ?''

''जी नहीं !'' और मैं उनके अगले प्रश्न की प्रतीक्षा करने लगा।

''तो फिर आपके पिता अमीर होंगे ?''

प्रश्नों से अधिक मजेदार उस समय प्रश्नकर्त्ता महोदय लग रहे थे। मैंने बहुत गम्भीरतापूर्वक उत्तर दिया, ''साहब, मेरे पिता स्वर्गलोक में हैं और स्वर्गलोक में अमीरी-गरीबी का कोई सवाल उठता है इस बात की मैंने तसदीक नहीं की और न तसदीक करने का फिलहाल कोई इरादा ही है।''

मेरे जवाब का मतलब उन्होंने समझ लिया, उसके आगे समझना उन्होंने शायद अनावश्यक समझा क्योंकि उन्होंने फिर पूछा, ''तो फिर आप अपने बीवी-बच्चों को किस तरह सपोर्ट करते हैं ?''

''मेरे बीवी ही नहीं है इसलिए बच्चों का कोई सवाल ही नहीं उठता।''

वे सज्जन मानो चौंक उठे, ''ऐं ! अभी तक आपका विवाह नहीं हुआ है ?''

''जी हाँ, और विवाह करने की कोई आवश्यकता भी मैंने नहीं समझी !''

उन सज्जन ने मुझे बड़े गौर से देखा। फिर कुछ देर तक कुछ सोचा और अन्त में बोले, ''साहब, आप जवान आदमी हैं और मैं तो कहूँगा कि आप अभी तक लड़के हैं। आप जब कहते हैं कि विवाह करने की आपने कोई आवश्यकता ही नहीं समझी तो मुझे बड़ा ताज्जुब होता है। अपने नौजवानी की मर्दानगी पर मुझे शक होने लगता है और आप लोगों पर किसी कदर अफसोस भी होता है ! मुझे देखिए कि इस उम्र में मैंने अभी तीन साल हुए दूसरा विवाह किया। एक बात आपको बताऊँ कि विवाह करने से फायदा अधिक है नुकसान कम। जिन्दगी के सुखों को बिना विवाह किए मनुष्य जान ही नहीं सकता। आपकी बीवी आपकी हर तरह से सेवा करती है, आपकी देखभाल करती है। आप अनुभव करते हैं कि दुनिया में आपकी कोई परवाह करनेवाला है, आपका कोई पूरा हमदर्द है। बीवी के रहने पर आप कह सकते हैं कि कोई आपका अपना भी है, आपके दुख-दर्द में कोई शरीक है। आप अगर विवाह कर लें तो आपका घूमना-घामना बन्द हो जाय, आप स्थिर होकर एक जगह बैठ सकेंगे, जी जमाकर कोई काम आप कर सकेंगे, अपने जीवन को आप सफल बना सकेंगे। आपका लक्ष्यहीन जीवन कोई अच्छी चीज तो नहीं है।''

''हूँ !'' मैंने कहा।

इसी समय बीचवाले बर्थ से बच्चे के रोने की आवाज आई और उन सज्जन ने उठकर बच्चे को गोद में ले लिया। वह करीब डेढ़ वर्ष का सुन्दर बालक था, हाथ-पैर गोल-मटोल—मुख जापानी बबुए का-सा। वे सज्जन बच्चे को गोद में लेकर

"आँ-आँ–ऊँ-ऊँ–राजा बेटा–" कहकर चुप कराने लगे। साथ ही बीचवाले बर्थ पर जो स्त्री लेटी थी और जो उन अधेड़ सज्जन की पुत्री मालूम होती हुई भी उनकी पत्नी थी, उठकर बैठ गई।

वह स्त्री अनिन्द्य सुन्दरी थी, इस बात को कहना सत्य को बड़े भद्दे ढंग से प्रकट करना है। उसकी अवस्था अठारह या उन्नीस वर्ष की रही होगी। कुन्दन का-सा रंग, एकहरा बदन, बड़ी-बड़ी आँखें और नुकीली नाक। वह ऐसी स्त्री थी जिसे कोई भी सिनेमा कम्पनी अपनी अभिनेत्री बनाने को तैयार हो जाती, और मैं तो यहाँ तक कहने को तैयार हूँ कि कोई भी अच्छा चित्रकार उसे अपना मॉडल बनाने में अपना सौभाग्य समझता। वे अधेड़ सज्जन बच्चे को बहला रहे थे, वह स्त्री अपने अस्त-व्यस्त वस्त्र ठीक कर रही थी, मैं बड़ी तन्मयता के साथ उस स्त्री को देख रहा था और गाड़ी पचास मील फी घंटा की रफ्तार से चली जा रही थी।

वह स्त्री सुव्यवस्थित होकर बैठ गई, बच्चा चुप हो गया और वे सज्जन मेरी बगल में मय बच्चे के आकर जम गए। बातचीत फिर आरम्भ हो गई।

"आप कौन जात हैं ?" उन्होंने पूछा।

"आदमी !" बहुत गम्भीर होकर मैंने कहा।

"यह तो मैं भी जानता हूँ। मैंने जात पूछी है।"

"मेरी कोई जात नहीं है–सिर्फ इतना जानता हूँ कि आदमी हूँ।"

"आप अजब तरह के आदमी हैं।"

'आदमी' शब्द पर जोर देकर कुछ मुस्कुराते हुए उन्होंने कहा, "आप कहाँ तक पढ़े हैं ?"

"एम.ए. पास किया है।"

वे बच्चे को खिलाने लगे, बच्चा अब हँस रहा था।

थोड़ी देर तक उनके प्रश्न की प्रतीक्षा करने पर जब मैं निराश हो गया तो मैंने समझ लिया कि प्रश्न करने की अब मेरी बारी है। मैंने पूछा, "आप क्या करते हैं ?"

"मैं कपड़े का व्यापारी हूँ।"

"आपकी उम्र क्या होगी ?"

"यही करीब पैंतालीस वर्ष !"

"आप किस शहर के रहनेवाले हैं ?"

"मेरठ के।"

"आपके मकान में कितने चूहे हैं ?" मैंने यह प्रश्न बड़ी गम्भीरतापूर्वक पूछा। मेरे प्रश्न को सुनकर उनकी पत्नी हँस पड़ी। उन्होंने कुछ रुष्ट होकर कहा–"जनाब, आप मजाक कर रहे हैं ?"

अपनी हँसी को दबाते हुए मैंने कहा, "कतई नहीं, साहेब, मैं प्लेग के सम्बन्ध में कुछ अध्ययन कर रहा हूँ इसीलिए यह सवाल किया था। अगर आपको कुछ बुरा लगा हो तो मैं माफी माँग लेता हूँ। अच्छा साहेब, आपका नाम क्या है ?"

"कालीशंकर !"

"आपका नाम कालीशंकर क्यों पड़ा ?" मैंने उनकी पत्नी की ओर देखा, वह मुस्कुरा रही थीं।

"मेरे पिता ने यह नाम रखा है !"

"आपके पिता ने यह नाम क्यों रखा है ?"

इस बार उनकी पत्नी जोर से हँस पड़ी।

उन्होंने मेरे इस प्रश्न का उत्तर देना शायद अनुचित समझा क्योंकि वे मेरी ओर से मुँह फेरकर बच्चे को खिलाने लगे।

बच्चा प्यारा था—मुझसे न रह गया। झाबे से मैंने केले की फलियाँ निकालीं और बच्चे को मैंने उनकी गोद से ले लिया। बीच-बीच में बातचीत भी हो जाया करती थी।

मैं बच्चे को खिला रहा था और बीच-बीच में उनकी पत्नी को भी देख लेता था। सौन्दर्योपासना मेरा एक बहुत बड़ा गुण है, यद्यपि लोग उसे बहुत बड़ी कमजोरी कहने को तैयार हैं, और उनकी पत्नी का सौन्दर्य कवि के शब्दों में ऐसा सौन्दर्य था जिसे बार-बार देखकर तृप्ति नहीं मिलती। पता नहीं इनकी पत्नी अपने बच्चे को देख रही थी, या अपने पति को देख रही थी, या फिर मुझको ही देख रही थी, पर उसका मुख हम लोगों की ओर था।

और 'तन्मयता' किस अवस्था का नाम है, यह मुझे उसी दिन मालूम हुआ। मेरी आँखों के आगे महाशय कालीशंकर निकल गए, गाड़ी का एक डिब्बा निकल गया, मेरी गोदवाला बच्चा भी निकल गया—सिर्फ मेरे सामनेवाली स्त्री ही रह गई। मैं न सोच रहा था, न सुन रहा था—केवल देख रहा था। और पता नहीं मेरी यह तन्मयता की अवस्था कितनी देर तक रही, पर मैं होश में आ गया और होश में आया तब जब मैंने एकाएक यह अनुभव किया कि कोई व्यक्ति मेरे हाथ से जबर्दस्ती कोई चीज छीन रहा है। मैं चौंक उठा। मैंने देखा महाशय कालीशंकर मेरे हाथ से अपने बच्चे को छीन रहे हैं। उस समय उनकी मुद्रा देखने काबिल थी। मुँह लाल, हाथ-पैर काँप रहे थे और भौंहें सिकुड़ी हुईं; आँखों की बावत कुछ नहीं कह सकता क्योंकि एकाएक अपने अपराध की गुरुता मुझे मालूम हो गई थी और उनकी आँखों से अपनी आँखें मिलाना मेरे लिए असम्भव हो गया था। उन्होंने बच्चे को ही मेरे हाथों से नहीं छीना, वे उठे और अपनी पत्नी की बगल में अकड़कर बैठ गए। वहाँ बैठकर उन्होंने इस प्रकार मुझे देखा मानो वे मुझको खा जाएँगे।

उस समय मेरी सज्जनता ने मुझे धिक्कारा और अपनी इच्छा के प्रतिकूल मुझे उन अधेड़ सज्जन की पत्नी पर से दृष्टि हटाकर खिड़की के बाहर देखना पड़ा। फिर भी जब-जब मुझमें वाला कलाकार मुझ पर विजय पाता था तब-तब मैं उधर अपनी आँखें फेर ही लेता था, और दुर्भाग्यवश वहीं, उनकी पत्नी का सुन्दर मुख दिखने के स्थान पर उनकी लाल-लाल आँखों में मेरी आँखें मिल जाती थीं। पर मुझे यह पता था कि उनकी पत्नी मुझे देख रही है और मुस्कुरा रही है।

दो घंटे बीत गए, और उन दो घंटों में फिर उन सज्जन से मेरी कोई बात नहीं हुई। एकाध बार बात चलाने की कोशिश भी की पर मैं असफल रहा। मुझे अपनी मूर्खता पर दुःख हो रहा था। एकाएक गाड़ी धीमी पड़ने लगी। खिड़की के पास जाकर मैंने देखा, इलाहाबाद स्टेशन आ गया। गाड़ी रुक गई, और मैं गाड़ी से उतरकर प्लेटफॉर्म पर टहलने लगा।

बच्चा अपनी पत्नी की गोद में देकर वे सज्जन भी गाड़ी से उतरे। कुलियों से उन्होंने असबाब उतरवाया। और फिर सबके पीछे उनकी पत्नी गाड़ी से उतरी।

वे अधेड़ सज्जन कुलियों के सिर पर असबाब रखवाकर चले। एकाएक उनकी पत्नी घूम पड़ी, वह मेरे सामने आई। मुस्कुराते हुए उसने बच्चा मेरे हाथ में दे दिया। एक खिलौनेवाला पास से जा रहा था—मैंने उस खिलौनेवाले को बुलाकर कुछ खिलौने बच्चे के हाथ में दे दिए। इतने ही में उन अधेड़ सज्जन ने पीछे देखा—लपककर वे पीछे आए, अपनी पत्नी को डाँटकर उन्होंने कहा—"चलती हो कि नहीं ? देर हो रही है !"

बच्चा मैंने उनकी पत्नी को दे दिया। उसके बाद उसने अपने पति की ओर देखा। कुछ मुस्कुराकर वह मेरी ओर मुड़ी, हाथ जोड़कर उसने मुझे नमस्कार किया। मैंने भी नमस्कार का उत्तर दे दिया। और वह घूमकर अपने पति के पीछे-पीछे चल दी।

इसी समय गाड़ी ने सीटी दी, और मैं कुछ भूला सा और कुछ भ्रमा सा गाड़ी में आकर बैठ गया। गाड़ी में बैठकर मैं कुछ सोचने लगा—वह अब याद करने पर भी याद नहीं आ रहा है।

परिचयहीन यात्री

वैसे तो मैं रेल के तीसरे दर्जे में सफर करने पर विश्वास करता हूँ, और वह भी इसलिए कि रेल के अधिकारियों के ध्यान में यह बात अभी तक नहीं आई कि इस गरीब-परवर हिन्दुस्तान में रेल के चौथे दर्जे की भी आवश्यकता है। पर उस दिन इंटर क्लास में बैठा था। मेरे साथ मेरे एक मित्र भी थे, और यहाँ यह बतला देना उचित ही होगा कि अपने टिकट के साथ उन्होंने मेरा टिकट भी खरीद लिया था।

कानपुर से लखनऊ अधिक दूर नहीं है। फासला पैंतालीस मील और रास्ता तय करने का समय एक्सप्रेस से नब्बे मिनट। पर पैंतालीस मील के सफर में भी मनुष्य बहुत-कुछ देख सकता है और नब्बे मिनट में बहुत-कुछ सीख सकता है। इंटर क्लास और थर्ड क्लास में कोई विशेष अन्तर नहीं रहता। पूरी गाड़ी में इंटर क्लास का एक ही डिब्बा होने के कारण वह इतना भरा रहता है, जितना थर्ड क्लास। रहा इंटर क्लास का गद्दा, उसका होना या न होना बराबर ही है। यदि ध्यान से देखा जाए, तो इंटर क्लास को हम लोग वह थर्ड क्लास कह सकेंगे, जहाँ कुछ अधिक दाम देकर मध्यम श्रेणी के मनुष्यों के बीच में बैठे हुए हम सफर कर सकते हैं, और जहाँ न हमें चरस और गाँजे का धुआँ ही परेशान करेगा, और न कपड़ों से निकलनेवाली भयानक दुर्गन्ध।

जनाना डिब्बा होते हुए भी उस डिब्बे में स्त्रियाँ थीं, और प्रायः लोगों को स्त्रियों के उनके साथ बैठने पर आपत्ति के स्थान पर प्रसन्नता ही होती है। पर ऐसी अवस्था में स्त्री कुरूप न हो, और जहाँ तक हो सके, जवान हो। जितने व्यक्ति वहाँ बैठे थे, सबकी नजरें स्त्रियों पर गड़ी थीं। एक साहब ने एक किशोरी को घूरने के लिए धूप का चश्मा चढ़ा लिया, दूसरे महोदय ने अखबार की आड़ का सहारा लिया। थोड़ी देर बाद वहाँ बैठे हुए जितने व्यक्ति थे, सबों की आँखें मेरी बर्थ के कोने पर गड़ गईं। मैंने अभी तक उस कोने को न देखा था। वहाँ पर एक स्त्री बैठी थी। वह हरे रेशम की साड़ी पहने थी, जिस पर जरी का काम था। उसके हाथ सुन्दर, भरे हुए और गोरे-गोरे थे, जिनमें काँच की दो-दो चूड़ियाँ थीं। साड़ी के ऊपर रेशम की चादर थी, जिसने उसके पैरों को ढँक रखा था। एक विचित्र बात यह थी कि उस स्त्री के मुख पर लम्बा घूँघट था। उस स्त्री के बगल में कुछ थोड़ी सी जगह खाली थी, जिस पर अटैची केस था।

उस दिन कुछ कॉलेज के लड़के भी जा रहे थे, और कॉलेज के लड़के अनुभवहीन

होते हैं। अखबार की ओट से घूरनेवाले वकील साहब और धूप का चश्मा लगाकर घूरनेवाले डॉक्टर साहब जीवन में काफी अनुभव प्राप्त कर चुके थे; पर कॉलेज के लड़के सीधे-सादे गढ़ से अपनी तीव्र दृष्टि से घूँघट को चीरकर उसके अन्दर छिपे हुए सौन्दर्य को देखने का प्रयत्न करने लगे।

गाड़ी ने सीटी दी, और एक सज्जन ने कम्पार्टमेंट में प्रवेश किया। वह उस स्त्री की बगल में खाली जगह पर बैठ गए। इसके बाद उन्होंने कम्पार्टमेंट में बैठे हुए लोगों पर एक सरसरी नजर दौड़ाई।

यह सज्जन जवान थे, और खूबसूरत थे। गोरे, तन्दुरुस्त और कद्दावर आदमी, दाढ़ी-मूँछ साफ, रेशमी शेरवानी और गरारेदार पाजामा पैर में मोजा नदारद, लेकिन पेटेंट का ग्रीशियन पम्प।

गाड़ी चल दी थी। कुछ लोगों ने इन सज्जन को उस स्त्री के पास बैठा देखकर अपनी आँखें उधर से हटा ली थीं; पर अधिकांश रहस्यभेदन करने का लगातार प्रयत्न कर रहे थे। जिन्होंने आँखें हटा ली थीं, वे भी तिरछी दृष्टि से इस आशा पर उस स्त्री को रह-रहकर देख लेते थे कि देखें, शायद घूँघट हट जाए, और देवीजी के दर्शन हो जाएँ।

आनेवाले सज्जन कुछ देर तक मौन भाव से कुछ सोचते रहे, इसके बाद वह मुस्कुराए। वह खड़े हो गए, और उन्होंने कहा—''असहाब ! पहले मैं आप लोगों से, आप लोगों को जो तकलीफ हुई है, उसके लिए क्षमा माँग लूँ। आप लोग इन देवीजी को बहुत देर से देखने का प्रयत्न कर रहे हैं, पर देख नहीं पाते, और मैं जानता हूँ कि इस नाकामयाबी पर आप लोगों को तकलीफ भी होती होगी। मैं यहाँ यह बतला दूँ कि यह देवीजी मेरी धर्मपत्नी हैं, और साथ ही यह भी बतला दूँ कि मैं परदा-प्रथा का विरोधी हूँ। मेरे खयाल से सौन्दर्य को परदे में रखना एक घोर अपराध है—अमानुषिक है। सौन्दर्य मनुष्य को सुखी बनाता है, इसीलिए तो हम सब सौन्दर्य के पीछे दीवाने रहते हैं। जिस सौन्दर्य से हमें सुख मिलता है, उस सौन्दर्य से दूसरे को वंचित रखना यदि पाप नहीं है, तो क्या है। हम एक सुन्दरी स्त्री को देखते हैं, हृदय प्रसन्न हो जाता है, आत्मा पुलकायमान हो उठती है। मैं आपको विश्वास दिलाता हूँ कि सौन्दर्य का छिपाना मनुष्यता के प्रति एक घोर अपराध है, दंडनीय है !''

कुछ रुककर उन्होंने फिर कहा—''पर यहाँ यह भी बतला देना अनुचित न होगा कि कुरूपता को प्रदर्शित करना उतना ही बड़ा अपराध है, जितना सौन्दर्य को छिपाना। हम एक कुरूप व्यक्ति को देखते हैं, और एक घृणा की विद्युत हमारे शरीर में प्रवाहित हो जाती है। तभी तो हम कुरूपता को छिपाते हैं हमारे घरों का सुन्दर भाग सामने बनाया जाता है, कुरूप भाग पीछे की ओर, जहाँ किसी की दृष्टि न पहुँचे। आप सब लोग इसे मानते ही होंगे।''

''मैं कुरूपता को छिपाए था; पर आप उस कुरूपता को देखने के लिए इतनी देर से उत्सुक हैं। मुझे दुःख है कि मैं कुछ क्षणों के लिए मनुष्यता के प्रति एक बहुत बड़ा

अपराध करने जा रहा हूँ; पर मुझे सन्तोष इस बात का है कि मेरा यह अपराध आप लोगों के अनुचित और व्यर्थ के कौतूहल के दंड-रूप में होगा।"

इतना कहकर उन सज्जन ने उस स्त्री के मुख का घूँघट जबर्दस्ती हटा दिया। उस स्त्री को देखते ही लोगों ने उधर से अपनी आँखें हटा लीं; पर मैं अपनी आँखें न हटा सका। वैसा कुरूप मुख मैंने शायद कभी नहीं देखा था, मानो मांस को थोपकर वह मुख बना दिया गया था। आँखें छोटी-छोटी, नाक नहीं के बराबर—गाल, ठोढ़ी, मत्था, सब एक साँचे में ढले हुए। मुख बहुत चौड़ा और दो दाँत बाहर की ओर निकले हुए। और, वह स्त्री निश्चल भाव से नीचे दृष्टि गड़ाए बैठी थी।

वह सज्जन बैठ गए।

उन्नाव आया, और पार हो गया। मैं उन सज्जन के विचित्र व्यवहार पर आश्चर्य कर रहा था। मुझसे न रहा गया। मैंने उन सज्जन से कहा—"आप बड़े विचित्र प्रकार के मनुष्य हैं, क्या मैं आपका परिचय पा सकता हूँ ?"

उन्होंने थोड़ी देर तक मेरी ओर देखा। इसके बाद वह मुस्कुराए—"आप ठीक कहते हैं, क्योंकि मैं विचित्र प्रकार का मनुष्य हूँ। और आपको यह बात भी विचित्र ही लगेगी कि मेरा कोई परिचय नहीं; पर जहाँ तक मैं समझता हूँ, आप मेरी पत्नी के विषय में ही प्रश्न करना चाहते हैं। आप में कौतूहल है, और कौतूहल को पूरा करना मैं अपना परम कर्त्तव्य समझता हूँ।"

मैं आश्चर्य में था। सोचने का मौका ही न था, मैंने पूछा—"आप काफी अधिक सुसंस्कृत तथा शिक्षित मालूम होते हैं, फिर आपने इस स्त्री से विवाह क्यों किया ?"

"इसलिए कि मेरे विवाह में मेरे पिता का हाथ था।"

"क्या आप अपनी पत्नी से प्रेम करते हैं ?"

"हाँ !"

"इतनी कुरूप होने पर भी ?"

"हाँ, इतनी कुरूप होने पर भी। इसमें आश्चर्य की क्या बात है ? मेरी स्त्री मेरे लिए बड़ा-से-बड़ा त्याग करने को तैयार है, मेरी प्रत्येक बात का वह ध्यान रखती है, मुझे तनिक भी कष्ट नहीं होता। जो व्यक्ति मेरे लिए इतना कर सकता है, मैं उससे न प्रेम करूँगा, तो किससे करूँगा ? अभाव की पूर्ति का नाम ही प्रेम है—मेरा जीवन भरा हुआ है, मुझमें अभाव नहीं है। एक ऐसा व्यक्ति मुझे मिल गया, जिसमें मेरे हर्ष और रुदन प्रतिबिम्बित होकर मेरी आत्मा को कर्त्तव्य-पथ पर रत करते हैं।"

"क्या आपकी पत्नी को आपका यह व्यवहार अच्छा लगा होगा ?"

"अच्छा तो न लगा होगा; पर बुरा भी न लगा होगा। मुझमें और मेरी पत्नी में कोई अन्तर ही नहीं, जो बात मुझे अच्छी लगती है कि वह मेरी पत्नी को अच्छी लगती है। और जो बात मुझे बुरी लगती है, वह मेरी पत्नी को बुरी लगती है। क्या आप समझते हैं कि अपनी पत्नी का मुख दिखलाने में मुझे प्रसन्नता हुई ? उसकी कुरूपता तो विधि का विधान है, वह उसकी कुरूपता नहीं है, वह हम दोनों की कुरूपता है, हमारे

जीवन की कुरूपता है। जीवन में कुरूपता का कहीं भी न होना तो असम्भव है। प्रश्न यह है कि वह कुरूपता ऐसे स्थान पर तो नहीं है, जहाँ उसे हमारी आत्मा को दूषित करने का अवसर मिलता हो। मैं और मेरी पत्नी—हम दोनों जानते हैं कि हमारे जीवन में विषमता नहीं है, संघर्ष नहीं है। रही ऐसी छोटी-छोटी बातें, उनकी न तो मैं परवाह करता हूँ, और न मेरी पत्नी ही परवाह करती है।''

हम दोनों में फिर कोई बात नहीं हुई।

लखनऊ स्टेशन आ रहा था, एकाएक मैंने उनसे पूछा—''एक प्रश्न और है। अगर वह अनुचित हो, आप मुझे क्षमा करेंगे। क्या आप बतला सकते हैं कि आप अपने को परिचयहीन व्यक्ति क्यों कहते हैं ?''

शान्त भाव से उन सज्जन ने उत्तर दिया—''परिचयहीन हूँ, इसीलिए अपने को परिचयहीन कहता हूँ। इस दुनिया में कौन सा ऐसा व्यक्ति है, जो अपना परिचय दे सकता हो ? हम सब परिचयहीन हैं, एक क्षण आए, और दूसरे क्षण चले। हम स्वयं अपने को नहीं जानते, फिर दूसरों को हम अपना परिचय किस प्रकार दें ? और, फिर परिचय की आवश्यकता ही क्या है, हम सब चलती-फिरती और बोलती तस्वीरें हैं, जिनका कोई अस्तित्व ही नहीं...।''

गाड़ी रुक गई, और बात अधूरी ही रह गई। उन सज्जन से फिर कभी मिलना न हुआ। मैं आज तक यह नहीं समझ पाया हूँ कि वह सज्जन पागल थे, दार्शनिक थे या बने हुए थे ?

बेकारी का अभिशाप

हम लोग कांग्रेस के नेता थे। खद्दर पहनते थे, व्याख्यान देते थे और भारतवर्ष के इतिहास के निर्माता होने का हमें उचित गर्व था। चौबीस घंटे देश के किसानों और मजदूरों के हिताहित पर सोचते रहना, कभी-कभी देश की दरिद्रता पर मार्मिक लेख लिख देना और जनता को उनके कर्त्तव्यों का ज्ञान कराकर संगठित करना हम जैसे प्रत्येक देशभक्त का काम है।

हम लोग जेल गए थे—दुनिया की निगाह में अपने सिद्धान्तों पर बलि होकर, पर वास्तव में तफरीहन। अधिक काम-काज से कुछ थकावट आ ही जाती है, अधिक सोचने तथा वाद-विवाद करने के बाद मस्तिष्क कुछ विश्राम चाहता है, और साथ ही नेता की पदवी की रक्षा करना भी तो आवश्यक होता है। ऐसी हालत में छः महीने जेल के अन्दर रह आना यदि वास्तव में देखा जाए तो हमारे लिए आवश्यक था। 'ए' क्लास मिला, भोजन अच्छा और काम—कसरत करना और मल्हारें गाना। दिन-भर पढ़िए-लिखिए और जब इनसे तबीयत उचट जाए, तब गपबाजी कीजिए। शायद इतना अधिक आराम तो किसी पहाड़ पर भी नहीं मिलता। वहाँ चिन्ता रहती है—किराया देना है, खाने के दाम देने हैं। और न जाने कहाँ-कहाँ के खर्च निकल आते हैं। ऐसी अवस्था में स्वभावतः पहाड़ का आराम महँगा पड़ता है और साथ ही लोग उँगली उठाने लगते हैं कि अमुक व्यक्ति पूँजीपति है और अगर पूँजीपति नहीं है तो कांग्रेस का रुपया खाए जाता है। इसीलिए जब सन् 1932 में 'कांग्रेस-मूवमेंट' शुरू हुआ तो हम लोगों को जबर्दस्ती जरा-जरा सी बात पर जेल जाने को मजबूर होना पड़ा। हाँ, जेल में हमारे आराम का जो खर्च पड़ता था वह 'फाइन' के रूप में हम लोगों के घरों का सामान रुपए के चार आने पर बेचकर वसूल कर लिया था—और उस आराम में यही एक थोड़ा सा घाटा था।

हम लोग कुल चार आदमी थे। चारों को हजार-हजार रुपया जुर्माने में देने के उपलक्ष्य में 'ए' क्लास मिला था।

मिस्टर गुप्ता ने कहा, "मैं तो केवल पॉलिसी के लिए महात्माजी के साथ हूँ। वैसे मैं तो पक्का 'सोशलिस्ट' हूँ। आप लोगों ने मजदूरों की हालत देखी है। वे लोग अँधेरी कोठरियों में रहते हैं। गन्दी आदतों में उनमें जड़ जमा रखी है। शिक्षा का उनमें अभाव है। वे लोग यह जानते ही नहीं हैं कि 'डीसेंसी' का जीवन के विकास में क्या स्थान है।"

हम लोग जानते थे कि मिस्टर गुप्ता आगे क्या कहेंगे, यही कि मजदूरों के बल पर मिल-मालिक मौज करते हैं और इस सबका उपाय है 'सोशलिज्म'—धन का बराबर-बराबर हिस्सों में बँटवारा—आदि-आदि।

"फिर फैलाया आपने अपने 'सोशलिज्म' का जाल," मिस्टर गुप्ता की बात काटते हुए तिवारीजी ने कहा। तिवारीजी को यदि किसी बात से घृणा थी तो 'सोशलिज्म' से। तिवारीजी और मिस्टर गुप्ता दोनों ही वर्तमान समाज से असन्तुष्ट थे, यद्यपि दोनों अमीर आदमी थे। पर जहाँ मिस्टर गुप्ता लेनिन के आदेशानुसार वर्तमान समाज को नष्ट कर एक नए समाज के संगठन में विश्वास करते थे, वहाँ तिवारीजी गांधी के अनुसार वर्तमान समाज को उसकी पूर्वावस्था में ले जाने पर विश्वास करते थे। "जनाब ! दुनिया को मजदूरों की आवश्यकता नहीं है, कम-से-कम ऐसे मजदूरों की, जिनका आप पक्ष-समर्थन करते हैं। मशीन और मिल—यही तो संसार को एक भयानक विनाश की ओर घसीटे लिये जा रहे हैं। हमें आवश्यकता है किसानों की अवस्था ठीक करने की—उनका संगठन करने की। किसानों में शिक्षा-प्रचार नितान्त आवश्यक है।"

"आप दोनों गलती कर रहे हैं। मजदूर और किसान। जनाब, आप उस समाज के नहीं, फिर उनकी चिन्ता क्यों ! आप अपने ही समाज में क्यों नहीं सुधार करते ? 'दिया-तले अँधेरा' इसी को कहते हैं। आप नहीं जानते कि मिडिल क्लास की कितनी खराब हालत है। और आप जान ही कैसे सकते हैं ? आप तो किसानों की समस्या सुलझाने में व्यस्त हैं," पास खड़े हुए एक कैदी ने कहा।

जिस कैदी ने यह शब्द कहे थे वह एकहरे बदन का लम्बा सा युवक था। उसके गाल धँस गए थे। आँखें निष्प्रभ थीं। हम लोगों में बातचीत अंग्रेजी में हो रही थी और यह बात भी साफ-सुथरी अंग्रेजी में कही गई थी। हम लोगों को आश्चर्य हुआ कि हम लोगों के अलावा यहाँ एक और भी शिक्षित कैदी मौजूद है। मैंने उससे कहा—"क्या तुम भी राजनीतिक कैदी हो ?"

मेरा प्रश्न सुनते ही उस कैदी का जोश ठंडा पड़ गया। उसका मुख पीला पड़ गया और आँखें जमीन पर गड़ गईं, उसने धीरे से उत्तर दिया—"नहीं।"

इस भाव-परिवर्तन से मुझे आश्चर्य हुआ। मैंने पूछा—"फिर तुम कैसे आए ?"

उस युवक ने अपने को सँभाला। इस बार उसने मेरी ओर देखा और मुस्कुराकर कहा—"चोरी करके !" पर उसकी मुस्कुराहट में कितनी व्यथा थी, यह मैं ही जानता हूँ।

"चोरी करके ! क्या तुम सच कह रहे हो, आखिर तुमने चोरी क्यों की ?" मिस्टर गुप्ता ने पूछा।

"मुझे चोरी करनी पड़ी और इसलिए की।"

मैंने कुछ देर तक उस व्यक्ति को देखा, इसके बाद मैंने कहा—"अगर तुम्हें कोई आपत्ति न हो, तो मैं तुमसे चोरी करने का कारण पूछूँ।"

थोड़ी देर तक वह व्यक्ति मौन खड़ा हुआ सोचता रहा। इसके बाद उसने

कहा–"आज तक मैंने यह कहानी किसी से नहीं कही, यहाँ तक कि 'कोर्ट' में भी मैं इस विषय पर मौन रहा हूँ। कहने में लज्जा आती है। पर आप लोगों से कहूँगा, क्योंकि आप लोग अपने ही समाज में लगे हुए घुन को नहीं देख सकते ? किन्तु क्या आप लोग मेरी लम्बी और करुणापूर्ण कहानी को सुन सकिएगा ?"

हम लोगों ने कहा–"कहो !"

उसने आरम्भ किया :

मेरा नाम ललितमोहन है, जाति का कायस्थ हूँ और बी.ए. पास हूँ। मैं इलाहाबाद का रहनेवाला हूँ। वहीं मैंने शिक्षा पाई है। इलाहाबाद में मैंने सुख देखा और उसके बाद ही एक भयानक नरक भी देखा है। हाँ–तो इलाहाबाद की 'सिविल लाइंस' में मैं रहता था। मैं क्यों, मेरे पिता रहते थे। अपने पिता का नाम न बताऊँगा–यद्यपि उन्होंने मेरे साथ कोई उपकार नहीं किया–शायद उन्होंने ही मुझे यह नरक देखने को बाध्य किया, फिर भी उनका नाम न बताऊँगा–क्योंकि वे मेरे पिता थे।

हम लोग चार भाई थे। सबसे बड़े भाई राममोहन कानुपर में अपनी पत्नी तथा तीन बच्चों के साथ रहते थे। वे वहाँ पर किसी मिल में नौकर थे और अस्सी रुपया महीना पाते थे। उनसे छोटे भाई श्याममोहन एम.ए. पास करके दो साल से नौकरी ढूँढ़ रहे थे। श्याममोहन का विवाह हो चुका था और बच्चा होनेवाला था। तीसरे भाई कृष्णमोहन ने एम.ए. की परीक्षा दी थी और मैंने बी.ए. की।

आप लोगों ने कभी-कभी ऐसे आदमी देखे होंगे जो दुनिया में अपने को सबसे योग्य समझते हैं। मेरे बाबूजी भी ऐसे ही थे। उनमें दुर्गुण न थे–एक तरह से वे बहुत अधिक सच्चरित्र थे। पर इतना मैं अवश्य कह सकता हूँ कि वे मूर्ख थे। 'सेक्रेटेरियट' में वे तीन सौ रुपया महीना पाते थे, तनख्वाह कोई कम न थी। पर उन्होंने रुपया बचाने में कभी विश्वास नहीं किया। अपने लड़कों को उन्होंने शिक्षा दी। उस शिक्षा पर उन्होंने अधिक-से-अधिक खर्च किया। खुद अच्छी तरह रहते थे। अच्छा खाते थे और अच्छा पहनते थे। लड़कों की भी वही आदतें पड़ गईं। बाबूजी का कहना था कि लड़कों को शिक्षित करके इस योग्य बना देना अच्छा है कि वे कमा सकें, न कि उनको अशिक्षित रखकर उनके लिए कुछ रुपया छोड़ देना, जिसे वे कुछ ही दिनों में उड़ा दें। मैं कहता हूँ कि बाबूजी का कहना गलत था। और उसी का परिणाम तो मैं भोग रहा हूँ।

हाँ, तो गर्मी के दिन थे। बाबूजी ऑफिस से लौटे, और चारपाई पर पड़ रहे। डॉक्टर ने कहा–"कालरा है।" और दूसरे दिन बाबूजी की मृत्यु हो गई। कानपुर तार दिया गया, बड़े भाई छुट्टी की दरख्वास्त अपने एक साथी को देकर चल दिए। बाबूजी का अन्त्येष्टि-संस्कार धूमधाम से किया गया। आदमी का आदमी गया, उसके साथ काफी रुपए देने पड़े।

और–और उसके बाद क्या हुआ, यह सब कहूँगा, यद्यपि इन बातों की याद करते ही हृदय काँप उठता है। फिर भी कहूँगा। शायद यह कहने के लिए ही अभी जीवित हूँ। बाबूजी ने, आप जानते हैं, हम लोगों के लिए क्या छोड़ा ? निर्धनता, झूठा अभिमान

और समाज की भयानकता। हम लोग मध्यम समाज के थे, रहन-सहन में तो हम लोग ऊँचे समाज के थे। हम लोग शिक्षित भी थे। और हमारे सामने थी बेकारी, चुप रहकर भूखों मरना और 'ऊफ' न करना। दुनिया अमीर होने पर तुली हुई है, और शायद इसीलिए निर्धनता भी बढ़ रही है। हम सब आराम चाहते हैं, मान चाहते हैं, प्रतिष्ठा चाहते हैं। यह एक दौड़ है, और यह दौड़ आप जानते ही हैं, भारतवर्ष में सम्भव नहीं। भारतवर्ष के निवासियों को तो यह चाहिए कि वे भूखों मरें और भगवान का भजन करें। राजा की जय मनावें और एक-दूसरे को खा जाएँ।

माफ कीजिएगा—मैं कहाँ-से-कहाँ बहक गया। तो हम लोग चार भाई थे, माता थीं, दो भौजाइयाँ थीं, और तीन बच्चे थे। बड़े भाई साहब कानपुर से लौटे प्रयाग वापस आने के लिए और हम तीनों भाइयों के भाग्य में हिस्सा बँटाने के लिए। मिल के मैनेजर ने उन्हें बिना आज्ञा प्रयाग चले जाने के उपलक्ष्य में बरखास्त कर दिया था। सब अभागे इकट्ठा हो गए—एक-दूसरे का दुःख बँटाने के लिए नहीं, एक-दूसरे के दुःख को चौगुना बढ़ाने के लिए। पास में पैसा नहीं था। इतनी बड़ी गृहस्थी थी। खर्च काफी, चलता तो कैसे—औरतों की ओर नजर गई। सोने के गहने थे, वे गहने बाद में भी बनाए जा सकते हैं। कभी-न-कभी नौकरी तो मिलेगी ही। एक-एक करके गहनों का बिकना आरम्भ हुआ। साथ ही हम चारों भाइयों की नौकरी के लिए दौड़धूप बढ़ी। न जाने कितना रुपया नौकरी पाने के प्रयत्न में खर्च हो गया। नौकरी न मिली।

पिता की मृत्यु; नौकरी का छूटना और एक-एक करके घर के गहनों का बिकना ! बड़े भाई राममोहन का साहस टूट गया। उनका स्वास्थ्य कभी भी अच्छा नहीं रहा था। एक दिन उन्हें ज्वर हो आया। डॉक्टर को दिखाने में रुपए का खर्च होता, और गहना बेचने में कसक होती थी। इसलिए बड़े भाई साहब ने इस आशा से कि ज्वर आप-ही-आप छूट जाएगा, उसकी चिन्ता न की। दो महीने बाद जब भाई साहब बहुत दुबले हो गए, उन्होंने बतलाया कि उन्हें बराबर ज्वर रहता है। और वे डॉक्टर के पास गए। जानते हैं आप, डॉक्टर ने उन्हें देखकर क्या कहा ? 'तपेदिक है'। कीमती दवाएँ बतलाई गईं। उन्हें चारपाई पर लेटे रहने को कह दिया गया।

अब आप श्याममोहन की हालत सुनिए। सुबह से शाम तक नौकरी के लिए घूमना और रात में लौटकर घर की हालत देखना। दौड़ने-धूपने की भी हद होती है। बहुत हाथ-पैर मारे पर नौकरी न मिली, न मिली। पिताजी जब जीवित थे, तब उनको एक पचास रुपए की नौकरी मिल रही थी। पर उस समय उन्होंने वह नौकरी न की। एम. ए. पास किया था, पचास रुपए की नौकरी के लिए नहीं। और अब उसी पचास रुपए के लिए, पचास ही क्यों, चालीस, तीस, कुछ भी मिल जाए, श्याममोहन प्राण देते थे, पर नौकरी न मिली। धीरे-धीरे घर के गहने समाप्त होने लगे थे—बड़े भाई साहब बीमार पड़े थे। खाने का ठिकाना न था, दवा की बात कौन चलाए ? सब्र की भी हद होती है। मनुष्य जीवित रहता है आशा के बल पर। एक दिन पुलिस के थाने से इत्तला आई—घर पर थे कृष्णमोहन और मैं। हम दोनों थाने को गए, कपड़ों में लिपटी हुई

श्याममोहन की लाश पड़ी थी। थानेदार के हाथ में खून से तर एक चिट्ठी थी। जानते हैं आप क्या हुआ था ? श्याममोहन ने रेल से कटकर आत्महत्या कर ली थी। उस पत्र में उन्होंने लिखा था कि जीवन उनके लिए भार हो गया है, इस असह्य वेदना से मौत ही छुटकारा दे सकती थी और उन्होंने मौत का आलिंगन किया था।

श्याममोहन चले गए—एक विधवा-पत्नी और एक बच्चा छोड़कर वह मर गए—मैं उन्हें दोष न दूँगा—हर एक आदमी तो साहसी नहीं होता। हर एक व्यक्ति की सहनशक्ति एक सी नहीं होती। पर समस्या हम लोगों के लिए भयानक हो गई। श्याममोहन के आत्महत्या कर लेने के बाद कृष्णमोहन का मिजाज कुछ बिगड़ गया था। पिताजी की मृत्यु को दो वर्ष से अधिक हो चुके थे। बड़े भाई साहब की हालत दिनोदिन खराब होती जाती थी। दवा ठीक तरह से हो न पाती थी। घर के गहने करीब-करीब सब बिक चुके थे। अब बर्तनों की बारी आई। कृष्णमोहन और मैं दोनों ही नौकरी पाने की लगातार कोशिश कर रहे थे—पर नौकरी कहाँ—जहाँ बीस-पच्चीस रुपए की नौकरी के लिए हम दरख्वास्त देते थे, वहाँ कह दिया जाता था कि हम लोग एम.ए., बी.ए. हैं, आगे चलकर नौकरी छोड़ देंगे। मैं आपसे सच कहता हूँ, नौकरी बिना सिफारिश नहीं मिलती, चाहे दस की हो, चाहे सौ की। एक-न-एक बहाना हम लोगों को नौकरी न देने का लोगों के पास था। फिर नौकरी हमें मिलती ही कैसे ? प्रत्येक अफसर के दर्जनों रिश्तेदार हैं। जिनमें प्रायः अधिकांश शिक्षित हैं। और प्रायः सभी नौकरी की तलाश में हैं। कहीं हेडक्लर्क का भतीजा है, कहीं छोटे बाबू का भाई है। कहीं मैनेजर का लड़का है, कहीं डिप्टी साहब का दामाद है। सभी जगह नौकरी के उम्मीदवार भरे पड़े हैं—लम्बी-लम्बी सिफारिशों के साथ। नौकरी नहीं मिली। हम लोगों ने कुली होने की ठानी। लोगों ने देखा। एक आदमी ने कहा—बाबूजी यहाँ मसखरापन करने आए हैं।—दूसरे ने कहा—बाबूजी हमारी रोजी तो छोड़ दीजिए। वहाँ भी काम न चला। कृष्णमोहन वापस लौटे, उस दिन वह अपने भाग्य पर खूब रोए। दूसरे दिन वे उठे। उन्होंने मुझसे कहा—ललित, मैं विलायत जाऊँगा—लड़कपन में कृष्णमोहन को विलायत जाने का बड़ा शौक था। मैंने आश्चर्य से उनकी ओर देखा—वह हँस पड़े। बड़ी देर तक हँसते रहे, इसके बाद उन्होंने मुझसे कहा—ललित, अम्मा से कह दो, मेरा सामान बाँध दें। मैं विलायत जा रहा हूँ। वहाँ से लौटकर कलक्टर हूँगा—तब देख लूँगा—दुनिया को देख लूँगा। इतना कहकर वे नाचने लगे। आप जानते हैं क्या हुआ था ?—कृष्णमोहन पागल हो गए थे।

बर्तन भी धीरे-धीरे समाप्त होने लगे। बड़े भाई साहब को डॉक्टरों ने जवाब दे दिया था, कृष्णमोहन को पागलखाने भेज दिया गया था। माताजी और दोनों भावजें सूखकर काँटा हो गई थीं। बच्चों की बढ़न मर गई थी। हम लोग कंगालों से भी गए-बीते थे—और मैं अकेला था। समझ में नहीं आ रहा था—क्या करूँ। उन्हीं दिनों मुझे एक सम्बन्धी के यहाँ से विवाह का निमन्त्रण मिला। मेरे वे सम्बन्धी सम्पन्न थे। सोचा—उन्हीं से नौकरी के लिए कुछ कहूँगा। घर की हालत बताऊँगा। बहुत सम्भव है, वे कहीं मेरी

नौकरी का कोई प्रबन्ध करा दें। वहाँ पहुँचा।

उनसे कहा—लड़की का विवाह था। वे उसमें व्यस्त थे। सम्भव है मेरा उनसे कुछ कहने का उचित अवसर न था। उन्होंने रूखे स्वर में अपनी असमर्थता प्रकट की। इन सम्बन्धी को मेरे बाबू ने पढ़ा-लिखाकर अच्छी नौकरी दिलवाई थी। मैं इस व्यवहार का आदी हो गया था, मुझे बुरा भी न लगा। लड़की का विवाह था। रात में चढ़ावे के गहने आए। रहे होंगे कोई दो हजार के। एकाएक पाप ने मुझसे कहा—अगर इन गहनों को तुम ले लो तो बुरा न होगा। इनको बेचकर साल-भर खर्च अच्छी तरह चलाया जा सकता है। मैं अपने को न रोक सका। मैं जानता था कि गहने कहाँ रखे गए हैं, और रात को मैंने उन्हें चुरा लिया।

कभी चोरी की न थी। गहने लेकर बाजार में बेचने लगा। दूकानदार को शक हुआ। उसने मुझे पुलिस के हवाले किया। उन सम्बन्धी के भी आदमी दौड़े और फिर मुझ पर मुकदमा चला। छः महीने की सजा हुई। चार महीने काट चुका हूँ। यही मेरी कहानी है।

मैंने ललितमोहन की ओर देखा—वह शान्त था। मुख पर विषाद की एक रेखा तक न थी। मैंने उससे पूछा—''और तुम्हारे घरवालों का तब से कुछ हाल मालूम हुआ ?''

एकाएक बाँध टूट पड़ा। उसका शान्त मुख विकृत हो गया एक पाशविक विद्रोह की छाया उनके मुख पर छा गई। मेरा हाथ जोर से पकड़कर उसने कहा—''चुप रहो, उनकी याद मुझे मत दिलाओ। अच्छा होता वे एक-एक कर मर जाते। अच्छा होता यह दुनिया ही नष्ट हो जाती—अच्छा होता...।''

उत्तरदायित्व

मैंने एक काम किया—अच्छा या बुरा, इससे कोई प्रयोजन नहीं। अब प्रश्न उठता है कि मैंने वह काम क्यों किया। अपने उस कर्म का उत्तरदायी स्वयं मैं हूँ, सब लोग यह कहेंगे, और साधारण तर्क से उनका यह कहना गलत भी नहीं है। पर ऐसी भी परिस्थितियाँ आ सकती हैं जब कि यह काम करने के लिए मैं प्रेरित या विवश किया जाता हूँ। ऐसी अवस्था में मेरे उस काम का उत्तरदायित्व किस पर है—मुझ पर या मुझे प्रेरित अथवा विवश करनेवाले पर ? यहाँ पर मतों में विभिन्नता मिलेगी—कुछ कहेंगे कि उत्तरदायित्व मुझ पर है और कुछ कहेंगे कि उत्तरदायित्व प्रेरित या विवश करनेवाले पर है। एक और भी मत है और यद्यपि उस मत के माननेवालों की संख्या धीरे-धीरे कम होती जाती है; पर वह मत ऐसा नहीं है कि हँसी में उड़ाया जा सके। उस मत के हिसाब से मेरे किसी भी काम का उत्तरदायित्व न मुझ पर है और न किसी दूसरे व्यक्ति पर। मेरे प्रत्येक साधारण अथवा असाधारण कर्म का उत्तरदायित्व उस पर है, जिस पर कर्म करनेवाले को रचने का उत्तरदायित्व है। इस मत वाले को अंग्रेजी में 'फेटलिस्ट' कहते हैं। और हिन्दी में भाग्यवादी कहते हैं। यहाँ पर यह कह देना अनुचित न होगा कि यदि मैं भाग्यवादी बन सकूँ तो जगदीश की आत्महत्या से मेरे हृदय में जो द्वन्द्व मचा हुआ है, वह शान्त हो जाए।

जगदीश ने आत्महत्या की—लोगों ने यह खबर अखबारों में पढ़ी और भूल गए। जगदीश अनाथ था, इसलिए उसकी मृत्यु पर कोई रोया भी नहीं। उसके मित्रों में से कुछ ने कहा—"बेचारा कितना अच्छा था; उसके मरने से बड़ा दुःख हुआ।" और कुछ ने कहा—"कितना बेवकूफ था, दुनिया बेवकूफों के लिए नहीं है।" यहाँ तक कि जिसके लिए जगदीश ने आत्महत्या की थी, उसने जब यह खबर सुनी तो कुछ उदास होकर कहा—"कितना पागल था, भगवान् उसे शान्ति दे। और दुनिया उसी रफ्तार से चलती रही, जिस रफ्तार से चल रही थी।"

जगदीश मेरा सहपाठी था और मेरे बोर्डिंग में रहता था। हम लोग केवल इतना जानते थे कि उसका नाम जगदीश है और वह अनाथ तथा निर्धन है। गोरा सा और लम्बा सा नवयुवक—एकहरे बदन का और सुन्दर ! आँखों में चमक थी और मुख पर एक विचित्र प्रकार की तन्मयता। क्लास में काफी तेज था और ट्यूशन करके अपना निर्वाह करता था। वह एक लक्ष्यहीन नवयुवक था, भावुक और हठी।

वह दिन जगदीश के लिए बड़ा अशुभ था, जिस दिन जगदीश की मिस शीला से मित्रता हुई। मिस शीला एक सम्पन्न बैरिस्टर की पुत्री थीं और हमारे क्लास में पढ़ती थीं। उस दिन जगदीश कितना प्रसन्न था, उसने मुझसे कहा–"रंजन ! वह अनिन्द्य सुन्दरी है और–वह मेरे सपने की रानी है–समझे !" मिस शीला से उसकी मित्रता की बात सुनकर और उसके प्रति जगदीश के उद्गार जानकर मुझे अच्छा नहीं लगा, शायद इसलिए कि जगदीश को मैं बहुत चाहता था और मैं उससे अधिक अनुभवी था। मैंने कहा था–"जगदीश ! जानते हो, तुम कहाँ जा रहे हो ?" उसने मेरी ओर कुछ देर तक ध्यान से देखकर कहा–"हाँ रंजन, तुम्हारा मतलब विनाश से है न ? उसी ओर जा रहा हूँ–प्रेम विनाश का ही दूसरा रूप है–।" और वह मुस्कुरा पड़ा था।

जगदीश की और मिस शीला की मित्रता बढ़ती गई–वह प्रेम में परिणत हो गई। जगदीश मिस शीला पर दीवाना सा हो गया। महीनों एक समय भोजन न करके वह कुछ रुपए बचाता था और एक दिन मिस शीला के साथ सिनेमा जाकर तथा उसके बाद होटल में उसके साथ बैठकर खाना खाने में फूँक देता था। अपनी आवश्यकताओं को अधिक-से-अधिक घटाकर तथा अधिक-से-अधिक ट्यूशनों पर अधिक-से-अधिक मेहनत करके वह कुछ रुपए जमा करता था और एक दिन वह अपनी सामर्थ्य से बाहर एक कीमती उपहार खरीदकर मिस शीला को भेंट कर देता था।

जिस बात का मुझे भय था वह अन्त में हो गई। उस दिन सन्ध्या के समय जगदीश जब लौटा, तब उसके पैर लड़खड़ा रहे थे, आँखें पथराई हुई थीं और मुख पर मुर्दनी छाई हुई थी। मैंने उससे कारण पूछा। एक रूखी मुस्कुराहट के साथ उसने कहा–"सब समाप्त हो गया।"

"यह कैसे ?" मैंने पूछा।

"यह इस तरह कि शीला ने मेरा विवाह का प्रस्ताव ठुकरा दिया।"

मैंने कहा, "तुम शीला के लिए नहीं बने हो, और शीला तुम्हारे लिए नहीं बनी है–तुम्हारा सारा भ्रम दूर हो गया और तुम अब अपने को सँभाल सकते हो–सब ठीक ही हुआ !"

जगदीश कुछ देर तक मेरी ओर देखता रहा, इसके बाद तूफान फट पड़ा, "ठीक ही हुआ–जो कुछ होता है वह ठीक ही होता है। रंजन ! शीला मेरे वास्ते नहीं है–मैं शीला के वास्ते नहीं हूँ, और रंजन जानते हो मेरी दुनिया कितनी सँकरी है, कितनी सीमित है। मेरी दुनिया शीला है–समझे ! इसके ये अर्थ होते हैं कि दुनिया मेरे वास्ते नहीं है और मैं दुनिया के वास्ते नहीं हूँ !"

मैंने जगदीश की पीठ पर हाथ रखते हुए कहा–"जाओ, सोओ जाकर–पागलपन की बात मत करो ! धीर-धीरे दुःख दूर हो जाएगा और तुम स्वयं अपने को समझने लगोगे।"

जगदीश ने कुछ नहीं कहा, वह सीधे अपने कमरे में गया और सुबह मालूम हुआ कि रात में जगदीश ने आत्महत्या कर ली।

सुख आते हैं और चले जाते हैं, दुःख आते हैं और चले जाते हैं। बच्चे पैदा होते हैं और बुड्ढे मरते हैं। मित्रता बनती है और टूटती है। यह सब एक विचित्र क्रम है; पर बहुत कुछ मनुष्य की प्रकृति पर भी निर्भर है। भावना यदि जन्म लेती है तो मरती भी है, पर भावना का जीवन मनुष्य की प्रकृति से सम्बद्ध है। कुछ प्रकृतियाँ ऐसी हैं जहाँ किसी भी भावना का जीवन क्षणिक रहता है, और कुछ प्रकृतियाँ ऐसी हैं जहाँ भावना का जीवन काफी अधिक होता है—कभी-कभी मनुष्य के जीवन से भी अधिक। दो महीने के अन्दर ही बहुत लोग जगदीश को भूल गए; पर मैं उसे न भूल सका, न भूल सका।

एक दिन सुना कि मिस शीला का विवाह होनेवाला है। मिस शीला से मेरा परिचय था, और जगदीश की आत्महत्या के पहले मेरी उससे अच्छी-खासी घनिष्ठता थी। जगदीश की मृत्यु के बाद मैंने मिस शीला से बातचीत नहीं की, न जाने क्यों उसके प्रति मुझमें एक भयानक घृणा की भावना पैदा हो गई थी।

यह खबर सुनकर कि मिस शीला का विवाह होनेवाला है, मैं अपने को न रोक सका। रविवार था, सुबह चाय पीकर मैं उसके बँगले पर पहुँचा। इत्तला करवाई और ड्राइंग-रूम में शीला मुझसे मिली। मुस्कुराते हुए उसने कहा—"कहिए मिस्टर रंजन, कैसे भूल पड़े ? आज बहुत दिनों बाद आपके दर्शन हुए।"

मुस्कुराने का प्रयत्न करते हुए मैंने भी कहा, "यों ही घूमता-घामता चला आया। सोचा कि आपके विवाह के शुभ-समाचार पर आपको बधाई दे आऊँ।"

मैंने जो कुछ कहा उसमें कटुता की एक अव्यक्त भावना अवश्य थी, पर जहाँ तक मैं समझता हूँ मैंने वह भावना तनिक भी स्पष्ट न की थी, न जाने किस प्रकार शीला को उस कटुता का पता लग गया। उसने कहा—"आपने बड़ी कृपा की मिस्टर रंजन ! आप मुझे बधाई देने आवेंगे, इसकी मुझे तनिक भी आशा न थी, और मैं आपके बधाई देने पर आपको धन्यवाद न देकर आपके यहाँ आने पर आपको धन्यवाद अवश्य दूँगी।"

अच्छा ही हुआ जो शीला ने बात छेड़ी—"यदि वह इस प्रकार उत्तर न देती, तो जीवन का एक बहुत बड़ा रहस्य मेरी आँखों से ओझल रह जाता।" मैंने कुछ उत्तेजित होकर कहा—"शायद विवाह आपके लिए एक आवश्यक विवशता है और इसीलिए आपको उससे प्रसन्नता नहीं है।"

यह कहकर मैं कुछ पछताया भी; पर तीर कमान को छोड़ चुका था। शीला ने मेरी ओर तीव्र दृष्टि से देखते हुए कहा, "मिस्टर रंजन ! आप मेरा अपमान करने आए हैं, मैं यह जानती हूँ। आप अपमान करने क्यों आए, इसे मैं जानती हूँ। यदि मैं चाहूँ तो इस अपमान का बदला मैं आपसे जाने को कहकर ले सकती हूँ; पर ऐसा न करूँगी। जगदीश की मृत्यु के बाद बहुत लोग मुझसे घृणा करने लग गए हैं, आप जगदीश के सबसे घनिष्ठ मित्र थे, शायद आप सबसे अधिक घृणा भी करते हैं। ऐसी हालत में आपसे मैं बातें करूँगी—अपनी सफाई दूँगी। समझे। आप प्रश्न करें और मैं प्रत्येक प्रश्न

का सही-सही उत्तर दूँगी।''

मैं सँभलकर बैठ गया, मैंने कहा, ''मिस शीला, मैं आपके सद्व्यवहार के लिए आपको धन्यवाद देता हूँ। मेरा पहला प्रश्न यह है—आपने जगदीश से विवाह करने से इनकार क्यों कर दिया ?''

''इसलिए कि मैं उससे प्रेम नहीं करती थी !'' शान्त भाव से उसने कहा।

''आप उससे प्रेम नहीं करती थीं—यह तो बड़ी विचित्र बात है !''

''हाँ, मैं उससे प्रेम नहीं करती थी, मिस्टर रंजन !—मैं कहती हूँ कि मैं उससे प्रेम नहीं करती थी—क्या इतना काफी नहीं है ? पहले ही कह चुकी हूँ कि मैं आपसे सब बातें सच-सच कहूँगी, फिर आप मुझे झूठी समझकर मेरा अपमान करेंगे।''

निष्प्रभ होकर मैंने कहा, ''पर जगदीश तो समझता था कि आप उससे प्रेम करती हैं !''

''जगदीश समझता था कि मैं उससे प्रेम करती हूँ—मिस्टर रंजन, उसमें दोष किसका था, जगदीश का या मेरा ? यदि मैं किसी व्यक्ति से अच्छी तरह बात करती हूँ, यदि किसी व्यक्ति को मैं नापसन्द नहीं करती हूँ और उसका साथ मुझे अच्छा भी लगता है, तो इसका यह अर्थ नहीं कि मैं उससे प्रेम करती हूँ। मैं यदि किसी व्यक्ति को देखकर मुस्कुरा देती हूँ और वह व्यक्ति इतना मूर्ख है कि मेरी इस मुस्कुराहट से वह इस निर्णय पर पहुँच जाता है कि मैं उससे प्रेम करती हूँ, तो उसमें मेरा क्या दोष है ?—मिस्टर रंजन, मैं यह मानती हूँ कि जगदीश को मैं पसन्द करती थी, यह ठीक है, कि मैं हँसती-बोलती थी; पर इसका यह अर्थ नहीं कि मैं उससे प्रेम करती थी। जगदीश ही क्यों, न जाने कितने लोग मेरे यहाँ आते हैं—न जाने कितने युवक मेरी मुस्कान के प्यासे मेरे दरवाज़े खड़े रहते हैं और मैं प्रत्येक व्यक्ति से बातें करती हूँ, उनको अपनी मुस्कान बाँटती हूँ; पर प्रेम तो मैं एक ही से कर सकती हूँ, सबों से नहीं। हाँ, आप पूछेंगे कि तुम ऐसा क्यों करती हो। इसका भी उत्तर मेरे पास है, यह इसलिए कि मुझे अच्छा लगता है। अपने चारों ओर प्रणय-भिखारियों की भीड़ देखकर मुझे बुरा क्यों लगे ? मुझे अपनी सुन्दरता पर, अपनी मोहिनी शक्ति पर गर्व होता है। मिस्टर रंजन—आप ही बताइए कि यदि आपको घेरकर दस-बीस सुन्दरी युवतियाँ खड़ी हो जाएँ तो क्या आपको अच्छा न लगे ?''

''आप ठीक कहती हैं।'' धीरे से मैंने कहा।

''अब सवाल आता है कि मुझे अच्छा क्यों लगता है ? यह तो मानव-प्रकृति है, या यदि आप इसे मानव-दुर्बलता कहें तो इसमें भी मुझे कोई आपत्ति नहीं है। फिर आप यह पूछेंगे कि मैं उन लोगों पर यह क्यों नहीं स्पष्ट कर देती हूँ कि मैं उनसे प्रेम नहीं करती। मुझे केवल इसमें सुख मिलता है कि वे मेरी पूजा करें, मेरे इशारों पर नाचें, कि मैं उन्हें अपना खिलौना बनाकर खेलूँ। इसका भी उत्तर स्पष्ट है, मिस्टर रंजन ! हम सब खेलना चाहते हैं, जीवन स्वयं ही एक खेल है। दुखी है जो अच्छी तरह से खेल नहीं सकता। मैं अपने खिलौनों पर यह सत्य प्रकट करके अपने खेल को बिगाड़ूँ क्यों ?''

मेरी आँखें खुल गईं, शीला ने जो कुछ कहा वह कटु था, भयानक था, पर सत्य था, फिर भी मैंने साहस किया, ''पर आपके उस खेल का दूसरे पर क्या परिणाम होगा, इसको भी कभी आपने सोचा है ? आपकी एक अर्थहीन मुस्कान अथवा क्षणिक-भावना से प्रेरित चुम्बन दूसरे का कितना अहित कर सकेंगे, इस पर भी कभी ध्यान दिया है ? मैं मानता हूँ कि खेलना सब पसन्द करते हैं; पर मनुष्य के भविष्य से खेलना, उसके प्राणों से खेलना ! मिस शीला यह कितना भयानक है—कितना अमानुषिक है !''

शीला हँस पड़ी; पर उसकी हँसी में माधुर्य न था, एक पैशाचिक कर्कशता थी। ''मनुष्य के भविष्य से खेलना, मनुष्य के प्राणों से खेलना ! इस पर आपको आश्चर्य होता है, पर मैं आपसे पूछती हूँ, कौन उनसे नहीं खेलता, क्या पुरुष स्त्री के प्राणों से नहीं खेलता, क्या वह स्त्री को गुलाम बनाकर नहीं रखना चाहता ? मिस्टर रंजन, अपने समाज में आप वेश्याओं का स्थान तो जानते ही होंगे ! ये वेश्याएँ हैं कौन ? ये वेश्याएँ भी कभी सच्चरित्र युवतियाँ थीं, जो सुख चाहती थीं, मान चाहती थीं और प्रतिष्ठा चाहती थीं; पर इनमें से प्रत्येक के साथ किसी-न-किसी पुरुष ने सबसे पहले खेला है, और उस पहले खेल से सन्तुष्ट न होकर पुरुष जाति ने उनके जीवन-भर के लिए उन्हें खिलौना बना लिया है। और भी आप सुनेंगे, यह जो नवयुवकों की भीड़ मेरे दरवाजे हाजिरी बजाती है, इनमें से अधिकांश मुझे खिलौना बनाकर खेलना चाहते हैं।''

मैं सिहर उठा। चुपचाप मैं मिस शीला की बातें सुन रहा था, मैंने धीरे से कहा, ''पर जगदीश तो आपसे खेलने नहीं आया था। दूसरे के अपराध का दंड उसे आपने क्यों दिया ?''

शीला शान्त हो गई थी, ''हाँ, जगदीश मुझसे खेलने नहीं आया था, यह मैं जानती हूँ।''

मैंने फिर कहा, ''और जगदीश वास्तव में आपसे प्रेम करता था।''

''यह भी जानती हूँ,'' शीला बोल उठी, ''पर मैं क्या करूँ ? जगदीश मूर्ख था—इसका मुझे दुःख है। मैंने अन्त में उससे कह भी दिया था कि मैं उससे प्रेम नहीं करती; पर वह मेरी बात समझ ही न सका। मैं उस व्यक्ति को जो समझने के लिए तनिक भी तैयार न था, किस प्रकार समझा सकती थी ? और मिस्टर रंजन, मैं आपसे सच कहती हूँ कि मैंने जगदीश के साथ खेला भी नहीं। वह मेरे साथ सिनेमा देखने जाता था, एक-आध बार किसी प्रेम-दृश्य को देखकर मुझमें एक प्रकार की क्षणिक भावना जाग उठी, और मैंने उसे चुम्बन कर लेने दिया; पर मिस्टर रंजन, मैं देवी तो नहीं हूँ, मानवी हूँ, हाड़-मांस की बनी हूँ। मुझमें भी वासना है। उस अवसर पर अपने को रोकना बड़ा कठिन होता है, उस आत्म-समर्पण को कभी महत्त्व नहीं दिया जाना चाहिए। फिर जगदीश इतना अच्छा था, इतना भोला था, इतना नासमझ था कि मैं उसका हृदय भी नहीं दुखाना चाहती थी।''

शीला की बातें सुनकर उसके प्रति मेरे हृदय में सहानुभूति की भावना जागृत हो रही थी कि एकाएक जगदीश का चित्र मेरी आँखों के आगे आ गया—यह चित्र जिसे

मैंने उसके जीवन की अन्तिम घड़ियों में देखा था, वही लड़खड़ाते हुए पैर, पथराई आँखें और मृत्यु की छाया से धुँधला मुख। मालूम होता था कि जगदीश मुझसे कहने आया है, "बस इतने ही से पिघल गए, उस दिन की मेरी हालत क्या तुम भूल गए, इस स्त्री ने मेरी हत्या की है, यह याद रखो।" और मेरी सारी कोमलता जाती रही। मैंने रूखे स्वर में कहा, "आप उसका हृदय दुखाना नहीं चाहती थीं, पर आप उसकी हत्या करना चाहती थीं। मिस शीला ! पता नहीं आप मुझे धोखा दे रही हैं या आप स्वयं अपने को धोखा दे रही हैं ?"

शीला की कर्कशता लौट आई, पर इस समय उद्विग्नता के साथ नहीं—दबी हुई, गम्भीर। "मैं उसकी हत्या करना चाहती थी, मिस्टर रंजन ! आप मेरे साथ अन्याय कर रहे हैं। आप समझते हैं कि जगदीश की आत्महत्या का उत्तरदायित्व मुझ पर है। मैं आपसे इतना कह चुकी हूँ फिर भी आप निष्पक्ष भाव से निर्णय नहीं कर रहे हैं। मैं जानता हूँ, आपसे कहीं अधिक, कि पुरुष अधिक बलवान है, वह अधिक शक्तिशाली है। मैं यह भी जानती हूँ कि प्रकृति से पुरुष स्वामी है और स्त्री गुलाम है। पर जब पुरुष गुलामी करने पर तुल जाय, तो उसमें स्त्री का क्या दोष ? यदि कोई पुरुष मेरे इशारे पर नाचे, तो उसमें कमजोरी उसकी है न कि मेरी यदि पुरुष स्वयं अपना मूल्य न जाने, तो मुझे क्या पड़ी है कि मैं उसे उसका मूल्य बतलाऊँ ?"

शीला ने मेरी आँखों में अपनी आँखें गड़ा दीं। वह निश्चल और अविचलित थी। उसके मुख पर आत्मविश्वास झलक रहा था, उसकी आँखों में चमक आ गई थी। उस समय उसका सुन्दर मुख और भी सुन्दर हो उठा था।—"और मिस्टर रंजन, यह भी याद रखिएगा कि मनुष्य स्वयं अपने कर्मों का उत्तरदायी है। भगवान् ने उसे भले-बुरे की पहचान करने की क्षमता प्रदान की है, वह अपना हित-अहित समझ सकता है। यदि आप जगदीश के कर्मों का उत्तरदायित्व मुझ पर रख रहे हैं, तो आप मेरे साथ तो अन्याय कर ही रहे हैं; पर जगदीश के साथ भी अन्याय कर रहे हैं।"

मैं जानता था कि मैं पराजित हुआ। शीला ने अपने पक्ष में अकाट्य तर्क दिए थे; पर एकाएक मुझे एक भूली बात याद हो आई। मैंने कहा, "मिस शीला, आप जानती हैं कि जगदीश बहुत गरीब था, आप जानती हैं कि ट्यूशन पढ़ा-पढ़ाकर वह निर्वाह करता था। लोगों का कहना है कि उसकी निर्धनता के कारण ही आपने उसके विवाह के प्रस्ताव को ठुकरा दिया था। ऐसी हालत में क्या आप बतला सकेंगी कि आपने उसके कीमती उपहार क्यों स्वीकार किए ? रक्त से कमाए हुए उसके कुछ चाँदी के टुकड़ों को आपने सिनेमा देखकर और होटल में खाना खाकर बेरहमी के साथ क्यों खर्च किया ?"

मिस शीला का मुख एक क्षण के लिए पीला पड़ा; फिर लाल हो गया। वह उठ खड़ी हुई। उसने भर्राए हुए स्वर में कहा, "मिस्टर रंजन ! मैं समझती हूँ कि काफी अपमानित होने पर भी मैंने आपकी सब बातों का उत्तर दिया। पर आप बहुत अधिक असभ्य होते जा रहे हैं। मेरे पास इतना समय नहीं है कि मैं आपके निरर्थक प्रश्नों का उत्तर दिए ही जाऊँ।" और वह तीर की भाँति कमरे से बाहर निकल गई।

अर्थ-पिशाच

मैं उस दिन सचमुच डर गया। मैं प्रकृति से कायर नहीं हूँ, डरपोक भी नहीं; पर न जाने क्यों मैं उस दिन सिर से पैर तक सिहर उठा। मैं कह दूँ न ? मैं डॉक्टर हूँ—मृत्यु मेरे लिए कोई नई वस्तु नहीं, उसके साथ तो मैं प्रायः नित्य ही खेला करता हूँ। भयानक-से-भयानक परिस्थितियाँ मैंने देखी हैं, इकलौते पुत्र की मृत्यु-शैया पर बैठकर उसके वृद्ध माता-पिता का हाहाकारी विलाप मैंने सुना है। रूखी-सूखी रोटियों से घर-भर का पेट भरनेवाले पुरुष को अपनी युवती पत्नी, दुधमुँहे बच्चों तथा कब्र में पैर लटकाए विधवा माता, चाची और दादी की और मौन तथा पीड़ित विवशता के साथ डबडबाई हुई आँखों से देखते हुए दम तोड़ते देखा है—पाषाण-मूर्ति की भाँति, भावनारहित तथा अचल ! पर उस दिन न जाने क्यों मैं डर गया !

उस अन्धकारमय कमरे में मैंने उस वृद्ध को देखा और उस वृद्ध के सिर पर मैंने देखा...नहीं, कह नहीं सकता, वह क्या था, पर एक छाया थी। मैं नरक पर विश्वास नहीं करता था, पर उस दिन उस कमरे में मैंने साक्षात् नरक देखा, लोमहर्षण और विकराल !

मैंने कमरे में प्रवेश किया और मुझे एक क्षीण स्वर में सुन पड़ा—''डॉक्टर साहब !''—जिस ओर से आवाज आई थी, उस ओर मैंने देखा—पलंग पर वह वृद्ध बैठा था, उसका मुख मृत्यु के धुँधलेपन से विकृत हो रहा था। मैं उसकी ओर बढ़ा—पर एकाएक मेरे सारे शरीर में कँपकँपी दौड़ गई।

वह वृद्ध अकेला न था—उस कमरे में कोई और भी था। मैंने ध्यान से देखा और वृद्ध के मस्तक पर नाचती हुई मैंने एक घृणित तथा कुरूप छाया देखी। मुझे देखते ही वह छाया मुस्कुरा पड़ी, उसकी आँखों की आग ने मेरे हृदय को झुलसा दिया, मैं सहम गया।

वृद्ध ने फिर कहा—''डॉक्टर साहब !''

छाया लुप्त हो गई; मैं सँभला। आगे बढ़कर मैं वृद्ध के पास पहुँचा—उसका मुख पीला था; आँखें पथराई हुईं। उसने मेरा हाथ पकड़कर पुकारा—''डॉक्टर साहब !''

मैं कुर्सी पर बैठ गया, और मैंने कहा—''कहिए !''

एक पीड़ित स्वर में उसने कहा—''डॉक्टर साहब, मुझे बचाइए !''

वृद्ध की बात का मैंने कोई उत्तर नहीं दिया। मैंने उस कमरे को अच्छी तरह से

देखा, वह कमरा चौकोर था और उसके बीचोबीच उस वृद्ध का पलंग पड़ा था। उस पलंग के पाए चाँदी के थे और उन पर सोने का काम था। कमरे की नाप का एक फारस का कालीन बिछा था और दीवारों पर बड़ी-बड़ी तस्वीरें टँगी थीं। कमरा काफी बड़ा था और उसमें बारह खिड़कियाँ थीं। खिड़कियाँ सब बन्द थीं और उन पर मलमल के काले परदे पड़े थे। दरवाजे पर भी काला परदा पड़ा था। जेठ की चमकती हुई दोपहर के समय उस कमरे में अमावस्या की अर्धरात्रि का अन्धकार था—एक कोने में एक लालटेन टिमटिमा रही थी।

थोड़ी देर तक चुप रहने के बाद वृद्ध ने फिर पुकारा—''डॉक्टर साहब !''

मैंने उसका हाथ अपने हाथ में लेते हुए कहा—''हाँ !''

वृद्ध ने कुछ सोचा—''क्या आप मुझे बचा सकते हैं ?''

मैं मौन रहा।

मेरे उत्तर की थोड़ी देर तक प्रतीक्षा करने के बाद वह कराह उठा—''आप नहीं बचा सकते डॉक्टर साहब—नहीं बचा सकते, जब मैं स्वयं अपने को नहीं बचा सका, तब आप मुझे क्या बचा सकेंगे—उफ !'' और उसकी आँखें बन्द हो गईं।

मैंने उठकर वृद्ध को लिटा दिया।

वृद्ध लेट गया; उसने अपनी आँखें खोल दीं। वह एकटक मेरी ओर देख रहा था और उसके अन्तर के भाव उसके मुख पर स्पष्ट थे। उसकी आँखें गढ़े में धँसी हुई थीं। उसके मुख पर झुर्रियाँ पड़ी थीं और उसके चौड़े मस्तक पर बल पड़े थे। एक असह्य पीड़ा से उसका मुख ऐंठ सा गया था।

उस कमरे में घोर निस्तब्धता छा रही थी। मैं अपने हृदय की धड़कन साफ सुन सकता था। मुझसे न रहा गया, मैंने पूछा—''कैसी तबीयत है ?''

वृद्ध मुस्कुराया—''डॉक्टर साहब, मृत्यु से लड़ रहा हूँ, और—और कुछ अनुभव कर रहा हूँ, पर क्या अनुभव कर रहा हूँ, मैं बतला नहीं सकता।'' वह फिर चुप हो गया।

थोड़ी देर तक हम दोनों मौन रहे। एकाएक वृद्ध बोल उठा—''डॉक्टर साहब, आप जानते हैं, मैं क्या हूँ ?''

वृद्ध के स्वर में एक असाधारण दृढ़ता आ गई। उस दृढ़ता में कठोरता कर्कशता और कटुता का विचित्र सम्मिश्रण था ! बिना मेरे उत्तर की प्रतीक्षा किए हुए ही उसने फिर कहा—''डॉक्टर साहब, आप डरिएगा नहीं, मेरी शक्ति क्षीण हो गई है; मुझसे भी प्रबल एक दूसरी शक्ति मुझ पर विजय पा रही है; मैं आपका अहित नहीं कर सकता। आप नहीं जानते, मैं क्या हूँ ! आज के पहले मैं भी नहीं जान सका था—यह मेरे जीवन का प्रथम सत्य है और साथ ही यह मेरे जीवन का अन्तिम सत्य होगा—मैं शैतान हूँ—शैतान !''

मैंने स्पष्ट देखा कि वह कुरूप छाया वृद्ध के सिर खड़ी हुई हँस रही है।

उस कमरे में मेरा दम घुट रहा था। जी चाहा कि उठकर भागूँ। मैंने उठने का प्रयत्न भी किया। पर मैंने अनुभव किया कि मेरी सारी शक्ति लुप्त हो गई। एक निर्जीव

व्यक्ति की भाँति मैं बैठा हुआ सुन रहा था और वह वृद्ध कह रहा था, "मैं वास्तव में शैतान हूँ, डॉक्टर साहब, बहुत बड़ा शैतान। लोग मुझे करोड़पति कहते हैं और मैं हूँ भी। धन-वैभव और शक्ति मेरे पैरों पर लोटते रहे हैं, मनुष्यता को मैंने ठुकराया है। डॉक्टर साहब, मुझे बचाइए, हाथ जोड़ता हूँ, मुझे बचाइए ! मैं आपको सोने से पाट दूँगा। अपनी सम्पत्ति का उपयोग करने के लिए मुझे जीवन दीजिए।"

वृद्ध उत्तेजित हो उठा—"जी चाहता है तुम्हारा गला मरोड़ दूँ—डॉक्टर, मैं अपनी आधी सम्पत्ति तुम्हें दे दूँगा, अगर तुम मुझे मृत्यु से बचा दो। क्या मेरी आधी सम्पत्ति एक जीवन को भी नहीं बचा सकती...!"

वृद्ध उठ बैठा, उसमें न जाने कहाँ का बल आ गया था। एक पैशाचिक चमक से उसका मुख चमक रहा था।

पर उठने के साथ ही वह चिल्ला उठा—"तुम फिर क्यों आए, तुम कैसे जी उठे—हटो, मेरे सामने से हटो !"—वह एकाएक मेरे पीछे देख रहा था।

मैंने पीछे फिरकर देखा, एक दुबला-पतला व्यक्ति खड़ा था। उसकी एक-एक हड्डी गिनी जा सकती थी और वह एक फटा चिथड़ा पहने था।

वृद्ध कहता ही रहा—"नहीं, मैं तुम्हारी सम्पत्ति नहीं वापस कर सकता। वह मेरी सम्पत्ति है—कानून से मेरी है। तुम कहते हो, मैंने धोखा दिया है; पर तुमने धोखा खाया क्यों ? तुम बेवकूफ हो, मैं अक्लमन्द; तुम निर्बल हो, मैं सबल। तुम न्याय चाहते हो ? अदालत जाओ। तुम दया चाहते हो ? भगवान से प्रार्थना करो तुम इस दुनिया में रहने के लायक नहीं हो ? जाओ, आत्महत्या कर लो।"

वह व्यक्ति मुस्कुराया—एक अजीब दर्दभरी मुस्कान थी उसकी, उसने ऊपर की ओर देखा और फिर वह गम्भीर हो गया। इसके बाद वह घूमकर पीछे चला और दीवार में न जाने कहाँ समा गया।

वृद्ध कुछ रुका, उसने गहरी साँस ली, फिर उसने आरम्भ किया—"गया—अच्छा हुआ, गया। धन शक्ति है, परमेश्वर है—डॉक्टर साहब, मुझे अच्छा कर दो—हाथ जोड़ता हूँ, मुझे बचाओ !"...वह कहते-कहते रुक गया। वह फिर मेरे पीछे एकटक देख रहा था।

मैं मुड़ा—सामने एक स्त्री खड़ी थी। उसके साथ चार छोटे-छोटे बच्चे थे। स्त्री सुन्दरी थी। युवती थी। उसके मुख पर विवशता की छाप थी। वृद्ध चिल्ला उठा—"दूर हट चुड़ैल, मैं क्या करूँ, जो तू भीख माँगती है। तेरा घर-बार मैंने अपने कर्ज के बदले में लिया है। तेरे पति ने क्यों मुझसे कर्ज लिया ? कौन कहता है कि वह रुक्का जाली था ? अदालत की तो डिग्री हो गई थी। तेरे बच्चे भूखों मरते हैं तो उनका गला घोंट दे। तू भूखी मरती है तो वेश्या बन जा—निकल मेरे यहाँ से, नहीं तो अभी नौकरों को बुलवाकर तेरी आबरू उतरवा लूँगा।"

स्त्री अपने बच्चों के साथ घूमी और वह भी उसी दीवार में लुप्त हो गई।

मैं घबरा गया। सारा बल लगाकर मैं उठ खड़ा हुआ और द्वार की ओर भागा। उसी समय वृद्ध ने चिल्लाकर कहा—"डॉक्टर साहब, मुझे अकेला मत छोड़िए नहीं तो

ये लोग मुझे मार डालेंगे।''

मैं रुक गया—अपनी इच्छा के विरुद्ध। मुझे रुक जाना ही पड़ा। उस वृद्ध की आवाज में इतनी विवशता से भरा आग्रह था। मैंने पीछे फिरकर देखा, उस वृद्ध के पलंग को घेरे दस-बारह आदमी खड़े थे। लँगोटी लगाए और कृश। उनके नेत्र क्रोध से लाल थे—मानो वे वृद्ध के प्राण लेने पर तुले हों। मेरे रुक जाने से वृद्ध का मुख प्रसन्नता से खिल उठा, उसका भय जाता रहा। उसने कड़ककर उन लोगों से कहा—''तुम्हारी हड़ताल मेरा जरा भी अहित नहीं कर सकती। मेरे पास करोड़ों रुपया है, मिल साल-दो साल बन्द रहे तो रहे। लेकिन तुम भूखों मर जाओगे—समझे ! मैं तुम्हारी तनख्वाह क्यों बढ़ाऊँ—तुम्हारी गरज हो तो काम करो; नहीं तो घर बैठो। तुम्हें गेहूँ खाने की क्या आवश्यकता ? ज्वार और चना खाकर तुम जीवित रह सकते हो। कपड़े तुम्हारे तन ढकने के लिए काफी हैं। एक कोठरी में तुम रह सकते हो। जाओ, निकलो तुम पशु हो और पशु की तरह रहो। अगर नहीं मानोगे तो एक-एक को गोली से मार दूँगा।''

वे सब-के-सब निराशा की मुद्रा लिये हुए उसी दीवार में लुप्त हो गए।

मैं भय से पागल हो गया था—चुपचाप लौट आया और कुर्सी पर बैठ गया। वृद्ध ने मेरा हाथ पकड़ लिया। उफ्, उसका हाथ बर्फ की भाँति ठंडा था। उसने मुझसे कहा—''डॉक्टर साहब ! मैं आपका कितना आभारी हूँ—पर आप एक कृपा मुझ पर और करें, मुझे अच्छा कर दें। मैं मरना नहीं चाहता, मैं दुनिया में रहना चाहता हूँ। इस धन के लिए मैंने न जाने कितनों की हत्या की, यही नहीं, स्वयं अपनी आत्मा की भी हत्या की है। मेरे पास अथाह धन-राशि भरी पड़ी है, एक-से-एक विद्वान को, एक-से-एक पुण्यात्मा को मैं खरीद सकता हूँ, उससे अपने पैर के तलवे चटवा सकता हूँ। मैं धर्मावतार हूँ, मैं दानी हूँ, मैं मान्य हूँ, मैं क्या नहीं हूँ। लोग मेरी पूजा करते हैं। राजा मेरी बात पर अविश्वास नहीं कर सकता, जनता कह देती है, ''बड़ा आदमी है, झूठ नहीं बोलेगा।'' डॉक्टर साहब संसार में ऐसी कोई वस्तु नहीं, जिसे मैं नहीं खरीद सकता। ऐसा कोई मनुष्य नहीं, जिसे मैं वश में नहीं कर सकता। डॉक्टर साहब, मैं जीवन खरीदना चाहता हूँ, मृत्यु को वश में करना चाहता हूँ। बोलिए, क्या मैं यह कर सकता हूँ ?''

मैंने धीरे से कहा—''असम्भव !''

''असम्भव !''—वृद्ध चीत्कार कर उठा। ''क्या कहते हो असम्भव ! तुम बेवकूफ हो।'' और वह पलंग के नीचे उतरा, मेरा हाथ पकड़कर उसने कहा—''चलो।'' वह मुझे उसी दीवार के पास ले गया जहाँ वे सब मूर्तियाँ लुप्त हो गई थीं। उसने दीवार में लगा हुआ एक खटका दबाया, और वहाँ दीवार से लगा हुआ एक दरवाजा खुल गया। वह एक सेफ का दरवाजा था, उस सेफ के अन्दर सोने की ईंटों के अम्बार लगे थे। वृद्ध ने कहा—''डॉक्टर, देखो, यह सब-का-सब सोना भी क्या मृत्यु को वश में नहीं कर सकता ? इतने सोने के लिए संसार का सबसे बड़ा धर्मात्मा, मेरा जीवन-भर का गुलाम बन जाए। मैं केवल इतना चाहता हूँ कि कुछ वर्षों के लिए मृत्यु चुप रहे।''

वृद्ध लौटकर पलंग पर लेट गया। सेफ का दरवाजा खुला ही रहा।

थोड़ी देर तक वृद्ध अनिमेष दृगों से सेफ में रखे हुए सोने के ढेर को देखता रहा, फिर वह कराह उठा, ''डॉक्टर साहब, आपके हाथ जोड़ता हूँ, पैर छूता हूँ, मुझे बचाइए। यह सोना, यह घर-बार—अपना सब कुछ मैं दे सकता हूँ, बस मुझे जीवन चाहिए, जीवन !''

उस समय वह घृणित तथा कुरूप छाया वृद्ध के सिर पर फिर आ गई थी। इस बार वह हँस नहीं रही थी। उसका कुरूप मुख प्रतिहिंसा और क्रूरता की निर्दय छाप से और भी कुरूप हो गया था। वृद्ध जोर लगाकर बैठ गया, वह चिल्ला उठा, ''डॉक्टर ! मैं शैतान हूँ, भयानक शैतान। मुझे दुःख है कि मैं मर रहा हूँ। कुछ दिन और जिन्दा रह सकता तो...उफ ! मैं हारा—डॉक्टर, अन्त में मुझे हारना ही पड़ा !''—वह गिर पड़ा।

उसी समय एक विचित्र बात हुई ! वृद्ध के पलंग से एक काला साँप नीचे उतरा—वह कहाँ छिपा था, मुझे ताज्जुब हो रहा था। वह साँप सेफ में घुसा और सेफ का दरवाजा आप-ही-आप बन्द हो गया। साथ ही वह छाया भी लुप्त हो गई।

मैं घबराकर उठ बैठा। मैंने वृद्ध की नब्ज देखी, हाथ ठंडा था, हृदय पर हाथ लगाया, हृदय की गति बन्द हो गई थी।

मैं दीवार की ओर बढ़ा—पर वहाँ दरवाजे का कोई चिह्न न था।

उस समय मैंने अनुभव किया कि मैं नरक में खड़ा हूँ। मेरा साहस छूट गया। मैं भागा—दौड़ता हुआ अपने घर आया और बेहोश होकर गिर पड़ा।

बाहर-भीतर

"मुझे तुम सब लोग बधाई दो। मैं कितनी सुखी हूँ; कितनी सुखी हूँ !" हँसते हुए, गाते हुए और थिरकते हुए कुमारी निर्मलादेवी ने कमरे में प्रवेश किया।

वह कमरा महिला-विद्यालय के बोर्डिंग हाउस की मेट्रन का कमरा था। उस समय वहाँ पर चार देवियाँ बैठी हुई तास खेल रही थीं। कमरे की मालकिन का नाम था श्रीमती सुशीलादेवी, एम.ए.। गठे बदन की गोलमटोल स्त्री थीं। कद नाटा था और रंग गेहुँआ। चेहरा भरा हुआ, मोटा और भद्दा, जिस पर मुँहासे के दाग थे। आँखें छोटी-छोटी, जिन पर सोने की कमानी का चश्मा चढ़ा हुआ था। उनकी उम्र उनके कहने के हिसाब से पच्चीस वर्ष की थी, पर उन्हें देखनेवाला उन्हें पैंतीस वर्ष से कम न कह सकता था।

सुशीलादेवी अपनी पलंग पर बैठी थीं। उनकी दाहिनी ओर श्रीमती भाग्यवतीदेवी, बी.ए., एक आरामकुर्सी पर झूल रही थीं। उनका रंग साफ था, गाल कुछ-कुछ धँस गए थे। कद मझोला, मुख गोल और चेहरे की बनावट बहुत सुन्दर। वह अपनी उम्र छब्बीस वर्ष की बतलाती थीं, पर शक्ल से चालीस वर्ष की दिखलाई देती थीं।

सुशीलादेवी के सामने श्रीमती कमलादेवी, एम.ए., बैठी थीं। यह लम्बी और एकहरे बदन की थीं। रंग गोरा और आँखें बड़ी-बड़ी तथा उभरी हुईं। मुख पर एक स्वाभाविक लाली थी, और इनके बाल खुले हुए थे। कलाई पर सोने की रिस्टवाच थी। यह अपनी उम्र बाईस वर्ष की बतलाती थीं, और देखनेवाला भी यही अनुमान करता था।

सुशीलादेवी की बाईं ओर श्रीमती मानिनीदेवी, बी.ए. बैठी थीं। बदन एकहरा, गठा हुआ और कद मँझोला। मुख लम्बा और रंग पीला। आँखें बड़ी-बड़ी, नाक नुकीली और सुन्दर तथा होंठ चौड़े। यह अपनी उम्र सत्ताईस वर्ष की बतलाती थीं, पर देखनेवाला इन्हें इक्कीस या बाईस वर्ष की अन्दाजता था।

चारों के हाथ में ताश के पत्ते थे। निर्मला के प्रवेश करते ही चारों ने पत्ते मेज पर डाल दिए।

निर्मला ने गाते हुए कहा–"मेरा विवाह–मेरा विवाह तय हो गया। किससे ? वही रमेश, वही रमेश, जो आई.सी.एस. हुआ है। आज बाबूजी का खत आया है।"

चारों ने निर्मला की ओर देखा, वह हँस रही थी। थोड़ी देर तक चारों मौन रहीं, इसके बाद सुशीलादेवी ने कहा, "बधाई देने के स्थान पर मैं तुमसे सहानुभूति प्रकट करती हूँ।" सुशीलादेवी का स्वर कटु, रूखा और गम्भीर था। निर्मला की हँसी गायब

हो गई, आँखें फाड़कर आश्चर्य से उसने पूछा—''यह क्यों ?''

''कारण जानना चाहोगी ? तो सुनो। तुमने इतनी शिक्षा पाई है क्यों ? क्या पत्नी बनने के लिए ? क्या पुरुष की दासी बनने के लिए और बच्चा जनने के लिए ? क्या तुम अपना कार्य-क्षेत्र घर की चहारदीवारी बनाना चाहती हो, जब कि विस्तृत संसार तुम्हारे सामने पड़ा है ? तब तो तुम्हारा इतना पढ़ना-लिखना व्यर्थ गया। दासी बनने और बच्चा जनने के लिए स्त्रियों की कमी नहीं है। इस काम के लिए लाखों नहीं करोड़ों पशु के तुल्य अशिक्षित स्त्रियाँ मिल जाएँगी पर जब तुम इसके लिए तैयार होती हो तो मुझे आश्चर्य होता है, और तुम पर दया आती है।''

सुशीलादेवी के बात समाप्त करते ही भाग्यवतीदेवी बोल उठीं—''और मैं तो कल्पना ही नहीं कर सकती कि किस प्रकार एक स्त्री, जिसके आत्मा है, अत्याचारी पुरुष-जाति की दासी बनकर रह सकती है। पुरुष अत्याचारी है, खुदगर्ज है। पति और पत्नी ! कितना व्यंग्यात्मक नामकरण है। पुरुष पति है, स्वामी है, मालिक है ! और स्त्री पत्नी है, दासी है, गुलाम, कितना अत्याचार ! और हम स्त्रियाँ इसे सहर्ष स्वीकार भी करती हैं। हमारा कितना पतन है ! हमें तो चाहिए कि हम इन पुरुषों का अपमान करें, इनको ठुकरावें। सर्दियों तक अविद्या के बल पर इन्होंने हमें गुलाम बनाए रखा, अब हमारी बारी है। हमें इनको बतला देना चाहिए कि हम इनके बराबर हैं। बराबर ही क्यों, हम श्रेष्ठ हैं। पुरुष पशु है, स्त्री उच्चभावना-प्रधान होने के कारण देवी है।''

कमलादेवी हँस पड़ीं, ताली बजाते हुए उन्होंने कहा—''वेल सेड ! वेल सेड ! और एक बात तो तुम भूल ही गईं निर्मला ! तुम्हें यह क्या सूझा है कि तुम एक पुरुष की दासी बनकर रहो, जब कि तुम यहाँ पर दस पुरुषों को गुलाम बनाकर देवी की तरह उनसे अपने को पुजवा सकती हो, रानी की तरह उन पर शासन कर सकती हो ! खाओ, पियो और खेलो ! स्वयं बन्धन में बँधना बड़ी भारी भूल है।''

माननीदेवी ने अब चुप रहना उचित न समझा—''कमला बिल्कुल ठीक कहती है। मुझको ही लो। मेरा विवाह मेरे माता-पिता ने मेरे बाल्यकाल में ही कर दिया था। पर जब मुझे ज्ञान हुआ, तब मैंने पति को छोड़ दिया। क्यों ? इसलिए कि दासी बनकर रहना मैं पसन्द नहीं कर सकती। एक पति, एक स्वामी ! कितनी विडम्बना ! चाहे वह कुरूप हो, चाहे रूपवान, वह सहृदय हो, चाहे हृदय-हीन ! इसीलिए मैंने उसे छोड़ दिया है। और आज ? आज मैं देवी हूँ, आराध्या हूँ। सुन्दर-से-सुन्दर नवयुवक, जिनके पास वैभव की कमी नहीं है, प्रतिभा की कमी नहीं है, मेरे पैरों पर लोटा करते हैं। और मैं जिसको चाहती हूँ, ठुकरा देती हूँ। कितने गौरव का पद है ! हाः हाः हाः भोली निर्मला, तुम गलती कर रही हो !''

निर्मला के धैर्य का बाँध टूट गया, वह रोने लगी। हिचकियाँ लेते हुए उसने कहा, ''तुम सबकी सब हृदय-हीन और ढोंगी हो, मुझसे जलती हो।'' इतना कहकर वह तेजी से कमरे से बाहर चली गई।

थोड़ी देर तक चारों मौन बैठी रहीं, चारों कुछ सोच रही थीं। घड़ी ने उस समय

पाँच बजाया सुशीलादेवी ने उठते हुए कहा, ''चलो, घूमने चलती हो ?''

कमलादेवी ने किंचित् गम्भीर होकर कहा, ''नहीं, आज न जा सकूँगी। मेरे सिर में कुछ दर्द है।'' इतना कहकर वह अपने कमरे में चली गई। कमरे के किवाड़ बन्द करके उन्होंने अलमारी से एक फोटो निकाला, और उसे हृदय से लगाकर वह सिसक-सिसककर रोने लगीं। वह एक नवयुवक का फोटो था, जिसके नीचे बड़े सुन्दर अक्षरों में लिखा था—'सुबोध, नवम्बर 31'। उस समय वह कह रही थीं—''सुबोध ! सुबोध ! तुम मुझे छोड़कर क्यों चले गए ? मैंने अपराध किया जानती हूँ, पर क्या वह इतना बड़ा अपराध था, जिसके लिए तुम मुझे क्षमा नहीं कर सकते थे ? नहीं-नहीं, मैंने ही तुम्हें त्यागा, मेरे क्षणिक आवेश ने हमारे पवित्र बन्धन के टुकड़े-टुकड़े कर दिए, हाय, अब सब समाप्त हो गया ! मुझसे प्रेम करनेवाला कौन है ? कोई नहीं, कोई नहीं !''

सुशीलादेवी ने मानिनीदेवी से कहा, ''तुम चलती हो ?''

मानिनीदेवी ने रूखे स्वर से कहा, ''नहीं, मुझे आज कुछ पत्र लिखने हैं।'' इतना कहकर वह अपने कमरे में चली गईं, और तकिए से मुँह ढाँककर लेट रहीं। वह सोच रही थीं—'क्या मेरे लिए अब यह सम्भव नहीं कि मैं लौट जाऊँ ? उफ ! नहीं-नहीं, बहुत आगे बढ़ आई हूँ। और, अब तो वह शायद मुझे स्वीकार भी न करेंगे। हे मेरे भगवान्, मुझे बुद्धि दो, मुझे शान्ति दो और मुझे क्षमा करो !''

भाग्यवतीदेवी की ओर अपनी निष्प्रभ और पथराई आँखों से देखते हुए सुशीलादेवी ने कहा—''और क्या तुम्हें भी कुछ काम है ?''

उठते हुए भाग्यवतीदेवी ने कहा—''नहीं, मुझे तो...मुझे तो कोई काम नहीं है, चलती हूँ। लेकिन निर्मला के साथ हम लोग व्यर्थ ही कटु हो गईं। आखिर विवाह इतना बुरा तो नहीं है, जितना उसे हम लोगों ने कह डाला। हम लोग जरा अपने हृदय को ही टटोलें !''

भाग्यवतीदेवी का हाथ अपने हाथ में लेते हुए सुशीलादेवी ने कहा, ''शायद तुम ठीक कहती हो, पर जो हो गया, वह हो गया, छोड़ो इस बात को। अब विवाह पर विचार करना ही बेकार है। हम लोग वह उम्र, बहुत दिन हुए, पार कर चुकी हैं।''

पराजय और मृत्यु

आप लोगों में कितने अपने जीवन का लक्ष्य जान सके हैं ? मेरा आपसे यह प्रश्न है; पर इस प्रश्न के पहले एक प्रश्न और उठता है—क्या जीवन का कोई लक्ष्य भी है ?

मैं जानता हूँ कि आप इन प्रश्नों का कोई उत्तर नहीं दे सकते; इन प्रश्नों का उत्तर आज तक किसी ने दिया भी नहीं। यह बात नहीं कि इन प्रश्नों पर किसी ने विचार न किया हो; यह बात भी नहीं कि किसी ने इन प्रश्नों का उत्तर देने का प्रयत्न न किया हो। अनादि-काल से मनुष्य प्रकृत तथा जीवन के गूढ़ रहस्यों को समझने में व्यस्त रहा है; फिर भी इन प्रश्नों का उत्तर नहीं मिल सका। धारा में बहते हुए धारा की गति को देखना और समझना अथवा धारा का विश्लेषण करना असम्भव है; जीवित रहकर जीवन को समझना भी असम्भव है। जीवन को समझने के लिए हमें जीवन से पृथक् होकर उसे देखना पड़ेगा, और जीवन से पृथक् होना ही अस्तित्व का विनाश है—मृत्यु है।

भुवनेश्वरीदेवी, एम.ए. ने आत्महत्या कर ली—लोगों ने यह खबर सुनी और उन्हें आश्चर्य हुआ। आश्चर्य मुझे भी हुआ; पर वह आश्चर्य दूसरी ही कोटि का था। लोगों का आश्चर्य दो दिन का था, उनके आश्चर्य में केवल कौतूहल था, इससे अधिक कुछ नहीं। वह कौतूहल एक बुलबुले की भाँति उठकर मिट गया; पर मेरे आश्चर्य में ज्ञान की अपूर्णता और सीमा का अभिशाप था, जिन्हें मिटाने के लाखों प्रयत्न करके भी नहीं मिटा सकता।

भुवनेश्वरीदेवी नगर के प्रमुख महिला-विद्यालय की प्रधानाध्यापिका थीं। साथ ही वे विदुषी थीं, और सामाजिक क्रान्ति पर विश्वास करती थीं। एकहरे बदन की लम्बी सी सुडौल स्त्री, रंग सोने का सा और मस्तक ऊँचा; आँखों में चमक और वाणी में दृढ़ता से भरी मिठास। मैंने सौन्दर्य देखा है और मेरे मित्र जिनमें अधिकांश कलाकार हैं, मुझे सौन्दर्य का पारखी समझते हैं। यदि मेरे मित्रों की समझ ठीक है, तो मैं आपको विश्वास दिलाता हूँ कि भुवनेश्वरी को मैं सुन्दरता की रानी समझता था। पर एक बात और बतला दूँ; भुवनेश्वरी की सुन्दरता एक अदोष प्रस्तर-मूर्ति की सुन्दरता थी, स्पन्दन-रहित और निर्जीव !

भुवनेश्वरीदेवी से मैं कई बार मिला था; पर कभी मुझे उसकी आँख-से-आँख मिलाने का साहस नहीं हुआ। भुवनेश्वरीदेवी कुमारी थीं और जहाँ तक मेरा अनुभव है, उन्होंने अपना कौमार्य रक्षित रखा था। भुवनेश्वरीदेवी का जीवन, साधना और विश्वास का

सम्मिश्रण था। स्त्री और पुरुष में अधिकारों के सम्बन्ध में जो युद्ध अनादि काल से होता आ रहा है, उस युद्ध में भुवनेश्वरीदेवी स्त्री-जाति की प्रतिनिधि होकर आई थीं। उनमें वीरता थी और लगन, उनमें साहस था और आत्मविश्वास !

किन क्षणिक घात-प्रतिघातों और किन क्षणिक भावनाओं से मनुष्य-जीवन शासित है, आत्महत्या के पहले भुवनेश्वरीदेवी द्वारा लिखे हुए पत्र से उन पर अच्छा प्रकाश पड़ता है। वह पत्र किसी के नाम नहीं लिखा गया, वह पत्र भी तो नहीं कहा जा सकता। वह केवल एक बयान है—दुनिया के सामने—और इसलिए उस पत्र को यहाँ देना मैं अनुचित नहीं समझता ! पत्र इस प्रकार है :

"जीवन की अन्तिम यात्रा पर जा रही हूँ। इस यात्रा करने का निश्चय मैंने बहुत सोच-विचार के बाद किया है इतना विश्वास दिलाती हूँ कि मैं बहुत शान्त और सुव्यवस्थित हूँ। इधर कुछ दिनों से मैं बहुत अस्त-व्यस्त रही हूँ, एक असह्य पीड़ा मुझे पागल बनाए रही है। मेरे सामने प्रश्न रहा है—'पराजय अथवा मृत्यु ?' और मैंने आज निर्णय कर लिया है। इसी से तो मैं शान्त हूँ—मैं जान गई हूँ कि शान्ति मृत्यु में ही है, जीवन में नहीं। जीवन तो स्वयं पराजय है !

"मैं अन्तिम यात्रा पर जा रही हूँ। मुझे मरना ही चाहिए ! मेरे सारे विश्वास चूर-चूर हो चुके; जो व्यक्तित्व मैंने बनाया था, वह नष्ट हो चुका। एक नए व्यक्तित्व ने मुझमें जन्म लिया है, निर्बल और विजित—यह व्यक्तित्व मेरे लिए असह्य है !

"आज मेरे जीवन की घटनाएँ एक के बाद एक सामने आ रही हैं; पर मुझे जीवित रहने के लिए वे प्रेरित नहीं कर सकतीं। मैंने अपना एक लक्ष्य बनाया था, मैंने अपना एक मार्ग निर्धारित किया था। वह लक्ष्य बराबर मेरे सामने रहा है, उस मार्ग पर अभी तक मैं रत हूँ। क्या मुझे विरत होना पड़ेगा ! यही प्रश्न मेरे सामने है। आज उस प्रश्न का उत्तर अपने सारे साहस और अपनी साधना के साथ देने बैठी हूँ।

"उन दिनों मैं लड़की थी, स्कूल में पढ़ती थी और सारा संसार अपनी सुन्दरता अपनी आशा-अभिलाषा और अपनी मोहिनी के साथ मेरे सामने था। मैं आगे बढ़ रही थी, किस प्रसन्नता और किस उत्साह के साथ। मैं जानती थी कि मैं कुछ काम करने आई हूँ। यह काम क्या है—इसका तो मुझे उन दिनों आभास न था; पर एक आन्तरिक प्रेरणा आगे बढ़ने की और कुछ करने की अवश्य थी। संसार के ज्ञान का अक्षय भंडार मेरे लिए खुला था।

"धीरे-धीरे मैं बड़ी होती गई और जीवन की सुन्दरताएँ एक-एक करके कुरूपताओं में बदलती गईं। मैं स्त्री थी, भावुक थी, और मुझमें विश्वास था।

"मैंने देखा कि विश्व कपट, धूर्तता और स्वार्थ के मिश्रित संग्रह का दूसरा नाम है; मैंने देखा कि जिसे संसार त्याग, बलिदान तथा भावना कहता है, वह निर्बलता का द्योतक है और निर्बलता गुलामी है। पुरुष स्त्री को गुलाम नहीं बनाए है, स्त्री स्वयं अपनी इन सद्भावनाओं के कारण गुलाम बनी है। यदि गुलामी नहीं करनी है, तो शक्तिशाली बनना आवश्यक है, और शक्तिशाली बनने के लिए स्वार्थ, बर्बरता तथा जाल-फरेब की

आवश्यकता है। मैं उन दिनों कॉलेज में पढ़ती थी; संसार में स्त्री-जागृति की लहर फैली थी। स्त्री होने के नाते मैंने भी स्त्री-सुधार के काम में हाथ लगाया, मनुष्यता के उपकार के लिए मैंने अपना जीवन भेंट कर दिया। मैं पुरुष जाति की शत्रु हो गई, स्त्री को गुलामी से ऊपर उठाना, उसे उसके अधिकारों का ज्ञान कराना—यह मेरा एकमात्र कार्यक्रम हो गया।

"मैंने समाज का अध्ययन किया, मैंने देखा कि उसकी सहनशीलता तथा उसके असीम त्याग के कारण ही पुरुष स्त्री को घृणित जीवन व्यतीत करने को बाध्य करता है। मैंने वेश्याएँ देखी हैं, विधवाएँ देखी हैं। पुरुष स्वामी है, वह समर्थ है ! यह क्यों ?

"पुरुष स्त्री का आदर नहीं करता, वह उस पर अपना अधिकार समझता है। जननी होते हुए भी स्त्री कितनी निरीह है, कितनी निराश्रय है ! जिस पुरुष के लिए स्त्री सर्वस्व न्यौछावर कर देती है, असह्य यातनाएँ सहती है, वही पुरुष पशु के समान हृदयहीन प्राणी है। जब तक स्त्री अपना अधिकार न समझ लेगी, जब तक स्त्री पुरुष के सर पर पैर न रख सकेगी, तब तक वह गुलाम रहेगी—इतना मुझे विश्वास है !

"मैंने यह सब देखा और काम करना आरम्भ कर दिया। यह काम करने के लिए महिला-विद्यालय से अच्छा कोई स्थान नहीं है, जहाँ लड़कियाँ पढ़ने आती हैं। मेरे माता-पिता ने मेरा विवाह करना चाहा; पर मैंने अस्वीकार कर दिया। एक-से-एक सम्पन्न पुरुष मुझसे प्रेम-शिक्षा माँगने आए; पर मैंने उन्हें ठुकरा दिया। मेरे पैर के नीचे अभिमानी पुरुष जाति के धन, शक्ति और ज्ञान, मस्तक नवाकर लौट गए; पर मैं अपने मार्ग से विरत नहीं हुई।

"पर एक दिन मेरी सारी तपस्या, मेरी सारी साधना को एक भयानक धक्का लगा। आज के छह महीने पहले एक युवक अपनी छोटी बहन को मेरे विद्यालय में प्रवेश कराने आया।

"उसी दिन हिन्दी की एक प्रमुख पत्रिका में 'पुरुष-पशु है !' शीर्षक मेरा लेख प्रकाशित हुआ था। वह पत्रिका मेरे सामने ही मेज पर रखी थी। मैं उस दिन बड़ी प्रसन्न थी, अपने लेख को मैंने फिर से पढ़ा था और उस पर सम्पादक की टिप्पणी भी मैंने पढ़ी थी। सम्पादक ने मेरे तर्कों को मुक्तकंठ से अकाट्य माना था।

"उस युवक ने मुझे नमस्कार किया और मेरे सामने पड़ी हुई खाली कुर्सी पर बैठ गया। उसने मुझे ध्यान से देखते हुए कहा—'क्या आप ही इस विद्यालय की प्रधानाध्यापिका श्रीमती भुवनेश्वरीदेवी हैं ? मैं अपनी मुन्नी को आपके स्कूल में भर्ती कराने आया हूँ।"

"उस युवक की उपेक्षा करते हुए मैंने साथवाली लड़की को देखा। बालिका सुन्दरी थी, भोली थी और देखने में समझदार मालूम होती थी। मैंने बालिका से पूछा, 'बेटी, तुम्हारा नाम क्या है ?'

"'कल्यानी'—उस बालिका ने सीधे-सादे ढंग से उत्तर दिया।

"'बड़ा अच्छा नाम है'—कहते हुए मैंने उस युवक की ओर देखा, उस समय वह

उस पत्रिका के पन्ने उलट रहा था। मैंने उस लड़की को प्रवेशिका परीक्षा के लिए अन्य अध्यापिकाओं के पास भिजवा दिया। वह युवक वहीं बैठा हुआ पत्रिका पढ़ता रहा।

" मैंने कई बार उस युवक की ओर देखा; पर वह पत्रिका पढ़ने में व्यस्त था। मैं इन लम्पट पुरुषों को अच्छी तरह जानती थी, वे लोग किसी भी सुन्दरी स्त्री की ओर निर्लज्ज होकर भूखे बाघ की भाँति घूरते हैं, पर उस युवक को शान्त तथा सुव्यवस्थित देखकर मुझे आश्चर्य ही हुआ।

" मैं अपना काम-काज करने लग गई। अपना काम समाप्त करके जब मैंने गर्दन उठाई, तो उस युवक को कमरे की छत की ओर देखते पाया। मुझसे न रहा गया, मैंने मुस्कुराते हुए कहा–'आपने बड़ी जल्दी पत्रिका पढ़ ली !'

" वह भी मुस्कुराया। बोला–'उसमें एक लेख को छोड़कर पढ़ने लायक कोई लेख न था। वह लेख मैंने पढ़ लिया।'

" 'वह कौन लेख था ?'–मैंने कुछ बनते हुए पूछा, क्योंकि वह किस लेख की ओर संकेत कर रहा है, यह मैं जानती थी।

" उसने कुछ हिचकिचाते हुए कहा–'आपका 'पुरुष पशु है' शीर्षक लेख, और साथ ही उस पर सम्पादक की टिप्पणी !'

" 'आपका उस लेख पर क्या विचार है ?'–मैंने कौतूहल से पूछा।

" उसने कहा–'आपके लेख के सम्बन्ध में मुझे केवल इतना ही कहना है कि उसमें असत्य नहीं है, केवल अर्धसत्य है और इस सम्बन्ध में मुझे कुछ नहीं कहना है, क्योंकि मैं जानता हूँ कि स्त्री में न विश्लेषण की शक्ति है और न सत्य पहचानने की क्षमता। स्त्री में केवल एक चीज है, वह है भावना–और भावना अर्धसत्य है। मुझे तो उस सम्पादक पर हँसी आती है, जिसने आपकी प्रशंसा करते हुए यह निःसार टिप्पणी लिख डाली।'

" उस युवक की बात सुनकर मैं तड़प उठी। मेरे मुँह पर ही वह मेरा अपमान कर रहा था। उसकी असभ्यता पर झल्लाकर मैंने कहा–'आप अपनी बहन को मेरी शिक्षा-दीक्षा में ही छोड़ रहे हैं, मेरे विश्वास तो आप जानते ही हैं। मैं आपको सचेत करती हूँ।'

" इस बार वह हँस पड़ा। उसने कहा–'देवीजी ! शिक्षा-दीक्षा मनोविज्ञान को नहीं बदल सकती। स्त्री निर्बल है, वह असहाय है। उसे गुलामी करनी ही पड़ेगी, आप उसकी गुलामी छुड़वा कहाँ सकती हैं ?...'

" इसी बीच कल्याणी अध्यापिकाओं के पास से होकर आ गई और उस युवक की बात अधूरी ही रह गई। मैंने कल्याणी का नाम लिख लिया। उसके बाद उस युवक ने उठते हुए कहा–'देवीजी ! मैं आपको धन्यवाद देता हूँ; पर मेरी बात अधूरी ही रह गई, मैं उसे पूरी कर लूँ। आप स्त्री-पुरुष के सम्बन्ध में गुलामी की बात क्यों उठाती हैं ? गुलामी तो मनुष्य जाति का जन्मसिद्ध अधिकार है। स्त्री एक पुरुष की गुलामी करने के लिए लालायित क्यों होती है ? आप शायद अविवाहित हैं, आप अपने पति

की गुलाम नहीं हैं; पर आप इस स्कूल के अधिकारियों की, जिनकी संख्या एक से कहीं अधिक है; गुलामी कर रही हैं या नहीं? स्कूल का मैनेजर आपको डाँट सकता है, स्कूल के इंस्पेक्टर अथवा इंस्पेक्ट्रेस की आप गुलाम हैं, डाइरेक्टर की आप गुलाम हैं। आप जरा पुरुष पर भी तो ध्यान दें। उसके स्वामियों की संख्या कितनी अधिक है, पैसा पैदा करने के लिए उसे कितना अपमानित होना पड़ता है !'—और वह युवक शान्त भाव से मुस्कुराता हुआ चला गया।

" उस दिन, दिन-भर मैं उदास रही। मुझे अपमानित करके वह युवक चला गया—मेरी सारी प्रसन्नता मिट्टी में मिल गई। मेरे लेख पर बधाई देते हुए उस दिन कई पत्र मुझे मिले—पुरुषों के और स्त्रियों के; पर उस युवक ने पराजय की जो भावना मुझे दे दी थी, वह न दूर हुई। उस दिन मैं पढ़ा भी नहीं सकी। उस युवक के दुःसाहस पर, उसके द्वारा अपने अपमान पर दिन-भर मैं सोचती रही। मुझमें प्रतिहिंसा की भावना भड़क उठी थी, मेरे होश ठिकाने न थे।

" एक के बाद एक दिन बीतते गए, वह युवक मुझे दिखाई न दिया। धीरे-धीरे मैं उसे भूलने लगी। पर एक महीने बाद ही उससे मुझे फिर मिलना पड़ा, दूसरी ही परिस्थिति में। उस दिन अपनी एक सहकारिणी के साथ मैं एक जगह आमन्त्रित थी। ग्यारह बजे रात को हम दोनों वहाँ से वापस लौटीं। कोई सवारी न मिली; पर जहाँ हम आमन्त्रित थीं, हमारा विद्यालय वहाँ से दूर न था। बीच में एक पार्क था, उसी से जाना पड़ता था। रात सुहावनी थी। हम दोनों ने यह तय किया कि पैदल ही चला जाए, और हम दोनों पैदल ही चल पड़ीं।

" हम दोनों पार्क के बीचोबीच फव्वारे के पास से जा रही थीं, वहाँ एक बेंच पर दो आदमी बैठे हुए बातें कर रहे थे। हमें देखते ही दोनों उठ खड़े हुए, और उनको उठते हुए देखते ही मैं घबरा गई। हम दोनों ने भागने का प्रयत्न किया कि वैसे ही एक आदमी ने मुझे और दूसरे ने मेरी सखी को पकड़ लिया। हम दोनों चिल्लाईं, हम दोनों ने बहुत हाथ-पैर मारे पर उन्होंने हमें न छोड़ा। मुझे मालूम होता था, मानो मेरी सारी शक्ति खो गई, और मैं अपने होश से भी अपना अधिकार खोनेवाली थी कि मेरा बन्धन टूट गया और मैंने देखा कि मुझे पकड़नेवाला जमीन पर मुँह के बल पड़ा है और जो आदमी मेरी सखी को पकड़े था वह भागा जा रहा था। साथ ही एक तीसरे व्यक्ति को मैंने वहाँ पर खड़ा पाया।

" बहुत कोमल और गम्भीर स्वर में उस तीसरे व्यक्ति ने हम दोनों से कहा—'मैं आप लोगों के साहस की प्रशंसा करता हूँ, पर मैं इतना कह सकता हूँ कि ग्यारह बजे रात को इस एकान्त पार्क में बिना किसी रक्षक के अकेले आकर आप लोगों ने कोई समझदारी का काम नहीं किया।'

" बिजली के धुँधले प्रकाश में मैं तीसरे व्यक्ति को नहीं देख पाई थी; पर जब मैंने स्वर सुना तब न जाने क्यों मैं एकाएक सिहर उठी। वह वही युवक था। उसने फिर कहा—'चलिए, विद्यालय तक आप लोगों को पहुँचा दूँ, कहीं यह घटना फिर न

हो जाए।'

"वह युवक हम दोनों को विद्यालय तक पहुँचा गया। हम दोनों इतनी डरी और सहमी हुई थीं कि उसे धन्यवाद देना भी भूल गईं। उसके जाने के बाद मेरी सखी को होश आया, काँपते हुए स्वर में उसने कहा—'अगर यह आदमी न आ गया होता, तो क्या होता ? अरे ! हम उसे धन्यवाद देना तक भूल गईं !'

"उस रात मुझे नींद न आई। तरह-तरह की अस्पष्ट तथा विशृंखल भावनाएँ मेरे सामने आती थीं और चली जाती थीं। एक महीना पहले स्कूल में उस युवक से मेरी बातचीत, पार्क में उन बदमाशों का प्रहार, उस युवक का हम लोगों को बचाना और फिर हम लोगों का युवक को धन्यवाद तक न देना !

"दूसरे दिन मैंने अपनी सखी से कहा—मैं जानती हूँ कि वह युवक, जिसने हमें बचाया था, कौन है। वह कल्याणी नाम की लड़की का भाई है—मेरी सखी इस बात को सुनकर बड़ी प्रसन्न हुई, बोली—ऐसी बात है ! तब तो हम दोनों उसे धन्यवाद का एक पत्र लिखकर भेज दें।

"न जाने क्यों मेरे हृदय में उस युवक से एक बार फिर मिलने की इच्छा हो गई थी। मैंने अपनी सखी से कहा—'क्या इतने बड़े उपकार का बदला एक रूखा सा धन्यवाद का पत्र ही उचित होगा ? हम दोनों उसकी दावत क्यों न कर दें ?'

"मेरी सखी ने एक बार मेरी ओर बड़े ध्यान से देखा, फिर उसने मुझसे कहा—मैं तो तुम्हारी वजह से उसे आमन्त्रित करने में हिचकती थी; क्योंकि मैं पुरुषों के प्रति तुम्हारे उद्‌गार जानती हूँ। इसमें तो मुझे बड़ी प्रसन्नता होगी।

"उसी दिन मैंने उस युवक के नाम एक पत्र लिखा, उसे धन्यवाद देते हुए तथा दूसरे दिन सन्ध्या के समय भोजन करने के लिए आमन्त्रित करते हुए। पत्र मैंने कल्याणी के हाथ भिजवा दिया।

"दूसरे दिन वह युवक आया। इस बार मैंने उसे ध्यान से देखा, उस दृष्टि से, जिस दृष्टि से स्त्री एक पुरुष को देखती है। प्रथम बार मैंने अनुभव किया कि वह रूपवान है, वह बलिष्ठ है, वह प्रतिभाशाली है। प्रथम बार मैंने अनुभव किया कि वह पुरुष है ! और—और प्रथम बार मैं अपने मार्ग से डिगी। मैंने एक धारा का अनुभव किया, जो मुझे बरबस दूसरी ओर बहा ले जाने पर तुली हुई है।

"उस युवक से मेरी मित्रता तेजी के साथ बढ़ी। मैंने न जाने कितना प्रयत्न किया कि मित्रता न बढ़े; पर मैं असफल रही। पहले तो मैं अपने को यह कहकर धोखा देती रही कि यह केवल मित्रता है, इसमें कोई भय नहीं; पर कहाँ तक मैं अपने को धोखा देती ? बिना उसे देखे मुझे चैन न आती थी, इच्छा होती थी कि सदा उसका मुख देखती रहूँ—सदा उसकी बातें सुनती रहूँ। और बात यहाँ तक पहुँची कि आज पन्द्रह दिन हुए उसने मुझसे विवाह का प्रस्ताव भी कर दिया।

"नहीं जानती, उस युवक में कौन सा जादू है कि मैं उसकी बात पर 'ना' नहीं कर सकती ? मैंने उसका विवाह का प्रस्ताव स्वीकार कर लिया है। जिस गुलामी का

मैं विरोध कर रही थी, जिस गुलामी के विरुद्ध मैंने इतना लिखा-पढ़ा, उसी गुलामी को अपनाने को तैयार हूँ ! उफ ! मेरा कितना भयानक पतन हो गया है !

"अब मेरे सामने प्रश्न यह है कि क्या मैं पराजय स्वीकार करूँ ? उस युवक से विवाह करने का अर्थ है मेरी पराजय। मैं जानती हूँ कि मैं उसका विरोध नहीं कर सकती, कोई भी ज्यादती वह मुझ पर करे, मैं चुपचाप उसे सह लूँगी बिना उफ किए हुए। मैंने उसे आत्मसमर्पण कर दिया है, वह मेरा देवता है, मेरा भगवान है—मेरा सब कुछ है। आज मैं उस भयानक सत्य को देख रही हूँ कि स्त्री पुरुष की गुलामी करने के लिए बनाई गई है। मेरे सामने दो मार्ग हैं—पराजय अथवा मृत्यु। इन दोनों में मुझे चुनना है—और मैं मृत्यु चुनती हूँ !"

—भुवनेश्वरी

यह पत्र एक घटना का अधूरा बयान है, उस बयान को मैं पूरा कर सकता हूँ और इतना जानते हुए कि इसका उत्तरार्ध आपको अरुचिकर होगा, मैं उसे करूँगा।

उस दिन मैं एक-दूसरे नगर से ऑपरेशन करके लौटा था, और लौटते-लौटते आधी रात हो गई थी। मैं सोने की तैयारी कर रहा था कि किसी ने मुझे जोर से पुकारा, "डॉक्टर साहब ?"

मैं नीचे पहुँचा। महिला-विद्यालय का चौकीदार खड़ा था। उसका मुख उतरा हुआ था और आँखें डबडबाई हुई थीं। उसने कहा—"बड़ी गुरुजी ने जहर खा लिया, जल्दी चलिए।"

मैं उसी समय चल दिया। बोर्डिंग की लड़कियाँ कमरे को घेरे खड़ी थीं, भीतर भुवनेश्वरीदेवी प्रलाप कर रही थीं। किसी को भीतर जाने का साहस न होता था। मैं भीतर गया, उस समय भुवनेश्वरीदेवी को कुछ होश था। मुझे देखते ही वे चिल्ला उठीं—"डॉक्टर साहब मुझे बचाइए। मेरे रमेश को बुला दीजिए—मैं नहीं मरना चाहती—नहीं मरना चाहती !"

मैंने जल्दी-जल्दी वमन कराने की पिचकारी निकाली, इस बीच भुवनेश्वरीदेवी, चिल्लाती रहीं—"रमेश ! रमेश ! दौड़ो—दौड़ो—मौत मुझे घसीटे लिये जा रही है। मैं तुमसे विवाह करना चाहती हूँ—रमेश ! कहाँ हो—आओ, रमेश आओ !—रमेश !" और भुवनेश्वरीदेवी की दाँती बँध गई।

मैंने घबराकर देखा ? और देखा कि भुवनेश्वरीदेवी की आँखें निकल पड़ी थीं और सर तकिए से लुढ़क पड़ा था।

लड़कियाँ और अध्यापिकाएँ एक साथ रो पड़ीं।

दो पहलू

रामेश्वर ने लीडर खोला और रिजल्ट-शीट पर उसने अपनी नजर दौड़ाई। एम.ए. के उत्तीर्ण विद्यार्थियों में उसका नाम छपा था और उसके नाम के आगे लिखा था—फर्स्ट डिवीजन !

अपने अन्य साथियों का परीक्षाफल देखकर उसने 'लीडर' बन्द कर दिया फिर उसने एक क्षण के लिए मुस्कुराते हुए अपने चारों ओर देखा।

और उसने देखा कि सारी प्रकृति उसकी प्रसन्नता से हँस रही है। चिड़ियाँ चहक रही थीं और मोगरा महक रहा था। सुबह की ठंडी हवा अपनी मस्ती के साथ सौरभ से अठखेलियाँ कर रही थीं और आम के बौरों में बौराई हुई कोयल भी पंचम की अलाप भरने में बेसुध थी।

अपनी उमंग की मादकता में चकित और पुलकित रामेश्वर एक अजीब तन्मयता के साथ यह सब देख रहा था। और फिर उसका हाथ अपने-आप बिना उसके जाने हुए उसकी जेब में चला गया। उसने शान्ता का पत्र निकाला, और पिछले दिन कई बार पढ़ चुकने के बाद भी उसने उस पत्र को फिर पढ़ा। शान्ता ने उसे मसूरी बुलाया था—और भी उसने बहुत-कुछ लिखा था और उससे भी अधिक उसने बिना लिखा छोड़ दिया था। मोती के-से सुन्दर और छोटे-छोटे अक्षर तथा लेटर-पेपर से निकलती हुई भीनी-भीनी खुशबू !—और फिर उसके साथ शान्ता का पवित्र प्रेम ! शान्ता अपूर्व सुन्दरी थी। यूनिवर्सिटी के सब लड़के रस के लोभी भौरों की भाँति शान्ता के पीछे मँडराया करते थे। पर रामेश्वर उन सब लड़कों से अधिक भाग्यवान था, क्योंकि शान्ता उससे प्रेम करती थी। पत्र को आदि से अन्त तक उसने एक बार पढ़ा, दो बार पढ़ा और तीन बार पढ़ा, फिर उसने पत्र का चुम्बन करके अपनी जेब में रख लिया।

इसके बाद उसने अपने पिता का पत्र खोला। उसके पिता ने उसे विलायत जाकर आई.सी.एस. की परीक्षा में सम्मिलित होने की सलाह दी थी।

रामेश्वर उठ खड़ा हुआ। भैरवी का स्वर भरते हुए वह अपने बँगले से निकल पड़ा—घूमने के लिए !

बाईस वर्ष का लम्बा सा सुन्दर नवयुवक रामेश्वर अपनी सफलता पर प्रसन्न धीरे-धीरे चला जा रहा था। उसके शरीर में बल था, उसके हृदय में उमंग थी, उसकी धमनियों में गरम रक्त प्रवाहित हो रहा था, उसके विचारों में स्फूर्ति थी। उसका मस्तक

ऊँचा था, अस्तित्व की सार्थकता का उसमें पूर्ण प्रतिबिम्ब था।

उसके कानों में एकाएक कोलाहल का एक कठिन प्रहार पड़ा जिसने उसकी तन्मयता को भंग कर दिया। वह चौंक उठा। सामने आजादी के दीवानों का एक जुलूस चला आ रहा था। वह खड़ा हो गया—जुलूस धीरे-धीरे उसकी ओर बढ़ रहा था।

उसने पीछे देखा, और वहाँ उसने देखा एक-दूसरा जुलूस शासन को कायम रखनेवालों का। पुलिसवालों के हाथ में लाठियाँ थीं और कन्धे पर बन्दूकें। रामेश्वर ने न जाने क्यों अपने अन्तर में पीड़ा से भरी हुई एक प्रकार की हलचल का अनुभव किया।

दोनों ओर से दोनों जुलूस एक-दूसरे की तरफ बढ़ रहे थे। और बीच में रामेश्वर खड़ा हुआ तमाशा देख रहा था।

और फिर दोनों दल अचानक रुक गए, ठीक वहाँ—जहाँ रामेश्वर खड़ा था। जुलूसवालों में और पुलिसवालों में कुछ कहा-सुनी हुई। रामेश्वर ठीक से देख नहीं सका कि क्या हुआ, पर उसे यह ऑर्डर स्पष्ट सुनाई पड़ा—''जुलूस गैर-कानूनी करार दिया जाता है। अगर दो मिनट के अन्दर यह भंग नहीं हो जाता तो बलप्रयोग से भंग कर दिया जाएगा।'' और दूसरी ओर से नारे लगे, ''भारत माता की जय, महात्मा गांधी की जय, स्वतन्त्रता की जय।''

लाठियाँ चलीं और उसके बाद गोलियाँ चलीं। और उन नवयुवकों में जो छाती खोलकर गोलियाँ खाने को आगे बढ़ आए थे रामेश्वर भी था। रामेश्वर की छाती में गोली लगी, ''भारत माता की जय !'' कहकर वह जमीन पर गिर पड़ा।

और मैं पूछ रहा हूँ—कल्पना के किस स्वर्ग को पाने के लिए वह नवयुवक अपने जीवन के स्वर्ग को ठुकराकर चला गया ?

2

चिथड़ों से ढके हुए और मक्खियों से घिरे हुए उस बूढ़े भिखारी ने बड़े करुण स्वर में पुकारा, ''एक मुट्ठी अन्न।''

तीर्थराज प्रयाग में माघमेला के अवसर पर संगम के किनारे वह बुड्ढा भीख माँग रहा था। उसकी उम्र साठ के ऊपर रही होगी, उसके बाल सफेद थे और उसका मुख विकृत तथा कुरूप। उसकी आँखें पथराई हुई सी तथा भावना से शून्य और उसका स्वर रूखा, कर्कश और काँपता हुआ। उसके हाथ-पैर की उँगलियाँ कुष्ठ से गलकर गिर गई थीं और उसके शरीर से एक ऐसी भयानक दुर्गन्ध निकल रही थी जो उसके पास से निकलनेवाले को अपनी नाक दबाने को विवश करती थी।

एक औरत ने उसके सामने अपनी जूठन की पूड़ी का एक टुकड़ा फेंका, और उसके सामने उस टुकड़े के गिरते ही उस टुकड़े का अधिकारी एक कुत्ता झपटा। पूड़ी के उस

टुकड़े को उस भिखारी ने और उस कुत्ते ने साथ-साथ पकड़ा, दो सेकेंड तक नर और पशु में छीना-झपटी हुई और अन्त में कुत्ते पर भिखारी ने एक डंडे के सहारे विजय पाई।

माघमेला की उस भीड़ में किसी-किसी ने उस भिखारी की उपस्थिति पर आपत्ति की थी; पर वह मेला था, पुण्य का स्थान था। और पुण्य कमाने को छोटे-बड़े सबको समानाधिकार प्राप्त है। हाँ, मनुष्य स्वयं अपने को उस भिखारी से दूर रख सकता था।

और फिर वहाँ पर उस भिखारी से कहीं अधिक भाग्यवान, वैभव से युक्त तथा गद्दीदार भाई-बन्द भिखारियों का एक शानदार जुलूस निकला। तरह-तरह से बाजे बज रहे थे, सोने और चाँदी के सामान साथ में थे। हाथियों पर मलमल की झूलें लटक रही थीं, और चाँदी के हौदों पर भिखारी लोग बैठे हुए राजाओं को चुनौती दे रहे थे। घोड़े सोने-चाँदी के गहनों से लदे थे, और ऊँटों पर भिखारी लोग अपना निशान फहरा रहे थे।

कर्ज काढ़कर और पेट काटकर एकत्रित रुपयों का उपयोग करके पुण्य कमाने के लिए आए हुए भक्तों का समूह उन भिखारियों के दर्शन करने के कारण स्वर्ग का अधिकारी बनने के लिए उमड़ा पड़ रहा था। उस भीड़ में बूढ़े थे, जवान थे, स्त्रियाँ थीं, बच्चे थे।

उसी समय एक दुर्घटना हो गई। महन्तजी का हाथी उस मेले की भीड़ में अचानक बिगड़ खड़ा हुआ। एकत्रित जन-समूह अपने-अपने प्राण लेकर भागा।

और उस भागती हुई भीड़ में स्त्रियों और बच्चों को धक्का देकर भागता हुआ वह बुड्ढा और कोढ़ी भिखारी अपने प्राण बचाने के लिए सबसे आगे था।

और मैं पूछ रहा हूँ—कल्पना के किस नरक से बचने के लिए वह बुड्ढा और कोढ़ी भिखारी अपने जीवन के नरक से बुरी तरह चिपटा हुआ था ?

कुँवर साहब का कुत्ता

अगर आपके पास रुपया है, तो आप बड़े मजे में कुत्ता पाल सकते हैं, कुत्ता ही क्यों, घोड़ा, भालू, शेर सभी कुछ पाल सकते हैं। यही नहीं, बल्कि आप अपने मकान को जू बना सकते हैं और आपकी ओर कोई उँगली तक नहीं उठा सकता। मानी हुई बात है कि मुझे हरीश का कुँवर साहब और उनके कुत्तों को गालियाँ देते हुए गांधीवाद से लेकर साम्यवाद तक के सिद्धान्तों पर घंटे-भर तक व्याख्यान देना बुरा ही लगा, मैं तो कहता हूँ कि अगर आदमी हो तो निरंजन सा हो। निरंजन को आप नहीं जानते, दुबला-पतला, लम्बा-सा नवयुवक है, तीन साल हुए बी.ए. पास किया था। पर अभी तक बेकार है। सन्तोषी आदमी है, साथ ही अथक परिश्रम करने में विश्वास करता है। एक दिन कुँवर साहब के यहाँ से लौटकर—कुँवर साहब के यहाँ वह नौकरी की तलाश में गया था—उसने मुझसे बड़ी गम्भीरतापूर्वक कहा था—"भाई परमेश्वरी, अच्छा होता यदि भगवान ने मुझे कुँवर साहब का कुत्ता बनाकर पैदा किया होता। ऐसी हालत में मुझे तीन समय अच्छा-से-अच्छा खाना तो मिलता, गोश्त, दूध, बिस्कुट, सभी कुछ। और फिर एक नौकर, एक मकान और देखभाल करने के लिए एक डॉक्टर भी मैं पाता। और सबसे बड़ी बात यह है कि मैं मौका-बे मौका कुँवर साहब तथा कुँवरानी साहिबा का मुँह भी चाट लेता।" निरंजन के अन्तिम वाक्य पर मैंने उसे डाँटना चाहा; पर निरंजन की उम्र का खयाल करके चुप ही रह जाना पड़ा। कुँवर साहब शौकीन रईस हैं, और उनके शौकों में मुख्य स्थान कुत्तों के शौक को दिया जा सकता है। चूहे के बराबर से गधे के बराबर तक के कुत्ते आपको उनके यहाँ मिलेंगे, हर रंग के और हर शक्ल के, यह बतला देना अनुचित न होगा कि आदमियों की भाँति कुत्ते भी विलायती ही अच्छे समझे जाते हैं, और इसलिए आप ताज्जुब न करें, जब मैं आपसे यह कहूँ कि कुँवर साहब के सभी कुत्ते सात समुद्र पार करके हिन्दुस्तान को पवित्र करने आए थे। इन कुत्तों की संख्या करीब चालीस थी, जिनमें प्रत्येक कुत्ता लगभग एक हजार का था।

कुँवर साहब सज्जन पुरुष हैं, मेरे घनिष्ठ मित्र हैं और साथ ही स्वभाव के अच्छे हैं। उनका आग्रह था कि मैं उनके यहाँ कुछ दिनों के लिए ठहरूँ। बड़े आदमी का निमन्त्रण पाने के लिए मैं सदा लालायित रहता हूँ। उस मौके का चूकना मैंने मुनासिब न समझा। उन दिनों कुँवर साहब के अन्य कई मेहमान आए थे, हर एक का मिजाज और हर एक का रहन-सहन अलग-अलग था। कुछ रईस थे और कुछ रईसों के कृपा-पात्र

थे। दिन-भर गपबाजी होती थी और खेल होते थे।

सन्ध्या के समय चाय पीकर हम लोग बैठे ही थे कि कुत्तों पर बातचीत चल पड़ी। कुँवर साहब यदि कवि नहीं हैं, तो कवि-हृदय अवश्य हैं। आकाश की ओर देखते हुए उन्होंने कहा, "उफ कुत्ता ! इतना स्वामिभक्त प्राणी संसार में नहीं मिलेगा। पशु है, फिर भी वह मनुष्य से कहीं ऊँचा है। उसमें दगा, फरेब, कृतघ्नता, ये कभी न मिलेंगे। उसकी मूक स्वामि-भक्ति अद्वितीय है।" और कुँवर साहब ने अपने अलसेशियन के सिर पर हाथ फेरा। "मैं सच कहता हूँ कुत्ते के बराबर मित्र संसार में कोई नहीं है। दुनिया में जब चारों ओर सूनापन मालूम होता है, प्रत्येक ओर नजर उठाकर देखने पर भी जब ऐसा कोई मनुष्य नहीं दिखलाई देता जिसे हम अपना कह सकें, जिस पर हम विश्वास कर सकें, उस समय कुत्ता ही हमें अपने सबसे निकट दिखलाई देता है। मैं दावे के साथ कह सकता हूँ कि इंसान सबसे अधिक स्वार्थी है, नमकहराम है।"

कुँवर साहब की बात समाप्त होते ही उनकी बगल में बैठे हुए दूसरे सज्जन बोल उठे, "इसमें क्या शक है ! वाकया यह है कि इंसान सबसे अधिक नमकहराम हैं। लाख उसका हित कीजिए, लेकिन वह अपनी आदत से बाज नहीं आता। अभी साल-भर हुआ, एक दिन मैं जरा कुछ ज्यादा पी गया, आप जानते ही हैं कि कभी-कभी ज्यादा हो ही जाया करती है, और जनाब, ज्यादा पी जाने के बाद मैंने अपने खिदमतगार को गुस्से में कुछ मार दिया। कोई तलवार-बन्दूक तो मारी न थी, केवल हाथ से मारा था, लेकिन वह साला मरियल खिदमतगार, मेरी मार बर्दाश्त न कर सका, और उसे कुछ चोट आ गई। अब जनाब, उस साले का मैंने इलाज करवाया। सब कुछ उसके लिए किया, लेकिन इन कांग्रेसवालों के बरगलाने से वह साला पुलिस में रिपोर्ट करने जा रहा था। वह तो यों कहिए कि मैं था, मैंने साफ-साफ कह दिया कि अगर थाने तक पहुँचने की इत्तिला मुझे मिली, तो खाल खिंचवा लूँगा। और, फिर उसकी क्या मजाल जो वह थाने जाता। वरना और कोई दूसरा होता तो उस खिदमतगार ने उसे मुसीबत में डाल दिया होता ! अब जरा गौर करें कि मेरा खिदमतगार पुश्त-दर-पुश्त से मेरे नमक पर पला था। अगर मैंने उसे थोड़ा सा मार ही दिया और वह भी जब मैं कुछ ज्यादा पी गया था, तो क्या उसे थाने की बात सोचनी चाहिए ? लेकिन क्या किया जाए, नमकहरामी तो इंसान की नस-नस में भरी है।"

दूसरे सज्जन के बाद तीसरे सज्जन ने अपना किस्सा सुनाया—"भाई, मेरे समझ में नहीं आता कि क्या किया जाए। आए दिन ही इन आदमियों की नमकहरामी के सबूत मिलते रहते हैं। अभी महीना-भर हुआ कि कमिश्नर साहब मेरे इलाके में आए। उन दिनों जुताई हो रही थी और बेगारी लगे हुए थे। जरा गौर कीजिए कि कमिश्नर साहब ऐसे बड़े मेहमान की खातिर करना कोई साधारण बात तो है नहीं। रियासत के सब अमले कमिश्नर साहब की खातिरदारी में लगे थे और उसका नतीजा यह हुआ कि उस दिन बेगारियों को चबेना देना भूल गए। अब आप ही समझिए कि अगर एक दिन बेगारियों को चबेना नहीं मिला, तो वह मर न जाते, और फिर कमिश्नर साहब की खातिरदारी

की वजह से चबेना देना भूले थे ! तो जनाब जब कमिश्नर साहब चलने लगे, तो एक लौंडा उन बेगारियों के बीच से निकलकर कमिश्नर साहब के सामने खड़ा हो गया और ऐंड़ी-बेंड़ी शिकायतें करने लगा। वह तो मेरा मामला था, कमिश्नर साहब ने सुनी अनसुनी कर दी और चले गए।''

''इसके बाद हुआ क्या ?'' दबी जबान से मैंने पूछा।

''होता क्या, साले पर वह मार पड़ी कि पन्द्रह दिन तक चारपाई सेंकता रहा। इसके बाद बेदखल कर दिया। अब भीख माँगता होगा, लेकिन मुझे तो यह बतलाना था कि इंसान कितना नमकहराम होता है।''

जितने लोग वहाँ बैठे थे सब-के-सब इन बातों की ताईद करते थे। मुझसे न रहा गया, मैंने कुछ झल्लाकर कहा–''जी हाँ, नमकहरामी तो इंसान के हक में पड़ी है, लेकिन मुसीबत तो यह है कि भगवान ने प्रत्येक मनुष्य को एक प्रकार का ही हाड़-मांस दिया है, उसको भावनाएँ दी हैं, उसे अनुचित-उचित का ज्ञान दिया है। जब आप अपने को उस खिदमतगार या उस बेगारी के स्थान में रखें, तब आपको उसके दुःख-दर्द का पता लगे। आप अपनी बराबरीवाले, बल्कि किन्हीं बातों में आपसे कहीं अधिक श्रेष्ठ मनुष्य को रोटी के टुकड़े का गुलाम बनाना चाहते हैं, यही आप गलती करते हैं। आप ही लोगों के कारण साम्यवाद का प्रचार...''

एकाएक कुँवर साहब ने मेरा हाथ पकड़कर मुझे सचेत कर दिया, नहीं तो मैं न जाने क्या-क्या कह जाता। मेरी उस बात से वहाँ बैठे हुए लोगों में निस्तब्धता छा गई। लोग एक-दूसरे की ओर देखने लगे। कुँवर साहब ने कहा–''परमेश्वरी बाबू हम लोगों का मतलब ठीक तरह से नहीं समझे, इसीलिए वे क्रोध से कुछ उचित-अनुचित कह गए। आप लोग उनकी बात का बुरा न मानिएगा।''

किसी ने इस पर कुछ नहीं कहा, सारा वातावरण एकाएक शुष्क तथा नीरस हो गया। लोग वहाँ से उठकर इधर-उधर टहलने चले गए, मैं अकेला सोचता रह गया।

मैं क्या सोचता रहा, मुझे याद नहीं; कितनी देर तक सोचता रहा, यह भी याद नहीं; पर इतना याद है कि कुँवर साहब ने बड़े कोमल स्वर में मुझे सचेत करते हुए कहा–''परमेश्वरी बाबू ! मैं जानता हूँ कि मेरे मित्रों के दृष्टिकोण से आप सहमत न होंगे, जब कि स्वयं मैं ही उस दृष्टिकोण से सहमत नहीं हूँ; पर उस हँसी-खुशी के वातावरण को नष्ट करके क्या आपने अच्छा काम किया ? क्या आप समझते हैं कि आप यह सब कुछ कहकर उन लोगों के दृष्टिकोण को प्रभावित कर सके ?''

कुँवर साहब की बात में सार था, इसका मैंने अनुभव किया। अपनी तेजी पर मुझे पश्चात्ताप हुआ। मैंने कुँवर साहब से कहा–''हाँ, इतना मानता हूँ कि मुझसे गलती हो गई और उसके लिए मुझे खेद है। पर फिर भी आप स्वयं ही समझ सकते हैं कि मुझे उनकी बातों पर बुरा लगना ही चाहिए था, और मैं देवता तो हूँ नहीं कि मुझे क्रोध न आवे।''

मुस्कुराते हुए कुँवर साहब ने कहा–''आप ठीक कहते हैं परमेश्वरी बाबू ! मनुष्य

मनुष्य है और प्रत्येक मनुष्य बराबर है। आपको क्रोधित हो जाना स्वाभाविक ही था।'' इतना कहकर कुँवर साहब ने मेरा हाथ पकड़कर मुझे उठा लिया—''चलो, थोड़ा सा टहल ही आवें।''

कुवार का महीना था, सन्ध्या सुहावनी थी। कुँवर साहब साम्यवाद के सिद्धान्तों का समर्थन कर रहे थे, और उनके पीछे-पीछे दो सिपाही बन्दूक लिये हुए चल रहे थे। सूर्यास्त हो रहा था, अँधेरा हो रहा था और आगे-आगे कुँवर साहब का अलसेशियन रास्ता दिखलाता हुआ चल रहा था।

खेतों को और बागों को पार करते हुए हम दोनों गाँव की सघन आबादी में पहुँचे। देहाती, कुँवर साहब को देखकर खड़े हो जाते और हाथ जोड़कर 'अन्नदाता की दुहाई' बोलते थे, और कुँवर साहब मुझसे इस प्रकार बातें करते चल रहे थे कि मानो उन देहातियों का कोई अस्तित्व ही नहीं है।

काफी दूर तक टहलकर हम लोग लौटे। उस अलसेशियन का साथ कहाँ छूट गया, यह नहीं याद; पर जब हम दोनों गाँव में लौटे, तो एक विचित्र दृश्य दिखलाई पड़ा।

मैकू धोबी कुँवर साहब के इलाके में ही पला और बढ़ा था। बुड्ढा सा आदमी, सारे बाल सफेद हो गए थे। उसकी हड्डी-हड्डी गिनी जा सकती थी और लोगों ने उसे सदा एक लँगोटी ही लगाए देखा।

मैकू का खानदान काफी बड़ा था, उसकी बीवी और चार बच्चे और एक गधा। गधे के हौसले बढ़े-चढ़े थे, मैकू अपने बच्चों के समान ही उस गधे को भी रखता था। वही गधा मैकू की जीविका का सहारा था। रोज सुबह उस पर लादी लादी जाती थी। रोज शाम को लादी वापस लाता था। दिन-भर वह घाट पर किलोलें करता था।

उस दिन लादी खुलने के बाद मैकू ने गधे को बाँध दिया था; पर उसने अपनी रस्सी तुड़ाई और चहलकदमी की ठानी। एकाएक कुँवर साहब के अलसेशियन की नजर उस गधे पर पड़ी। या तो अलसेशियन को सन्ध्या के समय गधे की चहलकदमी करने की अनधिकार चेष्टा पर बुरा लगा, या फिर उसने गधे से कुछ खिलवाड़ करना चाहा। कारण जो कुछ रहा हो; पर इतना निश्चित है कि कुँवर साहब के कुत्ते ने गधे का पीछा किया। गधा कुछ दूर तक भागा और एकाएक रुक गया। उसे शायद यह याद हो आया कि संसार में सबको शान्तिपूर्वक रहने का समानाधिकार प्राप्त है, और भागना कायरता है। कायर को संसार में जीवित रहने का कोई अधिकार नहीं है।

गधे ने अलसेशियन का सामना किया, सीधे-सादे ढंग से।

उसकी मुद्रा साफ कह रही थी—''म्याँ, क्यों सताते हो, हमने तुम्हारा क्या बिगाड़ा है। आखिर तुम्हारा इरादा क्या है ? तुम्हारे मालिक कुँवर हैं, होंगे। अपने राम को इसकी कोई चिन्ता नहीं। अपने राम तुमसे जरा भी दबनेवाले नहीं।''

गधा तो गधा—अलसेशियन को उसका यह व्यवहार तनिक भी अच्छा नहीं लगा।

वह कुँवर साहब का कुत्ता था, जर्मनी से आया था। अहिंसा पर उसे रत्ती-भर विश्वास न था, साथ ही अपने अधिकार का उसे गर्व था गधे के इस अहिंसात्मक सत्याग्रह का प्रभाव उस अलसेशियन पर ऐसा ही पड़ा जैसा कांग्रेस वालंटियर के बैठ जाने का प्रभाव लाठी-चार्ज के लिए तैयार पुलिसवाले पर पड़ता। उसने गधे पर धावा बोल दिया।

पर गधा तो आदमी है नहीं, उसका सत्याग्रह दुराग्रह में परिणत हो गया। इसके पहले कि अलसेशियन के तेज दाँत उसके शरीर में गड़ें, वह घूमा बिजली की भाँति और उसने अपनी दुलत्ती का पूरा प्रयोग किया। एक भारी गुर्राहट के साथ कुत्ता धराशायी हुआ, आँखें बन्द और मुँह से खून निकलता हुआ। गाँववाले दौड़ पड़े, शोर मच गया कि मैकू के गधे ने कुँवर साहब के कुत्ते को मार डाला।

जब हम लोग लौटे, तब अलसेशियन अन्तिम साँस ले रहा था। कुँवर साहब की आवाज सुनते ही अलसेशियन ने आँखें खोलीं, एक बड़ी ही करुण और कातर दृष्टि से उसने कुँवर साहब को देखा और फिर सत्ता के लिए आँखें बन्द कर लीं।

गधा वहीं पर खड़ा था, अपनी विजय पर छाती फुलाए। कुँवर साहब ने लोगों से किस्सा सुना, खिदमतगार से उन्होंने बन्दूक ली, और दो गोलियाँ उन्होंने गधे के मत्थे में दाग दीं। गधा गिर गया। नौकरों से कुत्ता उठवाकर वे अपने महल की ओर चले गए, मैं वहीं रह गया।

उस समय मैंने मैकू को देखा, मैकू को ही नहीं, उसकी बीवी को, उसके चार बच्चों को। गधे की मृत्यु का समाचार सुनकर सब-के-सब बेतहाशा भागते हुए आए—गधे को घेरकर सब-के-सब खड़े हो गए। वे रो रहे थे, सब-के-सब—बुरी तरह रो रहे थे, मानो उनका कोई आत्मीय मर गया हो। उस रोज मैकू के यहाँ खाना नहीं बना।

मैं लौटा। कुँवर साहब और उनके मेहमान मैदान में बैठे थे। लोगों के सामने शरबत के गिलास थे, कुँवर साहब बोल रहे थे और उनका सेक्रेटरी लिख रहा था—"पन्द्रह सौ रुपया भेजा जा रहा है। जिस अलसेशियन का फोटो आपने भेजा था, उसे खरीदकर भेज दें।"

कुँवर साहब मर गए !

पिताजी की डाँट, माताजी की विनय, श्रीमतीजी के आँसू और श्रीमानूजी की अशक्तता मुझे रोक सकने में समर्थ न हो सकी। तीन दिन तक बुखार में पड़े रहने के बाद चौथे दिन सुबह के समय जैसे ही छोटे भाई ने हँसते हुए टेम्परेचर नार्मल पर आने की खबर दी, वैसे ही केशव ने मुँह लटकाए हुए उसी दिन शाम के समय निकलनेवाले कांग्रेस के जुलूस की सूचना दी।

केशव के मुँह लटकाने का कारण था। उस दिन नेताओं के दिमाग में न जाने क्यों एकाएक यह खयाल आ गया कि जुलूस जरा सिविल लाइंस की हवा खाय, या यों कहिए कि सिविल लाइंस जुलूस की हवा खाये। वैसे तो सरकार जानती थी कि जुलूस निकलता है, जनता जानती थी कि जुलूस निकलता है, और जुलूस निकालनेवाले जानते थे कि जुलूस निकलता है, पर बात यों हुई कि सिविल लाइंस के बँगलों में नौकरों, सवारियों और कुत्तों से घिरे रहनेवाले साहबों ने (हिन्दुस्तानी और गैर-हिन्दुस्तानी दोनों ही) कांग्रेस का जुलूस न देखा था। कांग्रेस के नेता देश-भक्त होने के साथ-साथ परोपकारी होने का भी दम भरते हैं, उन्हें उन साहबों पर दया आई। बड़े-बड़े थिएटर, कार्निवाल, सरकस, सिनेमा, बाल-डांस, फैंसी ड्रेस-बाल, घुड़दौड़ आदि-आदि उन लोगों ने देखे; अगर कुछ नहीं देखा तो कांग्रेस का जुलूस। आखिर यह तमाशा भी तो वे लोग देख लें, इसी बात को ध्यान में रखकर कांग्रेस के नेताओं ने यह तय किया कि कुआँ प्यासे के पास चले, यानी जुलूस सिविल लाइंस चले। इसकी सूचना मिली सरकार को, और सरकार को कुछ बुरा लगा—बुरा लगने की बात भी थी। सरकार ने सोचा कि उसके परम भक्त, कृपापात्र, लायक, फरमाबरदार बेटों को देखना चाहिए लाट साहबों का जुलूस जहाँ बैंड बजाते हुए तोपों, बन्दूकों, तलवारों से सजी हुई फौजें मार्च करती हैं, घोड़ों पर मूँछें ऐंठते हुए अफसर छलाँग मारते हैं (घोड़े छलाँगें मारते हैं, इसीलिए उन घोड़ों पर सवार अफसर भी), फूलों से सजी हुई मोटरों पर कीमती पोशाकें पहने हुए रईस सोलह या आठ घोड़ों से खिंचनेवाली स्टेटकोच के पीछे-पीछे रेंगते हैं और सड़क पर खड़े हुए खाकी वर्दी तथा लाल पगड़ी से सज्जित सिपाही जुलूस देखने के लिए एकत्रित जन-समूह को गर्दन में हाथ लगाकर बड़े प्रेम के साथ भाषा के चुने हुए शब्दों का प्रयोग करते हुए पीछे ठेलते हैं, न कि वे देखें कांग्रेस का जुलूस जहाँ नंगे सिर, पैर, खद्दर की फटी धोती और फटा कुरता पहने हुए असभ्य बागी आयँ-बायँ-सायँ बकते हैं बस जनाब, कांग्रेस के

नेताओं ने कहा, ''हम सिविल लाइंस घूमेंगे'' और सरकार ने कहा—''मियाँ औकात में रहो, तुम कंगल-टिर्रों की क्या मजाल कि सिविल लाइंस में घूमो।'' कांग्रेस-नेताओं ने कहा कि ''हम तो आवेंगे ही,'' सरकार ने कहा—''हम तुम्हें नहीं जाने देंगे,'' कांग्रेस-नेताओं ने कहा—''हम सत्याग्रह करेंगे,'' सरकार ने कहा—''हम मारे डंडों के तुम्हारी खोपड़ी तोड़ देंगे।''—बस, इतनी सी बात और तनातनी हो गई। लेकिन इन सबका नतीजा भोगना पड़ेगा केशव को, क्योंकि नेता थोड़े ही डंडे खाएँगे, डंडे खाएँगे, केशव और उनके भाई-बन्द अन्य स्वयंसेवक। इसीलिए उसका मुँह उतरा हुआ था।

हाँ, तो अखबारों में पढ़ा था कि लाठी-चॉर्ज होता है, पर लाठी-चॉर्ज होते न देखा था। मेरा भाग्य खुल गया। जिसे देखने को आँखें तरस रही थीं उसे देखने का मौका आ ही गया, फिर भला मैं कब चूकनेवाला था। शाम के समय ताँगे पर लदकर मैं कांग्रेस-ऑफिस पहुँचा।

एक अजीब समाँ बँधा हुआ था। सैकड़ों स्वयंसेवक हाथ में तिरंगे झंडे लिये खड़े राष्ट्रीय गान गा रहे थे। मुख पर दृढ़ता थी और हृदय में जोश। बीच-बीच में 'महात्मा गांधी की जय !' 'भारत माता की जय !!' के नारे बुलन्द होते थे।

जुलूस चला, लेकिन लोगों ने मुझे साथ ले चलने से इनकार कर दिया। मैंने लाख कहा कि मैंने कभी लाठी-चॉर्ज नहीं देखा है, भगवान के नाम पर मुझे भी साथ ले चलो, पर किसी ने एक न मानी। एक ने कहा—''तुम कमजोर हो।'' दूसरे ने कहा—''अगर लाठी खाना चाहते हो तो चल सकते हो, क्योंकि अगर लाठी-चॉर्ज में एक-आध मरा नहीं तो लुत्फ ही क्या रहा और तुम इस हालत में हो कि दो लाठियों में ही बड़ी आसानी से शहीद हो सकते हो।'' लेकिन मैं शहीद होने को तैयार न था, इसलिए नहीं कि मैं मृत्यु से डरता हूँ, बल्कि इसलिए कि देश को मुझसे बड़ी-बड़ी आशाएँ हैं। अन्त में यह तय हुआ कि मैं कांग्रेस-ऑफिस में बैठूँ और पुलिस की सूचनाएँ संकलित करता रहूँ।

2

मैं अकेला कांग्रेस-ऑफिस में बैठा हुआ था, और टेलीफोन से खबरें मिल रही थीं। घंटी बजी और टेलीफोन पर सुनाई पड़ा—''प्रोसेशन...रोड पर पहुँच गया है, यहाँ पर पुलिस-फोर्स रास्ता रोके खड़ी है, उन लोगों के पास डंडे हैं। सुपरिंटेंडेंट ने आज्ञा सुनाई कि प्रोसेशन आगे न बढ़े और पीछे लौट जाए। प्रोसेशनवालों ने सुपरिंटेंडेंट की आज्ञा मानने से इनकार कर दिया। इस पर सुपरिंटेंडेंट पुलिस ने लाठी-जॉर्च की आज्ञा दे दी है। लाठी-चॉर्ज हो रहा है, जनता तितर-बितर हो गई है, केवल स्वयंसेवक जमीन पर बैठ गए हैं।

इसके थोड़ी देर बाद टेलीफोन पर फिर खबर मिली—स्वयंसवेक पिट रहे हैं। और नेताओं की गिरफ्तारी हो रही है। एक ताज्जुब की बात है कि कुँवर कमलनारायण ने एकाएक आकर ''भारत माता की जय !'' बोली और वे भी गिरफ्तार कर लिए

गए...।—मेरे हाथ से रिसीवर छूट पड़ा, खबर अधूरी रह गई।

कुँवर कमलनारायण गिरफ्तार हो गए, हत्या करके नहीं, घर फाँद के नहीं, बल्कि 'भारतमाता की जय !' बोलकर। मेरे लिए यह इस युग की सबसे आश्चर्यजनक बात थी। कुँवर कमलनारायण उन रईसों में एक हैं, जिनका काम है चौबीसों घंटे शराब के नशे में धुत रहना, बिना गाली बात न करना और जब मौका मिल जाए, ऐयाशी करना। उनके देश-भक्त बनकर गिरफ्तार होने पर चाहे और किसी को आश्चर्य हो या न हो, पर मुझे उतना ही आश्चर्य हुआ, जितना बन्दर के अदरक खा लेने पर होता, या ख्वाजा हसन निजामी के हिन्दू बन जाने में होता।

फिर घंटी बजी—सब-के-सब स्वयंसेवक गिरफ्तार हो गए...आज का प्रोग्राम 'ओवर' हो गया।

मैं भी उठा, ताँगा मँगवाकर घर पहुँचा। मुझे देखते ही पिताजी ने अपना मुँह फेर लिया। माताजी ने एक दीर्घ निःश्वास के साथ आँखों से दो आँसू गिराए, श्रीमतीजी ने महावीरजी पर पाँच पैसे के बताशे चढ़ाए और श्रीमानूजी पलंग पर लुढ़क पड़े।

आँखें लगी ही थीं कि किसी ने मेरे कमरे के किवाड़ों में धक्का दिया। बड़ी मुश्किल से उठा। किवाड़ खोले तो देखा कि केशव खड़ा है। एक अजब हालत थी, कपड़े फटे हुए, चेहरा पीला और पिंडलियाँ काँप रही थीं। मैंने केशव का हाथ पकड़कर उसे अन्दर बुलाया।

केशव मेरा दूर का भाई होता है। बी.ए. पास करने के बाद जब नौकरी की तलाश में उसने अफसरों के पीछे इतनी चहलकदमी की कि उसका वजन एक मन से बढ़कर डेढ़ मन हो गया तब उसने कांग्रेस में नाम लिखाया। इस समय वह साधारण स्वयंसेवक से बढ़कर स्वयंसेवकों का नायक बन गया था और साल-भर के अन्दर ही नेता बनने की सोच रहा था।

हाँफते हुए उसने कहा—"भाई, एक गिलास पानी।"

मैं खुद बीमार—नहीं, बीमारी से उठा हुआ था, फिर भी मैंने केशव को पानी दिया। जिस पलंग पर मैं पड़ा था, उस पर अब केशवदेव पैर फैलाए लेटे थे। पानी देते हुए मैंने कहा—"कहो, क्या हाल है ?"

लेटे-ही-लेटे पानी पीकर उसने कहा—"मार डाला...बदमाशों ने !"

केशव की हालत देखकर कुछ दुःख होता था, कुछ हँसी आती थी। अपनी हँसी दबाते हुए मैंने कहा—"तुम तो गिरफ्तार हो गए थे। इस समय यहाँ कहाँ ?"

"क्या बताऊँ, अभी बारह मील का रास्ता पैदल तय किए हुए चला आ रहा हूँ !"

"यह कैसे ?"—मैं अपनी हँसी अब अधिक न दबा सका।

केशव बिगड़कर बोला—"यहाँ जान निकल गई और तुम्हें हँसी सूझती है। बदमाशों ने लारी पर लादकर बारह मील की दूरी पर छोड़ दिया।"

"पूरा हाल तो बताओ !"

"हाल क्या बताऊँ ! दो डंडे पड़े, इसके बाद गिरफ्तार हुआ। हवालात पहुँचा। वहाँ से एक लारी पर लादा गया और सब लोगों के साथ छोड़ दिया गया जंगल में। लारी

चल दी और हम लोगों को वापस आना पड़ा पैदल।''

केशव का किस्सा समाप्त हुआ। एकाएक मुझे कुँवर कमलनारायण की याद आ गई। मैंने पूछा—''तुम लोगों के साथ सुना है आज कुँवर कमलनारायण भी गिरफ्तार हुए थे।''

केशव उछल पड़ा, मुँह पर छाई हुई मुर्दनी गायब हो गई, ''अरे हाँ, अच्छी याद दिलाई। तो फिर कुँवर साहब का किस्सा आदि से सुनाऊँ ?''

''और नहीं क्या ?''

केशव ने आरम्भ किया, ''कुँवर साहब के ड्राइवर का कहना है कि कुँवर साहब के यहाँ कल कुछ मेहमान आ गए थे। जितनी शराब थी, वह सब खतम हो गई। आज शाम के समय घर में एक बूँद नहीं और कुँवर साहब को उसकी बड़ी आवश्यकता, क्योंकि नशा उतर गया था।''

शराब की इतनी तलब कि उन्हें मँगवाकर पीने की फुर्सत न थी। कार पर बैठकर दूकान पर ही खरीदकर पीने के लिए चल दिए। इधर दूकान पर धरना बैठा हुआ था। लोगों ने लू-लू बोली और कुँवर साहब ने कार सिविल लाइंस की तरफ बढ़वा दी। रास्ते में जुलूस मिला। कुँवर साहब को देखकर लोगों ने फिकरे कसे और कुँवर साहब ने गालियाँ दीं...रोड के चौराहे पर उस समय लाठी-चॉर्ज हो रहा था। कुँवर साहब ने कार रोक दी। उतरकर वे लाठी-चॉर्च देखने लगे। कुछ देर तक उन्होंने यह तमाशा देखा। फिर वे एकाएक कप्तान साहब के पास पहुँचे। उन्होंने कहा—''कप्तान साहब ! आप इन निहत्थों को क्यों मार रहे हैं ? अपने आदमियों को रोक दीजिए।''

कप्तान नया था, वह कुँवर साहब को पहचानता न था। उसने कहा—''चुप रहो, तुम अपना काम देखो।''

कुँवर साहब को बुरा लगा। पता नहीं उन्हें स्वयंसेवकों का पिटना अधिक बुरा लगा या कप्तान साहब का जवाब। उन्होंने आव देखा न ताव, गरजकर पुलिसवालों से कहा—''इन लोगों पर लाठी चलाना बन्द करो।''

एक क्षण के लिए पुलिसवाले अवाक् रह गए। लोगों ने जब देखा कि कुँवर कमलनारायण लाठी चलाने को बन्द करा रहे हैं, तब उन्हें आश्चर्य हुआ। उन्होंने नारे लगाए—''महात्मा गांधी की जय ! भारत माता की जय !!'' और कुँवर साहब ने भी दोहराया—''महात्मा गांधी की जय !''

इसी समय कप्तान साहब ने कुँवर साहब को गिरफ्तार कर लिया। लारी पर बिठाकर वे हवालात भेज दिए गए।

हम लोग भी हवालात भेजे गए। वहाँ कुँवर साहब से कोतवाल साहब की जो बातें हुईं, वे हमें मालूम हुईं। वे इस प्रकार हैं :

कोतवाल साहब ने कहा—''कुँवर साहब, आप यहाँ कैसे भूल पड़े ?''

कुँवर साहब का मुख क्रोध से लाल था, कोतवाल साहब ने ताड़ लिया। बोले—''मालूम होता है आपको प्यास लगी है।''

कुँवर साहब ने अपना सिर हिलाकर 'हाँ' कहा।

व्हिस्की का एक पेग बरफ और सोडा के साथ कुँवर साहब के सामने पेश किया गया, एक घूँट में पूरा गिलास खाली करके कुँवर साहब ने गिलास लानेवाले की ओर देखा। कोतवाल साहब के इशारे पर दूसरा गिलास आया।

कुँवर साहब की जान-में-जान आई।

कोतवाल साहब ने मौका देखा। बोले—"कुँवर साहब ! आप कैसे भूल पड़े ?"

एक ठंडी साँस लेकर कुँवर साहब ने कहा, "आज घर में शराब खत्म हो गई थी, और प्यास जोर की थी ! शहर में दूकानों पर धरना था, इसलिए सिविल लाइंस जा रहा था।"

कोतवाल साहब ने कहा—"क्या बताऊँ कुँवर साहब, इन कांग्रेसवालों ने तो नाक में दम कर रखा है। आप जानते हैं आज सिविल लाइंस की दूकानों पर भी धरना देने आ रहे थे। जब रोका तो माने ही नहीं। अगर पीटे न जाते तो सिविल लाइंस की शराब की दूकानों पर भी ये लोग धरना देते।"

"ऐसी बात है ?" कुँवर साहब ने चौथा पेग पीते हुए आश्चर्य से पूछा।

"हाँ साहब ! अब बतलाइए क्या किया जाए ? और आप हम लोगों को इन बदमाशों को पीटने से रोक रहे थे।"

कुँवर साहब ने कोतवाल का हाथ पकड़कर कहा—"दोस्त, गलती हो गई, क्या बताऊँ, अब क्या हो सकता है ?"

"कुछ नहीं, आप कतई इसकी फिक्र न करें। घर जाकर आराम करें।"

कुँवर साहब की कार बाहर खड़ी थी। उस पर लादकर वे घर भेज दिए गए। उस समय कुँवर साहब करीब-करीब एक बोतल व्हाइट हॉर्स की समाप्त कर चुके थे।

केशव ने कहानी समाप्त की और वह मेरी अलमारी में रखे हुए फलों पर इस प्रकार झपटा जैसे भूखी बिल्ली चूहे पर झपटती है।

3

दूसरे दिन पत्रों में निकला—सुपरिंटेंडेंट साहब ने गलती से कुँवर कमलनारायण को सत्याग्रही समझकर गिरफ्तार कर लिया था। उस समय कुँवर कमलनारायण कुछ नशे में भी थे, नहीं तो सुपरिंटेंडेंट साहब को यह गलती करने का मौका न मिलता।

इस खबर को पढ़कर हम लोग चार आदमी कुँवर कमलनारायण का ध्यान पत्रों में निकले हुए समाचार की ओर आकर्षित करने के लिए पहुँचे। बँगले के बरामदे में कुँवर साहब बैठे हुए थे और उनके सामने पड़ी हुई मेज पर एक व्हाइट हॉर्स की खुली हुई बोतल, तीन-चार सोडा की बोतलें तथा एक शराब से भरा गिलास रखा था, और कुँवर साहब की नजर बाग में काम करनेवाली जवान मालिन पर थी। हम लोगों को देखते ही वे उठ खड़े हुए। उन्होंने आवाज दी—"अबे ओ...कलुआ, देख तो इन खद्दर-पोशों को किसने बँगले में घुस आने दिया ? इनसे कह दे कि कुँवर साहब मर गए।"

एक विचित्र चक्कर है !

''एक विचित्र चक्कर है, और उस चक्कर की चाल भी विचित्र है। आज मिले और कल बिछुड़े, फिर क्या कभी मिलना होगा ? कौन कह सकता है—कौन जानता है ? नित्य ही हमारे सामने कितने प्राणी आते हैं; कुछ वर्ष, कुछ मास, कुछ सप्ताह, कुछ दिन, कुछ घंटे और कभी-कभी कुछ पल जीवित रहकर वे मर जाते हैं—कम-से-कम हमारे वास्ते, क्योंकि फिर हम उन्हें नहीं देखते, हम उनसे नहीं मिलते !''

देवेन्द्र ने अपने मस्तक पर हाथ फेरा, शायद वह कुछ सोच रहा था। उसने फिर कहा—''हाँ, संयोग का नाम जीवन और वियोग का नाम मृत्यु है। बुद्ध का क्षणवाद कहता है—हम प्रत्येक क्षण जन्म लेते हैं और प्रत्येक क्षण मरते हैं। आइंस्टाईन की 'थियरी ऑफ रिलेटीविटी' कहती है—तुम अमर हो, संसार नश्वर है। संसार इसलिए है कि तुम हो। संसार के हिसाब से तुम मरते हो और तुम्हारे हिसाब से संसार मरता है। एक ही बात, अन्त में एक ही तथ्य। चाहे वेदान्त को लो, चाहे बुद्ध को लो और चाहे आइंस्टाईन को लो, कहने का ढंग अलग-अलग, पर बात अन्त में एक...।''

देवेन्द्र अभी कुछ और कहता यदि नौकर ने आकर उसके सामने एक तार न रख दिया होता।

उस कमरे में सात आदमी थे और वह कमरा देवेन्द्र के मकान का था, जिसको खंडहर कहना अनुचित न होगा, एकमात्र साबुत कमरा था। कमरा काफी बड़ा था और यह बतलाता था कि देवेन्द्र का मकान कभी महल रहा होगा। एक निर्धन कलाकार अर्थाभाव की कठिनाइयों से घिरे रहने पर जिस प्रकार अपने कमरे को सजा सकता है, उसी प्रकार वह कमरा सजाया गया था। एक पलंग, एक ट्रंक, एक अलमारी, एक मेज, दो कुर्सियाँ, एक फटा हुआ साफ फर्श और फर्श पर दो-चार गावतकिए और इन सबके साथ सत्तर वर्ष का एक बूढ़ा नौकर, जिसकी कमर झुक गई थी और बत्तीसों दाँत गिर गए थे—वैभव के स्वामियों का उपहास करनेवाली उनकी निर्धन सन्तान की सम्पत्ति थी।

हम सब लोग फर्श पर बैठे थे। हम लोगों के सामने चीनी की तश्तरियों में भुने हुए चने थे और बातों का सिलसिला था। देवेन्द्र ने बैठे-ही-बैठे तार खोला, उसके बाद उसने तार अपने सामने रख लिया। उसने उसी तरह शान्त भाव से कहा—''अभी तो तार आया है, वह भी विचित्र है। वह यह कहता है कि देवेन्द्र, जैसा आप लोग उसे अभी तक जानते आए हैं, मर गया और उसके स्थान पर एक नए देवेन्द्र ने जन्म लिया है,

जिसके पास चार लाख की सम्पत्ति है। आप लोग यह तार स्वयं पढ़ सकते हैं।" इतना कहकर उसने वह तार हमारे सामने फेंक दिया।

मैंने तार उठा लिया, उसमें लिखा था, "कमला का देहान्त हो गया। वह तुम्हारे नाम चार लाख रुपया छोड़ गई, तार को देखते ही चले आओ।"

मैंने पूछा—"वह कमला कौन थी ?"

देवेन्द्र मुस्कुराया।

"जिस समय मैंने बात आरम्भ की थी, मेरे ध्यान में कमला ही थी। कमला को तुम नहीं जानते—मैं भी तो उसे नहीं जानता था। बात बहुत पुरानी हो गई, दस वर्ष का समय कुछ कम नहीं होता ! पर मेरे लिए वह अभी कल की घटना है—कल की ही क्यों, आज की, अभी की। कमला को मैं बहन कहता था, शायद वह मेरी दूर की बहन होती भी रही हो। हम दोनों पड़ोसी थे, सजातीय थे, और सम्बन्धी थे। साथ-साथ खेले थे, हँसे थे और रोए थे। एक दिन कमला के पिता के दरवाजे पर बड़ी धूमधाम हुई, बाजे बजे, नाच हुआ, बारात आई। मुझे याद है कि मैं कितना प्रसन्न था—कमला का विवाह था। और कमला भी प्रसन्न थी। अप्रसन्न होने का कोई कारण भी न था। कमला दस वर्ष की थी और मैं चौदह वर्ष का था, वासना का भाव उत्पन्न ही न हुआ था। हम दोनों में वासना का भाव उत्पन्न होने के पहले ही कमला का विवाह हो गया था। दो वर्ष बाद मैं भी कॉलेज में पढ़ने के लिए प्रयाग चला गया।

हाँ, कमला का विवाह हो गया था और मैं अविवाहित था। यहाँ यह भी बतला दूँ कि कमला आजकल की पढ़ी-लिखी लड़कियों की तरह न थी। उसने न उपन्यास पढ़े थे और न स्त्रियों के अधिकार पर लिखी हुई पुस्तकें। वह आदर्श हिन्दू-कन्या थी, अन्धविश्वास के वातावरण में पली हुई। व्रत और त्योहार वह मानती थी, देवी-देवताओं पर उसे विश्वास था। और मैं ? मैं अर्द्ध-नास्तिक था। यदि मैं ईश्वर और धर्म का खंडन नहीं करता था, तो उन पर विश्वास भी नहीं करता था।

समय बीतता गया, मैंने एम.ए. पास किया, उसके बाद पढ़ना छोड़कर मैं घर चला गया। माताजी जीवित न थीं, पिताजी ने विवाह की बात सोची, पर मैंने विवाह करने से इनकार कर दिया। मैं तो आधुनिक सभ्यता के रंग में रँगा था। मैंने कहा—"प्रेम करके विवाह करने में मैं विश्वास करता हूँ, जब तक किसी स्त्री से प्रेम नहीं हो जाता, मैं विवाह न करूँगा।"

पिताजी मुस्कुराए, वे मुझे जानते थे, शायद इतना, जितना मैं स्वयं अपने को न जानता था। उन्होंने कहा—"ठीक है, जो कुछ तुम कहते हो, उसमें मुझे कोई आपत्ति नहीं है। तुम निर्धन हो और निर्धन से प्रेम करनेवाला कोई नहीं होता—यह याद रखना। फिर निर्धन को विवाह भी न करना चाहिए, मुझे आश्चर्य हो रहा है कि मैंने तुम्हारे विवाह की बात सोची ही क्यों ? तुमने मेरी निर्धनता पाई है और मेरा झूठा अभिमान भी पाया है। भूखे मर जाओगे, लेकिन तुम नौकरी न करोगे—मैं यह जानता हूँ। इस हालत में तुम्हारा अकेले भूखों मरना अच्छा होगा।"

इसके बाद क्या-क्या हुआ, मुझे याद नहीं। शायद उसे याद रखने की कोई आवश्यकता भी नहीं। मैं किस प्रकार साहित्यिक बना—किस प्रकार मेरी ख्याति हुई, वे सब विगत बातें हैं, जिन्हें मैं भूल चुका हूँ। इसके बाद एक दिन कमला अपने घर आई—घर में कुहराम मचा था। कमला के आने पर घर में हर्ष के स्थान पर रुदन क्यों हो रहा था, शायद आप लोग यह जानना चाहें, यह इसलिए कि कमला विधवा होकर आई थी।

जो कमला लौटी थी, वह पहली कमला से भिन्न थी। पहली कमला मेरे कितने निकट थी और यह कमला मुझसे कितनी दूर। पहली कमला दस वर्ष की चपल बालिका थी, जो मुझे चिढ़ाती थी, मुझे मारती थी और मार खाने पर रो देती थी और यह कमला मेरी आँख-से-आँख न मिला सकती थी, गम्भीरता की प्रतिमूर्ति थी। मैं उसको भूल गया था और वह मुझे भूल गई थी। उस दिन जब मैंने कमला का नाम सुना, पुरानी बातें एकाएक याद हो आईं। मैं कई दिन बाद उसके घर गया। क्यों गया ? शायद उसको देखने ही। बहुत देर तक उसकी माता से बातें होती रहीं, पर वह न दिखलाई दी। मैं व्यग्र हो गया, उठकर चलनेवाला ही था कि वह नीचे आई—किसी काम से। मैंने उसे देखा, पहचानने में कुछ देर अवश्य लगी। उसने भी मुझे देखा—एकदम उसने मुझे कुछ देर तक देखा, उसके बाद एक विषाद-भरे स्वर में उसने केवल इतना ही कहा, "देवेन्द्र !"

सफेद धोती पहने हुए उस तरुणी को देखकर मैं थोड़ी देर के लिए स्तब्ध रह गया। इसके बाद मैंने साहस किया—"कमला, अच्छी तरह से तो हो ?"

एक रूखी मुस्कुराहट के साथ उसने कहा—"हाँ, अच्छी तरह से हूँ !"—और वह चली गई।

इसके बाद कमला मुझे प्रायः दिखलाई पड़ती थी, मेरे पास बैठती थी और धीरे-धीरे उसे पुरानी बातें याद हो आईं। कमला के दुःख को भुलाने के लिए मैं उसे तरह-तरह की पुस्तकें दे आया करता था, वह उन्हें पढ़ती थी और वह अधिक-से-अधिक पुस्तकें माँगती थी। कभी-कभी जब मैं अपने घर गाया करता था, तो कमला मेरा गाना सुनने के लिए मेरे यहाँ चली आती थी—और कमला के आते ही मैं गाना बन्द करके उससे बातें करने लगता था। कमला मेरी कविताएँ पढ़ती थी, समझ न पाती थी। कभी-कभी वह मुझसे कविताएँ सुनती थी, अर्थ भी समझती थी और अर्थ समझकर कहती थी, "देवेन्द्र, तुम यह सब कैसे लिख लेते हो ?" उसके इस प्रश्न से मुझे कितनी प्रसन्नता होती थी।

धीरे-धीरे मेरे हृदय में प्रेम ने जन्म लिया। कमला अनिन्द्य सुन्दरी न थी, पर वह कुरूपा भी न थी। साथ ही उसकी आत्मा की सुन्दरता से मैं मुग्ध हो गया। आप लोगों ने यदि मेरी तीन वर्ष पहले की कविताएँ पढ़ी हों, तो आप समझ सकेंगे कि मैंने किस तन्मयता के साथ प्रेम किया। उफ मेरा वह प्रेम ! कितनी मादक बेहोशी थी ! आज भी उस बेहोशी को पाने के लिए मैं अपना सर्वस्व निछावर कर सकता हूँ। जीवन के शत-शत ज्ञान उस बेहोशी पर बलिदान हैं। मैं आप लोगों से सच कहता हूँ कि दुनिया

में प्रेम की बेहोशी से बढ़कर कोई नशा नहीं है। जिसने प्रेम नहीं किया उसने संसार का एक बहुत बड़ा सुख नहीं पाया। कमला को देखते ही हृदय धड़कने लगता था, आत्मा प्रकाशमान और पुलकायमान हो उठती थी। आँखें झूम उठती थीं।

हिन्दी की सारी पत्रिकाएँ उन दिनों मेरी कविताओं से युक्त होती थीं। और कमला उन पत्र-पत्रिकाओं को पढ़ती थी। मेरी कोई कविता पढ़कर कमला मेरे यहाँ आती थी। मेरे मुख से उस कविता को सुनती थी, और अर्थ समझते हुए भी वह मुझसे उस कविता का अर्थ समझती थी। एक पल के लिए—इस प्रकार कि मालूम पड़े कि अचानक ही ऐसा हुआ—हम दोनों की आँखें मिलती थीं और एक-दूसरे के हृदय तक पहुँचने का प्रयत्न करती थीं, और फिर अलग हो जाती थीं। उसके बाद वह अपना मुख झुका लेती थी। उस समय मैं उसके मुख पर स्पष्ट गहरी वेदना के भाव देखता था, और उसकी वह वेदना मुझे निष्प्रभ कर देती थी।

एक दिन मैं कमला के घर गया, अपनी एक नई कविता सुनाने के लिए। कमला के माता-पिता घर पर न थे। वे कहीं गए थे, कमला अकेली थी। उसने मुझे बिठलाया, इसके बाद मैंने कमला को अपनी कविता सुनाई। कविता को सुनकर कमला से एक निःश्वास छूट पड़ा। आप लोग नहीं जानते कि उस समय मुझ पर कैसी बीत रही थी ! मैंने कमला का हाथ पकड़ लिया और धीरे से मैंने कहा—"कमला !"

जानता हूँ कि कमला का हृदय तेजी के साथ धड़क रहा था। पर मेरे हाथ पकड़ते ही उसका सारा शरीर सिहर उठा, ज्ञान की एक विद्युत-सी उसके सारे शरीर में दौड़ गई। धीरे से उसने मेरा हाथ झटक दिया। उसके इस व्यवहार से मैं काँप उठा, क्षणिक वासना को कमला की दृष्टि की तीव्रता ने नष्ट कर दिया। मैंने कहा—"कमला ! मुझसे क्या अनुचित हो गया ?"

कमला मुझसे कुछ हटकर कुर्सी पर बैठ गई। मुझे बैठने का संकेत करते हुए उसने कहा—"नहीं देवेन्द्र, तुमसे कुछ भी अनुचित नहीं हुआ। बैठ जाओ, आज तुमसे कुछ बातें करूँगी—और ये बातें जीवन से सम्बद्ध हैं, इन पर भविष्य निर्भर है। पहला प्रश्न यह है—क्या तुम मुझसे प्रेम करते हो ?"

"हाँ," मैंने उत्तर दिया।

कमला मुस्कुराई। "मैं जानती थी, तुम्हारी कविताएँ पढ़कर कोई भी व्यक्ति कह सकता है कि तुम प्रेम करते हो। किससे प्रेम करते हो, यह मुझे छोड़कर कोई नहीं जानता था और न कोई जान ही सकता था। देवेन्द्र, एक बात और भी बतला दूँ। मैं भी तुमसे प्रेम करती हूँ। उतना ही अधिक जितना तुम मुझसे प्रेम करते हो। अब दूसरा प्रश्न और है देवेन्द्र ! क्या प्रेम में वासना का होना आवश्यक है ?"

मैंने कहा, "शायद नहीं, पर वासना को दूर रखना बहुत कठिन है, संयम का काम है।"

कमला मेरी बात सुनकर हँस पड़ी। "बहुत कठिन है—संयम का काम है ? देवेन्द्र, यहीं तुम भूलते हो। प्रेम में वासना का न होना असम्भव है, इस बात को मैं जान गई

हूँ। आत्मिक मिलन और शारीरिक मिलन एक साथ ही चलते हैं। उन्हें कोई नहीं रोक सकता। समझे देवेन्द्र ! अब क्या हो ? यह प्रश्न है। मैं जानती हूँ कि मुझे प्रेम करने का कोई अधिकार नहीं, भगवान के सामने मैं एक व्यक्ति के साथ बँध चुकी हूँ। एक पथ मेरा निर्धारित हो चुका है। देवेन्द्र, उस पथ से हटना मेरे लिए असम्भव है, बहुत बड़ा पाप है। मैंने तुमसे प्रेम क्यों किया ? तुम मेरे जीवन से अलग होकर फिर मेरे जीवन में क्यों आए ? शायद भगवान् मेरी परीक्षा ले रहे हैं, मेरे हृदय की दुर्बलता का सहारा लेकर, मुझे गिराने का प्रयत्न करके मेरी आत्मा के बल को जाँचना चाहते हैं। देवेन्द्र, इस परीक्षा में मुझे उत्तीर्ण होना ही पड़ेगा—समझे !''

मैं चित्र-लिखित सा कमला की बातें सुन रहा था। मैंने कहा—''हाँ !''

''इसमें मैं तुम्हारी सहायता चाहती हूँ देवेन्द्र ! जानते हो, मैं क्या करना चाहती हूँ, मैं सप्ताह के अन्दर ही यहाँ से चली जाऊँगी। इस एक सप्ताह के लिए तुम यहाँ से बाहर चले जाओ। तुम्हारे सामने मैं निर्बल हो जाती हूँ, मेरा प्रेम मेरे धन पर विजय पाने लगता है, हृदय कर्त्तव्य के नियन्त्रण को स्वीकार नहीं करता। तुम मुझे वचन दो कि एक सप्ताह के लिए तुम यहाँ से चले जाओगे।''

मैंने कह दिया—''हाँ, मैं चला जाऊँगा।''

कमला का मुख खिल उठा—''और देवेन्द्र, दूसरी बात यह है कि फिर तुम मुझसे मिलने का प्रयत्न न करना और न कभी कोई पत्र ही लिखना। तुम समझ लेना कि मैं मर गई—जरा सी बात है, कोई मुश्किल नहीं है। और देवेन्द्र !''...इतना कहकर वह कमरे के बाहर चली गई।

मैं चला आया। घर आकर ही मैं यात्रा पर निकल पड़ा। एक सप्ताह के लिए निकला था, पर एक वर्ष तक मैं घूमता रहा। इस बीच में मेरे पिता का देहान्त हो गया, घर गिर गया और मैं भी दरिद्र हो गया। पर मुझे इसकी कोई चिन्ता न थी। मेरा जीवन सूना हो गया था—मेरा सर्वस्व लुट गया था। फिर इन सबकी मुझे कोई परवाह क्यों होती ?

पर देखता हूँ, कोई भाव चिरस्थायी नहीं रहता। मैं कमला को भूलने लगा—भूलने क्यों लगा, भूल ही गया। मेरे सामने संसार था, मेरी महत्त्वाकांक्षाएँ थीं। संसार की चहल-पहल से भरी अनुरक्ति ने अन्त में मेरी विरक्ति पर विजय पाई और मैं यहाँ लौट आया। यह तीसरा वर्ष है। एक-आध बार सुना, कमला का स्वास्थ्य अच्छा नहीं है, वह बीमार है, मरणासन्न है। सोचा, जाकर देख आऊँ; पर नहीं गया। कमला की यही इच्छा थी। कमला के पिता कहते थे, कमला अपनी दवा नहीं करती—मैं जानता था कि वह क्यों अपनी दवा नहीं करती। मुझे यह सुनकर कितना दुःख होता था, मैं नहीं जान सकता; पर मैं सच कहता हूँ, उसी समय जब मैं कमला के यहाँ चलकर उसे समझाने-बुझाने का प्रयत्न करने का इरादा करता था, मुझे कमला का यह वाक्य याद आ जाता था—तुम समझ लेना कमला मर गई। और मैं रुक जाता था। फिर कमला ने भी तो मुझे कभी नहीं बुलाया। मैं जानता हूँ वह क्यों मरी : मैं जानता हूँ कि प्राणों

की बाजी लगाकर उसके कर्त्तव्य ने उसके हृदय पर विजय पाई। प्रेम की आग में वह जली—वह मर गई, पर उसने उफ तक न की। कितने साहस का काम था। और एक स्त्री ही ऐसा कर सकती थी—इतना संयम, इतनी तपस्या एक स्त्री में ही हो सकते हैं।

देवेन्द्र ने तार जेब में रख लिया, "मैं आज रात की गाड़ी से जा रहा हूँ—कमला मर गई, सब समाप्त हो गया। मेरे जीवन का एक नया पृष्ठ खुल रहा है। पता नहीं, उस पृष्ठ में क्या लिखा है।"

हम सब लोगों ने देवेन्द्र से विदा ली।

एक वर्ष तक देवेन्द्र का कोई पता न लगा। एक दिन मैं सड़क पर घूमता हुआ चला जा रहा था। एकाएक मैं चौंक उठा। एक शानदार सिडेन-कार मेरी बगल में आकर खड़ी हो गई। मैं चिल्ला उठा, "अरे देवेन्द्र ! तुम कब आए ?"

मेरा हाथ पकड़कर उसने मुझे कार पर बिठला लिया, कार चल दी। "मैं कल आया। पीछे की सीट पर जिन देवीजी को देखते हो, वे मेरी धर्मपत्नी हैं। हिन्दी की प्रमुख लेखिका श्रीमती इन्दिरादेवी का नाम तो तुमने सुना ही होगा—आओ, मैं तुम्हारा उनसे परिचय करा दूँ।"

परिचय हो जाने के बाद मैंने देवेन्द्र से धीरे से कहा—"तुम विवाह कर लोगे, यह मैंने सोचा तक न था !"

"क्या करूँ, कमला ने मेरे वास्ते एक पत्र छोड़ा था, उसमें उसने लिखा था कि यदि मैं विवाह न कर लूँगा, तो उसकी आत्मा को शान्ति न मिलेगी। समझे !"

देवेन्द्र के मुख से दुर्गन्ध आ रही थी—मैंने पीछे फिरकर देखा, व्हिस्की की एक बोतल पीछे सीट के नीचे रखी थी। मैंने एक रूखी मुस्कुराहट के साथ कहा—"समझा ! तुम शराब भी पीने लगे हो।"

देवेन्द्र हँस पड़ा—"एक विचित्र चक्कर है—और उस चक्कर की चाल भी विचित्र है... ।"

मैं चिल्ला उठा—"देवेन्द्र, जरा कार तो रोको।"

देवेन्द्र ने कार रोक दी और मैं कार से उतर पड़ा। मैंने इतना ही कहा—"देवेन्द्र, तुमसे मैंने यह आशा नहीं की थी।"

पता नहीं, देवेन्द्र ने यह बात सुनी या नहीं, क्योंकि कार तेजी के साथ आगे बढ़ गई थी।

बतंगड़

बात क्यों उठी और कैसे उठी, यह तो बतला सकना कठिन है, पर इतना तय है कि बात जिन लोगों में उठी वे लोग सब-के-सब उस समाज के थे जो अपने को शिष्टता, शालीनता, जिम्मेदारी का ठेकेदार कहता है, और जिन्हें साधारण आदमी श्रद्धा तथा भक्ति की नजर से देखते हैं।

कहा यह जाता है कि उस दिन उन लोगों ने मनोविज्ञान के एक पहलू पर विचार किया था, यद्यपि उनमें से हरेक का अब कहना है कि मनोविज्ञान के उस पहलू पर विचार करने का उस दिन मौका गलत था, और इसीलिए सारी मुसीबत पैदा हो गई।

डिप्टी कलक्टर श्यामसुन्दर के ड्राइंग-रूम में नौ आदमी इकट्ठा हुए थे और उनमें से हरेक आदमी मौज में था, यानी बेहद प्रसन्न और सन्तुष्ट। कुछ देर पहले ही नगर के मशहूर काश्मीरी बावर्ची द्वारा बनाए हुए खाने खाकर, जिसके पहले व्हिस्की के दौर भी चल चुके थे, सब लोग इत्मीनान के साथ जमे थे और पान-सिगरेट का मजा ले रहे थे। रात भी कोई ऐसी ज्यादा नहीं हुई थी, यानी सिर्फ दस बजे थे और दिन शनिवार का था, यानी दूसरे दिन पैर फैलाकर नौ-दस बजे तक सोते रहने की सुविधा थी। लिहाजा गपबाजी शुरू हुई।

उस दिन इक्जीक्यूटिव इंजीनियर रघुपतिसहाय जरा खामोश थे। मिस्टर रघुपतिसहाय पेशे से तो इंजीनियर थे, लेकिन तबीयत से अच्छे-खासे फिलासफर थे।

असिस्टेंट सर्जन जगदीशबिहारी, जिन्हें गपबाज नम्बर एक होने का सौभाग्य प्राप्त था, अपने एक मजाक पर रघुपतिसहाय को खामोश देखकर उधर घूम पड़े, "क्यों सहाय साहेब ! मामला क्या है ? यह खामोशी कैसी ?"

और उसी समय मुंसिफ कृष्णस्वरूप ने उत्तर दिया—"मालूम होता है कुछ ज्यादा पी गए हैं।"

इस पर रघुपतिसहाय को बुरा लगना स्वाभाविक था। उन्होंने कुछ तेज आवाज में कहा—"ज्यादा पीनेवाले ही ज्यादा बोलते हैं और झूठ बोलते हैं। आप लोग जो बातें करते हैं उनमें सच कितना होता है ? आप कहेंगे कि कम-से-कम नब्बे प्रतिशत, और मैं कहूँगा कि ज्यादा-से-ज्यादा दस फीसदी।"

इस बार सब-जज शंकरलाल के बोलने की बारी थी—"आप पर मानहानि का मुकदमा चल सकता है।"

और गवर्नमेंट एडवोकेट अजितप्रसाद ने ताईद की–''जी हाँ, इसमें क्या शक है ? कानून तो यही कहता है। बचत सिर्फ इतनी है कि आप पिए हुए हैं और किसी कदर ज्यादा पिये हुए हैं।''

एक व्यंग्यात्मक मुस्कान के साथ रघुपतिसहाय ने कहा–''मैं फिर कहता हूँ कि आप लोग जो बातें करते हैं। उनमें ज्यादा-से-ज्यादा दस फीसदी सही होती हैं और कभी-कभी तो एक फीसदी भी सही नहीं होती है। मैं इसका सबूत दे सकता हूँ।''

कमरे में एक गहरा सन्नाटा छा गया और तभी सिटी डी.एस.पी. ठाकुर जसवन्तसिंह ने मूँछों पर हाथ फेरते हुए कहा–''क्या कहा, आप सबूत दे सकते हैं, अभी यहाँ पर ?''

''जी हाँ, अभी–यहाँ पर !'' रघुपतिसहाय ने कहा–''लेकिन शर्त यह है कि यह बात हम लोगों के कान में न जाने पाए !'' और अपना गला साफ करते हुए उन्होंने जरा गम्भीरतापूर्वक आरम्भ किया–''मैं खामोश था। आप लोग पूछेंगे क्यों ? तो असल बात तो यह है कि मैं एक मनोवैज्ञानिक पहलू पर गौर कर रहा था। मेरे पास आज एक शिकायत आई, शिकायत करनेवाला एक जिम्मेदार आदमी था और जिसकी शिकायत की गई थी वह जाना-माना गैरजिम्मेदार आदमी था। लेकिन जब मैंने छानबीन की तो पता चला कि शिकायत बिल्कुल निराधार थी क्योंकि जिस दिन का वाकया बतलाया जाता था, वह आदमी यहाँ था ही नहीं, मैंने ही उसे कुछ खरीदारी के वास्ते कानपुर भेजा था। तो हुआ यह कि एक छोटी सी बात दस-पाँच आदमियों में घूम-फिरकर शिकायत बन गई थी।''

डिप्टी श्यामसुन्दर ने हँसते हुए कहा–''अजी हुआ होगा वहाँ–यह बात हर जगह तो लागू नहीं होती।''

''जी, यह बात हर जगह लागू होती है,'' रघुपतिसहाय ने कहा–''मैं सोच रहा था कि एक बात दस आदमियों में घूमने-फिरने के बाद कितनी बदल जाती है। कभी-कभी तो असली बात का रुख ही हास्यास्पद हो जाता है। इसका कारण है कि सब अतिशयोक्ति से काम लेते हैं–अतिशयोक्ति मनुष्य का गुण है। इस अतिशयोक्ति से कोई बच नहीं सकता, कितना भी पढ़ा-लिखा, सुसंस्कृत और जिम्मेदार आदमी वह हो।''

''और हम लोगों से बढ़कर जिम्मेदारी, संस्कृति और शिक्षा का उदाहरण भला कहाँ मिलेगा ? हम सब-के-सब समाज के प्रतिष्ठित आदमी हैं–लेकिन हम भी इस अतिशयोक्ति के गुण से अछूते नहीं हैं। तो मैं सोच रहा था कि अगर मैं एक बात चुपके से दूसरे आदमी से कहूँ, और वह आदमी चुपके से दूसरे आदमी से कहे और इसी तरह एक के बाद वह बात हरेक आदमी से कही जाए, तो मेरी असली बात बहुत बुरी तरह बिगड़ सकती है, और शायद उतनी ज्यादा बिगड़ जाए कि उसका असली रूप ही न पहचाना जा सके।''

रजिस्ट्रार विजयबहादुर ने कहा–''कुछ थोड़ा सा फर्क तो आ सकता है, लेकिन असली बात जरूर कायम रहेगी।''

प्रिंसिपल विद्याभूषण ने रघुपतिसहाय का समर्थन किया, "मैं समझता हूँ कि असली बात ही गायब हो सकती है। और सबसे अच्छी बात यह है कि कोई बात कहकर ही देख ली जाए। मिस्टर रघुपतिसहाय, चूँकि यह मनोवैज्ञानिक प्रश्न आपने ही उठाया है इसलिए आप ही कोई बात कहकर देखिए। शुरू कीजिए।"

रघुपतिसहाय ने एक कागज पर कुछ लिखा, फिर उन्होंने कहा—"मैंने असली बात इस कागज पर लिख दी है। अब मैं अपनी बाईं ओर बैठे हुए ठाकुर जसवन्तसिंह के कान में यह बात कहूँगा। वह अपनी बाईं ओर बैठे कृष्णस्वरूप से यह बात कहें। इस तरह हरेक आदमी अपनी बाईं ओर बैठे आदमी से यह बात कहता चलेगा। और अन्त में जब यह बात मेरी दाईं ओर बैठे अजितप्रसाद के पास आए तब वह कागज पर वह बात लिख दें।"

"मंजूर !" सब लोगों ने एक स्वर में कहा।

रघुपतिसहाय ने जसवन्तसिंह के कान में कहा—"कल रात लाला रामनाथ के यहाँ दावत थी, बड़े जश्न रहे।"

यहाँ यह बतला देना अनुचित न होगा कि लाला रामनाथ नगर के बहुत बड़े साहूकार व रईस थे, निहायत बेईमान आदमी। हरेक आदमी लाला रामनाथ से नफरत करता था। अब उम्र करीब पचपन साल की रही होगी और एक साल पहले ही उन्होंने अठारह साल की एक सुन्दरी युवती से अपना पाँचवाँ विवाह किया था। लाला रामनाथ का शहर के सभी अफसरों से मेल-जोल था, लेकिन सभी अफसर लाला रामनाथ से अप्रसन्न ही रहते थे।

जसवन्तसिंह ने अपनी बगल में बैठे हुए कृष्णस्वरूप से कहा—"सुना, लाला रामनाथ के यहाँ कल दावत थी। उस ख़बीस के यहाँ दावत ! मालूम होता है लड़का हुआ है, औलाद के लिए उसने न जाने कितनी पूजापाठ कराई है, मुझे मालूम है।"

कृष्णस्वरूप ने अपनी बगल में बैठे हुए श्यामसुन्दर से कहा—"सुना, उस खबीस रामनाथ ने लड़का होने की खुशी में दावत दे डाली। बुढ़ापे की औलाद है न। तो इस बुढ़ापे में लड़का पैदा हुआ है !"

श्यामसुन्दर ने जगदीशबिहारी से कहा—"लाला रामनाथ के इस बुढ़ापे में लड़का पैदा हुआ। क्यों न हो, नौजवान बीवी, साल-भर में ही लड़का। हम तो पहले ही समझते थे। वह उसका सेक्रेटरी भूषन और उसका बेधड़क हर वक्त घर के अन्दर आना-जाना। तो यह तय था कि लड़का होता और जल्दी होता, लेकिन वह बेवकूफ खुश है।"

जगदीशबिहारी ने विद्याभूषण से कहा—"लाला रामनाथ की बीवी का उनके सेक्रेटरी भूषन से नाजायज ताल्लुक है। और वह कुछ कर नहीं सकते। लेकिन इतना मैं कह सकता हूँ कि उनका दिल रोता है। अभी आज सुबह मिल गए थे, चेहरे पर हवाइयाँ उड़ रही थीं।"

विजयबहादुर ने शंकरलाल से कहा—"अजी वह भूषन ! वही लाला रामनाथ का सेक्रेटरी। उसका लाला रामनाथ की जवान बीवी से नाजायज ताल्लुक था एक अरसे से।

बूढ़ा जानता तो जरूर रहा होगा, लेकिन आज वह बड़ा परेशान था। मालूम होता है मालटाल लेकर वह भूषन के साथ चम्पत हुई।"

और शंकरलाल ने अजितप्रसाद के कान में कहा—"कल रात लाला रामनाथ की बीवी तमाम गहना-नकदी लेकर उनके सेक्रेटरी भूषन के साथ भाग गई।"

अजितप्रसाद ने यह बात कागज पर लिखकर रख दी। तय यह हुआ कि अगले शनिवार की रात को जब यह पार्टी जमे तब दोनों कागज खोले जाएँ।

लेकिन लगता यह है कि अजितप्रसाद ने इतवार के दिन इस बात की ताईद करने की कोशिश की और सोमवार के दिन डिस्ट्रिक्ट जज की इजलास में अजितप्रसाद पर मानहानि का मुकदमा दायर कर दिया गया। मुकदमा दायर करनेवाले थे लाला रामनाथ।

मुकदमे की सुनवाई अभी शुरू नहीं हुई है। मुजरिम की तरफ से गवाह आठ आदमी हैं जिनके नाम इस कहानी में आ चुके हैं।

काश कि मैं कह सकता !

काश कि मैं कह सकता ! लेकिन नहीं, यह सम्भव ही नहीं। कौन कह सकता है और कौन कह सकेगा ? इन रहस्यों को सुलझाने का एक अविकल विफल प्रयत्न आदिकाल से होता रहा है और अनन्त काल तक होता रहेगा; पर एक भयानक उलझन से भरी हुई जिन्दगी को लेकर आनेवाले और अन्त में जिन्दगी की उलझन को दूसरों के कन्धों पर और भी विकृत रूप करके डालकर चले जानेवाले मनुष्य के अधिकार के बाहर की बात है कि वह रहस्यों को सुलझा सके। पर फिर भी इन रहस्यों के प्रति उदासीन हो सकना भी तो मेरी ताकत में नहीं है। यह जानते हुए कि पत्थर पर सर पटकने से सर ही फूटता है, पत्थर नहीं, मैं पत्थर पर सर पटक रहा हूँ।

रामनाथ—वही रामनाथ, जिसे कुछ थोड़ा सा सहृदय और अक्लमन्द समझने के कारण होस्टल में मैं परम मित्र की भाँति मानता था—मेरे नगर में कलक्टर होकर आया था। उसमें वही शान और योग्यता थी, जो आई.सी.एस. वालों में मिला करती है। अक्सर मैं उसके यहाँ चला जाया करता था, वह मुझसे अच्छी तरह से मिलता था; कभी-कभी मेरी गरीबी पर मुझसे सहानुभूति भी प्रकट कर देता था।

और उस दिन दिन-भर भयानक लू के कारण बाहर न निकलने के बाद सन्ध्या के समय मैं घूमने चल दिया। कोई काम न था, और इधर बहुत दिनों से रमानाथ से मिला भी न था, इसलिए मेरे पैर रामनाथ के बँगले की ओर उठ गए। चपरासी मुझे जानता था, इसलिए न तो उसने इनाम पाने की लालच में मेरा कॉर्ड माँगते हुए मुझे सलाम ही किया और न मुझसे यही कहा कि साहब घर पर नहीं हैं। सीधा मैं बँगले में दाखिल हुआ।

रामनाथ उस समय पीछेवाली लॉन पर बैठे थे, और उनके सामनेवाली मेज पर एक बड़ा पेग रखा था। उनके हाथ में एक पुस्तक थी, जिसके पन्ने वे बड़ी लापरवाही के साथ उलट-पुलट रहे थे। मुझे देखते ही पुस्तक उन्होंने मेज पर रख दी, गिलास से एक घूँट पीते हुए उन्होंने कहा—"क्यों जी नरेश, कभी-कभी पी लेने में तो तुम्हें आपत्ति न होनी चाहिए ?"

मैंने केवल मुस्कुरा दिया।

उन्होंने गिलास मेज पर रख दिया—"बहुत दिनों बाद आए हो—एक अरसा हो गया। अच्छी तरह तो रहे ?"

"हाँ, रहा तो अच्छी ही तरह। आया इसलिए नहीं कि आने की फुर्सत ही नहीं मिली, फिर सोचा कि शायद तुम व्यस्त हो।"

रामनाथ ने पुस्तक की ओर संकेत करते हुए कहा—"इस पुस्तक की लेखिका को तो तुम जानते ही होगे ?"

सौदामिनी देवी की 'प्रेम की आग' नामक पुस्तक उठाते हुए मैंने कहा—"हाँ, अच्छी तरह से ! पुस्तक कैसी लगी ?"

"मुझे तो पुस्तक से अच्छी लगी लेखिका की तस्वीर।"

रामनाथ हँस पड़े—"क्यों जी नरेश, सौदामिनी देवी ऐसी ही हैं, जैसी उनकी तस्वीर है ?"

"नहीं, तस्वीर की सुन्दरता से पचहत्तर फीसदी घटा दो; जो बाकी बचे, उसकी कल्पना कर लो," हँसते हुए मैंने पुस्तक मेज पर रख दी।

रामनाथ ने गम्भीर होकर कहा—"समझ में नहीं आता कि लेखिका ने अपनी तस्वीर इस पुस्तक में क्यों दी और अगर दी भी तो अधिक-से-अधिक सुन्दर दिखाने की कोशिश क्यों की ? नरेश, इस सबके पीछे कौन सा मनोविज्ञान काम कर रहा है ? मैं तो समझता हूँ कि पुस्तक पढ़नेवाले को लेखिका का एक ऑफर है, जिसमें यह कहा गया है कि मेरा दरवाजा खुला है, तुम आ सकते हो। हाँ, तुम्हें पसन्द करना अथवा नापसन्द करना यह मेरे ऊपर है।"

एक दफे जी में आया कि मैं रामनाथ के उस कथन का विरोध करूँ—हर एक आदमी अपने को खूबसूरत समझता है, हर एक आदमी अधिक-से-अधिक खूबसूरत दीखने की कोशिश करता है। इस बात पर किसी भद्र महिला के चरित्र के सम्बन्ध में आक्षेप कर देना कोई अच्छी बात नहीं; पर मैं यह भी जानता हूँ कि इस तरह के मजाक सभ्य-से-सभ्य समाज में हुआ करते हैं, इन पर आपत्ति करना असभ्यता का द्योतक है। और मैं अपने को सभ्य समझता हूँ, इसलिए विरोध न करके मैंने हँसते हुए कहा—"बात मजेदार कह गए, कहो तो देवीजी से परिचय करा दूँ ?"

"नहीं जी, दुनिया में देवियों की कमी नहीं है, एक-से-एक सुन्दर और नववयस्का। केवल पैसा चाहिए," यह कहकर रामनाथ ने गिलास खाली कर दिया।

हम दोनों थोड़ी देर तक चुप बैठे रहे। इतने में रामनाथ ने कहा—"नरेश, जरा अपने पीछे तो देखो।"

मैंने मुड़कर देखा, एक स्त्री, जिसकी अवस्था इक्कीस या बाईस वर्ष की होगी, रामनाथ के बच्चों के साथ बाग में घूम रही थी। मुड़-मुड़कर वह हम लोगों की ओर देखती भी जाती थी।

रामनाथ ने धीरे से मुझसे कहा—"देखते हो उस औरत को ? कैसी है ? है न सुन्दर ?"

"हाँ, निश्चय ही वह सुन्दर है," मैंने कहा।

"और पढ़ी-लिखी भी है। मेरे यहाँ वह लड़कों का ट्यूशन करना चाहती है।

और—और—मैं जानता हूँ कि वह मुझे भी पढ़ा सकती है—समझे ?" और रामनाथ खिलखिलाकर हँस पड़े।

"मैं नहीं समझा।"

"नहीं समझे ! कितने बेवकूफ हो ! अरे, कुछ रुपयों में तुम इसे पा सकते हो—सिर्फ कुछ रुपयों में। मैं उसे अच्छी तरह जानता हूँ। जिन्होंने उसे मेरे यहाँ बच्चों के ट्यूशन के लिए भेजा है, उन्होंने मुझसे स्पष्ट कर दिया था कि बच्चों को पढ़ाने के साथ-साथ यह मुझे भी पढ़ा सकती है।"

"तो क्या तुमने उसे अपने यहाँ रख लिया ?"

"नहीं जी, अपने बच्चों को वेश्या से भी गई-बीती इस औरत से शिक्षा दिलवाने की मैं कल्पना भी नहीं कर सकता।"

मैंने देखा कि रामनाथ के मुख पर उस स्त्री के प्रति घृणा के भाव स्पष्ट रूप से अंकित थे। वह स्त्री अब वहाँ से दूर निकल गई थी।

रामनाथ ने फिर आरम्भ किया—"नरेश, चाँदी के कुछ टुकड़ों के लिए एक स्त्री अपना शरीर बेच सकती है, यह भावना ही मेरे लिए असह्य है। स्त्री का सबसे बड़ा धन है उसकी इज्जत। उसी इज्जत को यह स्त्री अपनी हथेली पर लिये हुए बाजार में घूम रही है। यह हमारे समाज का एक बहुत बड़ा अभिशाप है। इस जिन्दगी से तो मौत अच्छी है। न जाने कितने ही नवयुवकों के लिए यह स्त्री पाप और कुमार्ग के लिए एक भयानक प्रेरणा के रूप में खड़ी है—समझे !"

थोड़ी देर तक चुप रहकर रामनाथ ने फिर कहा—"लेकिन है बला की खूबसूरत ! अगर मेम साहब का डर न होता तो मैं जरूर इससे कुछ पढ़ता।" और वह जोर से हँस पड़े।

उस दिन जब मैं रामनाथ के यहाँ से लौटा, तब मैं विचारों में डूबा हुआ था। मैं उस स्त्री के सम्बन्ध में ही सोच रहा था। मैं उस स्त्री के पतन के ही सम्बन्ध में सोच रहा था, दया, त्याग और पवित्रता की मूर्ति नारी इतना अधिक किस प्रकार गिर सकती है ! उस स्त्री के मुख पर मैंने कुछ देखा था, जिसे मैं समझ नहीं सका था; पर वह कुछ था बड़ा करुण और दयनीय !

मेरी विचारधारा मुझे असह्य हो उठी, और शहर की चहल-पहल में इस दुखद विचारधारा को डुबाने के लिए मैं रामनाथ के बँगले से सीधे शहर की ओर चल दिया। एक गिलास शरबत पीकर जब मैं पान खाने के लिए बढ़ा तब परमेश्वरी से मुलाकात हो गई। पान खाकर मैं पान की दूकान से कुछ हटकर परमेश्वरी के साथ बातचीत करने लगा। इसी बीच वही स्त्री, जिसे मैंने रामनाथ के यहाँ देखा था, वहाँ से निकली। परमेश्वरी ने उसे नमस्कार किया और नमस्कार का उत्तर देते हुए वहाँ रुक गई। परमेश्वरी ने उससे मेरा परिचय कराया—"हिन्दी के लेखक श्री नरेशचन्द्र और...विद्यालय

की अध्यापिका श्रीमती निरुपमादेवी।''

निरुपमा ने मुझे ध्यान से देखा—''आप ही का नाम श्री नरेशचन्द्र है ! आपका नाम तो बहुत सुना था, आज आपके दर्शन भी हुए, यह मेरा सौभाग्य है। आपको शायद आज मैंने कलक्टर साहब के यहाँ देखा था ?''

''जी हाँ। आपसे मिलकर मुझे बड़ी प्रसन्नता हुई।''

परमेश्वरी ने कहा—''यहाँ खड़े-खड़े क्या कर रहे हो ? चलो मेरे ही यहाँ चलो।'' यह कहकर उसने निरुपमा से कहा—''आप अपने घर ही तो जा रही हैं ?''

''जी हाँ।''

''तो फिर ताँगे पर बैठ जाइए, हम लोग आपको आपके घर उतार देंगे,'' यह कहकर वह ताँगा लेने के लिए आगे बढ़ी।

परमेश्वरी के हटते ही निरुपमा ने मुझसे कहा—''मैं आपसे कुछ बातें करना चाहती थी, कल शाम को क्या आपको अवकाश मिलेगा ?''

''हाँ, आप कल चार बजे शाम को आ सकती हैं।''

दूसरे दिन ठीक चार बजे निरुपमादेवी मेरे यहाँ पहुँची। उसका मुख पीला था, और ऐसा मालूम होता था कि वह किसी भयानक चिन्ता से ग्रस्त है।

बैठते हुए उसने कहा—''क्षमा कीजिएगा जो आपको कष्ट दे रही हूँ। पर क्या करूँ, मुझे आपके यहाँ आना ही पड़ा !'' और यह कहकर उसने अपने मुख पर मुस्कुराहट लाने का एक विफल प्रयत्न किया।

उसकी हिचकिचाहट दूर करने के लिए मैंने कहा—''कोई बात नहीं, जो कुछ मुझसे हो सकता है, मैं आपके लिए करने को तैयार हूँ।''

''नरेशचन्द्रजी, बात यह है कि मुझे ट्यूशन की बहुत अधिक आवश्यकता है, और कलक्टर साहब के यहाँ इसी आशा को लेकर कई दिनों से जा भी रही हूँ, पर मुझे जान पड़ता है कि वे टाल रहे हैं।''

मैंने अपने सामने बैठी स्त्री को देखा। वह रेशम की एक साड़ी पहने थी, जो काफी पहनी जा चुकी थी और अब कई जगह से फटने लगी थी। वह सुन्दरी थी अवश्य, पर उसकी आँखों की चमक जाती रही थी। उसके होंठ सूखे हुए थे और मुख पीला था।

कुछ रुककर उसने फिर कहना आरम्भ किया—''आप सोचते होंगे कि मैं नौकरी कर रही हूँ, फिर मुझे ट्यूशन की क्या आवश्यकता, लेकिन मैं आपसे सच कहती हूँ कि मेरी हालत बड़ी खराब है। मेरी विधवा सास है। अनब्याही ननद है, देवर है जो स्कूल में पढ़ता है और दो छोटे-छोटे बच्चे हैं। आप स्वयं समझ सकते हैं कि क्या इन सब लोगों के भरण-पोषण के लिए चालीस रुपए महीने की तनख्वाह काफी है। और नरेशजी, यही नहीं, इसके साथ मेरे पति कर्ज छोड़ गए हैं, जिसे अदा करना पड़ता है।''

''और आपके पति कहाँ हैं ?'' मैंने पूछा।

निरुपमा की आँखों में आँसू आ गए। आकाश की ओर इशारा करते हुए उसने कहा—"वहाँ—दो वर्ष हुए अपनी मातृभूमि को हम लोगों से अधिक महत्त्व देने के कारण वहाँ चले गए।"

मैं चौंक उठा—"यह कैसे ?"

निरुपमा सँभलकर बैठ गई—"देखिए, बात यह है कि उस दिन कांग्रेस का जुलूस निकल रहा था। वे भी जुलूस में थे। जुलूस रोका गया और कलक्टर साहब ने बजाय इसके कि जुलूसवालों को कानून तोड़ने के अपराध में गिरफ्तार करते, पुलिस से लाठियों द्वारा जुलूस पर प्रहार करवाया। और उस भीड़ में मेरे पति सबसे आगे थे। लोगों पर लाठियाँ पड़ रही थीं—मेरे पति भी गिर पड़े; पर वे बलिष्ठ नवयुवक थे, उनके रक्त में जोश था। कलक्टर साहब सामने ही खड़े हुए पिटनेवालों पर हँस रहे थे। और नरेशजी, वह कलक्टर भी हिन्दुस्तानी था।"

"हिन्दुस्तानी..."

"जी हाँ, मिस्टर रामनाथ के पहले वही थे—उनका नाम तो मुझे याद नहीं। हाँ, फिर मेरे पति को क्रोध आ गया—एक हिन्दुस्तानी अधिकार के मद में भूला हुआ निर्दयता के साथ अपने ही भाइयों को पिटवा रहा था और हँस रहा था। उन्होंने कड़ककर कहा—'सरकार के टुकड़ों के गुलामों को यह जान लेना चाहिए कि वे टुकड़े उन्हें हम लोगों से ही मिल रहे हैं !' उनका इतना कहना था कि कलक्टर साहब का हँसना बन्द हो गया, और उनकी आँखें लाल हो गईं। और कलक्टर साहब की आँखों का लाल होना था कि पास खड़े हुए पुलिसवाले मेरे पति पर टूट पड़े। नरेशजी, फिर मेरे पति उस मार से बेहोश हो गए, और वह बेहोशी फिर कभी न टूटी—कभी न टूटी और मेरी दुनिया लुट गई !"

मैं चुपचाप निरुपमा की कहानी सुन रहा था, मुझे उस लाठी-चार्ज की याद हो आई, जिसमें एक नवयुवक की तिल्ली फट जाने के कारण मृत्यु हो गई थी। और मुझे उस दिन मालूम हुआ कि वह निरुपमा का पति था।

निरुपमा का गला भर आया था। थोड़ी देर तक वह मौन बैठी रही। उसने फिर कहा—"लेकिन नरेशजी, मैं कलक्टर साहब को दोष नहीं देती; वे अपना कर्त्तव्य पालन कर रहे थे। असल में मेरे पति को ऐसी बात नहीं कहनी चाहिए थी; लेकिन मैं दोष अपने पति को भी तो नहीं दे सकती, क्योंकि वे युवा थे, उनके रक्त में जोश था—जीवन था। यदि वे यह सब न कहते, तो शायद मैं उन्हें निर्जीव समझती। दोष असल में मेरे भाग्य का था। नरेशजी, आप समझ सकते हैं कि दोष मेरे पति का नहीं था और कलक्टर साहब का भी नहीं था, क्योंकि उन्होंने जो कुछ किया, वह स्वाभाविक ही था। आखिर वे कलक्टर थे, उनके ऊपर एक बहुत बड़ा उत्तरदायित्व था। वे सरकारी नौकर थे—इतनी लम्बी तनख्वाह आखिर उन्हें मिलती किसलिए है ! उन्होंने वही किया, जिससे सरकार की प्रतिष्ठा कायम रहती। नरेशजी, यह मेरा भाग्य था।"

निरुपमा की कहानी समाप्त हो गई। मैं एकाएक बहुत अधिक उद्विग्न हो उठा।

निरुपमा के मुख की ओर मैंने एक बार गौर से देखा—वहाँ अहिंसा, विवशता और इन दोनों के साथ समझदारी का मिश्रण था। "दोष मेरे भाग्य का था। कलक्टर साहब सरकारी नौकर थे—इतनी लम्बी तनख्वाह आखिर मिलती किसलिए है ?"

निरुपमा ने कहा—"नरेशजी, आपसे यही प्रार्थना है कि आप कलक्टर साहब से मेरी सिफारिश कर दें। आप मेरे ऊपर बहुत बड़ा उपकार करेंगे।"

मैंने धीरे से कहा—"श्रीमतीजी, मुझे दुःख है कि आपकी सहायता करना मेरे सामर्थ्य के बाहर की बात है। मैं समझता हूँ कि आपकी सी परिस्थिति में पड़े हुए मनुष्य को धोखे में रखना अमानुषिक है, इसलिए मैं आपको बतलाए देता हूँ कि वे आपको अपने यहाँ रखने के लिए जरा भी तैयार नहीं हैं।"

"क्यों ?" दबी जबान में निरुपमा ने पूछा।

"आप न पूछें, आपको जानकर दुःख होगा।"

निरुपमा ने एक रूखी हँसी के साथ कहा—"नरेशजी, मेरे दुःख की आप चिन्ता न करें। इसकी मैं इतनी अधिक अभ्यस्त हो गई हूँ कि मेरे लिए अब उसका कोई अस्तित्व ही नहीं रह गया।"

"तो फिर सुनिए, उन्हें आपके चरित्र के सम्बन्ध में शिकायत है। उनका कहना है कि अपने बच्चों को वे आपके शिक्षण में रखना ठीक नहीं समझते !"

निरुपमा चौंक उठी—"क्या कहा ?" उसका मुख पीला पड़ गया। कुछ रुककर उसने कहा—"बात वहाँ भी पहुँच गई—नरेशजी, ठीक है।" उसकी आँखों में आँसू आ गए—"ठीक है नरेशजी, पाप छिपाए नहीं छिपता—मैं समझ गई। पर मैं आपसे एक बात और कहूँगी और फिर चली जाऊँगी। आपका समय नष्ट किया है, उसके लिए आप क्षमा करेंगे। देखिए, मैं ट्यूशन ढूँढ़ रही हूँ कीचड़ से निकलने के लिए ही। पर देखती हूँ कि गिरकर उठना बहुत कठिन है, कठिन ही नहीं, असम्भव है। शायद आप भी मुझे पतित समझते होंगे; और आप ही क्यों, मैं खुद अपने को पतित समझती हूँ, पर आप कह दें कि इस पतन में मेरा हाथ कहाँ तक है। आप मेरी परिस्थिति पर ध्यान दें और फिर मेरे सम्बन्ध में आप अपना निर्णय दें। मुझे अकेले ही तो जीवित नहीं रहना है, मुझे और भी कई व्यक्तियों को जीवित रखना है।"

निरुपमा उठ खड़ी हुई। उसे रोकने का मुझमें साहस न था; और वह नमस्कार करके सर झुकाए हुए बाहर चली गई।

गर्मी अब जोरों के साथ पड़ने लगी थी। मिस्टर रामनाथ पहाड़ जा रहे थे। मुझे भी लखनऊ जाना था, इसलिए हम दोनों साथ ही चले और स्टेशन साथ ही पहुँचे। गाड़ी आने में देर थी, और हम दोनों प्लेटफॉर्म पर टहल रहे थे। एकाएक रामनाथ ने कहा—"देखो जी नरेश, उस स्त्री को देखते हो ?"

"किसको ?" कहते हुए मैंने मुड़कर देखा। निरुपमादेवी एक नवयुवक के साथ

कपूर रेस्तराँ से आ रही थी। उस समय निरुपमादेवी जार्जेट की बहुत सुन्दर साड़ी पहने थी, और उनके कपड़ों से कीमती सेंट की महक आ रही थी। वह उस नवयुवक से घुल-घुलकर बातें कर रही थी। कपड़ों और ठाठ से वह नवयुवक बहुत अमीर और ऊँची श्रेणी का मालूम होता था।

निरुपमादेवी हम दोनों के पास से निकली। एकाएक उसकी नजर हम दोनों पर पड़ गई। एक क्षण के लिए उसका चेहरा लाल हुआ और फिर पीला पड़ गया। वह कुछ ठिठकी, फिर उसने हम दोनों को नमस्कार किया। मैंने मुस्कुराते हुए नमस्कार का उत्तर दे दिया, पर मिस्टर रामनाथ ने अपना मुँह फेर लिया।

निरुपमा के जाने के बाद मिस्टर रामनाथ ने मुझसे कहा—"देखते हो नरेश ! मैंने क्या कहा था, है न वेश्या से गई बीती। मुझे उस नवयुवक पर दुःख है, जो उसके जाल में फँस गया है।"

मिस्टर रामनाथ ने और क्या-क्या कहा, मुझे याद नहीं। मुझे उस समय निरुपमा की कहानी याद हो आई और मैंने मिस्टर रामनाथ को गौर से देखा। यह आदमी, जो दुनिया में अपने को इतना अधिक महत्त्वपूर्ण समझता था, जो निरुपमा के शरीर बेचने पर उस पर घृणा और क्रोध प्रकट करता था, क्या उसको यह सब कहने का अधिकार था ? क्या उसने अपनी लम्बी तनख्वाह पर अपनी आत्मा तक नहीं बेच दी है ? मुझे निरुपमा के शब्द याद आ गए—"वे सरकारी नौकर थे—इतनी लम्बी तनख्वाह उन्हें आखिर मिलती किसलिए है ?"

और मैं आज भी परेशान हूँ। किसने शरीर बेचा—किसने आत्मा बेची—और क्यों ? मैं अपने चारों ओर देख रहा हूँ, कोई भी तो ऐसा आदमी नहीं है, जो खरीदार हो—सभी बेच रहे हैं ! और वह खरीदनेवाला कौन है ?

लेकिन नहीं, मैं पहले ही कह चुका हूँ, ये सब पागल बना देनेवाली बातें हैं।

नाज़िर मुंशी

ज्ञान कुरूपता है और अज्ञान सौन्दर्य है। अगर आप इस बात को बिना किसी तर्क के मान लेते हैं—और मैं आपको विश्वास दिलाता हूँ कि तर्क करके आप मुझसे जीतेंगे नहीं—तो मैं आपसे कह सकता हूँ कि लड़कपन जीवन का सौन्दर्य है। लड़कपन के कुछ थोड़े से वर्षों में ही तो वास्तविक सुख का उपभोग करते हैं, उत्सुकता के उन इने-गिने पत्रों में ही हम वसुधा की अक्षय सुषमा को देख पाते हैं फिर उसके बाद—ज्ञान की भयानक कुरूपता !

उड़नेवाले सफेद बादल से दौड़ने में होड़ लगाना, तितली के साथ खेलने का प्रयत्न करना, तारों में पहुँचने की कल्पना करना—यह सब-का-सब एक मधुर स्वप्न की आह-भरी धुँधली स्मृति के रूप में बदल चुका है। मैं जीवन देख रहा हूँ और मुझे कुरूपता के साथ खेलना पड़ता है। कभी-कभी लड़कपन की भी याद आ जाती है, वे विगत स्वप्न पल-भर के लिए वास्तविकता बनकर लौट पड़ते हैं। चाहता हूँ कि वे सपने मिटें न। पर इतना चाहते ही सपने उड़ जाते हैं, मुझे कुछ चकित सा, कुछ भूला सा और कुछ विक्षुब्ध सा छोड़कर !

उन्हीं सपनों में एक सपना नाजिर मुंशी का भी था। एक दिन वह सपना जीवन की एक भयानक कुरूपता प्रदर्शित करता हुआ सदा के लिए नष्ट हो गया, और उसके नष्ट हो जाने का मुझे दुःख है। मैं कहता हूँ कि बचपन के सपनों को सपना बनाकर ही रखा जाना चाहिए, वास्तविकता की कसौटी पर उन सपनों को कहना उन्हें सदा के लिए नष्ट कर देना है—सौन्दर्य की कुछ रेखाओं को निर्दयतापूर्वक मिटाकार एक-से-एक भयानक कुरूपताओं को ढूँढ़ निकालना है।

पचीस वर्ष बीत गए—पल-पल, दिन-दिन, महीना-महीना और साल-साल कटते हुए। आज किसी की बारात में जाना अखर जाता है, अगर जाता हूँ तो मजबूरन। बाजों की आवाजें अब मेरे कान पर प्रहार की तरह पड़ती हैं, लोगों को विवाह के उपलक्ष्य में जब प्रसन्न देखता हूँ, तब सोचता हूँ कि ये कितने मूर्ख हैं। नाच-रंग को पल-भर का नशा समझने लग गया हूँ, जिसका खुमार हमें जीवन के युद्ध में अधिक-से-अधिक निर्बल बना देता है, पर आज से पचीस वर्ष पहले मैं लड़का था। उन दिनों जब बारात में चलने

का निमन्त्रण मिलता था, तब चित्त प्रसन्न हो जाता था। महीनों से तैयारियाँ करता था, एक-एक दिन गिनता था, बारात से चलने की प्रतीक्षा में। जीवन की कुरूपता तथा असफलता ने उस समय तक मेरे कौतूहल का, मेरी उत्सुकता का गला न घोंटा था। वह मेरा लड़कपन था, मेरे जीवन का सौन्दर्य था।

ठीक पचीस वर्ष पहले की बात है जब मैं एक बारात में गया था। उसी बारात में पहले-पहल नाजिर मुंशी को देखा था। बड़े आदमियों की बारात थी, लड़के का बाप डिप्टी कलक्टर था और लड़की का बाप सबजज। बाराती थे वकील, बैरिस्टर, रईस, डॉक्टर और ऐसे ही लोग।

उस बारात में कुछ गरीब आदमी भी थे, कोई ऐसे भिखमंगे तो नहीं, पर लड़केवाले और लड़कीवाले से तुलना करने पर गरीब; और उन गरीब आदमियों में नाजिर मुंशी भी थे। पर उन दिनों मानो पचीस वर्ष पहले रिश्तेदारी में रुपए-पैसे का भेदभाव नहीं देखा जाता था। नाजिर मुंशी भी बाराती थे, उतने ही इज्जतदार और प्रतिष्ठित, जितने लड़के के पिता डिप्टी साहब। मँझोले कद के गोल-मटोल आदमी थे, मूँछें बड़ी-बड़ी और तोंद निकली हुई।

नाजिर मुंशी की ओर मैं क्यों आकर्षित हुआ ? लड़कों की भीड़ उन्हें क्यों हरदम घेरे रहती थी ? महफिल में नाजिर मुंशी क्यों सबके आगे बिठाए जाते थे ! इन प्रश्नों का एक उत्तर है—नाजिर मुंशी हँसमुख आदमी थे। किसी भी आदमी को बातों में उड़ा देना उनके बाएँ हाथ का खेल था। जहाँ नाजिर मुंशी थे, वहाँ हँसी का ठहाका था। हाजिर-जवाबी उनका जन्मसिद्ध अधिकार था।

उस बारात में एक अप्रिय घटना घट गई। सुबह बरफ नहीं आई डिप्टी साहब सबजज साहब पर नाराज हो गए। लगे कहने, और लुक-छिपकर नहीं बल्कि खुलेआम जैसा कि लड़के के पिता को अधिकार प्राप्त है—"मैंने समझा था पढ़े-लिखे आदमी हैं, शरीफ हैं, यह जानता था कि पूरे मक्खीचूस, पैसे को इस बुरी तरह पकड़ते हैं। रुपए-दो रुपए के पीछे हमारी आराम-तकलीफ का खयाल तक नहीं। यह जानता होता कि ऐसे कमीनों से वास्ता पड़ेगा तो इनके यहाँ शादी न करता।"

सबजज साहब ने जब यह सुना कि जरा बरफ न पहुँचने पर डिप्टी साहब वाही-तबाही बकने लगे, तो उन्हें भी गुस्सा आ गया। सुबह जिंस तो भिजवा दी, लेकिन फिर कोई आदमी "आपको कोई तकलीफ तो नहीं है ?" "किसी चीज की जरूरत है ?" आदि-आदि प्रश्न पूछने न आया।

डिप्टी साहब का पारा चढ़ता ही गया। शाम के समय नाश्ता नौकरों के हाथ आया न सबजज साहब ही बारातियों को झाँकने आए और न उनके लड़के, न रिश्तेदार। यह उपेक्षा डिप्टी साहब को असह्य हो गई। नाश्ता उन्होंने वापस भिजवा दिया और बारातियों को कूच का हुक्म सुनाया गया। फौज ने असबाब कसना शुरू किया। मामला इतना अधिक बढ़ गया और डिप्टी साहब तथा सबजज साहब अपनी-अपनी जिद पर अड़े रहे।

क्राइसिज (Crisis) पर विजय पाई, नाजिर मुंशी ने लड़कों को एकत्र करके उन्होंने सबजज साहब के मकान पर धावा बोल दिया। बारातियों को इस बात का पता तक नहीं, सब लोग इतने अधिक व्यस्त थे।

सबजज साहब अपने दरवाजे पर बैठे हुक्का गुड़गुड़ा रहे थे। उनको घेरे बैठे थे उनके रिश्तेदार व अन्य दोस्त। सबजज साहब बीच-बीच में कहते जाते थे–"वही अकेले इज्जतदार नहीं हैं। लड़की की शादी की है, इज्जत नहीं बेची है। जाते हैं तो जाने दो !"

उनके दरवाजे पहुँचकर नाजिर मुंशी ने हम लोगों को एक लाइन में खड़ा कराया, फिर उन्होंने सबजज साहब को बड़े अदब के साथ झुककर एक लम्बा-चौड़ा सलाम किया। नाजिर मुंशी के पहुँचते ही सबजज साहब अकड़कर बैठ गए। उन्होंने नाजिर मुंशी को उसी दृष्टि से देखा जिस दृष्टि से बादशाह शत्रु के राजदूत को देखता है।

पर नाजिर मुंशी ने सबजज साहब से कोई बातचीत नहीं की। इसके स्थान पर सबजज साहब की तरफ इशारा करके उन्होंने हम लोगों से कहना आरम्भ किया–"लड़को ! सबजज साहब यही हैं, बड़े स्वाभिमानी और बड़े इज्जतदार ! अँगरेजी तहजीब के कायल हैं, और अगर देखा जाए, तो अँगरेजी तहजीब ऐसी कोई बुरी भी नहीं है। ये सबजज साहब हमारे मेजबान हैं; इन्होंने हमें–यानी बारात को अपने घर पर बुलाया है। और मेरे प्यारे बच्चो, तुम्हारे बुजुर्ग सबजज साहब से नाराज होकर चले जा रहे हैं; इसमें तुम्हारे बुजुर्गों की ही गलती है। माना कि हिन्दुस्तान की पुरानी तहजीब के मुताबिक मेजबान का यह फर्ज है कि वह मेहमान की उचित-अनुचित चुपचाप सह ले, और अपने घर पर आमन्त्रित मेहमान की सेवा करे; लेकिन अँगरेजी तहजीब के मुताबिक कभी भी बेजा बात बर्दाश्त न करनी चाहिए। गोकि मैं हिन्दुस्तानी तहजीब का कायल हूँ, क्योंकि मैं हिन्दुस्तानी ही हूँ और हिन्दुस्तानियों के बीच में ही मुझे रहना है, और मेरे प्यारे लड़को ! तुम्हारे लिए भी मेरी नेक सलाह यही है कि तुम हिन्दुस्तानी तहजीब को ही अपनाना; लेकिन तुम्हें सबजज साहब की उचित पर डटे रहने की प्रवृत्ति पर उनकी इज्जत करनी चाहिए। तुम सब लोग झुककर सबजज साहब को सलाम करो और फिर अपने बुजुर्गों के साथ यहाँ से रवाना हो जाओ !"

नाजिर मुंशी की स्पीच समाप्त हुई, लड़कों ने झुककर सबजज साहब को सलाम किया।

नाजिर मुंशी चलने के लिए घूमे ही थे कि सबजज साहब ने खुद उठकर उनका हाथ पकड़ लिया। बड़े आदर के साथ उन्होंने नाजिर मुंशी को और हम लोगों को बिठाया। अपने लड़के को बुलाकर उन्होंने मिठाई, फल, नमकीन आदि वस्तुएँ मँगवाईं। हम लोगों ने नाश्ता करना शुरू किया, उधर सबजज साहब मय अपने साले, बहनोई, चाचा, फूफा, मामा, समधी, दामाद के डिप्टी साहब को मनाने चले।

उस दिन रात के समय जब महफिल जमी, तो जहाँ देखो वहाँ नाजिर मुंशी ही नजर आते थे। वेश्या की ओर संकेत करते हुए सबजज साहब ने कहा–"नाजिर मुंशी, अपनी बहन को पान दे आओ !" और नाजिर मुंशी ने जवाब दिया–"हुजूर का मामा बनने

से मुझे कतई इनकार है !" लोग हँस पड़े। डिप्टी साहेब ने कहा—"नाजिर मुंशी ! सुना है कि समधिन ने आज शाम तुम्हें अपने हाथों मिठाई खिलाई ! कैसी हैं ?" और नाजिर मुंशी ने तड़ाक से कहा—"उनकी शक्ल हुजूर की शक्ल से बिल्कुल मिलती-जुलती है !" नाजिर मुंशी के बड़े भाई डिप्टी साहब के बहनोई थे।

और पचीस वर्ष बीत गए ! प्रत्येक दिन आशा बनकर आया और निराशा बनकर निकल गया। इन पचीस वर्षों में बहुत-कुछ देखा, उससे भी अधिक सुना; लेकिन सीखा केवल इतना कि ज्ञान कुरूपता है और अज्ञान सौन्दर्य ! जीवन के रहस्यों को सुलझाने में नित्य ही मैं उलझता गया, और उस उलझन से घबराकर मैं सुख पर विश्वास छोड़ बैठा, ज्ञान पर विश्वास छोड़ बैठा, और यहाँ तक कि अपने पर भी विश्वास छोड़ बैठा। लड़कपन के सपनों के धुँधले सौन्दर्य को, जो एक अज्ञात पुलक की भाँति मेरे अन्तर में छिपा है, धीरे-धीरे मैं नष्ट करता जा रहा हूँ। एक के बाद एक सपने मिटते जा रहे हैं और सात महीने हुए कि नाजिर मुंशीवाला सपना भी सदा के लिए मिट गया।

अक्सर नाजिर मुंशी के विषय में मैं सोच लिया करता था। जितना जानता था, वह सब याद था, एक बात भी तो नहीं भूला था। हाँ, अगर कुछ भूल गया था तो वह, जिसे मैंने कभी जाना ही न था। नाजिर मुंशी का क्या नाम था—उस बारात में इसे जानने का अवसर ही न मिला था। नाम तो वह साधन है, जो एक व्यक्ति को अन्य व्यक्तियों से पृथक् करता है, और इस काम के लिए 'नाजिर मुंशी' ही काफी था। वह कहाँ रहते हैं, यह भी नहीं मालूम था; पर बड़ी प्रबल इच्छा थी कि एक बार फिर नाजिर मुंशी से मिलूँ। एक बार फिर उसी बारातवाले सुख का अनुभव करूँ।

यह इच्छा भी पूरी हो गई। इस बार डिप्टी साहब के लड़के का नहीं बल्कि उनके लड़के के लड़के का विवाह था। बारात में जाना ही पड़ा। इधर कई वर्षों से किसी बारात में न गया था, जाने की इच्छा भी न हुई थी, पर डिप्टी साहब का अनुरोध था, उससे भी प्रबल आग्रह था डिप्टी साहब के लड़के का, और जिस लड़के का विवाह था, वह तो मुझे ले चलने की जिद ही पकड़ गया था।

जाना पड़ गया। इन पचीस वर्षों में डिप्टी साहब मनुष्य की कोटि से उठकर देवता की कोटि में आ गए थे। वे लखपती हो गए थे। उनका लड़का एक्जीक्यूटिव इंजीनियर था और उनका नवासा, जिसका विवाह था, आई.सी.एस. में आ गया था। और लड़की के पिता कमिश्नर थे।

मैं डिप्टी साहब के घर पहुँचा। आमन्त्रित अतिथि एकत्रित हो रहे थे। कार से उतरा ही था कि मैं चौंक पड़ा। मेरा स्वागत करने के लिए डिप्टी साहब और इंजीनियर साहब दोनों ही मेरी कार तक आए। उनके पीछे-पीछे लगभग बीस आदमी और थे, सभी डिप्टी साहब के रिश्तेदार और प्रायः सभी उनके कृपापात्र। कार से उतरकर मैंने डिप्टी साहब और इंजीनियर साहब का अभिवादन किया, पर मैं उनकी ओर न देख रहा था, मैं देख

रहा था दूर, पर सबसे पीछे खड़े हुए और एक आदमी की ओर।

मैं चला, धीरे-धीरे डिप्टी साहब नौकर से मेरा असबाब उतरवाकर रखवाने में लग गए, इंजीनियर साहब मेरे आने की सूचना देने घर के अन्दर चले गए और अन्य रिश्तेदार अपनी-अपनी जगह पर बैठ गए। पीछे खड़े हुए आदमी के पास पहुँचकर मैंने उसके कन्धे पर हाथ रखते हुए कहा—"नाजिर मुंशी ?"

वह आदमी मेरी ओर घूम पड़ा। उसने खींसें निपोर दीं—"अरे, क्या आप मुझे पहचानते हैं ?"

"पचीस साल पहले की बात याद है जब तुम इंजीनियर साहब की बारात में गए थे।"

"हाँ, अच्छी तरह याद है, तब तो आप बिल्कुल लड़के ही रहे होंगे ? अरे आप...के साहबजादे तो नहीं हैं ?"

"आपका कयास ठीक है।"

नाजिर मुंशी मेरे पास से जाना चाहते थे, पर मैंने उनका हाथ पकड़ लिया। अपने साथ उन्हें मैं रईसों की महफिल में ले गया, अपनी बगल में मैंने उन्हें बिठलाया।

डिप्टी साहब मेरा असबाब रखवाकर आ गए, इंजीनियर साहब घर में मेरे आने की सूचना देकर आ गए, आई.सी.एस., लड़का मुझसे मिलने आ गया। हम सब बैठे थे, बातें चल रही थीं और साथ-साथ व्हिस्की के दौर। नाजिर मुंशी आँखें बन्द किए चुप बैठे थे। कभी-कभी वे ललचाई आँखों से व्हिस्की से भरे गिलासों को देख अवश्य लेते थे, पर वहाँ बैठे हुए लोगों के लिए और शराब का गिलास भरकर देनेवाले नौकर तक के लिए नाजिर मुंशी का कोई अस्तित्व ही न था। एकाएक इंजीनियर साहब की नजर नाजिर मुंशी पर पड़ी। मुस्कुराते हुए उन्होंने कहा, "नाजिर मुंशी ? चुप कैसे हो ?...अरे कल्लू ! नाजिर मुंशी को भी एक पेग दे !"

इस बार सब लोगों ने नाजिर मुंशी को देखा, कल्लू ने भी। व्हिस्की का पेग नाजिर मुंशी को दिया गया। एक घूँट में उन्होंने गिलास खाली कर दिया, आँखों में चमक आ गई।

इंजीनियर साहब ने फिर कहा, "आज नाजिर मुंशी चुप हैं।"

मुस्कुराने का प्रयत्न करते हुए नाजिर मुंशी ने उत्तर दिया, "इसलिए कि आप लोगों को मोहल्ले के धोबी न सतावें।"

सब लोग हँस पड़े। और फिर नाजिर मुंशी का मजाक शुरू हुआ।

बारात चली, स्पेशल ट्रेन में। कुछ डिब्बे सेकेंड क्लास के थे, कुछ इंटर के और कुछ थर्ड के। सेकेंड क्लास में थे डिप्टी साहब के घरवाले और अमीर बाराती, इंटर क्लास में थे गरीब रिश्तेदार और थर्ड में थे नौकर। नाजिर मुंशी भी इंटर में थे।

सफर लम्बा—अखर जाने की बात थी। सुबह को ब्रिज खेलकर हमने समय काटा और दोपहर बाद का समय हम लोगों को काटने लगा। एकाएक आई.सी.एस. लड़का बोल उठा, "नाजिर मुंशी को क्यों न यहाँ बुला लिया जाए ?" यह बात सब लोगों को

पसन्द आ गई।

दूसरे स्टेशन पर नाजिर मुंशी आए और चहल-पहल मच गई। बातों ने रंग पकड़ा और चुने हुए फिकरे सुनने को मिले। लोग हँस रहे थे और मैं नाजिर मुंशी की ओर देख रहा था। नाजिर मुंशी मजाक कर रहे थे, केवल इसलिए कि लोग आशा करते थे कि वे मजाक करेंगे और मजाक करना उनका कर्त्तव्य था; पर उनके मजाक करने में न तो कोई उल्लास था, न उनके अन्तर की कोई भावना थी।

चाय का समय हो गया और हम लोग चाय पर डट गए। पर नाजिर मुंशी अलग बैठे रहे, चाय में शरीक होने को किसी ने उनसे पूछा भी तो नहीं। मैंने यह देखा और मुझसे न रहा गया। मैंने कहा, "नाजिर मुंशी चाय पिओ !" और सबने एक स्वर से नाजिर मुंशी को आमन्त्रित किया। कुछ संकोच के साथ वह हम लोगों में सम्मिलित हो गए।

चाय के बाद हम लोगों में फिर बातें शुरू हुईं, और उस बातचीत में नाजिर मुंशी का कोई अस्तित्व न रहा। नाजिर मुंशी कभी-कभी हम लोगों को देख लेते थे और फिर ऊँघने लगते थे। दूसरे स्टेशन पर वह अपने डिब्बे में चले गए।

बारात लौट आई, कोई खास घटना न घटी। बड़े लोगों की बारात थी, प्रबन्ध बहुत सुन्दर और खातिरदारी पूरी। जो कुछ हुआ वह मशीन की भाँति। बड़े आदमी एक-दूसरे से मिले; उन लोगों में बातें भी हुईं, नपी-तुली और उड़ती हुई। छोटे आदमियों ने बड़े आदमियों का मुँह देखा, मौका ढूँढ़ा कि एक-आध बात वे भी कर सकें और इस प्रयत्न में दो-एक सफल भी हो गए।

बारात के विदा होने के बाद हम लोग भी विदा होने लगे। दूसरे दिन सुबह मैंने भी चलना निश्चित किया। सुबह जाने के पहले मैंने नाजिर मुंशी को ढूँढ़ निकाला। उस समय नाजिर मुंशी डिप्टी साहब के पीछे-पीछे उनकी हाँ-में-हाँ मिलाते हुए बगीचे में टहल रहे थे।

मैंने डिप्टी साहब से कहा, "चचा, मैं अब जा रहा हूँ।"

"अरे, इतनी जल्दी ? दो-एक दिन तो ठहरो बेटा !"

"नहीं, मुझे कुछ जरूरी काम है !"

डिप्टी साहब के बहुत आग्रह करने पर भी जब मैं अपनी बात पर अड़ा रहा, तब वे मेरे जाने की सूचना देने स्वयं घर पर गए। नाजिर मुंशी अकेले रह गए। मैंने उनके कन्धे पर हाथ रखकर कहा—"नाजिर मुंशी !"

चौंककर नाजिर मुंशी पीछे हटे। हाथ जोड़कर वे मेरे सामने खड़े हो गए—"कहिए हुजूर !"

नाजिर मुंशी के इस व्यवहार ने मेरी आत्मा पर गहरा प्रहार किया। सँभलते हुए मैंने कहा—"नाजिर मुंशी ! हम लोगों ने तुम्हारा काफी अपमान किया है।"

मेरी बात काटते हुए नाजिर मुंशी ने कहा, ''कैसा अपमान हुजूर ? मैं तो आप लोगों का गुलाम हूँ !''

उस समय मैंने देखा कि नाजिर मुंशी की आत्मा मर चुकी है। दिल में एक ठेस सी लगी। मैंने देखा कि मेरा एक सुन्दर सपना टूटा जा रहा है। मैंने एक प्रयत्न फिर किया, उस सपने को बचाने का। मैंने कहा—''नाजिर मुंशी, तुम हमारे रिश्तेदार हो, हमारे बुजुर्ग हो ! क्या तुम्हें हम लोगों का व्यवहार अपमानजनक नहीं लगा ?''

नाजिर मुंशी ने दाँत निकाल दिए—''हुजूर क्या कहते हैं ? मैं तो आप लोगों का खिदमतगार हूँ। आप लोग बड़े आदमी हैं, भला मैं आप लोगों की बराबरी कैसे कर सकता हूँ ?''

उस समय मेरे सामने धन का पिशाच अपनी सारी पाशविकता, कुरूपता तथा शक्ति के साथ खड़ा हो गया। उस समय मैंने देखा कि जिसे हम मनुष्यता कहते हैं, वह धन के पिशाच के पैरों पर झुकी हुई उसकी पूजा कर रही है। मैं एकाएक सिहर उठा।

डिप्टी साहब लौट आए। आते ही उन्होंने नाजिर मुंशी से कहा—''नाजिर मुंशी, भैया के ड्राइवर को बुला दो और भैया के सामान को ठीक तरह से रखवा दो !''

''अभी सब हुआ जाता है हुजूर !'' इतना कहकर नाजिर मुंशी वहाँ से चलने के लिए घूमे।

उस समय तक मैं अपने आपे में आ गया था या अपना आपा मैं पूरी तरह से खो चुका था। मैंने नाजिर मुंशी को बुलाकर कहा—''नहीं, मेरा सामान सब ठीक है। आपको तकलीफ करने की कोई जरूरत नहीं।'' फिर मैंने डिप्टी साहब से कहा—''चाचा, मेरी आपसे एक प्रार्थना है, इस समय मेरे पास रुपया नहीं है, इसलिए आप मेरी तरफ से नाजिर मुंशी को एक हजार रुपया देकर कह दें कि वे फिर कभी आपके यहाँ न आवें। रुपया मैं घर पहुँचते ही आपको भिजवा दूँगा।'' यह कहकर मैं वहाँ से तेजी के साथ चला आया।

यदि डिप्टी साहब ने मुझे पागल समझा, तो कोई आश्चर्य की बात नहीं, क्योंकि वे सदा मुझे पागल समझते रहे हैं; पर नाजिर मुंशी ने भी मुझे पागल समझा, और नाजिर मुंशी ने ही क्यों, मैं स्वयं अपने को पागल समझ रहा हूँ। आखिर उस दिन मैंने यह सब क्यों कह डाला ? हम सब नाजिर मुंशी हैं, हम सब धन के गुलाम हैं। हम सबकी आत्मा को धन के पिशाच ने अपने पैरों के नीचे कुचल रखा है। नाजिर मुंशी में तो संसृति का एक बहुत ही साधारण नियम प्रदर्शित था। हाँ, इतना कह सकता हूँ कि वह नियम कुरूप और भयानक है।

बॉय ! एक पेग और

विश्वकान्त उन मनुष्यों में था—पता नहीं, ऐसे मनुष्य और भी हैं या नहीं, क्योंकि मैंने अभी तक दूसरा नहीं देखा—जिनको देखकर डर लगता है; पर जिनकी ओर मनुष्य बिना अपनी इच्छा के ही स्वयं आकर्षित होता जाता है। उससे प्रथम परिचय एक असाधारण परिस्थिति में हुआ था। सिनेमा में मैं अपनी एक महिला मित्र के साथ बैठा हुआ था। सरोजिनी सुन्दरी थी, सुशिक्षित थी और सुसंस्कृत थी। विश्वकान्त मेरी बगल में आकर बैठ गया। शो आरम्भ होने में कुछ देर थी, विश्वकान्त ने मुझसे पूछा—"क्या मैं आपका परिचय पा सकता हूँ ?" मैंने अपना परिचय दे दिया। कुछ चुप रहकर उसने मुझसे फिर पूछा—"और क्या मैं आपके बगल में बैठी हुई देवीजी का परिचय भी पा सकता हूँ ?" एक अपरिचित व्यक्ति से यह अशिष्ट प्रश्न सुनकर मुझे क्रोध आया। "आपको हम लोगों के परिचय पाने की मुझे तो कोई आवश्यकता नहीं दिखलाई देती, और रहे आप, सो ऐसे अशिष्ट आदमी का परिचय न पाना ही मैं अच्छा समझता हूँ।" विश्वकान्त हँस पड़ा—"जनाब, यह देवीजी आपकी पत्नी तो नहीं हैं, इतना मैं अच्छी तरह से जानता हूँ। अब यह क्या हैं, इसकी कल्पना भी मैं बड़े मजे में कर सकता हूँ। आपसे मुझे यही कहना है कि आप उतने ही बेवकूफ हैं, जितनी सारी दुनिया है। मैंने आपको एक समझदार आदमी समझने की भूल की थी, और इसके लिए मुझे दुःख है।" विश्वकान्त की बात खत्म होते ही मैंने उसे मारने को हाथ उठाया। उसने मेरा हाथ पकड़ लिया और कहा—"देखिए, सिनेमा में मारपीट करने की कोई आवश्यकता नहीं। इसमें मुझे तो कोई आपत्ति नहीं है, लेकिन आप शायद एक सभ्य व्यक्ति हैं, आपकी ही बदनामी होगी। मेरा कार्ड लीजिए, और आप जब समय देंगे, मैं आपसे मिल सकूँगा।"

सरोजिनी यह बातचीत सुन रही थी। उसने विश्वकान्त से कहा—"बातचीत से तो आप पढ़े-लिखे आदमी मालूम होते हैं, लेकिन आप इतने असभ्य क्यों हैं, यह मैं नहीं समझ सकती।"

विश्वकान्त हँस पड़ा, "मैं असभ्य इसलिए हूँ कि यह सारी सभ्यता ढकोसला है, ढोंग है और धोखेबाजी है। आप शायद इस बात को नहीं समझ सकतीं, क्योंकि आप इस सभ्यता में इतनी मिल-जुल गई हैं कि आप इससे अलग होकर इसका वास्तविक रूप नहीं देख सकतीं। अच्छा, अब मैं यहाँ अधिक न बैठूँगा, बेकार बात ही बढ़ेगी।

कार्ड आपके पास है ही।" इतना कहकर यह वहाँ से चला गया।

दूसरे दिन सन्ध्या के समय मैं विश्वकान्त के यहाँ गया। सिविल लाइंस में उसने एक बँगला किराए पर ले रखा था। मैंने विश्वकान्त को खबर करवाई, उसने मुझे ड्राइंग-रूम में बुलवा लिया। उसके सामने एक मेज थी, जिस पर चार बोतलें सोडे की और एक व्हाइट हार्स व्हिस्की की रखी हुई थी। एक शीशे का गिलास भी भरा हुआ रखा था। उसने उठकर मुझसे हाथ मिलाया, फिर कुर्सी पर बैठने का संकेत करते हुए कहा–"आपको पीने में कोई आपत्ति तो नहीं है ?"

"धन्यवाद ! मैं शराब नहीं पीता," रूखे स्वर में मैंने कहा।

विश्वकान्त हँस पड़ा, "आप नहीं पीते ! आपकी इस सुबुद्धि पर मैं आपको बधाई देता हूँ। आखिर शराब कोई अच्छी चीज तो है नहीं।" यह कहकर उसने मेज पर रखा हुआ गिलास खाली कर दिया। गिलास मेज पर रखते हुए उसने कहा–"मैंने यह आशा न की थी कि आप आएँगे, क्योंकि मैंने आपको कायर समझा था; लेकिन आप आ ही गए, अच्छा हुआ। मुझे प्रसन्नता इस बात की है कि न आप शराबी हैं और न कायर। आपमें आत्मसम्मान भी यथेष्ट मात्रा में है और आप वादे के पक्के हैं। साथ ही मुझे आप पर थोड़ा सा दुःख है। आप इस दुनिया में रहने के काबिल नहीं हैं। यह दुनिया भले आदमियों के लिए नहीं है, यह धोखेबाजों और कमीनों के रहने की जगह है।"

मैं आश्चर्य से उस व्यक्ति के मुख की ओर देख रहा था। वह इकहरे बदन का लम्बा सा आदमी था। दाढ़ी-मूँछ साफ, बाल बीच से खिंचे हुए कुछ भूरे और कुछ रूखे। मुख लम्बा था और गाल धँसे हुए थे। आँखें बड़ी-बड़ी जिनमें एक विचित्र प्रकार की चमक थी।

कुछ रुककर उसने फिर कहा–"आप अपने अपमान का बदला लेने आए हैं। पता नहीं, आपके पास पिस्तौल है या नहीं। यदि नहीं, तो मैं आपको एक दे सकता हूँ, क्योंकि मेरे पास दो हैं। मैं आपसे पहले ही कह चुका हूँ कि आप इस दुनिया में रहने काबिल नहीं हैं। अपने लिए मुझे इतना ही कहना है कि मुझे इस दुनिया में रहने की अब कोई आवश्यकता नहीं। मैं दुनिया से आजिज हूँ, और दुनिया मुझसे। समझे जनाब, फ्रांस में एक जमाना था, जब डुएल हुआ करते थे। मैंने कल ही तो पढ़ा है। मुझे भी कल से डुएल लड़ने का शौक हो गया है। इन पिस्तौलों से हम लोग अपना झगड़ा निपटा सकते हैं।

मैं घबराया, अपने जीवन में मैंने कभी पिस्तौल न चलाई थी। फिर विश्वकान्त उस समय तक शराब की आधी बोतल खत्म कर चुका था, और उसकी आँखें लाल थीं। मैं वास्तव में डर गया। मैंने कहा, "न तो मेरे पास पिस्तौल है, और न चला ही सकता हूँ।"

"फिर क्या हो ?" विश्वकान्त कुछ देर तक मौन रहा–"अच्छा, तो आप जिस प्रकार चाहें, अपने अपमान का बदला लें, मैं तैयार हूँ–" यह कहकर वह उठा, और

मेरे सामने तनकर खड़ा हो गया।

"मैं बदला नहीं लूँगा," मैंने कहा।

"आप बदला नहीं लेंगे ? डर गए। आपकी शक्ल बतला रही है कि आप डर गए। अच्छा, अब मैं आपसे उस दिन के दुर्व्यवहार के लिए माफी माँगता हूँ। आप यहाँ तक आए हैं, तो चाय पीने के लिए मैं आपको मजबूर भी करूँगा।"

विश्वकान्त को मैं नहीं समझ सका। मेरे लिए वह व्यक्ति एक पहेली था। वह हँसमुख था, वह उदार था। पर उसकी हँसी में एक भयानक उपेक्षायुक्त व्यंग्य था। उसकी उदारता में आत्महत्या की सीमा तक पहुँचनेवाला पागलपन था। वह लोगों से बहुत कम मिला करता था, दिन-भर घर में बन्द वह कुछ पढ़ा करता था। क्या पढ़ता था; और जो कुछ वह पढ़ता था, उसे वह समझता भी था, यह वह स्वयं ही न जानता था। उसके मिलनेवाले उसे भीत तथा सशंकित होकर देखते थे।

न जाने क्यों मैं विश्वकान्त का घनिष्ठ मित्र हो गया। उसमें ऐसी कौन सी बात थी, जो मुझे अपनी ओर आकर्षित करती थी, वह मैं आज तक न जान सका। फिर भी उसमें कुछ बात अवश्य थी।

उस दिन सन्ध्या के समय मैं उसके साथ सिनेमा गया। फिल्म अच्छी थी, विश्वकान्त उसे बड़ी उत्सुकता से देख रहा था। इंटरवल हुआ, और हाल में प्रकाश हो गया। बॉय को बुलाने के लिए उसने पीछे देखा, और एकाएक वह चौंक उठा, मानो किसी बिच्छू ने डंक मार दिया हो। वह कह उठा, "अरे !" और उठ खड़ा हुआ।

कुछ देर तक वह पीछे देखता रहा। मैंने देखा, वह एक स्त्री को बड़े गौर से देख रहा है। उसने मेरा हाथ पकड़ लिया—"चलो बाहर चलें।"

"बाहर क्या करोगे चलकर ? शो शुरू होने में अब बहुत कम समय है। ऐसी क्या बात है ? क्या कुछ तबीयत खराब है ? बैठो, ठीक हो जाएगी।"

विश्वकान्त ने तीखे स्वर में कहा—"चलो ! चलो ! यहाँ मेरा दम घुट रहा है। उस स्त्री को देख रहे हो—उस स्त्री को देख रहे...। उफ् ! चलो जी !" इतना कहकर उसने बलपूर्वक मुझे उठा दिया।

हम दोनों बाहर गए ! विश्वकान्त काँप रहा था, उसके सारे शरीर से पसीना निकल रहा था। उसने कहा—"किशन! मुझे प्यास लगी है। बार-रूम में चलो।"

हम दोनों बार-रूम में गए। उसने जोर से कहा—"बॉय! एक पेग व्हिस्की और सोडा।" यह कहकर वह कुर्सी पर बैठ गया। मैं उसके सामने बैठा था। बीच में मेज थी।

वॉय ने मेज पर एक गिलास रख दिया। विश्वकान्त ने एक घूँट में ही उसे खाली करते हुए कहा—"एक पेग और !" इतना कह उसने एक ठंडी साँस ली। उसने मेरी ओर देखा—"किशन ! तुम्हें आश्चर्य हुआ ! और आश्चर्य होना स्वाभाविक ही है। तुम

सोचते होगे, एक मनुष्य, जो संसार पर सदा हँसा करता है, किस प्रकार काँप उठा ? तुम सोचते होगे, एक हृदयहीन व्यक्ति किस प्रकार उद्विग्न हो सकता है ?" विश्वकान्त की आँखें उस समय पथराई हुई सी थीं। उसके मुख को एक असह्य वेदना ने विकृत कर दिया था। "हाँ, मैंने तुम्हें कभी अपने दिल का घाव नहीं दिखलाया, मैं स्वयं ही उसे भूल गया था। तुम ताज्जुब करोगे किस प्रकार एक मनुष्य अपने दिल के घाव को भूल सकता है, ठीक ही है; पर मैंने उस घाव को भुलाने के लिए दिल को ही भुला दिया था। दुनिया मुझे दीवाना समझती है, बदमाश समझती है। और मैं दीवाना और बदमाश दोनों ही हूँ; पर दुनिया यह नहीं जानती कि मुझे ऐसा होने को उसने ही तो मजबूर किया। एक-एक कदम मैं नीचे गिरा, और हर कदम के साथ मैंने अपनी आत्मा की हत्या की, उसका गला घोंटा, और उसका खून पिया। लोग समझते हैं, मैं हँसता हूँ; पर सच कहता हूँ, मैं अपने रुदन को ही अपना रक्त पिला-पिलाकर हँसाया करता हूँ।" विश्वकान्त ने जोर से एक हाथ से मेरा हाथ पकड़ लिया, और दूसरे हाथ से मेज पर रखे हुए गिलास को खाली करके आवाज दी—"बॉय ! एक पेग और !"

उसने मेरा हाथ ढीला कर दिया। इसके बाद उसने एक गहरी साँस ली। "एक समय था, जब मेरे हृदय में भी उमंग थी। जवानी का जोश था, चहल-पहल से भरी हुई दुनिया सामने थी। वसन्त का समीरण मेरे शरीर में कम्पन उत्पन्न कर देता था, कलिका का सौरभ मुझे उन्मत्त बना देता था। मुझमें कल्पना थी और कल्पना के साथ जो कुछ हुआ करता है, वह सब था। कल की ही बात है—नहीं, बहुत दिन हुए, सोचूँ तो ! किशन, बहुत दिन हुए, शायद गुणों की बात है। मैं जवान था। एम. ए. में पढ़ता था। सोच रहा था, आई. सी. एस. हूँगा, विवाह करूँगा, और—और न जाने क्या-क्या सोचा था। मैं धनी था, पानी की तरह रुपया बहाता था। बँगले में अकेला रहता था। पास में कार थी। एक दिन—उफ् ! कितना भयानक था वह दिन—उसी दिन माधवी ने मेरे जीवन में प्रवेश किया। अनिन्द्य सुन्दरी थी। किशन ! उसकी आँखों में मादकता थी, अधरों पर सुधा थी। वह बी. ए. में पढ़ती थी। उसके पिता एक साधारण स्थिति के मनुष्य थे। उन्होंने मेरे बँगले के निकट ही एक कॉटेज किराये पर ले रखी थी। मैं अपने को भूल गया। मैंने प्रेम किया। किसी ने इस प्रकार प्रेम नहीं किया, जिस प्रकार मैंने किया। और माधवी ने...पता नहीं उसने मुझसे प्रेम किया या मेरे बँगले और मेरी कार से। पर इतना जानता हूँ कि उसने भी प्रेम किया। मैंने उससे विवाह का प्रस्ताव किया—पिता ने उसे काफी स्वतन्त्रता दे दी थी। और, यह तय हो गया कि मेरे एम. ए. पास होने पर विवाह होगा। मैं कितना सुखी था—कितना सुखी था।" विश्वकान्त चुप हो गया। उसने मेरी ओर आँखें गड़ाकर कुछ देर तक देखा, फिर मेज पर रखे हुए गिलास को खाली करके उसने आवाज दी—"बॉय, एक पेग और !"

विश्वकान्त ने सिर पर हाथ रखते हुए कहा—"हाँ, क्या कह रहा था। भूल गया—हाँ, याद आ गया। किशन, मेरे पिता को तुमने नहीं देखा। वह भयानक मनुष्य थे। मैं उनका एकमात्र पुत्र था। मुझे वह बहुत प्यार करते थे; पर उनका वह प्यार

कितना कठोर था। प्यार ही क्यों, मेरे पिता स्वयं ही बहुत कठोर थे। मेरी माता उनके सामने जाते हुए थर-थर काँपती थीं, और मुझे उनके सामने डर लगता था। मैं क्यों डरता था, यह मैं नहीं समझ सकता, पर मैं डरता था। लेकिन यह न समझ लेना कि मेरे पिता सबके साथ कठोर थे। वह मिलनसार थे, हँसमुख थे; किन्तु जिसके साथ वह हँसते थे, मीठी-मीठी बातें करते थे, उसका उन्होंने कभी हित नहीं किया, उसे नष्ट ही कर दिया। जिसे वह प्यार करते थे, उसी के साथ वह कठोर थे। और, साथ ही पिताजी ने मुझे भी काफी स्वतन्त्रता दे दी थी। मेरे विरुद्ध शिकायतों पर वह हँसकर कह देते थे—वह जो कुछ करता है ठीक करता है। उसमें मेरा खून है, वह गलत कर ही नहीं सकता। करने दो ! उन्हीं पिताजी से विवाह की आज्ञा लेना आवश्यक था। वह दिन भी आ गया। पिताजी नगर में आए, और डरते-डरते मैंने अपने प्रेम की बात कही। मैंने माधवी से उनका परिचय कराया। माधवी से मिलकर न जाने क्यों पिताजी का रूखापन दूर हो गया, उनकी कटुता गायब हो गई। मैं जानता था, पिताजी की वह हँसी, उनका वह व्यवहार, यही तो भयानक हुआ करता था। माधवी के जाने के बाद पिताजी ने गम्भीरतापूर्वक कहा—"विश्व ! इस लड़की से तुम विवाह न कर सकोगे। समझे ! इस लड़की में शैतान है।" मैं अवाक् रह गया। फिर भी मैंने साहस किया—"मैं उससे प्रेम करता हूँ।" पिताजी ने एक व्यंग्यात्मक मुस्कुराहट के साथ कहा—"लेकिन वह तुमसे प्रेम नहीं करती—तुम उसके लिए खिलौने की तरह हो। तुम बेवकूफ हो।" मुझे भी क्रोध आ गया। आवेश में मैं कह गया—"मैं उससे विवाह करूँगा, और आप मुझे न रोक सकेंगे। कृपा करके मेरे सामने उसका अपमान न करिए।" किशन, तुम समझ सकते हो कि मैं माधवी से कितना प्रेम करता था। जिस पिता से मैं इतना डरता था, उसी पिता के मुख पर मैंने उसका तिरस्कार किया। और पिताजी—यदि वह क्रोधित हो जाते, यदि उनके मुख पर एक शिकन तक आ जाती, तो अच्छा होता। पर यह न हो सका। वह हँस पड़े। "तुम उससे प्रेम करते हो। इतना अधिक कि तुम मेरी अवहेलना तक कर सकते हो ! जाओ, मेरी इजाजत है कि तुम उससे विवाह कर लो। पर इतना याद रखना, तुम्हारा विवाह न हो सकेगा, न हो सकेगा।" उफ् ! किशन, पिताजी का वह शाप ! उनकी वह हँसी। विश्वकान्त की आँखें लाल हो गई थीं। मेज पर रखे हुए गिलास को पीकर उसने आवाज दी—"बॉय, एक पेग और !"

अपने मत्थे के पसीने की बूँदों को रेशमी रूमाल से पोंछते हुए विश्वकान्त ने फिर आरम्भ किया—"किशन ! मेरा एक सहपाठी था, उसका नाम था निर्मलचन्द्र। वह एक बिगड़े हुए रईस का लड़का था। मेरे बँगले की बगल में उसने एक बँगला ले रखा था। उसके पास भी एक कार थी। उसके पिता की सारी जायदाद मेरे पिता के पास रेहन थी। बिगड़े हुए रईसों को तुम नहीं जानते किशन ! वे लोग यह जानते हुए भी कि वे मिट रहे हैं, अपने को नहीं बचा सकते। निर्मल वैसे ही रईस का लड़का था। पर उसकी व्रास्तविक स्थिति का ज्ञान केवल मुझको ही था। हम दोनों अच्छे मित्र थे। माधवी से भी उसका अच्छा परिचय था। वह भी माधवी से प्रेम करता था। किशन,

हमारे विवाह की तिथि निकट आ गई। पिताजी ने कह दिया था कि कोई सम्बन्धी इस विवाह में न बुलाए जाएँ। कुछ चुने हुए मित्रों को मैंने आमन्त्रित कर दिया था। उस दिन सोमवार था। अगले वृहस्पति को मेरा विवाह होनेवाला था। दोपहर को मुझे एक तार मिला। उसमें लिखा हुआ था : 'व्यवसाय में घाटा आ जाने के कारण सारी सम्पत्ति नीलाम पर चढ़ गई है। मैं अस्वस्थ हूँ, निराश हूँ। विवाह में मैं न आ सकूँगा, बधाई भेज रहा हूँ।' उस तार को मैंने पढ़ा, पर मेरे ऊपर उसका कोई प्रभाव न पड़ा। असर होता कैसे ! मेरे ऊपर तो प्रेम का पागलपन सवार था। संसार की सारी सम्पत्ति माधवी के आगे तुच्छ थी। माधवी मुझे मिल रही थी, सम्पत्ति की मुझे क्या चिन्ता थी। उस दिन रात के समय मैं माधवी के यहाँ गया। मैंने उससे कहा, 'पिताजी न आ सकेंगे।' यह कहकर मैंने उसके हाथ में तार रख दिया। तार पढ़ते ही माधवी चौंक उठी, उसका मुख पीला पड़ गया, 'विश्व ! तुम्हारे साथ मेरी पूर्ण सहानुभूति है।' 'सहानुभूति कैसी ?' मैंने पूछा। उसने कहा, 'यही कि तुम्हारी सारी सम्पत्ति निकल गई।' मैं हँस पड़ा, 'इससे क्या ? तुम तो मुझे मिल रही हो। सम्पत्ति का मूल्य तो तुम्हारे मूल्य से बढ़कर नहीं है।' 'शायद !' माधवी ने कहा, 'अब क्या करोगे ?' 'क्या करूँगा ?' मैंने पूछा–'यही कि तुम्हारे पिता बीमार हैं, उनके पास जाना तुम्हारा धर्म है।' 'हाँ, ठीक कहा। विवाह के बाद हम दोनों चलेंगे।' 'तुम बड़े स्वार्थी हो विश्व ! तुम्हारे पिता बीमार और निराश हैं, और तुम अपने सुख की सोच रहे हो। तुम अपने पिता के यहाँ जाओ, विवाह की तिथि बढ़ाई जा सकती है।' मैंने कहा, 'माधवी ! तुम देवी हो !' उफ् ! कितनी भूल की थी, कितनी भूल की थी," विश्वकान्त का हाथ मेज पर रखे हुए गिलास पर जा पड़ा, "बॉय, एक पेग और !"

विश्वकान्त कुछ देर तक कुछ सोचता रहा–किशन, सोच रहा हूँ, फिर क्या हुआ ? माधवी ने मुझे पिताजी के यहाँ भेजा, और मैंने उसे देवी कहा ! वास्तव में मैं बेवकूफ था, पिताजी के यहाँ गया, वह घर पर न थे। घर का काम-काज ठीक तरह से चल रहा था। माताजी से केवल इतना मालूम हो सका कि वह रामचन्द्र–निर्मलचन्द्र के पिता–के यहाँ गए हैं। मैं दूसरे दिन रामचन्द्र के गाँव को गया। पिताजी वहाँ थे। मुझसे वह बड़े प्रेम से मिले थे। मैंने उनको तार दिखलाया। वह कह उठे–तार गलत लिख गया है। असल बात यह है कि रामचन्द्र का कारबार बिगड़ गया है। उनकी सम्पत्ति नीलाम पर चढ़ गई है। उनका कहना है कि उनकी सारी जायदाद मैं मोल ले लूँ, इसलिए मैं यहाँ आया हूँ। वह बीमार हैं, और कागजों की जाँच-पड़ताल करना भी तो जरूरी है। किशन, मेरे ऊपर से एक भार उतर गया। दूसरे दिन मैं वहाँ से अपने गाँव आया। गाँव से नगर लौटा। वृहस्पति था। उसी दिन मेरा विवाह होनेवाला था। मुझे प्रसन्नता थी; पर साथ ही क्रोध था। अकारण ही तिथि टल गई। फिर भी मैं सुखी था। मैं कितना प्रसन्न था–कितना प्रसन्न था ! मैं नहीं जानता था कि निराशा के मुख में लौट रहा हूँ–मैं नहीं जानता था कि मेरा सर्वनाश होने जा रहा है ! उफ् !–विश्वकान्त का हाथ मेज पर पहुँचा, फिर उसकी आवाज–"बॉय, एक पेग और !"

इस बार मैंने उसका हाथ पकड़ लिया—"विश्वकान्त ! बहुत पी रहे हो। तुम बेहोश हो जाओगे !"

"बेहोश हो जाऊँगा !" विश्वकान्त हँस पड़ा, "इसीलिए तो पी रहा हूँ; पर इतना यकीन दिलाता हूँ कि जब तक पूरी कहानी न सुना लूँगा, तब तक बेहोश न होऊँगा; उसके बाद बेहोश हो जाना ही ठीक होगा।" हाँ, मैं लौटा, और माधवी के पास यह संवाद सुनाने को गया। उस समय रात हो गई थी। मैंने वहाँ जो कुछ देखा, वह मुझे पागल बनाने को काफी था। एक कमरे में माधवी और निर्मल दोनों बैठे हुए बड़े प्रेम से बातें कर रहे थे। मुझे देखते ही माधवी चौंककर उठ खड़ी हुई। मेरे पास आकर उसने धीरे से कहा—"चलो, जरा बाहर चलें, कुछ खास बात कहनी है।" बाहर आकर उसने कहा, "विश्व ! क्षमा करना। मेरे पिता ने निर्मल के साथ मेरा विवाह कर दिया। मैं क्या करूँ; पर विवाह से क्या होता है ? हम दोनों बराबर प्रेम करते रहेंगे !" मैंने अपने को गिरते-गिरते रोका। मुझे ताज्जुब हो रहा है कि मैं बेहोश क्यों नहीं हो गया—शायद इसीलिए कि मैं पुरुष हूँ, मैंने अपने को रोका, केवल इतना ही कहा—"मुझे अपने विषय में कुछ नहीं कहना है। हाँ, एक कंगाल के साथ विवाह करने पर मैं तुम्हें बधाई दे रहा हूँ। चलो, तुम्हारे बेवकूफ पति को भी बधाई दे दूँ।" माधवी के लाख रोकने पर भी मैं न रुका, और सीधे कमरे में चला गया। निर्मल मेरा उग्र रूप देखकर डर गया, उठते हुए उसने कहा—"विश्व, तुम्हारे कारबार के बिगड़ जाने पर मुझे दुःख है।" किशन, उस समय प्रथम बार मेरे मुख पर पैशाचिक हँसी आई थी, जो अब मेरी चिरसंगिनी बन गई है। मैं जोर से हँस पड़ा, "निर्मल ! दुःख मुझे तुम पर है। तुम्हारी सब जायदाद बिक गई, और मेरे पिता ने उसे खरीद लिया। तुम कंगाल हो गए—हा ! हा ! हा ! कितनी मजेदार बात है। और, साथ ही तुमने रुपए की दासी पर वेश्या से विवाह करके और भी अपने को नष्ट कर लिया है। मैं जाता हूँ, रोते हुए नहीं, हँसते हुए, तुम पर, इस वेश्या पर और अपने पर !" यह कहकर मैं तेजी के साथ वहाँ से चला आया। विश्वकान्त की शक्ति क्षीण होने लगी थी, उसका आवेश मिटने लगा था, मेज पर रखे हुए गिलास को पीकर उसने लड़खड़ाते हुए स्वर में आवाज दी—"बॉ—य—एक—पेग— और !"

हाँ ! उस दिन मैं वहाँ से चला गया। मैंने माधवी को भूलने की कोशिश की, पर भूल न सका। मेरा जीवन अन्धकारमय हो गया। निराशा—निराशा—निराशा ! इंग्लैंड, जर्मनी, फ्रांस सब जगह घूमा, पर कहीं भी शान्ति न मिली। किशन, मैंने तो प्रेम किया था। उसी प्रेम का फल भोग रहा था। पाँच वर्ष तक घूमने पर भी मुझे शान्ति न मिल सकी। एक बार माधवी को फिर देखना चाहता था, लौटा। आकर सुना, भूखों रहकर, चिथड़े पहनकर और उसके बाद जहर खाकर माधवी मर गई ! बस, उस दिन सब समाप्त हो गया। उस दिन मैं भी समाप्त हो गया। उस दिन के बाद—एक नए आदमी ने जन्म लिया, जो शराब पीता है, वेश्या-गमन करता है, और एक-एक कदम नीचे गिरता है। मैं माधवी को भूल गया हूँ। स्वयं अपने को मिटाकर मैंने उसकी स्मृति को मिटाने की

कोशिश की है। लेकिन आज—आज वह स्त्री जो पीछे बैठी थी, उसका मुख बिल्कुल माधवी के मुख-सा था। उसकी आँखों में वही चमक थी, जो मैंने माधवी की आँखों के सिवा और कहीं नहीं देखी। आह ! किशन, उसने मेरा घाव फिर हरा कर दिया। किशन, मेरी बगल में आओ—मैं बेहोश हो रहा हूँ—जब तक बेहोश न होऊँगा, उस अभिशापित मूर्ति को न भूल सकूँगा। मुझे मेरे यहाँ पहुँचा देना। ''बॉय—एक—पेग—और !''

आवारे

कुछ लोग दार्शनिक होते हैं कुछ लोग दार्शनिक दिखते हैं। यह जरूरी नहीं कि जो दार्शनिक हो वह दार्शनिक न दिखे, या जो दार्शनिक दिखे वह दार्शनिक न हो, लेकिन आमतौर से होता यही है कि जो दार्शनिक होता है वह दार्शनिक दिखता नहीं है, और जो दार्शनिक दिखता है वह दार्शनिक होता नहीं है।

रामगोपाल जिस समय बम्बई नगर के दादर मोहल्ले के एक ईरानी होटल में गरमी की दोपहर में बिजली के पंखे के नीचे एक प्याला चाय के साथ पावरोटी का एक टुकड़ा गले के नीचे उतारकर अपनी भूख शान्त करने की कोशिश कर रहा था उस समय एक अच्छा-खासा दार्शनिक दिख रहा था। बाल बिखरे हुए, माथे पर शिकन, आँखों में चिन्ता की झलक, और बैठने के ढंग में एक विवशता से भरी लापरवाही। लेकिन अगर कोई उस समय रामगोपाल से कह देता कि वह दार्शनिक है तो यकीनी तौर से झुँझलाहट के साथ यही कहता—"आपकी बला से !" और फिर वह बिना दूसरा शब्द कहे अपने काम पर जुट जाता।

पावरोटी को गले के नीचे उतारने में रामगोपाल को मेहनत पड़ रही थी, और शायद सुस्ताने के खयाल से उसने अपना पर्स निकाला। दस-दस रुपए के पन्द्रह नोट, गिलट के सात रुपए और एक अठन्नी और तीन इकन्नियाँ—इतनी जमा-पूँजी अभी उस पर्स में मौजूद थी। इसके अलावा कुछ सिफारिशी चिट्ठियाँ जिन्हें निर्दिष्ट स्थान पर पहुँचाने के लिए उसने बम्बई के कई फिल्म स्टूडियो के दर्जन चक्कर लगाए लेकिन फाटक के पठान दरबानों ने उसे किसी हालत में अन्दर न घुसने दिया और इसलिए अभी तक वे चिट्ठियाँ उन स्थानों में न पहुँच सकीं, कुछ पते तो उसने रास्ते चलते हुए कुछ खास महत्त्वपूर्ण आदमियों की मुलाकात की यादगार में दर्ज कर लिये थे और छपे हुए करीब दस-बारह बिजिटिंग कॉर्ड।

रामगोपाल ने अपने पर्स की हरएक चीज को निकाला। जो गिनने की थीं उन्हें गिना, जो देखने की थीं, उन्हें देखा और जिन पर उसे सोचना था उन पर सोचना भी आरम्भ कर दिया।

लेकिन सोचने का अभ्यास न होने के कारण उसने पर्स अपनी जेब के हवाले करके फिर पावरोटी को गले के नीचे उतारने की कोशिश आरम्भ कर दी।

"अरे, यह तो रामगोपाल मालूम होते हैं।"

''हम लोगों को क्यों देखेंगे—अकेले-अकेले चाय पी रहे हैं।''

रामगोपाल ने घूमकर देखा, सिंह और पांडे रामगोपाल की मेज की ही तरफ बढ़ रहे थे। रामगोपाल को मुस्कुराना पड़ा—''आओ भाई !'' और यह कहकर उसने होटल के ब्वॉय को आवाज दी—''दो प्याले चाय !''

''कहो भाई, बहुत दिनों से दिखे नहीं, कहो कोई काम-वाम मिल गया है क्या ?'' बैठते हुए सिंह ने पूछा।

''नहीं यार—अभी तक तो नहीं मिला, लेकिन उम्मीद पूरी है !'' रामगोपाल ने जरा रुककर कहा—''वहाशमा कम्पनी के डाइरेक्टर को तो जानते हो—अरे वही मिस्टर कमानी ! कल शाम को उनसे मुलाकात हो गई थी—बड़ी तपाक के साथ मिले, गले में हाथ डाल दिया, बोले, 'तुम्हें अगली पिक्चर में विलेन का काम दूँगा।' वादा कर लिया है !''

पांडे हँस पड़ा—''तुम्हें विलेन और मुझे हीरो। मुझसे भी वादा किया था !''

रामगोपाल चौंक पड़ा। उसे बड़ी आसानी से विलेन का पार्ट मिल सकता है, यही नहीं अगर कोई समझदार डाइरेक्टर हो तो वह हीरो भी बना सकता है—इसका उसे पूरा यकीन था, लेकिन पांडे को जो आदमी हीरो बनाने की सोचे वह या तो पागल है या मजाक कर रहा है। उसने पांडे को फिर एक दफा गौर से देखकर कहा—''तुम्हें हीरो बनाने का वादा किया है—सच कह रहे हो ?''

''अरे छोड़ो भी—गए हुए लोगों के वादों पर लड़ना-झगड़ना बेकार है !'' सिंह ने इन दोनों की बात अधिक न बढ़े इसलिए कहा।

रामगोपाल का चेहरा उतर गया। सिंह की बात में तथ्य है, इस बात को उसने महसूस किया; एक बँधती हुई उम्मीद टूट गई।

पांडे ने रामगोपाल के चेहरे की निराशा देख ली, उसने जरा मुलायमियत के साथ कहा—''इतना अफसोस करने की जरूरत नहीं। मुझे देखो, बम्बई आए दो साल हो गए हैं। लेकिन अभी तक सफलता नहीं मिली। पड़ा हूँ, बस उम्मीद पर।''

रामगोपाल ने एक ठंडी साँस ली—''कब तक—कब तक इस तरह चलेगा। पास की रकम करीब-करीब खत्म हो चुकी है, टोटलवाले का बिल चढ़ रहा है—समझ में नहीं आता क्या करूँ।''

पांडे ने कहा—''अगर मेरी सलाह मानो तो होटल छोड़ दो और एक कमरा किराए पर ले लो। जब तक कमरा न मिले तुम मेरे कमरे में रह सकते हो—अभी चार आदमी हैं, अब पाँच हो जावेंगे। वहाँ जी लग जाएगा, खर्चे की बचत हो जाएगी।''

रामगोपाल ने कुछ सोचा—''यार कहते तो ठीक हो। अभी होटल का तीन रुपया रोज दे रहा हूँ—नब्बे रुपए महीने की बचत बहुत काफी होती है।''

''नब्बे की नहीं बल्कि अस्सी की, क्योंकि पांडे के कमरे में रहने पर तुम्हारा हिस्सा दस रुपया महीना आवेगा।''

''अस्सी ही क्या कम है !'' रामगोपाल ने मुस्कुराते हुए कहा। दिन-भर के बाद उसके मुख पर यह पहली मुस्कुराहट थी।

2

पांडे का पूरा नाम था शिवशंकर पांडे। लखनऊ से बी.ए. पास करने के बाद जब उसके पिता एक जमींदार की लड़की के साथ दस हजार के लम्बे दहेज पर उसकी शादी तय करा रहे थे, वह बिना कहे-सुने एक दिन बम्बई के लिए रवाना हो गया इसीलिए कि वह लड़की जिसके साथ उसकी शादी तय कराई जा रही थी, गँवार होने के साथ-साथ बदशक्ल थी। पांडे ने फिल्में काफी देखी थीं; और फिल्मों की सुन्दरियों को देखकर उसका दिल बल्लियों उछल पड़ता था। एक बार वह इन सुन्दरियों से मिलकर उनमें से किसी एक को अपनाकर अपने जीवन को सुखमय बनाने का प्रयत्न करना चाहता था। पांडे देखने-सुनने में बुरा न था, पैसे की भी उसके पिता के पास कोई खास कमी नहीं थी, और अपनी निजी योग्यता तथा प्रतिभा पर उसे विश्वास था।

बम्बई आकर धीरे-धीरे उसे निराशाओं का सामना करना पड़ा और प्रत्येक निराशा के साथ उसका जोश ठंडा पड़ने लगा। न उसे प्रेमिका मिली और न उसे प्रतिभा और योग्यता के प्रदर्शन का मौका मिला। पास की रकम घटने लगी—पिता ने अधिक रुपया देने से इनकार कर दिया। इस उम्मीद पर कि हारकर पांडे को घर आना ही पड़ेगा। पर पिता शायद अपने पुत्र के जिद्दी स्वभाव को नहीं जानते थे। कदम उठकर पीछे नहीं पड़ता—सूरमा आगे बढ़ेगा नहीं तो मोर्चे पर खड़ा होकर अपनी जान दे देगा। पांडे भी कुछ ऐसे ही विचारों का था। बहुत दौड़-धूप करने पर एक फिल्म कम्पनी में एक्स्ट्रा का काम मिल भी गया था, गोकि पैसे बहुत कम मिले थे। लिहाजा खर्च पूरा करने के लिए पांडे ने अपने कमरे में किराएदारों को बसा लिया था।

सिंह का पूरा नाम था जसवन्तसिंह और वह आगरा जिले का रहनेवाला था। सिंह को गाने का बड़ा शौक था और उससे अधिक उसके आगरावाले मित्रों को विश्वास था कि अगर वह किसी फिल्म कम्पनी में पहुँच जाए तो उसकी प्रतिभा चमक उठेगी और उसका भाग्य खुल जाएगा। रोज-रोज मित्रों की राय सुनते-सुनते सिंह की भी कुछ ऐसी ही राय हो गई थी। बाईस-तेईस साल का नवयुवक, दुनिया का उसे तजुर्बा न था। मित्रों ने दम-दिलासा देकर उसे बम्बई लाद दिया। लेकिन बम्बई आकर उसने देखा कि यहाँ हर जगह सिफारिश चलती है। कई जगह गया, अपने गाने सुनाए, लोगों ने उसकी तारीफ की लेकिन फिल्म कम्पनी में जो काम न मिला सो न मिला। हाँ, एक-आध ट्यूशन उसे जरूर मिल गए और इस उम्मीद पर कि निकट भविष्य में उसे काम जरूर मिलेगा, उसे ट्यूशन से ही सन्तोष करना पड़ा। सिंह घर का खुशहाल न था। एक दिन जब वह एक फिल्म कम्पनी के दरबान से गिड़गिड़ाकर भीतर घुसने का प्रयत्न कर रहा था, उसकी मुलाकात पांडे से हो गई। पांडे ने उसकी कहानी सुनी। कहानी सुनकर उसे दया आई, उसने फुटपाथ पर या बरामदों में सोनेवाले उस युवक को अपने कमरे में आश्रय दिया। बाद में जब सिंह को कुछ कामकाज मिला तब सिंह पांडे के कमरे के किराए का एक भाग देने लगा।

रामगोपाल को साथ लेकर जब पांडे और सिंह कमरे में पहुँचे, उस समय मिस्टर परमेश्वरीदयाल वर्मा अपनी हजामत बना रहे थे। एक ट्रंक और एक बिस्तर के साथ एक नए आदमी का कमरे में प्रवेश देखकर मिस्टर वर्मा चौंके, घूरकर उन्होंने रामगोपाल को देखा। पांडे ने उसी समय मिस्टर वर्मा से रागगोपाल का परिचय कराया—"यह हैं मिस्टर रामगोपाल—आज से हम लोगों के साथ रहेंगे। आपके किराए का हिस्सा साढ़े बारह रुपए से घटकर दस रुपए रह गए।" लेकिन ढाई रुपए की बचत से मिस्टर वर्मा को कोई खास प्रसन्नता न हुई। उनका खयाल था कि एक कमरे में सिर्फ एक आदमी रहना चाहिए, जरूरत के वक्त दो रह सकते हैं, मजबूरी से तीन और जब गले आ पड़े तब चार।

उन्होंने गम्भीरतापूर्वक कहा—"एक कमरे में पाँच आदमी—नान्सेंस—मैं किसी हालत में बर्दाश्त नहीं कर सकता।"

"तो फिर आप यह कमरा छोड़ सकते हैं," सिंह ने जरा रुखाई से कहा।

"आप कौन होते हैं हमारे बीच में बोलनेवाले—कमरा पांडे का है। इन्हें जो कुछ कहना हो कहें।"

"मैं बोलनेवाला इसलिए होता हूँ कि मैं भी कमरे का किराया देता हूँ। हर महीना आपकी तरह नहीं कि तीन महीने से आजकल में टरका रहे हैं।"

"तो इसमें तुम्हारे बाप का क्या जाता है ? नहीं है, इसीलिए नहीं देता, होगा तो एक-एक पैसा पांडे के पास पहुँच जाएगा।"

इस बातचीत में बाप का घसीटा जाना सिंह को अच्छा नहीं लगा, उसने अपनी चप्पल उतारी—"क्या कहा बे—सूअर कहीं का, मेरे बाप का फिर से तो नाम ले—"

पांडे ने सिंह का हाथ पकड़कर बीच-बचाव किया। मिस्टर वर्मा शान्त भाव से दाढ़ी बनाते रहे।

मिस्टर वर्मा तीस साल के कद्दावर से आदमी थे। करीब पाँच साल पहले बम्बई आए थे एक अंग्रेजी कम्पनी में असिस्टेंट मैनेजर होकर। यारवास आदमी थे—किसी कदर दबंग थे। एक दिन उन्होंने और उनके अंग्रेज मैनेजर ने साथ-साथ पी और जी खोलकर पी। पीने के बाद इनमें और इनके मैनेजर में बातचीत आरम्भ हुई, बातचीत ने वाद-विवाद का रूप धारण किया और वाद-विवाद ने जूते-लात का। मिस्टर वर्मा हाथ-पैर में अपने मैनेजर से तगड़े थे, उन्होंने मैनेजर को अधमरा कर दिया। दूसरे दिन वे नौकरी से बर्खास्त कर दिए गए।

नौकरी से निकाले जाने के बाद मिस्टर वर्मा को यह अनुभव हुआ कि नौकरी के माने होते हैं गुलामी—और उनमें कुछ राजनीतिक चेतना भी जागृत हुई। जो कुछ रकम उनके पास थी उसे बीवी-बच्चों को देकर उन्होंने अपने देश रवाना किया, अकेले वे व्यापार करने के लिए बम्बई में रह गए। फोर्ट एरिया में अपने एक मुलाकाती के दफ्तर में उन्होंने एक मेज अपनी डलवा ली और कमीशन एजेंसी का कारबार शुरू कर दिया। पास की सारी रकम उन्होंने बीवी के हवाले कर दी थी, अपनी हैसियत बनाए रखकर

ही वे कारबार चला सकते थे और हैसियत के माने होते हैं अच्छे सूट, कीमती सिगरेट और मौके-बेमौके टैक्सी की सवारी। लिहाजा हैसियत बनाए रखने के लिए उन्हें खाने और रहने में किफायत करनी पड़ी। पांडे को मिस्टर वर्मा लखनऊ से ही जानते थे, इसीलिए वे पांडे के साथ रहने लगे। कारबार शुरू किए हुए उन्हें अभी कुल छह महीने हुए थे—और अब जाकर कहीं उन्हें इतना मिलने लगा था कि कर्ज लेकर काम न चलाना पड़े।

शेव करके मिस्टर वर्मा ने एक अच्छा सा रेशमी सूट निकाला। सूट पहनते हुए उन्होंने कहा, "सिंह, कल जो मेरी टाई ले गए थे वह कहाँ है ?"

"वहीं तुम्हारी खूँटी पर टाँग दी थी," सिंह ने, जो उस मसय एक जासूसी उपन्यास पढ़ने में व्यस्त हो गया था, बिना मिस्टर वर्मा की ओर देखे उत्तर दिया।

"तुमने मुझे क्यों नहीं वापस की ? जरूरत के वक्त तो गिड़गिड़ाकर माँग ले जाते हैं और फिर नवाब साहब की तरह चीज फेंक देते हैं—कमीने कहीं के।"

सिंह पढ़ने में इतना व्यस्त था कि उसने मिस्टर वर्मा को उत्तर देने की कोई आवश्यकता नहीं समझी।

सिंह के मौन से मिस्टर वर्मा का पारा और भी चढ़ गया—"इन सालों से इतना कहा कि अगर तुम्हारे पास नहीं है तो मत पहनो, लेकिन जब शराफत हो तब मानें। माँगेंगे—नहीं दोगे तो आँख बचाकर उठा ले जाएँगे—अगर अबकी दफे यह हरकत हुई तो मैं कहे देता हूँ ठीक न होगा।"

"क्या ठीक नहीं होगा ?" एक कर्कश आवाज ने कहा।

मिस्टर वर्मा ने घूमकर देखा कि छबीलदास गुप्ता कमरे के दरवाजे पर तने खड़े हैं—सिंह का सूट और वर्मा की टाई डाटे हुए।

"मुझसे बिना पूछे मेरी टाई क्यों ली ?" कड़ककर वर्मा ने कहा।

"तबीयत—" मुँह बनाते हुए गुप्ता ने जवाब दिया।

हद हो गई। अब मिस्टर वर्मा से न रहा गया। लपककर उन्होंने छबीलदास का गला पकड़ा—"तो फिर मेरी तबीयत यह है कि आज तुम्हारी अच्छी तरह मरम्मत कर दूँ।"

"हाँ-हाँ। यह गजब मत करना," सिंह डिटेक्टिव नॉवेल छोड़कर बीच-बचाव करने दौड़ा, इस डर से कि कहीं इस हाथापाई में उसका सूट न फट जाए।

छबीलदास ने टाई गले से उतारकर वर्मा को दे दी और मिस्टर वर्मा सजधजकर तैयार हो गए। अपने ट्रंक से उन्होंने स्टेट एक्सप्रेस का एक टिन निकाला और दस सिगरेटें जो वास्तव में स्टेट एक्सप्रेस थीं, इन्होंने एक ओर हटाकर बाकी नम्बर टेन सिगरेटों में से एक-एक उन्होंने कमरे में सब लोगों को दीं। इसके बाद वे अपने कारबार के लिए रवाना हो गए।

छबीलदास टाई के हाथ से निकल जाने पर उदास हो गए थे। उस दिन उनका भाग्य खुलनेवाला था। बात यह थी कि पिछले दिन उन्हें सुशीला का पत्र मिला था और सुशीला ने उन्हें दूसरे दिन सुबह के समय अपने यहाँ मिलने के लिए बुलाया था। सुशीला

छबीलदास के नगर बनारस की वेश्या की पुत्री थी। छबीलदास अचानक एक दिन उसके प्रेम में पड़ गए। उन दिनों छबीलदास हिन्दू विश्वविद्यालय में एम.ए. में पढ़ते थे। उत्साही नवयुवक थे, राजनीतिक अभिरुचि के थे। कांग्रेस के पक्के कार्यकर्त्ता थे। विश्वविद्यालय में उनके व्याख्यानों की, उनके चरित्र-बल की, उनके व्यक्तित्व की धाक थी।

सुशीला की माता ने सुशीला को उच्च शिक्षा दिलाई। मैट्रिकुलेशन पास करके वह भी विश्वविद्यालय में भरती हुई थी। लेकिन सुशीला की माँ की संगिन-साथियों ने, उसके मेली-मुलाकातियों ने उसे समझाना शुरू किया कि वेश्या की लड़की को समाज में कोई स्थान नहीं मिलेगा। ऐसी हालत में उसे उच्च शिक्षा देना उसकी जिन्दगी बर्बाद कर देना था, और धीरे-धीरे सुशीला की माता को यह विश्वास होने लगा था कि सुशीला को कॉलेज से हटाकर उसे पेशे में लगा देने में ही सुशीला का कल्याण है। सुशीला को इन बातों की भनक पड़ गई थी, और लगातार कई दिनों तक इस नई समस्या पर सोच-विचार के बाद सुशीला इस निर्णय पर पहुँची कि उसी दिन शाम को उसे किसी योग्य, समझदार और नेक आदमी की सलाह लेनी चाहिए। उस दिन छबीलदास का एक महत्त्वपूर्ण व्याख्यान राजनीति और समाज पर हुआ था और उस व्याख्यान से सुशीला प्रभावित हुई थी।

हिम्मत करके सुशीला ने छबीलदास को अपनी दास्तान सुनाई और उसकी सलाह माँगी। सत्याग्रही किस्म के युवक छबीलदास ने सुशीला को दृढ़ता, चरित्र और सत्य पर कुर्बान हो जाने का सन्देश दिया; सुशीला को ऐसा लगा मानो उसे एक पथ-प्रदर्शक, एक देवता, एक आराध्य मिल गया।

सुशीला और छबीलदास की दोस्ती बढ़ी, और यह दोस्ती लोगों की नजर में खटकी। इस दोस्ती की चर्चा छबीलदास के चचा लाला मलूकदास के कानों तक पहुँची। लाला मलूकदास की चौक में परचून की एक बहुत बड़ी दूकान थी और उनकी गणना नाकवालों में होती थी। उन्होंने इस विषय पर छबीलदास से जिरह-बहस की और जिरह-बहस के बाद इस नतीजे पर पहुँचे कि अगर जल्दी ही रोकथाम नहीं की जाती तो लड़का वेश्या की लड़की से शादी करके सारे घर की नाक कटवा देगा। उन्होंने बलिया जाकर जहाँ उनके बड़े भाई, छबीलदास के पिता साह बुलाकीदास रहते थे, उस मामले में बातचीत की। साह बुलाकीदास बलिया जिला के महाजन, जमींदार और न जाने क्या-क्या थे। उन्होंने बीमारी का तार देकर छबीलदास को घर बुलाया और उनके हाथ-पैर बाँधकर जबर्दस्ती छबीलदास की शादी पास के एक जमींदार की लड़की से करा दी। दहेज में रुपए-पैसे, चीज-वस्तु के साथ छबीलदास के ससुर ने, जिनके डाकू होने का लोगों को शक था, छबीलदास को एक धमकी भी दी कि अगर भविष्य में छबीलदास और सुशीला के सम्बन्ध में कोई शिकायत सुनी गई तो बनारस के बीच चौक में छबीलदास की जूतों से मरम्मत की जाएगी।

छबीलदास के चचा को शायद इस बात का पता नहीं था कि कांग्रेस का सत्याग्रही कार्यकर्त्ता बला का जिद्दी होता है। एक तो छबीलदास इस जबर्दस्तीवाली शादी से ही

नाराज था, उस पर श्वसुर के इस नए किस्म के दहेज ने आग में घी का काम किया।

बनारस लौटकर छबीलदास को सुशीला ने बतलाया कि अब उसकी माँ बिना उससे पेशा कराए न मानेगी। छबीलदास ने सुशीला को अपनी कहानी सुनाई। दोनों में तय हुआ कि बम्बई चला जाए। मोरारजी देसाई, कन्हैयालाल मुंशी आदि बड़े-बड़े नेता वहाँ पर हैं ही, उन नेताओं के आश्रय में रहकर दोनों देश का काम करेंगे। उसी रात दोनों बम्बई के लिए रवाना हो गए।

बम्बई जाने पर सुशीला और छबीलदास दोनों को यह पता चला कि वास्तविकता कल्पना से कहीं अधिक कुरूप होती है। बड़े-बड़े नेताओं के पास इतना समय नहीं था कि इन लोगों से मिलें, छोटे नेताओं ने दरपरदा छबीलदास को ठुकराकर सुशीला को हथियाने की कोशिश की। और एक दिन छबीलदास को पता चला कि सुशीला एक करोड़पति सेठ के यहाँ, जो कांग्रेस का एक छोटा-मोटा कार्यकर्त्ता था, बैठ गई।

और जिस दिन सुशीला उसके यहाँ से चली गई उस दिन छबीलदास को पता चला कि वह सुशीला से बहुत अधिक प्रेम करने लगा था। सुशीला के इस प्रकार करोड़पति के रुपयों के लोभ में पड़कर उसके प्रेम को ठुकरा देने से छबीलदास के हृदय को एक गहरी ठेस लगी। उसने चार-छह बार सुशीला से मिलने की कोशिश की, लेकिन सुशीला ने कोई-न-कोई बहाना बनाकर मिलने से इनकार कर दिया। उसने सुशीला को कई पत्र लिखे लेकिन उसे किसी भी पत्र का उत्तर न मिला। उसे कांग्रेस से और कांग्रेसी नेताओं से घृणा हो गई। एक बार सुशीला से मिलकर वह बतला देना चाहता था कि किस प्रकार उसने उसकी जिन्दगी को बार्बाद कर दिया। घर जाने की हिम्मत न होती थी क्योंकि डाकू ससुर की खौफनाक मूर्ति उसकी आँखों के आगे नाच उठती थी। पागल-सा वह बम्बई की सड़कों की धूल छानता फिरता था।

एक दिन सिंह उसी पार्क में सोया था जिसमें छबीलदास सो रहा था। माली ने जब रात के समय दोनों को पार्क से निकाला तब इन दोनों का परिचय हुआ। सिंह ने पांडे के यहाँ जगह पाकर छबीलदास को भी अपने साथ बुला लिया। इसके बाद छबीलदास ने एक दफ्तर में क्लर्की कर ली।

3

"कहो भाई मुलाकात हुई ?" पांडे ने पूछा।

"हुई भी और नहीं भी हुई," छबीलदास ने सिगरेट का एक गहरा कश खींचकर उत्तर दिया।

"यह तो पहेली बुझा रहे हो," सिंह हँस पड़ा।

"बात यह है कि जब मैंने उसके मकान में घंटी बजाई तो वह दरवाजे पर खुद आई। मुझे देखते ही चौंक उठी, बहुत धीमे स्वर में उसने कहा—'अभी जरा दो-एक

आदमियों से कुछ जरूरी बातें हो रही हैं, शाम को पाँच-साढ़े पाँच बजे के बीच में चर्चगेट स्टेशन पर मिलना।' "

शाम के समय छबीलदास चर्चगेट पहुँचा। सुशीला वहाँ पहले से ही मौजूद थी। उस समय वह बनारसी सिल्क की एक साड़ी पहने थी, शरीर पर गहने लदे थे, उसका चेहरा उतरा हुआ था और उसकी आँखें लाल थीं—मानो दिन-भर वह रोती रही हो। छबीलदास को देखते ही वह फूट पड़ी। उसने कहा—"छबील ! मैं लुट गई।"

सुशीला के आँसू देखकर छबीलदास एकबारगी पिघल गया। उस समय वह यह भूल गया कि उसके सामने खड़ी स्त्री ने उसे धोखा दिया था। उसने कहा, "क्या बात है—इतना अधीर होने की कोई बात नहीं—मैं हूँ। बतलाओ तो क्या हुआ ?"

"हीरालाल ने (उस सेठ का नाम था) मेरे जाली दस्तखत बनाकर बैंक से सब रुपए निकाल लिये—उसका दीवाला निकल गया है। मकान का किराया तीन महीने से नहीं दिया गया है, मकानवाले का नोटिस आया है। मेरी समझ में नहीं आता कि क्या करूँ।"

"मकान का कितना किराया है ?" छबीलदास ने पूछा।

"डेढ़ सौ रुपया महीना—साढ़े चार सौ देने हैं। पास में एक पैसा नहीं," यह कहकर सुशीला ने सोने की एक अँगूठी निकालकर छबीलदास को दी—"कल के लिए घर में अनाज नहीं है—इसे बेचकर कल कुछ रुपया ला देना।"

छबीलदास के नेत्रों में करुणा छलछला पड़ी; उसने कहा—"सुशीला, मुझे अफसोस है कि मेरे पास रुपए नहीं हैं और तुम्हें यह दिन देखना पड़ा कि अपने गहने बेचो—भगवान की जैसी मरजी ! कल सुबह मैं रुपए ले आऊँगा।"

छबीलदास सुशीला को एक पास के होटल में ले गया। वह कितना खुश था—एक साल बाद सुशीला उसके पास लौट आई। उस समय सुशीला के प्रति उसका क्रोध, उसके कर्मों के प्रति उसकी घृणा—वह सब लोप हो चुके थे।

छबीलदास की जेब में जो ग्यारह आने पैसे थे उनका ईरानी होटल में जैसा-तैसा नाश्ता करके छबीलदास ने सुशीला को विदा दी। वह खुद बिना टिकट गाड़ी पर बैठकर घर आया।

4

जिस समय छबीलदास घर लौटा वह प्रसन्न भी था, चिन्तित भी था। उस समय कमरे में मिस्टर वर्मा बिस्तर पर लेटे हुए सुस्ता रहे थे और रामगोपाल एक उपन्यास पढ़कर समय काटने की कोशिश कर रहा था। सिंह और पांडे भोजन करने के लिए होटल चले गए।

सुशीला की अँगूठी बिके और वह भी छबीलदास के हाथों—छबीलदास का हृदय रो रहा था। आज उसे अपनी गरीबी, विवशता--यह सब बुरी तरह अखर रही थी। उसने

वर्मा के चेहरे को देखा, शान्त, गम्भीर, निश्चिन्त उसकी हिम्मत बढ़ी—"वर्मा—कुछ बिजनेस बढ़ा ?"

वर्मा ने सिगरेट का धुआँ छोड़ते हुए कहा—"बढ़ेगा क्यों नहीं। आज ही एक पार्टी फँसी है—एक सौदे में करीब दो हजार मिल जाएँगे।"

छबीलदास के हृदय की गति थोड़ी सी तेज हुई—"यार, पचीस रुपए की सख्त जरूरत है—अगले हफ्ते वापस कर दूँगा।"

वर्मा ने छबीलदास को गौर से देखा। वे मौन भाव से छबीलदास को उसी तरह कुछ देर तक देखते रहे। छबीलदास का हृदय अब जोरों के साथ धड़कने लगा था। वर्मा ने आखिर अपनी खामोशी तोड़ी—"पचीस रुपए ! ऐसी क्या जरूरत आ पड़ी ?"

छबीलदास की आशा और बढ़ी। "भाई जीवन-मरण का प्रश्न है। कल सुबह तक पचीस रुपए मुझे किसी तरह चाहिए ही।"

वर्मा ने उसी प्रकार गम्भीरता से उत्तर दिया—"जीवन-मरण का प्रश्न है, तब तो तुम्हें किसी-न-किसी प्रकार रुपयों का इन्तजाम करना ही होगा। मेरे पास तो इस समय एक पैसा नहीं है और अगर एक हफ्ता ठहर सकते तो पचीस-पचास-सौ जितना माँगते दे सकता था।"

छबीलदास को ऐसा लगा मानो उसका हृदय बैठा जा रहा है; वह अपने दिल को सँभालने में व्यस्त हो गया और वर्मा कह रहे थे—"देखो, मुझे कल पन्द्रह रुपए की सख्त जरूरत है। एक सेठ को मैंने लंच के लिए बुलाया है—उससे बहुत बड़े बिजनेस की उम्मीद है। पचीस रुपए का तुम्हें इन्तजाम करना ही है क्योंकि यह तुम्हारे जीवन-मरण का प्रश्न है, तो जैसे पचीस वैसे चालीस। कल सुबह तक पन्द्रह रुपए मुझे दे देना—एक हफ्ते में मैं तुम्हें पन्द्रह की जगह डेढ़ सौ रुपए वापस कर दूँगा।"

वर्मा की यह बात सुनकर रामगोपाल ठहाका मारकर हँस पड़ा।

वर्मा ने रामगोपाल के हँसने पर कोई ध्यान नहीं दिया। छबीलदास रामगोपाल की ओर घूमा—"आपका परिचय ?" छबीलदास ने पूछा।

छबीलदास से रामगोपाल का कोई परिचय न कराया गया था क्योंकि छबीलदास उस दिन सुबह से ही अपने मामलों में बुरी तरह उलझा हुआ था।

"जी—मैं भी इसी कमरे में आज से रहने लगा हूँ—और आपका पड़ोसी हुआ। मैंने पांडेजी से आपकी दास्तान सुनी—काफी दिलचस्प थी।"

"आपकी बला से," छबीलदास ने रुखाई से उत्तर दिया।

छबीलदास की रुखाई का रामगोपाल पर कोई खास असर नहीं पड़ा। इस समय वह छबीलदास से मित्रता बढ़ाने की कोशिश कर रहा था।

रामगोपाल सुलझे हुए दिमाग का आदमी था। एक साधारण कुल में बहुत बड़ी आकांक्षाएँ लेकर वह पैदा हुआ था, और उसके जीवन में नेकी, सत्य, ईमानदारी यह सब उसकी सुविधाओं पर अवलम्बित थे। शायद इतना अधिक महत्त्वाकांक्षी और अवसरवादी होने के कारण वह आज तक न अपना कोई मित्र बना सका था और न

कहीं टिक सका। उसके रिश्तेदार उससे घबराते थे, जो स्पष्टवक्ता थे और निर्भीक थे उन्होंने साफ-साफ उससे उनके घर में न आने को कह दिया था, जो शरीफ और मोहब्बतवाले थे वे ऐसी परिस्थिति पैदा कर देते थे कि रामगोपाल को जबर्दस्ती उनका घर छोड़ना पड़े।

ऐसा नहीं कि रामगोपाल को घर में पैसे की कोई तंगी रही हो। उसके पिता ने उसे नौकरी कर लेने को बहुत जोर दिया, मैट्रिकुलेशन-पास रामगोपाल को सौ-सवा सौ की नौकरी—बड़ी बात थी; लेकिन रामगोपाल की निगाह लाखों पर थी। उसने सुन रखा था कि सिनेमा लाइन एक ऐसी लाइन है जहाँ आदमी आसानी से लखपति या करोड़पति बन सकता है; और इसलिए पिता से अनुनय-विनय करके तथा एक लम्बी रकम लेकर वह बम्बई के लिए रवाना हो गया था।

बम्बई में काफी चक्कर काटने के बाद एक बात उसकी समझ में और आई। अगर किसी युवक के साथ एक सुन्दरी स्त्री है तो उसे आसानी से सफलता प्राप्त हो सकती है। लेकिन रामगोपाल को सुन्दरी स्त्री कहाँ से मिलती।

और आज छबीलदास की कहानी सुनकर एकाएक उसके दिमाग में यह बात आई—''क्या भगवान ने मुझे अनायास इस कमरे में इन लोगों के साथ, मेरी सहायता करने के लिए भेज दिया है ?''

रामगोपाल ने कहा—''अजीब दुनिया है ! दूसरों से हमदर्दी करो, उनकी सहायता करने की सोचो—लेकिन लोग इंसानियत से बात तक नहीं करते—जाने दीजिए, गलती हो गई।''

तीर निशाने पर पड़ा; छबीलदास रामगोपाल के बिस्तर पर बैठ गया—''माफ कीजिएगा !—बात यह है कि तबीयत अजीब उलझन में है, और वर्मा साहब जिस बेहूदेपन से पेश आए उससे दिमाग का पारा एकाएक बहुत चढ़ गया था।''

''खैर, कोई बात नहीं। तो अगर आप बुरा न मानें तो एक बात पूछूँ।''

''हाँ, हाँ !''

''सुशीला ने क्यों बुलाया था ? क्या किसी मुसीबत में है ?''

छबीलदास ने कहा—''हाँ, बहुत बड़ी मुसीबत में है। उस सेठ ने उसे छोड़ दिया है। घर में खाने तक के लिए पैसा नहीं है।'' यह कहकर उसने सुशीला की अँगूठी निकाली, ''उसने यह अँगूठी बेचने को दी है, लेकिन मैं अँगूठी बेचना नहीं चाहता।''

''अँगूठी बेचना तो बुरा होगा।''

''लेकिन मैं क्या करूँ—मेरे पास रुपए नहीं हैं,'' छबीलदास ने जरा रुककर कहा—''अगर तुम मुझे पचीस रुपए उधार दे सको तो मेरी इज्जत बच जाए।''

रामगोपाल ने पचीस रुपए निकालकर छबीलदास को देकर कहा—''लेकिन इस पचीस रुपए से तो सुशीला का काम न चलेगा। आगे चलकर क्या करना होगा—तुमने यह भी सोचा ?''

छबीलदास ने देखा कि उसके सामने एक देवता पुरुष बैठा है। चन्द मिनटों की

मुलाकात में उसने छबीलदास को पचीस रुपए दे दिए। उसने कहा—"यह तो नहीं सोचा ! तुम इसमें कुछ मदद कर सकते हो ?"

रामगोपाल ने जरा हिचकिचाहट के साथ कहा—"अगर मेरी सलाह मानो तो सुशीला को किसी फिल्म कम्पनी में नौकर रखवा दो। मैं कई डाइरेक्टरों को जानता हूँ—अगर तुम चाहो तो मैं दौड़धूप कर दूँगा। हजार-पाँच सौ रुपए की नौकरी आसानी से मिल जाएगी।"

बात छबीलदास की समझ में आ गई। उन्होंने रामगोपाल से हाथ मिलाया—"बात तुमने लाख रुपए की कही। मैं एक दिन तुम्हें सुशीला से मिलवा दूँगा। इस बीच में तुम अपने डाइरेक्टर दोस्तों से बात कर लो।"

5

छबीलदास ने रामगोपाल का सुशीला से परिचय करा दिया।

रामगोपाल सुशीला को लेकर सेवा फिल्म कम्पनी के डाइरेक्टर मिस्टर व्रती के यहाँ पहुँचा।

मिस्टर व्रती फिल्म लाइन में मशहूर आदमी थे। न जाने कितनी फिल्में उन्होंने बनाईं, न जाने कितनी फिल्में उन्होंने अधबनी छोड़ दीं। बड़े ठाठ से रहते थे—उनके मकान में ही उनका दफ्तर था।

मिस्टर व्रती को एक नई हीरोइन की जरूरत थी क्योंकि उनके नए सेठ ने उनसे कह दिया था कि एक फर्स्ट क्लास नई हीरोइन चाहिए, जिस तनख्वाह पर भी हो। मिस्टर व्रती के मकान पर हीरोइनों का ताँता लगा रहता था जिनमें से कुछ व्रती साहब नामंजूर कर देते थे और कुछ को उनके नए सेठ।

सुशीला को देखते ही व्रती साहब प्रसन्न हो गए; उनके दिल ने साफ कह दिया कि सेठजी इस हीरोइन को पसन्द कर लेंगे।

उन्होंने बजाय रामगोपाल के सुशीला से कहा—"मैंने आज से ही आपको हजार रुपए पर रख लिया—एक पिक्चर बनाने पर मैं आपकी तनख्वाह डेढ़ हजार महीने कर दूँगा।"

रामगोपाल ने उसी समय कहा—"यह तो ठीक है, लेकिन जब तक आप मुझे अपनी पिक्चर में रोल नहीं देंगे तब तक यह काम न करेंगी।"

सुशीला ने आश्चर्य से रामगोपाल को देखा। रामगोपाल ने सुशीला से कह रखा था कि वह लखपती आदमी है, उसने सुशीला को बतलाया था कि वे पचीस रुपए जो छबीलदास ने उसे दिए थे, रामगोपाल से लेकर दिए थे। और अब उसने देखा कि रामगोपाल उसकी नौकरी के कमीशन में खुद नौकरी माँग रहा है। लेकिन उसने उससे कुछ कहा नहीं, मिस्टर व्रती की ओर से आँखें हटा लीं।

"अच्छी बात है—आपको भी मैं एक पार्ट दे दूँगा; लेकिन तनख्वाह ज्यादा न दे सकूँगा।"

और उसी समय रामगोपाल को सेवा फिल्म कम्पनी में ढाई सौ रुपए महीने की जगह मिल गई।

सेवा फिल्म कम्पनी से निकलकर रामगोपाल ने सुशीला से कहा—"बहुत बड़ा काम हो गया—इसकी खुशी में आज ताजमहल होटल में खाना खाया जाए।"

पिछले कुछ दिनों से सुशीला बहुत अधिक परेशान रही थी, आज उसकी परेशानियाँ दूर हो गई थीं। उसका जी हल्का था, और वह हँसना चाहती थी, घूमना चाहती थी। सेठ हीरालाल के साथ वह एकाध दफा ताजमहल होटल गई थी और वहाँ की चहल-पहल, वहाँ के वैभव से वह प्रभावित हुई थी। उसने कहा—"अच्छी बात है।"

सुशीला को लेकर रामगोपाल ताजमहल होटल पहुँचा। वहाँ उसने सुशीला से प्रेमालाप आरम्भ किया। सुशीला उस दिन प्रसन्न थी। वह प्रेमालाप उसे बुरा नहीं लगा। वह रामगोपाल को प्रेमालाप में बढ़ावा दे रही थी।

लेकिन उन दोनों को यह पता न था कि होटल के एक कोने में एक आदमी बैठा हुआ इन दोनों की गतिविधि को बड़े ध्यान से देख रहा है।

उस दिन मिस्टर वर्मा ने पंजाब के एक बहुत बड़े व्यापारी को फाँसा था और उसे वे ताजमहल होटल में डिनर खिलाने को ले गए थे। रामगोपाल को एक स्त्री के साथ ताजमहल होटल में बैठा देखकर स्वाभाविक रूप से मिस्टर वर्मा को कौतूहल हुआ; लेकिन उस कौतूहल को उन्हें जबर्दस्ती दबाना पड़ा। पर मिस्टर वर्मा साधारण ही चीजों को छोड़ देनेवाले जीव नहीं थे। जब मिस्टर वर्मा अपने कमरे में पहुँचे तो वे काफी खुश थे—दो हजार के फायदे का काम उन्होंने तय कर लिया था।

सुशीला को उसके घर पहुँचाकर रामगोपाल उस समय तक अपने कमरे में लौट आया था और छबीलदास से वह सुशीला की तथा अपनी सफलता की बात बतला रहा था। लेकिन इस बातचीत में वह ताजमहल होटल जाने की बात तथा सुशीला से अपनी प्रेमवार्त्ता को दबा गया था। पांडे और सिंह को रामगोपाल के सौभाग्य पर ईर्ष्या हो रही थी। उसी समय मिस्टर वर्मा ने "मार लिया मैदान बन्दे—मार लिया मैदान," गाना गुनगुनाते हुए कमरे में प्रवेश किया। आते ही तपाक से उन्होंने रामगोपाल से पूछा—"वाह भाई—बड़े छुपे रुस्तम निकले ! किस खूबसूरत बला को ताजमहल होटल में फाँस ले गए थे ?"

रामगोपाल पकड़ गया, फिर भी उसने बचने की कोशिश की—"मेरी क्लास-फेलो थी, बम्बई घूमने आई है।"

"क्यों बनते हो यार—शक्ल से तो ऐक्ट्रेस मालूम होती है—मैं भी ताजमहल होटल में मौजूद था—और तुम दोनों किसी फिल्म कम्पनी की बात भी कर रहे थे।"

सिंह की ईर्ष्या रामगोपाल के सौभाग्य से काफी भड़क चुकी थी, उसने छूटते ही कहा—"सुशीला रही होगी। आज इन्हें और सुशीला, दोनों को नौकरी मिली है न ! जश्न

मनाने गए थे।''

छबीलदास के चेहरे से सारी खुशी गायब हो गई, उसने जरा गम्भीर स्वर में कहा—''तुम इतने कमीने निकलोगे—यह मुझे न मालूम था।''

वर्मा हँस पड़े—''इसमें कमीनेपन की क्या बात—कहा है न रंडी किसकी बीवी और भँडुआ किसका यार।''

वर्मा की इस हँसी ने आग में घी का काम किया। छबीलदास ने रामगोपाल से कड़ककर कहा—''क्या जवाब देते हो ?''

रामगोपाल भी तन गया, ''तुम मुझसे जवाब माँगनेवाले कौन होते हो ? जवाब माँगना हो तो सुशीला से माँगो जाकर।''

पांडे ने किसी तरह से मामला शान्त करवाया।

6

मिस्टर व्रती ने सुशीला से कहा—''यह आदमी रामगोपाल, इसके सामने मैंने पूरी बात कहना ठीक नहीं समझा। अब मैं एक सवाल पूछना चाहता हूँ—यह रामगोपाल कौन है और आपसे इसका क्या रिश्ता है ?''

सुशीला ने उत्तर दिया—''मैं इसे बिल्कुल नहीं जानती। मेरे एक मुलाकाती ने कहा था कि ये आपकी फिल्म कम्पनी में मुझे पहुँचा देंगे।''

मिस्टर व्रती ने सन्तोष की एक गहरी साँस ली—''अगर मैं इसे अपनी कम्पनी में न लूँ तो आपको कोई आपत्ति तो नहीं होगी, क्योंकि यह किसी काम का आदमी नहीं है।''

''इसमें मुझे क्या आपत्ति हो सकती है,'' सुशीला ने शान्त भाव से उत्तर दिया।

''एक बात और। मेरी कम्पनी में रहकर आप बिना मेरी इजाजत किसी भी आदमी से नहीं मिल सकेंगी—मेरी कम्पनी की यह पहली शर्त है।''

''अच्छी बात है,'' सुशीला ने कहा।

मिस्टर व्रती उठ खड़े हुए—''आज शाम को पूना चलना है—वहाँ सेठजी से बातें करनी हैं। आप शाम तक तैयार हो जाइए, टिकट मँगवाए लेता हूँ।''

मिस्टर व्रती ने उसी समय कम्पनी के दरबान को आज्ञा दी कि रामगोपाल को ऑफिस में घुसने न दिया जाए और उससे कह दिया जाए कि उसे नौकरी नहीं मिली।

जिस समय सुशीला अपना असबाब ठीक करने अपने घर पहुँची, छबीलदास फुटपाथ के चक्कर लगा रहा था। सुशीला ने छबीलदास को अन्दर बुलाया।

छबीलदास भरा हुआ था, उसने कहा—''मैं तुम्हारे सर्विस पा जाने पर बधाई देने आया हूँ।''

सुशीला मुस्कुराकर अपना असबाब ठीक करने लगी।

"और इस बात पर भी कि तुम्हें एक नया मित्र मिल गया है जो तुम्हें ताजमहल होटल में खाना खिला सकता है, वहाँ तुमसे प्रेमालाप कर सकता है।"

सुशीला ने सूटकेस में कपड़े रखते हुए कहा–"तो क्या तुम मुझसे कैफियत तलब करने आए हो ?"

छबीलदास हँस पड़ा–"मैं कैफियत तलब करनेवाला कौन होता हूँ। मैं तो वह साधन मात्र हूँ जो तुम्हारी मुसीबत पर काम आए।"

छबीलदास के इस स्वर से सुशीला को बुरा लगा–"आपका वह फर्ज था क्योंकि आप ही मुझे बनारस से बहका लाए थे। आगे से मैं आपसे इस तरह की न कोई सहायता माँगूँगी, न आपसे कोई वास्ता रखूँगी।"

छबीलदास उठ खड़ा हुआ–तैश में। आज उसे अपने ऊपर ग्लानि हो रही थी।

उसने कहा–"बहुत अच्छा। लेकिन याद रखना तुम्हें फिर मेरी जरूरत पड़ेगी–और उस दिन मैं तुम्हारे ये शब्द याद रखूँगा–आगे चलकर मुझसे किसी तरह की उम्मीद न रखना।" और वह चला आया।

7

उस छोटे से कमरे में पाँच बिस्तर पड़े थे और पाँच आदमी लेटे थे। पांडे एक फिल्म मैगजीन उलट-पुलट रहा था, सिंह एक फिल्मी गाना गुनगुना रहा था। वर्मा सिगरेट के कश के कश ले रहा था। छबीलदास एक कोने में पड़ा सिसकियाँ ले रहा था। वह अपने विगत पर सोच रहा था, और वर्तमान की उस विगत से तुलना कर रहा था। और रामगोपाल दूसरे कोने में मौन अपने भविष्य पर चिन्ता कर रहा था।

रामगोपाल को एक दिन नौकरी मिली, दूसरे दिन उसकी नौकरी छूट गई। कल एक हीरोइन मिली जिसके साथ में रहकर उसने लखपती होने के सपने बनाए थे, आज वह हीरोइन हाथ से निकल गई।

उसने जेब से अपना पर्स निकाला–अब उसमें कुल जमा-पूँजी पैंतीस रुपए रह गई थी।

पांडे ने मैगजीन रख दी। उसने रामगोपाल से पूछा–"क्यों, बड़े चुप हो ? क्या बात है ?"

सिंह ने उत्तर दिया–"आज इनकी नौकरी छूट गई।"

छबीलदास, जो अभी तक सिसकियाँ भर रहा था, चौंककर बैठ गया–"अच्छा हुआ। इन साले दगाबाजों के साथ होगा ही क्या ? इस हाथ ले, उस हाथ दे।" और यकीनी तौर से छबीलदास का क्रोध और दुःख 75 प्रतिशत गायब हो गया था।

रामगोपाल से अब न रहा गया, वह उठ बैठा और उसने कहा–"अब जो किसी साले ने गाली दी तो मैं उसका मुँह तोड़ दूँगा।"

मामला संगीन हो रहा था—वर्मा ने यह देखा और उठ बैठा—"आखिर मामला क्या है ?"

सिंह ने कहा—"आज रामगोपाल को सेवा फिल्म कम्पनी से जवाब मिल गया—सो ये झल्लाए हुए हैं। लेकिन छबीलदास आज क्यों इतने क्रोधित हो गए—यह समझ में नहीं आता।"

"वह मैं बतला दूँ," वर्मा ने मुस्कुराते हुए कहा—"वह औरत—वही—क्या नाम है उसका—वह आज एक आदमी के साथ—शायद उसका नाम व्रती है—पूना गई है। साथ में मेरे पंजाबवाले सेठ भी थे जो उस कम्पनी में रुपया लगा रहे हैं।"

अब वर्मा से न रहा गया, वह खिलखिलाकर हँस पड़ा। "पंजाबवाले सेठ के पास पैसा है—वह पैसा खर्च तो होना ही चाहिए।"

पांडे उठा—उसने छबीलदास से कहा—"इसी बात पर नाराज हो गए ? अरे भाई, एक दफा तुम्हें छोड़कर चली गई तो फिर अब वह फिर से तुम्हारी कैसे हो सकती थी—भूल जाओ उसे।"

उधर सिंह रामगोपाल से कह रहा था—"ऐसी नौकरियाँ मिलेंगी और छूटेंगी—इस पर अफसोस करने की क्या बात है ?"

और पांडे और सिंह ने मिलकर छबीलदास और रामगोपाल से हाथ मिलवा दिया।

वर्मा ने एक-एक सिगरेट उन लोगों को दी—कमरे में सिगरेट का धुआँ भर गया। उस एक छोटे से कमरे में भेड़ों की तरह रहनेवाले वे पाँचों युवक लेटे थे और सिगरेट पी रहे थे जैसे कुछ हुआ ही नहीं। भावना और चेतना से शून्य। और धीरे-धीरे वह पाँचों युवक सो गए सुबह उठकर फिर नित्य की तरह बेकारी, गैर-जिम्मेदारी की जिन्दगी बिताने के लिए।

राख और चिनगारी

आधी रात बीत चुकी है। एक सघन, घुटता हुआ, नितान्त अनजाना अन्धकार मेरे चारों ओर फैला हुआ है; और मुझे तुमसे कुछ बातें कहनी हैं। मेरे प्राणों में कितनी थकावट भर गई है रमेश, तुम इसका अन्दाजा नहीं लगा सकोगे ! भीतर और बाहर, ऊपर और नीचे इस ओर और उस ओर—बस एक निराशा का साम्राज्य फैला हुआ है। जी चाहता है कि अनन्त निद्रा की गोद में मैं अपने को सौंप दूँ। लेकिन नहीं हो सकेगा; मुझे तुमसे अपनी बात कहनी ही है।

मैं जानती हूँ रमेश कि मेरी बातें सुनकर, तुम्हारे कोमल हृदय को एक गहरा-सा धक्का लगेगा, पर मैं विवश हूँ। मैं जो अपनी बातें कहने बैठी हूँ—मेरे अन्दर इस समय क्या बीत रहा है; इस समय ही क्यों, पिछले कई दिनों से क्या बीतता रहा है, तुम इसकी कल्पना नहीं कर सकोगे। पर जीवन कोमल नहीं, जीवन सुन्दर नहीं, जीवन सुखद नहीं। एक भयानक कुरूपता से भरा, विकृत और कठोर, यही हमारा अस्तित्व है। इस सत्य से मुँह नहीं मोड़ा जा सकता; हमें इसे स्वीकार करना ही पड़ेगा।

मैं जानती हूँ कि मैं नौकरी करती हूँ—याद रखो नौकरी ! मुझे अच्छी तनख्वाह मिलती है, मैं साफ-सुथरे कपड़े पहनती हूँ, मैं अच्छा खाना खाती हूँ लेकिन यह नौकरी—बड़ी भयानक चीज है यह ! इस नगर की दूसरी ओर वह बड़ी सी सीमेंट की इमारत जिसे मैं अपना दफ्तर कहती हूँ कितना निष्प्राण, कितना भावनाशून्य है वह ! रोज सुबह सैकड़ों नहीं हजारों आदमी मोटरों पर, साइकिलों पर, पैदल उस ओर खिंचे चले आते हैं—उसके वे बड़े-बड़े, कठोर और अन्धकारमय कमरे खुल जाते हैं; वहाँ पड़ी हुई अनगिनती मेजों और कुर्सियों में प्राण आ जाते हैं और जीवन का क्रम चलने लगता है। रोज शाम को हजारों आदमी थके और टूटे वहाँ से चल देते हैं, दरवाजे बन्द हो जाते हैं और वह इमारत मानो मृत्यु की छाया में सो जाती है।

मैंने कभी-कभी उस भीड़ को देखने का भी प्रयत्न किया है जिसका मैं स्वयं एक भाग हूँ। कितनी तेजी होती है उस भीड़ की चाल में, लेकिन उस तेजी में उत्साह नहीं होता, उल्लास नहीं होता। एक अजीब तरह के भय से वह तेजी प्रेरित होती है, उस भीड़ का नजर घड़ी पर लगी रहती है जिसकी सुइयाँ चलती रहती हैं—चलती रहती हैं एक गति से, निरन्तर ! उन्हीं एक गति से निरन्तर चलनेवाली निष्प्राण और भावनाहीन सुइयों के साथ उस भावनायुक्त और जीवित मानव की गति बाँध दी गई है। और मैंने

स्पष्ट रूप से देखा है कि वह भीड़ घड़ी की उन सुइयों की भाँति ही निष्प्राण और भावनाहीन होती है, जिसका एकमात्र उद्देश्य होता है समय की पाबन्दी !

नौकरी–गुलामी ! कितनी अपमानजनक होती है वह ! वहाँ अफसरों की कृपा पर अवलम्बित रहना पड़ता है। उनकी डाँट और झिड़कियाँ खाकर ही किसी का उस नौकरी पर कायम रहना सम्भव है। अपनी भावना को वहाँ नष्ट कर देना पड़ता है, अपने निजी सुख-दुःख को वहाँ भूल जाना पड़ता है।

उस दिन जब तुमसे मेरा प्रथम परिचय हुआ था, मैं कुछ उदास थी। तुमने मुझसे बात-बात में उदासी का कारण पूछा, और मैंने तुमसे सच्ची बात नहीं कही थी। आज मैं तुम्हें बतला रही हूँ कि उस दिन मैं अपने अफसर की डाँट खाकर घंटों रोई थी। जिस बात पर डाँट खाई थी उसमें मेरा कसूर भी तो न था ! चार मील साइकिल पर चलकर आना; लेकिन साइकिल का क्या भरोसा ? रास्ते में साइकिल पंचर हो गई, और साइकिल बनवाने में मुझे कुछ देर हो गई। चपरासी ने मेरे आते ही मुझसे कहा था–"सलाम मिस साहब ! साहेब आपको याद कर रहे हैं; देर हो गई है आपको।" और वह थोड़ा सा मुस्कुरा दिया था।

चपरासी के मुस्कुराने के अर्थ होते हैं कि मेरे अफसर का मिजाज बिगड़ा हुआ है। मैं सीधे मैनेजर के कमरे में पहुँची–उसने मुझे देखते ही घड़ी की ओर संकेत किया–"घड़ी देख रही हो मिस चौधरी ?"

मैंने लड़खड़ाते स्वर में कहा, "माफ कीजिएगा सर, कुछ देर हो गई आने में ! बात यह..." लेकिन जैसे उसके पास मेरी बात सुनने का भी समय न था, वह कड़े स्वर में बोला–"मैं बात नहीं सुनना चाहता–यह तीसरा मौका है। मुझे हेड-क्वार्टर में तुम्हारी शिकायत करनी पड़ेगी। हाँ वह फाइल पूरी कर दी ?"

"वह फाइल कितनी बड़ी थी–कितना अधिक काम था उसमें ! पिछले दिन रात को आठ बजे तक मैं उस पर काम करती रही, लेकिन वह पूरी न हो सकी थी। मैंने कहा–"जी अभी थोड़ी देर में पूरी किए देती हूँ।"

मैनेजर का स्वर और भी प्रखर हो गया–"मैं देख रहा हूँ मिस चौधरी कि तुम अयोग्य और गैरजिम्मेदार हो। मैंने कल कहा था कि वह फाइल मुझे सुबह चाहिए ही।"

"कल रात आठ बजे तक मैं काम करती रही सर !"

लेकिन मैनेजर को क्या ! वह बोला–"मैं यह कुछ नहीं जानता–यह मेरी अन्तिम चेतावनी है। यदि तुम काम नहीं कर सकतीं तो त्यागपत्र दे दो। यह दफ्तर है और तुम नौकरी कर रही हो, यह याद रखना !"

रमेश, मैं उस समय चली आई थी और चुपचाप फाइल पूरी करने में लग गई थी, लेकिन मेरे मुख पर मेरे अन्दरवाली सारी करुणा, सारा व्रिदोह उभर आया था। अपने उमड़ते हुए आँसुओं को बरबस दबाकर मैं काम कर रही थी–और मेरे साथियों की आँखें मेरी ओर लगी थीं। उन्हें मालूम था कि मुझ पर डाँट पड़ी है, मेरा अपमान हुआ है। और मेरे अपमान पर उन्हें प्रसन्नता थी। किसी को मेरे साथ संवेदना नहीं

थी, किसी को मेरे साथ सहानुभूति नहीं थी। मैंने देखा कि इस गुलामी के बन्धन से जकड़ा हुआ हरेक व्यक्ति पशु से भी गया-बीता बन गया है।

तुम माणिक को जानते हो, तुम शीला को जानते हो। वह माणिक शीला से कह रहा था—"देखती हो गीता को—बड़ी शेखी हो गई थी उन्हें; आज आटा-दाल का भाव मालूम हो गया ! सुना है कि चेतावनी मिली है !"

मैंने माणिक की बात सुन ली थी—पता नहीं शायद वह मुझे सुनाने को ही कही गई थी। और इस पर शीला ने कहा—"बेचारी गीता—इतना काम करती है और डाँट ऊपर से, देखा कैसे टप-टप आँसू गिर रहे हैं ! चलो थोड़ी सी सहानुभूति प्रकट कर दूँ।"

"सहानुभूति प्रकट कर दूँ !" वर्तमान समाज का कितना भयानक व्यंग्य है इन शब्दों में ! यह ढोंग, यह फरेब, यह मक्कारी ! लेकिन शायद यही आज की जिन्दगी है। जी चाहता था कि मुँह नोच लूँ उन लोगों का, जी चाहता था कि आत्महत्या कर लूँ जाकर। उस दिन मैं किसी से बोली नहीं, किसी के साथ हँसी नहीं। हाँ, चलते-चलते उस बूढ़े चपरासी ने मुझसे जरूर कहा था—धीमे से स्वर में—"मिस साहेब, बुरा न मानिएगा—आज साहेब पर हेडऑफिस की डाँट पड़ी, इसी से इतना मिजाज बिगड़ा हुआ है, और यह डाँट-फटकार तो नौकरी में रोज की बात है—कौन इससे बच सका है !"

वह साठ साल का बूढ़ा चपरासी जीवन का कितना महत्त्वपूर्ण सत्य कह गया मुझसे ! आजकल के लड़के उसे दफ्तर में डाँटते थे और वह काम करता था चुपचाप ! जिस प्रकार अपमान और निरादर के बीच उसने अपनी लम्बी जिन्दगी गुजारी है, उसी प्रकार अपमान और निरादर के बीच, लोगों के व्यंग्यों और कटूक्तियों को सुनते हुए भी मैं नौकरी कर रही हूँ; और इस पर तुम्हें आश्चर्य हो सकता है। लेकिन आज मैं तुम पर एक और कुरूप सत्य प्रकट कर रही हूँ।

रमेश ! मैं घर की बड़ी गरीब हूँ। मैं दफ्तर में काम इसलिए नहीं करती कि काम करने का शौक है, मैं काम इसलिए करती हूँ कि काम करने के लिए मैं मजबूर हूँ। लोग आश्चर्य करते हैं कि मैं इतनी एकान्तप्रिय क्यों हूँ, मैं बनाव-सिंगार क्यों नहीं करती, मैं सभा-सोसाइटियों में क्यों नहीं सम्मिलित होती, मैं खेल-तमाशे क्यों नहीं देखती। इस सबका एकमात्र कारण है मेरी गरीबी। और यहाँ तुम पूछ सकते हो कि अगर मैं इतनी गरीब हूँ तो मैंने विश्वविद्यालय की शिक्षा कैसे प्राप्त की !

मैं पितृ-हीना हूँ। जिस समय मेरे पिता की मृत्यु हुई थी मैं निरी बच्ची थी। मेरे बड़े भाई म्यूनिसिपल बोर्ड में क्लर्क थे, और पिता के मरने के बाद गृहस्थी का भार उन पर पड़ा। तुम नहीं जानते, मेरे बड़े भाई देवता थे; छोटी सी तनख्वाह पाते हुए भी उन्होंने मुझे पढ़ाया-लिखाया, हर तरह मेरा खयाल रखा। मैं, मेरी माता, मेरी भावज—इन सबका भार उन पर था; और फिर उनके भी बच्चे हुए, उनका परिवार भी बढ़ा। लेकिन वे चाहते थे कि मैं ऊँची शिक्षा प्राप्त करूँ, जीवन में ऊपर उठूँ। और इस सबका खर्च बर्दाश्त करने के लिए उन्होंने दफ्तर के बाहर भी दो-एक काम ले रखे थे।

लेकिन रमेश, मनुष्य में बल की, धैर्य की, साहस की एक सीमा होती है। उस सीमा को पार करने के अर्थ होते हैं–अपने ही विनाश को आमन्त्रित करना। मेरे बड़े भाई ने हमें बनाया, अपने को मिटाकर अपनों की सुविधाएँ पूरी करने के लिए उन्होंने अपनी सुविधाओं की उपेक्षा की। और एक दिन उन्हें पता चला कि उन्होंने अपने को समाप्त कर लिया है। वे बीमार पड़े, और एक लम्बी बीमारी के बाद उन्हें इस दुनिया को छोड़ना पड़ा। उन लोगों को छोड़ना जिन्हें वे इतना चाहते थे, जिनके लिए उन्होंने अपना जीवन अर्पित कर दिया था।

उसी साल मैंने बी.ए. पास किया था। मेरे बी.ए. पास करने पर वे कितने प्रसन्न हुए थे–उनकी वे बुझती हुई आँखें एकाएक न जाने किस आशा और उल्लास से चमक उठी थीं। रमेश–कितना सोचती हूँ कि उनकी आँखों की वह चमक स्थायी हो सकती ! लेकिन व्यर्थ–सब कुछ व्यर्थ ! मृत्यु ने उन्हें बुरी तरह दबोच लिया था, प्रकृति ने शरीर से अपना बदला चुका लिया था। तीसरे दिन उनकी हालत बिगड़ी। डॉक्टर, वैद्य, हकीम सभी आए अपनी-अपनी फीस लेकर वे चले गए लेकिन उनकी बेहोशी दूर न हुई।

मरने से कुछ पहले उनकी बेहोशी दूर हुई–कुछ क्षणों के लिए ! उस समय हम सब लोग कमरे में मौजूद थे। आँखें खोलकर क्षीण स्वर में पुकारा–"गीता !"

मैं उनके सिरहाने आ गई। उन्होंने कहा था–"गीता, मैं जा रहा हूँ। हमारी माँ विधवा, साधनहीन ! तेरी भाभी अपढ़, अनुभवहीन, सीधी-सादी, निराश्रय ! और ये किशोर और कमला ये दोनों छोटे-छोटे बच्चे ! हे भगवान्, इनका क्या होगा ? इन लोगों ने कौन सा पाप किया है !"

मेरे भाई ने न अपनी पत्नी से कुछ कहा, न अपनी माँ से कुछ कहा उन्होंने अपने बच्चों की ओर देखा तक नहीं–मेरा हाथ पकड़कर उन्होंने यह बात कही थी और मैंने उत्तर दिया था, "भैया ! तुम इसकी चिन्ता न करो ! मैं हूँ तुम्हारी बहन–और मैं तुम्हें वचन देती हूँ कि इन्हें कष्ट न होने पाएगा।"

मेरे भाई के मुख पर सन्तोष की एक हल्की सी मुस्कुराहट आई, उन्होंने अपने बच्चों को देखा, अपनी पत्नी को देखा, अपनी माता को देखा–उनके मुख का धुँधलापन दूर हो गया था, बहुत क्षीण स्वर में उन्होंने कहा, "भगवान् तुम्हारा भला करे–गीता अब मैं शान्तिपूर्वक मर सकूँगा !"

रमेश ! तुमने मेरी माता को नहीं देखा, मेरी भावज को नहीं देखा, मेरे भतीजे और मेरी भतीजी को नहीं देखा ! वे गाँव में रहते हैं, इसलिए कि उनके शहर में रहने का खर्च मैं नहीं बर्दाश्त कर सकती। लेकिन मैं अपनी तनख्वाह का अधिकांश भाग उन लोगों को भेज देती हूँ। मेरा भतीजा पढ़ रहा है, मेरी भतीजी पढ़ रही है। मेरी माँ, मेरी भावज ! दोनों स्त्रियाँ हैं, जिन्दगी-भर उन्होंने धनोपार्जन का काम नहीं किया है; उन्हें धनोपार्जन करना भी नहीं आता। वे हमारे समाज के असमर्थ और अपाहिज अंग हैं। उनका भरण-पोषण करना यह मेरी जिम्मेदारी है ! और इसलिए अपनी तनख्वाह का अधिकांश भाग उन्हें भेजकर मेरे पास इतना नहीं बचता कि मैं खेल-तमाशे देख सकूँ,

सभा-सोसाइटी में भाग ले सकूँ, उत्सवों में सम्मिलित हो सकूँ, बनाव-सिंगार कर सकूँ !

मैं कहती हूँ कि मेरे पास यौवन है, मेरे पास उमंग है। हँसने-खेलने की इच्छा मुझे भी होती है। नाच-रंग, आमोद-प्रमोद मुझे भी प्यारे लगते हैं। मुझमें भी यह अभिलाषा है कि मैं सुन्दर दिखूँ, नवयुवक मेरी ओर आकर्षित हों, वे मेरे सौन्दर्य की उपासना करें। दुनिया की चहल-पहल अपने को देने की प्रबल अभिलाषा को कितने प्रयत्न के साथ दबाना पड़ता है, यह मैं ही जानती हूँ ! और अपने अन्दर चलनेवाले अनवरत संघर्ष के कारण मैं अजीब सी दिखने लग गई हूँ। कुछ लोग मुझे गर्विता कहते हैं, कुछ लोग मुझे असभ्य समझते हैं और कुछ लोगों ने मुझे पत्थर की उपमा दे डाली है। लेकिन रमेश, आज मैं साफ-साफ अपना रूप देख रही हूँ। मैं राख से ढकी हुई एक चिनगारी की भाँति हूँ जो अन्दर ही अन्दर सुलगकर राख बनती जा रही है।

मेरे अन्दर जलन है, उमंग है, जीवन है। सब कुछ है, लेकिन बेकार ! समाज के आर्थिक ढाँचे ने राख बनकर हर तरफ से मुझे ढक लिया है; और उसने मेरे समस्त अस्तित्व को अपने अभिशाप से आच्छादित कर रखा है। पर दुर्भाग्य यह है कि मैं पूरी तरह से राख भी तो नहीं बन पाती; अन्दरवाली चिनगारी जलती रहती है—निरन्तर ! और वही अन्दरवाली चिनगारी कुछ अधिक प्रज्वलित हो गई थी उस दिन, जिस दिन साहित्य-समाज में तुमसे मेरी प्रथम बार भेंट हुई थी।

मैं उस दिन साहित्य-समाज की बैठक में क्यों चली गई थी मुझे आज भी आश्चर्य हो रहा है। मैं जो सभा-सोसाइटी से दूर रहती हूँ, शीला के कहने में क्यों आ गई थी ? शायद तुम्हारे नाम के कारण ! मैंने तुम्हारी कविताएँ पढ़ी थीं, मुझे वे कविताएँ अच्छी लगी थीं। मैं एक बार उन कविताओं के लेखक को देखना भी चाहती थी !

तुम वहाँ बैठे थे, शान्त और गम्भीर ! तुम्हारी बगल में मानिक भी बैठा था जो लोगों से हँस-बोल रहा था—अपने को प्रदर्शित कर रहा था। कितना अन्तर था तुम दोनों में और उस समय मानिक ने कहा था—"देवियो और सज्जनो ! मैं आज साहित्य-समाज में साहित्य के एक महान् प्रतिभाशाली और नवोदित कवि तथा साहित्यकार श्री रमेशचन्द्र का स्वागत करता हूँ। अब मैं रमेशजी से एक कविता सुनाने की प्रार्थना करूँगा।"

और उस दिन तुमने जो कविता पढ़ी थी वह मुझे जीवन-भर याद रहेगी। मैं सच कहती हूँ रमेश, तुम्हारी उस छोटी सी कविता ने मेरे अन्दर कितना भयानक उथल-पुथल उत्पन्न कर दिया। मन्त्रमुग्ध सी मैं तुम्हारी कविता सुन रही थी, मन्त्र-मुग्ध सी मैं तुम्हें देख रही थी। मैंने अपने मन के नितान्त नीरस और शुष्क मरुखंड को नन्दन-वन में परिवर्तित होते हुए अनुभव किया—संज्ञाहीन-सी ! और अचानक शीला के स्वर ने मुझे मानो झकझोर दिया जब उसने कहा था :

"अपने इस तरुण कवि के अभिनन्दन के उपलक्ष्य में मैं अब अपनी सहेली कुमारी गीता चौधरी से एक सरस और सुन्दर गीत गाने की प्रार्थना करूँगी।"

रमेश, मैं गा लेती हूँ और अच्छा गा लेती हूँ। विश्वविद्यालय की संगीत-प्रतियोगिताओं में मुझे पुरस्कार भी मिले हैं। पर शीला को छोड़कर उस सभा में कोई भी इस बात को

न जानता था। और शीला यह भी जानती थी कि मैं उत्सवों से दूर रहती हूँ। मैं अधिक बातचीत नहीं करती। एक तरह से मैंने इन सबसे अपने को दूर रखा है। मुझे बड़ा क्रोध आया कि शीला ने मेरे साथ ऐसा मजाक क्यों किया और मैं शीला को कुछ रूखा सा कठोर उत्तर देने ही वाली थी कि मेरी आँखें फिर तुम पर पड़ गईं। और उसी समय मेरे अन्दरवाली समस्त कटुता ठीक तरह गायब हो गई जैसे मधु-ऋतु में बर्फ गल जाती है। मुझे कुछ ऐसा लगा मानो तुम्हारी आँखें मुझे गाने को आमन्त्रित कर रही हैं। और रमेश, लाख प्रयत्न करने पर भी मैं अपने को न रोक सकी, तुम्हारे उस निमन्त्रण को न ठुकरा सकी। बिना सोचे-विचारे, कुछ अजीब तौर से बेसुध-सी, मैंने हारमोनियम उठा लिया था।

मेरे गाने की बड़ी प्रशंसा हुई, मानिक ने भी, जो हमेशा मुझ पर व्यंग्य करता रहा है, इस बार मेरी प्रशंसा की यद्यपि व्यंग्य करने से वह नहीं चूका, जब उसने कहा था—"वाह गीताजी—आप इतना सुन्दर गा लेती हैं, यह हमें मालूम ही न था। बधाई है हमारे कलाकार श्री रमेशजी को जिन्होंने एक दूसरी कलाकार तुम्हारी गीता चौधरी को ढूँढ़ निकालने में सहायता दी।"

रमेश, उस समय मुझे मानिक के उस व्यंग्य पर बुरा भी न लगा, मैं स्वयं में इतनी अधिक विभोर हो उठी थी। मुझे कुछ ऐसा लग रहा था कि तुम्हारे रूप में मेरा कोई चिरपरिचित आत्मीय मुझे मिल गया है। उस दिन सुबह के समय जो मेरा अपमान हुआ था, जो मैं इतना रोई थी, वह सब मैं अनायास ही भूल गई। उफ, कैसा पागलपन सवार हो गया था मुझ पर ! तुम यह न समझ लेना रमेश कि वह पागलपन मुझसे दूर हो चुका है, अब भी वह मुझमें मौजूद है। चिनगारी जल रही है निरन्तर, लगातार ! पर मैं क्या करूँ। उस चिनगारी को चारों ओर से घेरे हुए जो राख है वह भी बढ़ती जा रही है। उसी तरह निरन्तर, लगातार कौन सा विधान था वह जो हम दोनों को इतना अधिक एक-दूसरे के पास खींच लाया था। आखिर शीला को उस दिन क्या सूझा था कि उसने तुमसे यह प्रस्ताव कर दिया कि तुम मुझे मेरे घर पहुँचा दो। मैं सच कहती हूँ कि अगर किसी दूसरे से मुझे मेरे घर पहुँचा देने को कहा गया होता तो मैं बड़ी रुखाई के साथ 'ना' कह देती। लेकिन तुमसे मैं 'ना' न कह सकी। और जब मैं तुम्हारे साथ चली तब पूनो की चाँदनी हँस रही थी, वसन्त ऋतु की पुलकन से भरी विकम्पित हवा बह रही थी। लेकिन उसी समय न जाने क्यों अनायास ही मेरे अन्दरवाली समस्त विवशता, समस्त करुणा, समस्त घुटन मेरी आँखों में उमड़ आई। मैं तुम्हें देख रही थी, और मैं देख रही थी अपना वर्तमान जीवन। मेरे सामने रंगीन और सुन्दर सपना था, मेरे सामने कुरूप वास्तविकता थी। और उसी समय तुमने मुझसे पूछा था, "गीताजी, आप कुछ अन्यमनस्क सी हैं। मैं पूछ सकता हूँ कि आपकी उदासी का क्या कारण है ?"

और तुम्हारे उस प्रश्न के उत्तर में मैंने कहा था—"हरेक के जीवन में हर्ष और विषाद के क्षण आते-जाते ही रहते हैं रमेशजी ! दूसरों की उदासी का कारण जानने में

आपकी क्या रुचि हो सकती है !"

तुम्हें शायद मेरा यह उत्तर अच्छा नहीं लगा, तुमने कहा था–"शायद आप ठीक कहती हैं, क्षमा कीजिएगा, भावावेश में आकर मैंने यह प्रश्न पूछ लिया था। आप बुरा तो नहीं मान गईं, मुझे दुःख है।"

और मैं हँस पड़ी थी–"नहीं-नहीं, कवि लोग भावुक हुआ ही करते हैं।"

मेरी बात सुनकर तुम्हारे मुख पर आह्लाद लौट आया था और तुमने कहा था–"मैं स्वीकार करता हूँ, और इसी भावुकता में उनका समस्त अस्तित्व निहित है। गीताजी, मुझे तो कभी-कभी ऐसा लगने लगता है कि इसी भावुकता में विश्व का अस्तित्व निहित है। ममता, सहानुभूति, करुणा–इसी भावुकता के रूप हैं।" और यह कहते-कहते तुम हँस पड़े थे। फिर असली बात तो यह है कि न जाने क्यों मैं यह भूल ही गया था कि आपके साथ मेरा परिचय केवल कुछ क्षणों का है।

मैं तुम्हारी बात समझी नहीं थी–मैंने तुमसे समझाने को कहा था। और तुमने कहा था, "मैं शायद आपको अधिक समझा भी नहीं सकूँगा। अभी जब मैं आपके साथ चल रहा था तब मुझे कुछ ऐसा लग रहा था कि हम दोनों चिरपरिचित हैं, और दुनिया के एक अज्ञात खंड में हम दोनों न जाने कब प्रस्ताव स्वीकार किया था, तुम्हें सुखी बनाने के लिए नहीं, अपने को सुखी बनाने के लिए। मैंने विवाह की स्वीकृति दी थी तुम्हारे प्रेम की तुष्टि के लिए नहीं अपने प्रेम की तुष्टि के लिए ! तुम्हारी वास्तविक भावनाएँ क्या हैं, मुझे उनसे प्रयोजन न था; मुझे तो प्रयोजन था अपनी वास्तविक भावनाओं से। तुममें प्रतिभा है, तुममें आकर्षण है, तुममें व्यक्तित्व है; तुम्हें पाकर मेरा जीवन धन्य हो जाएगा–यही भावना तो मुझमें थी न !

आज भी मेरे अन्दर तुम्हारे प्रति वही भावना है। पर मैं पहले कह चुकी हूँ कि राख से दबी हुई एक चिनगारी हूँ, मुझमें जलन है, मुझमें जीवन है। पर मैं उस राख को क्या करूँ जिससे मेरा समस्त अस्तित्व ढका हुआ है। मैंने तुम्हें विवाह की स्वीकृति दे दी, पर मैं उस समय जैसा मैं पहले कह चुकी हूँ, अपने को और अपनों को भूल गई थी। मैं भूल गई थी कि मैं कर्त्तव्य और उत्तरदायित्व से जकड़ी हुई एक ऐसी संज्ञा हूँ जिसका अस्तित्व अंकित हो चुका है।

ऊपर से मैं प्रसन्न थी; पर अन्दर-ही-अन्दर एक भयानक द्वन्द्व मचा हुआ था मुझमें। कुरूप और कठोर वास्तविकता मेरे इन सुखद सपनों को लगातार झकझोर रही थी, लेकिन मैं जबर्दस्ती आँखें मूँदे हुए सपनों की दुनिया में विचरण करने का प्रयत्न कर रही थी। मित्रों का ताँता बँधा था, विवाह की तिथि निश्चित हो गई थी–कल ही तो है न वह तिथि ! मैंने ऑफिस से एक महीने की छुट्टी ले ली थी; थोड़ा बहुत जो कुछ मैंने संचित किया था, उसके गहने और कपड़े भी बनवा लिए थे। लेकिन...लेकिन मैंने अपनों को, अपने भाभी को, अपने भतीजे को, अपनी भतीजी को अपने जीवन के सबसे बड़े परिवर्तन की सूचना तक नहीं दी।

रमेश, मैंने उन्हें सूचना नहीं दी; इसीलिए कि उन्हें सूचना देने की मुझे हिम्मत नहीं

होती थी। मुझे उनसे यह कहने का साहस न होता था कि मैं, जिसकी कुशलक्षेम की प्रत्येक क्षण वे लोग कामना किया करते हैं, जिस पर वे सब-के-सब अवलम्बित हैं, वही मैं अब उनका साथ छोड़कर दूसरे की होने जा रही हूँ ! कितना सोचा कि गाँव जाकर उन लोगों को सारी परिस्थिति समझा दूँ, कितना चाहा कि उन्हें इस उत्सव में बुलाकर अपने सुख में सम्मिलित कर लूँ; पर रमेश, यह सब करने का साहस नहीं हुआ। चोर की भाँति मैं उनसे मुँह छिपा रही थी, अपराधी की भाँति मैं उनसे भाग रही थी—उनसे जो मेरे सब कुछ हैं, जिनकी मैं सब कुछ हूँ !

किसी एक बहुत बड़े विचारक ने लिखा है—"वही कर्म पाप है जो छिपा कर किया जाए।" और मैं स्पष्ट देख रही हूँ कि उस विचारक ने पाप की जो परिभाषा की है वह ठीक है। पर मैं दुनिया से नहीं अपने से ही डरती थी। मेरे अन्दरवाली कायरता पुकार-पुकारकर मुझसे कह रही थी कि मैं अपराध कर रही हूँ। लेकिन फिर भी मैं लगातार अपराध अथवा पाप के मार्ग पर बढ़ती जा रही थी। पीछे हटने का साहस मैंने खो दिया था।

इधर पिछले कई दिनों से मेरे ऊपर क्या बीत रही है तुम नहीं जानते हो। रात-रात-भर मैं रोई हूँ; तड़पी हूँ, अपने से लड़ी हूँ। तुम्हें इसका आभास नहीं मिल सका, क्योंकि दिन के समय मैं हँसी-खुशी के आवरण में अपने को ढक लेती थी। मनुष्य कितना ढोंग कर सकता है, वह मैंने इन दिनों जाना है। हँसी-खुशी के मेरे उस आवरण से ढकी हुई कितनी भयानक तड़पन और वेदना है, यह कोई न जान सका—तुम तक नहीं !

और रमेश, इस समय मुझे ऐसा लगता है कि इन दिनों मैं तुम्हें एक धोखा देती रही। मुझे शक हो रहा है कि क्या मैं वास्तव में तुमसे प्रेम करती थी ? प्रेम में दो अस्तित्व एकत्व प्राप्त कर लेते हैं। उन दोनों के बीच कोई आवरण नहीं रह सकता; एक के सुख-दुख दूसरे के सुख-दुख हो जाते हैं। लेकिन मैंने हमेशा तुमसे इतनी दूरी अनुभव की कि मैं अपनी वास्तविकता तुम पर नहीं प्रकट कर सकी। क्या वास्तव में मैंने तुम पर विश्वास किया ?

नहीं समझ पा रही हूँ, कुछ भी नहीं समझ पा रही हूँ। शायद इस सबमें दोष मेरा ही है, मुझमें ही विश्वास की कमी है। मैंने कब किस पर विश्वास किया है। आखिर मैंने अपनी बात अपनी माता, अपनी भाभी से भी तो छिपाई है, मैंने उन पर ही कब विश्वास किया है ? और मैं पूछ रही हूँ कि मैंने अपने ऊपर ही कब विश्वास किया है ?

आज शाम हम दोनों ने अपने वैवाहिक जीवन का एक बड़ा रंगीन कार्यक्रम बनाया था, बिना जाने हुए कि रात के समय मैं स्वयं उस कार्यक्रम को नष्ट कर दूँगी ! मैं सच कह रही हूँ कि मैं तुम्हारे साथ नहीं अपने साथ विश्वासघात कर रही हूँ। लेकिन रमेश, मैं विवश हूँ। जिस समय तुम मेरे यहाँ से गए मैं थकी सी अपने बिस्तर पर लेट गई थी, अपने एकाकीपन का अन्तिम दिवस व्यतीत करने के लिए; मैं सोच रही थी कि कल मैं तुम्हारी हो जाऊँगी—हमेशा के लिए हम दोनों एक-दूसरे के बन जाएँगे।

न जाने कितनी देर तक मैं यह सब सोचती रही और उसी समय मुझे अपने घर के बाहर एक ताँगा रुकने की आवाज सुनाई दी और किसी ने मुझे पुकारा—"गीता !"

मैं चौंक उठी—दिल को एक धक्का सा लगा। स्वर मेरा पहचाना था, उठकर मैंने द्वार खोले। सामने मेरी माता खड़ी थी, मेरी भाभी खड़ी थी और वे दोनों बच्चे—किशोर और कमला खड़े थे। मुझे देखते ही मेरी माता ने कहा—"बेटी, हम लोगों को तूने खबर ही नहीं दी अपने विवाह की—अरे विवाह के नाम से ही सारी माया-ममता जाती रही, तो फिर आगे क्या होगा ?"

और मेरी भाभी ने कहा—"ऐसा न कहो माताजी, इस खुशी के अवसर पर नाराजी क्यों ? लेकिन गीता बहन, तुमने यह कैसे समझ लिया कि तुम्हारे विवाह की सूचना पाकर हम लोगों को दुःख होगा—तुम फलो-फूलो ! देख तो ये कमल और किशोर तेरे लिए उपहार लाए हैं; गेहूँ, तरकारी, घी जो कुछ भी हो सका साथ लेती आई हूँ—ताँगेवाले, जरा सामान उतरवा दो !"

कल मेरी शादी है। जिन लोगों से मैं डरती थी वे सब आ गए हैं। उफ रमेश, वे सब-के-सब आ गए हैं, वे जो मेरे हैं, जिनकी मैं हूँ; मुझे विदा करने, मुझसे नाता तोड़कर भयानक गरीबी और विवशता के हाथों में अपने को सौंप देने के लिए वे गाँव से दौड़े चले आए हैं। वे लोग अपने साथ उपहार भी लाए हैं, जो कुछ भी उनके पास था उसे सौंपने के समय वे सब-के-सब हँस रहे हैं, वे सब-के-सब प्रसन्न हो रहे हैं। वे उत्सव मनाने आए हैं—हे भगवान् !

मेरी बूढ़ी माँ रसोई में बैठी हुई पकवान बना रही है, अपनी लड़की का विवाह रचाने के लिए ! घी, शक्कर, मैदा, मसाला, मेवा—न जाने क्या-क्या वह अपने साथ लाई है और जब से आई है, तब से लगातार काम कर रही है। वह जो हमेशा बीमार रहती है, मेरे भाई की मृत्यु से जिसका अस्तित्व टूट सा गया है, उस वृद्धा की आँखों में थकावट नहीं है, उसके प्राणों में पराजय की भावना नहीं है।

और मेरी भाभी जो तीस साल की उम्र में बुढ़िया दिखने लगी है, जिसने सिवा दुख और संघर्ष के दुनिया में कुछ जाना ही नहीं, जिसके मुख से हँसी या मुस्कुराहट मानो हमेशा के लिए गायब हो चुकी है, जिसके मन में से उमंग मर चुकी है, वह मुझसे कुछ दूर बैठी मेरे बक्स को ठीक कर रही है। उसकी पथराई हुई आँखों में चमक नहीं, भावना नहीं। वह शायद यह नहीं जानती कि यह सब क्या हो रहा है, चुपचाप मशीन की भाँति वह कपड़ों की तह करती है और उन्हें ढंग से रख देती है।

और किशोर और कमला—खेलते-कूदते, हँसते-गाते, वे अभी-अभी सो गए हैं। शायद वे सपने देख रहे हैं सुन्दर और रंगीन जहाँ बाजे बज रहे हैं, आतिशबाजियाँ छूट रही हैं, गाना-बजाना हो रहा है।

एक अकेली मैं रो रही हूँ, बुरी तरह रो रही हूँ। इन लोगों को निराश्रय, भटकता हुआ छोड़कर चले जाने के परिणाम पर मैं सोचती हूँ और काँप उठती हूँ। मैं आखिर क्या कर रही हूँ ? मैं खुदगर्ज हूँ, मैं क्रूर हूँ, मैं विश्वासघातिन हूँ; मैं पापिन हूँ—मैं पापिन हूँ।

नहीं-नहीं-नहीं ! मैं अपने से लड़ूँगी, मैं अपने ऊपर विजय पाऊँगी। मैं खुदगर्जी के ऊपर उठूँगी। मैं उस विश्वास की रक्षा करूँगी जो दूसरों ने मेरे ऊपर सौंपा है।

रमेश, मैं तुमसे यही कहने बैठी हूँ कि मैं इन लोगों का साथ न छोड़ सकूँगी। कल मैं सुबह यहाँ न हूँगी, इन लोगों को साथ लेकर मैं एक अज्ञात स्थान को जा रही हूँ जहाँ तुम मेरा पता लगाकर मेरा निश्चय न तोड़ सको, जहाँ आकर अपने सम्मोहन से तुम मुझे न फँसा सको।

और रमेश, यह तुम्हारे हित में ही होगा। मैं कह चुकी हूँ कि मैं उस चिनगारी की भाँति हूँ जो राख से बेतहाशा ढक गई है। चिनगारी जल रही है और राख बढ़ती जा रही है। और इस समय तो मैं अपने अन्दरवाली चिनगारी की जलन को भी नहीं अनुभव कर पा रही हूँ, मुझे ऐसा लग रहा है कि मैं राख हूँ—राख हूँ, राख हूँ।''

उन्माद

उभरते और मिटते हुए चित्र, डूबती और उतराती हुई भावनाएँ—सब कुछ अस्पष्ट, नितान्त अनजाना और अर्थहीन। अजीब थकावट सी वह महसूस कर रहा था, तन की नहीं, मन की। रह-रहकर उसका मन किसी अज्ञात आशंका से सिहर उठता था। उसके हाथ में जो रोचक जासूसी उपन्यास था, उसे वह पढ़ने का प्रयत्न तो कर रहा था, लेकिन जैसे वह समझ नहीं पा रहा था कि उसमें क्या लिखा है। और तभी उसके कम्पार्टमेंट का दरवाजा खुला।

एक युवक ने कम्पार्टमेंट में प्रवेश किया। उसके साथ कुली के सिर पर उसका असबाब था। कुली के सामनेवाली बर्थ पर युवक का बिस्तर लगा दिया। असबाब उसने बर्थ के नीचे रख दिया। इस सब काम में कुली की सहायता एक लड़की ने की, जो उस युवक के साथ थी। पैसे लेकर कुली चला गया।

उसने अब अपने ऊपर जो एक बोझ सा था, उसे हल्का होते अनुभव किया। किताब उसने रख दी और उस युवक पर नजर डाली। उस युवक के मुख पर एक तरह का तनाव था। वह करीब सत्ताईस-अट्ठाईस साल का लम्बा सा व्यक्ति था, खुलते हुए गेहुँए रंग का। वह यदि सुन्दर नहीं कहा जा सकता था, तो कुरूप भी नहीं कहा था सकता था, और उसके सामान को देखने से पता चलता था कि वह सम्पन्न है और सुरुचिपूर्ण है।

और तभी उसे उस युवक के साथवाली स्त्री का स्वर सुनाई पड़ा—"इस तरह से निराश और नाराज होने से तो काम नहीं चलेगा, सतीश ! जीवन सुन्दर सपना नहीं है, बड़ा कठोर सत्य है यह जीवन। और इस जीवन की ऊपर दिखनेवाली सुन्दरता के नीचे एक भयानक कठोरता है।"

उसकी दृष्टि अब उस स्त्री पर पड़ी, जिसे उसने अब तक देखते हुए भी नहीं देखा था। वह चौबीस-पच्चीस वर्ष की युवती थी, स्वस्थ और सुन्दर। उसका रंग गोरा था और उसकी आँखों में आत्मविश्वास की चमक थी।

एकाएक वह युवक, जिसका नाम सतीश था, फूट पड़ा—"तुम मेरे साथ स्टेशन क्यों आईं ? जब सब कुछ समाप्त ही हो गया है, तब ममता के इस प्रदर्शन से क्या लाभ ? आखिर कौन सा अपराध था मेरा, जिसका मुझे दंड मिल रहा है ? गीता, तुम जानती हो कि मेरे जीवन में तुम्हें छोड़कर किसी स्त्री को स्थान नहीं मिल सकता।"

गीता के मुख पर एक करुण मुस्कुराहट आई—"मुझे गलत न समझना सतीश ! तुम शायद यह समझ ही न पाओगे कि तुम्हारे प्रेम के कारण मैं अपना जीवन नष्ट कर रही हूँ। तुम्हारा भविष्य है—जीवन में तुम्हारे लिए बहुत-कुछ है, जिसे प्राप्त करने में मैं तुम्हारे जीवन में एक भयानक बाधा बनकर ही आ सकती हूँ। मैं तुम्हें सुखी देखना चाहती हूँ—तुम्हें सम्पन्न देखना चाहती हूँ। जहाँ तक मेरा प्रश्न है, मैं आजन्म एक कुमारी अध्यापिका बनकर अपना जीवन बिता दूँगी, जिन्दगी-भर तुम्हारी याद करते हुए।" और उसे लगा कि गीता का स्वर लड़खड़ाने लगा।

सतीश ने गीता का हाथ पकड़कर कहा, "नहीं गीता, मैं तुम्हें अपने जीवन से किसी हालत में नहीं जाने दूँगा, चाहे जो कुछ हो जाए। मैं किसी की परवाह नहीं करता, किसी की नहीं।"

"पागल मत बनो सतीश ! तुम्हारे पिता ने जिस लड़की के साथ तुम्हारा विवाह तय कर दिया है, उसके पिता के प्रभाव से ही तुम्हें इतनी अच्छी नौकरी मिली है। और तुम्हारी भावी पत्नी को मैंने देखा है, वह सुन्दर है, नेक है। तुम उसके साथ सुखी रहोगे। अपने पिता और अपने परिवारवालों की इच्छा पर चलने में ही तुम्हारी भलाई है, तुम्हारे जीवन की सफलता है और तुम्हारी भलाई तथा सफलता ही मेरे प्रेम का आधार-मूल उद्देश्य है। मैं तुम्हें पत्र नहीं लिखूँगी, मैं तुमसे किसी प्रकार का सम्पर्क नहीं रखूँगी, ताकि तुम मुझे पूर्ण रूप से अपने जीवन से निकाल बाहर कर सको। तुम यह भूल जाओ कि गीता नाम की कोई स्त्री कभी तुम्हारे जीवन में आई थी।" और यह कहते-कहते गीता सतीश से अपना हाथ छुड़ाकर कम्पार्टमेंट के बाहर चली गई। उसी समय गाड़ी ने सीटी दी।

सतीश हतप्रभ और विमूढ़ सा गीता को एक क्षण तक देखता रहा, और फिर अचानक ही वह गीता को रोकने के लिए आगे बढ़ा। पर कम्पार्टमेंट के द्वार तक पहुँचते-पहुँचते वह रुक गया। गाड़ी रेंगने लगी थी और गीता तेजी के साथ प्लेटफॉर्म पर फाटक की ओर बढ़ी चली जा रही थी।

उसने एक ठंडी साँस ली और अपने बिस्तर पर लेट गया। उसके अन्दर एक तरह की संवेदना जाग पड़ी थी, गीता के प्रति या सतीश के प्रति—इसका निर्णय देना उसके लिए कठिन था। सतीश भारी कदमों से वापस लौटकर अपनी बर्थ पर बैठ गया—गुम-सुम, और तभी उसके मुख से निकल पड़ा—"तुम बड़े भाग्यशाली हो मेरे दोस्त।"

सतीश उसकी बात सुनकर चौंक उठा। शायद उसे पता चला कि उसके कम्पार्टमेंट में एक और आदमी है। उसने अपने सहयात्री की ओर देखा—एक अधेड़ सा आदमी उसके सामनेवाली बर्थ पर लेटा था, जिसकी अवस्था निश्चय ही पचास वर्ष से ऊपर रही होगी। वह छरहरे बदन का लम्बा सा आदमी था और उसके मुख पर एक प्रकार का तीखापन था। उस आदमी की आँखें ऊपरी ढंग से बुझी-बुझी सी दिखते हुए भी कभी-कभी अजीब ढंग से चमकने लगती थीं। उसकी बात सतीश को अच्छी नहीं लगी—"मैं आपकी बात समझा नहीं।"

उसने इस बार बड़े शान्त स्वर में कहा–"मैंने केवल इतना कहा था कि तुम बड़े भाग्यशाली हो।"

सतीश का मुख क्रोध से तमतमा उठा–"आप गीता पर लांछन लगा रहे हैं। क्या आप जानते हैं उसे ?"

वह उठकर बैठ गया और उदास स्वर में बोला–"मुझे क्षमा करना दोस्त। मैं तुम्हारी गीता को बिल्कुल नहीं जानता। अगर मैं उसे जानता होता, तो मैं निश्चय ही अपने को भाग्यशाली समझता। वह स्त्री नहीं, देवी है।"

सतीश के चेहरे का तनाव कम हुआ, लेकिन उसके स्वर की कठोरता वैसी-की-वैसी बनी रही–"और उस देवी के मेरे जीवन से निकल जाने पर आप मुझे भाग्यशाली कहते हैं। इसका अर्थ यह हुआ कि आप मेरा मजाक उड़ा रहे हैं।"

सतीश को अपनी बात का कोई उत्तर नहीं मिला। उसने देखा कि वह व्यक्ति आँखें बन्द किए चुपचाप बैठा है। "आप बोलते क्यों नहीं ? आप शायद नहीं जानते कि गीता के प्रेम के अभाव में मेरा जीवन नष्ट हो गया है। आप फिर भी मुझे भाग्यशाली कहते हैं।"

उस व्यक्ति ने अपनी आँखें खोलीं, और सतीश ने उसके मुख पर असीम वेदना की छाया देखी। वह बड़े थके हुए स्वर में कह रहा था–"प्रेम ही मनुष्य के जीवन में सब कुछ नहीं है मेरे दोस्त ! जहाँ तक मैं समझता हूँ, तुम्हारा नाम सतीश है। तो सतीश, मैं तुमसे कह रहा था कि स्त्री से वासनामय प्रेम–यह जीवन की सबसे बड़ी कटुता साबित हो सकती है। यह वासनामय प्रेम प्रायः पागलपन का रूप धारण कर लेता है, जिसमें हम जीवन की अनगिनत महत्त्वपूर्ण चीजों को भूल जाते हैं।"

सतीश उबल पड़ा–"यही पागलपन तो जिन्दगी है।"

बड़े करुण भाव से उस व्यक्ति ने अपना सिर हिलाया, "एक समय मैं भी ऐसा ही समझता था–हम सब किसी-न-किसी समय ऐसा समझने लगते हैं, लेकिन यह सत्य नहीं है। अधिकांश लोग इस पागलपन को छोड़ देते हैं, लेकिन तब, जब इस पागलपन से जीवन बुरी तरह टूट जाता है। तब पछतावे के सिवा और कुछ हाथ नहीं लगता। और सतीश वह गीता–वह हमसे अधिक बुद्धिमान है। वह जानती है कि प्रेम को संयत रहना चाहिए, प्रेम का पागलपन बन जाना प्रेम की विकृति है। तुम्हारे साथ मेरी पूर्ण सहानुभूति है, फिर भी मैं तुम्हें सौभाग्यशाली समझता हूँ।" और यह कहकर वह कुछ अजीब थकान के साथ अपने तकिए पर टिक गया और अपनी आँखें बन्द कर लीं।

कुछ देर तक वह इसी मुद्रा में कुछ सोचता रहा, फिर उसने अपना सिर उठाकर आँखें खोलीं–"तुम शायद इसका बुरा मान गए कि मैंने तुम्हें भाग्यशाली कहा, लेकिन अगर तुम जानते होते कि किन परिस्थितियों में बिना किसी से कुछ कहे हुए इस चहल-पहल से भरे हुए दिल्ली नगर से भाग रहा हूँ, तो तुम मेरी बात का बुरा न मानते। तुमने इस वासनामय प्रेम के पागलपन का दूसरा पहलू नहीं देखा है, अभी तुम्हारी अवस्था बहुत कम है और तुममें अनुभवों की कमी है, और इसीलिए तुम मेरी भाँति अभिशप्त

नहीं हो पाए हो।''

उस व्यक्ति के स्वर में जो घुटन और करुणा थी, उसे सतीश ने स्पष्ट रूप से अनुभव किया, ''मुझे क्षमा कीजिएगा। मैं क्रोध और दुख के आवेग में कुछ उचित-अनुचित कह गया। आप बहुत अधिक दुखी दीखते हैं।''

गाड़ी तेजी के साथ चली जा रही थी और अप्रैल के प्रथम सप्ताहवाली रात की हवा में एक प्रकार का पुलक आ गया था। उस आदमी के मुख पर एक करुण मुस्कान आई, ''नहीं, मैं दुखी नहीं हूँ, संज्ञाहीन हूँ। तुम्हें शायद मेरी बातें पहले की तरह मालूम हो रही हों, लेकिन जीवन का हरेक सत्य खेलने के पहले पहेली ही रहा करता है। तुम शायद मेरी कहानी सुनना चाहोगे। इस कहानी को सुनने के बाद सम्भव है तुम अपना दुख भूल जाओ, और कम-से-कम तुम इतना तो समझ ही पाओगे कि मैंने तुम्हें क्यों भाग्यशाली कहा था।''

मेरा नाम मधुसूदन शर्मा है—शायद तुमने मधुसूदन शर्मा का नाम कहीं सुना हो, अगर तुम्हें चित्रकला में रुचि है। चित्रकार मधुसूदन का नाम दिल्ली में अब उतना नहीं है, जितना दस साल पहले था, जब मैं यहाँ रहता था और कनॉट प्लेस में और दिल्ली के समाज में मेरा ऊँचा स्थान था। हर सांस्कृतिक समारोह या उत्सव में मुझे निमन्त्रण मिलता था। मधुसूदन का एक सशक्त व्यक्तित्व था। लेकिन मैं तुम्हें यह बतला दूँ कि ख्याति और सम्पन्नता में कोई सम्बन्ध नहीं। मेरा नाम था, समाज में मेरा स्थान था, लेकिन मेरी आर्थिक स्थिति बहुत अच्छी नहीं थी। दिल्ली के लम्बे खर्चों को चलाने के लिए मुझे न जाने कितने कष्ट सहने पड़ते थे। मैं एक छोटे से कमरे में रहता था, उस कमरे का किराया बहुत काफी था। अपने परिवार को यहाँ लाने का कोई प्रश्न ही नहीं उठता था।

मैं बनारस का रहनेवाला हूँ और बनारस में मेरी थोड़ी-बहुत सम्पत्ति है। मेरी पत्नी और मेरे चार बच्चे वहीं रहते थे। सम्पत्ति से जो आय थी, वह परिवार के भरण-पोषण में ही खर्च हो जाती थी। एक अजीब तरह के अभाव में मैं अपने दिन काट रहा था यहाँ पर, मेरी ख्याति धीरे-धीरे बढ़ रही थी, और मेरे चित्र भी बिकने लगे थे।

एक दिन मेरे स्टूडियो में एक स्त्री आई। उसकी अवस्था तीस वर्ष से ऊपर ही रही होगी। वह यहाँ के एक सुसम्पन्न व्यक्ति की पत्नी है और उसकी सामाजिक प्रतिष्ठा है। मैं उस स्त्री का नाम न बतलाऊँगा—सुविधा के लिए तुम उसका नाम नीलिमा समझ लो। तो नीलिमा को चित्रकला से शौक था, जैसा कि सुसम्पन्न परिवार की स्त्रियों और लड़कियों को हुआ करता है। वह स्वयं भी चित्र बनाती थी और उसे चित्रकला की परख थी। उसने मेरे दो चित्र खरीदे—बिना किसी प्रकार का मोल-भाव किए हुए।

मैंने चपरासी से उन दोनों चित्रों को पैक करने को कहा, और मैंने दो प्याले कॉफी मँगाई। नीलिमा मेरे सामने कुर्सी पर बैठ गई और उसने तत्काल उन चित्रों के मूल्य का चैक काटकर मुझे दे दिया। चैक को अपनी जेब में रखकर मैंने कॉफी बनाई, और हम दोनों कॉफी पीने लगे। कॉफी पीते हुए मैंने नीलिमा को गौर से देखा और एकाएक मेरे

शरीर में एक सिहरन सी दौड़ गई। वह मेरी ओर एकटक देख रही थी–उफ, कितनी मादक और हृदय तक पहुँच जानेवाली नजर थी वह उसकी ! उसकी बड़ी-बड़ी गहरी काली आँखों में एक प्रकार का सम्मोहन था। और मुझे ऐसा लगा कि वैसी मादक सुन्दरता मैंने जीवन में पहले कभी न देखी थी। वैसे एक चित्रकार की हैसियत से मैं कह सकता हूँ कि उसकी मुखाकृति में कोई विशेष बात नहीं थी, उसके मुख का कोई भी भाग–होंठ, नाक, आँख, कान–बहुत अधिक सुन्दर नहीं कहा जा सकता था, लेकिन उसके मुख की गढ़न में एक अजीब सम्पूर्णता थी, मुख के हरेक भाग में सामंजस्य से युक्त अनुपात था। जब वह हँसती थी, तो ऐसा लगता मानो हिम की फुहार पड़ रही हो, जब वह देखती थी, तब मालूम होता था कि सम्मोहन की एक धारा प्रवाहित हो रही है।

नीलिमा बोलती बहुत कम थी, लेकिन जब वह बोलती थी, तब ऐसा लगता कि एक मधुर संगीत की लहरियाँ हवा में तैर रही हैं। वह मुझसे प्रश्न कर रही थी, छोटे-छोटे, और उसी मुग्ध भाव से वह मेरे उत्तरों को सुनती थी, जिस मुग्ध भाव से उसने मेरे चित्रों को देखा था और अनजाने ही मैं अपने को नीलिमा में खोता चला जा रहा था।

चपरासी ने चित्र पैक कर दिए और मैं उसे उसकी गाड़ी तक पहुँचाने उसके साथ गया। गाड़ी पर बैठते हुए उसने कहा–''मधुसूदनजी, अगर रविवार को सुबह आप मेरे यहाँ चाय पिएँ, तो मुझ पर आपकी बड़ी कृपा होगी। आप मेरे बनाए हुए चित्रों को देखिएगा–मैं आपसे जानना चाहूँगी कि मुझमें क्या कमी है।''

रविवार को सुबह मुझे अपने एक मित्र के साथ पिकनिक पर जाना था, लेकिन नीलिमा का निमन्त्रण मैं अस्वीकार न कर सका। उसने फिर कहा–''आप अपने मकान का पता बतला दीजिए, मैं कार पर आकर आपको ले जाऊँगी।''

मैंने उत्तर दिया–''आप आने का कष्ट न करें, मैं स्वयं चला आऊँगा। आप मुझे अपना पता दे दें।''

और रविवार के दिन ठीक समय पर मैं नीलिमा के यहाँ पहुँचा। वह बरामदे में मेरी प्रतीक्षा कर रही थी। मुझे नमस्कार करते हुए उसने मुझसे कहा, ''मुझे इस बात का भय था कि कहीं आप न आएँ। आइए, सब लोग आपकी प्रतीक्षा कर रहे हैं।''

मैंने ड्राइंगरूम में प्रवेश किया, और उसके पति ने उठकर मेरा स्वागत किया– ''आइए मधुसूदनजी, आपका स्वागत है। आप जैसे मशहूर चित्रकार से मिलकर मुझे कितनी प्रसन्नता हुई। पधारिए।''

मैंने उसके पति को देखा–साधारण शक्ल का मोटा सा आदमी, जिसके बाल सफेद होने लगे थे और जिसके मुख पर किसी प्रकार का कोई भाव नहीं था। वह एक लम्बा सा स्वस्थ व्यक्ति था और बड़े शानदार कपड़े पहने था। उसके शब्दों में एक प्रकार की अहंकार की छाया थी–मैंने यह अनुभव किया। वैसे वह ऊपरी ढंग से बड़ा शिष्ट और विनीत था, जैसा कि हरेक सफल और सम्पन्न व्यापारी होता है।

मैंने बैठकर कमरे में बैठे हुए बच्चों पर नजर डाली। सबसे बड़े लड़के की उम्र

प्रायः बारह साल की थी और वह काफी बुद्धिमान और संयत था। छोटा लड़का लगभग नौ साल का था और वह काफी चंचल और उद्धत था। और नीलिमा की लड़की–प्रायः छः साल की, लेकिन कितनी सुन्दर और भोली ! बिल्कुल नीलिमा की प्रतिरूपा थी।

सारा परिवार बड़ी अच्छी तरह मुझसे मिला। चाय समाप्त होने पर नीलिमा के पति ने मुझसे कहा–''मुझे तो क्षमा कीजिएगा, मुझे डाइरेक्टरों की एक मीटिंग में जाना है।'' और बिना मेरे उत्तर की प्रतीक्षा किए हुए वह चला गया। नीलिमा ने थोड़े उदास स्वर में मुझसे कहा–''इन्हें बस कारबार–कारबार–कारबार ! फुर्सत नहीं मिलती इनको किबला, कि साहित्य और संगीत में रस लें। अब आप मेरे चित्र देखिए।''

बच्चे खेलने के लिए चले गए और मैं काफी देर तक उसके चित्रों को देखता रहा। कुछ चित्र सुन्दर थे, लेकिन नीलिमा में अभ्यास का अभाव था। चित्र को देखकर उन पर अपना मत देकर उठ खड़ा हुआ–''अब मैं चलूँगा, कुछ मित्रों के साथ पिकनिक का कार्यक्रम था–देर हो गई।''

''मेरा बड़ा भाग्य कि आपने मेरे लिए अपना इतना सुन्दर कार्यक्रम छोड़ दिया। दूसरे-तीसरे दिन आप आ जाया कीजिए–मुझे कुछ बतलाने के लिए। बोलिए, इतनी कृपा आप मुझ पर कर सकेंगे ?''

और मेरे मुख से निकल पड़ा–''निश्चय, मैं आपको वचन देता हूँ।''

अपने व्यस्त जीवन में नीलिमा को मैंने जो वचन दिया था, वह भूल गया। सम्पन्न घर की स्त्रियों के इशारों पर खेलने की न मेरी उम्र थी और न मुझमें प्रवृत्ति थी। और अगले आठ दिन बाद शाम के समय जब मैं स्टूडियो से घर जानेवाला था, नीलिमा ने मेरे स्टूडियो में प्रवेश किया।

''आपने अपने वचन का पालन नहीं किया। आठ दिन तक मैं आपकी प्रतीक्षा करती रही, और फिर मैंने सोचा कि शायद आप अस्वस्थ हों, इसीलिए मैं स्वयं चली आई।''

मैं लज्जा से गड़ गया–कितनी ममता थी उसमें मेरे प्रति और मैं नीलिमा की ममता को देख न सका। मैंने झूठ बोलने का प्रयत्न किया, ''हाँ, इधर बीच में तबीयत कुछ खराब हो गई थी, अब तो ठीक हूँ; फिर इन दिनों मैं व्यस्त भी बहुत रहा।''

''क्यों झूठ बोलते हैं आप ? यह कहिए कि आपने मेरे यहाँ आना ही नहीं चाहा, वह आपके चेहरे पर साफ अंकित है।'' और यह कहकर वह कुर्सी पर बैठ गई।

उसी समय चपरासी ने आकर मुझसे कहा, ''सब ठीक तरह से बन्द कर दिया है।''

नीलिमा ने पूछा–''क्या आप घर जानेवाले हैं ? तो फिर मैं बड़े समय से आई, नहीं तो मुझे निराश ही जाना होता।''

''हाँ, मैं छः बजे स्टूडियो बन्द कर देता हूँ–कभी-कभी इससे भी पहले। पाँच मिनट की भी देर हो गई होती, तो मुझे आप यहाँ न पातीं। लेकिन आप जब आई हैं, तो बैठिए, मैं कॉफी मँगवाता हूँ–एक-एक कप कॉफी पीकर हम चलेंगे, तब आपसे बातें होंगी।''

नीलिमा ने उठते हुए कहा—"नहीं, चलिए, मैं आपके साथ आपके घर चलूँगी। वहीं आप कॉफी पिलाइएगा। मैं आपकी पत्नी से मिलना चाहती हूँ, आपके बच्चों से मिलना चाहती हूँ।"

मैं मुस्कुराया—"मेरी पत्नी और मेरे बच्चे बनारस में हैं, मैं एक छोटे से कमरे में अकेला रहता हूँ।"

विस्फारित नेत्रों से देखते हुए उसने कहा—"तो आप नौकरों के सहारे रहते हैं। मैं आपके घर चलूँगी। देखूँगी, आप किस तरह रहते हैं।" और यह कहकर उसने मेरे चपरासी से एक टैक्सी मँगवाई। उस दिन वह अपनी कार में नहीं आई थी—"क्या बतलाऊँ, मेरे पति मेरठ गए हैं कार लेकर।"

मेरे दोस्त, तुम अनुभव नहीं कर सकते, मुझे कितना आश्चर्य हुआ उसकी बात सुनकर। मैंने दबी जबान में कहा—"क्या आपका मेरे घर चलना उचित होगा ?"

वह मुस्कुराई—"क्या उचित है और क्या अनुचित है, इसकी चिन्ता ही क्यों की जाए। अगर आपको कोई खास आपत्ति नहीं है, तो सब कुछ उचित है।"

टैक्सी इस समय तक आ गई थी। दोनों टैक्सी पर बैठ गए।

और मेरे दोस्त, तुम अनुमान लगा सकते हो कि इसके बाद क्या हुआ। हम दोनों वासना के उन्माद में बह गए थे। मैंने उसे समझाने का प्रयत्न किया, लेकिन समझा वह सकता है जो स्वयं होश में हो। वह बेहोश थी और उसकी बेहोशी से मैं भी बेहोश हो गया। हम दोनों की घनिष्ठता बड़ी तेजी के साथ बढ़ी। बिना मुझे मिले उसे चैन नहीं पड़ता था—अजीब तरह का आत्मसमर्पण का भाव था उसमें मेरे प्रति।

और उसके प्रेम तथा आत्मसमर्पण की प्रतिक्रिया मुझ पर भी पड़ी। लेकिन यह वासनामय प्रेम ही तो सब कुछ नहीं है। मेरी पत्नी थी, मेरे बच्चे थे, समाज में मेरा भी एक स्थान था—ठीक उसी तरह, उसका पति था, उसके बच्चे थे, उसका परिवार था। हम दोनों एकान्त में मिलते थे, हम दोनों समाज के सामने मिलते थे और मिलने के ये दोनों रूप कितने भिन्न थे।

पता नहीं नीलिमा के पति को उसके और मेरे प्रेम का शक था या नहीं। जहाँ तक मैं समझता हूँ, अपने व्यापार में और धन-संग्रह में खोया आदमी था वह, भावना के क्षेत्र से अलग। लेकिन मेरे मित्रों और हितैषियों को हम दोनों के सम्बन्ध में कुछ शक अवश्य हो गया था। कितना भी छिपाया जाए, प्रेम छिपाए नहीं छिपता। मैं अपने मित्रों के सन्देहों का हँसकर निराकरण कर देता था। और इस तरह दो वर्ष तक लगातार हमारा यह प्रणय बिना किसी विघ्न-बाधा के सफलतापूर्वक चलता रहा।

इन दो वर्षों में मेरा भाग्य चमक उठा था, मेरे चित्रों की जनता में माँग थी। मित्रों और हितैषियों के आग्रह से मैंने एक फ्लैट ले लिया, और अब मुझे अपने परिवार की याद आने लगी। मेरा बड़ा लड़का बनारस विश्वविद्यालय छोड़कर इंजीनियरिंग की शिक्षा लेने अमरीका चला गया था, छोटा लड़का दिल्ली विश्वविद्यालय में पढ़ना चाहता था। तीसरा लड़का हाईस्कूल में था, उसके लिए जैसा बनारस में पढ़ना, वैसा दिल्ली में

पढ़ना। और मेरी लड़की का विवाह मेरठ में तय हो गया था। इसका परिणाम यह हुआ कि मैंने अपने परिवार को दिल्ली बुला लिया।

मेरी वासना तृप्त हो चुकी थी, मेरे जीवन में अब मेरा परिवार था, मेरी कला थी। दिल्ली में मेरे परिवार के आ जाने से हम दोनों के मिलने में व्याघात पहुँचने लगा। और इस व्याघात के साथ-साथ नीलिमा का प्रेम और अधिक उद्दाम होता गया। अब वह मुझे अपने घर में बुलाती थी—अपने बच्चों के सामने, अपने पति के सामने वह गहरी आत्मीयता के साथ मुझसे मिलती थी। वह मेरे साथ सिनेमा जाने लगी, होटलों में जाने लगी। समाज में हम दोनों के सम्बन्ध को लेकर कानाफूसी शुरू हो गई। मैं इससे बुरी तरह घबरा गया, लेकिन जैसे नीलिमा को इस सबकी कोई परवाह नहीं थी। एक दिन मैंने उससे कहा कि हमें अब मिलना-जुलना कम कर देना चाहिए इस बदनामी से बचने के लिए। और सतीश, मेरे दोस्त, वह एकाएक उबल पड़ी—''कैसी बदनामी मधु ? मैं तुमसे प्रेम करती हूँ। इस दोहरे जीवन से अब मैं ऊब गई हूँ, मैं तुम्हारे साथ रहना चाहती हूँ खुलकर। मैं अपने पति को छोड़ने के लिए तैयार हूँ, मैं अपने बाल-बच्चों को छोड़ने के लिए तैयार हूँ। एक तुम—बस, तुम्हें ही पाकर मैं रहना चाहती हूँ।''

मैंने उत्तर दिया—''नीलिमा, तुम यह सब कर सकती हो, लेकिन मैं तो यह सब नहीं कर सकता। यह प्रेम नहीं पागलपन है।''

और उसने उत्तर दिया था—''यही पागलपन जिन्दगी है। मैं सब कुछ छोड़ सकती हूँ, तुम्हें नहीं छोड़ सकती।''

उसकी बात सुनकर मेरे हृदय को एक धक्का सा लगा। वास्तव में यह प्रेम नहीं था, यह उन्माद था। अभी तुमने कहा था मेरे दोस्त कि यही पागलपन जिन्दगी है, और मैं कहता हूँ कि यह झूठ है। यह पागलपन अस्तित्व का निषेध है—यह विनाश है। तुम किस-किसको छोड़ सकते हो ? और तुम कहाँ तक सीमित हो सकते हो ? हम सब सामाजिक प्राणी हैं। दो आदमी समाज की अवज्ञा करके कब तक और कहाँ तक एक साथ रह सकते हैं ?

मैं नीलिमा से दूर हटना चाहता था। हम दोनों के अलग होने ही में दोनों का कल्याण था। नीलिमा भी कभी-कभी यह अनुभव करती थी, लेकिन वह अपने ही से विवश थी। हम दोनों जितना अधिक एक-दूसरे से हटना चाहते थे, उतना ही एक-दूसरे के पास आते-जाते थे।

मेरे दोस्त, ऐसी हालत में मुझे कुछ-न-कुछ निर्णय करना ही था। मेरा सारा अस्तित्व खतरे में था और एक अजीब तरह का भय समा गया था मेरे अन्दर। और फिर मैंने इस समस्या को हल करने का कदम उठा लिया। वह कदम था—पलायन। मैंने बिना किसी को बताए हुए विदेश-यात्रा का कार्यक्रम बनाया। जिस दिन मुझे हवाई जहाज लेना था, उसके एक दिन पहले मैं नीलिमा के घर पहुँचा। वह अकेली थी। ''इधर तीन-चार दिन से तुम मुझसे नहीं मिले, मैं आज दोपहर को तुम्हारे स्टूडियो गई थी, अजीब उजाड़ हालत में पड़ा था। चपरासी ने बतलाया कि तुम ग्यारह बजे निकल गए—बिना बताए

हुए कि तुम कहाँ जा रहे हो।'' उसने मुझसे शिकायत की।

और तब मैंने कहा—''नीलिमा, मैं तुमसे विदा माँगने आया हूँ। मैं कल हवाई जहाज से लन्दन जा रहा हूँ।''

नीलिमा थोड़ी देर तक मुझे गौर से देखती रही—''तुमने मुझसे अभी तक यह बात छिपाई—इसके मानी यह हैं कि तुम...तुम...'' और वह अपनी बात पूरी न कर सकी, उसकी आँखों में अनायास ही आँसू भर आए।

''हाँ नीलिमा, मैंने तुमसे यह बात छिपाई। हो सकता, तो मैं अपने से भी यह बात छिपाता। मैं इस दिल्ली से भाग रहा हूँ, मैं तुमसे भाग रहा हूँ, मैं अपने से भाग रहा हूँ।''

नीलिमा ने अपनी आँखें पोंछी—''तुम शायद ठीक कह रहे हो मधु, इसी में शायद हम दोनों का कल्याण है। कब वापस लौटोगे ?''

''कह नहीं सकता। विदेश जाकर मैं अपना भावी कार्यक्रम बनाऊँगा। हाँ, इतना निश्चय है कि मैं अब दिल्ली वापस नहीं लौटूँगा। वहाँ से अपने परिवारवालों को बनारस लौट जाने को लिख दूँगा।''

थोड़ी देर चुप रहने के बाद नीलिमा ने कहा, ''तो फिर हमारे प्रेम का यह अन्त है—मैं समझ लूँ।''

''नहीं नीलिमा, प्रेम आत्मा से होता है—शरीर का धर्म है वासना। यह हमारी वासना का अन्त है, प्रेम तो मैं बराबर करता रहूँगा।''

नीलिमा हँस पड़ी, अजीब रूखी सी हँसी—''शरीर...आत्मा...। मैं इनका भेद नहीं जानती, जानना भी नहीं चाहती। आत्मा शरीर के मध्य में ही स्थित है। जो शरीर का धर्म है, वही आत्मा का धर्म है। लेकिन छोड़ो इस बात को—मैं इतना कह सकती हूँ कि तुम कायर हो।''

और यह कहकर वह तेजी से घर के अन्दर चली गई। मैं चुपचाप श्रीहत सा वापस लौट आया।

मैं इंग्लैंड गया, फ्रांस गया, अमरीका गया, और हर जगह मुझे सफलता मिली, पत्रों में मेरे फोटोग्रॉफ छपे, मेरी प्रशंसाएँ छपीं। मेरे परिवारवालों को मुझ पर गर्व था। पाँच वर्ष मैंने विदेशों में बिताए और ये पाँच वर्ष अतीव व्यस्तता के वर्ष थे।

एक नीलिमा की छाया मेरे साथ थी, उसे मैं नहीं भूल सकता था। वह कैसी होगी, कहाँ होगी, क्या कर रही होगी, उसके जीवन का क्रम क्या होगा ये प्रश्न लगातार मेरे मन में उठते थे। पर उसे पत्र लिखने का मुझे साहस नहीं होता था। मैं उसे भूलना चाहता था, लेकिन उसे भूल नहीं पा रहा था। और धीरे-धीरे नीलिमा को एक बार देखने की, उससे फिर मिलने की अभिलाषा मेरे मन में इतनी प्रबल हो गई कि मैं अपने देश वापस लौटा। हवाई जहाज से उतरकर मैंने होटल में अपना असबाब रखा और सीधा नीलिमा के घर गया।

उस समय शाम के पाँच बजे थे, नीलिमा मुझे देखकर चौंक पड़ी—''आप ! कब

आए आप ?''

''दोपहर के हवाई जहाज से वापस लौटा हूँ। होटल में असबाब रखकर सीधा तुम्हारे यहाँ चला आ रहा हूँ। तुम अच्छी तरह तो हो ?''

मेरा यह प्रश्न व्यर्थ का प्रश्न था। नीलिमा स्वस्थ थी, प्रसन्न थी। वह उतनी ही सुन्दर दिख रही थी, जैसी वह मेरे जाने के पहले थी, शायद कुछ अधिक ही सुन्दर हो गई हो। उसका शरीर कुछ फैलने लगा था। उसने मुस्कुराते हुए कहा—''आप देख तो रहे हैं कि मैं स्वस्थ हूँ और मुझमें कोई परिवर्तन नहीं हुआ। और मैं यह भी बतला दूँ कि मैं प्रसन्न हूँ बहुत सुखी हूँ, आइए, ड्राइंगरूम में बैठें।''

ड्राइंगरूम में उसकी लड़की बैठी हुई पियानो बजा रही थी। वह काफी बड़ी हो गई थी और उसको संगीत का अच्छा ज्ञान था। नीलिमा ने ड्राइंगरूम में प्रवेश करते हुए कहा—''रागिनी, देख तेरे अंकल मधुसूदनजी आए हैं, तुझे इनकी याद है न ?''

रागिनी ने मुझे नमस्ते करते हुए कहा—''हाँ-हाँ, बड़े अच्छे चित्रकार हैं। विदेशी पत्रों में मैंने इनके चित्र और इनके फोटो देखे हैं।'' फिर उसने मुझसे कहा—''ममी वे सब विदेशी पत्र खरीद लाती हैं, जिनमें आपके फोटो निकलते हैं।''

नीलिमा हँस पड़ी—''बड़ी शैतान हो गई है यह रागिनी। अच्छा, तू अपने अंकल को एक गाना सुना।''

रागिनी ने एक अंग्रेजी गाना पियानो के साथ आरम्भ किया। नीलिमा ने धीमे स्वर में कहा—''अभी वह आते होंगे, हम लोगों को एक पार्टी में जाना है, जो इनके एक पार्टनर ने दी है...'' और उसने घड़ी देखी—''पौने पाँच बज गए, पाँच बजे वह आ जाएँगे। चाय आप हम लोगों के साथ पीजिएगा।''

मैं नीलिमा से एकान्त में बातें करना चाहता था, लेकिन नीलिमा की नजर बरामदे की ओर थी। और तभी नीलिमा ने पुकारा—''अविनाश, देख तेरे अंकल मधुसूदन आए हैं।''

अविनाश नीलिमा का छोटा लड़का था। अब उसकी अवस्था चौदह वर्ष की हो गई थी। उसके हाथ में टेनिस का रेकट था। कमरे में प्रवेश करके उसने मुझसे नमस्ते की, और फिर वह नीलिमा से बोला—''ममी, मैं टेनिस खेलने जा रहा हूँ।''

''हाँ-हाँ, थोड़ी देर में चले जाना। तुम्हारे पापा आते होंगे, चाय पीकर जाना।''

''चाय मैंने पी ली है,'' उसने जिद्दी स्वर में कहा।

''जानती हूँ, लेकिन अंकल मधु से बात करना। इंग्लैंड, अमरीका घूमकर लौटे हैं।''

अनमने भाव से अविनाश ने मुझसे बातें शुरू कीं, लेकिन दो-एक-मिनट में ही उसने बातों की झड़ी लगा दी। मैं उसके प्रश्नों का उत्तर देते-देते हैरान हो गया। एक अजीब सी झुँझलाहट हो रही थी मुझे अविनाश पर, नीलिमा पर और सबसे अधिक अपने ऊपर। नीलिमा चुपचाप बैठी हम दोनों की बातचीत सुन रही थी। उसने अविनाश से कहा—''बस, बहुत सवाल पूछ लिये, अब बस कर।'' और उसने मुझसे कहा—''इस साल यह यूनिवर्सिटी में पहुँचा है और इसका बड़ा भाई विकास बम्बई में इंजीनियरिंग

पढ़ रहा है, वह भी इतना ही तेज है।''

इसी समय बाहर पोर्टिको में एक कार रुकने की आवाज सुनाई दी—''वह आ गए।...'' और यह कहकर वह ड्राइंग रूम से निकलकर बाहर चली गई।

नीलिमा के साथ उसके पति ने कमरे में प्रवेश किया। वह कुछ और मोटा और कुरूप हो गया था, लेकिन उसके मुख पर वही व्यस्तता थी, वही अहंकार था, जो पहले था। उसने कमरे में आते ही मुझसे हाथ मिलाया—''बहुत दिनों बाद आपके दर्शन हुए। आप तो अन्तर्राष्ट्रीय ख्याति के आदमी हो गए—मैंने आपकी तारीफ अखबारों में पढ़ी।''

एक घंटे तक मैं नीलिमा के यहाँ रहा, लेकिन मुझे नीलिमा से एकान्त में बात करने का कोई मौका नहीं मिला। ऐसा लगता था कि नीलिमा मुझसे एकान्त में मिलना ही नहीं चाहती। और ठीक छः बजे वह अपने पति के साथ कार में बैठकर चली गई। जाते-जाते उसने मुझसे पूछा—''कब तक ठहरिएगा आप यहाँ?...इस समय मैं बहुत व्यस्त हूँ। कल किसी समय आइएगा। आने से पहले फोन कर लीजिएगा।''

तीन दिन मैं दिल्ली में रहा, लेकिन किसी भी समय मैं नीलिमा से एकान्त में नहीं मिल सका। मुझे ऐसा लगा कि एकान्त में मिलने से वह कतराती है। एक तरह की झुँझलाहट होती थी मुझे, एक तरह का सन्तोष भी होता था।

तीसरे दिन शाम के समय वह मेरे होटल में आई। उस समय मैं अपना असबाब ठीक कर रहा था। एक घंटे बाद ही मुझे स्टेशन रवाना हो जाना था बनारस की गाड़ी पकड़ने के लिए।

नीलिमा ने कमरे में प्रवेश करते हुए कहा—''मैं जानती थी कि अभी तुम होटल में ही होगे मधु—गाड़ी छूटने में दो घंटे की देर है। क्या बतलाऊँ, तुमसे मैं बातचीत ही न कर सकी।''

कुछ रूखी मुस्कुराहट के साथ मैंने कहा—''बातचीत तो काफी हुई है, मुझे प्रसन्नता इस बात की है कि तुम सुखी हो। यही देखने मैं आया था।''

और नीलिमा भी मुस्कुराई—''मधु, तुमने दिल्ली छोड़कर मेरा बड़ा उपकार किया, मैं तुम्हारी कृतज्ञ हूँ। तुम सच कहते हो कि मैं सुखी हूँ, बहुत अधिक सुखी। मेरा परिवार है, मेरे बच्चे हैं। बड़ी-बड़ी पार्टियाँ मैं देती हूँ, बड़ी-बड़ी पार्टियों में मैं जाती हूँ। समाज में मेरा मान है, मेरी प्रतिष्ठा है। मुझ पर तुम्हारा कितना आभार है।''

मैंने न जाने क्यों कह दिया—''तो तुम आभार-प्रदर्शन के लिए इस समय मेरे यहाँ आई हो ?''

नीलिमा के मुख की मुस्कुराहट लोप हो गई—''ऐसा ही समझ लो, यद्यपि मैंने अपना आभार-प्रदर्शन तो तुम्हें अपने व्यस्त जीवन की झलक दिखलाकर कर दिया था।''

और मैंने देखा कि नीलिमा की आँखें तरल हो गई हैं—''मधु ! मैं बड़ी कमजोर हूँ, मैं पागल हूँ। बहुत रोका अपने को कि तुमसे दूर रहूँ। लेकिन आज शाम को मेरी

कमजोरी ने मुझ पर विजय पाई। पागल-सी मैं तुम्हारे पास दौड़ी आई हूँ, तुम्हें विदा करने के लिए।''

और अनायास ही मेरे अन्दरवाला पशु मुझमें जाग उठा। मैंने बढ़कर नीलिमा का हाथ पकड़ा, ''नीलिमा...''

नीलिमा ने अपना हाथ झटके के साथ छुड़ा लिया–''नहीं मधु, अब फिर मुझे कमजोरी की ओर मत घसीटो। मैं तुम्हारी कितनी कृतज्ञ हूँ–मैं जा रही हूँ, वह गाड़ी में बैठे मेरा इन्तजार कर रहे हैं।''

मेरे दोस्त ! मैंने अपने को विजयी समझा या पराजित समझा, मैं ठीक तौर से नहीं जानता हूँ–मेरा मन बहुत हल्का हो गया था। मैं बनारस लौटा, मेरे परिवारवालों को मेरे आने पर कितनी प्रसन्नता हुई इसका तुम अनुमान कर सकते हो।

बनारस लौटकर मैं वहीं बस गया। विदेश में मैंने काफी धन अर्जित कर लिया था। मैंने बनारस में और अधिक सम्पत्ति खरीद ली। बड़े सुख की जिन्दगी मैं बिता रहा था।

लेकिन छः महीने पहले मेरी पत्नी का देहान्त हो गया। पिछले कई वर्षों से उसका स्वास्थ्य बहुत गिर गया था। हर तरह के इलाज किए मैंने उसके, लेकिन मैं उसको जो न बचा सका, सो न बचा सका।

मेरा बड़ा लड़का मद्रास के एक बड़े कारखाने में इंजीनियर है, लेकिन उसके बच्चे यहाँ बनारस में ही शिक्षा प्राप्त कर रहे हैं। उनकी माता साल में दो-तीन महीने के लिए बनारस आ जाया करती है। मेरा मझला लड़का बनारस विश्वविद्यालय में लेक्चरार है। छोटा लड़का बनारसी रेशम के व्यापार में लग गया है और उसकी आमदनी अच्छी है। भरा-पूरा घर है, लेकिन मैं अपने को नितान्त एकाकी पाता हूँ। बनारस में मेरा मन नहीं लगता था। तुम शायद नहीं जानते कि चित्रकारों के लिए वह अनुपयुक्त स्थान है। और दो महीने पहले मैंने निर्णय किया कि मैं दिल्ली में फिर से अपना स्टूडियो बनाऊँ। दिल्ली में कला की परख है, कलाकृतियों का बाजार है। दिल्ली में सामाजिक जीवन है–उत्सव है, उल्लास-विलास है। यहाँ रहकर मैं अपना एकाकीपन भूल सकूँगा। और दिल्ली में आकर मैंने अपने स्टूडियो की फिर से स्थापना की।

दिल्ली आकर मैं नीलिमा से नहीं मिला। उसके सुखी जीवन और परिवार में मैं व्याघात नहीं उत्पन्न करना चाहता था।

लेकिन पन्द्रह दिन पहले न जाने कैसे मेरे स्टूडियो का पता लगाकर वह पहुँच गई। पाँच साल हो गए थे उससे मिले हुए, और इन पाँच वर्षों में उसमें काफी परिवर्तन हो गया था। उसके बाल सफेद होना आरम्भ हो गए हैं, उसके मुख पर एकाध झुर्रियाँ भी पड़ गई हैं। वह बड़ी शान्त और संयत थी, पारिवारिक पवित्रता की आभा उसके मुख पर खेल रही थी।

और आते ही उसने मुझसे शिकायत की कि मैं उससे क्यों नहीं मिला। बड़ी देर तक वह मेरे स्टूडियो में बैठी मुझसे बातें करती रही। उसके बड़े लड़के का विवाह दो

महीने पहले एक करोड़पति व्यापारी की लड़की के साथ हो गया था, और लड़का तथा बहू हनीमून मनाने के लिए कश्मीर गए हुए थे। उसके पति अपने व्यापार के सिलसिले में यूरोप गए हुए थे। वह अपने दूसरे लड़के और लड़की के साथ अकेली रह रही थी।

मेरी मनःस्थिति का ज्ञान होने पर उसने मेरे साथ न जाने कितनी संवेदना प्रकट की। और उस दिन शाम के समय वह मेरे साथ सिनेमा देखने गई।

इसके बाद नीलिमा हर दूसरे-तीसरे दिन दोपहर के समय, जब उसके बच्चे यूनिवर्सिटी में होते, मेरे स्टूडियो में चली आती थी, और मैंने देखा कि नीलिमा में अकस्मात् कुछ परिवर्तन होने लगे हैं। उसके मुख की आभा लौट आई है।–वह अपना बनाव-सिंगार भी करने लगी है। इस बीच उसके पति विदेश से वापस आ गए थे।

और परसों रात के आठ बजे जब मैं अपने कमरे में लेटा हुआ एक उपन्यास पढ़ रहा था, किसी ने मेरे दरवाजे पर दस्तक दी। उस समय कौन हो सकता है–मैंने उठकर दरवाजा खोला, और मैंने देखा कि मेरे सामने नीलिमा खड़ी हुई है। वह पूरी तरह से शृंगार किए हुए थी। बिना कुछ कहे हुए वह कमरे में आ गई।

मैंने कहा–"नीलिमा, यह क्या ? इस समय तुम कैसे चली आईं ?"

"मैं तुम्हारे बिना नहीं रह सकती मधु ! मुझे यह परिवार की चक्की का सुख नहीं चाहिए, बिल्कुल नहीं चाहिए।"

"तुम पागल न बनो नीलिमा, तुम वास्तविकता पर ध्यान दो," मैंने कहा।

"वास्तविकता यह है कि मैं तुम्हारी हूँ–तुम्हारी। तुम अकेले हो, तुम इससे इनकार नहीं कर सकते, और मैं भी अकेली हूँ। उस आदमी के साथ, जिसके बच्चों को मैंने जन्म दिया, किस घुटन के साथ मैं रही हूँ, यह मैं ही जानती हूँ। मैंने तुम्हें भूलने का प्रयत्न किया, तुम्हारे हित का ध्यान रखकर, तुम्हारे परिवार के हित का ध्यान रखकर। और अब तुम मुक्त हो।"

अजीब पागलपन की चमक थी उसकी आँखों में। मैं घबरा गया। मैंने कहा, "नीलिमा, तुम आपे में नहीं हो–तुम नहीं जानती कि इसमें हम लोगों की कितनी बदनामी होगी, हम लोग समाज में तिरस्कृत और लांछित होंगे।"

"यह कुछ नहीं होगा मधु, मेरे पास मेरा निजी रुपया है–करीब दो लाख, और मैंने अपना पासपोर्ट बनवा लिया है। तुम्हारे पास तुम्हारा पासपोर्ट है ही। परसोंवाले हवाई जहाज से दो सीटें मिल रही हैं, इंग्लैंड के लिए।"

"यह सब गलत है–बिल्कुल गलत नीलिमा–तुम अपना जीवन नष्ट कर रही हो।"

नीलिमा ने दृढ़ता-भरे स्वर में कहा–"मैं तय कर चुकी हूँ मधु–मैं तुम्हें किसी हालत में भी नहीं छोड़ सकती। मैं परसों सुबह सात बजे तुम्हारे पास आऊँगी। कल का दिन तुम्हारे पास है। कल तुम अपने स्टूडियो का प्रबन्ध कर लो। मैंने दो सीटें बुक करा ली हैं, नौ बजे हवाई जहाज जाता है।" और वह बिना मेरे उत्तर की प्रतीक्षा के चली गई।

और मेरे दोस्त, आज मैंने अपना स्टूडियो बन्द कर दिया। कल सुबह नीलिमा मेरे कमरे में आएगी, विनाश के गर्त में छलाँग मारने। और आज शाम की गाड़ी से मैं

बनारस जा रहा हूँ। मैं भाग रहा हूँ, क्योंकि मेरे प्रति नीलिमा का प्रेम उन्माद है—एक भयानक उन्माद। यह नीलिमा को ही नष्ट कर देगा, वह मुझे भी नष्ट कर देगा। और तुम देख रहे हो, मैं कितना थका हुआ हूँ—कितना निरीह और असहाय हूँ।

सतीश चुपचाप मधुसूदन की कहानी सुन रहा था। उसने कुछ सोचकर कहा—"कल सुबह वह आपके घर आएगी, और आपको न पाकर उसे निराशा होगी। क्या यह सम्भव नहीं कि वह आत्महत्या कर ले ?"

कुछ उदास स्वर में मधुसूदन ने कहा—"जहाँ तक मेरा खयाल है, वह अपने घर वापस चली जाएगी, क्योंकि मुझे घर में न पाकर उसे धक्का लगेगा। पागलपन का एक सफल इलाज होता है—शॉक ट्रीटमेंट—यानी बिजली के करेंट से मरीज के मस्तिष्क पर धक्का देना। नीलिमा का प्रेम उन्माद है—उसका यही इलाज हो सकता है।"

सतीश बिस्तर पर लेट गया—"बहुत सम्भव है आपकी बात ठीक हो, लेकिन आपका अनुमान गलत भी निकल सकता है।"

और अपनी बर्थ पर लेटते हुए मधुसूदन ने उत्तर दिया—"हाँ, मेरा अनुमान गलत भी निकल सकता है—और ऐसी हालत में मैं जन्म-भर अपने को अपराधी समझूँगा। इसीलिए मैंने तुमसे कहा था कि तुम भाग्यवान हो।"

सौदा हाथ से निकल गया

राय इकबाल शंकर का रोबदाब उनके रिश्तेदारों या उनके मोहल्लेवालों पर कितना ही रहा हो, उनकी घरवाली राधा, जो रद्धो बीबी के नाम से प्रसिद्ध हैं, उन्हें निहायत निकम्मा आदमी समझती हैं और मौका पड़ने पर उनके सामने ही यह ऐलान भी कर देती हैं। और रद्धो बीबी की कुशल सद्गृहिणी होने की ख्याति भले ही दूर-दूर तक फैली रही हो, राय इकबाल शंकर रद्धो बीबी को निहायत गँवार किस्म की औरत समझते हैं और अक्सर अपनी भावना को रद्धो बीबी के मुख पर प्रकट भी कर देते हैं। यह क्रम पिछले तीस वर्षों से लगातार चलता आ रहा है, जब इन दोनों का विवाह हुआ था और जीवन के अनेक उतार-चढ़ावों के बावजूद पति-पत्नी के एक-दूसरे के प्रति इस अभिमत में अन्तर नहीं पड़ने पाया।

राय इकबाल शंकर की हवेली के तीन हिस्से किराए पर उठे हैं, चौथे में वह स्वयं रहते हैं। जहाँ तक काम-काज का सवाल है, न राय इकबाल शंकर के दिवंगत पिता राय हिम्मत बहादुर ने अपनी जिन्दगी-भर कोई काम किया और न राय इकबाल शंकर के एकमात्र सुपुत्र राय गोपालकृष्ण से आशा की जा सकती है कि वह अपनी जिन्दगी में कोई काम-काज करेगा। वैसे लड़का बुद्धिमान और प्रतिभाशाली है, बी.ए. में उसे फर्स्ट डिविजन मिला था, लेकिन तीन साल पहले वह जो स्टूडेंट लीडर बनकर छात्र-आन्दोलन में जेल गया, तब से उसे राजनीति का चसका लग गया है और छात्र-लीडर की हैसियत से हिन्दुस्तान-भर में दौरे करता रहता है।

राय इकबाल शंकर के पास पुराने जमाने की एक आस्टिन कार है, जो महीने में पन्द्रह दिन आराम करती है और बाकी दिनों में शहर का एकाध चक्कर लगा लेती है। राय इकबाल शंकर खुद ही उस कार को ड्राइव करते हैं वरना आठ-दस साल पहले ही वह कार कबाड़ी की दुकान में पहुँच गई होती। उनकी हवेली में उनके पिता के जमाने का एक टेलीफोन भी है, जिसका उपयोग बाहरवाले राय इकबाल शंकर से सम्पर्क स्थापित करने के लिए करते हैं, इस तरफ तो रद्धो बीबी ने उसमें ताला डाल रखा है और बहुत जरूरत पड़ने पर ही उसका ताला खोला जाता है। घर की व्यवस्था तो सोलह आने रद्धो बीबी के हाथ में है, जिन्हें जिन्दगी की गाड़ी घसीटनी पड़ती है।

उस दिन सुबह के समय राय इकबाल शंकर जब नाश्ता करके उठे, उनके मन में आया कि शहर का एक चक्कर ही लगा लिया जाए। उन्होंने कार निकालने की

कोशिश की, लेकिन कार की बैटरी डाउन थी। हवेली से निकलते ही उन्होंने एक रिक्शेवाले को रोका, लेकिन उसने गोलागंज से हजरतगंज तक रिक्शे के किराए के रूप में एक रुपया माँगा, तो राय इकबाल शंकर का पारा एकाएक चढ़ गया। उन्होंने तय किया कि मील-सवा मील का रास्ता पैदल ही नाप लिया जाए।

जाड़े के दिन और सुबह नौ बजे का समय। धूप बड़ी सुहानी थी और राय इकबाल शंकर अपने ही में मगन, छड़ी हिलाते हुए जा रहे थे। एकाएक उनके पैर ठिठक गए। नवाब झम्मन के महल की ड्योढ़ी से हाशिम कबाड़ी निकल रहा था—अत्यन्त प्रसन्नता और सन्तोष की मुद्रा में। उसके पीछे एक कुली के सर पर लदी हुई एक बहुत बड़ी खाने की गोल मेज थी, जिसमें कुल दो पाये लगे थे, तीसरा पाया हाशिम हाथ में लिये तलवार की तरह भाँजता हुआ चल रहा था। उसके साथ राय इकबाल शंकर की पुरानी मुलाकात थी, उन्होंने बढ़कर हाशिम से कहा—बड़े खुश नजर आ रहे हो, हाशिम मियाँ ! कोई अच्छा सौदा करके लौट रहे हो !

हाशिम ने अपना पटा-बनेठीवाला हाथ रोका, बड़े अदब के साथ झुककर राय इकबाल शंकर को सलाम किया—हुजूर की बात ! अच्छे सौदे तो लद गए अंग्रेजों के हाथ, जब एक-से-एक जरीक-बरीक चीजें कौड़ियों के मोल मिल जाया करती थीं। अब तो रह गए हैं बिगड़े हुए फटेहाल नवाब और रईस, खुद खाने-पीने के मुहताज, तो अब सिवा टूटे-फूटे कबाड़ के रखा क्या है ? अब देखिए न यह तीन टाँग की मेज, उस पर एक टाँग टूटी हुई, यानी बिल्कुल अलग ! नवाब झम्मन की बेगम से बस इतना सौदा हुआ है।

राय इकबाल शंकर ने मेज पर नजर डाली। उन्होंने अन्दाजा, तो मेज बड़ी पुरानी यानी बाबा आदम के जमाने की लगी। लेकिन अजीब ढंग की। ऐसी मेज उन्होंने जिन्दगी में पहले कभी न देखी थी। कोयले की तरह काली। लेकिन उन्होंने भाँप लिया कि मेज पर किसी तरह का रंग या रोगन नहीं चढ़ा है, वह तो लकड़ी का रंग ही काला है, यानी असली आबनूस की लकड़ी है। लेकिन अपने भाव उन्होंने प्रकट नहीं होने दिए। वह बोले—ठीक कहते हैं, हाशिम मियाँ, भला यह कोई मेज हुई...तीन पायेवाली और उस पर एक पाया अलग !

एकाएक हाशिम का स्वर बदल गया—असली आबनूस की लकड़ी की मेज है, हुजूर ! हाशिम की नजर धोखा नहीं खा सकी, तभी हमने बीस रुपया गड़ाप से थमा दिए बेगम साहिबा को ! नवाब साहेब बेचारे तो चार दिन से बेहोश पड़े हैं, खुदा जाने कब उनकी जान निकल जाए। मेज का जिकर सुनकर जैसे कुछ देर के लिए उन्हें होश आ गया हो, कुछ गड़बड़ाए। हमें तो सिर्फ इतना सुनाई पड़ा—नसीरुद्दीन हैदर... नसीरुद्दीन...! और फिर तुरत बेहोश हो गए। तो हम तो यह मेज लदवाकर चल पड़े। रुपया-आठ आना देकर जुम्मन बढ़ई से इसकी टाँग ठुकवा लेंगे, तो नखास की बाजार में कोई माई का लाल इसे हँसते-खेलते खरीद के ले जाएगा।

राय इकबाल शंकर ने मन-ही-मन हिसाब लगाया, फिर उन्होंने अपनी जेब से अपनी

कुल पूँजी निकाली—दो दस-दस रुपए के नोट, एक पाँच का और छह एक-एक के। उन्होंने पचीस रुपयों के नोट हाशिम के हाथ में थमाते हुए कहा—"इस सब झमेले में कहाँ फँसोगे, हाशिम मियाँ ? इस मेज को बेचने के लिए तुम्हें साल-छह महीने का इन्तजार भी करना पड़ सकता है। तो, लो ये पचीस रुपए और मेज मेरे यहाँ पहुँचा दो। मेज क्या, मैं तो लकड़ी के दाम दे रहा हूँ तुम्हें !"

हाशिम ने नवाब झम्मन की बेगम से पन्द्रह रुपयों में वह मेज खरीदी थी। उसने पचीस लेते हुए कहा—"हुजूर की बात भला हम टाल सकते हैं ? जब आपको यह मेज पसन्द आ गई, तब आपकी हुई !" और हाशिम ने वह मेज राय इकबाल शंकर के घर पहुँचा दी।

रद्धो बीबी ने जो वह मेज देखी, तो जलकर खाक हो गईं—यह दो टाँग की काली-कलूटी मेज ! कहाँ से यह कबाड़ उठा लाए ? मैं कहती हूँ, ज्यों-ज्यों आपकी उम्र बढ़ती जा रही है, त्यों-त्यों आपकी अक्ल घटती जा रही है ! जहाँ से लाए हैं, वहीं वापस कर आइए ! घर में रुपए नहीं हैं, परसों राशन मँगवाना है।

राय इकबाल शंकर ने अपनी गलती महसूस की, लेकिन रद्धो बीबी का पारा देखकर हाशिम वहाँ से चुपचाप खिसक गया था। एक खिसियाहट से भरी मुस्कान के साथ राय इकबाल शंकर ने रद्धो बीबी से कहा—"अब तो खरीद ही ली है मैंने यह मेज। वापस करने का सवाल ही नहीं उठता। तो सामान की कोठरी में रखवा दो। मेरा मन कहता है, सौदा बेजा नहीं किया है मैंने।"

और इसके पहले कि रद्धो बीबी और कुछ कहें, वह अपनी छड़ी घुमाते हुए घर से निकल पड़े।

राय इकबाल शंकर से जैसुख मीरचन्दानी की मित्रता कब और कैसे हुई, इस कहानी से इस बात का कोई सम्बन्ध नहीं है, लेकिन इतना बतला देना आवश्यक होगा कि जैसुख मीरचन्दानी अन्तर्राष्ट्रीय ख्याति के क्यूरियो के व्यापारी हैं और दिल्ली में उनकी बहुत बड़ी क्यूरियो की दुकान है। साल में तीन-तीन महीने वह योरप और अमेरिका में रहते हैं। तीन महीने हिन्दुस्तान के विभिन्न भागों का दौरा करते हैं। लाखों-करोड़ों का सौदा वह हर साल कर लेते हैं।

उस दिन दोपहर के समय भोजन करके जब राय इकबाल शंकर एक नींद लेने की सोच रहे थे, उनके टेलीफोन की घंटी बजी। राय इकबाल शंकर ने टेलीफोन उठाया—"हलो...अरे...जैसुख भाई...आप ! दिल्ली से बोल रहे हैं, या लखनऊ से... लखनऊ से। तो कब आए आप ? सुबह के वक्त। मेरी बड़ी किस्मत ! हाँ-हाँ, रात का खाना मेरे गरीबखाने में ही रहेगा। शाम पाँच बजे तक मैं आपके होटल में पहुँच जाऊँगा।" और राय इकबाल शंकर ने फोन रख दिया।

रद्धो बीबी के हाथ का बनाया खाना जिस किसी ने एक बार खा लिया, तो उँगलियाँ

चाटता रह गया। राय इकबाल शंकर ने रद्धो बीबी को आवाज दी—"अजी सुनती हो, वह जैसुख मीरचन्दानी आया है लखनऊ ! कहता है कि रात के वक्त खाना मेरे यहाँ ही खाएगा। तो कोरमा और शामी बना लेना। अगर हो सके, तो थोड़ी सी बिरियानी भी बना लेना।"

"सब बना लूँगी !" रद्धो बीबी ने झुँझलाकर कहा—"घर में एक हफ्ते से डालडा नहीं है...भगवान जाने कहाँ गायब हो गया ! देहरादूनी चावल भी खतम हो चुका है ! और आप न आव देखते हैं न ताव, लोगों को न्योत देते हैं !"

राय इकबाल शंकर मुस्कुराए—"अरे, मुझे तो तुम्हारा भरोसा है ! भला उस साले मीरचन्दानी को तुम्हारे हाथ से बनाए खाने के मुकाबले का खाना कहाँ नसीब होगा ? तो भाई तुम्हीं को सब इन्तजाम करना है। मुझे तो नींद आ रही है। थोड़ा सा आराम करके उसके यहाँ पाँच बजे तक पहुँचना है मुझे।"

रद्धो बीबी को एक ही शौक है—अच्छा खाना बनाना और अच्छा खाना खिलाना। प्रसन्न होकर वह बोली—अच्छा-अच्छा, आपको बातें बनानी बहुत आती हैं ! आप अब सोइए, नहीं तो आपका मिजाज बिगड़ जाएगा !

राय इकबाल शंकर जब अपनी नींद पूरी करके उठे, चार बज रहे थे। जल्दी-जल्दी उन्होंने कपड़े बदले और घर से निकल पड़े। पीछे से रद्धो बीबी ने आवाज लगाई—"देखिए, जल्दी आ जाइएगा। मौसम का कोई ठिकाना नहीं, यह भादों की घटा न जाने कब फट पड़े !"

राय इकबाल शंकर ने आसमान पर नजर डाली। पूरब में कुछ काले-काले बादल दिख रहे थे। उन्होंने कहा—"मैं कार लिये जा रहा हूँ। जल्दी ही आ जाऊँगा। यह जैसुख मीरचन्दानी आठ-साढ़े आठ बजे तक खा लेता है, तो खाना तैयार रखना।" और राय इकबाल शंकर प्रसन्न मन चल पड़े।

मीरचन्दानी हजरतगंज के सबसे शानदार होटल में ठहरा था। राय इकबाल शंकर के पहुँचते ही पानी बरसना आरम्भ हो गया।

मीरचन्दानी ने राय इकबाल शंकर का स्वागत किया—ये साला मौसम भी कितना खूबसूरत है। राय साहेब ! तो हम सोचा कि बरसात का मजा लखनऊ में उठावें ! दिल्ली में तो काम करते-करते कबाड़ा निकल जाता है ! और उसने बेयरा से छह बोतलें सोडा की मँगाकर अपने सूटकेस से स्कॉच व्हिस्की का एक अद्धा निकाला। दोनों अब इत्मीनान के साथ बैठकर बातें करने लगे।

राय इकबाल शंकर ने पूछा—"कहो मीरचन्दानी, आज लखनऊ में कुछ काम बना ?"

"काम क्या बनेगा साला, हरेक आदमी चार सौ बीसी हो गया है...बड़ा-बड़ा अफसर और मिनिस्टर तलक ! सब जाली माल भेड़ना चाहता है मीरचन्दानी के हाथ !

वह साला गेंदालाल जरतारी का जामा लाया, बोला—आसुफद्दौला का है ! यह नहीं सोचा कि ढाका की मलमल और कोहेनीर मील की मलमल में जमीन-आसमान का फरक होता है। और वह मीर सज्जाद अली बारह तस्वीर लाया। बोला—राजपूत कला का है। बिल्कुल नकल, मुश्किल से सत्तर-अस्सी साल पुराना माल ! और वो तुमारा आर्ट कॉलेज का डाइरेक्टर लम्बी-लम्बी बात करता है, लेक्चर झाड़ता है ऊपर से ! ना बाबा, जी होता है, लखनऊ छोड़कर अभी चला जाऊँ, तो और फिर यहाँ आने का नाम न लूँ ! सब साला कबाड़ !''

''यह तो बुरा हुआ,'' राय इकबाल शंकर ने अपने गिलास से एक लम्बा घूँट लेते हुए कहा।

''अरे अमारा जिगरी दोस्त राय इकबाल शंकर तो है यहाँ, तो उससे मिलना हो गया ! फिर यह खूबसूरत मौसम, यह खूबसूरत शहर ! रही चार सौ बीसी की बात, तो वह तो दुनिया-भर में फैली है ! अपना धन्धा ही लो, पूरा चार सौ बीसी का है। मीरचन्दानी जोर से हँस पड़ा—फिकर न करो, कल सुबह के प्लेन से हम कलकत्ता के लिए रवाना ! लखनऊ में काम न बना तो न बना !''

एकाएक राय इकबाल शंकर को उस आबनूस की मेज की याद आ गई, जो उन्होंने हाशिम कबाड़ी से खरीदी थी और उनकी कबाड़ की कोठरी में पड़ी थी और जिसके सम्बन्ध में वह भूल ही गए थे। कुछ हिचकिचाते हुए उन्होंने कहा—''मीरचन्दानी, एक आबनूस की डाइनिंग मेज मेरे हाथ लग गई है...बहुत बड़ी और गोल। आठ आदमी उसके इर्द-गिर्द बैठकर खाना खा सकते हैं। और इतनी बड़ी मेज, लेकिन कुल तीन पाए हैं उसमें !''

''क्या बकता है राय इकबाल शंकर ? आबनूस की इतनी बड़ी मेज और उसमें तीन पाये ? दिमाग सही है ?''

''दिमाग बिल्कुल सही है ! मेरे घर में पड़ी है...उसका एक पाया अलग हो गया है। वह किसी अच्छे कारीगर से फिट करानेवाला था कि मेज का वजूद ही दिमाग से निकल गया !''

''यह मेज तुम्हें कहाँ से मिली ?'' अब मीरचन्दानी के स्वर में उत्सुकता थी।

''यहाँ एक नवाब झम्मन थे...अभी कुछ दिन पहले उनकी मृत्यु हो गई है, उनके यहाँ से। यह नवाब झम्मन अवध के किसी बादशाह के रिश्तेदार होते थे...शायद नसीरुद्दीन हैदर के साले के पोते थे। उन्हीं के यहाँ पड़ी थी। मैं उसे उनकी बेगम से खरीद लाया था। उस वक्त नवाब झम्मन बेहोश पड़े थे।''

एकाएक मीरचन्दानी का चेहरा गम्भीर हो गया—''क्या कहा ? नसीरुद्दीन हैदर के साले के खानदानवालों से यह मेज मिली है तुम्हें ? आबनूस की लकड़ी की है और उसमें सिर्फ तीन पाये हैं ? और फिर जैसे उसने अपने से ही कहा हो—क्या यह सम्भव है ? क्या यह सम्भव है ?'' और मीरचन्दानी ने अपनी आँखें बन्द कर लीं, जैसे उसे नींद आ गई हो।

राय इकबाल शंकर आश्चर्य से मीरचन्दानी को देख रहे थे। उन्होंने कहा—"क्या सो गए, मीरचन्दानी ?"

मीरचन्दानी ने चौंककर अपनी आँखें खोल दीं। अब उनमें बेतरह चमक आ गई थी। वह बोला—"राय इकबाल शंकर, अगर यह माल असली है, तो वाकई बड़ा कीमती है। मैं याद कर रहा था कि मैंने कहाँ पढ़ा या सुना था...किस्सा यह है कि जब नेपोलियन ने आस्ट्रेलिया-हंगरी के शाहंशाह की बेटी जोजेफीन से शादी की थी, तब जोजेफीन के साथ एक बढ़ई आस्ट्रिया से आया था...शायद वह बवेरिया का रहनेवाला था। कुछ पागल-सा आदमी था वह। उसका नाम का एलबर्ट गुन्थर। उसने एक ही डिजाइन की तीन मेजें बनाई थीं आबनूस की लकड़ी की। वे डाइनिंग मेजें थीं...आठ-आठ आदमियों के लिए, और उनमें केवल तीन-तीन पाये लगे थे। उलटना तो दूर रहा, मजाल है कि वे टस-से-मस भी हो जाएँ। तो एक मेज तो अमेरिका के करोड़पति मिस्टर विंडहम के पास है, एक मारसाई के म्यूजियम में सुरक्षित है, लेकिन तीसरी का पता नहीं चल रहा था। अवध के बादशाह नसीरुद्दीन हैदर बड़े शौकीन आदमी थे। अंग्रेज, फ्रांसीसी—सभी तरह के लोग थे उनकी मुलाजिमत में। मुमकिन है, उन्होंने वह तीसरी मेज मँगवा ली हो और यह वही तीसरी मेज हो।"

राय इकबाल शंकर का दिल अब बेतरह उछलने लगा था। उन्होंने अपने दिल को थामकर कहा—"मीरचन्दानी, मान लो, यह वही मेज हुई ?"

कुछ सोचकर मीरचन्दानी बोला—"अगर यह वही मेज है, तो बड़ी आसानी से किसी अमरीकी करोड़पति के हाथ दस-बीस हजार में निकल जाएगी। तीसरी टाँग को बड़ी कुशलतापूर्वक लगाना पड़ेगा...तो फिकर मत करो, हमारे पास एक-से-एक अच्छे कारीगर हैं दिल्ली में।"

राय इकबाल शंकर ने पूछा—"तो उसमें मुझे कितना मिलेगा ?"

अद्धे में बची हुई व्हिस्की को दो गिलासों में बराबर मात्रा में ढालते हुए मीरचन्दानी बोला—"तुम हमारे दोस्त हो, राय इकबाल शंकर ! तो अगर माल असली है, तो पाँच हजार तुम्हारे। हमें इसे बेचने में वक्त लगेगा। दौड़-धूप करना पड़ेगा। खिलाना-पिलाना होगा। पाँच हजार के ऊपर जो मिलेगा, वह हमारी तकदीर का। हमारा लखनऊ आना कारगर साबित हुआ ! और उसने घड़ी देखी—आठ बजनेवाला है। खाना खाने का बखत हो गया। हम नौ बजे सो जाते हैं। लेकिन ये साला पानी रुकने का नाम नहीं लेता !"

राय इकबाल शंकर उठ खड़े हुए—"मैं अपनी मोटर लाया हूँ। कोई फिक्र की बात नहीं। ठीक नौ बजे मैं तुम्हें यहाँ वापस पहुँचा दूँगा। अब चला।"

गृहस्थी किस तरह चलाई जाती है, हरेक चीज का आनन-फानन इन्तजाम कर लिया जाता है, यह गुर औरतें ही जानती हैं और इन सबकी जानकारी रखनेवाली औरतों में रद्धो बीबी का स्थान काफी ऊँचा था। लेकिन बहुत कम लोगों को पता था कि रद्धो

बीबी यह सब छमिया महरी के बल पर ही कर पाती थीं। छमिया महरी रद्धो बीबी की नौकरानी, सहेली, सलाहकार–सब कुछ थी। हवेली के पीछेवाली एक कोठरी रद्धो बीबी ने छमिया को मुफ्त दे रखी थी और उसी के अनुपात से रद्धो बीबी छमिया से मुफ्त काम भी करा लेती थीं।

जिस सामान की भी रद्धो बीबी को जरूरत थी, वह सब छमिया उधार-नकद, जैसे भी बना, आनन-फानन ले आई। चार बजे शाम से ही रद्धो बीबी रसोई बनाने में जुट गईं। घंटे-भर बाद पानी भी बरसने लगा।

बिरियानी बन गई, शामी के लिए सामान भी तैयार हो गया, सब्जियाँ बन गईं, कोरमे का मसाला भूना जा रहा था कि एकाएक गैस खतम हो गई।

छमिया पास में ही खड़ी थी। गैस का चूल्हा बुझते ही बोली–"हाय बीबीजी, यह मरी गैस तो छुई-मुई हो गई ! ऐन मौका पर धोखा दे गई ! दो हफ्ता पहले ही तो आई थी।"

रद्धो बीबी ने तमतमाकर कहा–"सब-के-सब बेईमान और हरामखोर हो गए हैं ! देख, जरा भट्ठी जला ले...नीचे थोड़ा सा इमली का कोयला पड़ा है, उसे सुलगाकर..." और रद्धो बीबी कहते-कहते रुक गईं। एक परेशानी सी उनके चेहरे पर आई–और पत्थर का कोयला तो चार दिन हुआ, खतम हो गया। कल ये गए थे तो कोयला...फिर मिसिर ने कहा कि कम-से-कम एक हफ्ता लगेगा कोयला आने में। शहर के किसी कोल-डिपो में कोयला नहीं है।

छमिया ने सहानुभूति प्रकट की–"अरे बीबीजी, आगी लागे ई सरकार माँ, कौनों चीज तो बाजार माँ नाही है। अच्छा ठहरो, हम मिट्टी के तेलवाला चूल्हा जलाए लेती हैं।" और छमिया भंडार घर से स्टोव निकाल लाई। लेकिन स्टोव ने जो जलने का नाम न लिया सो न लिया, रद्धो बीबी को एकाएक जैसे कोई बात याद आ गई–"अरी, उसमें मिट्टी का तेल ही कहाँ है, जो जले ! इन हरामजादों ने जो चार-पाँच दिन बिजली गायब रखी, तो स्टोव से तेल निकालकर लालटेन और ढिबरी में डाल दिया, तब रोशनी हुई !"

"ठहरो बीबीजी, मिट्टी का तेल हम बाजार से लिये आती हैं, जरा राशन कार्ड देना।" और मिट्टी के तेल की बोतलें तथा राशन कार्ड लेकर वह बाहर भागी।

रद्धो बीबी अब भयानक संकट में पड़ गईं। साढ़े पाँच बज चुके थे। साढ़े सात-आठ बजे तक जैसुख मीरचन्दानी को साथ लेकर राय इकबाल शंकर आने को कह गए थे। कुल दो घंटे बाकी हैं। कैसे यह सब होगा ! उनका जी चाहा कि वह रोएँ, लेकिन रोने से तो काम नहीं चलेगा। वह चुप बैठ गईं।

पाँच मिनट ही में छमिया मुँह लटकाए खाली हाथ वापस लौटी–"हाय बीबीजी, वहाँ तो फौजदारी हो रही है ! सत्तर-अस्सी आदमी लाइन लगाए खड़े रहे, तो मारपीट शुरू हो गई...एक बच्चा कुचल गया, दो आदमी अस्पताल भेजे गए, तीन आदमी पुलिस पकड़ ले गई। तो हम भागी वहाँ से !" और उसने बोतलें तथा राशन कार्ड रद्धो बीबी

को थमा दिए।

"अब क्या हो ?" बड़े करुण स्वर में रद्धो बीबी ने पूछा।

"फिकर न करो। हम अबहीं लकड़ी का चूल्हा जलाइत हैं। लकड़ी की आँच में जैसा अच्छा खाना बनता है, वैसा भला गैस, पत्थर के कोयले की भट्ठी या मिट्टी के तेल के स्टोव से बन सकता है ! आनन-फानन सब हुआ जाता है।"

"लेकिन जलाने की लकड़ी तो इस घर में दो-तीन साल से नहीं आई !" रद्धो बीबी ने रुआँसे स्वर में कहा।

"वह अबहीं लेत आइत हैं। लाला भीखूमल का टाल आजकल चौबीस घंटा चल रहा है। न गैस, न कोयला, न मिट्टी का तेल ! झख मार के लकड़ी खरीदो ! लेकिन ऐसे दाम बढ़ा दिए हैं उस हरामजादे ने कि कुछ पूछो न !

हारे हुए स्वर में रद्धो बीबी ने कहा—"जो हो, अब तो नाक का सवाल है ! तो ले आ पाँच सेर लकड़ियाँ। कल दौड़-धूप के गैस या पत्थर के कोयले या मिट्टी के तेल का इन्तजाम किया जाएगा।"

दस मिनट के अन्दर ही छमिया पाँच सेर लकड़ियाँ ले आई। कागज और इमली के कोयले के सहारे लकड़ियाँ जलाई गईं और देगची चूल्हे पर चढ़ गई।

रसोईघर धुएँ से भर गया। बरसात की गीली लकड़ियाँ, वह भी कच्ची, नई चिरी हुई, जलने का नाम न लेती थीं। छमिया बोली—"बीबीजी, यह लकड़ियाँ तो गीली हैं ! इस चूल्हे में तो आधी रात तक भी खाना न बन पाएगा !"

"दौड़ के भीखूमल के यहाँ से सूखी लकड़ी ले आ," रद्धो बीबी ने हुक्म दिया।

"अरे बीबी, बरसात में भला सूखी लकड़ी कहाँ से मिलेगी ! भीखूमल ने सूखी लकड़ी कह के ही तो यह लकड़ी दी है ! फिर अब तो पानी भी जोर से गिरने लगा है। तो इन्हीं लकड़ियों से काम चलाना पड़ेगा, जैसे भी हो।"

रद्धो बीबी और छमिया महरी, धुएँ से दोनों की आँखें लाल हो रही थीं। साठ वाट के बिजली के बल्ब का प्रकाश अंगारे के प्रकाश की भाँति दिख रहा था। चूल्हा धौंकते-धौंकते दोनों के हाथ थक गए थे। चूल्हा फूँकते-फूँकते दोनों की साँस फूल रही थी। झल्लाकर रद्धो बीबी छमिया का हाथ पकड़कर रसोईघर से बाहर निकलीं। उन्होंने छमिया से कहा—"खोल उस कबाड़ की कोठरी को। पुरानी चारपाइयों के पटिए या पाये पड़े हैं। वह तो सूखे होंगे। बीस-तीस साल पुरानी लकड़ियाँ।"

छमिया खुशी से उछल पड़ी—"वाह बीबीजी ! यह बात खूब सूझी ! आम और जामुन की लकड़ी बिल्कुल मशाल की तरह जलेंगी।"

कोठरी खोली गई और तभी मेज का एक पाया छमिया के हाथ में आ गया। छमिया बोली—"अरे बीबीजी, यह एक टूटा पाया हाथ में लग गया है। बड़ी वजनी है, पाँच-छै सेर का होगा।"

"बस-बस ! काम बन गया !" रद्धो बीबी बोलीं—"एकदम सूखी और बेकार की लकड़ी है यह ! चल, रसोईघर में। जल्दी कर।"

"लेकिन बीबीजी, उस पाये को चीरना बड़ा मुश्किल काम होगा, पत्थर की तरह ठोस है यह लड़की !" छमिया ने चलते हुए कहा।

"अरी, चलके उसे चूल्हे में लगावें तो ! एक दफे अगर जो इसने आग पकड़ ली, तो बुझेगी नहीं। मैं पुरानी लकड़ियों को अच्छी तरह जानती हूँ।" और मेज की टाँग को लेकर दोनों रसोईघर में पहुँचीं। टाँग चूल्हे में डाल दी गई। एक तरफ रद्धो बीबी ने पंखे से चूल्हा धौंकना आरम्भ किया, तो दूसरी ओर छमिया महरी ने मुँह से चूल्हा फूँकना आरम्भ किया। देखते क्या हैं कि दो मिनट के अन्दर ही मेज के पाये ने आग पकड़ ली और रसोईघर प्रकाश से जगमगा उठा।

छमिया खुशी से चीख उठी—"अरे बीबी, यह पाया तो मशाल की तरह जल रहा है...कैसी तेज आँच है ! चलो, काम बन गया !"

रद्धो बीबी भी चहक उठीं—"गैस के चूल्हे के बाप में भी इतनी आँच नहीं हो सकती ! और फिर कैसे धीरे-धीरे यह पाया जल रहा है ! पूरा खाना इस टाँग में बन जाएगा।"

बाकायदा कोरमा बनाना आरम्भ हो गया। उस समय घड़ी में साढ़े सात बज चुके थे।

जिस समय जैसुख मीरचन्दानी को साथ लेकर राय इकबाल शंकर घर पहुँचे, पूरा खाना तैयार था, सिर्फ रोटियाँ सिंकना बाकी था। सवा आठ बज रहे थे और जैसुख मीरचन्दानी को बड़ी जोर की भूख लगी थी। उसने कहा—"राय इकबाल शंकर, पहले डिनर, फिर बातचीत !"

रद्धो बीबी खाना परस रही थीं और छमिया महरी रोटियाँ सेंक रही थी। जैसुख मीरचन्दानी खाना खाता जाता था और खाने की बेतहाशा तारीफ करता जाता था—अ-हा-हा-हा ! क्या कोरमा है ! क्या शामी है ! और ऐसी बिरियानी तो उन्होंने कभी खाई ही नहीं ! अगर स्वर्ग है, तो इस लखनऊ में ! और इधर रद्धो बीबी अपनी तारीफ सुनकर खुशी से फूली न समा रही थीं।

खाना खाकर जैसुख मीरचन्दानी ने कहा—"राय इकबाल शंकर, अब जरा वह तुम्हारी आबनूस की मेज भी देख ली जाए।"

राय इकबाल शंकर ने कबाड़ की कोठरी का दरवाजा खोला। छमिया महरी की मदद से राय इकबाल शंकर ने और जैसुख मीरचन्दानी ने मिलकर वह मेज बाहर निकाली। फिर उसे कमरे में लाए। नियोन लाइट के तेज प्रकाश में अपनी आँख मिचमिचाते हुए मीरचन्दानी कुछ आश्चर्यचकित सा उस मेज को देखता रहा। फिर वह जैसे उछल पड़ा—वही है...वही है...वही तीसरी मेज ! विंडहम के यहाँ काली मेज बिल्कुल इसी तरह की है ! इसके एक पाये में एलबर्ट गुन्थर का नाम नक्श होगा। और उसने झुककर मेज के दोनों पायों को गौर से देखना आरम्भ किया।

लेकिन उसे उन दो पायों में एलबर्ट गुन्थर का नाम नहीं मिला। हारकर उसने कहा—''राय इकबाल शंकर, इस मेज का तीसरा पाया कहाँ है ? उसमें वह नाम होगा।''

''वह वहीं उस कोठरी में डाल दिया था, उसे निकलवाता हूँ,'' और उन्होंने रद्धो बीबी की ओर देखा...''वह इसका तीसरा पाया, जो टूटा हुआ था, वह तो निकाल लाओ।''

छमिया महरी वहीं पास खड़ी थी। वह बोली—''वह तो चूल्हे में लग गया है, तब कहीं खाना बना है जाकर !''

राय इकबाल शंकर को जैसे अपने कानों पर विश्वास नहीं हुआ—''क्या कहा ? वह पाया चूल्हे में लग गया ?''

''हाँ-हाँ, चूल्हे में लग गया !'' रद्धो बीबी बोली—''ऐन मौके पर गैस चली गई, पत्थर का कोयला एक हफ्ते से बाजार से गायब है, मिट्टी के तेल के लिए दुकान पर फौजदारी हो रही है, सर फूट रहे हैं, और यह मरा टालवाला, गीली लकड़ियाँ और वह भी बेतहाशा महँगी ! खाना बनता तो कैसे ? पुरानी सूखी हुई बेकार लकड़ी के नाम पर वह पाया दिखा, तो लगा दिया उसे चूल्हे में !''

जैसुख मीरचन्दानी ने निराश भाव से कहा—''एक शानदार सौदा हाथ से निकल गया ! यह मेज असली है, इसे साबित करने का कोई सबूत अब नहीं रह गया !''

राय इकबाल शंकर ने अपना माथा ठोक लिया—''अरी भलीमानस, पाया नहीं जला, पाँच हजार की रकम जल गई है मेरी !'' और फिर उन्होंने मीरचन्दानी से कहा—''जैसुख भाई, चलो, इससे पहले कि मैं इस गम के सदमे से बेहोश हो जाऊँ, तुम्हें तुम्हारे होटल पहुँचा दूँ !''

क्षमायाचना

टैक्सी वर्ली सी फेस की एक पाँचमंजिला इमारत के सामने रुकी और रविप्रकाश के मन में हर्षमिश्रित सन्तोष की भावना उठी। बम्बई का वह प्रतिष्ठित और शानदार इलाका था, जहाँ ज्ञानप्रकाश रहता था।

ज्ञानप्रकाश ने बिल्डिंग के दरबान के हाथ में रविप्रकाश का सूटकेस ऊपर ले चलने के लिए थमाया और अपने पिता का हाथ पकड़कर उसने स्वचालित लिफ्ट में प्रवेश किया। लिफ्ट तीसरी मंजिल पर रुकी और ज्ञानप्रकाश के साथ रविप्रकाश लिफ्ट से बाहर निकले। दाहिनी ओर करीब बीस कदम चलकर ज्ञानप्रकाश के साथ रविप्रकाश ने फ्लैट नम्बर नौ की घंटी बजाई और पाँच सेकेंड के अन्दर ही फ्लैट का दरवाजा खुल गया। लेकिन रविप्रकाश कुछ चक्कर में थे...दरवाजे के बगल में मनुभाई झवेरी की तख्ती लगी थी, ज्ञानप्रकाश के नाम की नहीं।

सुषमा ने बढ़कर रविप्रकाश के चरण छुए। पाँच वर्ष का राजेश अपने बाबा को चुपचाप एकटक देख रहा था और ढाई वर्ष की गायत्री अपनी माता के पैरों में लिपटी हुई खड़ी थी। रविप्रकाश ने बहू को आशीर्वाद दिया और गायत्री को अपनी गोद में उठा लिया। फिर उन्होंने उस कमरे में गौर से निरीक्षण किया, जिसमें वह खड़े थे। बीस फुट लम्बा और चौदह फुट चौड़ा एक बड़ा सा कमरा। एक दीवार से मिले दो पलंग पड़े थे। पलंगों के पैताने एक सोफा-सेट पड़ा था। दूसरे कोने में रसोईघर का पूरा सामान, बिजली का चूल्हा, बरतन, एक अलमारी में आटा-दाल, मसाले और न जाने कितना सामान, एक तरफ डाइनिंग-टेबल पड़ी थी। सब कुछ तरतीब से सजा था।

रविप्रकाश ने ज्ञानप्रकाश से पूछा—''क्या इस कमरे में रहना, रसोई बनाना, खाना-पीना, सभी कुछ होता है ?''

''जी हाँ,'' ज्ञानप्रकाश बोला—''बम्बई में मकान मिलते ही कहाँ हैं ! इस फ्लैट में एक कमरा मिल गया है साढ़े तीन सौ रुपया महीना किराए पर...बिजली, पानी, सभी कुछ शामिल है इसमें...तो हम लोगों का काम इस कमरे में अच्छी तरह चल जाता है। वैसे मनुभाई बड़े शरीफ आदमी हैं। अधिकतर वह अहमदाबाद में रहते हैं, तो आपके लिए बगलवाला कमरा मैंने उनसे माँग लिया है। आपको किसी तरह की तकलीफ नहीं होगी।''

रविप्रकाश के माथे पर बल पड़ गए। उत्तर प्रदेश सरकार के वह सहकारिता

सेक्रेटरी थे। उत्तर प्रदेश की राजधानी लखनऊ में उन्होंने एक शानदार बँगला बनवा लिया था। बारह कमरे थे उसमें और पौन एकड़ का कम्पाउंड था, जिसमें फलों का बाग था। उनका स्वर एकाएक कठोर हो गया—"मेरी तकलीफ और आराम की बात नहीं है ! मेरा लड़का मेरी बहू और अपने बच्चों को साथ लेकर एक कमरे में रहे, वहीं रसोई बने, वहीं खाना खाया जाए, वहीं उसकी बैठक हो, वहीं वह लोग सोएँ ! और बाथरूम ? उसका क्या प्रबन्ध है ?"

"जी, एक बाथरूम इस कमरे के साथ है, बिल्कुल अलग...वह सामने उस बाथरूम का दरवाजा है," ज्ञानप्रकाश बोला।

"खैरियत है। लेकिन वह सब एकदम बेहूदा है...समझे; बेहूदा है ! देखो, बहू !" रविप्रकाश ने जैसे अपने पुत्र को बात करने के योग्य और अनुपयुक्त समझकर सुषमा की ओर देखा—"यह ज्ञान तो हम सब लोगों की नाक कटा रहा है इस मकान में रहकर ! तुम लोग अपने लिए एक स्वतन्त्र फ्लैट क्यों नहीं ले लेते हो कहीं ?"

सुषमा बोली—"दौड़-धूप तो हम लोग लगातार कर रहे हैं। लेकिन सात-आठ सौ रुपए महीने से कम में किसी अच्छे मोहल्ले में पूरा फ्लैट मिलता ही नहीं। बगलवाली बिल्डिंग में दो कमरेवाला एक फ्लैट मिल रहा है। उसके दो कमरे इस एक कमरे के बराबर हैं और किराया है पाँच सौ रुपया महीना।" और इस बार सुषमा ने ज्ञानप्रकाश को इस भाव से देखा, जैसे वह चाहती हो कि ज्ञानप्रकाश उसे इस बातचीत से निकाल लें।

ज्ञानप्रकाश ने सुषमा की सहायता की—"मैंने आपको कुछ दिन पहले लिखा था कि मुझे अगला प्रमोशन जनवरी में मिलनेवाला है। अभी तो मुझे कुल साढ़े बारह सौ रुपए महीने मिलते हैं—सब एलाउंसों को मिलाकर। और बम्बई बेतहाशा महँगा शहर है, यह तो आप देख ही रहे हैं। तो बान्द्रा में एक हाउसिंग सोसाइटी कई इमारतें बनवा रही है...एक-तिहाई नकद और दो-तिहाई बीस वर्ष की किस्तों पर। तो मैंने उस सोसाइटी के सेक्रेटरी सदाशिव ठाकुर से बात की है...मैंने एक फ्लैट चुन लिया है अपने लिए। दो कमरों का फ्लैट है। समुद्र सामने दिखता है। इसे पसन्द आ गया है।"

रविप्रकाश का चेहरा अब मुलायम पड़ा—ठीक है। तुम वह फ्लैट बुक करा लो अपने नाम। जितने रुपयों की जरूरत हो, मुझे बता दो, मैं लखनऊ जाते ही तुम्हें ड्राफ्ट भेज दूँगा। अगर चेक से काम चल जाए, तो चेक मैं तुम्हें अभी दे सकता हूँ।"

"जी, पाँच हजार रुपए तो मेरे पास हैं, दस हजार लोन के लिए मैंने अपनी कम्पनी में एप्लाई कर दिया है। जनरल मैनेजर ने रिकमेंड कर दिया है। लेकिन सैंक्शन तो जर्मनी में होना है। तो इससे महीना-दो महीना लग सकता है। आपको मैं कष्ट नहीं देना चाहता।"

"कष्ट नहीं देना चाहते...कष्ट नहीं देना चाहते !" रविप्रकाश उबल पड़े—"मैंने तुम्हें पैदा किया, पाला-पोसा, पढ़ाया-लिखाया और हडसम ब्रेख्त में तुम्हें अच्छी सर्विस भी दिला दी, और तुम मुझे तकलीफ नहीं देना चाहते ! बदतमीज कहीं के !"

सुषमा ने अपनी पति की रक्षा की—"यह तो ऐसी ही नासमझी की बातें करते रहते हैं, पिताजी ! आपका स्वाभिमान इन्हें भी मिला है न ! तो आप नाराज न हों, दस हजार का चेक आप इन्हें दे दीजिए।" और उसने ज्ञानप्रकाश से कहा—"कल ही वह फ्लैट बुक करा लीजिए।"

"जरा ठहरो।" रविप्रकाश को जैसे कुछ याद आ गया हो—"कुल दो कमरे...एक तुम्हारा बेडरूम, एक ड्राइंग-कम-डाइनिंग रूम। तो बाहर से जो लोग आएँगे, क्या वे आसमान में रहेंगे ? यह दो रूम का फ्लैट एकदम बेकार होगा। न सही चार कमरे का, तो कम-से-कम तीन रूम का फ्लैट तो होना ही चाहिए। तीन कमरों का फ्लैट बुक कराओ।"

"जी, तीन कमरों के फ्लैट के लिए पचीस हजार का एडवांस देना पड़ेगा—वह पिचहत्तर हजार का है।" ज्ञानप्रकाश ने कुछ लड़खड़ाती आवाज में कहा।

रविप्रकाश ने ज्ञानप्रकाश को डाँटा—"चुप रहो, रुपयों की चिन्ता तुम्हें नहीं करनी है ! मैं तुम्हें बीस हजार रुपयों का चेक दे रहा हूँ। तीन कमरों का फ्लैट होना चाहिए, समझे ! मेरा सूटकेस कहाँ है ? अभी मैं चेक काटे देता हूँ।"

"जी, वह बगलवाले कमरे में है, जहाँ आपके ठहरने का प्रबन्ध है। लेकिन अभी जल्दी क्या है ? रात में या कल सवेरे दे दीजिएगा। फिलहाल मुझे सिर्फ दस हजार चाहिए...पाँच हजार मेरे पास हैं और दस हजार के लिए मैं महीने-दो महीने की मोहलत सदाशिव ठाकुर से ले लूँगा। मेरा खयाल है, अगले महीने ही मुझे लोन मिल जाएगा।"

रविप्रकाश के मुख पर एक मुस्कान आई—"हाँ, यह तुमने ढंग की बात कही है ! मुझे इस बात की प्रसन्नता है कि स्वाभिमानी हो और आत्म-निर्भरता पर विश्वास करते हो।"

और हँसी-खुशी बम्बई में तीन दिन बिताकर रविप्रकाश लखनऊ लौट गए।

इस तरह से सुखी और सम्पन्न थे रविप्रकाश। तीन पुत्र थे और तीनों काम-धन्धे से लगे। ऊँचे पदों पर, दो लड़कियाँ थीं, दोनों का विवाह कर दिया था उन्होंने। एक दामाद एक्जीक्यूटिव इंजीनियर था बरेली में, दूसरा दामाद बलिया में सेशंस जज था। बड़ा लड़का आत्मप्रकाश सात साल पहले अमेरिका गया था उच्च शिक्षा प्राप्त करने, साल-भर बाद ही उसने खबर दी कि उसे वहाँ एक अच्छी पोस्ट मिल गई है...रविप्रकाश जितनी तनख्वाह पाते थे, उसकी ड्योढ़ी तनख्वाह पर। और फिर उसके एक साल बाद जब वह एक महीने के लिए हिन्दुस्तान आया, तो अपनी अमरीकी बीवी के साथ। रविप्रकाश क्रोध से लाल हो गए थे और अपने लड़के तथा बहू, दोनों को उसी वक्त घर से निकाल बाहर करने पर तुल गए थे, लेकिन उनकी पत्नी राजेश्वरीदेवी ने उस समय उन्हें जबर्दस्ती दौरे पर भेजकर स्थिति सँभाली थी। दौरे से लौटने पर क्रोध का उबाल खतम हो चुका था। औपचारिक ढंग से उन्होंने पुत्र और पुत्रवधू से बातें की थीं, लेकिन

मन-ही-मन उन्होंने आत्मप्रकाश से अपना सम्बन्ध हमेशा के लिए तोड़ लिया था।

ज्ञानप्रकाश का विवाह उन्होंने बड़ी धूमधाम से, बड़े उत्साह के साथ किया था। ज्ञानप्रकाश की पत्नी सुषमा को उन्होंने चुना था ज्ञानप्रकाश के लिए। लेकिन ज्ञानप्रकाश को नौकरी बम्बई में मिली...लखनऊ से एक हजार मील की दूरी पर।

उनका तीसरा लड़का सत्यप्रकाश आर्मी में मेजर हो गया था। रविप्रकाश के लाख आग्रह करने पर भी उसने अपना विवाह नहीं किया—फौज के हजारों दुश्मन...पाकिस्तान, चीन, नागा, मिजो, हड़तालिये आदि-आदि। न जाने कब और कहाँ युद्ध छिड़ जाए और उसकी पत्नी विधवा हो जाए। इन सब झंझटों में फँसने के लिए वह तैयार नहीं था। और सत्यप्रकाश की बात में सार था, रविप्रकाश इससे इनकार न कर सकते थे।

तो घर में दो ही प्राणी थे, रविप्रकाश और उनकी पत्नी राजेश्वरीदेवी। रविप्रकाश पार्टियों में, दौरों में और अपने काम-काज में व्यस्त रहते थे। और राजेश्वरीदेवी नारी कल्याण समिति की अवैतनिक अध्यक्षा थीं, सुबह से शाम तक बेतरह व्यस्त।

रविप्रकाश उन इने-गिने सरकारी अफसरों में थे, जिनमें ईमानदारी थी, उदारता थी, सुरुचि थी और कला के प्रति लगाव था। उन्मुक्त और मुरौवतवाले आदमी थे वह और उनके मिलने-जुलनेवालों का यह खयाल था कि अपने किसी दुर्भाग्य के कारण इस सरकारी कोल्हू में बैल की तरह जुत गए थे, वरना उन्हें दुनिया का एक नामी-गिरामी आदमी होना चाहिए था।

बम्बई में सहकारिता पर एक अन्तर्राष्ट्रीय गोष्ठी हो रही थी। रविप्रकाश को उसमें विशेष आग्रह के साथ आमन्त्रित किया गया था। सहकारिता के राज्यमन्त्री श्री लोटन पांडे और रजिस्ट्रार सोहनलाल चौरसिया के साथ रविप्रकाश लखनऊ से दिल्ली के लिए रवाना हुए...इन दोनों सज्जनों की मुरौवत में आकर हवाई जहाज पर सफर करने के अधिकार को छोड़कर ट्रेन से। रास्ते में जब इन लोगों में बम्बई में ठहरने की व्यवस्था पर बात हो रही थी, रविप्रकाश ने बड़ी शान से कहा था—आप लोग मेरे मेहमान रहिएगा। मेरे लड़के ज्ञानप्रकाश के पास अच्छा फ्लैट है, कार है। आप लोगों को हर तरह का आराम रहेगा। और उन्होंने बताया कि ज्ञानप्रकाश अन्तर्राष्ट्रीय ख्याति की फर्म हडसन ऐंड ब्रेख्त का बम्बई में सेल्स मैनेजर है।

वैसे सरकारी स्तर पर उत्तर प्रदेश के डेलीगेशन के ठहरने की व्यवस्था महाराष्ट्र के प्रसिद्ध सहकारी होटल नाडकर्णी में की गई थी, लेकिन रविप्रकाश का निमन्त्रण उन दोनों ने स्वीकार कर लिया था। और यहीं से सारी गड़बड़ी आरम्भ हुई।

विक्टोरिया टर्मिनस पर जब ट्रेन रुकी, सेमिनार के कार्यकर्त्ता वहाँ इन लोगों का स्वागत करने के लिए मौजूद थे और उनके साथ ज्ञानप्रकाश भी वहाँ मौजूद था। रविप्रकाश ने राज्यमन्त्री और रजिस्ट्रार को-ऑपरेटिव सोसाइटीज से ज्ञानप्रकाश का परिचय करवाया, फिर उन्होंने ज्ञानप्रकाश से कहा—"हम तीनों तुम्हारे यहाँ चल रहे हैं, तुम्हारे

साथ ठहरेंगे।''

ज्ञानप्रकाश के मुख पर एक घबराहट आई, लेकिन तत्काल उसने अपनी घबराहट को दबाते हुए कहा—''जी, अभी तो मन्त्रीजी और रजिस्ट्रार साहब को होटल नाडकर्णी चलने दीजिए...आप अकेले मेरे साथ चलिए...घर में व्यवस्था कुछ बहुत ठीक नहीं है।''

''बहू और बच्चे तो अच्छी तरह हैं ?'' कुछ चिन्तित होकर रविप्रकाश ने पूछा।

''जी हाँ, लेकिन मेरी मुसीबत का पता आपको घर चलकर ही लगेगा।''

रविप्रकाश ने अपने साथियों से कहा—''मैं शाम को छह बजे होटल नाडकर्णी में आऊँगा। वहीं कल का कार्यक्रम बनेगा।''

सेमिनार के कार्यकर्त्ता राज्यमन्त्री लोटन पांडे और रजिस्ट्रार सोहनलाल चौरसिया को लेकर चले गए और ज्ञानप्रकाश अपने पिता को लेकर रवाना हुआ।

''तो तुमने कार भी ले ली है। तुमने तो लिखा था कि तुम्हारे पास कम्पनी की कार है।'' रविप्रकाश बोले।

''जी, यह कम्पनी की ही कार है। ड्राइवर को घर पर छोड़ आया हूँ...घर की व्यवस्था ठीक करने के लिए।''

बान्द्रा में हिल रोड पर जिस बिल्डिंग के सामने ज्ञानप्रकाश ने कार रोकी, वह एक पाँचमंजिला इमारत थी, नई बनी हुई। पहले ही फ्लोर पर ज्ञानप्रकाश का फ्लैट था। सीढ़ी चढ़कर उसने अपने फ्लैट की घंटी बजाई और रामराव ने दरवाजा खोला। ज्ञानप्रकाश ने रामराव से कहा—''कार से पिताजी का सामान ले आओ,'' और रामराव नीचे चला गया।

सुषमा ने दौड़कर अपने ससुर के पैर छुए। गायत्री घर में ही थी। राजेश स्कूल गया था। तभी रामराव ने रविप्रकाश का सूटकेस और ब्रीफकेस लाकर कमरे में रख दिया। फिर उसने झुककर रविप्रकाश को सलाम किया और ज्ञानप्रकाश से बोला—''सा'ब, सब कुछ ठीक कर दिया है। डाइनिंग टेबल किचन में डाल दी है। कुर्सियाँ आपके कमरे में रख दी हैं। अब मैं कार पर चलता हूँ।''

जिस कमरे में रविप्रकाश का असबाब रखा गया था, वह अठारह-बारह का एक लम्बा सा कमरा था जिसे परदे का पार्टीशन लगाकर दो भागों में विभाजित कर दिया गया था। आठ-बारह का एक हिस्सा, जिसमें उस समय यूफोम का एक शानदार पलंग पड़ा था, एक तिपाई, दो कुर्सियाँ, अच्छी तरह से सजा हुआ था। दूसरे दस-बारह के भाग में सोफा-सेट, रेडियोग्राम, किताबों की नीची अलमारियाँ, यानी बिल्कुल एक आधुनिक ड्राइंगरूम की सजावट।

रविप्रकाश ने अब कड़ी नजर से ज्ञानप्रकाश को देखा—''यही फ्लैट मोल लिया है तुमने ? कितने कमरे हैं इस फ्लैट में ?''

''दो कमरे, एक किचन, एक बाथरूम, एक अलग लैट्रिन और असबाब रखने की दुछत्ती।''

''मैंने तुमसे तीन कमरों का फ्लैट खरीदने को कहा था !'' रविप्रकाश का स्वर

अब कड़ा हो गया।

"जी, कोशिश तो की थी, लेकिन तीन कमरों के फ्लैट सब बुक हो चुके थे," ज्ञानप्रकाश का स्वर कुछ कमजोर था।

"तुम झूठ बोलते हो !" एकाएक रविप्रकाश के स्वर ने विस्फोट का रूप धारण कर लिया—"बहू, सच-सच बताओ, क्या बात है ?" रविप्रकाश ने सुषमा की ओर देखा।

सुषमा झूठ न बोल सकी। उसने कहा—"जी, इनका कहना है कि बम्बई में एक परिवार को दो कमरों से अधिक की कोई जरूरत नहीं है, नहीं तो आए दिन मेहमानों का ताँता बँधा रहेगा। दो कमरों में बड़े मजे में काम चल जाता है...एक ड्राइंग-कम-डाइनिंग रूम और एक बेडरूम। पिताजी या माताजी या भाई साहब तो घर के आदमी हैं। वे आएँगे, तो मिल-जुलकर हम लोग काम चला लेंगे, बाहरवाले आएँगे ही नहीं।"

"हूँ, तो यह बात है ! तुमने मेरी नाक कटा दी...! वह मेरे साथी क्या सोचते होंगे ? मैं तो यहाँ उन्हें खाना खाने भी नहीं बुला सकता !" रविप्रकाश ने ज्ञानप्रकाश से कहा और फिर अपने क्रोध को वापस बुलाते हुए वह बोले—"मुझे नहीं मालूम था कि मेरा लड़का इतना कमीना और तुच्छ निकलेगा ! कुलकलंक कहीं का !"

ज्ञानप्रकाश को यह गाली अखर गई, लेकिन उसने कोई उत्तर नहीं दिया। वह तेजी के साथ उस कमरे से निकल गया और अपने बेडरूम में पहुँचकर उसने अपनी चेकबुक निकाली। उसी समय अपने पिता के नाम दस हजार का एक चेक लिखा और दो मिनट बाद ही वह वापस लौटा। उसने रविप्रकाश से कहा—"पिताजी, यह लीजिए आप अपना दस हजार रुपया। मेरा लोन ग्रांट हो गया था और आपके रुपए मैंने सुरक्षित रख लिये थे। जहाँ तक मेरा सवाल है, मुझे अपनी जिन्दगी अपने ढंग से जीने का पूरा अधिकार है। मैं साफ-साफ कह दूँ कि झूठी शान-शौकत पर मुझे जरा भी विश्वास नहीं है।" और उसने दस हजार का चेक अपने पिता को पकड़ा दिया।

रविप्रकाश अब अपने आपे से बाहर हो गए। उन्होंने चेक के टुकड़े-टुकड़े करके जमीन पर फेंक दिए। फिर उठते हुए वह बोले—"बात यहाँ तक पहुँच गई है ! मैं इसी वक्त जा रहा हूँ इस घर से ! मेरे ठहरने का प्रबन्ध होटल नाडकर्णी में है।"

सुषमा ने बढ़कर रविप्रकाश के पैर पकड़े—"इन्हें क्षमा कीजिए ! आप यहाँ से नहीं जा सकते...किसी हालत में नहीं जा सकते, पिताजी !" और वह फूट-फूटकर रोने लगी।

"मैं इस कुलकलंक के साथ एक मिनट भी इस मकान में नहीं रह सकता !" रविप्रकाश गरज पड़े।

ज्ञानप्रकाश चुपचाप कमरे के बाहर चला गया। बड़ी मुश्किल से सुषमा रविप्रकाश को मना पाई।

झुकना और दबना रविप्रकाश की प्रकृति में ही नहीं था। वैसे बड़े उदार और सहृदय, लेकिन समय आ जाने पर अतिशय कठोर और जिद्दी। आनबान के आदमी

थे रविप्रकाश। बम्बई से वापस आते ही उन्होंने ज्ञानप्रकाश से अपना सम्बन्ध तोड़ लिया। उनकी पत्नी राजेश्वरीदेवी ने उन्हें कितना मनाया, बम्बई से सुषमा उन्हें मनाने आई, लेकिन रविप्रकाश जो न जाने सो न माने। इसका मुख्य कारण यह था कि ज्ञानप्रकाश ने सिर्फ माफी की चिट्ठियाँ लिखी थीं, खुद अपने पिता को मनाने न आया था। वह भी जिद्दी और आन-बानवाला आदमी था।

अपने जिद्दी स्वभाव और अपनी आन-बान के कारण रविप्रकाश अपने मिनिस्टर से लड़ गए, तो उन्हें जो एक्सटेंशन मिलनेवाला था, वह नहीं मिला और साल-भर के बाद ही वह रिटायर हो गए। अपने रिटायरमेंट का उन्हें कोई दुख भी नहीं हुआ। पेंशन मिली। बैंक में दो लाख रुपयों के सेविंग सर्टिफिकेट थे, उनका ब्याज आता था। निहायत शानदार बँगला था उनका निजी, और जिम्मेदारी कोई भी नहीं...घर में सिर्फ बीवी, यानी वह और राजेश्वरीदेवी।

फिर किसी तरह का अकेलापन भी तो दोनों में कोई महसूस नहीं करता था। परोपकार का जीवन बिता रहे थे। प्रदेश की राजधानी होने के कारण लखनऊ में नाते-रिश्तेदारों का तथा दोस्तों-अहबाबों का ताँता बँधा रहता था और रविप्रकाश के प्रभाव से उनके सरकार में फँसे काम आसानी से निबट जाते थे।

लेकिन इधर कुछ दिनों से रविप्रकाश को अपने इर्द-गिर्द कुछ परेशानी सी दिखने लगी थी। बेतहाशा बढ़ती हुई महँगाई और आय में कोई भी वृद्धि नहीं। दुकानदार चोर, नौकर-चाकर चोर, सरकारी कर्मचारी चोर। कुछ दिनों तक तो वह सबके प्रति जबर्दस्ती आँखें मूँदे रहे, लेकिन उस दिन जैसे एकाएक उनकी कमर टूट गई।

बात यह हुई कि उस सुबह के समय अपने साले के पाँच व्यक्तियों के परिवार को स्टेशन पहुँचाकर प्रसन्न मन लौटने के बाद वह सरकार की डगमगाती अर्थव्यवस्था पर अपनी लेखमाला का तीसरा लेख लिखने बैठे, तभी इनकम टैक्स डिपार्टमेंट का चपरासी उन्हें प्रॉपर्टी टैक्स का एक नोटिस थमा गया। नोटिस पढ़कर उन्होंने इनकम टैक्सवालों को एक भद्दी सी गाली दी। उनका मानसिक सन्तुलन बिगड़ गया था, इसलिए उठ खड़े हुए। इनकम टैक्स कमिश्नर से व्यक्तिगत रूप से मिलकर उनके सम्बन्ध में अपनी राय जाहिर करने का उन्होंने निश्चय किया। और इनकम टैक्स आफिस जाने के लिए वह अपनी कार निकालने की तैयारी कर रहे थे, तभी पेट्रोल पम्पवाले ने पेट्रोल का बिल उनके सामने रख दिया। इस बार पेट्रोल बिल साढ़े तीन सौ रुपए का था। पिछले महीने नाते-रिश्तेदारों के काम कराने के लिए उन्होंने उनके साथ सरकारी दफ्तरों के तथा अफसरों के मकानों के बेतहाशा चक्कर लगाए थे। तो इनकम टैक्स ऑफिस जाने का विचार उन्होंने त्याग दिया। उठकर उन्होंने स्नान किया और फिर गीता का पाठ करने बैठ गए।

भोजन करने के बाद दोपहर को एक घंटे की नींद उन्होंने ली, तो मन की सारी ग्लानि गायब हो गई। साढ़े पाँच बजे चीफ इंजीनियर विश्वनाथ के यहाँ ब्रिज का प्रोग्राम था। चार बज रहे थे। उन्होंने चाय पी और कपड़े बदलने जा रहे थे कि उनके बँगले

में दो ताँगों पर लदा हुआ सात-आठ आदमियों का काफिला दाखिल हुआ। राजेश्वरीदेवी ने उस काफिले को दूर से ही पहचान लिया था। वह उसका स्वागत करने घर से निकल आई।

रविप्रकाश की बहन गंगादेवी अपने पति परमानन्द, अपनी पुत्री लक्ष्मी, अपने दामाद प्रभुनारायण, अपने समधी और प्रभुनारायण के पिता गिरिजादत्त तथा अपने दो नाबालिग नातियों के साथ परताबगढ़ से पधारी थीं। गंगादेवी ने रविप्रकाश से कहा—''क्या बतावें, इस परभू के पिता इन गिरिजादत्त को कल मुअत्तल कर दिया गया है, तो लोग रातोरात मिरजापुर से हमारे यहाँ दौड़ आए। हमने बताया कि दादा को तो पेंशन मिल चुकी है। लेकिन समधीजी बोले कि हाथी कितना भी दुबला हो जाए, भैंसे से तो कम नहीं होगा। दादा सब काम बना देंगे। तो इन लोगों को लेकर हम चल पड़ीं। अब हम सब लोगों की लाज तुम्हारे हाथ में है, दादा !'' गंगादेवी के स्वर में अनुनय था।

रविप्रकाश ने रूखे स्वर में कहा—''चोरी और सीनाजोरी, इसमें आदमी कभी-कभी धोखा खा जाता है। इनकी शिकायतें तो मैं छह साल से सुनता आ रहा हूँ, लेकिन मेरी वजह से इनके खिलाफ किसी ने कोई कार्रवाई नहीं की। क्या बात है ?''

परमानन्द ने उत्तर दिया—''परसों असिस्टेंट कमिश्नर सेल्सटैक्स ने बिना इन्हें बताए इनके यहाँ मुआइना कर दिया। हिसाब में दो हजार रुपयों की कमी थी। नया मकान बनवा रहे हैं, तो उसमें लगा दिए थे। सोचा था, दो-तीन दिन में हिसाब ठीक कर देंगे। और वह असिस्टेंट कमिश्नर इनका दुश्मन...वहीं उसने इन्हें चार्जशीट पकड़ा दी। मुअत्तल जो हुए तो हुए, अब तो इनके ऊपर मुकदमा चलने की तैयारी है। जेल जाने की नौबत आ गई है !''

गिरिजादत्त हाथ जोड़कर गिड़गिड़ाए—''मुझे बचा लीजिए ! मैं इस्तीफा दे दूँगा, लेकिन मुकदमा न चले। अभी दो साल बाकी हैं रिटायरमेंट के, लेकिन मैं आज ही इस्तीफा देने को तैयार हूँ।''

और गंगादेवी ने इस बार आग्रह किया—''इन्हें बचाना ही होगा, दादा ! यह जेल गए, तो नाक कट जाएगी !''

रूखे स्वर में रविप्रकाश बोले—''देखो, कोशिश करूँगा, यद्यपि उम्मीद बहुत कम नजर आती है।'' और यह कहकर वह भारी मन वहाँ से चल दिए।

कभी-कभी कोई शाम निहायत धुँधली, उदास और चिपचिपी निकल आती है। रविप्रकाश को लगा कि वह शाम भी वैसी ही है। जिस समय वह विश्वनाथ के बँगले पर पहुँचे, विश्वनाथ अपने कमरे में चहलकदमी कर रहे थे। विश्वनाथ सिंचाई विभाग के चीफ इंजीनियर तो अवश्य थे, लेकिन विभाग के मन्त्री महोदय ने हरेक साधारण-से-साधारण मामले में अपनी टाँग अड़ानी शुरू की, तो विश्वनाथ अपना सारा कामकाज अपने

डिप्टी पर छोड़कर चैन की बंसी बजाने लगे थे। करीब चार बजे उनके मन्त्री ने कुछ तबादलों के सिलसिले में उन्हें तलब किया था, तो अपनी जगह वह अपने डिप्टी को भेजकर ऑफिस से घर खिसक आए थे। रविप्रकाश को देखते ही उनकी जान में जान आई। रविप्रकाश का स्वागत करते हुए वह बोले—"मैं तो समझता था कि साढ़े पाँच बजे आइएगा। जल्दी आ गए, तो राहत मिली मुझे। क्या बतलाऊँ, हालत तो दिनोदिन बिगड़ती जा रही है !"

"क्या इससे भी ज्यादा बिगड़ने की कल्पना कर रहे हो तुम ?" विश्वनाथ के साथ कमरे में प्रवेश करते हुए रविप्रकाश ने पूछा।

बैठते हुए विश्वनाथ ने कहा—"अभी हुआ ही क्या है ? मुझे दिखता है कि अगले चार-छह महीनों में इतना बड़ा कहत पड़नेवाला है कि कुछ पूछिए न ! अनाज, सब्जी, हर चीज की कीमतें बेतहाशा बढ़ती जा रही हैं। जब पैदावार ही ठप, तब यह सब तो होना ही है !"

रविप्रकाश बोले—"ऐं, क्या वाकई अकाल की नौबत आ गई है ?"

विश्वनाथ ने उत्तर दिया—"जी हाँ। एक तो पानी देर से बरसा और सिंचाई की सारी मशीन फेल हो रही है। हजारों सरकारी ट्यूबवेल के पम्प पहले से ही बेकार पड़े हुए हैं। निहायत कंडेम्ड पम्प रिश्वत और मन्त्रियों पर प्रभाव के बल पर खरीद लिये गए थे, जो चल रहे थे। उनमें पिचहत्तर प्रतिशत बेकार हो गए हैं, क्योंकि बिजली ठप। बाकी जो हजार-दो हजार काम कर रहे हैं, अब वे चौबीस घंटे में छह घंटे चलते हैं। किसानों में मार-पीट और सर-फुटौवल !"

"हालत वाकई बहुत बिगड़ गई है !" रविप्रकाश ने एक ठंडी साँस ली।

विश्वनाथ ने अब रविप्रकाश को ध्यान से देखा। रविप्रकाश कुछ बदले हुए से दिख रहे थे। कहाँ रविप्रकाश दूसरे को बोलने का मौका ही न देते थे और आज एक तरह से मौन और उदास। विश्वनाथ ने पूछा—"क्या बात है, आज आप बड़े उखड़े हुए नजर आ रहे हैं ! तबीयत तो ठीक है ?"

"हाँ, तबीयत ठीक है, लेकिन क्या बताऊँ, जी में आता है, लखनऊ छोड़कर भाग खड़ा होऊँ...संन्यास ले लूँ !"

"अरे-रे-रे, यह गजब न कीजिएगा ! सुनूँ तो, क्या बात हुई ?"

रविप्रकाश ने विश्वनाथ को उस दिनवाली अपनी सारी मुसीबतें बताईं, तो विश्वनाथ गम्भीर हो गए। कुछ सोचकर उन्होंने कहा—"आप मेरी सलाह मानें, तो अपने लिए तीन-चार कमरे रखकर अपना बाकी बँगला किराए पर उठा दें। हजार रुपया महीना मिल जाएगा। मुझे इरिगेशन का एक नया ऑफिस खोलना है। सरकारी इमारतें हैं नहीं, तो इरिगेशन विभाग के लिए मैं वह बँगला किराए पर ले लूँगा।"

"अपना बँगला किराए पर उठाऊँ ?" रविप्रकाश ने आश्चर्य से विश्वनाथ को देखा और फिर चुप होकर कुछ सोचने लगे।

इसी समय जमील अहमद कुरेशी ने कमरे में प्रवेश किया। चेहरा तमतमाया हुआ।

मूड बेहद बिगड़ा हुआ। विश्वनाथ ने उठकर उनका स्वागत किया–"आइए कुरेशी साहब ! बड़े नाराज नजर आ रहे हैं !"

जमील अहमद ने मुस्कुराने की कोशिश की, लेकिन खिसियाहट से भरी एक फीकी मुस्कान ही आ सकी उनके होंठों पर–"साहब, हद हो गई ! खुदकुशी करने का मन होता है !"

"ऐं-ऐं...!" विश्वनाथ ने हाथ पकड़कर उन्हें बिठाया–"यह न कर डालिएगा, वरना दुनिया के इने-गिने नेक, शरीफ इंसानों में एक की और कमी हो जाएगी ! कौन सा हादसा गुजरा, जरा हम भी सुनें !"

"अजी, सुनिएगा क्या ? कानपुर के वह मटरूमल, गेंदालाल और राजनारायण। निहायत बेईमान व्यापारी। मुनाफाखोरी, ब्लैक मार्केटिंग, सभी कुछ धड़ल्ले के साथ करते हैं और उस पर तुर्रा यह कि इन तीनों पर पन्द्रह लाख सेल्स टैक्स के बकाया हैं...करीब पाँच साल से। इस साल जब सेल्स टैक्स कमिश्नर की हैसियत से मैंने चार्ज लिया, तब पुरानी फाइलें देखी गईं इनकी। तो मैंने इन सालों पर गिरफ्तारी का वारंट काट दिया...करीब पन्द्रह दिन पहले। अब देखिए कि आज ये तीनों जैसे मुँह चिढ़ाते हुए मेरे पास आए। मन्त्रीजी ने अपनी पार्टी के लिए एक लाख का चन्दा लेकर इन्हें पाँच लाख रुपए की छूट दे दी और बकाया दस लाख के लिए एक साल की मोहलत दे दी !"

रविप्रकाश के मुख पर इतनी देर बाद अब कुछ मुस्कुराहट आई–"तो इसमें नाराज होने की क्या बात है, आज तो सरकार में हर तरफ यही निजाम है !"

"जानता हूँ...जानता हूँ, लेकिन इन सालों की हिम्मत तो देखिए ! मेरे यहाँ से लौटते हुए एक-एक किलो पिस्ते की लौज के दो डिब्बे और बादाम की लौज के दो डिब्बे बिना मुझे बताए मेरी कार में रखवा गए मेरे लिए। करीब दो-ढाई सौ रुपए की मिठाई होगी। घर जाकर मुझे पता चला, तब तक बेगम ने वह मिठाई गड़प ली। तो मैं तो सोच रहा था कि इन सालों को किसी दूसरे मामले में फँसा दूँ, लेकिन अब यह न होगा।"

"एक्सेलेंट ! एक्सेलेंट !" विश्वनाथ ने ताली बजाते हुए कहा। फिर रुककर वह बोले–"कुरेशी साहब, इन रविप्रकाश साहब की कुछ मदद करनी होगी। इनके एक रिश्तेदार हैं गिरिजादत्त साहब...मिरजापुर के सेल्स टैक्स ऑफिसर..."

जमील अहमद कुरेशी ने विश्वनाथ की बात काटी–"निहायत सूअर किस्म का आदमी है यह गिरिजादत्त ! परसों मैंने उसकी मुअत्तली के ऑर्डर्स भेज दिए हैं। कल तक उसकी गिरफ्तारी का वारंट भी निकल जाएगा। दो हजार का गबन है। असिस्टेंट कमिश्नर ने पकड़ा है उसे।"

रविप्रकाश मौन रहे। विश्वनाथ बोले–"वह गिरिजादत्त आज सात मर्दों, औरतों और बच्चों के साथ तीन बजे के मेल से आकर इनके यहाँ धरना दे रहा है ! उसके पास मिनिस्टरों का दबाव तो है नहीं, यह रविप्रकाश साहब हैं, जो रिटायर हो चुके हैं, उसे अगर सजा होगी, तो वह और उसका पूरा खानदान तबाह हो जाएगा।"

जमील अहमद कुरेशी का चेहरा अब कुछ मुलायम पड़ा–"सात आदमियों के साथ

आपके यहाँ आकर ठहर गया है ? इस महँगाई के जमाने में ! यह तो बड़ी बेजा बात है। यहाँ से जाते ही उन लोगों को रवाना कीजिए, मिस्टर रविप्रकाश !''

''रवाना करना इतना आसान नहीं है !'' कुछ रुआँसे स्वर में रविप्रकाश बोले।

जमील अहमद कुरेशी कुछ देर तक सोचते रहे, फिर बोले—''मैं समझता हूँ आपके जजबात को। तो उससे कह दीजिए कि कल ही ऑफिस में आकर वह दो हजार रुपया जमा कर दे और इस्तीफा दे दे। उस पर जो केस चलनेवाला है, मैं उसे वापस ले लूँगा।''

रविप्रकाश ने उठकर कुरेशी का हाथ पकड़ लिया—''कुरेशी, तुमने मुझे बचा लिया ! मैं उसे अपने साथ लेकर आऊँगा और उससे रुपया जमा करा के उसका इस्तीफा दिलवा दूँगा।''

विश्वनाथ ने दरवाजे की ओर देखा और बोल उठे—''लीजिए, मिस्टर रूपनारायण मिश्र भी आ गए। चलिए, पार्टी तो पूरी हुई !''

रूपनारायण मिश्र बड़े थके हुए दिख रहे थे। आते ही उन्होंने एक गिलास पानी पिया, फिर कुछ सुस्ताकर बोले—''माफ कीजिएगा, मुझे दस-पाँच मिनट की देर हो गई है, इन हरामजादों ने मेरी मुसीबत कर दी !''

कुरेशी कह उठे—''अरे, आप भी ! कहर खुदा का। हर तरफ मुसीबतें-ही-मुसीबतें ! आप पर क्या मुसीबत आ पड़ी ?''

मिश्रजी ने सस्वर एक कविता पढ़ी :

एक तो बड़ेन-बड़ेन माँ नाम
दूजे बसे डगर माँ गाम
तापै भये वित्त से हीन
ददुआ हम पै विपदा तीन !

''खैरियत तो है ? यह शेरो-शायरी पर कैसे उतर आए ?'' विश्वनाथ ने पूछा।

''जी, तो क्या रोऊँ बैठकर ? बड़ी मुश्किल से जान छुड़ाकर आ रहा हूँ उससे ! लेकिन सत्तर रुपयों की जद दे ही गया है मुझे !''

''भाई मिश्रा, तुम तो पहेली बुझा रहे हो !'' रविप्रकाश बोले—''बताओ न, क्या बात है ?''

''बात क्या बताऊँ ! आज सुबह पंडिताइन को उनके भाई के साथ कलकत्ता के लिए प्लेन से रवाना करके जब मैं घर वापस लौटा, तब लखनऊ के स्टेशन सुपरिंटेंडेंट का मेसेज मिला कि मैं उससे फोन पर बात कर लूँ। तो मैंने सिंह को फोन मिलाया। उसने बताया कि दिल्ली से रेलवे के उपमन्त्री अग्निहोत्री का साला श्रीनिवास दीक्षित आया हुआ है और मेरे यहाँ ठहरना चाहता था। लेकिन सिंह ने रिटायरिंग रूम से एक पैसेंजर को जबर्दस्ती निकालकर दीक्षित को उसमें मुफ्त ठहरा दिया है। यह दीक्षित मुझसे खासतौर से मिलना चाहता है। तो मैंने कहा कि उसे मेरे ऑफिस में बारह बजे दोपहर को भेज देना। तो करीब सवा बारह बजे दीक्षित मेरे ऑफिस में पहुँचा। आते ही मुझसे

बोला कि उसके जीजाजी ने उसे आदेश दिया है कि वह मुझसे मिलकर मेरी कुशल-क्षेम पूछ ले। और उसने यह भी बताया कि ईस्टर्न रेलवे के जनरल मैनेजर के पद के लिए उसने रेलवे बोर्डवालों से मेरा नाम मँगवा लिया है। पन्द्रह दिन या महीना-भर में ऑर्डर्स आ जाएँगे।''

''कांग्रेचुलेशंस !'' तीनों आदमियों ने एक स्वर में कहा।

''जब ऑर्डर्स मिल जाएँ, तब कांग्रेचुलेट कीजिएगा। रिटायरमेंट में एक साल बाकी है। तो मुझे तो कोई खुशी है नहीं। यह डी.एस. की पोस्ट ही भली। और यह अग्निहोत्री निहायत झूठा और लफंगा आदमी है। मेरा क्लासफेलो रहा है। मैं उसे अच्छी तरह जानता हूँ। तो जरा आगे सुनिए। यह दीक्षित एक बजे तक मेरे पास बैठा मुझे सब्जबाग दिखलाता रहा, फिर बोला कि लंच का टाइम हो गया है, अब मैं उसे अपने घर ले चलूँ। मैंने कहा कि पंडिताइन तो आज सुबह कलकत्ता गई हैं। मैं गहरा नाश्ता करके घर से आया हूँ, घंटे-दो घंटे बाद मैं कुछ स्नैक्स ले लूँगा। इस पर वह बोला कि उसे जोर की भूख लगी है। तो मैं ठहरा मुरव्वतवाला आदमी, मैंने कहा, चलो, तुम्हें किसी रेस्तराँ में लंच करा लाऊँ। बात यह है कि मैंने पंडिताइन को सारा नकद रुपया दे दिया था, पचास रुपए अपने जेब-खर्च के लिए रख लिये थे। सोचा कि दस-पाँच रुपए उस साले पर खर्च कर दूँगा। लेकिन बजाय इसके कि मैं उसे किसी रेस्तराँ में ले जाता, वह मुझे सीधे क्लार्क अवध होटल में घसीट ले गया। आप यकीन न कीजिएगा, एक-एक बियर, उसका लंच और मेरे स्नैक्स, और बिल बना सत्तर रुपए का ! इन होटलवालों ने लूट मचा रखी है ! बिल देखते ही पैर के नीचे से जमीन खिसक गई। खैरियत हुई कि होटल का मैनेजर मुझे जानता था। तो मैंने दस्तखत कर अपनी इज्जत बचाई !''

''मुझे आपके साथ हमदर्दी है !'' विश्वनाथ ने कहा।

''अजी, हमदर्दी उस साले दीक्षित के साथ कीजिए ! वह शाम को फिर मेरी खातिरदारी का फायदा उठाकर रात की गाड़ी से इलाहाबाद जाना चाहता था, तो मैंने अपनी सैलून में उसे बिठाकर शाम चार बजकर चालीस मिनट की त्रिवेणी एक्सप्रेस से इलाहाबाद के लिए रवाना कर दिया। और मैंने ड्राइवर तथा गार्ड से हिदायत कर दी कि सैलून ऊँचाहार स्टेशन में काट दी जाए...उसमें कुछ गड़बड़ी बताकर, और लौटती गाड़ी से सैलून लखनऊ वापस करा दी जाए। वह ऊँचाहार, बयाबान स्टेशन, तो रात-भर वह वहाँ मजा ले !'' और मिश्रजी हँस पड़े।

रविप्रकाश के अन्दरवाली ग्लानि इस समय तक पूरी तरह से दूर हो चुकी थी। उन्होंने बड़ी प्रसन्न मुद्रा में कहा—''मिश्रजी, आपने अभी घाघ की जो कहावत सुनाई थी, वह आप पर तो आधी लेकिन मुझ पर पूरी तौर से लागू होती है !''

आश्चर्य से मिश्रजी ने पूछा—''मैं समझा नहीं, आप पर कैसे लागू होती है ?''

रविप्रकाश बोले—''सुनिए, आप यह तो मानिएगा ही कि लखनऊ के बड़े आदमियों में रविप्रकाश रिटायर्ड सेक्रेटरी, आर्ट क्रिटिक ऐंड ह्वाट का नाम आता है !''

''जी, इसमें दो रायों के होने की गुंजाइश नहीं है।'' मिश्रजी बोले।

"और यह लखनऊ इस प्रदेश की राजधानी है। हर शहर से लखनऊ का रास्ता खुला हुआ है, तो लखनऊ डगर का गाँव तो हुआ ही। दे-धड़ाधड़-दे-धड़ाधड़ लोग आ रहे हैं, जा रहे हैं, और इस आने-जाने के क्रम में मेरे यहाँ ठहर रहे हैं।"

कुरेशी साहब हँस पड़े—"वह तो देख ही रहा हूँ। घाघ के जमाने से आज के जमाने के हालात जरूर बदले हैं, लेकिन अहम मसले वैसे-के-वैसे हैं, लेकिन तीसरी बात मेरी समझ में नहीं आ रही है।"

इस बार उत्तर विश्वनाथ ने दिया—"जी, आज इनके पास प्रॉपर्टी टैक्स का नोटिस आया है। पेट्रोल का लम्बा बिल आया है। चीजों की कीमतें दोगुनी-तिगुनी, पेंशन वही ! तो हाथ खाली ! किस तरह गृहस्थी चलाई जाए, यह बेहद परेशान हैं।"

रविप्रकाश ने ताश की गड्डी उठाते हुए कहा—"आ गया समझ में, सब कुछ आ गया। मेरा लड़का मुझसे कहीं ज्यादा बुद्धिमान और सुलझा हुआ आदमी है। मैं ही गधा हूँ ! आज घर लौटकर पहला काम जो करूँगा, वह होगा अपने पुत्र को क्षमायाचना का पत्र लिखना !"

कुरेशी बोले—"जी, यह गिरिजादत्त जो है, उसे कल सुबह दस बजे मेरे यहाँ ले आइएगा। हो सके, तो उसके साथवाले सब लोगों को कार पर बिठाकर लेते आइएगा, मय उनके असबाब के। उसका इस्तीफा दिलाकर सवा बारह बजेवाले मेल से उन सबको रवाना कर दीजिए। गाड़ी में उन्हें जगह मिल जाए, इसकी जिम्मेदारी मिश्रजी पर।"

और विश्वनाथ ने पत्तों को फेंटते हुए कहा—"जी, कल ही आप एडवर्टाइज करा दीजिए कि आपके बँगले का तीन-चौथाई हिस्सा किराए के लिए खाली है। तीन-चार दिन के अन्दर ही इरिगेशन का एक जोनल ऑफिस वहाँ खुल जाएगा।"

पत्ते बँटने लगे। रविप्रकाश का मन बेहद हलका था। उन्हें लग रहा था कि जिन्दगी-भर वह गलत सोचते रहे, गलत करते रहे और अब वह अपने पुत्र से ही नहीं, खुद अपने से क्षमायाचना कर लेंगे।

संकट

महल वही, गाँव वही, लेकिन सब कुछ बदला हुआ।

लाल रत्नाकर सिंह के पिता राजा पृथ्वीपाल सिंह लखनऊ जिले में आदिमपुर के छोटे से ताल्लुकदार अवश्य रहे थे, लेकिन लाल रत्नाकर सिंह के हाथ लगी डेढ़ सौ एकड़ जमीन, जिस पर वह खेती करते थे, वह महल, जिसमें वह रहते थे और जमींदारी के करीब दो लाख रुपयों के बांड, जिनका भुगतान जाने कब होगा, और यह भी ठिकाना नहीं कि हो ही जाएगा।

लखनऊ के पूरब प्रायः पचीस मील की दूरी पर बाराबंकी और सुलतानपुर की सीमाओं से लगा हुआ आदिमपुर गाँव था और उसी आदिमपुर की बस्ती से लगी हुई वह डेढ़ सौ एकड़ भूमि थी, जिस पर लाल रत्नाकर सिंह खेती करते या कराते थे।

एक मिडिल स्कूल, एक पोस्ट ऑफिस, एक थाना, इसके अलावा ग्राम पंचायत का दफ्तर और एक सहकारी बीज-भंडार, आदिमपुर में इनके जुड़ जाने से वह एक अच्छा खासा कसबा बन गया था।

तो उस दिन शाम के समय लाल रत्नाकर सिंह के घर पर जमा हुए मिडिल स्कूल के हेडमास्टर पंडित कमलनाथ शर्मा, पोस्टमास्टर बाबू संकटाप्रसाद श्रीवास्तव, थानेदार ठाकुर घमंडी सिंह, ग्राम-प्रधान श्री शिवराम यादव और महाजन लाला अशर्फीलाल। पंडित कमलनाथ शर्मा ने उस दिन बड़े प्रेम से भाँग तैयार की थी और ये लोग भाँग छान ही रहे थे कि पोथी-पत्रा लिये हुए घुमरी दुबे पधारे।

''आओ हो, घुमरी !'' लाल रत्नाकर सिंह ने बैठे-बैठे कहा—''साइत विचार के चले हो सरऊ, तो तुमहूँ भाँग छान लेव !''

''भाँग तो हम घर से ही छान के चले हैं सरकार ! ठकुराइन साहिबा याद कीहिन रहें तो चले आए।''

''अरे हाँ, बचकौना का मुंडन होंय का है, तो साइत निकालने को बुलवाया होगा।'' लाल रत्नाकर सिंह बोले—''हम तो कहते हैं कि नौरात में नउवा को बुलवाय के मुंड़वाय दो बचकौना को, लेकिन ठकुराइन ठाट-बाट से मुंडन कराना चाहती है ! हजार-पाँच सौ का गच्चा देने पर तुल गई है हरामजादी !''

पोस्टमास्टर बाबू संकटाप्रसाद बोले—''राम-राम, लाल साहेब ! ठकुराइन साहिबा के लिए अपशब्द मत निकालिए ! कौन सी बेजा बात कहती हैं ? विवाह और मुंडन, यही

तो दो खास संस्कार होते हैं, तो उन्होंने उचित ही कहा है।''

ठाकुर घमंडी सिंह अपनी मूँछों पर ताव देते हुए बोले—''ठकुराइन साहिबा में अभी पुरानी आन-बान है...ऊँचा रहन-सहन, ऊँचा सोचना, ऊँची कहना !''

''तो हमें का तुम लोग ओछा और नीच समझ राखे हो ? होय साला मूँडन ठाट-बाट के साथ ! और वह घुमरी की ओर घूमे—सो निकासौ सरऊ साइत ! लेकिन इन्तजाम के लिए हमको दुइ-एक महीना चाही।''

''अरे सरकार, दुइ महीना से ऊपर लें ! नौरात में मूँडन हो जाय...सावन लाग गा है...सावन, भादों और आधा कुवार समझें।'' और पत्रा खोलकर वह बोले—''कुवार सुदी तीज के दिन साइत ठीक रही।''

लाल रत्नाकर सिंह ने घर से एक सीधा मँगवाया, उस पर सवा रुपए रखकर घुमरी को देते हुए उन्हें विदा किया।

घुमरी दुबे के आते ही ग्राम-प्रधान शिवराम यादव बोले—''लाल साहेब, आपके विवाह के समय राजा साहेब ने दो हजार आदमियों को दावत दी थी। वह जमाना दूसरा था, तो इस मूँडन में आदिमपुर के सभी आदमियों को दावत देनी होगी। तो चिन्ता न करें। हम शिवराम यादव बचकौना के ताऊ हैं, तो सब जिंस हमारी तरफ से।''

''वाह प्रधानजी, क्या बात कही आपने ! लाल साहेब, जश्न होना चाहिए ! बारह बोतलें शराब की हमारे जिम्मे। यह साला छोटेलाल कलवार ! दिन-रात हौली खोले रहता है और पानी मिलाकर शराब बेचता है। तो इस दफा थानेदार घमंडी सिंह को नजर देनी होगी उसे।'' और घमंडी सिंह हँस पड़े।

भाँग का नशा धीरे-धीरे गमक रहा था। अब बाबू संकटाप्रसाद बोले—''अहा-हा-हा ! क्या बात कही थानेदार साहेब ! अब मामला महफिल का रह गया। तो बिना महफिल के रंग नहीं जमने का !''

इतनी देर बाद महाजन अशर्फीलाल ने मुँह खोला—''लाल साहेब, आपकी शादी में तीन तायफे आए थे...एक बनारस से, एक लखनऊ से और एक फैजाबाद से। इन कांग्रेसियों ने बड़ी थू-थू की, लेकिन वाह रे राजा साहेब, जरा भी परवाह नहीं की थी उन्होंने ! रात-भर महफिल जमी रही !''

''तो ददुआ, सब फूँक-ताप के भसम भी तो कर गए ! नहीं, नाच नहीं होगा !'' लाल रत्नाकर सिंह ने दृढ़तापूर्वक कहा।

''बिल्कुल ठीक !'' शिवराम यादव बोले—''नाच-वाच नहीं जमेगा। अच्छी नाचने-गानेवालियाँ तो कलकत्ता-बम्बई भाग गईं सनीमा में काम करने। नौटंकी रहे, लाल साहेब !''

कड़कड़-धड़ाम-कड़कड़-धड़ाम ! कान फोड़ के रख देते हैं साले ! लाल रत्नाकर सिंह बोले—''बचवा के मुंडन में नौटंकी तो न होई ! फिर लम्बी फीस माँगते हैं।''

मानो इतनी देर बाद पंडित कमलनाथ शर्मा की चेतना जागी। उन्होंने खखारते हुए कहा—''ठीक कहते हैं लाल साहेब, यह नौटंकी बकवास समझें ! इसका जमाना लद

गया ! तो हम बतावें, उस दिन एक कवि-सम्मेलन करवा दिया जाए, शृंगार रस, वीर रस, हास्य रस, तरह-तरह की देशभक्ति की कविताएँ रहेंगी...आनन्द-ही-आनन्द समझो।''

थानेदार घमंडी सिंह उछल पड़े—''वाह पंडितजी, क्या सुझाव दिया ! सुलतानपुर की नुमाइश में जो कवि-सम्मेलन हुआ था, उसमें मजा आ गया था। वह मिनिस्टर दामोदर मिसिर और डी.एम. कामतानाथ रात-भर बैठे रहे। अब संगीत, ड्रामा, भड़ैती, सब एक साथ ! बस, कवि-सम्मेलन ठीक रहेगा !''

लाल रत्नाकर सिंह कुछ गम्भीर हो गए—''कवि-सम्मेलन में तो हजार-पाँच सौ का खर्चा है ! और हम पचास-साठ से अधिक खर्च नहीं करब !''

''अरे, इसकी चिन्ता न करें, सरकार !'' कमलनाथ बोले—''अपने छोटे अध्यापक योगेशजी का नाम फैल रहा है...बड़ी सुन्दर कविताएँ लिख रहे हैं, और पटवारी मुन्नालाल ने सवैये की भरमार कर दी है।...भगवान की दया से गला भी अच्छा है। बनवारी बरई बिरहा गाते-गाते विरह के गीत लिखने लगा है। और अँगनू मिसिर तो हजो करने में बड़े-बड़े कवियों के कान काटते हैं। यह सब दावत में आएँगे; मुक्त कविता पढ़ेंगे।''

तभी संकटाप्रसाद बोले—''हमारे पोस्टमैन छेदीलाल ने भारत-पाकिस्तान के युद्ध के समय वीर रस की जो कविताएँ लिखीं, तो उसकी धूम मच गई !''

प्रधान शिवराम बोले—''आप चिन्ता न करें, अकेले आदिमपुर में एक दर्जन से भी अधिक कवि हैं, तीन-चार शायर भी हैं। जुम्मन बिसाती तो बिना अपने शेर सुनाए बात ही नहीं करता ! तो इन सबों को दावत में बुला लीजिए।''

थानेदार घमंडी सिंह ने मुँह बनाते हुए कहा—''यह साले तो बोर कर देंगे, लाल साहेब ! एकाध ऊँचा कवि होना चाहिए, वरना महफिल उखड़ जाएगी। तो हम बतावें, सुलतानपुर की नुमाइश में कानपुर का एक कवि आया था, समा बाँध दिया उसने ! बेर-बेर उसके नाम की फर्माइश होती थी। अजीब सा नाम था उसका...अभिशप्त ! भला यह भी कोई नाम हुआ ! शक्ल भी कुछ हवन्नक-सी, लम्बे-लम्बे बाल, चेहरे पर कसाव ! लेकिन साहेब, क्या गला पाया है...लता मंगेशकर, गिरिजा देवी, रफीक, मुकेश—सभी मात ! और क्या तड़प है उसके शब्दों में ! तो बाहर से एक उसे बुला लीजिए, जब इन साले मुकामी कवियों से बोर होने लगें, तब उसे बुलवा लिया।''

यह प्रस्ताव वहाँ बैठे सब लोगों को अपील कर गया। लाल रत्नाकर सिंह ने कुछ सोचकर कहा—''य्यू अभिसप्त तो बहुत रुपया माँगी !''

महाजन अशर्फीलाल ने कहा—''इसकी चिन्ता न करें, लाल साहेब ! यह अभिशप्त हमारे बड़े भाई सेठ सोनेलाल के मुनीम शिवशंकर का छोटा भाई है। इसका नाम भी कुछ भला सा है...हरिशंकर, लेकिन बेकार और आवारा किस्म का निकल गया। तो हम सब तय कर देंगे...पचास-साठ रुपए में राजी हो जाएगा। अगले महीने हमें कानपुर जाना है।''

''इतने का इन्तजाम हम कौनों तरा करि देब ! तो कवि-सम्मेलन का प्रबन्ध तुम्हारे और कमलनाथ के जिम्मे !''

श्री हरिशंकर अभिशप्त की आजीविका का एकमात्र साधन था कवि-सम्मेलन। उनके पिता जयशंकर मिश्र ने हरिशंकर को उच्च शिक्षा दिलानी चाही थी, लेकिन हरिशंकर जो बी.ए. में अटके, तो आगे न बढ़ सके। उन्हें कविता का शौक लग गया और उनकी कविताओं की धूम मच गई थी। उनके पिता ने उनके बाल्यकाल में ही उनका विवाह कर दिया था और अपने पिता की मृत्यु के समय वह एक पुत्री-रत्न के पिता भी बन चुके थे। दूसरे वर्ष भी जब वह बी.ए. में फेल हुए, तभी उनके पिता का देहान्त हो गया। उनके बड़े भाई शिवशंकर मिश्र ने उनसे बहुत आग्रह किया कि वह कानपुर की किसी फर्म में क्लर्की कर लें, लेकिन महाकवि हरिशंकर ने क्लर्की करने से इनकार कर दिया। यही नहीं, वह अपना उपनाम अभिशप्त रखकर अपने बड़े भाई से अलग भी हो गए।''

भगवान यदि किसी को पेट देता है, तो उसे भरने का भी प्रबन्ध कर देता है। कविता की प्रतिभा के साथ अभिशप्तजी को संगीत की प्रतिभा भी मिली थी और इन दो प्रतिभाओं के साथ अभिशप्तजी की कवि-सम्मेलनों से वार्षिक आय चार-पाँच हजार रुपया हो जाती थी।

विवाहों की भाँति कवि-सम्मेलनों की भी एक सहालग होती है और कवि-सम्मेलनों की यह सहालग नवम्बर से लेकर मार्च तक रहती है। फिर सात महीनों की लम्बी बेकारी और यह कवि-सम्मेलनी कवियों के संकट का समय होता है।

भयानक महँगाई से त्रस्त और मिट्टी के तेल तथा डालडा के अभाव से ग्रस्त अभिशप्तजी जब प्रधानमन्त्री के प्रति करुण पुकार का गीत लिख रहे थे, तभी शिवशंकर के साथ कमलनाथ और अशर्फीलाल ने उनकी तन्मयता भंग की। शिवशंकर ने अशर्फीलाल और कमलनाथ का परिचय दिया, फिर कमलनाथ ने कहा—''अभिशप्तजी, हम आदिमपुरवालों की उत्कट अभिलाषा है कि आपकी कविताओं का रसास्वादन करें।''

''यह आदिमपुर कहाँ है ?'' अभिशप्तजी ने पूछा।

''अरे, आदिमपुर का नाम आपने नहीं सुना ? लखनऊ जिले का वह एक ताल्लुका था, अब एक बड़ा कसबा है।'' अशर्फीलाल बोले—''वहाँ के ताल्लुकदार लाल रत्नाकर सिंह बड़े गुणग्राही व्यक्ति हैं। तो नौरात में उनके लड़के का मूँडन है, उसी सिलसिले में एक विराट कवि-सम्मेलन हो रहा है।''

''मैं इन देहातों के कवि-सम्मेलनों में नहीं जाता !'' रुखाई के साथ अभिशप्तजी ने उत्तर दिया।

''अरे, ये लोग अपने आदमी हैं !'' शिवशंकर बोले—''फिर आजकल कवि-सम्मेलनों का मौसम भी नहीं है। कुछ अतिरिक्त आय हो जाएगी। बड़ा रमणीय स्थान है आदिमपुर...गोमती के किनारे।''

अभिशप्तजी कुछ देर तक सोचते रहे। 'बैठे से बेगार भली' वाली कहावत उन्हें याद हो आई और वह बोले—''मेरी फीस डेढ़ सौ रुपए है, प्रथम श्रेणी का मार्ग-व्यय

अलग से।''

अशर्फीलाल ने कहा—''यह तो घर का मामला है। आप शिवशंकर के छोटे भाई हैं, मैं सोनेलाल का छोटा भाई हूँ। आपकी भरपूर खातिरदारी होगी। लखनऊ से मोटर पर बैठाकर हम आपको आदिमपुर ले जाएँगे और मोटर पर लखनऊ वापस भेज देंगे। पत्र-पुष्प के रूप में पचास रुपया आपकी सेवा में और बीस रुपया कानपुर से लखनऊ आने-जाने का मार्ग-व्यय।''

अभिशप्तजी ने दृढ़ता के साथ कहा—''नहीं, मैं अपने सिद्धान्त से नहीं डिग सकता ! डेढ़ सौ से एक पैसा कम नहीं !''

समस्या शिवशंकर मिश्र ने हल कर दी—''न अशर्फीलाल की बात और न तुम्हारी बात ! सौ रुपया तुम्हारी फीस के और बीस रुपया मार्ग-व्यय के। अशर्फीलालजी, स्वीकार है आपको ?''

अशर्फीलाल ने हामी भर दी। अभिशप्तजी ने तीन अक्टूबर को आदिमपुर चलना स्वीकार कर लिया।

आदिमपुर के इतिहास में इतना शानदार मुंडन किसी लड़के का नहीं हुआ था जितना बचकौना उर्फ प्रभाकर सिंह का हुआ। तीसरी अक्टूबर की सुबह से ही चहल-पहल आरम्भ हो गई थी और शाम तक करीब पाँच-छह सौ आदमी लाल रत्नाकर सिंह के महल के सामने दावत खाने के लिए इकट्ठे हो गए थे।

लाल रत्नाकर सिंह बड़े गर्व के साथ सब कुछ देख रहे थे। एक आत्मसन्तोष मुस्कुरा रहा था उनके चेहरे पर। मँझले भाई पद्‌माकर सिंह ने पन्द्रह दिन पहले अपने तराई के फार्म से दो क्विंटल गेहूँ, एक क्विंटल चावल, एक क्विंटल खाँडसारी और दो टीन शुद्ध देसी घी अपनी जीप पर भेजकर बड़े भाई के स्वाभिमान की रक्षा कर दी थी, जिससे वह ग्राम-प्रधान शिवराम यादव के एहसान से बच गए थे। और एक दिन उनके छोटे भाई मेजर दिवाकर सिंह अपने साथ आर्मी कैंटीन से बारह बोतलें रम की लेते आए थे, जिससे थानेदार घमंडी सिंह ने जिस ठर्रे का वादा किया था, उसकी जरूरत भी जाती रही। तभी ठाकुर पद्‌माकर सिंह की जीप महल के सामने रुकी। पुलककर लाल रत्नाकर सिंह पद्‌माकर सिंह की ओर बढ़े। अपनी पत्नी और बच्चों के साथ पद्‌माकर सिंह जीप से उतरे। उन्होंने अपने बड़े भाई के चरण छुए। बच्चों के साथ उनकी पत्नी महल के अन्दर चली गईं।

ठाकुर पद्‌माकर सिंह ने पाँच वर्ष पहले कृषि विद्यालय में शिक्षा पाने के बाद तराने में ढाई सौ एकड़ का एक फॉर्म खरीद लिया था। और पाँच वर्षों के अन्दर अपने अथक परिश्रम से ट्रैक्टर, ट्यूबवेल तथा अपनी शिक्षा की सहायता से तराई के प्रभावशाली भूस्वामी बन गए थे। बरेली में उन्होंने अपनी एक शानदार कोठी बनवा ली थी। दर्जनों नौकर-चाकर, राजसी ठाट-बाट।

पद्माकर सिंह और दिवाकर सिंह को साथ लेकर रत्नाकर सिंह शामियाने के नीचे बैठ गए। महल के अन्दर भोज की पंगतें चल रही थीं और बाहर कवि-सम्मेलन हो रहा था।

भाँग और शराब का नशा, उस पर भर पेट भोजन, और कवि लोग वही घिसे-पिटे। कवि-सम्मेलन जमने का नाम नहीं ले रहा था। तभी कमलनाथ शर्मा ने अभिशप्तजी से कविता पढ़ने का आग्रह किया। अभिशप्तजी की कविता ने जादू का असर किया। श्रोताओं में जो लोग उठने की सोच रहे थे, उन्होंने अपना इरादा छोड़ दिया, जो जाने को उठ खड़े हुए थे, वे बैठ गए और जो लोग चल दिए थे, वे वापस आ गए। फिर क्या था, रात के दो बजे तक कवि-सम्मेलन चलता रहा।

सुबह जब लाल रत्नाकर सिंह सोकर उठे, आठ बज चुके थे। उन्होंने देखा कि सहन में चार झाबे तरकारियों के रखे हुए हैं। इस बीच पद्माकर सिंह भी आ गए। आते ही उन्होंने कहा—"क्या बताऊँ, मैं कल सुबह ग्यारह-बारह बजे तक यहाँ पहुँच जाना चाहता था, लेकिन तीन जगह जीप खराब हुई रास्ते में, सात-आठ घंटे की देर हो गई !"

"सो तो हम समझ गए, लेकिन ई झाबा कैसे ?"

"जी, अनाज, घी और चीनी तो भिजवा दी थी मैंने, सब्जियाँ नहीं भिजवा पाया...पन्द्रह दिनों में सड़ जातीं। तो मैंने कल सुबह एक मन टमाटर, एक मन बैंगन तुड़वा लिये थे। तरकारी इन दिनों कितनी महँगी है !"

"सो तो ठीक, लेकिन अब यह किस काम की ?"

"इन्हें लखनऊ भिजवाकर बिकवा दीजिए, डेढ़-दो सौ रुपयों की हैं यह।"

तभी शिवराम यादव आ गए—"राम-राम ! लाल साहेब, कितनी गजब की दावत दे डाली आपने कल ! लोग भोजन करके तृप्त हो गए !"

लाल रत्नाकर सिंह ने गर्व से अपनी छाती फुलाकर कहा—"सब्जी में सिर्फ आलू और कद्दू था, यही मलाल रह गया। ई पद्माकर देर माँ पहुँचे, नाहीं तो हम टिमाटर और बैंगन भी खिलाते !"

"टिमाटर ! भला टिमाटर हम लोगों को कहाँ नसीब होता ! सुना है, लखनऊ में चार-पाँच रुपया किलो बिक रहा है ! और यह बैंगन भी दो-ढाई रुपया किलो पहुँच गया है !" फिर टिमाटर और बैंगन का ढेर देखते हुए उन्होंने कहा—"इतना ढेर सा टिमाटर और बैंगन आ गया है ! धन्य हैं आप !"

"इस साले धन्य को चाटें, दो-तीन दिन में सड़ने लगेगा !"

"लखनऊ भिजवाकर इन्हें बिकवा दीजिए।" शिवराम ने भी सलाह दी।

तब तक पंडित कमलनाथ शर्मा पधारे—"वाह, सरकार ! कितनी शानदार दावत थी और कितना भव्य कवि-सम्मेलन ! आदिमपुर के इतिहास में आपका नाम अमर हो गया !" टिमाटर और बैंगन देखते हुए कमलनाथ बोले—"अरे, इतने टिमाटर और बैंगन...!"

पद्माकर सिंह बोले—"कल सुबह फार्म से ताले तुड़वाकर दावत के लिए लाया था,

देर हो गई आने में।''

अशर्फीलाल बोले—''दो-ढाई सौ रुपए का माल है, लखनऊ में ही खरीदार मिलेंगे।''

उसी समय संकटाप्रसाद की आवाज सुनाई पड़ी—''लेकिन इन्हें बेचने में बड़ी झंझट उठानी पड़ेगी।'' और यह कहकर उन्होंने डाक का एक पुलिन्दा रत्नाकर सिंह के सामने बढ़ाते हुए कहा—''यह लीजिए, बधाई के सन्देश ! छेदीलाल डाकिया तो कवि-सम्मेलन के बहाने कल दिन-भर गायब रहा है और इस वक्त पड़ा हुआ सो रहा है। हमने सोचा कि हमीं आपके यहाँ यह डाक पहुँचा दें।''

डाक का पुलिन्दा पद्माकर सिंह ने हाथ में ले लिया। अशर्फीलाल ने हँसते हुए कहा—''यह छेदीलाल सो नहीं रहा है, अभिशप्तजी के साथ लगा हुआ है ! सुबह हमने अभिशप्तजी को नाश्ते के लिए बुलाया था, तो छेदीलाल भी साथ आया था। लगता है, यह छेदीलाल गया धन्धे से !''

सब लोग हँस पड़े। हँसी का दौर समाप्त हो जाने पर कमलनाथ शर्मा ने कहा—''लाल साहेब, अभिशप्तजी को आज वापस लौटना है। दोपहर का भोजन मेरे यहाँ करके करीब दो बजे तक लखनऊ के लिए रवाना हो जाना चाहते हैं, ताकि छह बजे तक कानपुर पहुँच जाएँ। तो उन्हें विदाई देनी है और यहाँ से लखनऊ तक पहुँचाना है।''

एकाएक जैसे किसी ने लाल रत्नाकर सिंह को वास्तविकता की दुनिया में ढकेल दिया हो, कमजोर स्वर में वह बोले—''हाँ, बिदाई-बिदाई ! कितना रुपया बताय रह्यो तुम ?''

''सौ रुपए उनकी दक्षिणा के और बीस रुपए उनके मार्ग-व्यय के।'' शान्त भाव से कमलनाथ ने कहा।

''हम तो पचास-साठ का बजट बनाए रहेन, यू तो बहुत हुइगा !''

उत्तर अशर्फीलाल महाजन ने दिया—''उनकी फीस तो दो सौ रुपया है, मेरे कहने से सौ रुपए पर चले आए ! तो आप जितना दे सकते हैं, दे दीजिए, बाकी हम पूरा कर देंगे।''

जैसे किसी ने डंक मार दिया हो लाल रत्नाकर सिंह को। उन्होंने मन-ही-मन कहा, उस साले शिवराम के एहसान से बचे, इस सूअर घमंडी सिंह के एहसान से बचे, अब इस हरामजादे अशर्फीलाल का एहसान लेना होगा क्या ? लेकिन अपनी भावना उन्होंने प्रकट नहीं होने दी, शान्त भाव से उन्होंने कहा—''सुनो अशर्फीलाल, बिदाई पूरी मिली और हम ही देब। समझ का राखे हौ तुम लाल रत्नाकर सिंह को ! 'प्राण जाय पर बचन न जाई !' सुने हो यह चौपाई !'' और पंडित कमलनाथ से बोले—''डेढ़ बजे अभिशप्तजी का यहाँ भेज जाएब ! हम खुद उन्हें लखनऊ पहुँचाय देब और बिदाई दै देब !''

सब लोग चले गए, तब पद्माकर सिंह ने कहा—''आप लखनऊ जा रहे हैं, तो

इन तरकारियों को भी कैसरबाग की मंडी में बेच दीजिएगा। सौ-सवा सौ जो भी मिल जाए, वह ठीक..."

ठीक दो बजे अभिशप्तजी लाल रत्नाकर सिंह के महल में आए। मैं तैयार खड़ी थी। लाल रत्नाकर सिंह ने अपनी बगल में अभिशप्तजी को बैठाया और लखनऊ के लिए चल पड़े। लाल साहब की सज्जनता पर अभिशप्तजी मुग्ध ! स्वयं उन्हें पहुँचाने के लिए वह लखनऊ जा रहे थे।

पचीस मील का सफर तय करके ठीक चार बजे चारबाग स्टेशन पर जीप रुकी। लाल रत्नाकर सिंह का नौकर सुमेर पीछे बैठा था और उसके साथ दो झाबे थे। लाल साहेब ने सुमेर से पीछे लदे दोनों झाबे उतरवाए, फिर उन्होंने एक बन्द लिफाफा अभिशप्तजी को थमाते हुए कहा—"कविवर, हम आपके बड़े आभारी जो आप हम पर इतनी कृपा कीन्हेव ! और बिना अभिशप्तजी का उत्तर सुने उन्होंने अपनी जीप हाँक दी।"

अभिशप्तजी ने दोनों झाबे देखे, फिर उन्होंने बड़ी उत्सुकता के साथ बिदाई के रुपए निकालने के लिए लिफाफा खोला। लिफाफे में करेंसी नोटों के स्थान पर एक पत्र मिला, जिसे लाल रत्नाकर सिंह ने स्वयं, शुद्ध-अशुद्ध-जैसा भी हो सका, लिखा था :

"हे कवि, हम यह दो झाबे तुम्हें भेट कर रहे हैं, एक मा 25 किलो टिमाटर आय। टिमाटर इन दिनन पाँच रुपया किलो के भाव से बिकाय रहा है, सो एक सौ रुपया के भए। आपकी फीस होत है सौ रुपया। अब अगर इन्हें घाटे मा बेंची तब हूँ सौ रुपया नकद वसूल। और दूसरे झाबा माँ दस किलो बैंगनो आय। बैंगन का भाव भी दो रुपया किलो चल रहा है, सो बीस रुपया इनके खड़े कर लेना। सो बीस रुपया तुम्हारा मार्ग व्यय भी। अगर घाटा हुई जाय सो वहिका पूरा करने के लिए पाँच किलो के वजन का एक कद्दू बैंगन के साथ रखाय दीन है। कद्दू भी डेढ़ रुपया किलो के भाव से बिकाय रहा है। पद्माकर हमसे कहिन रहै कि हम बाजार मा ई सब बेंच देईं तो हम कहा कि कविजी बेंच लेंय, हम कहाँ ई झंझट मा फँसी। भूल-चूक की माफी देंय। समझ लेंय कि हम बड़े संकट मा हैं, सो आपै हमें ई संकट से उबारैं—रत्नाकर सिंह।"

लाल रत्नाकर सिंह का संकट दूर हुआ, अब यह संकट पड़ा अभिशप्तजी पर ! उनके पैरों पर एक मन वजन के दो झाबे, कानपुर के लिए गाड़ी में डेढ़ घंटे का समय बाकी और उनकी जेब में कुल जमा एक रुपया बारह आने ! उन्हें ऐसा लगा कि वह बेहोश होकर गिर पड़ेंगे। और तभी उन्हें बनमालीजी की याद आ गई।

वंशीधर बनमाली के पिता धरनीधर दीक्षित ने निशातगंज में एक होटल खोल रखा था, जिसमें गोमती पार के कविगण नित्य शाम के समय चाय पीते हुए साहित्य-चर्चा और कविता-पाठ किया करते थे। होटल का प्रबन्ध तो धरनीधर दीक्षित करते थे,

बंशीधर बनमाली का काम था ग्राहकों को फँसाना और उनकी आवभगत करना।

अभिशप्तजी ने एक रिक्शे पर वह दोनों झाबे लदवाए और निशातगंज में बनमालीजी के होटल में पहुँचे। अभिशप्तजी के भाग्य से बनमालीजी होटल में ही मौजूद थे और एक गीत लिखते हुए साहित्यकारों की प्रतीक्षा कर रहे थे। उन्होंने पुलककर अभिशप्तजी का स्वागत किया। अभिशप्तजी ने रिक्शे का किराया बनमालीजी से दिलाकर दोनों झाबे उतारे। इस बीच धरनीधर दीक्षित भी आ गए। पिता-पुत्र को अभिशप्तजी ने अपना संकट बताया।

धरनीधर दीक्षित ने तत्काल वह दोनों झाबे खुलवाए।

''वाह ! क्या टिमाटर हैं ! लखनऊ भर में ऐसे टिमाटर न मिलेंगे ! और बैंगन ! वाह ! कितने बैंगनी, कितने बड़े ! तो सुनो अभिशप्त, चिन्ता मत करो, हम अभी तुम्हारा संकट दूर किए देते हैं !''

पास ही से वह एक साइकिल-ठेला ले आए। उस ठेले पर उन्होंने बड़े करीने से टिमाटर और बैंगन सजाकर रख दिए, एक तराजू और बाट भी बगलवाली दुकान से लेकर उन्होंने उस ठेले पर रख दिए। एक प्याला चाय उन्होंने अभिशप्तजी को देते हुए कहा—''पहले चाय पी लो, बड़े थके हुए और डाउन दिख रहे हो। फिर यह ठेला सँभालो ! आज टिमाटर का भाव पाँच रुपया किलो है और सो भी निहायत घटिया और छोटे-छोटे टिमाटर ! तो ठेला लेकर निकल पड़ो और आवाज लगाओ—चार रुपया किलो ! और बैंगन का भाव है दो रुपया किलो। सो तुम आवाज लगाओ—डेढ़ रुपया किलो !''

फटी-फटी आँखों से अभिशप्तजी ने धरनीधर दीक्षित को देखा—''क्या यह भी करना होगा ?''

धरनीधर दीक्षित उबल पड़े—''ससुर, रात-रात-भर पतुरिया ऐसे महफिल मा गला फाड़-फाड़कर चिचियात हौ तो सरम नाहीं आवत, सौदा बेचै मा नानी मरत है ! निशातगंज बाजार के दो चक्कर लगाय आओ, अभी तुम्हारा संकट दूर हुआ जाता है !''

और ठीक छह बजे तक ठेला खाली, और अभिशप्तजी की जेब में एक सौ पन्द्रह रुपया। धरनीधर दीक्षित ने कद्दू अपने पास रख लिया—ठेले और तराजू-बाट के किराए के रूप में।

रँगीलेलाल तीर्थयात्री

मैं अजीब उलझन में हूँ, और इस उलझन में मुझे डाल दिया है उस हरामजादे बनवारी ने !

मैं जानता हूँ कि बनवारीलाल मुझे क्षमा कर देगा जो मेरे मुँह से उसके लिए अपशब्द निकल गया है। यह बनवारीलाल वैसे बड़ा प्यारा आदमी है, बाल्यकाल का मेरा सबसे घनिष्ठ मित्र। मैं निःसंकोच उसे अपना लँगोटिया यार कह सकता हूँ। बचपन से हम दोनों एक साथ रहे, एक साथ पढ़े-लिखे, एक साथ खेले-कूदे। तमाम सुख-दुख की बातें उसकी मैं जानता था, मेरी वह जानता था।

उसके पिता गिरधारीलाल कपड़े के थोक व्यापारी सेठ चिरंजीलाल के मुनीम थे और मेरे पिता रामचन्द्र फौजदारी के वकील मिस्टर पी. लाल के मुहर्रिर थे। हम दोनों के पिता एक निहायत घिनौने मोहल्ले की एक निहायत सँकरी, तंग और गन्दी गली में आमने-सामने के मकानों में रहते थे। तो बनवारीलाल ने और मैंने—अविनाशचन्द्र ने—एक साथ गुल्ली-डंडा खेला, एक साथ पतंग उड़ाई और एक साथ मास्टरों से पिटे। लेकिन हाईस्कूल के बाद हम दोनों का साथ छूट गया।

बनवारीलाल को सिवा गणित के और किसी विषय में रुचि नहीं थी, यानी हिन्दी, अंग्रेजी, इतिहास, भूगोल आदि विषयों से वह कोसों दूर भागता था। तो उसने हाईस्कूल से आगे बढ़ने का नाम ही नहीं लिया, जब कि मैंने धड़ाधड़ इंटरमीडिएट, बी.ए. और एम.ए. पास कर लिया।

सन् 1942 में मैं लखनऊ के सेक्रेटेरिएट में अपर डिवीजन क्लर्क बन गया, और बनवारीलाल बजरंग फ्लोर मिल में स्टोर कीपर के पद पर काम करने लगा। लेकिन बजरंग फ्लोर मिल का दिवाला निकलने के बाद बनवारीलाल बेकार हो गया था और उसने जब अपनी व्यथा मुझे बताई, तब मैंने उसे सलाह दी कि वह अपनी दुकान खोल ले। मेरी सलाह बनवारीलाल के पिता को भी पसन्द आई और उन्होंने अपने पुत्र को उस गली से निकलती हुई सड़क पर एक छोटी सी दुकान खुलवा दी, जिसमें आटा, दाल, चीनी, साबुन, कागज-पेंसिल आदि नित्य व्यवहार में आनेवाली चीजें बिकती थीं। उसकी दुकान का नामकरण मैंने ही किया था—स्वराज्य ट्रेडर्स।

सन् 1947 में देश स्वतन्त्र हुआ और उसके बाद चीजें तेजी के साथ बदलीं। मैंने इंडियन एडमिनिस्ट्रेटिव सर्विस और फॉरेन सर्विस की परीक्षाएँ दीं, और मैं इंडियन सर्विस

में चुन लिया गया। लखनऊ छोड़कर मैं दिल्ली पहुँचा, और दिल्ली से विदेशों के एक लम्बे चक्कर पर मैं निकल पड़ा। मैंने अपने सारे परिवार को दिल्ली बुला लिया, और यह अपना जन्मस्थान अपने बाल्यकाल का लखनऊ हमेशा के लिए छूट गया। इस नगर के साथ अपने लँगोटिया यार बनवारी का साथ भी छूट गया।

मेरे मिलने-जुलनेवाले मुझे सफल व्यक्ति कह सकते हैं। दिल्ली की डिफेंस कॉलोनी में मैंने अपनी एक आलीशान कोठी बनवा ली है, जिसके ऊपरी खंड में मैं रहता हूँ, नीचे का खंड एक हजार रुपया महीने के किराए पर चढ़ा हुआ है। तीन महीने पहले मैं रिटायर हुआ हूँ और मुझे पेंशन भी मिलती है। बैंक में अच्छी-खासी रकम जमा है। मेरे दो पुत्र हैं। बड़ा लड़का जीवनचन्द्र उत्तर प्रदेश में मिरजापुर देश में एक सरकारी सीमेंट फैक्टरी का जनरल मैनेजर है, और छोटा लड़का प्रवीणचन्द्र बंगलूर के मेडिकल इंस्टिट्यूट में सर्जरी का रीडर है। दोनों के विवाह हो चुके हैं, ऊँची तनख्वाह। अपनी पत्नी के साथ मैं अकेला दिल्ली में चैन की बंशी बजा रहा हूँ।

यह जीवनचन्द्र माइनिंग इंजीनियरिंग में गोल्ड मेडलिस्ट है, बड़ा कुशल है, लेकिन कुछ सनकी है। उसे सनक है ईमानदारी की और अनुचित काम के विरुद्ध अपने ऊपरवालों से लड़ जाने की। उसकी इसी सनक की वजह से उत्तर प्रदेश के एक मन्त्री रामअधार ने भू-सर्वेक्षण विभाग की एक नई पोस्ट निकालकर उसे सीमेंट फैक्टरी से स्थानान्तरित कर दिया। इस अपमान से वह तिलमिला गया और इस्तीफा देने जा ही रहा था कि मेरी पुत्रवधू ने उसे मुझसे सलाह लेने को विवश किया। तीन दिन पहले वह एकाएक दिल्ली पहुँचा। उसकी शक्ल देखते ही मैं ताड़ गया कि वह किसी चक्कर में पड़ गया है। सब कुछ सुनकर मैंने उससे कहा—"देखो, जीवन, गलती तुम्हारी थी जो तुम मिनिस्टर से लड़ गए !"

आश्चर्य से उसने मुझे देखा था—"मैं तो अन्याय और बेईमानी से लड़ा था, व्यक्ति के साथ नहीं।"

उत्तर चाक-चौबन्द था, लेकिन मुझे तो अपने पुत्र को समझाना था। मैंने कुछ कड़े स्वर में पूछा—"अच्छा, तुम यह बतलाओ कि तुम उस सरकारी संस्थान के मालिक हो, या नौकर हो ?"

"जी, मैं नौकर हूँ, मालिक तो सरकार है।" उसने तत्काल उत्तर दिया।

लौंडा दाँव पर चढ़ रहा था। मैंने पूछा—"यह सरकार व्यक्तियों की होती है न ? जनता द्वारा चुने हुए विधायकों की ?"

"जी, इससे मैं इनकार कब करता हूँ !"

"ठीक ! और यह अनगिनती विधायक जो सरकार चलाते हैं, वह अपने प्रतिनिधि मिनिस्टरों के द्वारा ही तो चलाते हैं। ऐसी हालत में मिनिस्टर मालिक और तुम नौकर ! नौकर को मालिक की आज्ञा माननी चाहिए। सही-गलत, न्याय-अन्याय, इस पर विचार करने का कोई अधिकार नहीं है नौकर को !"

मैं कह चुका हूँ कि जीवनचन्द्र जहीन आदमी है, वह बोल उठा—"आ गया समझ

में ! तो आपका मतलब है कि इस्तीफा देने के स्थान पर मिनिस्टर से माफी माँग लूँ !'' अब वह भरभराकर गिरा।

''बिल्कुल यही बात ! तुम्हें संकोच होता होगा, तो चलो, मैं तुम्हारे साथ चलकर सब ठीक करा दूँगा।''

दूसरे दिन सुबह मैं कार से जीवनचन्द्र के साथ लखनऊ के लिए रवाना हो गया।

यहाँ यह बतला देना आवश्यक होगा कि हम फॉरेन सर्विसवालों को जाल-फरेब-मक्कारी में माहिर होना होता है। मक्खन लगाने की कला कोई सीखे, तो हमसे सीखे। तो उस दिन शाम को मैं मिनिस्टर रामअधार से मिला। और पाँच मिनट के अन्दर मैंने जीवनचन्द्र को उनके सामने पचासों गालियाँ देते हुए उससे मिनिस्टर से माफी ही नहीं मँगवा ली, बल्कि उत्तर प्रदेश में रामअधार को जीवनचन्द्र का सरपरस्त बनाकर सारा मामला रफा-दफा कराके ट्रांसफर ऑर्डर वापस करा दिया। और रात की गाड़ी से मैंने उसे मिनिस्टर के ऑर्डर के साथ मिरजापुर रवाना कर दिया।

चौबीस वर्ष ! यानी करीब-करीब चौथाई शती ! असीम कालावधि में इस चौथाई शती का भले ही कोई महत्त्व न हो, लेकिन मानव-जीवन में इस चौथाई शती का महत्त्वपूर्ण स्थान है, खासतौर से जब वह चौथाई शती मनुष्य की मद्दर जवानी की हो।

अपना जन्म-स्थान इस लखनऊ को छोड़े चौथाई शती बीत चुकी है और मैं करीब-करीब बूढ़ा आदमी हो गया हूँ। अनुभवों का भांडार है मेरे पास, मैंने दुनिया देखी है, उसकी तमाम चहल-पहल के साथ। लेकिन इस लखनऊ नगर में इस बार मुझे जो शान्ति मिली, उससे मैं चकित रह गया। हर तरफ चैन, अमन और सन्तोष। और तभी मुझे बनवारीलाल की याद आ गई। मेरे बाल्यकाल के साथ अनिवार्य रूप से यह बनवारीलाल जुड़ा है।

सिवा बनवारीलाल के मुझे लखनऊ में अपने किसी साथी की याद नहीं रह गई है। लखनऊ के खास-खास मोहल्लों की और सड़कों की तो याद मुझे है, कुछ विशेष इमारतों की भी याद है, लेकिन इन मोहल्लों और इमारतों में रहनेवाले लोग सब-के-सब जैसे मेरी स्मृति से गायब हो चुके हैं और मुझे इसका दुख भी नहीं है। लेकिन बाल्यकाल का अपना अभिन्न मित्र बनवारी, न जाने क्यों उसके प्रति मेरा अनुराग एक नए रूप में जाग उठा। वह बनवारी क्या अभी जीवित है ? अगर वह जीवित है, तो वह क्या कर रहा होगा ? तेईस-चौबीस वर्षों में तो वह बेतहाशा बदल गया होगा।

क्या वह पुराना सड़ा हुआ मकान, जिसमें मैं पला हूँ, जहाँ मैंने अपनी बाल्यावस्था और किशोरावस्था बिताई है, सही-सलामत मौजूद होगा ? मैं एक बार उस मोहल्ले को, उस गली को और उस मकान को देखना चाहता था जहाँ मैं रहा हूँ।

मैंने ड्राइवर को ग्यारह बजे तक की छुट्टी देकर कार स्वयं ले ली और मैं निकल पड़ा।

अपनी कार सड़क पर छोड़कर मैं उस गली में घुसा जिसमें मेरा मकान था। भयानक बदबू भरी हुई थी उस गली में, और रूमाल से नाक दबाकर मैं अपने मकान के सामने पहुँचा। मकान वैसा-का-वैसा खड़ा था, हरेक साल की नियमित मरम्मत के बल पर। उसमें जटाधर वाजपेयी नाम के कोई सज्जन रहते थे। जिस मकान में बनवारीलाल रहता था, वह गिरा पड़ा था। आसपास अपनी जान-पहचान का कोई आदमी नहीं दिखा जिससे मैं पूछताछ करता। और दस मिनट के अन्दर ही मुझे लगा कि मैं उस गली के रूप में किसी नरक में आ पड़ा हूँ।

मैं उस गली के बाहर निकला। मन बड़ा उदास हो गया था। सड़क पर आकर मेरे पैर स्वराज्य ट्रेडर्स की दुकान की तरफ उठ गए।

उस सड़क पर दो-चार नई इमारतें अवश्य खड़ी हो गई थीं, लेकिन अधिकांश मकान वही-के-वही। दुकानदार और उन मकानों में रहनेवाले अवश्य बदल गए थे। जिस दुकान में स्वराज्य ट्रेडर्सवाला स्टोर था, उसमें अब एक हलवाई की दुकान थी। मैंने उस हलवाई से पूछा–"पहले यहाँ स्वराज्य ट्रेडर्स की कोई दुकान थी ?"

"हमें तो पता नहीं।" वह बोला–"हम तो पाँच बरिस से यहाँ हैं। हमरे पहिले इहाँ एक टेलर मास्टर रहे जो बिना किराया दिए भाग गए।"

हलवाई ने मेरे चेहरे के भाव पढ़ लिए थे। उसने फिर पूछा–"बड़े परेशान दिख रहे हैं, का बात है ?"

मैंने कहा–"कोई खास बात नहीं, यहाँ तेईस-चौबीस वर्ष पहले बनवारीलाल की दुकान थी। उसी बनवारीलाल का पता लगाने मैं आया था।"

कुछ देर वह सोचता रहा, फिर बोला–"अरे सेठ बनवारीलाल से तो आपका मतलब नहीं आय ? सुना है, बहुत पहले सेठ बनवारीलाल की इस मोहल्ले में दुकान थी, शायद यही रही हो !"

"हाँ-हाँ, वही बनवारीलाल।" मैंने कहा।

"अरे तो आप हजरतगंज से अशोक मार्ग पर जाइए। वह जो तिमंजिली बँगलानुमा कोठी है, वह उन्हीं की आप समझो ! सेठ बनवारीलाल का नाम लिया होता तो हम पहले ही बताय देइत ! लखनऊ के सबसे बड़े सेठ उनहीं का समझो !"

तो यह बनवारीलाल लखनऊ का सबसे बड़ा सेठ बन गया है, बाईस-तेईस वर्षों में ! अब तो मुझे इस बनवारीलाल से हर हालत में मिलना होगा। मैं तत्काल सेठ बनवारीलाल की कोठी की तरफ रवाना हो गया।

अशोक मार्ग पर आठ फुट ऊँची चहारदीवारी के बीचोबीच लोहे का एक बहुत बड़ा फाटक, जो खुला हुआ था और बगल की गुमटी में एक चौकीदार या दरबाननुमा आदमी वर्दी पहने और दुनाली बन्दूक लिये बैठा था। फाटक के अन्दर मेरी कार के प्रवेश करते ही उस आदमी ने मुझे सलाम किया या मेरी कार को सलाम किया, यह मैं ठीक नहीं

कह सकता। भीतर एक बहुत बड़ा लॉन और बागीचा, और एक तिमंजिली कोठी जिसमें हिन्दू वास्तुकला की बहुमूल्य पच्चीकारी थी। यानी कहीं शंख, चक्र, गदा, पद्मधारी विष्णु भगवान विराजमान थे, कहीं भगवान शंकर जटा में गंगा को बाँधे हुए तथा एक हाथ में त्रिशूल धारण किए हुए दूसरे हाथ से डमरू बजा रहे थे, कहीं गणेशजी सूँड फटकारे हुए विघ्न-बाधा हर रहे थे, कहीं लक्ष्मीजी खनाखन अशर्फियाँ लुटा रही थीं। देवताओं, यक्षों, किन्नरों और पार्षदों की तो भरमार थी।

यह सब देखकर मुझे हँसी आ गई। वह सारी घुटन और ग्लानि जो मेरे अन्दर भर गई थी, एकबारगी ही गायब हो गई। मेरी कार का दरवाजा एक-दूसरे दरबान ने लपककर खोला। कार से उतरकर मैंने दरबान से कहा—"मैं सेठ बनवारीलाल से मिलने आया हूँ।"

"आपका नाम और आपका काम ?" उसने पूछा।

"नाम है अविनाशचन्द्र, सेठजी का बचपन का मित्र, काम कुछ नहीं है !" मैंने कहा।

"अभी खबर करता हूँ, आप तब तक बरामदे में बैठिए। शायद सेठजी मालिश करा रहे हैं।" और वह दरबान अन्दर चला गया।

मैं कार की बगल में ही खड़ा रहा, और देखता हूँ कि एक मिनट के अन्दर ही बनवारीलाल घुटनों तक धोती पहने, नंगे बदन मकान के अन्दर से भागा चला आ रहा है, ठीक उस मुद्रा में जिसमें भगवान कृष्ण सुदामा के आने की खबर पाकर उससे मिलने दौड़ रहे होंगे।

"अरे तुम, अविनाश...तुम !" उसने आगे बढ़ते हुए कहा। उसका रंग-ढंग कुछ ऐसा था मानो वह मुझसे गले मिलने के लिए नितान्त आतुर है।

"मैं दिल्ली से कल आया तो खासतौर से तुमसे मिलने के लिए मैं ठहर गया हूँ !" मैंने उसकी गिरफ्त से बचने के लिए कुछ पीछे हटते हुए कहा। क्योंकि उसका शरीर कड़वे तेल से तर था और मैं स्विट्जरलैंड के गुस्ताव्ज टेलर के यहाँ सिला हुआ सिल्क का कीमती सूट पहने था। बनवारीलाल ने तत्काल स्थिति भाँप ली। उसने बिना मुझे छुए हुए कहा—"अरे रे, मैं तो तुमसे मिलने की खुशी में भूल ही गया था कि मैं अभी-अभी तैल-स्नान करके उठा हूँ। अच्छा, अन्दर चलो, इत्मीनान के साथ बैठकर बातें होंगी। तुम तो बहुत बड़े अफसर बन गए थे, दुनिया-भर में घूमते रहे और इस बनवारी को एकदम भूल ही गए थे।"

मैं बनवारीलाल के पीछे-पीछे उसके भीतर के बरामदे में पहुँचा। संगमर्मर का फर्श, जिस पर कीमती फर्नीचर शोभित था। फर्श पर एक चीकट दरी बिछी थी जिस पर सेठ बनवारीलाल कल्लू नाई से मालिश करा रहे थे। एक आरामकुर्सी पर मुझे बिठाते हुए बनवारीलाल ने कल्लू से कहा—"हो चुका कल्लू...जल्दी से बदन पोंछ दे और दरी यहाँ से उठा ले जा। मैं स्नान कर लूँ।"

एक मिनट में ही अपना शरीर पुछवाकर बनवारीलाल बाथरूम चला गया और सात-आठ मिनट के अन्दर ही वह बाथरूम से निकल आया। सेंचुरी मिल की सबसे महीन धोती,

उस पर मुर्शिदाबादी सिल्क का कुरता, मत्थे पर तिलक। मैं तो उसकी उस छवि पर दंग रह गया। उसकी उम्र साठ वर्ष से ऊपर हो चुकी थी, लेकिन बला की चुस्ती थी उसके जीवन में। ढंग से छँटी सफेद मूँछें, उन मूँछों के नीचे उसकी वही पुराने जमाने की मुस्कान ! बाथरूम से निकलकर वह मेरी बगल में पड़ी हुई दूसरी आरामकुर्सी पर बैठ गया। अपने नौकर को बुलाकर उसने कहा—"कलेवा यहीं ले आ, दो आदमियों के लिए।"

नौकर ने एक मेज हम दोनों के सामने डाल दी। पिस्ते और बादाम की बर्फियाँ, सेब का मुरब्बा, असली घी की मठरियाँ, दो गिलासों में अध-औंटा दूध और एक डोंगा सेब, सन्तरों और केलों से लदा हुआ।

मैंने कहा—"मैं तो नाश्ता होटल से करके चला हूँ।"

"तो तुम होटल में ठहरे हुए हो, बनवारी के यहाँ रहते हुए ! शरम नहीं आती है तुम्हें ! अच्छा तो एकाध मिठाई और फल खा लो हमारा साथ देने के लिए। एक जमाने के बाद हम दोनों मिले हैं। तो तुम विलायत से लौट आए हो, हमने सुना था। कितने बाल-गोपाल हैं ? कहाँ बस रहे हो ?"

"मकान तो मैंने दिल्ली में बनवा लिया है। तीन महीने पहले मैं फ्रांस से लौटा, यहाँ आते ही रिटायर हो गया। दो लड़के हैं, बड़ा मिरजापुर में है, छोटा बंगलूर में है।"

"और तुम मियाँ-बीवी अकेले दिल्ली में झख मार रहे हो !" बड़ी आत्मीयता के साथ उसने कहा, फिर जैसे उसे कुछ याद आ गया हो—"बड़का मिरजापुर में क्या कर रहा है ? क्या नाम है उसका ?"

"वह सम्पू सीमेंट फैक्टरी का जनरल मैनेजर है। जीवनचन्द्र उसका नाम है।"

बनवारीलाल चौंक उठा—"वह जीवनचन्द्र तुम्हारा लड़का है ? राम-राम ! उसका तो तबादला हो गया है कहीं !"

"हो गया था, लेकिन मैंने कल मिनिस्टर रामअधार से मिलकर ट्रांसफर कैंसिल करा दिया है। तो तुम्हें पता है !"

"क्या बतावें !" कुछ कमजोर स्वर में वह बोला—"बात यह है कि मेरे लड़के किशोरीलाल से तुम्हारा लड़का कुछ उलझ गया था। मुझे क्या पता था कि जीवनचन्द्र तुम्हारा लड़का है, यानी मेरा भतीजा है, नहीं तो मैं उस मामले को वहीं रफा-दफा करा देता। यह मिनिस्टर रामअधार अपना ही आदमी समझो !"

बात अब मेरी समझ में आ गई। मैं कुछ देर तक गौर से बनवारीलाल को देखता रहा, फिर मैंने मुस्कुराते हुए कहा—"देख रहा हूँ, इस बीच तुमने काफी उन्नति कर ली है, उत्तर प्रदेश के प्रभावशाली व्यक्ति बन गए हो !"

"हें-हें-हें, सब रामजी की किरपा है ! अपना सीमेंट का काम है, लोहे का काम है, चीनी का काम है, और इन सब कामों में मुनाफा-ही-मुनाफा समझो...जय हो इस ब्लैक मार्केट की ! लछमीजी सदा सहाय रही हैं।"

"तो पचास-साठ लाख रुपयों की हैसियत हो गई होगी तुम्हारी !" मैंने अनुमान लगाया।

मेरी इस बात पर बिगड़ पड़ा बनवारी–अरे पचास-साठ लाख का तो मुनाफा कर लेते हैं हम लोग ! स्वराज्य ट्रेडर्स को समझ क्या रखा है तुमने ! रामजी की किरपा से चार पुत्र हैं–राम, लछमन, भरत और शत्रुघ्न ! बड़े गुनी और आज्ञाकारी। और उसने नौकर से कहा–"किशोर भइया को बुला आओ।"

नौकर के जाने के बाद वह मेरी ओर घूमा–"यह किशोरीलाल मेरा सबसे बड़ा लड़का है, सीमेंट-किंग समझो उसे ! तो उसे तुमसे मिला दूँ और उससे कह दूँ कि वह जीवनचन्द्र को अपना सगा भाई समझे ! और तुम जीवनचन्द्र से कह देना कि यह किशोरी बस, समझ लो, उसका भाई है। यह भी कह देना कि समय-समय पर मुझसे मिलता रहे। सुना है, बड़ा गुनी और अक्खड़ लड़का है। आखिर तुम्हारा ही बेटा है, वही तेवर, वही रोब-दाब !"

लम्बा सा और दुबला सा आदमी, जैसे वह दमे का मरीज हो। महीन खादी की धोती, उस पर महीन खादी की कुरता–दूध की तरह सफेद, और उसके ऊपर सिल्क की जवाहर बंडी, माथे पर तिलक। किशोरी के आते ही बनवारीलाल ने कहा–"यह तुम्हारे चाचा हैं, अविनासचन्द्र, इनके चरण छुओ !"

किशोरीलाल ने लपककर इस तरह मेरे चरण छुए जैसे वह चरण छूने में विशेषज्ञ रहा हो। उसे बैठने का इशारा करते हुए बनवारी बोला–"सुनो किशोरी, हम लोगों से कुछ गलती हो गई ! वह सम्पू सीमेंट फैक्टरी का जनरल मैनेजर जीवनचन्द्र तुम्हारे चाचाजी का लड़का है ! हम लोगों को पता ही नहीं था !"

किशोरीलाल बड़े दुखी स्वर में बोला–"चाचाजी, इस अधम को क्षमा कीजिए ! मैं रामअधार से मिलकर आज ही जीवनभाई का ट्रांसफर कैंसिल करवा दूँगा।"

बनवारी बोला–"ट्रांसफर तो तुम्हारे चाचाजी ने कल ही कैंसिल करा दिया है। अब आगे चलकर तुम जीवनचन्द्र को अपना सगा भाई समझकर व्यवहार करना।"

किशोरीलाल ने फिर उठकर मेरे चरण छुए–"अब फिर कभी ऐसी गलती नहीं होगी। हमारी फर्म हर तरह उनकी सेवा करेगी, उनका आदेश पालन करेगी।"

किशोरीलाल के व्यवहार से मैं बेतरह प्रभावित हुआ। उसके सर पर हाथ रखते हुए मैंने कहा–"इसमें क्षमा माँगने की कोई बात नहीं। तुम्हारी सफलता के लिए मेरी समस्त शुभकामनाएँ !" और मैंने बनवारीलाल से कहा–"तुम्हारा यह पुत्र रत्न के समान है ! मैं तुम्हें बधाई देता हूँ !"

किशोरीलाल उठ खड़ा हुआ–"केन्द्रीय सीमेंट बोर्ड के चेयरमैन आए हुए हैं, उनके साथ साढ़े नौ बजे मीटिंग है। नौ बज रहे हैं, अब मैं चलूँगा !" और यह कहकर वह चला गया।

किशोरीलाल का जाना था कि एक और व्यक्ति जीने से उतरकर बनवारीलाल के पास आया। बनवारी बोला–"अरे तिरबेनी, कहो क्या काम है ?" और वह मेरी ओर

मुड़ा—"यह मेरा दूसरा लड़का है, तिरबेनीलाल, स्वराज्य ट्रेडर्स का लोहे का विभाग इसके जिम्मे है।" फिर त्रिवेणीलाल से उसने कहा—"यह तुम्हारे चाचा अविनाशचन्द्र हैं।"

बनवारीलाल को चरण छूने का आदेश नहीं देना पड़ा, त्रिवेणीलाल ने स्वयं झुककर मेरे चरण छुए—"हम लोगों के धन्य भाग जो आपके दर्शन हुए ! आपका नाम अखबारों में बहुत पढ़ा था ! फिर वह अपने पिता से बोला—डाइरेक्टर ऑफ इंडस्ट्रीज मुझ पर बहुत जोर डाल रहे हैं कि मैं लोहे की रोलिंग मिल खोल लूँ। मुझे कानपुर बुलाया है।"

"तो क्या सोचा है तुमने ?" बनवारीलाल ने पूछा।

त्रिवेणीलाल बोला—"मैं अभी कानपुर जाकर इनकार किए देता हूँ। मैं समझता हूँ कि हमें उद्योगों से दूर रहना चाहिए—नित्य हड़ताल, तालाबन्दी, इनकम टैक्स, प्राविडेंट फंड, बोनस...झंझट-ही-झंझट !"

बनवारीलाल का मुख खिल गया—"बिल्कुल ठीक !" फिर मेरी ओर मुड़कर उसने पूछा—"क्यों अविनाश क्या ख्याल है तुम्हारा ?"

मैंने स्वीकार किया—बड़ा सुलझा हुआ दिमाग है इसका ! मैं तुम्हें इस पुत्र-रत्न पर भी बधाई देता हूँ !

गद्‌गद होकर त्रिवेणीलाल ने फिर मेरे चरण छुए और वह उठकर चला गया।

त्रिवेणीलाल के जाने के बाद बनवारीलाल ने कहा—"तीसरा लड़का छबीलेलाल अभी घंटा-भर पहले दिल्ली से वापस लौटा है। वह चीनी का धन्धा देखता है।" और नौकर से उसने कहा—"जरा देख, छबीले भइया अभी हमसे नहीं मिले। कह देना, लालाजी बुला रहे हैं।"

रेशमी ड्रेसिंग गाउन पहने हुए, जैसे आधुनिक युग का कोई भारतीय नौजवान उद्योगपति हो, मुख पर आत्मविश्वास, दूसरों पर छा जाने की प्रवृत्ति। आते ही वह बनवारीलाल से बोला—"मिलवालों के आग्रह से सरकार ने राशन में जानेवाली चीनी में पचीस प्रतिशत कटौती कर दी है, तो हम लोगों ने खुले बाजार में चीनी के दाम पचास रुपया क्विंटल बढ़ाने का निर्णय किया है।"

बनवारीलाल का चेहरा चमक उठा—"कितना स्टाक है तुम्हारे पास ?"

"बीस हजार बोरे तो हैं। गंगा शुगर मिल से दस हजार बोरों का सौदा और पक्का कर आया हूँ।" और तभी जाने छबीले को वहाँ एक अजनबी की उपस्थिति का पता चला हो, उसने बड़ी अन्दाज से मेरी ओर देखते हुए पूछा—"आपकी तारीफ ?"

"यह तुम्हारे अविनाश चाचा हैं। दिल्ली आ गए हैं विदेश से ! इनके चरण छुओ !"

बहुत अनमने भाव से वह मेरे पैर छूने की मुद्रा में मेरे पैरों की ओर झुका, और मैंने तत्काल उसे आशीर्वाद देकर उसका संकट दूर कर दिया। फिर वह वहाँ नहीं रुका, सीधे वहाँ से चलता बना।

बनवारी ने हँसते हुए कहा—"इसका अपना एक तरीका है। एक कोऑपरेटिव शुगर मिल खोलने की फिराक में है, मैंने बड़ा ऊँचा-नीचा समझाया, लेकिन दिखता है, ससुरा शुगर मिल खोलके ही रहेगा।"

मैंने घड़ी देखी, साढ़े नौ बज रहे थे। दस बजे तक मैं दिल्ली के लिए चल देना चाहता था। मैं उठ ही रहा था कि मुझे एक भद्दी सी आवाज में एक फिल्मी धुन सुनाई पड़ी, और बनवारीलाल बोला—"इस ससुरे रँगीलेलाल से भी मिल लो !" और मैंने देखा कि टेरिकॉट की पैंट और टेरिलिन की बुशशर्ट पहने एक कसरती बदन का युवक आकर बनवारीलाल से बोला—"लालाजी एस.टी.सी. से एक मर्सडीज कार एलाट हो गई है मुझे, निहायत शानदार। बस नई समझिए उसे। बयालीस हजार दाम है उसका !"

बनवारीलाल एकाएक गरम हो गया—"बयालीस हजार की मोटर ! बिल्कुल नहीं !"

"तो फिर तीर्थयात्रा भी बन्द समझिए !" उसने उत्तर दिया।

जिस तेजी के साथ बनवारीलाल का पारा चढ़ा था, उसी तेजी के साथ वह उतरा भी—अच्छा-अच्छा, खरीद लो ! और फिर उसने मुझसे कहा—"यह मेरा चौथा बेटा है, रँगीलेलाल !"

"रँगीलेलाल तीर्थयात्री !" उस युवक ने कहा।

"और ये हैं तुम्हारे चाचाजी, अविनासचन्द्र ! इनके चरण छुओ !"

वहीं खड़े-खड़े उसने कहा—"मैं रँगीलेलाल तीर्थयात्री, आपके चरण छूता हूँ !" और वह बनवारीलाल से बोला—"लालाजी, मैं आज रात की गाड़ी से दिल्ली जा रहा हूँ अपनी कार लेने।"

"मर ससुरे ! जाकर मुँह काला कर !" बनवारीलाल बोला। और रँगीलेलाल तीर्थयात्री चला गया।

मैं चक्कर में पड़ गया। यह रँगीलेलाल अपनी पोशाक में और अपने व्यवहार में किसी सर्कस का रिंग मास्टर दिख रहा था। और उसके नाम के आगे उपनाम जुड़ा था तीर्थयात्री। मैंने बनवारी से सहानुभूति प्रकट की—"शौकीन तबीयत का दिखता है यह लड़का ! सबसे छोटा है, लाड़-प्यार में पला है। यह क्या धन्धा करता है ?"

बनवारीलाल ने एक ठंडी सी साँस ली—"यह तीर्थयात्रा करता है, तभी तो इसका नाम रंगीलेलाल तीर्थयात्री है !"

"तीर्थयात्री ! शक्ल से तो नहीं दिखता कि इसे धर्म-कर्म पर कोई आस्था होगी !"

"अविनासू, युग बदल गया है, और युग के साथ धरम-करम के मापदंड भी बदल गए हैं !"

मैंने कुछ झल्लाकर कहा—"तुम तो पहेली बुझा रहे हो ! साफ-साफ क्यों नहीं बताते कि कौन-कौन सी तीर्थयात्रा की है इसने ?"

इतनी देर में बनवारीलाल संयत हो गया था। उसने कहा—"जितने पुराने तीरथ हैं, इस युग में उनका महातम जाता रहा है। अब तो कृष्णमन्दिर नाम के एकमात्र तीरथ का महातम है, समझे ! कृष्णमन्दिर का मतलब है जेल। तो यह अक्सर जेल की यात्रा कर लेता है।"

मैं जैसे आसमान से गिरा—"जेल जाया करता है ! क्या कहते हो ?"

बनवारी के मुख पर अब अपनी पुरानी मुस्कान आ गई—"अविनासू भइया ! यह

जो इतना ठाट-बाट देख रहे हो हमारा, इसे बिना तपस्या के तो नहीं प्राप्त किया जा सकता। यह ससुरी सरकार...तरह-तरह के कानून बना रखे हैं इसने ! और अगर कानून पर चलो तो कंगाल हो जाओ, कंगाल। काँगरेस को चन्दा दो, मन्त्रियों का पेट भरो, अफसरों को रिश्वत दो, बाबुओं को नजराना दो, चपरासियों को बखसीस दो, तो गए अपने काम से ! तो बिना कानून तोड़े कोई चारा नहीं। भइया, हम गलत तो नहीं कहते !''

मुझे मानना पड़ा कि बनवारी सोलह आने ठीक कह रहा है।

''और जब कानून तोड़ोगे, तब जेल भी जाना पड़ेगा। लाख चौकसी करो, कभी-न-कभी, कहीं-न-कहीं तो चूक रह ही जाती है।''

''इससे इनकार नहीं किया जा सकता !'' मैं बोला।

''तो तीन कामकाजी लौंडे थे, उन्हें तो हमने धन्धे से लगा दिया, रहा यह आवारा और मुँहजोर रँगीले, तो जब कभी हमारी किसी फर्म में छापा पड़ता है, पकड़ा-धकड़ा जाता है, तब यह सामने कर दिया जाता है। इन फर्मों के मालिकों में रँगीले भी तो है। साल-भर में एकाध बार महीना-पन्द्रह दिन के लिए यह हँसते-खेलते कृष्णमन्दिर की तीर्थयात्रा कर आता है।''

मुझे न जाने क्यों तैश आ गया—''इतने पतित हो गए हो बनवारी ! अपने लड़के को जेल की हवा खिलाते शर्म नहीं आती ! उलटे इसे तीर्थयात्री कहते हो ! तुम्हारा मुँह देखना पाप है !''

बनवारीलाल ने मेरा हाथ पकड़ते हुए बड़े मुलायम ढंग से कहा—''अरे इतना नाराज न हो अविनासू भइया ! महात्मा गांधी, जवाहरलाल नेहरू, गोविन्दवल्लभ पन्त, ये सब जेल हो आए कि नहीं ? देश-भर यह कहता है कि इन महान नेताओं ने जेल को तीरथ के रूप में माना है !''

मैं उबल पड़ा—''डूब मर चुल्लू-भर पानी में ! अपने इस लौंडे की तुलना देवता-तुल्य इन महान विभूतियों से करता है ! इन लोगों ने देश की स्वतन्त्रता के लिए तीर्थयात्रा की थी !''

बनवारी मुस्कुराया—''और रँगीले भी तो मानव की व्यक्तिगत स्वतन्त्रता के लिए जेल-यात्रा करता है !''

मैं चौंका—''मानव की व्यक्तिगत स्वतन्त्रता के लिए ? क्या बकते हो ?''

''हम बकते नहीं, हम तो सार की बात कहते हैं। हरेक आदमी को स्वतन्त्रतापूर्वक अपनी जिन्दगी जीने का अधिकार है ! तो सरकार ने हमारी व्यक्तिगत स्वतन्त्रता छीन ली है। जहाँ देखो, कोटा, परमिट, लिखा-पढ़ी, खाना-पूरी...जिन्दगी हराम कर दी है इन ससुरों ने ! अब तुम्हीं बताओ कि हम व्यक्तिगत स्वतन्त्रता की कैसे रक्षा करें ?''

मुझे लगा कि मेरा सर चकरा रहा है। बनवारी की बात में कहीं कोई बड़ा सत्य है ! बड़ी मुश्किल से मैं अपनी कार तक पहुँच पाया।

और तब से आज तक मैं परेशानी में पड़ा हूँ। उस हरामजादे बनवारी ने और उसके पुत्र रँगीलेलाल तीर्थयात्री ने मुझे अजीब उलझन में डाल दिया है।

वसीयत

जिस समय मैंने कमरे में प्रवेश किया, आचार्य मिश्र आँखें बन्द किए हुए लेटे थे और उनके मुख पर एक तरह की ऐंठन थी, जो मेरे लिए नितान्त परिचित सी थी, क्योंकि क्रोध और पीड़ा के मिश्रण से वैसी ऐंठन उनके मुख पर अक्सर आ जाया करती थी। वह कमरा ऊपरी मंजिल का था और वह अपने कमरे में अकेले थे। उनका नौकर बुधई मुझे उस कमरे में छोड़कर बाहर चला गया।

आचार्य चूड़ामणि की गणना जीवन में सफल, सम्पन्न और सुखी व्यक्तियों में की जानी चाहिए, ऐसी मेरी धारणा थी। दो पुत्र—लालमणि और नीलमणि। लालमणि देवरिया के स्टेट बैंक की शाखा का मैनेजर था और नीलमणि लखनऊ के सचिवालय में डिप्टी सेक्रेटरी था। तीन लड़कियाँ थीं—सरस्वती, सावित्री और सौदामिनी। सरस्वती के पति श्री ज्ञानेन्द्रनाथ पाठक इलाहबाद में पी.डब्ल्यू.डी. के सुपरिंटेंडिंग इंजीनियर थे, सावित्री के पति श्री जयनारायण तिवारी की सुलतानपुर में आटे की और तेल की मिलें थीं तथा सौदामिनी के पति संजीवन पांड़े सेना में कर्नल थे और मेरठ छावनी में नियुक्त थे।

आचार्य चूड़ामणि का और मेरा साथ करीब चालीस वर्ष पुराना था। एक ही दिन हम दोनों की हिन्दू विश्वविद्यालय के दर्शन विभाग में नियुक्ति हुई थी। आचार्य चूड़ामणि रीडर बने थे और मैं लेक्चरर बना था।

उनके अथक परिश्रम, अटूट निष्ठा तथा अडिग संयम का ही परिणाम था कि वह विश्व में भारतीय दर्शन के विशेषज्ञ माने जाते थे। प्रकांड पांडित्य के ग्रन्थों से लेकर बी.ए. की पाठ्य-पुस्तकों तक अनेक ग्रन्थों की रचना उन्होंने की थी। न जाने कितनी कमेटियों के वह सदस्य थे। हरेक विश्वविद्यालय उन्हें अपने यहाँ परीक्षक बनाकर अपने को धन्य समझता था। साथ ही बड़े कट्टर किस्म के ब्राह्मण थे वह। और तो और, मेरे घर की बनी हुई चाय तक उन्होंने कभी नहीं पी। महीनों उन्हें वाराणसी से बाहर रहना होता था और तब वह सत्तू, दूध, फल तथा अपने घर में बनी हुई मठरियों या लड्डुओं से हफ्तों काम चला लेते थे।

वाराणसी के लंका मोहल्ले में उन्होंने दोमंजिला मकान खरीद लिया था, उसी में वह रहते थे। उनकी पत्नी तथा उनके पुत्रों ने उनसे कितना आग्रह किया कि वह कहीं खुली जगह कोई कोठी बनवा लें, लेकिन उन्होंने कतई इनकार कर दिया। गर्मी में दो बार और जाड़ों में एक बार नित्य गंगा-स्नान करके पूजा करना उनका नियम सा था।

जनवरी का प्रथम सप्ताह था। उस दिन जब वह गंगा-स्नान करके लौटे, उन्हें कुछ ज्वर-सा मालूम हुआ। उनकी पत्नी जसोदा देवी अपनी परम्परा के अनुसार लखनऊ में अपने छोटे पुत्र के यहाँ थीं, उनके नौकर बुधई के ऊपर उनकी देखभाल करने का पूरा भार था। दोपहर के समय जब उन्हें पसलियों में दर्द भी मालूम हुआ, तो उन्होंने वैद्यराज धन्वन्तरि शास्त्री को बुलाया। वैद्यराज ने नब्ज देखकर काढ़ा पिलाया—निदान था कि सर्दी लग गई है, ठीक हो जाएगी। दूसरे दिन जब बुखार और तेज हुआ, तब उन्होंने डॉक्टर को बुलाया। डॉक्टर ने देखा कि उन्हें न्युमोनिया हो गया है। दोनों फेफड़े जकड़ गए हैं। उसने दवा दी। बीमारी के चौथे दिन आचार्य चूड़ामणि ने बुधई को भेजकर मुझे बुलाया था।

थोड़ी देर तक मैं उनकी चारपाई के सामने खड़ा रहा कि वह आँखें खोलें, फिर हारकर मुझे ही बोलना पड़ा—"गुरुदेव ! आपका शिष्य जनार्दन जोशी आपकी सेवा में उपस्थित है !"

मेरा इतना कहना था कि आचार्य चूड़ामणि ने अपनी आँखें खोल दीं। सजल नयनों से मुझे कुछ देर एकटक देखते रहे, फिर बोले—"तो तुम आ गए, जनार्दन ! मेरा अन्त समय आ गया है। तुम मेरे सबसे अधिक निकटस्थ रहे हो, तो तुम्हें बुला भेजा !"

मैंने आचार्य चूड़ामणि की बीमारी के सम्बन्ध में लालमणि से सब कुछ नीचे ही सुन लिया था, जो देवरिया से एक घंटा पहले ही आ गया था, आचार्य चूड़ामणि का तार पाकर। मेरी आँखों में भी आँसू आ गए। मैंने कहा—"गुरुदेव ! यह संसार असार है और यह शरीर नश्वर है !"

कमजोर आवाज में आचार्य ने कहा—"हाँ, जनार्दन ! यही पढ़ा है। लेकिन अभी मेरी अवस्था ही क्या है...कुल मिलाकर पिचहत्तर वर्ष ! सोच रहा था, संन्यासाश्रम का भी कुछ रस लूँ, लेकिन लगता है, मृत्यु सिर पर आ गई है ! मृत्यु से बड़ा भय लगता है !" और जैसे वह बेहद थके हों, उन्होंने आँखें मूँद लीं।

मैंने उन्हें धीरज बँधाया—"दिल छोटा मत कीजिए, गुरुदेव ! बताइए, मेरे लिए क्या आदेश है ?"

आचार्य चूड़ामणि ने फिर आँखें खोलीं—"अरे हाँ, मेरी तकिया के नीचे कुछ कागज रखे हैं, उनमें मेरी वसीयत है। कल इसकी रजिस्ट्री यहीं घर पर करा चुका हूँ। एक प्रति न्यायालय में है, दूसरी यह है। तो इसे निकाल लो। एकमात्र तुम मेरे सबसे अधिक निकटस्थ हो और इस दुनिया में एकमात्र तुम पर मेरा विश्वास रहा है। मैंने उन सबों को कल ही तार करवा दिया है जिन्हें मेरे क्रिया-कर्म में सम्मिलित होना है और मेरी वसीयत के अनुसार कुछ मिलना है। इस वसीयत के कार्यान्वयन के लिए मैंने तुम्हें नियुक्त किया है। तो यह वसीयत मैं तुम्हें सौंपता हूँ। मेरा प्राणान्त होते ही यह वसीयत लागू हो जाएगी।"

"गुरुदेव की असीम कृपा रही है मेरे ऊपर !" यह कहकर मैंने आचार्य के तकिए के नीचे से कागजों का पुलिन्दा निकाला। इधर मैंने उन कागजों को उलटना आरम्भ किया, उधर आचार्य चूड़ामणि की आँखें उलटने लगीं। मैंने तत्काल बुधई और लालमणि

को बुलाकर आचार्य को भूमि पर उतारा। इधर मैंने उनके मुख में गंगाजल डाला, उधर आचार्य के प्राण महायात्रा पर निकल पड़े।

बुधई को उनके कमरे में छोड़कर मैं लालमणि के साथ नीचेवाले बड़े हॉल में आया। कागज का पुलिन्दा मेरे हाथ में था। लालमणि ने पूछा—"यह कैसे कागज हैं, जोशीजी ?"

"यह तुम्हारे पिता की वसीयत है, और तुम्हारे पिता के कथनानुसार इसी समय से लागू हो जाती है। तो इसे पढ़ना आवश्यक है।"

"हाँ, बुधई ने बताया था कि सब-रजिस्ट्रार साहब को पिताजी ने बुलाया था।" लालमणि बोला।

एक छोटी सी भूमिका अपने सम्बन्ध में, फिर वसीयत में कार्यान्वयन के अनुच्छेद आरम्भ हो गए थे। पहला अनुच्छेद इस प्रकार था : "मैं चूड़ामणि मिश्र आदेश देता हूँ कि मेरा अन्त्येष्टि-संस्कार सनातन धर्म की प्रथा से हो, और अपने अन्त्येष्टि-संस्कार के लिए मैंने पचास हजार की रकम अपनी अलमारी में अलग निकाल रखी है, जो क्रिया-कर्म का व्यय काटकर मेरा अन्त्येष्टि-संस्कार करनेवाले को मिलेगी। मुझे खेद के साथ कहना पड़ता है कि मेरे दोनों पुत्र अधर्मी और नास्तिक हैं। वैसे मेरा अन्त्येष्टि-संस्कार करने का उत्तरदायित्व मेरे ज्येष्ठ पुत्र लालमणि पर है, लेकिन मेरा आदेश है कि मेरा अन्त्येष्टि-संस्कार वही कर सकता है, जो यज्ञोपवीत धारण किए हो और जिसके सिर पर शिखा हो। यदि मेरे ज्येष्ठ पुत्र में यह शर्त पूरी नहीं होती, तो नीचे लिखी नामों की तालिका को अनुसार प्राथमिकता के क्रम से यज्ञोपवीत और शिखा धारण करनेवाला ही मेरा अन्त्येष्टि-संस्कार कर सकेगा..." मैं पढ़ते-पढ़ते रुक गया। लालमणि की ओर देखकर मैंने पूछा—"क्यों चिरंजीव लालमणि, तुम्हारे चोटी-वोटी है कि नहीं ? और यज्ञोपवीत पहनते हो या नहीं ?"

कुछ उलझन के भाव से उसने कहा—"चुटइया रखके कहीं स्टेट बैंक की मैनेजरी होती है ? और जनेऊ हर दूसरे-तीसरे दिन मैला हो जाता है, तो हमने पहनना ही छोड़ दिया।"

"तब तो पचास हजार गए हाथ से, तुम अन्त्येष्टि-संस्कार के योग्य नहीं हो। तुम्हारे बाद नीलमणि का नम्बर है।"

"उसके भी न चोटी है, न जनेऊ है। यह तो तीसरे नम्बर का हमारा चचेरा भाई है जगत्पति मिश्र, राज-ज्योतिषी, यह निहायत झूठा और आवारा है ! ग्राहकों को फँसाने के लिए इसके एक बालिश्त की चोटी लहराती है और झूठी कसमें खाने के लिए मोटा सा जनेऊ पहने है !"

जगत्पति मुझसे भी एक बार पाँच रुपए ऐंठ ले गया है, तो मैंने कुछ सोचकर कहा—"लालमणि, हमारी सलाह मानो तो तुम किसी नाई की दुकान पर तत्काल मशीन से अपने बाल छँटा लो, तो चौथाई या आधी इंच की चोटी निकल ही आएगी। और वहाँ से लौटते हुए एक जनेऊ भी लेते आना।"

मेरी बात सुनते ही लालमणि तीर की तरह बाहर निकला। लालमणि के जाने के बाद मैंने वसीयत का दूसरा अनुच्छेद पढ़ा—"मैं चूड़ामणि मिश्र चाहता हूँ कि मेरी मृत्यु की सूचना तार या टेलीफोन द्वारा मेरी पत्नी जसोदा देवी, मेरे पुत्र लालमणि तथा नीलमणि, मेरी पुत्रियों—सरस्वती, सावित्री और सौदामिनी तथा मेरे भतीजे जगत्पति, श्रीपति और लोकपति को दे दी जाए। अन्य सगे-सम्बन्धियों को सूचना देने की कोई आवश्यकता नहीं। इन समस्त कुटुम्बवालों की प्रतीक्षा बारह घंटे से लेकर चौबीस घंटे तक की जाए, इसके बाद मणिकर्णिका घाट पर मेरे शरीर का दाह-संस्कार हो। मेरे दसवें के दिन, समस्त सगे-सम्बन्धियों की उपस्थिति में मेरी वसीयत का शेषांश पढ़ा जाए।"

अब मुझे आचार्य चूड़ामणि मिश्र की वसीयत में दिलचस्पी आने लगी थी, लेकिन आचार्य की आज्ञा मुझे शिरोधार्य करनी थी, इसलिए वसीयत को तहाकर मैंने अपनी जेब के हवाले किया। आचार्यप्रवर का भौतिक शरीर अगले चौबीस घंटों में बिगड़ने न पाए, मुझे इस बात की चिन्ता थी। सौभाग्य से लालमणि वाराणसी आ गया था और करीब आध घंटे बाद वह चौथाई इंच लम्बी चोटी धारण किए हुए नाई की दुकान से घर वापस आ गया। इस समय उसके कन्धे पर एक मोटा सा जनेऊ भी लहरा रहा था। मैंने वसीयत का दूसरा अनुच्छेद उसे सुनाकर आदेश दिया कि वह वसीयत में बताए लोगों को तार या टेलीफोन से खबर कर दे, अपने चचेरे भाइयों के परिवार को बुलाने और एक सिल्ली बर्फ की मँगवाकर आचार्य प्रवर का शरीर उस पर रखवा दे। दूसरे दिन सुबह नौ बजे आचार्यजी की शव-यात्रा मणिकर्णिका घाट के लिए होगी। मैं सुबह सात-साढ़े सात बजे पहुँच जाऊँगा।

कितनी शानदार शव-यात्रा थी आचार्य चूड़ामणि की ! मैं तो दंग रह गया था। वाराणसी के सभी धर्माध्यक्ष और पंडित सम्मिलित थे उसमें। शर्मा-शर्मी कुछ नेता भी आ गए थे। जगत्पति की आपत्तियों के बावजूद आचार्य की कपाल-क्रिया उनके ज्येष्ठ पुत्र लालमणि ने की, अपनी चोटी और यज्ञोपवीत के बल पर।

दसवें के दिन जब घर शुद्ध हो गया, मैं आचार्य की वसीयत लेकर उनके घर पहुँचा। उनके सब परिवारवाले तथा सगे-सम्बन्धी आ गए थे। नीचेवाले बड़े कमरे में सब लोग एकत्र हुए। एक ओर स्त्रियाँ थीं, आचार्य की पत्नी जसोदा देवी, लालमणि की पत्नी नीरजा मिश्र, नीलमणि की पत्नी मधुरिमा मिश्र, दोनों के ही बाल बॉब्ड, दोनों ही अंग्रेजी-मिश्रित हिन्दी में बात करनेवाली। आचार्य की पुत्रियाँ सरस्वती और सावित्री भारतीयता की प्रतिमूर्ति, लेकिन सौदामिनी अपनी भावजों से इक्कीस निकलती हुई। दूसरी ओर पुरुष थे, आचार्य के पुत्र लालमणि और नीलमणि, आचार्य के दामाद ज्ञानेन्द्रनाथ पाठक, जयनारायण तिवारी तथा संजीवन पांडे, आचार्य के भतीजे जगत्पति मिश्र, श्रीपति मिश्र और लोकपति मिश्र। बुधई सब लोगों के पान-पानी की व्यवस्था कर रहा था।

मैं उस समय तक अत्यधिक गम्भीर था। आचार्य चूड़ामणि के आदेश का पालन करते हुए मैंने उनकी वसीयत का शेषांश अपने घर पर नहीं पढ़ा था, यद्यपि उसे पढ़ने की इच्छा बहुत हुई थी।

मैंने वसीयत पढ़ना आरम्भ किया। दो अनुच्छेदों में लोगों को कोई दिलचस्पी नहीं थी, वह तो सब हो चुका था। अब मैं तीसरे अनुच्छेद पर आया, जो इस प्रकार था—"मैं चूड़ामणि मिश्र आदेश देता हूँ कि मेरा दाह-संस्कार करनेवाले व्यक्ति की पत्नी सूतक हट जाने के बाद छह महीने तक नित्य प्रति सुबह स्नान करके ग्यारह ब्राह्मणों की रसोई अपने हाथ से बनाकर उन्हें भोजन कराएगी..."

उसी समय लालमणि की पत्नी नीरजा मिश्र ने तमककर कहा—"जाड़े में सुबह स्नान करके ग्यारह ब्राह्मणों की रसोई बनावे मेरी बला ! बूढ़े की सनक पर मैं अपनी जान नहीं दे सकती !"

मैंने नीरजा मिश्र की बात अनसुनी करते हुए तीसरे अनुच्छेद का शेषांश पढ़ा—"यदि वह स्त्री इससे इनकार करती है, तो क्रमानुसार यह काम मैं दूसरी वधू, और इसके बाद अपनी तीन लड़कियों के हाथ में सौंपता हूँ। इसके लिए उस स्त्री के लिए पचीस हजार रुपए की रकम निश्चित करता हूँ।"

एकाएक मुझे मधुरिमा मिश्र की भारी और मोटी आवाज सुनाई दी—पिताजी का आदेश वेदवाक्य है मेरे लिए ! जीजी नहीं करती हैं तो न करें, मैं उनकी इच्छा की पूर्ति करूँगी !

नीरजा एकाएक तड़प उठी—बड़ी इच्छा की पूर्ति करनेवाली होती हो ! जिन्दगी में कभी रसोई बनाई है या अब बनाओगी ! लखनऊ में बैरों से खाना बनवाकर खाती हो ! मैं तो अक्सर अपने घर में रसोई खुद ही बना लिया करती हूँ। जहाँ छह-सात आदमियों की रसोई बनाती हूँ, वहाँ ग्यारह आदमियों की रसोई बना लिया करूँगी, कुल छह महीने की तो बात है ! और नीरजा ने मुझसे पूछा—"यह तो नहीं लिखा है कि गरम पानी से स्नान न किया जाए ?"

मुझे कहना पड़ा—"यह शर्त लगाना वह भूल गए।"

नीरजा ने ताली बजाते हुए कहा—"तो, फिर मुझे यह स्वीकार है ! अब आगे पढ़िए।"

मधुरिमा मिश्र अपनी जेठानी को कोई कड़ा उत्तर देना चाहती थी कि नीलमणि बोल उठा—"ठीक है, यह अधिकार भाभीजी का है। वैसे भाभीजी का मधुरिमा पर आक्षेप अनुचित है। मधुरिमा ने पचास-पचास आदमियों का भोजन अकेले अपने हाथ से बनाया है। भाभीजी को अपने शब्द वापस लेने चाहिए।"

"मैं अपने शब्द किसी हालत में वापस नहीं ले सकती !" नीरजा ने चीखकर कहा।

लेकिन वाह रे लालमणि ! उसने उठकर कहा—"मैं नीरजा के शब्द वापस लेता हूँ। अब आप आगे पढ़िए।"

बात और आगे न बढ़े, मैंने वसीयत पढ़ना आरम्भ किया—अनुच्छेद चार इस

प्रकार है—"मैं चूड़ामणि मिश्र अपनी पत्नी जसोदा देवी से जीवन-भर परेशान रहा। अत्यन्त आलसी, चटोरी और लापरवाह स्त्री है यह। मैंने तो दाल-भात और सत्तू खाकर जीवन बिता दिया, लेकिन यह हरामजादी मुझसे छिपाकर प्रायः नित्य ही रबड़ी, मलाई और मिठाई खाती है..."

तभी जसोदा देवी ने चिल्लाकर कहा—"हाय राम ! यह सब लिखा है इस बुढ़वे ने ! ऐसे खबीस आदमी के पल्ले मैं पड़ गई...इसे नरक में जगह न मिलेगी ! घरवालों को सता-सताकर जमा-जथा इकट्ठी करता रहा...नाँस हो इसका !"

इसी समय लालमणि और नीलमणि ने एक साथ अपनी माता को डाँटा—"अम्मा ! पिताजी को गाली मत दो ! हाँ, जोशीजी, आप आगे पढ़िए।"

मैंने चौथे अनुच्छेद का शेषांश पढ़ा—"मेरी मृत्यु के बाद इस राँड को मेरे पुत्रों पर निर्भर रहना पड़ेगा, जो अपनी जोरुओं के गुलाम हैं। ये मेरी पुत्र-वधुएँ इसे भूखों मार देंगी, और इसकी बिगड़ी हुई आदतों के कारण इसे भयानक कष्ट होगा। इसलिए मैं जसोदा के नाम दो लाख रुपया छोड़ता हूँ, जिसके ब्याज पर यह मजे में जिन्दा रह सकती है।"

मैंने चौथा अनुच्छेद समाप्त ही किया था कि स्त्रियों के कक्ष में एक हंगामा सा खड़ा हो गया। जसोदा देवी 'हाय लालमन के पिता !' कहकर धड़ाम से जमीन पर लेट गईं और अन्य स्त्रियों ने उन्हें घेर लिया। दस सेकेंड बाद ही उन्होंने रोना आरम्भ कर दिया—तुम तो सरग में चले गए, लालमन के पिता...हमें इस नरक में छोड़ गए ! हमें छमा करो ! तो हमारे अनजाने हमसे अपराध हो गया है...! हाय लालमन के पिता ! और उन्होंने अपनी छाती पीटना आरम्भ कर दिया।

मैंने समस्त साहस बटोरकर कड़े स्वर में कहा—"यह सब कारन बाद में कीजिएगा, अभी तो वसीयत पढ़ी जा रही है !" और जसोदा देवी की पुत्रियों ने उन्हें जबर्दस्ती चुप कराया।

मैंने अब पाँचवाँ अनुच्छेद पढ़ना आरम्भ किया—"मैं चूड़ामणि मिश्र अपनी पुत्री सरस्वती के पति ज्ञानेन्द्रनाथ पाठक से अत्यधिक खिन्न हूँ। एक हफ्ता पहले मैंने यह खबर पढ़ी थी कि ज्ञानेन्द्रनाथ पाठक के विरुद्ध पाँच लाख रुपए के गबन की इन्क्वायरी की माँग उठाई गई है एसेम्बली में। इसके अर्थ यह हैं कि यह ज्ञानेन्द्रनाथ पाठक बेईमान और रिश्वतखोर है..."

ज्ञानेन्द्रनाथ पाठक की ओर सब लोगों की निगाहें उठ गईं और सहसा ज्ञानेन्द्रनाथ पाठक उठ खड़े हुए—"यह बूढ़ा हमेशा का बदमिजाज और बदजबान रहा है, मरने के पहले पागल भी हो गया था ! और उन्होंने अपनी पत्नी सरस्वती को आज्ञा दी—चलो, इस घर में मेरा दम घुट रहा है...एकदम चलो !"

सरस्वती भी उठ खड़ी हुई, लेकिन सावित्री और सौदामिनी ने सरस्वती का हाथ पकड़ लिया—"पहले पूरी बात तो सुन लो !"

दूसरी ओर पुरुषों ने ज्ञानेन्द्रनाथ पाठक का हाथ पकड़कर बैठाया, नीलमणि ने

मुझसे कहा—"हाँ, जोशीजी, पाँचवाँ अनुच्छेद पूरा कीजिए।"

मैंने पाँचवाँ अनुच्छेद पूरा किया—"और अगर ज्ञानेन्द्रनाथ पाठक पर इन्क्वायरी बैठ गई, तो बहुत सम्भव है, इसकी नौकरी जाती रहे, इसे शायद सजा भी हो जाए, इस सबमें इसके पाप की कमाई भी नष्ट हो सकती है। इसलिए मैं सरस्वती के लिए एक लाख रुपया छोड़ता हूँ।"

कमरे में सन्नाटा छा गया। ज्ञानेन्द्रनाथ पाठक चुप बैठे छत की ओर देख रहे थे और सरस्वती सुबक रही थी। जसोदा देवी ने सरस्वती के सिर पर हाथ रखते हुए कहा—"कोई बात नहीं, इनकी तो आदत ही ऐसी थी !"

मैंने अब वसीयत का छठा अनुच्छेद पढ़ा—"मैं चूड़ामणि मिश्र अपनी दूसरी लड़की सावित्री से हमेशा सन्तुष्ट रहा हूँ। अत्यन्त सुशील और विनम्र रही है यह। भगवान की भी इस पर कृपा है। इसके पति जयनारायण तिवारी का ऊँचा कारोबार है, आटे की मिल, तेल की मिल और अब वह शक्कर की मिल भी खोल रहा है। सावित्री और जयनारायण को मेरे शत-शत आशीर्वाद !" और मैं चुप हो गया।

तभी मुझे जयनारायण की आवाज सुनाई दी—"वसीयत के अनुसार हमें कुछ मिलेगा भी या नहीं ?"

"यह तो उन्होंने नहीं लिखा है। छठा अनुच्छेद समाप्त हो गया, केवल आशीर्वाद ही दिया है उन्होंने।"

और अब सावित्री ने रो-रोकर कहना आरम्भ किया—"पिताजी हमेशा हम लोगों से जलते रहे, हमारी सम्पन्नता का बखान करते रहे। उन्हें क्या पता कि इस साल हमें दो लाख रुपयों का घाटा हुआ है !"

जयनारायण तिवारी ने सावित्री को डाँटा—"क्यों घर का कच्चा चिट्ठा खोल रही हो ! घाटा हुआ है तो हमें, कोई हरामजादा इस घाटे को पूरा कर देगा ?"

कर्नल संजीवन पांडे ने कड़े स्वर में कहा—"तिवारीजी, गाली-वाली देना हो तो अपने मजदूरों और मातहतों को देना ! यहाँ दोगे, तो मुँह तोड़ दिया जाएगा !"

मैंने सब लोगों से हाथ जोड़कर विनयपूर्वक कहा—"पहले वसीयत समाप्त हो जाए, तब आपस में लड़िए-झगड़िए।"

काफी चाँव-चाँव के बाद सब लोग शान्त हुए। मैंने अब सातवाँ अनुच्छेद पढ़ा—"मैं चूड़ामणि मिश्र अपनी छोटी लड़की सौदामिनी का मुँह नहीं देखना चाहता। यह मेरे नाम को कलंकित कर रही है। बाल कटे हुए, अंग्रेजी में बात करती है। मुझे बताया गया है कि यह कभी-कभी सिगरेट और शराब भी पी लेती है, यद्यपि मुझे इस पर विश्वास नहीं होता..."

मुझे पढ़ते-पढ़ते रुक जाना पड़ा, सौदामिनी चीख रही थी—"यह सब छोटे जीजाजी की हरकत है ! वह हमेशा पिताजी के कान भरते रहे, तभी पिताजी ने मुझे कभी अपने यहाँ नहीं बुलाया !"

उसी समय मुझे सावित्री की चीख सुनाई दी—"अरे, उन्हें बचाओ ! वह संजीवन

उनकी जान ले लेगा !"

अब मैंने पुरुषों की गैलरी की ओर देखा और मेरी आँखों को विश्वास नहीं हुआ। कर्नल संजीवन पांडे जयनारायण तिवारी का गला पकड़े थे और कह रहे थे—क्यों बे, सूअर के बच्चे ! हमारे यहाँ आते ही स्कॉच व्हिस्की माँगता है, और पीछे चुगली करता है ! और जयनारायण तिवारी 'गों-गों' की आवाज कर रहे थे। ज्ञानेन्द्रनाथ पाठक और नीलमणि ने बड़ी मुश्किल से जयनारायण तिवारी को संजीवन पांडे के पंजे से छुड़ाया।

मैंने कहा—"आप लोगों को इस पवित्र अवसर पर इस तरह लड़ना-झगड़ना शोभा नहीं देता ! इससे आचार्य की दिवंगत आत्मा को क्लेश होगा। पहले मैं पूरी वसीयत पढ़ लूँ, तब आप आपस में एक-दूसरे से निबटिएगा ! अभी सातवाँ अनुच्छेद समाप्त नहीं हुआ है।"

सब लोग शान्त हो गए। मैंने पढ़ना आरम्भ किया—"लेकिन इस समय मुझे लगता है, मुझसे सौदामिनी के प्रति अन्याय हो गया है। एक पतिव्रता स्त्री को जो करना चाहिए, वही सब वह कर रही है। और मैं संजीवन पांडे को भी दोष नहीं दे सकता। फौज में बड़ा अफसर है। चीन की फौज से लड़ा, पाकिस्तान की फौज से लड़ा और सौभाग्य से जीवित बचा हुआ है। लेकिन मृत्यु की छाया उसके सिर पर मँडराती ही रहती है। और इसीलिए वह खुलकर मांस-मदिरा का सेवन करता है। खुले हाथ खर्च करता है। पास में पैसा नहीं। अगर वह मर जाएगा, तो सौदामिनी और उसके बच्चों को भीख माँगने की नौबत आएगी। इसलिए मैं डेढ़ लाख रुपयों की व्यवस्था करता हूँ, जिसका ब्याज आठ प्रतिशत की दर से बारह हजार रुपया प्रतिवर्ष, यानी एक हजार रुपया महीना होगा।"

एकाएक सौदामिनी किलक उठी—"धन्य हो पिताजी ! तुम निश्चय स्वर्ग में जाओगे !"

और मैंने देखा कि संजीवन पांडे ने उठकर जयनारायण तिवारी को गले से लगाया—"भाई साहब, मुझे क्षमा कीजिएगा ! आपकी ही वजह से उस खबीस बूढ़े से डेढ़ लाख रुपए की रकम हाथ लगी !"

मैंने संजीवन पांडे को डाँटा—"तुमको शर्म नहीं आती, जो अपने पिता-तुल्य पूज्य आचार्य को खबीस बूढ़ा कह रहे हो !" अच्छा, अब मैं आठवाँ अनुच्छेद पढ़ता हूँ—"मैं चूड़ामणि मिश्र अपने भतीजे जगत्पति मिश्र राज-ज्योतिषी के कष्टों से भलीभाँति परिचित हूँ। इसके पास कोई बैठक नहीं है, इसलिए गाहक खुद इसके यहाँ नहीं फँसता, इसे घूम-फिरकर गाहकों को फँसाना पड़ता है। बावजूद अपने झूठ और आडम्बर के यह अपना पेशा नहीं चला पा रहा है। अपने संकटमोचन के मकान का ऊपरी खंड मैं जगत्पति मिश्र को देता हूँ, एक हजार रुपयों की रकम के साथ, जिससे यह अपना एक शानदार साइनबोर्ड बनवा ले, एक टेलीफोन लगवा ले और अपने पेशे के योग्य पीताम्बर आदि वस्त्र खरीद ले !"

जगत्पति मिश्र ने कुछ हिचकिचाते हुए कहा—"हमारे लिए सिर्फ इतना ही ?"

उत्तर नीलमणि ने दिया—"पहले हैसियत बना लो, फिर लखनऊ आना। वहाँ ज्योतिषियों की बड़ी पूछ है, हम तुम्हें काफी रकम पैदा करा देंगे।"

मुझे डाँटना पड़ा—यह सब बातें बाद में, अभी तो वसीयत का क्रम चल रहा है। हाँ, तो नवाँ अनुच्छेद इस प्रकार है—"मैं चूड़ामणि मिश्र अपने भतीजे श्रीपति मिश्र से अत्यन्त सन्तुष्ट हूँ। हाईस्कूल पास होने के बाद ही वह राजनीति में आ गया, और राजनीतिक नेताओं तथा मिनिस्टरों की चमचागीरी करके वह खाने-पीने-भर के लिए झटक लेता है। लेकिन उसे केवल इतने से सन्तोष नहीं कर लेना चाहिए, उसे स्वयं एम.एल.ए. या मिनिस्टर बनना चाहिए। मैं जानता हूँ कि चुनाव लड़ने के लिए पूँजी की आवश्यकता है, क्योंकि एक चुनाव में पचास-साठ हजार रुपयों का खर्च है। मैं श्रीपति मिश्र के लिए पचास हजार रुपयों की व्यवस्था करता हूँ, ताकि वह अगला चुनाव लड़ सके। अपनी मक्कारी, छल-कपट और गुंडागर्दी के बल पर श्रीपति अपने प्रदेश का ही नहीं, भारतवर्ष का बहुत बड़ा नेता बन सकेगा।"

हर्षातिरेक से उमड़ते हुए अपने आँसुओं को पोंछते हुए श्रीपति ने कहा—"चाचाजी, आपने मेरे चरित्र पर जो लांछन लगाया है, वह सरासर अपने भ्रम के कारण ! लेकिन मैं आपके आदेशों का पालन करूँगा।"

मैंने अब दसवाँ अनुच्छेद पढ़ा—"मैं चूड़ामणि मिश्र अपने भतीजे लोकपति मिश्र का आदर करता हूँ। विनम्र, शिष्ट, अध्यवसायी और पंडित। अपने अथक परिश्रम और अपनी योग्यता के बल पर ही वह संस्कृत महाविद्यालय का प्राचार्य बन सका है। मैं अपनी समस्त पुस्तकें उसे देता हूँ, जिनकी जिल्दें बनवाकर वह मेरे मकान के नीचेवाले खंड में एक अच्छा सा पुस्तकालय स्थापित कर दे। इसी मकान में वह आकर रहे भी और जसोदा की देखभाल करे। जसोदा की मृत्यु के बाद नीचे के खंड का स्वामी लोकपति मिश्र होगा। अगर जसोदा लोकपति के साथ न रहना चाहे, तो वह अपने पुत्रों-पुत्रियों के साथ या कहीं दूसरी जगह रह सकती है। ऐसी हालत में जसोदा के जीवनकाल में ही इस नीचे के खंड पर लोकपति का स्वामित्व हो जाएगा। पुस्तकों की जिल्दें बँधवाने के लिए तथा रैक खरीदने के लिए मैं दो हजार रुपयों की व्यवस्था करता हूँ।"

लोकपति ने भूमि पर अपना मस्तक नमाकर कहा—"चाचाजी का आदेश शिरोधार्य है। लेकिन जिल्द-बँधाई और रैकों के खरीदने के लिए यह रकम बहुत कम है।"

तभी मुझे लालमणि की आवाज सुनाई दी—"इसमें हजार-दो हजार और जो लगे, मुझसे ले लेना।"

ग्यारहवाँ अनुच्छेद इस प्रकार था—"मैं चूड़ामणि मिश्र अपने सेवक बुधई से बहुत सन्तुष्ट हूँ, जो गत बीस वर्षों से मेरे अन्त समय तक बड़ी लगन और बड़ी भक्ति के साथ मेरी सेवा करता रहा। भोजन यह मेरे यहाँ करता था, वस्त्र यह मेरे पहनता था, अपनी तनख्वाह यह पूरी-की-पूरी अपने घर भेज देता था। तो मैं आदेश देता हूँ कि मेरे समस्त वस्त्र, सूती, रेशमी और ऊनी बुधई को दे दिए जाएँ। भंडारघर में जितना भी अनाज-घी-चीनी है, वह सब भी बुधई को दे दिया जाए। और मेरी ओर से सौ रुपए

देकर इसे विदा कर दिया जाए। यदि मेरे कुटुम्ब का कोई व्यक्ति बुधई को अपने यहाँ नौकर रखना चाहे, तो मुझे कोई आपत्ति नहीं।''

जसोदा देवी ने कड़ककर बुधई से पूछा—''कितना सामान है भंडार में ?''

बुधई ने हाथ जोड़कर कहा—''एक बोरा चावल, एक बोरा गेहूँ, पाँच किलो चीनी, एक मन गुड़, एक टीन घी और दो कनस्टर सत्तू है। दालें भी थोड़ी-थोड़ी हैं।''

जसोदा देवी ने कहा—''तेरही के दिन जो भोज होगा, यह अनाज उसमें काम आएगा। बुधई को कैसे दिया जा सकता है ?''

मुझे बोलना पड़ा—''भोज का प्रबन्ध लालमणि को करना पड़ेगा, जिन्हें इस सबके लिए पचास हजार की रकम मिली है। लालमणि अगर चाहें, तो यह अनाज बुधई की बाजारभाव पर खरीद लें।''

लालमणि ने कहा—''यह सब बाद में देखा जाएगा। अब आप वसीयत का शेषांश पढ़िए।''

बारहवें अनुच्छेद की प्रतीक्षा में सभी लोग थे, जो इस प्रकार था—''मैं चूड़ामणि मिश्र अपने मकान के रूप में अचल सम्पत्ति तथा बैंक में जमा ग्यारह लाख रुपयों की चल सम्पत्ति का स्वामी हूँ। यह ग्यारह लाख की रकम पिछले अप्रैल में मेरे नाम में थी, ब्याज लगाकर यह रकम अब और बढ़ गई होगी। सम्भवतः इस राशि पर मृत्यु-कर भी देना होगा। तो मृत्यु-कर देने के बाद जो रुपया बचे, उसमें से इस वसीयत में निर्धारित राशियाँ बाँट दी जाएँ, और जो बचे, वह बराबर-बराबर भागों में लालमणि और नीलमणि में वितरित हो जाए।''

मैंने कुछ रुककर कहा—''वसीयत समाप्त हो गई है, केवल एक फुटनोट है मेरे लिए अलग से। अगर आप कहें, तो उसे भी पढ़ दूँ।''

एक स्वर से सब लोगों ने कहा—''हाँ-हाँ, उसे भी पढ़ दीजिए।''

फुटनोट इस तरह था—''मेरे परम शिष्य जनार्दन जोशी ! तुम्हारा उत्तरदायित्व केवल इस वसीयत को मेरे परिवारवालों को सुनाना होगा। इस वसीयत की रजिस्ट्री हो चुकी है, जो अदालत में मौजूद है। तो जनार्दन, तुम इस वसीयत पर परिवारवालों के हस्ताक्षर लेकर अदालत में तत्काल जमा कर देना। जहाँ तक तुम्हारा सम्बन्ध है, तुम हमेशा भावनात्मक प्राणी रहे हो। तुम्हें भौतिक दर्शन पर विश्वास नहीं रहा है। न तुमने सॉरेल पढ़ा, न चार्वाक का दर्शन पढ़ा है। एकमात्र वेदान्त के तुम पंडित रहे हो। मुझे तुमसे कभी-कभी ईर्ष्या होने लगती है कि कितना सन्तोष है तुम्हें, तुम्हारे मन में कितनी शान्ति है ! मैं निःसंकोच कहता हूँ कि तुम मेरे सबसे अधिक निकटस्थ हो। मैं तुम्हें अन्तिम उपहार के रूप में अपना परम-प्रिय तोता गंगाराम भेंट करता हूँ, जिसे मैंने अपने प्राणों की तरह पाला है। जब तुम अदालत में इस वसीयत को जमा करके लौटना, तब बुधई से गंगाराम को ले लेना।''

मैंने घड़ी देखी, दस बज चुके थे। मैं उठ खड़ा हुआ—अदालत खुल गई होगी, मैं पूज्य गुरुदेव की आज्ञानुसार यह वसीयत वहाँ जमा करके वापस लौटता हूँ।

अदालत में अधिक समय नहीं लगा, बारह बजे ही मैं लौट आया। बुधई ने तोते का पिंजरा मुझे थमा दिया।

लंका से अस्सी घाट अधिक दूर नहीं है, जहाँ मेरा मकान है। पिंजरा हाथ में लेकर मैं पैदल ही चल पड़ा। उस समय मेरे मन में परम सन्तोष था। आचार्य इतने सम्पन्न और इतनी स्थिर बुद्धि के आदमी होंगे, मैंने पहले कभी कल्पना न की थी। मैं इस पर सोचता मगन भाव से चल रहा था कि मुझे सुनाई पड़ा तुम बुद्धू हो !

मैं चौंक पड़ा। बिल्कुल साफ आवाज। और मैंने अनुभव किया कि यह आवाज तोते के पिंजरे से आई थी। इस आवाज को सुनकर मेरे विचारों ने पलटा खाया। आचार्य ने लाखों रुपए उन लोगों को बाँट दिए, जिनसे वह बेहद नाराज थे, जिन्हें वह गालियाँ देते थे, लेकिन मेरे लिए उन्होंने एक पैसे की भी व्यवस्था नहीं की। अब मुझे आचार्य चूड़ामणि पर कुछ झुँझलाहट होने लगी। इस झुँझलाहट के मूड में मैं तेजी से डग बढ़ाकर चलने लगा। तभी मुझे पिंजरे से सुनाई पड़ा—मैं पंडित हूँ !

बड़ी साफ आवाज, जैसे आचार्य चूड़ामणि स्वयं बोल रहे हों। तो आचार्य एक मूल्यवान उपहार मुझे दे गए हैं। अस्सी घाट सामने दीख रहा था कि मुझे फिर सुनाई पड़ा—तुम बुद्धू हो !

आसपास के लोग मुझे और मेरे हाथवाले पिंजरे को देख रहे थे और मुझे लगा कि आचार्य चूड़ामणि अपनी वसीयत में मुझे ठेंगा दिखाकर मेरा उपहास कर रहे हैं। मेरा अन्दरवाला वेदान्ती न जाने कहाँ गायब हो गया। मैं तेजी से अपने घर की ओर न मुड़कर गंगाजी की ओर चलने लगा, तभी पिंजरे से सुनाई पड़ा—मैं पंडित हूँ !

सामने गंगाजी लहरा रही थीं। मैंने आचमन करते हुए कहा—"आचार्य, तुम पंडित थे, इससे कोई इनकार नहीं कर सकता, तुम्हारी आत्मा को शान्ति मिले ! और मैं अपने घर की ओर चलने को उद्यत ही हुआ कि गंगाराम बोल उठा—तुम बुद्धू हो !"

जैसे सिर से पैर तक आग लग गई हो मेरे, मैंने पिंजरे की खिड़की खोलते हुए कहा—"मैं बुद्धू हूँ, यह मानने से मैं इनकार करता हूँ। हे गंगाराम, मैं तुम्हें मुक्त करता हूँ ! मेरे कहने के साथ ही गंगाराम पिंजड़े से उड़ गया।"

और घाट पर खाली पिंजरा छोड़कर मैं घर की ओर चल दिया।

खानदानी हरामज़ादे

किसी ने एक कहानी सुनाई थी। वह कहानी सच है या झूठ, इसका पता तो आज तक नहीं चल सका, लेकिन अगर वह कहानी सच मान ली जाए, तो किसी का कुछ बिगड़ेगा नहीं, इतना तय है। वह कहानी कुछ इस प्रकार है :

बंगाल का विभाजन करके भारतवर्ष में राष्ट्रीयता के आन्दोलन को जन्म देनेवाले लॉर्ड कर्जन गवर्नर-जनरल के पद से मुक्त होकर इंग्लैंड वापस लौट रहे थे। उन दिनों ब्रिटिश भारत की राजधानी कलकत्ता थी। तो भारत की राजनीति में लॉर्ड कर्जन का योगदान भले ही कैसा भी रहा हो, अपने नौकरों और खिदमतगारों के प्रति वह अतिशय उदार थे। जब वह गवर्नमेंट हाउस से रवाना होने को हुए, उनके सैकड़ों नौकर-चाकर उन्हें विदाई देने के लिए इकट्ठा हुए। कोई रो रहा था, कोई सर पटक रहा था, कोई छाती पीट रहा था। और लॉर्ड कर्जन अपने नौकरों की स्वामिभक्ति से द्रवित होकर हरेक नौकर को कुछ-न-कुछ कीमती बख्शीश दे रहे थे। सबको बख्शीश देकर वह डॉक्स पर ले जानेवाली फिटन पर बैठने को बढ़े।

तभी उनका धोबी कन्हाई दौड़ता हुआ आया। लॉर्ड कर्जन को विदाई देने के लिए आने में उसे देर हो गई थी। आते ही वह लॉर्ड कर्जन के पैरों पर लेट गया, उनका चरण पकड़कर वह बोला—"माई-बाप, हमें अनाथ बनाकर जाय रहे हो ! सरकार के मुकाबिले का बादशाह अब नहीं आने का !" और उसका गला रुँध गया। उसकी आँखों से आँसुओं की धारा फूट पड़ी।

लॉर्ड कर्जन का असबाब जहाज पर पहुँच चुका था। जो कुछ उन्होंने नौकरों को बख्शीश देने को रख छोड़ा था, वह सब-का-सब बँट चुका था। झुँझलाकर उन्होंने कहा—"तुम धोबी का बच्चा, बहुत देर से आया ! सब कुछ बँट गया है !" लेकिन वह धोबी के आँसुओं से बेतहाशा द्रवित हो गए थे। कुछ सोचकर बोले—"अब देने को कुछ नहीं है। सरकार से कुछ काम कराना है तो बोलो, हम अभी ऑर्डर कर देगा।"

धोबी का लड़का पाँचू निहायत आवारा किस्म का नौजवान था। लॉर्ड कर्जन के सभी नौकरों से वह लड़ चुका था। बेकार घूमा करता था। पैसा वसूल करने के लिए वह महीने-दो महीने में अपने पिता को भी पीट दिया करता था। तो धोबी ने गिड़गिड़ाकर कहा—"सरकार, हमारा लौंडा पाँचू आवारा निकल गया है। बेकार घूमा करता है। तो उसे कोई सरकारी नौकरी मिल जाए।"

लॉर्ड कर्जन चक्कर में। बेयरा, खानसामा, अर्दली, साईस, माली—इन नौकरियों को देनेवाले छोटे-छोटे सरकारी अफसर होते थे। कुछ सोचकर वह मुस्कुरा पड़े। अपने ए.डी. से एक कागज माँगकर उन्होंने उस पर कुछ लिखा, फिर चीफ सेक्रेटरी को, जो उनके पास ही खड़ा था, वह कागज देते हुए उन्होंने धोबी को हल्की सी ठोकर मारी—"पैर छोड़ो ! जाओ, हमने तुम्हारे लड़के को डिप्टी कलेक्टर बना दिया !"

धोबी सन्नाटे में। फटी-फटी आँखों से उसने लॉर्ड कर्जन को देखा, फिर लड़खड़ाती आवाज में उसने कहा—"सरकार, हँसी न करें ! पाँचू तो बेपढ़ा, आवारा है, वह डिप्टी कलेक्टर कैसे बनेगा !"

लॉर्ड कर्जन ने फिटन की तरफ चलते हुए कहा—"कौई फिकर नहीं, कुर्सी उसे सब कुछ बना देगा !"

और कुर्सी ने संजीवन पांडे को क्या-से-क्या बना दिया, लोगों को सहज विश्वास नहीं होगा।

उजड्डता, गुंडापन, सेवाभाव, सच्चाई और नेकी, इन गुणों और अवगुणों के कुछ अजीब सम्मिश्रण के रूप में संजीवन पांडे ने दुनिया में जनम लिया था।

संजीवन पांडे के पिता गोबरधन पांडे बस्ती जिले में गौरहा स्टेशन पर पानी-पांडे के पद पर रेलवे की नौकरी करते थे। अपने पुत्र को भी खलासी या प्वाइंटमैन की नौकरी दिलाने की उनकी प्रबल अभिलाषा थी, लेकिन संजीवन की माता ने गोबरधन से लड़-झगड़कर संजीवन को मिडिल स्कूल में भरती करा दिया। अधिकतर फेल होते हुए और कभी-कभी पास होते हुए जब संजीवन आठवीं कक्षा में पहुँचा, उनकी उम्र इक्कीस साल के ऊपर हो चुकी थी और उसी लाल संजीवन के साथ एक दुर्घटना घटी, जिसने संजीवन के जीवन की धारा ही मोड़ दी।

बात यह हुई कि गुन्नू बाबू के लँगड़ा आम के बाग में उस साल बेतहाशा आम फले। गुन्नू बाबू बनारस जिले के नामी-गिरामी वकील थे और बनारस में ही रहते थे। तो संजीवन के हेडमास्टर पंडित सुमेर मिसिर ने संजीवन को आदेश दिया कि कुछ गिने-चुने हुए लौंडों के साथ वह गुन्नू बाबू के बाग से तैयार आम तोड़ लावे।

गुरु का आदेश ! एक हजार लँगड़ा आम शाम तक सुमेर मिसिर के यहाँ हाजिर कर दिए गए। तो सुमेर मिसिर ने पचास-साठ आम तो लौंडों को बाँटे, बाकी बस्ती में बेच आए जाकर।

संजीवन को सुमेर की यह हरकत पसन्द नहीं आई। गुन्नू बाबू के बाग से आम तोड़ लाना तो हँसी-खेल था, लेकिन उन आमों को बस्ती में बेचना चोरी थी। तो उधर सुमेर मिसिर आम बेचकर बस्ती से वापस लौटे और इधर संजीवन अकेला ही सुमेर मिसिर के यहाँ पहुँचा। संजीवन ने सुमेर मिसिर से, जो रकम वह आम बेचकर बस्ती से लाए थे, उसकी आधी तलब की। मिसिरजी ने इनकार किया। कहा-सुनी हुई, तू-तू

मैं-मैं हुई और फिर आव देखा न ताव, मोहल्ले-पड़ोसवालों के सामने ही संजीवन ने सुमेर के दस जूते मारे।

लम्बा-चौड़ा जवान संजीवन और दुबले-पतले बूढ़े-से आदमी सुमेर मिसिर ! सुमेर ने संजीवन को शाप देते हुए कहा—आज हम तुम्हें रस्टीकेट करके स्कूल से निकाल देते हैं...अब पिलाना पानी, या ढोना बोझा ! और इसके पहले कि संजीवन और कोई हरकत करे, सुमेर ने घर में घुसकर अन्दर से किवाड़ बन्द कर लिये।

संजीवन के घर पहुँचने के पहले ही खबर गोबरधन पांडे तक पहुँच चुकी थी। संजीवन के आते ही गोबरधन ने संजीवन के दो लातें मारीं—"मर साले ! बड़ा पारसा बनता है ! पहले आम चुराए, फिर अपने गुरु को मारा !"

संजीवन ने अपने पिता पर हाथ नहीं उठाया, उसने उन्हें केवल गाली दी।

गोबरधन ने संजीवन को फिर मारा और संजीवन ने फिर गाली दी। स्टेशन पर हंगामा मच गया। स्टेशन मास्टर बाबू बद्रीपरसाद अपने केबिन से बाहर निकले, उन्होंने पिता-पुत्र को डाँटते हुए कहा—"क्या हंगामा मचा रखा है तुम लोगों ने ! चोरी और सीनाजोरी ! सत्तासी-अप आ रही है, पहले उसे पास कर दूँ, तब इस मसले पर सोचूँगा।" और वह गोबरधन से बोले—"उठाओ डोल और कुएँ से पानी भर लाओ ! गाड़ी पिछले स्टेशन से चल पड़ी है। और देखो, बड़ी शिकायतें आ रही हैं कि तुम बिना पैसा लिये पानी नहीं पिलाते, तो हम तुम्हें आगाह किए देते हैं। और देखो, अगर इस लौंडे पर फिर हाथ उठाया, तो अच्छा नहीं होगा !" यह कहकर बाबू बद्रीपरसाद अपने केबिन में लौट गए।

दस मिनट बाद ट्रेन स्टेशन पर रुकी और दो मिनट रुककर चल दी। ट्रेन को रवाना करके जब बाबू बद्रीपरसाद गोबरधन और संजीवन की समस्या सुलझाने के लिए लौट रहे थे, तब उस समस्या से भी महत्त्वपूर्ण समस्या के रूप में उन्हें शोभालाल यादव की आवाज सुनाई दी—"तुम्हीं यहाँ के स्टेशन मास्टर हो ?"

कुछ गीजे हुए और मैले लेकिन असली खद्दर के वस्त्र यानी धोती, कुरता, गांधी टोपी और सिल्क की जवाहरबंडी से ढके हुए गेहुँए रंग के तगड़े से अधेड़ उम्र के आदमी की आवाज से बाबू बद्रीपरसाद का माथा ठनका। कुछ सतर्कता के साथ उन्होंने कहा—"जी हाँ, श्रीमानजी ! क्या सेवा कर सकता हूँ आपकी ?"

जून का तीसरा सप्ताह था, लेकिन पानी अभी तक नहीं बरसा था। भयानक गर्मी। उस समय सुबह के नौ भी नहीं बजे थे, लेकिन जैसे दिन जल रहा हो। शोभालाल यादव के हाथ में एक अटैची केस था। जो काफी वजनी था। उन्होंने हाँफते हुए कहा—"पहले पानी पिएँगे तब बताएँगे।"

बाबू बद्रीपरसाद ने शोभालाल यादव को अपने केबिन में बिठाकर गोबरधन को आवाज लगाई—"हो गोबरधन, नेताजी के लिए कुएँ से खींचकर एक लोटा ताजा पानी लाओ !" फिर उन्होंने शोभालाल से पूछा—"श्रीमान का परिचय जान सकता हूँ ?"

शोभालाल ने अपना अटैची केस मेज पर रखकर सन्तोष की साँस ली, फिर अपने

मत्थे से पसीना पोंछते हुए उन्होंने कहा—"हम उत्तर प्रदेश की कांग्रेस कमेटी के अध्यक्ष हैं...शोभालाल यादव। तो हमें रसौली ग्राम के श्री छेदीलाल पासी से मिलना है। सुना है कि गौरहा स्टेशन के पास ही यह रसौली गाँव है।"

"जी हाँ, वह सामने दिख रहा है...करीब डेढ़ मील होगा यहाँ से। लेकिन श्रीमान छेदीलाल पासी तो एम.एल.ए. हैं। वह तो लखनऊ में होंगे।"

"नहीं, वह तीन दिन हुए मुख्यमन्त्री से झगड़ा करके अपने गाँव में चले आए हैं। मुझे उनसे आवश्यक बातचीत करनी है। उनसे मिलकर मैं दूसरी ट्रेन से लखनऊ चला जाऊँगा।"

इस बीच गोबरधन पांडे एक लोटे में कुएँ का जल लेकर आए। गोबरधन के साथ संजीवन भी था। बाबू बद्रीपरसाद ने अब कहा—"अध्यक्षजी, आप तो न्याय की मूर्ति हैं, इन बाप-बेटों के झगड़े का फैसला कर दीजिए !" और बाबू बद्रीपरसाद ने सुमेर-संजीवन-गोबरधन कांड शोभालाल को सुनाया।

सब कुछ सुनकर शोभालाल यादव ने संजीवन को शाबाशी दी—"बहुत ठीक किया तुमने ! देश को तुम्हारे ऐसे साहसी और चरित्रवान नवयुवकों की आवश्यकता है। फिर उन्होंने गोबरधन को डाँटा—तुम्हें शर्म नहीं आती ! यह तुम्हारा पुत्र गुदड़ी का लाल है ! यह किसी दिन तुम्हारे कुल को उजागर करेगा ! और उन्होंने अपनी रिस्टवाच देखी—साढ़े नौ बज रहे हैं। लखनऊ के लिए दूसरी गाड़ी किस समय मिलेगी ?"

"एक बजकर पैंतीस मिनट पर, श्रीमान !"

"तो मुझे यही गाड़ी पकड़नी है।" और उन्होंने संजीवन की ओर देखा—"तुम्हें कोई काम तो नहीं है, जरा हमें रसौली पहुँचा दो।"

अपने सम्बन्ध में शोभालाल यादव के अभिमत से संजीवन गद्गद था। उसने शोभालाल की अटैची उठाते हुए कहा—"हम तुम्हें पहुँचा भी देंगे और साथ में लेते भी आवेंगे। और रास्ते में चलते हुए उसने शोभालाल को सूचित किया—यह रसौली पासियों का गाँव है। बड़े पाजी और हरामज़ादे लोग हैं वहाँ के ! तो तुम पहने हो घड़ी, अँगूठी, जेब में रकम भी होगी। तो वह साले तुम्हें लूट लेंगे। लेकिन संजीवन पांडे के नाम से थर-थर काँपते हैं, किसी साले की हिम्मत नहीं पड़ेगी !"

छेदीलाल पासी ने शोभालाल को देखते ही लपककर उनका स्वागत किया—"अरे, अध्यक्षजी, आप ! पैदल चले आ रहे हैं किशनजी सुदामा के यहाँ !"

शोभालाल यादव ने खड़े-ही-खड़े कहा—"यह सब बात छोड़ो ! हमने सुना है कि तुम पार्टी से इस्तीफा देनेवाले हो। यह बात कहाँ तक ठीक है ?"

छेदीलाल पासी ने मकान के सामने आम के पेड़ के नीचे दो कुरसियाँ डलवा दीं। एक पर शोभालाल यादव को बैठाकर और दूसरी पर खुद बैठकर उन्होंने पूछा—"किसने कहा ?"

"कहेगा कौन ? मुख्यमन्त्री ने बताया है कि तुम्हें डिप्टी मिनिस्टर नहीं बनाया गया, तो तुम नाराज होकर यहाँ चले आए और पार्टी से इस्तीफा देनेवाले हो !"

छेदीलाल पासी बोले—"राजी और नाराजी तो तुम बड़े आदमियों के चोंचले हैं ! वैसे हम हरिजनों के बल पर ही कांग्रेस टिकी है, तो हमीं को काट रहे हैं ! हम भी देखेंगे कि हमारे बिना कैसे राज-काज सँभालेंगे मुख्यमन्त्री !"

शोभालाल यादव ने आकाश की ओर देखा, यद्यपि उन्हें आम की डालें और पत्ते ही दिखे, फिर हाथ जोड़कर वह बुदबुदाए—"बापू ! यह सब क्या हो रहा है ? यह दिन भी देखने को मिल रहा है !" और उनकी आँखें सजल हो गईं—"ठीक कहते हो, छेदीलाल ! लेकिन कितने हरिजन मिनिस्टर बनाएँगे वह ? दो तो बना ही दिए हैं उन्होंने। मुख्यमन्त्री ने कहलवाया है कि वह हरिजन-हितकारी-संघ नामक संस्था की स्थापना करके तुम्हें उसका अध्यक्ष बना देंगे..."

छेदीलाल पासी भड़क उठे—"हरिजन-हितकारी—हरिजन-हितकारी हम बहुत सुन चुके !"

"अरे पूरी बात तो सुनो !" शोभालाल बोले—"एक करोड़ रुपया तीन वर्ष के लिए इस संस्था को केन्द्रीय सरकार से अनुदान मिला है। अध्यक्ष इस संस्था का सर्वे-सर्वा होगा। इस रकम से तुम हरिजनों की शिक्षा की व्यवस्था करो, उनके लिए कुएँ बनवाओ, उन्हें संगठित करो, उनकी हालत सँभालो। न तुम्हें कोई रोकनेवाला, न तुमसे कोई पूछनेवाला !"

एकाएक छेदीलाल पासी के मुख पर का तनाव जाता रहा—"एक करोड़ की रकम तीन साल में, इसमें कोई धोखा तो नहीं है ?"

"शोभालाल यादव की बात में कभी धोखा रहा है ? तो आज सनीचर है। मंगल के दिन आठ बजे रात को मुख्यमन्त्री ने तुम्हें अपने यहाँ बुलाया है। तो आज-कल-परसों में लखनऊ लौट आओ। अच्छा, हम अब चलेंगे। पौने दो बजे की गाड़ी पकड़नी है।" और शोभालाल यादव उठ खड़े हुए।

कुछ चिन्ता के भाव से छेदीलाल पासी ने कहा—"आपकी आवभगत तो हम कर नहीं पाए..."

हँसकर शोभालाल यादव ने संजीवन की ओर इशारा किया—"इस लड़के को देख रहे हैं आप, तो भोजन आदि की सारी व्यवस्था हमने इस लड़के के हाथ में सौंप दी है। बड़े जीवट का लड़का है। आज सुबह-सुबह इसने अपने अध्यापक को दस जूते मारे क्योंकि वह विद्यार्थियों से चोरी कराता है !"

छेदीलाल पासी ने गौर से संजीवन को देखा, फिर कुछ सोचकर बोले—"शायद गौरहा के पानी पांडे का बेटा है और इसका नाम संजीवन है। क्यों ठीक है न ?" उन्होंने संजीवन से पूछा।

"जी, हाँ।" संजीवन ने विनय के साथ उत्तर दिया।

छेदीलाल हँस पड़े—"अध्यक्षजी, हमारी मानो तो इसे अपने साथ लखनऊ लेते जाओ। ब्राह्मण है, रसोई बना लेगा, हाथ-पैर से तगड़ा है तो अंगरक्षक रहेगा, और नौजवान है तो युवा कांग्रेस का नेता बन सकता है !"

शोभालाल ने संजीवन की ओर देखा—"सुन रहे हो ? चलोगे हमारे साथ ?"

संजीवन ने तत्काल उत्तर दिया—"आपकी सेवा करना हमारा अहोभाग ! हम आज ही आपके साथ चलते हैं !"

शेख मुस्तफा कमाल को एसेम्बली के लिए कांग्रेस का टिकट मिलना तय किया गया था, लेकिन ऐन मौके पर उनका भाग्य धोखा दे गया। उत्तर प्रदेश के कांग्रेस पार्लियामेंटरी बोर्ड की एक विशिष्ट कमेटी के सामने उनकी पेशी थी, इस चुनाव के सिलसिले में। सुबह कपड़ों की अलमारी खोली तो उनके होश गायब। चार सेट खादी के कुरतों और पाजामों में एक सेट भी मौजूद नहीं ! उन्हें याद आ गया कि दो दिन पहले दो सेट उन्होंने धोबी को दे दिए थे और दो सेट मैले कपड़ों की गठरी में बँधे थे, क्योंकि इस चुनाव के सिलसिले में उन्हें पिछले एक हफ्ते से बेहद कवायदें करनी पड़ रही थीं। लिहाजा उन्होंने तंजेब का कुरता और लट्ठे का पाजामा निकाला।

कांग्रेस कमेटी के दफ्तर में बेतहाशा भीड़ थी और उस भीड़ में युवा कांग्रेस के प्रमुख कार्यकर्ता संजीवन पांडे शोभालाल यादव के प्रमुख सहायक के रूप में दौड़-धूप कर रहे थे। यह संजीवन पांडे पाँच वर्ष पहले के संजीवन पांडे से बिल्कुल भिन्न। दूध की तरह सफेद खादी की लहराती हुई धोती, उसके ऊपर उतना ही चमकता हुआ कुरता, असली भागलपुरी सिल्की जवाहरबंडी, सर पर कलफ की हुई गांधी टोपी, मस्तक पर लाल चन्दन का तिलक। चाल में बला की फुरती। बातचीत में विनम्रता से युक्त दृढ़ता। बड़े-बड़े नेताओं के चरण छूने की दक्षता और ऐसे-वैसे लोगों को कड़कदार आवाज में डाँट देने का रोब।

शेख मुस्तफा कमाल को देखते ही संजीवन पांडे ने कहा—"अहाहाहा, शेखजी ! बहुत दिनों बाद आपके दर्शन हुए ! अध्यक्षजी ने कई बार आपको पूछा है, बस आपका इन्तजार ही कर रहे हैं।"

संजीवन शेख मुस्तफा कमाल को लेकर कमरे में पहुँचा। वहाँ कांग्रेस-अध्यक्ष के साथ मुख्यमन्त्री और दिल्ली के ए.आई.सी.सी. के प्रतिनिधि रामदेव शर्मा बैठे थे। संजीवन ने शोभालाल से कहा—"अध्यक्षजी, यह शेखजी आ गए हैं।"

शोभालाल यादव का मूड बहुत बिगड़ा हुआ था, क्योंकि रामदेव शर्मा मुख्यमन्त्री के प्रत्याशियों के मुकाबले शोभालाल यादव के प्रत्याशियों के नाम धड़ाधड़ काटते चले जा रहे थे। शेख मुस्तफा कमाल ने अपने भाग्य का निर्णय करनेवालों का अभिवादन किया और मुख्यमन्त्री ने मुस्कुराकर शेख साहब का अभिवादन स्वीकार किया।

शोभालाल यादव को भी मुस्कुराना पड़ा। दिल्ली से आए हुए रामदेव शर्मा गम्भीर मुद्रा बनाए हुए गुमसुम बैठे रहे।

मुख्यमन्त्री ने अपने साथियों को शेख मुस्तफा कमाल का परिचय दिया—शेख मुस्तफा कमाल की सेवा, इनका त्याग, इनका बलिदान प्रशंसनीय है ! हिन्दू-मुस्लिम

एकता की स्थापना में इन्होंने बड़ा काम किया।

पंडित रामदेव शर्मा ने स्वीकृति में सर हिलाया और तभी शोभालाल यादव ने पूछ लिया–"शेख साहब, आपको क्या महात्मा गांधी के चर्खे और खादी पर विश्वास नहीं है ? हरेक कांग्रेस-कार्यकर्ता के लिए खादी पहनना अनिवार्य है, लेकिन..."

शेख मुस्तफ़ा कमाल ने शोभालाल यादव की बात बीच में ही काटी–"जी, खादी ही पहनता हूँ बिना इस बात पर ध्यान दिए कि बदन छिल जाया करता है, लेकिन क्या करूँ, यह खादी...जी यह खादी दो घंटे इंसान की पीठ पर रहती है, तो छह घंटे गधे की पीठ पर रहती है ! लिहाजा मेरे सभी खादी के कुरते-पाजामे इस वक्त गधे की पीठ पर होंगे।"

शोभालाल यादव का चेहरा तमतमा उठा–"हम समझे नहीं।"

"जी, इसमें समझने की क्या बात है ! यह खादी दो घंटों में ही मैली हो जाती है, तो फिर धोबी के यहाँ। धोबी इसे गधे की पीठ पर लादकर धोने ले जाता है। धोकर घाट से ले आता है। तो इसमें छह घंटे लग जाते हैं। तो वक्त का हिसाब मैंने बता दिया। मेरे आधे दर्जन कुरते-पाजामे में चार सेट धोबी के गधों की पीठ पर हैं। दो सेट मैले कपड़ों की गठरी में बँधे पड़े हैं। और गन्दे कपड़े पहनने का मैं आदी नहीं हूँ।"

पंडित रामदेव शर्मा इस उत्तर से भड़क उठे। वह सुबह हवाई जहाज से दिल्ली से लखनऊ आए थे। और एयरोड्रोम से सीधे कांग्रेस कमेटी के दफ्तर आ गए थे–बिना कपड़े-वपड़े बदले। स्वाभाविक रूप से उनके वस्त्र कुछ मैले और गिंजे हुए थे। उन्होंने कहा–"आप बड़े दिलचस्प आदमी हैं, शेख साहब ! लेकिन जनता के प्रतिनिधियों को तो हरेक हालत में रहना पड़ता है !"

"जी हाँ, जी हाँ, बजा फरमाते हैं आप ! जब मैं जनता का प्रतिनिधि बन जाऊँगा, तब अलमारी भर लूँगा ज़र्राक-बर्राक कपड़ों से !"

तैशवाले आदमी पंडित रामदेव शर्मा भी थे। उन्होंने कहा–"और जनता के प्रतिनिधि आप जिन्दगी-भर न बन पाएँगे !"

तभी संजीवन पांडे ने तमककर शेख मुस्तफा कमाल से कहा–"शेखजी, हमारे नेताओं को गदहा बताते हो ! यहाँ हो, नहीं तो हम तुम्हारा मुँह तोड़ देते !"

शोभालाल ने संजीवन को डाँटा–"तुम चुप रहो ! तब बोलो, जब तुमसे कुछ कहा जाए !" फिर उन्होंने शेख मुस्तफा कमाल से कहा–"आप अब जा सकते हैं।"

शेख मुस्तफा कमाल ने मुख्यमन्त्री को सलाम किया और घूमकर चलते बने।

शेख साहब के जाते ही प्रश्न उठ खड़ा हुआ कि उस सीट से किस नए प्रत्याशी को टिकट दिया जाए। उस सीट के लिए दूसरे प्रत्याशी का नाम न मुख्यमन्त्री ने सुझाया था और न शोभालाल यादव ने। वह सीट तो शेख मुस्तफा कमाल के लिए पक्की थी। और उसी

समय शोभालाल यादव की नजर संजीवन पांडे पर पड़ी। पाँच वर्ष तक जिस लगन के साथ उसने उनकी सेवा की थी, वह उन्हें याद हो आया। उन्होंने कहा—"मेरा खयाल है कि इस लिस्ट में कुछ उत्साही किस्म के नवयुवकों को भी स्थान मिलना चाहिए। क्यों रामदेवजी, आपका क्या मत है ?"

रामदेव शर्मा ने 'हाँ-हाँ' कहकर मुख्यमन्त्री को देखा।

"अवश्य।" मुख्यमन्त्री ने कहा—"लेकिन उत्साही नवयुवक सामने आते ही नहीं हैं !"

"एक नवयुवक तो आप लोगों के सामने खड़ा है...युवा कांग्रेस की कार्यकारिणी का सदस्य है। किस लगन के साथ सेवाभाव में रहता है, यह तो आप लोग देख ही रहे हैं।"

पंडित रामदेव शर्मा ने संजीवन से पूछा—"तुम्हारा नाम क्या है ? चुनाव लड़ोगे ?"

संजीवन पांडे ने हाथ जोड़कर विनय के साथ कहा—"इस दास का नाम संजीवन पांडे है। आप लोगों का आदेश सिर-आँखों पर !"

पंडित रामदेव शर्मा ने मुख्यमन्त्री से कहा—"मुझे तो यह युवक होनहार दिखता है। आपका क्या मत है ?"

मुख्यमन्त्री ने हँसते हुए कहा—"शोभालालजी ने इसकी योग्यता के कारण ही इसे चुना है। मुझे क्या आपत्ति हो सकती है !"

और संजीवन पांडे पर टिकट थोप दिया गया।

कांग्रेस का टिकट शेख मुस्तफा कमाल को नहीं मिला। उन्हें उसका इतना दुख नहीं था जितना इस बात का कि संजीवन पांडे उन्हें गाली दे गया था। जहाँ तक पद और अधिकार का प्रश्न था, शेख मुस्तफा कमाल मुस्लिम वक्फ बोर्ड के चेयरमैन और सर्वेसर्वा थे। लाखों रुपयों का वारा-न्यारा करते थे। कांग्रेस के प्रभावशाली नेता गिने जाते थे। मुख्यमन्त्री से मिलना-जुलना होता रहता था। वक्फ बोर्ड के चेयरमैन की हैसियत से उन्हें एक शानदार बँगला मिला था, एक मोटरकार थी, दर्जनों नौकर-चाकर थे।

मलाल उन्हें केवल इस बात का था कि संजीवन पांडे जीतने के दो महीने बाद ही मिनिस्टर ऑफ स्टेट बना दिए गए थे और मुख्यमन्त्री के हाथ में आठ विभाग होने के कारण लोकल सेल्फ गवर्नमेंट का विभाग अस्थायी तौर से संजीवन पांडे को सौंप दिया था।

शहर से लगी हुई मुस्लिम वक्फ बोर्ड की पैंसठ बीघा जमीन थी और नगर महापालिका उस जमीन को हस्तगत करके उसमें एक नई कॉलोनी बनाना चाहती थी। बात मुआविजे पर अटक गई। वक्फ बोर्ड उस जमीन की उचित कीमत पर अड़ गया था। और क्या उचित है, क्या अनुचित, इसका निर्णय आज तक न कोई कर सका और न आगे चलकर कोई कर सकेगा। शेख मुस्तफा कमाल ने इस सम्बन्ध में मुख्यमन्त्री से बात की और मुख्यमन्त्री ने संजीवन पांडे को फोन करके शेख साहब को

उनके पास भेज दिया।

संजीवन पांडे ने सात बजे शाम के समय शेख मुस्तफा कमाल को अपने निवास-स्थान पर समय दिया। शेख साहब जलकर राख हो गए, लेकिन मिनिस्टर साहब की बात। उन्हें संजीवन पांडे से मिलना ही था। लिहाजा उन्होंने कीमती विलायती सिल्क का सूट डाटा, उस पर एक विलायती टाई बाँधी और संजीवन पांडे के बँगले पर पहुँचे।

जैसे संजीवन पांडे शेख मुस्तफा कमाल की प्रतीक्षा ही कर रहे थे, उन्होंने उठकर शेख साहब का स्वागत किया। नगर का मुख्य अधिकारी बगलवाले कमरे में फाइल लिये बैठा था। संजीवन पांडे ने हाथ जोड़कर शेख साहब को नमस्ते करते हुए कहा–"अहाहा, शेखजी ! बहुत दिनों बाद आपके दर्शन हुए ! हम तो आपसे क्षमा माँगना चाहते थे, लेकिन आपसे मिलना ही नहीं हुआ ! और यह कहकर संजीवन पांडे ने चाय और नाश्ता मँगाया।"

संजीवन पांडे के इस व्यवहार से शेख साहब चक्कर में। उन्होंने इस विनय और शालीनता की आशा ही नहीं की थी। कुछ दबे हुए स्वर में वे बोले–"यह क्या कह रहे हैं, हुजूर ! मैं तो आपका खादिम हूँ !"

"ई हजूर-वजूर की बातें छोड़ें, शेखजी ! हम तो क्षमा माँग रहे थे, इसलिए कि आपका टिकट हम खा गए और मिनिस्टर बन गए !"

"यह क्या कह रहे हैं हुजूर ! आप युवा नेता हैं। आप निहायत काबिल आदमी। आप पर चीफ मिनिस्टर को यकीन है, भरोसा है।"

इस बार संजीवन पांडे जोर से हँस पड़े–"यह यों आप ठीक ही कह रहे हैं, लेकिन हजूर-वजूर की बात छोड़िए ! आप हमारे बुजुर्ग हैं।"

शेख मुस्तफा मन-ही-मन अपने को परास्त अनुभव कर रहे थे। उन्होंने अपने अन्दरवाला साहस बटोरकर कहा–"हुजूर तो हम इस मिनिस्टर की कुर्सी को कह रहे हैं, जिस पर आप बैठे हैं। मैं कांग्रेसमैन जरूर हूँ, लेकिन अपनी तहजीब और तौर-तरीके को तो मैं नहीं छोड़ सकता !"

संजीवन पांडे ने कहा–"अच्छा, अब चाय पी जाए, फिर काम की बात हो।" और उन्होंने घंटी बजाकर दूसरे कमरे से मुख्य नगर-अधिकारी चौधरी जयपालसिंह को बुलाया।

चौधरी जयपाल सिंह कमिश्नर की रैंक के अफसर थे, लम्बे-चौड़े, हाथ-पैर से तैयार। उनका जीवन बड़े अफसरों और मिनिस्टरों से लड़ने में ही बीता था। ईमानदार और बेलौस आदमी, झुकना और दबना जैसे उन्होंने जाना ही नहीं था। इस जमीन को लेकर असली झगड़ा शेख मुस्तफा कमाल और चौधरी जयपालसिंह के बीच में था। वक्फ बोर्ड की पैंसठ एकड़ जमीन का मूल्य चार आने वर्ग फुट के हिसाब से करीब पौने आठ लाख रुपया लगाया था चौधरी जयपालसिंह ने, जबकि शेख साहब उसके पन्द्रह लाख माँग रहे थे।

उस भूमि के विकास पर, यानी उस पर प्लॉट बनाने पर, उसमें पाइप लाइन ले

जाने पर, सड़कें निकलवाने पर, सीवर डलवाने पर करीब बारह आना फुट खर्च निकलता था, और वह जमीन किस्तों पर डेढ़ रुपया फुट पर बिकने को थी। महापालिका वक्फ बोर्ड को नकद रुपया दे रही थी, जबकि उसे यह रुपया बीस साल में वसूल करना था।

चौधरी जयपालसिंह ने पूरा हिसाब समझाया। सब सुनकर संजीवन पांडे ने शेख मुस्तफा कमाल से कहा—"सुना शेखजी ! अगर महापालिका पन्द्रह लाख रुपया दे, तो या तो सरकार घाटा उठाए, या फिर खरीदारों को ऊँची कीमत पर जमीन बेची जाए।"

शेख मुस्तफा कमाल ने तमककर कहा—"कहर खुदा का ! जबर्दस्ती चार आना फुट पर जमीन हथियाकर महापालिका खरीदारों को डेढ़ रुपया यानी छह गुनी कीमत पर जमीन बेचे ! मुनाफाखोरी की हद हो गई ! जमीन पर सड़कें बनाना, पाइप-लाइन बिठाना, सीवर-लाइन डालना वगैरह-वगैरह तो कार्पोरेशन का फर्ज है ! लोगों से टैक्स वसूल किया जाता है, तो क्या हराम का ! क्या अन्धेर मचा रखा है कि जिसकी जमीन हथियायी जाए, उसकी जेब काट ली जाए ! निहायत नामाकूल निजाम है, उससे भी ज्यादा नामाकूल अफसरान हैं !"

चौधरी जयपालसिंह ने बाँहें चढ़ाकर उठते हुए कहा—"हम गाली खाने के लिए नौकरी नहीं करते ! बाहर निकलकर यह बात कहो, तो हम बतावें !"

संजीवन पांडे ने जयपालसिंह को हाथ पकड़कर बैठाया—"अरे, नामाकूल गाली थोड़े ही है ! नामाकूल के अर्थ होते हैं अनुपयुक्त। तो यह तो शेखजी के बात करने का तरीका है, वरना यह भी मिनिस्टर होते !" और उन्होंने शेख मुस्तफा कमाल से पूछा—"शेखजी, आपका कोई निजी मकान, कोठी या बँगला भी है क्या ?"

शेख मुस्तफा कमाल ने उलझन के साथ कहा—"जी, अपना निजी मकान, बँगला या कोठी, इस बारे में मैंने कभी सोचा ही नहीं। मेरे रहने को वक्फ बोर्ड का बँगला है, सजा-सजाया।"

"सो तो हम समझे। लेकिन वक्फ बोर्ड का बँगला आपके पास तभी तक है जब तक आप उसके चेयरमैन हैं। उसके बाद सड़क की हवा फाँकनी पड़ेगी ! या फिर हजार-पाँच सौ रुपए महीने का मकान किराए पर लेना पड़ेगा ! आप बाल-बच्चोंवाले आदमी हैं !" और उन्होंने चौधरी जयपालसिंह से पूछा—"बड़ा-से-बड़ा प्लॉट आप कितने फुट का बनानेवाले हैं ?"

"जी, वह करीब पन्द्रह हजार फुट का होगा।"

"तो फिर दस बड़े प्लॉट शेखजी के नाम अभी एलॉट कर दो चार आना फुट के हिसाब से।" संजीवन पांडे बोले—"बाकी प्लॉट डेढ़ रुपया फुट से बेच देना।"

शेख मुस्तफा कमाल चक्कर में। करीब डेढ़ लाख रुपए का मुनाफा हो रहा था। उन्होंने संजीवन पांडे से कहा—"जी, दस प्लॉट मेरे नाम ! आपकी मेहरबानी व करम..."

चौधरी जयपालसिंह की भौंहें तन गईं—"डेढ़ रुपए फुट के प्लॉट चार आने फुट

पर शेख साहब के नाम कानूनन एलॉट नहीं हो सकते ! चौधरी जयपालसिंह के हाथ से कोई भी गैरकानूनी काम नहीं हो सकता !''

संजीवन पांडे का स्वर एकाएक कड़ा हो गया। चौधरी जयपालसिंह हमेशा उनकी बात काटते आए थे, लेकिन मुख्यमन्त्री हमेशा चौधरी जयपालसिंह का साथ देते थे। किन्तु इस बार शेख साहब के मामले में मुख्यमन्त्री ने उन्हें खुली छूट दे दी थी। उन्होंने कहा—''काम तो यही होगा चौधरीजी, आपके हाथ से नहीं, तो किसी दूसरे अफसर के हाथ से ! कानून बनानेवाले तो हम हैं !''

''जी, तो आप किसी दूसरे अफसर से यह काम करा लीजिएगा। मैं देखूँगा कि आप किस तरह कानून बनाते हैं ! मुझे रिटायरमेंट के छह महीने बाकी हैं, मैं छह महीने की छुट्टी लिये लेता हूँ !'' और चौधरी जयपालसिंह उठ खड़े हुए।

संजीवन पांडे ने अविचलित भाव से कहा—''जैसी आपकी मरजी ! हम फाइल पर ऑर्डर करके आपके पास भेज देंगे।''

चौधरी जयपालसिंह के जाते ही संजीवन पांडे ने शेख मुस्तफा कमाल से उसी समय जमीन को चार आने फुट के हिसाब से बेचने की स्वीकृति लिखा ली। फिर उन्होंने अपना नोट लिखा :

''सरकार शेख मुस्तफा कमाल, चेयरमैन, वक्फ बोर्ड की बड़ी आभारी है कि उन्होंने वक्फ बोर्ड की पैंसठ एकड़ जमीन चार आना फुट पर सरकार के हाथ बेचना स्वीकार कर लिया। सरकार इस भूमि से पाँच एकड़ भूमि छोड़ रही है, जिसे वक्फ बोर्ड के चेयरमैन शेख मुस्तफा कमाल अपने और जिन्हें वह उचित समझें उन सहयोगियों के बीच चार आना वर्गफुट की दर से वितरित कर दें। नगर महापालिका इस भूमि का विकास निःशुल्क कर देगी।'' अपने इस नोट पर हस्ताक्षर करके उन्होंने फाइल शेख मुस्तफा कमाल को पढ़ने के लिए दे दी।

यह नोट पढ़ते ही मुस्तफा कमाल झूम उठे—''वाह ! क्या दिमाग पाया है हुजूर ने ! क्या सूझ-बूझ ! और उस पर क्या शराफत ! शरीफों के साथ ऐसा शराफत का बरताव मैंने कभी नहीं देखा !''

संजीवन पांडे ने उठते हुए कहा—''लेकिन यह चौधरी जयपालसिंह निहायत हरामजादा आदमी है। इसे समझना होगा !''

शेख मुस्तफा कमाल ने भी उठते हुए कहा—''अहाहाहा ! क्या कहने हैं हुजूर के ! शरीफों के लिए आप फरमाइशी शरीफ हैं और हरामजादों के लिए आप खानदानी हरामजादे हैं !''

और संजीवन पांडे ने तत्काल उत्तर दिया—''हरमजदगी तो खानदानी लोगों का ही गुण होता है शेखजी, हम तो जनता-जनार्दन के आदमी हैं !''

समझौता

चीजें क्यों हो जाती हैं, कैसे हो जाती हैं और उनके हो जाने में क्या कहीं कोई विधान भी है ? अनादि काल से ये प्रश्न दुनिया के सामने रहे हैं और अनन्त काल तक ये प्रश्न दुनिया के सामने रहेंगे।

इस जयकृष्ण शर्मा को ही ले लिया जाए। मेरे साथ यूनिवर्सिटी में पढ़ा है, मेरे होस्टल में ही मेरे बगलवाले कमरे में रहा है। हँसमुख, मस्त खिलाड़ी किस्म का आदमी है। हृष्ट-पुष्ट शरीर, मोहक व्यक्तित्व। न जाने कितनी दौड़-धूप और न जाने कितने जतन से उसे बी.एस-सी. की डिग्री मिली और फिर अपने पिता पंडित श्रीकृष्ण शर्मा के प्रभाव से, या यह कहना अधिक उचित होगा कि प्रदेश के तत्कालीन मुख्यमन्त्री के प्रभाव से, जिनके पंडित श्रीकृष्ण शर्मा पी.ए. थे, वह बम्बई में अमरीकी सहयोग से स्थापित रेफ्रीजरेशन इक्विपमेंट नामक कम्पनी की लखनऊ शाखा का ब्रांच मैनेजर बन गया था। उसे कम्पनी की तरफ से शानदार बँगला मिला था, शानदार गाड़ी मिली थी और बड़े-बड़े सरकारी अफसरों की खातिरदारी करने के लिए उसे कम्पनी की तरफ से एक लम्बी रकम मिलती थी।

बड़ा प्यारा आदमी है यह जयकृष्ण शर्मा। कामकाज में कुशल और तेज। उम्र यही कोई चालीस-बयालीस वर्ष के आसपास, लेकिन सत्ताईस-अट्ठाईस साल का नौजवान दिखता है। साहित्य और कला के प्रति उसमें लगाव है, अच्छे-से-अच्छा सूट पहनता है, खुले हाथ खर्च करता है और अधिक-से-अधिक पी जाने पर भी नहीं बहकता है। हर समय दोस्तों से घिरा रहता है और खिलाने-पिलाने के मामले में वह अपने दोस्तों की गणना बड़े-बड़े अफसरों के समकक्ष ही करता है।

इस तरह से भाग्यशाली कहा जा सकता है यह जयकृष्ण शर्मा। इसकी पत्नी रत्नप्रभा जहाँ से निकल जाती है, लोगों की आँखें झप जाती हैं। असीम सुन्दरी, लेकिन अतिशय कठोर मुद्रावाली औरत। किसी कुशल शिल्पी द्वारा तराशी हुई संगमर्मर की प्रतिभा की भाँति दिखती है वह। आर्यसमाज की संयमवाली कट्टरता और ब्रह्मसमाज का आभिजात्य, इन दोनों के सामंजस्य के रूप में समझी जा सकती है वह।

रत्नप्रभा अपने पिता हरिहरनाथ शर्मा की इकलौती सन्तान है और पंडित हरिहरनाथ शर्मा हरिहर हाईस्कूल तथा हरिहर सेवा-संस्थान के संस्थापक एवं व्यवस्थापक, सब कुछ हैं। वह बहुत बड़े सामाजिक कार्यकर्ता एवं नेता हैं। रत्नप्रभा स्वयं

एम.ए पास है, लेकिन उसने सामाजिक जीवन अपनाने से कतई इनकार कर दिया है। बड़ी कुशल गृहिणी है वह। कठोर मुद्रा ही नहीं, कठोर संयम, कठोर अनुशासन एवं कठोर परिश्रम। एक पुत्र कल्याणकृष्ण, जो दून एकेडमी में आर्मी की ट्रेनिंग ले रहा है; एक पुत्री वसन्तप्रभा, जो हाईस्कूल में पढ़ रही है।

मैं जानता हूँ कि जयकृष्ण के सभी मित्र रत्नप्रभा को नापसन्द हैं, लेकिन उन मित्रों में मैं अपवाद के रूप में समझा जा सकता हूँ। इसका कारण बड़ा सीधा-सादा है। हरिहर हाईस्कूल और हरिहर सेवा-संस्थान के घपलों पर जब एसेम्बली में हंगामा मचा था, मैंने जयकृष्ण के आग्रह से अपने पत्र में हरिहर नाथ शर्मा की वकालत करते हुए जोरदार सम्पादकीय लिख दिया था, जिससे हरिहरनाथ शर्मा के खिलाफ इन्क्वायरी की माँग दब गई थी। तब से हरिहरनाथ शर्मा मेरे मुरीद बन गए थे और रत्नप्रभा मेरा आदर करने लगी थी।

प्रदेश के कृषि-आयुक्त के विरुद्ध उस दिन जब मैं अपना सम्पादकीय लिखकर उठा, शाम के करीब सात बज रहे थे। मैं बेतरह थका हुआ था। उस लेख में मुझे ढेरों आँकड़ों का हवाला देना पड़ा था और उसके लिए बेतहाशा पढ़ना भी पड़ा था। प्रदेश में बननेवाले घटिया रेफ्रीजरेशन प्लांट्स के कारण करोड़ों रुपयों का नुकसान हो रहा था प्रदेश को, जबकि बढ़िया-से-बढ़िया बम्बई में बने रेफ्रीजरेशन प्लांट्स आसानी से मिल रहे थे। मैं जयकृष्ण शर्मा की अधिक-से-अधिक सहायता करना चाहता था।

कृषि-आयुक्त श्री चन्द्रप्रकाश वैसे तो वर्तमान युग के शान-शौकतवाले और तड़क-भड़कवाले आदमी थे, लेकिन वह इन प्लांट्स के सम्बन्ध में महात्मा गांधीवाली शुद्ध स्वदेशी ही नहीं, बल्कि प्रादेशिक नीति का पालन कर रहे थे, जिसके फलस्वरूप प्रदेश के विभिन्न स्थानों में छोटी-मोटी घटिया किस्म के प्लांट्सवाली आधे दर्जन से अधिक फैक्टरियाँ खुल गई थीं और जयकृष्ण की नौकरी खतरे में दिखाई देने लगी थी।

ऑफिस से उठकर मैं सीधा कॉफी-हाउस पहुँचा। एक खाली मेज पर बैठकर मैं बेयरे की प्रतीक्षा करने लगा। तभी एक जानी-पहचानी आवाज मुझे सुनाई दी—नमस्कार, ज्ञानेन्द्रजी ! आज बड़े डाउन दिख रहे हैं आप !

चौंककर मैंने आँखें खोलीं। सामने कन्हैयालाल साँवरिया खड़ा हुआ मुस्कुरा रहा था।

यह कन्हैयालाल साँवरिया सत्ताईस-अट्ठाईस साल का युवक है, कवि है, पत्रकार है, बिजनेसमैन है, दलाल है यानी कि बहुत-कुछ है। वैसे विद्या-बुद्धि के नाम पर कुछ कमजोर पड़ता है, लेकिन दुनियादारी के मामले में पूरा चाक-चौबन्द।

मैंने उसे बैठने का इशारा किया, तभी बेयरा आया। मैंने कहा—"दो कप कॉफी !" और मैंने फिर अपनी आँखें बन्द कर लीं।

मैं कुछ आराम करना चाहता था, लेकिन जब यह कन्हैयालाल साँवरिया आराम

करने दे ! उसने पूछा—"ज्ञानेन्द्रजी, आपको डालडा तो नहीं चाहिए ? मेरे भाई की दुकान पर आज ही कन्साइनमेंट आया है।"

मेरी थकावट जैसे गायब हो गई। मैंने सचेत होकर कहा—"चार किलो का एक टीन चाहिए।"

"कल सुबह आपके घर पर पहुँचा दूँगा। दो टीन जयकृष्णजी के यहाँ आज भिजवाने का वादा कर चुका हूँ। चार टीन मैंने निकलवा लिये हैं, कहिए तो दो टीन आपके यहाँ भिजवा दूँ। पैसे की चिन्ता मत कीजिए, बाद में दे दीजिएगा।"

"नेकी और पूछ-पूछ !" मैंने दो टीनों की स्वीकृति दे दी।

इधर बेयरा कॉफी लाया और उधर जयकृष्ण ने कॉफी-हाउस में प्रवेश किया। उसके आते ही मैंने बेयरा से कहा—"एक कप और !"

और जयकृष्ण ने बेयरे को मना करते हुए कहा—"अभी नहीं। मैं कुछ लोगों का इन्तजार कर रहा हूँ, जब वे आ जाएँ, तब !" और वह इत्मीनान के साथ बैठ गया। उसके हाथ में कार्डबोर्ड का एक डिब्बा था जिसमें शायद साड़ी के किस्म की कोई चीज रही होगी। उसे उसने बगलवाली कुर्सी पर रख दिया।

मैंने जयकृष्ण से कहा—"मैं अभी-अभी कृषि आयुक्त की प्रादेशिक रेफ्रीजरेशन कम्पनियों को प्राथमिकता देने की नीति का एक कड़ा सम्पादकीय लिखकर आ रहा हूँ।"

जयकृष्ण मुस्कुराया—"उसकी कोई विशेष आवश्यकता नहीं थी, मामला मैं खुद ही सुलझा रहा हूँ। अगर हो सके तो वह सम्पादकीय छपने से रोक दो।"

मैंने बिगड़ते हुए कहा—"हँसी-मजाक समझ रखा है तुमने यह सब ! वह लेख कम्पोज भी हो चुका होगा !"

हँसते हुए जयकृष्ण ने कहा—"तो फिर चन्द्रप्रकाश के पक्ष में आगे लिखना पड़ेगा। मैंने उसे पटा लिया है।"

मैं कुछ थोड़ा सा चक्कर में। मैंने पूछा—"तुमने उसे पटा लिया है ! यह कैसे ?"

कन्हैयालाल साँवरिया की ओर देखते हुए उसने मेरा पैर दबाया—"क्या करोगे जानकर...छोड़ो भी !"

तभी कन्हैयालाल साँवरिया बोला—"जयकृष्णजी, मेरे चचेरे भाई बिहारीलाल ने बाराबंकी में कोल्ड स्टोरेज खोला है। उसके लिए एक प्लांट कमीशन काटकर सरकारी रेट पर दिलवा दीजिए।"

"हाँ-हाँ, मेरी वाइफ ने मुझसे कहा है। कोशिश करूँगा।"

और इसके बाद प्रदेश की राजनीति पर बातें होने लगीं।

एकाएक जयकृष्ण उठ खड़ा हुआ। कॉफी-हाउस के दरवाजे पर दो युवक खड़े थे। शक्ल-सूरत से काफी सम्पन्न दिखते थे। जयकृष्ण बिना हम लोगों से कुछ कहे-सुने दरवाजे की ओर लपका।

इस बीच मेरी मेज पर राजनीतिक नेता किस्म के दो आदमी आ गए थे। बातों के दौर ने जोर पकड़ा और करीब आधा घंटा बीत गया। फिर वे दोनों नेता उठकर चले

गए। लेकिन जयकृष्ण का पता नहीं। मैंने घड़ी देखी। साढ़े आठ बज रहे थे। कन्हैयालाल साँवरिया ने इधर-उधर देखते हुए कहा—"जयकृष्णजी तो अभी तक वापस नहीं लौटे। वह यह साड़ी का डिब्बा यहाँ छोड़ गए हैं। मालूम होता है, इसे भूल गए !"

मैंने कहा—"मुझे भी ऐसा ही लगता है। उन लोगों के चक्कर में फँस गए हैं।"

कन्हैयालाल साँवरिया ने उठते हुए कहा—"मैं अभी उनके घर ही जा रहा हूँ। दो टीन डालडा के उनके यहाँ पहुँचाने हैं, स्कूटर पर बँधे रखे हैं। तो यह डिब्बा भी मैं उनके घर पहुँचा दूँगा।"

मैं भला कन्हैयालाल साँवरिया को कैसे मना करता ! मुझे भी दस-पाँच मिनट में वहाँ से चल देना था और जयकृष्ण वह डिब्बा लावारिसी की हालत में कुर्सी पर छोड़ गया था। मैंने कहा—"ठीक है, उनके घर पहुँचा देना। और कन्हैयालाल साँवरिया चला गया।"

मैंने कॉफी का बिल मँगवाया। बिल अदा करके मैं उठने ही वाला था कि जयकृष्ण वापस लौटा। आते ही उसने कहा—"क्या बताऊँ, देर हो गई !" और फिर उसने कहा—"वह डिब्बा कहाँ गया ?"

मैंने उत्तर दिया—"फिक्र मत करो ! तुम्हारे न लौटने पर हम लोगों ने समझा कि तुम कहीं फँस गए और वह डिब्बा भूल गए हो। साँवरिया तुम्हारे यहाँ दो टीन डालडा लिये जा रहा था, तो वह डिब्बा भी अपने साथ ले गया है, तुम्हारे घर पहुँचा देगा।"

"गजब हो गया !" जयकृष्ण के मुख से इतना निकला और उसका चेहरा पीला पड़ गया। मेरे हाथ पकड़कर उसने मुझे उठाया—"ज्ञानेन्द्र, तुम्हें इसी समय मेरे साथ मेरे घर पर चलना होगा ! इस साले कन्हैयालाल साँवरिया ने गजब ढा दिया...गजब !" और वह मुझे घसीटते हुए कॉफी-हाउस के बाहर निकला। बाहर निकलकर उसने पूछा—"वह साँवरिया स्कूटर पर था या पैदल ?"

"जब से उसने स्कूटर खरीदा है, वह पैदल चलता ही कहाँ है ?" मैंने कहा।

"तब तो और भी गजब ! अपनी कार मैंने घर भेज दी है।" एक खाली रिक्शे में मेरे साथ बैठते हुए वह बोला—"भगवान ही मालिक हैं !"

कॉफी-हाउस से जयकृष्ण का बँगला करीब दो मील की दूरी पर है। रिक्शेवाला एक मरियल सा बूढ़ा आदमी था। जयकृष्ण ने उसे कितना ही तेज चलने को कहा, लेकिन रिक्शा चींटी की चाल से रेंग रहा था।

मैंने जयकृष्ण से कितना ही पूछा कि आखिर मामला क्या है, लेकिन उसने इतना ही कहा कि घर चलकर सब कुछ मालूम हो जाएगा।

जिस समय रिक्शे ने जयकृष्ण के बँगले में प्रवेश किया, वहाँ का वातावरण कुछ अजीब तरह से उदास सा और सहमा-सहमा लगा। जयकृष्ण के तीनों नौकर चुपचाप बाहर खड़े थे। जयकृष्ण को देखते ही तीनों रिक्शे के पास आए। रसोइए शिवराम ने

कहा—"मेम साहब अभी पाँच मिनट पहले अपने पिताजी के यहाँ चली गई हैं, बिटिया रानी को साथ लेकर। कह गई हैं कि हम आपको खाना खिला दें, वह अब इस घर में नहीं लौटेंगी।"

जयकृष्ण ने मेरी ओर देखा—"जिस बात का डर था, वही हो गई !" और उसने ड्राइवर रामशंकर से कहा—"कार निकालो, मुझे अभी वहाँ चलना है।"

"कार तो मेम साहेब ले गई हैं। रिक्शा के किराए के लिए एक रुपया दे गई हैं कि सवेरे वहाँ जाकर हम कार वापस ले आवें।"

जयकृष्ण ने बिगड़कर कहा—"वह कार ले गईं और तुम उल्लू की तरह देखते रहे !"

रामशंकर ने तत्काल उत्तर दिया—"साहेब, गाली देना हो तो मेम साहेब को देना ! हम गाली खाने के लिए नौकरी नहीं कर रहे हैं !" और वह राइट-एबाउट-टर्न करके चल दिया।

मेरा हाथ पकड़कर जयकृष्ण फिर रिक्शे पर बैठा—"वह साला कन्हैयालाल साँवरिया मिले तो उसे गोली मार दूँ ! ज्ञानेन्द्र, अब तुम्हारा ही सहारा है मुझे !"

"बताओ न, क्या बात है ?"

रिक्शे को न्यू हैदराबाद चलने का आदेश देकर जयकृष्ण बोला—"यार, बात यह हुई कि वह साला कृषि-आयुक्त चन्द्रप्रकाश एक स्टेनो-कम-प्राइवेट सेक्रेटरी-कम-माशूका की तौर से एक निहायत खूबसूरत लड़की कुमारी अनुराधा सैंजानी को ले आया है। तो मैं अनुराधा सैंजानी को पटा रहा था इस रेफ्रीजरेशन प्लांट्स के मामले में। आज दोपहर को ही पाँच लाख रुपयों का ऑर्डर निकलवा आया हूँ अपने लिए। तो अनुराधा सैंजानी को कुछ प्रेजेंट भी तो देना था मुझे ! यह जो अपने जियामल रग्घूमल का सुगनचन्द है, उसने बम्बई से फ्रेंच शिफॉन की असली जरतारीवाली एक साड़ी मँगवाई थी। उसका दाम करीब बारह सौ रुपए है। तो मैं उसे ले आया। अनुराधा के घर गया तो पता चला कि उसके बॉस ने उसे डिक्टेशन देने के लिए अपने यहाँ बुला लिया है, आठ-साढ़े आठ बजे वह लौटेगी। तो वह साड़ी का डिब्बा मेरे हाथ में था। वह सूअर का बच्चा रामशंकर ड्राइवर, उसे लेकर मैं अनुराधा के घर जाना नहीं चाहता था, न जाने घर में क्या-क्या लगाता, तो मैंने उसे कार के साथ घर भेज दिया था।"

मामला अब कुछ-कुछ मेरी समझ में आ रहा था। मैंने कहा—"लेकिन तुम्हारी बीवी को यह पता कैसे चल सकता था कि वह साड़ी अनुराधा सैंजानी के लिए है, उसके लिए नहीं है ?"

मत्थे पर हाथ फेरते हुए उसने कहा—"साड़ी के साथ मैंने अनुराधा सैंजानी के लिए एक पत्र भी रख दिया था।"

"क्या उसे प्रेमपत्र भी समझा जा सकता है ?" मैंने पूछा।

"यही तो सारी मुसीबत है ! ज्ञानेन्द्र, तुम तो जानते ही हो कि मैं कवि किस्म का आदमी हूँ। उस पत्र को लिखते समय कलम कुछ बहक गई। और सच बात तो यह है कि अनुराधा पूरी पटाखा है, पटाखा ! मैं उस चन्द्रप्रकाश को दाद देता हूँ कि न

जाने कहाँ से वह साला इसे ढूँढ़ लाया है !''

''अब क्या करोगे ? स्थिति तो भयानक रूप से गम्भीर दिखती है !''

''इसीलिए तो तुम्हें अपने साथ लिये चलता हूँ। तुम कह देना कि वह पत्र तुमने मुझसे लिखवाया था यह कहकर कि औरतें और खासतौर से खूबसूरत छोकरियाँ उल्लू की पट्ठियाँ होती हैं साड़ी को तो वह रिश्वत समझेंगी, लेकिन प्रेमपत्र से वह प्रभावित हो जाएगी।''

मैंने कहा—''तुम मुझसे झूठ बुलवाना चाहते हो। तुम्हारी बीवी मुझसे बोलना बन्द कर देगी। उसकी नजर में मैं गिर जाऊँगा।''

रिक्शे पर बैठे-ही-बैठे जयकृष्ण ने मेरे पैर पकड़ लिये—''अब तुम्हीं बचा सकते हो मेरे गार्हस्थिक जीवन को ! यह मेरी बीवी का बाप हरिहरनाथ शर्मा, तुम तो जानते ही हो, कितना पाजी और हरामजादा है। उसने मुझसे कई बार आग्रह किया है कि मैं अपनी नौकरी छोड़कर उसके धन्धे में लग जाऊँ। इस दफे वह मेरी नौकरी लेने पर तुल जाएगी !''

मैंने जयकृष्ण को कोई उत्तर नहीं दिया, मैं तेजी के साथ सोच रहा था। मुझे मौन देखकर उसने कहा—''चुप क्यों हो गए ज्ञानेन्द्र ? तुम्हीं मेरे एकमात्र मित्र हो। बाबा तुलसीदास ने कहा है : *धीरज धर्म मित्र अरु नारी, आपत काल परिखए चारी !''*

मैंने तिलमिलाकर उत्तर दिया—''धीरज तो मैं देख रहा हूँ तुम्हारा...बीवी का एक रात रूठकर मायके में रहना तुम बर्दाश्त नहीं कर सकते ! और धर्म तुम्हारा तुम्हारे प्रेमपत्र में ही फिसफिसा गया है ! नारी स्वयं आपतकाल का कारण बन गई है ! अकेला मैं बचा हूँ मित्र के नाते ! लेकिन जयकृष्ण की दयनीय मुद्रा देखकर मैं द्रवित हो गया—चलो, मित्र के नाते मैं तुम्हारी पूरी सहायता करूँगा।''

हरिहरनाथ शर्मा के ड्राइंग-रूम का दरवाजा खुला था और बाप-बेटी के बीच उच्च स्वर में बहस चल रही थी। मुझे हरिहरनाथ का स्वर सुनाई पड़ा—''मैं अभी चन्द्रप्रकाश के यहाँ चलकर इस प्रेम-पत्र के साथ यह साड़ी उन्हें देता हूँ ताकि वह इसे अपनी स्टेनो के यहाँ पहुँचा दें। वह भी जान जाएँ कि किस चुड़ैल को वह ले आए हैं !''

और ठीक इसके बाद रत्नप्रभा का स्वर सुनाई पड़ा—''नहीं, कल सुबह मैं यह साड़ी खुद उस हरामजादी को दूँगी ! वह इनके घर आकर अपनी गृहस्थी बसावे !''

हम दोनों ने कमरे में प्रवेश किया और हरिहरनाथ शर्मा ने कड़ककर जयकृष्ण से कहा—''तुम ! कमीने कहीं के, तुम !'' और मेरी ओर देखकर वह बोले—''आप भी इनके साथ आए हैं, आपको शर्म नहीं आती !''

जयकृष्ण ऐसा दबंग आदमी अपने ससुर की गाली बर्दाश्त कर गया, लेकिन मैंने कहा—''शर्म आनी चाहिए आपको जो अपने दामाद का कैरियर नष्ट करने पर तुले हुए हैं !''

तभी रत्नप्रभा उठी—"नहीं, मैं इनका कैरियर नष्ट न होने दूँगी ! कल सुबह ही मैं यह साड़ी अनुराधा के यहाँ जाकर उसे प्रेजेंट कर दूँगी ! वहाँ से मैं कोर्ट जाकर डाइवोर्स की एप्लीकेशन दे दूँगी ! यह उस अनुराधा से शादी करके फलें-फूलें !"

हरिहरनाथ शर्मा ने अपनी लड़की की बात काटी—"डाइवोर्स...तलाक ? ब्राह्मणों में न यह कभी हुआ है और न कभी यह होगा ! नहीं, इसे नौकरी करने की जरूरत नहीं है। मैं अभी चन्द्रप्रकाश से मिलकर इसकी फर्म को ब्लैक-लिस्ट कराए देता हूँ तो इसके फर्मवाले इसे नौकरी से निकाल बाहर करेंगे। तब आ जाएगी इसकी अकल ठिकाने ! तुम चलो अभी मेरे साथ चन्द्रप्रकाश के यहाँ !" साड़ी का डिब्बा उठाते हुए हरिहरनाथ शर्मा ने अपनी सुपुत्री को चलने का आदेश दिया।

और तभी जयकृष्ण शर्मा में न जाने कहाँ का साहस आ गया, उसने तड़पकर कहा—"ठीक है, मैं खुद ही कल रिजाइन कर दूँगा ! लेकिन आपके ऐसे बेईमान आदमी के साथ न रहूँगा, न काम करूँगा ! फाके भले ही कर लूँ !"

यह ठीक-ठीक नहीं कहा जा सकता कि रत्नप्रभा अपने पिता के सम्बन्ध में जयकृष्ण के अपशब्द सुनकर चीखी या अपने पति के फाके करने के निर्णय से चीखी, लेकिन मुझे ऐसा लगा कि वह बेहोश होकर गिरनेवाली है। जयकृष्ण ने आगे बढ़कर उसे सँभाला, और तत्काल रत्नप्रभा की बेहोशीवाली मुद्रा गायब हो गई। वह छटककर जयकृष्ण से अलग हो गई। उसने जयकृष्ण को डाँटा—"खबरदार, जो मुझे छुआ ! उस चुड़ैल अनुराधा के साथ अपनी गृहस्थी बसाइए, मुझे तनिक भी आपत्ति नहीं है ! कल ही मैं आपको मुक्त कर दूँगी !"

लेकिन हरिहरनाथ शर्मा के स्वर में क्रोध का विस्फोट था। लाल-लाल आँखों से जयकृष्ण को देखते हुए वह बोले—"हाँ-हाँ, फाके ही करोगे, फाके ! जमीन-आसमान एक कर दूँगा तुम्हें तबाह करने को, समझ क्या रखा है तुमने हरिहरनाथ शर्मा को !"

हद हो रही थी। मैंने रत्नप्रभा से कहा—"यह बेचारा जयकृष्ण अपनी नौकरी बचाए रखना चाहता है जो इस कृषि-आयुक्त चन्द्रप्रकाश ने करीब-करीब ले ही डाली है। कल मेरा सम्पादकीय इस चन्द्रप्रकाश के खिलाफ पढ़ लेना। यह जयकृष्ण अनुराधा के जरिए अपना काम निकलवाना चाहता था, यहीं गलती कर बैठा !" और इस बार मैं हरिहरनाथ शर्मा की ओर घूमा—"परसों आप भी मेरा सम्पादकीय पढ़ लीजिएगा। हरिहर हाईस्कूल और हरिहर सेवा-संस्थान, इनके सम्बन्ध में कुछ नए तथ्य प्रकाश में आए हैं...करीब ग्यारह लाख रुपयों के गबन की बात है। तो इनक्वायरी नहीं, यह मामला सीधे अदालत में दे दिया जाना चाहिए !" और मैंने जयकृष्ण का हाथ पकड़कर कहा—"चलो, इन लोगों से निबटना मैं जानता हूँ !"

लेकिन यह जयकृष्ण, इसे क्या कहूँ ! उसने मेरे साथ चलने से जैसे साफ इनकार कर दिया है, रत्नप्रभा की ओर बड़ी कातर दृष्टि से देखते हुए उसने कहा—"तुम्हें मेरे साथ चलना होगा, रतन !"

और पंडित हरिहरनाथ शर्मा ने मेरा हाथ पकड़कर कहा—"ऐसे नाराज नहीं हुआ

जाता ज्ञानेन्द्रनाथजी ! कितनी बड़ी विपत्ति आ पड़ी है हम लोगों पर, यह तो आप देख ही रहे हैं !''

इस बार रत्नप्रभा मेरी ओर घूमी—''आप इन्हें ले जाइए, मैं इनके साथ अब नहीं रह सकती ! इस घर में अब वह चुड़ैल अनुराधा ही रहेगी !''

मैंने पूछा—''और अगर वह भी इनके साथ रहने से इनकार कर दे ?''

''मैं जानती हूँ कि वह भी इनके साथ रहने से इनकार कर देगी ! कौन रहेगा इनके साथ ? इनके साथ इतने वर्ष मैं ही काट सकी हूँ, और वह भी जिस तरह मैंने काटे हैं, वह मैं ही जानती हूँ ! इतना झूठ, छल-कपट, ओछापन !'' और इस बार रत्नप्रभा की आवाज टूटकर हिचकियों में बदल गई और आँखों से आँसू गिरने लगे।

जयकृष्ण ने तत्काल अपना रूमाल निकालकर रत्नप्रभा के आँसू पोंछे—''नहीं रतन, इस तरह नहीं रोया जाता ! मुझे क्षमा करो जो मुझसे यह गलती हो गई ! मैं तो यह साड़ी अनुराधा को रिश्वत के जोर से दे रहा था।''

''बड़े आए रिश्वत देनेवाले !'' रत्नप्रभा जयकृष्ण को ढकेलते हुए बोली और उठकर खड़ी हो गई—''अब आप जाइए ! सब कुछ खत्म हो चुका है ! हम लोगों को अब नए सिरे से जिन्दगी बनानी है। कल ग्यारह बजे कोर्ट में आ जाइएगा। हम दोनों मिलकर डाइवोर्स की एप्लीकेशन दे देंगे, जिससे अधिक बदनामी न फैलने पावे !''

हरिहरनाथ शर्मा ने मेज पर हाथ पटकते हुए कहा—''तलाक नहीं होगा, किसी हालत में नहीं होगा !''

उसी दृढ़ता के साथ रत्नप्रभा ने कहा—''तलाक हर हालत में होगा !'' और वह पैर पटकते हुए मकान के अन्दर चली गई।

थोड़ी देर तक कमरे में सन्नाटा छाया रहा। मैंने उस मौन को तोड़ा—''जयकृष्ण, अब घर चलो। रात में तुम्हारी पत्नी का क्रोध शान्त हो जाएगा, फिर शर्माजी भी उसे समझा-बुझा देंगे।''

जयकृष्ण ने सर हिलाते हुए कहा—''नहीं, ज्ञानेन्द्र, तुम रतन को जानते नहीं ! रात-भर में तो इसकी जिद पत्थर की लकीर बन जाएगी ! मैं बिना इसे अपने साथ लिये वापस नहीं लौटूँगा।''

हरिहरनाथ शर्मा बोले—''आप बैठिए, ज्ञानेन्द्रनाथजी, मैं रतन को अभी लाता हूँ। समझौता अभी इसी समय हो जाना चाहिए, कल तक तो बहुत देर हो जाएगी।'' और मुझे जयकृष्ण शर्मा के साथ बिठाकर वह घर के अन्दर चले गए।

जयकृष्ण और मैं, दोनों बैठे हुए एक-दूसरे का मुँह देख रहे थे। करीब पन्द्रह मिनट बाद रत्नप्रभा को लिये हुए हरिहरनाथ शर्मा वापस लौटे। दोनों की मुद्राएँ काफी गम्भीर थीं। हरिहरनाथ शर्मा ने आते ही कहा—''बड़ी मुश्किल से मनाकर लाया हूँ इस रतन को ! यह तो अपनी जिद पर अड़ी है, लेकिन मेरी नाक का सवाल है, वरना हर बात तो

तुम्हारी ऐसी है कि तुम्हें जेलखाने में बन्द कर दिया जाए !"

जयकृष्ण उत्तेजित होकर बोला—"नाक तो आपकी हरिहर हाईस्कूल के गबन के साथ कट चुकी है, अब सवाल मेरी और रतन की नाकों का है !"

"बदमाश ! बेईमान ! बदतमीज कहीं का !" हरिहरनाथ शर्मा गरज पड़े।

और उनके गरजते ही मैंने कहा—"चलो, जयकृष्ण ! दो-चार दिन बाद बातचीत हो जाएगी। अभी तो सबके पारे बेतरह चढ़े हैं !" और मैं खड़ा हो गया।

रत्नप्रभा ने उत्तर दिया—"दो-चार दिन नहीं, मैं कल सुबह ही कोर्ट में तलाक की एप्लीकेशन दे दूँगी !"

जयकृष्ण ने मेरा हाथ पकड़कर मुझे बिठाया। वह रत्नप्रभा से बोला—"यह किसी हालत में नहीं हो सकता ! मैं बिना तुम्हारे घर वापस नहीं लौटूँगा !"

रत्नप्रभा भी बैठ गई। उसने हरिहरनाथ शर्मा का पैड उठाकर जयकृष्ण की ओर बढ़ाया—"तो फिर अभी फैसला हो जाए ! जो-जो मैं बोलती जाऊँ वह-वह आप लिखते जाइए, फिर आप उस पर दस्तखत कर दीजिए !"

जयकृष्ण ने पैड ले लिया। अपना फाउंटेनपेन निकालकर उसने कहा—"बोलो !"

रत्नप्रभा ने बोलना आरम्भ किया—"मैं जयकृष्ण शर्मा अपने कुकर्मों पर अति लज्जित हूँ और अपनी पत्नी रत्नप्रभा से क्षमा माँगते हुए यह प्रतिज्ञा करता हूँ..."

जयकृष्ण बोला—"मैंने कोई कुकर्म नहीं किया है, मैं लज्जित क्यों हूँ ?"

रत्नप्रभा ने मेरी ओर देखा—"सुन रहे हैं आप ज्ञानेन्द्रनाथजी !"

मैंने जयकृष्ण को डाँटा—"कृषि-आयुक्त की प्राइवेट सेक्रेटरी के नाम प्रेम-पत्र लिखना कुकर्म नहीं तो और क्या है ? तुम्हें क्षमा माँगनी चाहिए और प्रतिज्ञाएँ करनी चाहिए।"

जयकृष्ण ने लिखते हुए कहा—"हाँ, तो कौन-कौन सी प्रतिज्ञाएँ करनी हैं ?"

रत्नप्रभा बोली—"पहली...कि मैं भविष्य में एक सद्‌गृहस्थ की भाँति आठ बजे या अधिक-से-अधिक साढ़े आठ बजे तक घर लौट आऊँगा और उसके बाद घर के बाहर नहीं निकलूँगा। अगर निकलूँगा भी तो अपनी पत्नी के साथ या उसकी आज्ञा लेकर किसी विश्वस्त मित्र या साथी को साथ लेकर।"

जयकृष्ण ने मेरी ओर देखा। मैंने रत्नप्रभा से कहा—"आप जयकृष्ण के मित्रों तथा साथियों को जानती ही कहाँ हैं ? जिन्हें आप जानती हैं, उन्हें सख्त नापसन्द करती हैं।"

"वाह, मैं आपको तो नापसन्द नहीं करती ! फिर कन्हैयालाल साँवरिया..."

जयकृष्ण चीख उठा—"वह मेरा मित्र नहीं, शत्रु है !"

रत्नप्रभा भी चिल्ला उठी—"उसे आपको अपना अभिन्न मित्र मानना पड़ेगा ! वह न होता तो मुझे आपकी बेवफाई और आवारेपन का पता ही नहीं चलता !"

हरिहरनाथ शर्मा ने जयकृष्ण को समझाने का प्रयत्न किया—"यह साँवरिया बड़े काम का आदमी है। मिट्‌टी का तेल, डालडा और भी कितनी अलभ्य वस्तुएँ घर बैठे पहुँचा देता है !"

जयकृष्ण ने दृढ़तापूर्वक कहा—"उसका खानदान ब्लैकमार्केटियरों का खानदान है ! आज से मैं उससे घृणा करने लगा हूँ !"

"मैं भी आपसे घृणा करने लगी हूँ।" रत्नप्रभा ने उत्तर दिया।

मैंने जयकृष्ण के कान में कहा—"लिख भी दो ! यह खूबसूरत औरतें उल्लू की पट्ठियाँ होती हैं, तुम कह ही चुके हो। बाद में समझ लेना !"

जयकृष्ण ने मुझे घूरकर देखा, लेकिन बोला कुछ भी नहीं। रत्नप्रभा ने जो कुछ कहा, उसने लिख दिया।

रत्नप्रभा ने अब कहा—"शर्त दूसरी...कि मेहमानों की खातिर के लिए जो रकम मुझे मिलती है, वह पूरी-की-पूरी अपनी पत्नी के हवाले कर दूँगा। लोगों को जो दावतें देनी होती हैं, शराब पिलानी पड़ती हैं, वह सब अपने घर में करूँगा।"

"यह नहीं लिखूँगा। बहुत से लोग सिवा बड़े होटलों के और कहीं जाते ही नहीं हैं।"

रत्नप्रभा बोली—"तो यह भी जोड़ दीजिए कि अगर कभी बाहर दावत देनी पड़ी, तो मैं अपनी पत्नी से अनुमति ले लिया करूँगा।"

जयकृष्ण ने यह भी लिख दिया।

रत्नप्रभा बोली—"शर्त तीसरी...कि मैं पंडित हरिहरनाथ शर्मा को पितातुल्य समझूँगा और कभी उनका अपमान नहीं करूँगा।"

"इसके लिखने की कोई आवश्यकता नहीं है, मैंने इनका कभी अपमान नहीं किया है। हाँ, इनकी बेईमानियों और जालसाजियों का साथ मैं कभी नहीं दे सकता।"

रत्नप्रभा ने मेरी ओर देखा—"यह फिर पिताजी को गाली देकर उनका अपमान कर रहे हैं !"

मैंने जयकृष्ण की रक्षा की—"इन्होंने गाली नहीं दी है, सत्य बात कही है !"

हरिहरनाथ शर्मा बोले—"सत्य कभी-कभी बड़ी-से-बड़ी गाली से अधिक घातक होता है !"

"हाँ, आप ठीक कहते हैं !" और मैंने जयकृष्ण से कहा—"लिख दो, अनुच्छेद ठीक है।"

जयकृष्ण ने यह भी लिख दिया।

रत्नप्रभा ने कहा—"चौथी शर्त...कि मैं सपने में भी किसी दूसरी स्त्री से न प्रेम करूँगा, न उसे प्रेमपत्र लिखूँगा।"

मैंने कहा—"अपने सपनों पर इनको अधिकार नहीं है...यह अनुच्छेद दूषित है !"

रत्नप्रभा बोली—"तो सपने की बात निकालकर बाकी लिख दें।"

जयकृष्ण ने वह भी लिख दिया।

रत्नप्रभा बोली—"पाँचवीं शर्त...कि मैं कन्हैयालाल साँवरिया को अपनी जिन्दगी-भर अपना अभिन्न मित्र समझूँगा और उसकी हर तरह से सहायता करता रहूँगा।"

"यह मैं किसी हालत में नहीं लिख सकता ! उस साले ब्लैकमार्केटियर..."

"उसे गाली मत दीजिए, वह मेरे सगे भाई के समान है !"

भड़ककर जयकृष्ण ने कहा–"तो तुम्हारे पिता उस साले को गोद ले लें !"

हरिहरनाथ शर्मा ने कहा–"मैं कल ही उसे हरिहर हाईस्कूल और हरिहर सेवा-संस्थान का ऑनरेरी सेक्रेटरी बना दूँगा ! समझ क्या रखा है तुमने !"

"आपको उसे अभिन्न मित्र मानना ही पड़ेगा !" रत्नप्रभा ने दृढ़ता के साथ कहा।

और मैंने कहा–"जयकृष्ण, यह कन्हैयालाल साँवरिया सही अर्थों में तुम्हारा साला बन गया है, लिख दो !"

"लेकिन मैं उसकी कोई भी सहायता नहीं करूँगा।"

हरिहरनाथ शर्मा बोले–"उसे इनकी छोटी-मोटी सहायता की आवश्यकता नहीं है, रतन !"

रत्नप्रभा ने अपनी शर्त ढीली कर दी–"तो सिर्फ इतना लिख दीजिए कि मैं कन्हैयालाल साँवरिया को जिन्दगी-भर अपना अभिन्न मित्र समझूँगा।"

जयकृष्ण ने मेरी ओर देखा। मैंने कहा–"लिख दो !"

रत्नप्रभा बोली–"बस, इतना काफी है। अब आप इस पर हस्ताक्षर कर दीजिए, और ज्ञानेन्द्रनाथजी, गवाह के तौर से आप भी इस पर अपना दस्तखत कर दीजिए।"

जयकृष्ण शर्मा ने दस्तखत कर दिए और मैं गवाह बन गया। समझौता हो गया। रत्नप्रभा वसन्तप्रभा को साथ लेकर गाड़ी पर बैठी। जयकृष्ण ने मुझे मेरे घर पर उतार दिया।

नोट : इस समझौते के बाद मेरा सबसे प्यारा दोस्त जयकृष्ण शर्मा मुझसे छूट गया। कभी भूले-भटके मिल जाता है तो दो-चार औपचारिक बातें हो जाती हैं। स्कॉच-व्हिस्की का मजा ही भूल गया हूँ। और सबसे बड़ी बात तो यह कि डालडा, मिट्टी का तेल, साबुन आदि न जाने कितनी चीजों के लिए तरसना पड़ रहा है; क्योंकि कन्हैयालाल साँवरिया अब जी-जान से हरिहर हाईस्कूल और हरिहर सेवा-संस्थान के धन्धे में लग गया है।

गनेसीलाल का रामराज

गनेसीलाल से मेरा प्रथम परिचय कब और किन परिस्थितियों में हुआ, वह मैं कभी नहीं भूल सकता। जून सन् 1948 के तीसरे सप्ताह की एक अत्यन्त जलती हुई शाम, लखनऊ के हजरतगंज और पोस्ट आफिसवाला चौराहा, बेतरह थका हुआ लेकिन अपने से सन्तुष्ट, मैं सचिवालय से निकलकर अमीनाबाद जानेवाले एक रिक्शे पर बैठा था और रिक्शेवाला दूसरी सवारी का इन्तजार कर रहा था। विधानसभा की कार्रवाई की ठीक-ठीक खबरें मेरे पत्र में नहीं निकल रही थीं, सरकार द्वारा जो खबरें मिलती थीं, उनमें कहीं-न-कहीं कोई गड़बड़ी रह जाती थी और मेरे पत्र के पाठकों को इससे सन्तोष नहीं था। सूचना-मन्त्री ने मुझे सुझाव दिया था कि मैं अपना एक संवाददाता विधानसभा की कार्रवाई रिपोर्ट करने को नियुक्त कर दूँ, वह उसे समस्त सुविधाएँ देंगे। यह सुझाव मुझे पसन्द आ गया था। मैं मन-ही-मन सोच रहा था कि किस तरह कम-से-कम पैसों पर किसी योग्य संवाददाता को ढूँढूँ। मैं अपने विचारों में इस कदर खोया हुआ था कि मैं बुरी तरह चौंक उठा, जब एक व्यक्ति फुदककर मेरी बगल में बैठ गया।

मैंने उस व्यक्ति को देखा। मझोले कद का लेकिन सींक सा दुबला-पतला, रंग न गोरा कहा जा सकता था, न साँवला, गाल पिचके हुए, उम्र सत्ताईस-अट्ठाईस साल की रही होगी। बड़ी उमंग में वह जो कुछ गुनगुना रहा था, उन शब्दों को तो मैं नहीं पकड़ पाया, रागों के सम्बन्ध में मेरा ज्ञान नहीं के बराबर है, लेकिन इतना मैंने तय कर लिया था कि उसकी आवाज निहायत भौंडी है। उस बला की गर्मी में भी वह सिल्क का सूट पहने था और टाई बाँधे था।

रिक्शेवाले ने दूसरी सवारी बैठाने के साथ ही रिक्शा अमीनाबाद की तरफ हाँक दिया और मुझे लगा कि यदि मेरा साथी इसी तरह गाता या गुनगुनाता रहा तो मैं कहीं-न-कहीं रिक्शे पर ही बेहोश हो जाऊँगा। लिहाजा उसका गाना या गुनगुनाना रोकने के लिए मुझे ही उससे बात आरम्भ करनी पड़ी—बड़ी मौज में दिख रहे हैं जनाब ? ऐसा लगता है कोई खास खुशखबरी आपको मिली है ?

उसके हाथ में एक अंग्रेजी का अखबार था, उसे खोलकर मुझे दिखाते हुए उसने कहा—"जी, आज का दिन मेरे परम सौभाग्य का दिन है। आखिर मैंने एल-एल.बी. पास कर ही लिया है !"

उस पत्र में अलीगढ़ यूनिवर्सिटी का एल-एल.बी. का रिजल्ट निकला था। मैंने

उससे हाथ मिलाते हुए कहा–"तो आपका नाम श्री गनेसीलाल है...मेरी बधाई ! आपका निवास-स्थान कहाँ है ?"

बड़ी अदा के साथ उसने उत्तर दिया–"अब तो आप मुझे लखनऊ का ही रहनेवाला मान लीजिए ! वैसे मेरे नाते-रिश्तेदार बलिया, बनारस, इलाहाबाद, कानपुर, अलीगढ़, मेरठ सभी जगह फैले हुए हैं, और इन सब नगरों में मैं रह चुका हूँ। कल मैं लखनऊ आया और आज मैं एल-एल.बी. हो गया तो मैंने तय कर लिया है कि अब मैं लखनऊ में ही बसकर अपनी वकालत आरम्भ करूँगा।" फिर अपना स्वर कुछ नीचा करते हुए उसने कहा–"बात यह है कि बनारस विश्वविद्यालय में मैं एल-एल.बी. में फेल हुआ, इलाहाबाद विश्वविद्यालय में मैं फेल हुआ, अलीगढ़ में भी पास होने की आशा नहीं थी, तो मैं लखनऊ विश्वविद्यालय में पूछताछ करने आया था, लेकिन इसकी नौबत ही नहीं आई और मैं पास हो गया हूँ। गरीब आदमी हूँ, ट्यूशन करके तथा ऊपरी काम-काज करके पढ़ता रहा हूँ।"

मुझे वह स्पष्टवादी और अध्यवसायी युवक दिख रहा था। उससे अप्रभावित रहना मेरे लिए असम्भव था, तो मैंने पूछा–"कहाँ ठहरे हो ?"

"जी, रकाबगंज की मटरूमल की धर्मशाला में मेरा असबाब रखा है, अब आज से ही कोई किराए का मकान ढूँढ़ना पड़ेगा। पहली मंजिल भगवान ने पार करा दी है, आगे भी वही सहायक होगा।"

"पास में कुछ रुपया-पैसा भी है ?" मैंने पूछा।

"बीस रुपए लेकर आया था, तो कल और आज के बीच में बारह आने खर्च हो चुके हैं। सवा उन्नीस रुपए पास में हैं। एक चिट्ठी बलिया में पूज्य चाचाजी को भेज रहा हूँ, दस-पाँच रुपया जो भी हो, भेज दें। एक चिट्ठी मैनपुरी में अपने मामाजी को लिखनेवाला हूँ। सनकी आदमी हैं; मौज में हों तो सौ-दो सौ भेज दें, नहीं तो अँगूठा दिखा दें ! और अब वह हँस पड़ा–लेकिन इन सबकी चिन्ता क्यों ? भगवान ने पेट दिया है, तो उसे भरने की जिम्मेदारी भी उन पर है !"

इस समय तक मैं गनेसीलाल से बेतरह प्रभावित हो चुका था। एल-एल.बी. की डिग्री प्राप्त किए हुए एक प्रतिभाशाली नवयुवक, काम की तलाश में भटकता हुआ। एक-एक सूचना-मन्त्री का सुझाव मुझे याद हो आया। मैंने कहा–"भगवान ने तुम्हारा पेट भरने की जिम्मेदारी मुझे सौंप दी है। मैं यहाँ के हिन्दी दैनिक पत्र 'शंखनाद' का मुख्य सम्पादक हूँ। उत्तर प्रदेश की विधानसभा की कार्रवाई की रिपोर्ट लाने के लिए मुझे एक विशेष संवाददाता की आवश्यकता है। वेतन तो अधिक नहीं दे सकूँगा, सौ रुपया महीना ही होगा, लेकिन यह काम पार्ट-टाइम समझो। वकालत भी करते जाना।"

गनेसीलाल ने तत्काल मेरे पैर छुए–"बाप बचपन में मर गए थे, लेकिन आपके रूप में भगवान ने मुझे बाप भी दे दिया है ! आप ही 'शंखनाद' के प्रसिद्ध सम्पादक श्री महेन्द्र त्यागी हैं...आपका वरदहस्त पाकर मैं धन्य हो गया हूँ। जीवन-भर मैं आपका अनुचर रहूँगा।"

रिक्शा इस समय तक कैसरबाग के चौराहे पर पहुँच चुका था। मैंने रिक्शेवाले को रोका—''यहीं हम लोगों को उतरना है।'' अपना तथा गनेसीलाल का किराया रिक्शेवाले को देते हुए मैंने कहा—''यहीं थोड़ी दूर पर 'शंखनाद' का ऑफिस है। चलो, वहाँ तुम्हारी सफलता के उपलक्ष्य में चाय और मिठाई रहे, और आज ही मैं एप्वाइंटमेंट लेटर दे दूँ।''

मेरे सहकारी सम्पादक श्री क्षीरसागर शर्मा ने सर खुजाते हुए मुझसे कहा—''त्यागीजी, कैसरबाग कोतवाली के इंचार्ज ठाकुर हनुमानसिंह आपके दर्शन करना चाहते हैं। उन्होंने टेलीफोन करके आपसे समय माँगा है।''

मैंने पूछा—''ठाकुर हनुमानसिंह मुझसे मिलना चाहते हैं, क्या बात है ? कुछ बताया है आपको ?''

''जी, 'शंखनाद' में इधर इक्का-ताँगा यूनियन को लेकर पुलिस के खिलाफ कई समाचार निकले हैं। पुलिस के उच्च अधिकरियों ने उन्हें कसा है, तो उनका कहना है कि खबरें झूठी हैं।''

स्थानीय समाचारों को देखने-भालने की जिम्मेदारी मैंने पंडित क्षीरसागर शर्मा पर सौंप रखी थी, मैंने उनसे पूछा—''आपने तो उन खबरों की सच्चाई परख ली होगी ?''

''जी, वह सब खबरें श्री गनेसीलाल ने भेजी हैं, तो उनके सम्बन्ध में क्या खोज-बीन करता ! श्री गनेसीलाल इक्का-ताँगा यूनियन के प्रेसिडेंट हैं न !''

मैं कुर्सी से उछल पड़ा—''क्या कहा ? गनेसीलाल इक्का-ताँगा यूनियन के प्रेसिडेंट हैं ?''

''जी हाँ, जिन इक्का-ताँगेवालों का चालान होता है, उनकी मुफ्त पैरवी करते हैं वह। भगवान की दया से उनकी वकालत चल निकली है। अपनी नरहीवाली नई हवेली का नाम उन्होंने सेवा-मंजिल रख लिया है, उसीमें इस इक्का-ताँगा यूनियन का दफ्तर है।''

कानों को विश्वास नहीं हो रहा था, लेकिन इस बार कुर्सी से उछलना मैंने उचित नहीं समझा। मैंने कहा—''नरहीवाली हवेली, वह तो रकाबगंज में एक तंग गली में रहते हैं ?''

''जी, यह तो आप दो साल पहले की बात कह रहे हैं।'' क्षीरसागर ने बड़ी गम्भीरता-पूर्वक कहा—''वह जो नरही के ख्वाजा अब्दुल मजीद थे, उन्हें तो आप जानते थे ?''

''हाँ-हाँ।'' मैंने कहा—''निहायत शरीफ आदमी। उनकी इकलौती बेटी व दामाद पाकिस्तान चले गए थे, लेकिन ख्वाजा साहब ने पाकिस्तान जाने से कतई इनकार कर दिया था।''

''जी, वही। लेकिन आदमी की मति का कोई भरोसा नहीं ! एक दिन शायद उन्हें कुछ हुड़क उठी। अपना माल-मता बेचकर या साथ लेकर और हवेली में ताला जड़कर वह अपनी बेटी दामाद से मिलने लाहौर चल दिए। सामान बेचने व ले जाने की इजाजत

सरकार ने कैसे दी, इस पर विधानसभा के लोगों में कुछ कानाफूसी भी हुई, कुछ कहासुनी होने की नौबत आई, लेकिन मामला खुलने नहीं पाया। गनेसीलाल ने 'शंखनाद' में इसकी खबर ही रोक दी। तो ख्वाज़ा साहब के लाहौर जाने के बाद यह खबर आई कि वहाँ उन्हें दिल का दौरा पड़ा और वहीं उनका देहान्त भी हो गया।''

मैंने कहा—''हाँ, सात-आठ महीना पहले की बात है, मुझे याद आ गया।''

क्षीरसागर ने गला साफ करते हुए कहा—''तो त्यागीजी, जिस दिन ख्वाज़ा साहब की मृत्यु का समाचार आया, ठीक उसी दिन या उसके एक दिन बाद गनेसीलाल ख्वाज़ा साहब की हवेली का ताला तोड़कर उसमें दाखिल हो गए। एक हफ्ते के अन्दर ही उन्होंने अपना वहाँ निवास-स्थान बनाकर इक्का-ताँगा यूनियन का दफ्तर भी खोल दिया, जिसका उद्घाटन प्रदेश श्रम-मन्त्री ठाकुर उजागरसिंह ने किया था। आपको याद होगा, उसके एक महीने के अन्दर ही वह ठाकुर उजागरसिंह की कैनवेसिंग करने के लिए सीतापुर चले गए थे।''

मैंने कहा—''उजागरसिंह की कैनवेसिंग करने के लिए नहीं बल्कि उनके चुनाव-अभियान की रिपोर्ट लेने गए थे मुझसे कहकर। ठाकुर उजागरसिंह का जनसंघ के राजा शिवपालसिंह से कड़ा मुकाबिला था।''

''जी, आप वही समझिए,'' क्षीरसागर बोले—''लेकिन हम लोग यही जानते हैं कि वह उनकी कैनवेसिंग करने गए थे। ठाकुर उजागरसिंह ने इस काम के लिए उन्हें एक सेकेंडहैंड आस्टिन कार सिपुर्द कर दी थी, जिसे गनेसीलालजी ने उजागरसिंह के पेट्रोल तथा अन्य खर्चों से दो हजार बचाकर उनसे खरीद लिया था।''

मुझे अब सब कुछ साफ-साफ याद आता जा रहा था। मैंने कहा—''याद आ रहा है, गनेसीलाल दो-चार बार मुझे एक निहायत कंडेम्ड कार पर दिखे थे, उन्होंने बताया भी था कि उन्होंने वह कार खरीद ली थी, लेकिन उसके बाद तो वह मुझे एक नई फिएट कार पर ही नजर आए। खैर, छोड़िए भी, यह बताइए कि ख्वाज़ा साहब के मकान का क्या हुआ ?''

''जी, वह तो गनेसीलालजी का मकान हो गया है अब। उस हवेली में गनेसीलालजी के प्रवेश के छह महीने बाद सरकार की आँख खुली। छानबीन आरम्भ हुई। इवेकुई प्रॉपर्टी के कमिश्नर के ऑफिस में उन्हें तलब किया गया। लेकिन गनेसीलालजी ने जो कागजात प्रस्तुत किए, उन्हें चुनौती देनेवाला या उन्हें अस्वीकार करनेवाला कोई आदमी आगे आया ही नहीं। मामला मन्त्रियों तक गया और अन्त में गनेसीलाल को उस मकान का मालिक घोषित कर दिया गया। 'शंखनाद' के विशेष संवाददाता, गृह-मन्त्री के विशेष सलाहकार तथा कांग्रेस के अन्दर एक प्रभावशाली लेबर लीडर होने के नाते वह नगर के प्रभावशाली व्यक्ति बन बैठे हैं।''

मैंने तेज आवाज में कहा—''आपने मुझे यह सब पहले क्यों नहीं बताया ?''

''जी, मेरा खयाल था कि इस सबका पता आपको होगा। इधर उन्होंने फर्जी नामों से तीन कारें एलॉट कराके तीन-तीन हजार के ब्लैक में बेच दी हैं और उन्होंने अपने

लिए नई आस्टिन कार खरीद ली है। विधानसभा मार्ग पर एक पेट्रोल पम्प भी उन्हें मिल गया है।''

मैंने क्षीरसागर से पूछा—''और अब भी 'शंखनाद' के विशेष संवाददाता हैं ?''

''जी, यह तो आप अच्छी तरह जानते हैं। आप 'शंखनाद' के सम्पादक हैं।''

मैंने उठते हुए कहा—''क्षीरसागरजी, मैं एक अत्यन्त असफल सम्पादक हूँ, आज मुझे पता चला है जाकर ! मुझे विदेश के एक विश्वविद्यालय से अध्यापन के लिए ऑफर आया है। मैं सोच रहा था कि उसे स्वीकार करूँ या न करूँ, तो मैं आज ही उसे स्वीकार कर रहा हूँ। मैं आज एक वर्ष की छुट्टी ले रहा हूँ 'शंखनाद' से, तो कल से इसके स्थानापन्न सम्पादक आप हुए। पहला काम आप यह करें कि गनेसीलाल को विशेष संवाददाता के पद से हटाकर उसके स्थान पर दूसरा आदमी नियुक्त कर लें।''

मैं जानता हूँ कि मेरे इस निर्णय से क्षीरसागर को जितना आश्चर्य हुआ, उससे अधिक उन्हें प्रसन्नता हुई।

उतार-चढ़ाव, उखाड़-पछाड़, आपाधापी, छीनाझपटी—इन शब्दों में आज की दुनिया की परिभाषा की जा सकती है। कहीं भी अमन नहीं, चैन नहीं, सुख-शान्ति नहीं। विदेशों में दस वर्ष के लम्बे प्रवास के बाद मुझे अनुभव हुआ कि जो मजा अपने देश में है, वह कहीं भी नहीं है। और विदेश से लौटकर मैं गाजियाबाद-मेरठवाली सड़क के पूरब तीन मील पर स्थित अपने रसौल में बस गया। वैसे मेरे पास पैतृक भूमि नहीं के बराबर थी, लेकिन मैं ठहरा किफायतसार आदमी, दस वर्ष के विदेशों के प्रवास में मैंने अच्छी-खासी रकम जोड़ ली थी, तो कुछ अपने और कुछ अपने भाई-भतीजों के नाम से करीब सौ एकड़ जमीन खरीद ली और एक सम्पन्न तथा प्रभावशाली किसान बन गया। ट्रैक्टर, ट्यूबवेल। समय बड़े मजे में बीतने लगा।

लेकिन 'जोरू न जाता अल्लामियाँ से नाता' वाली कहावत के अनुसार यह मेरी प्रकृति में ही नहीं है कि मैं कहीं बँध सकूँ या जम सकूँ। सात-आठ साल लगे अपने को स्थापित करने में, लेकिन करीब दो-तीन साल पहले जो लगातार अनावृष्टि और अतिवृष्टि के दौरे पड़ने आरम्भ हुए, खाद ब्लैक मार्केट में पहुँचनी आरम्भ हुई, बिजली के अभाव से ट्यूबवेल बेकार होने आरम्भ हुए, तो मेरी समझ में आ गया कि खेती का काम मेरे बस का नहीं है।

इस गलत पेशे से कैसे छुटकारा पाया जाय, मैं इस पर सोच ही रहा था कि प्रसिद्ध उद्योगपति सेठ शिवचन्द भालचन्द के मालिक मानिकचन्द से दिल्ली के एक शानदार होटल में मुलाकात हो गई। वह दिल्ली से मिले हुए गाजियाबाद में पाँच अरब रुपयों का ट्रैक्सटर्स का एक बड़ा कारखाना खोलना चाहते थे। मेरी जमीन उन्हें काम की दिखी और मैंने बीस लाख रुपयों में उन्हें अपनी जमीन ही नहीं बेच दी, बल्कि पाँच हजार रुपए महीने पर मैं उत्तर प्रदेश की राजधानी लखनऊ में उनके हितों की रक्षा करने तथा

सरकार से सम्पर्क बनाए रखने के लिए उनका प्रतिनिधि भी बन गया।

करीब सत्रह-अठारह साल बाद मैं लखनऊ वापस लौटा था। बहुत-कुछ बदल चुका था। यहाँ आकर पता चला कि 'शंखनाद' बन्द हो चुका है। बड़ी मुश्किल से मैं क्षीरसागरजी का पता लगा सका। वह एक प्रकाशन-संस्था में कलम घिस रहे थे। सर के बाल सफेद हो गए थे। दाँत आधे से ज्यादा गिर चुके थे। अजीब सिकुड़े हुए और सहमे हुए दिखे वह मुझे। देखते ही उनकी आँखों में आँसू आ गए—"अरे त्यागीजी, आप...आप !"

"यह क्या हालत हो गई है आपकी ? 'शंखनाद' क्यों बन्द हो गया ?"

"क्या बताऊँ त्यागीजी ! पत्र तो हमेशा घाटे में चलता रहा, यह तो आप जानते ही हैं। न्यूजप्रिंट में ब्लैक का मुनाफा होता था, इसलिए मालिक उसे निकाल रहे थे। इधर सरकार ने न्यूजप्रिंट का कोटा कम कर दिया, तो मालिकों ने सीमेंट और लोहे का काम आरम्भ कर दिया 'शंखनाद' बन्द कर।"

दिल को एक धक्का सा लगा। मैंने कहा—"तो जीवन बड़े कष्ट में बीत रहा है !"

क्षीरसागर ने आँसू पोंछते हुए कहा—"नवचेतना प्रकाशनवालों ने भी परसों मुझे तीन महीने की नोटिस दे दी है। कागज के अभाव में उनका प्रकाशन बन्द पड़ा है।"

"तब फिर क्या कीजिएगा ?

"कुछ समझ में नहीं आता। श्री गनेसीलाल 'रामराज' नाम का एक पत्र निकालनेवाले हैं। उन्होंने बुलाया है।"

मैं चौंक उठा—"वही गनेसीलाल, जिनके कारण मैं 'शंखनाद' से इस्तीफा दे गया था ?"

"जी हाँ। गनेसीलाल कांग्रेस के बहुत बड़े नेता बन गए हैं। एम.एल.ए. तो हैं ही, मिनिस्टर बनने का चांस है उनका। समाजवाद का नारा त्यागकर महात्मा गांधी के सच्चे अनुयायी बन गए हैं।"

मैं जैसे आसमान से जमीन पर गिरा—"क्या आप सच कह रहे हैं ?"

क्षीरसागर मुस्कुराए—"आप स्वयं गनेसीलाल से मिलकर मेरी बात की सच्चाई परख लें। छतर मंजिल के पास गोमती-किनारे उन्होंने अपना आश्रम बनाया है, नाम है पर्णकुटी। उसमें नित्य शाम को छह बजे से आठ बजे तक वह बैठते हैं, वहाँ देश की समस्याओं पर विचार होता है, निदान ढूँढ़ा जाता है। अगर आप कहें, तो मैं भी गनेसीलाल से किसी दिन एप्वाइंटमेंट ले लूँ।"

मेरे अन्दर बीस साल पहलेवाला पत्रकार जैसे अनायास ही जाग पड़ा, मैंने कहा—"ठीक है, अगले हफ्ते किसी दिन एप्वाइंटमेंट ले लीजिए।"

ठीक साढ़े छह बजे मैं क्षीरसागर के साथ गनेसीलाल की पर्णकुटी में पहुँचा। एक आधुनिक डिजाइन के निहायत शानदार बँगले के एक कोने में बीस फुट लम्बा और बीस फुट चौड़ा चौकोर कमरा, बाहर की दीवारें टट्टरों और फूस से ढकी हुईं, भीतर

दीवारें कीमती रंग-बिरंगी चटाइयों से तथा प्राचीन शिल्प के कढ़े हुए कपड़ों से ढकी हुईं। फर्श पर मोटे-मोटे गद्दे पड़े हुए थे, जिन पर दूध की तरह सफेद खादी की चादरें बिछी हुई थीं। एक ऊँचे आसन पर श्री गनेसीलाल गावतकिए के सहारे बैठे हुए जैसे हम लोगों की प्रतीक्षा कर रहे थे।

ईमानदारी की बात तो यह है कि अगर क्षीरसागर ने मुझे यह न बतला दिया होता कि हम लोग श्री गनेसीलाल से मिलने चल रहे हैं, तो मैं उन्हें न पहचान पाता। बीस साल में उनकी धजा ही बदल गई थी। हृष्ट-पुष्ट आदमी, शरीर पर अच्छी-खासी चरबी चढ़ी हुई, आँखों में तेज, आवाज में एक तरह की कड़क। मुझे देखते ही उन्होंने उठते हुए कहा—"स्वागत है आपका त्यागीजी, जो आपने मेरी इस कुटी को पवित्र किया !" और बड़े प्रेम से वह मुझसे गले मिले।

हम लोग बैठ गए। मैंने अब अपने को संयत करते हुए कहा—"मुझे बड़ी प्रसन्नता हुई गनेसीलाल तुमसे मिलकर। पिछले बीस वर्षों में दुनिया कितनी बदल गई है !"

"परिवर्तन ? यह तो जीवन का क्रम है।" बड़े कवित्वमय अन्दाज से गनेसीलाल बोले—"लेकिन त्यागीजी, इस परिवर्तन पर मुझे बेहद सन्तोष है। देश में रामराज की स्थापना हो रही है, भविष्य उज्ज्वल है।"

अभी तक मुझे अपनी आँखों पर विश्वास नहीं हो रहा था, अब मुझे लगा कि अपने कानों पर से भी मेरा विश्वास जानेवाला है। मैंने कहा—"आदमी बुरी तरह त्रस्त और अभावग्रस्त है और तुम कहते हो कि रामराज आ रहा है !"

गनेसीलाल मुस्कुराए—"यह दृष्टिभ्रम है। आदमी त्रस्त और ग्रस्त इसलिए दिखता है कि उसकी तृष्णा बढ़ गई है, और तृष्णा के कारण उसका असन्तोष बढ़ गया है। इसीलिए उसमें मानसिक शान्ति नहीं है। महात्मा गांधी ने हमेशा सादे जीवन पर बल दिया। यह तड़क-भड़क, या आडम्बर, यही मनुष्य की अशान्ति का कारण है। हमारा जन उन सिद्धान्तों से हटता जा रहा है, तो सरकार को उन सिद्धान्तों को जन पर प्रतिपादित करने को विवश होना पड़ रहा है।"

मैं आश्चर्य से आँखें फाड़े हुए गनेसीलाल को देख रहा था। गनेसीलाल ने कुछ रुककर कहा—"आप इस तरह मुझे क्यों देख रहे हैं ?"

मैंने कहा—"मुझे तो हर तरफ अभाव दिख रहा है और इस अभाव की सारी जिम्मेदारी सरकार पर है। इस देश में भयानक रूप से गरीबी भर गई है और इसे तुम रामराज की स्थापना कहते हो !"

कुछ गम्भीर होकर गनेसीलाल ने कहा—"त्यागीजी, मुझे तो गरीबी नजर नहीं आती। जो कुछ सामाजिक असन्तुलन आ गया है, वह दूर किया जा रहा है। अगले पाँच वर्षों में गरीबी जड़ से गायब हो जाएगी।"

उसी दिन सुबह रेलवे का नया बजट पत्रों में आया था, जिसमें रेलवे के किराए में बेतहाशा वृद्धि हुई थी। मैंने कहा—"सरकार गरीबी दूर कर रही है जनता को और गरीब बनाकर ! तुम्हें पता तो होगा कि आज ही रेलवे के किराए में बेतहाशा वृद्धि हुई है।"

गनेसीलाल ने मुझे इस तरह देखा जैसे वह किसी अबोध शिशु को देख रहे हों—"हाँ, त्यागीजी, इससे जनता को कुछ थोड़ा सा कष्ट होगा, लेकिन इससे जनता की बिगड़ती हुई हालत सुधरने में सहायता मिलेगी।"

गनेसीलाल अब तनकर बैठ गए थे—"यह जनता ! इससे कितना कहा गया कि रुपया बचाओ, कम खर्च करो ! नेशनल सेविंग सर्टिफिकेट, पोस्ट ऑफिस, हर जगह रुपया जमा करने की व्यवस्था है, लम्बा ब्याज भी सरकार दे रही है, लेकिन यह मूर्ख और उजड्ड जनता मानती ही नहीं ! गोरखपुर, गोंडा, फतेहपुर, मैनपुर का देहाती बम्बई, कलकत्ता, दिल्ली, मद्रास का चक्कर लगा रहा है। वक्त की बर्बादी, धन की बर्बादी ! लाखों-करोड़ों आदमी रेलों में ठसाठस भरे, देश में समस्याएँ पैदा करते हुए और बढ़ाते हुए घूम रहे हैं ! इनको हर जगह भोजन चाहिए, आवास चाहिए, सुख-सुविधा चाहिए। पूछिए, इनके बाप-दादों ने कभी शहर का मुँह देखा था ? पैदल चलते थे, बहुत हुआ तो जिला कचहरी हो आए। चना-चबेना, सत्तू कन्धे पर लदा हुआ। तो सरकार ने बढ़ा दिया रेल का किराया। करो साले सफर, देखें कैसे करते हो ! न सफर करोगे, न पैसा खर्च होगा, न रुपया बर्बाद होगा, न समस्याएँ बढ़ेंगी ! गरीबी दूर !"

तर्क अकाट्य था ! मैंने पूछा—"लेकिन यह जो हरेक चीज बाजार से गायब है, इसके सम्बन्ध में तुम्हें क्या कहना है ?"

गनेसीलाल बोले—"एक-एक चीज का नाम लीजिए।"

एक हफ्ते से मुझे नहाने तथा धोने के साबुन के बाजार में दर्शन ही नहीं हुए थे। मैंने कहा—"यह साबुन जो बाजार से गायब है, इस सम्बन्ध में तुम्हें क्या कहना है ?"

गनेसीलाल हँस पड़े—"त्यागीजी, हमारे दादा-परदादा के समय में साबुन नाम की कोई चीज थी कभी ? लोग मिट्टी से हाथ धोते थे। पता नहीं कि सन् 1931 में जब पंडित मदनमोहन मालवीय राउंड टेबल कानफ्रेंस में लन्दन गए थे, तो जहाज पर हाथ धोने के लिए मिट्टी लदवाकर चढ़े थे, साबुन तो विलायतवालों ने बनाया। पहले कुछ अंग्रेजी पढ़े-लिखे अफसरों ने साबुन का प्रयोग किया, फिर शहरी बाबुओं ने, और आज एक अदना-से-अदना मजदूर और किसान को साबुन चाहिए ! आदत बिगड़ गई है सालों की ! तो कर दिया साबुन गायब ! न रहे बाँस, न बजे बाँसुरी ! धोओ मिट्टी से हाथ ! लगाओ उबटन ! बने हरेक आदमी अमीर !"

मैंने कहा—"और जो यह डालडा बाजार से गायब है, इस पर क्या कहना है ?"

"हाँ, डालडा गायब है, घी अनुपलब्ध है, तेल बेतहाशा महँगा है। लेकिन यह भी कभी आपने सोचा है कि ये चरबी चढ़ानेवाले पदार्थ स्वास्थ्य के लिए कितने हानिकर हैं ? आदि-मानव उबला हुआ और अधकच्चा भोजन करता था, एक सौ वर्ष जीवित रहता था। घी, तेल, डालडा, मक्खन इनका प्रचलन बढ़ा और रोग ने आदमी को धर दबाया। सरकार जोर-जबर्दस्ती तो करती नहीं, वह व्यक्तिगत स्वतन्त्रता की रक्षा करती है। तो उसने यह सब चीजें गायब कर दी हैं। झख मारकर उबला भोजन करना पड़ेगा। जनता का स्वास्थ्य बढ़ेगा, लोगों की सम्पन्नता बढ़ेगी।"

क्षीरसागर का पुत्र लक्ष्मीसागर बीमार था। डॉक्टर ने जो दवा बताई थी, वह बाजार से गायब थी। उन्होंने कहा—"दवा तक तो बाजार में मिलती नहीं, स्वास्थ्य बनेगा खाक ! लक्ष्मीसागर एक हफ्ते से बिस्तर पर पड़ा है !"

गनेसीलाल बोले—"अरे, मुझसे कहा होता, तो मैं मँगवा देता। आज शाम तक मिल जाएगी। क्षीरसागरजी, आप देख रहे हैं, हिन्दुस्तान की आबादी बेतहाशा बढ़ती जा रही है। इन दवाओं के बदल पर लोग मौत को चुनौती दे रहे हैं। भला यह भी कोई बात हुई ! नहीं, प्रकृति के नियमों का पालन करो। बीमार और अस्वस्थ रहकर जिन्दगी ढोने की अपेक्षा मृत्यु अधिक हितकर है।"

हद हो गई। जी में आया कि उठकर चल दूँ और इस आदमी का फिर कभी मुँह न देखूँ, कि गनेसीलाल का नौकर चाय ले आया।

तरह-तरह की मिठाइयाँ, फल, मेवे। गनेसीलाल ने कहा—"त्यागीजी, चाय पीते हुए बात होती जाय। मेरा सौभाग्य कि आपकी सेवा करने का अवसर मिला। आपने ही मुझे बनाया है।"

लखनऊ आने के बहुत दिनों बाद मुझे इतनी ढेर सी मिठाइयों के दर्शन हुए थे। मैंने कहा—"गनेसीलालजी, चीनी तो साढ़े पाँच रुपया किलो मिल रही है, मिठाइयों का सारा मजा ही गायब हो गया है !"

गनेसीलाल हँस पड़े—"हमारे यहाँ कहावत है, खानेवाले को शक्कर, मूजी को टक्कर ! क्या समझे आप ? चीनी हमेशा से अनुपलब्ध रही है और फिर अनुपलब्ध हो गई है। अरे, त्यागीजी, इस शक्कर से लोगों की तोंद बढ़ती है, आलस बढ़ता है, डायबिटीज का मर्ज धर दबाता है। आप जानते ही हैं, डायबिटीज देश के कोने-कोने में फैल रही है ! तो यह शक्कर तो केवल तिथि-त्यौहार में खाने की चीज है। लेकिन किया क्या जाय, लोगों की आदत बिगड़ गई है। दे धड़ाधड़—दे धड़ाधड़ लोग मिठाइयाँ खा रहे थे, राजा हो या रंक, तो बढ़ा दिए हैं चीनी के दाम बेतहाशा !"

चाय पीते हुए मैंने कहा—"गनेसीलाल, रामराज की यह परिकल्पना तुम्हारी मौलिक है या किसी बड़े नेता से तुम्हें मदद मिली है ?"

गनेसीलाल का स्वर करुण हो गया—"देखिए त्यागीजी, आप मेरा अपमान मत कीजिए। मैंने इतने लम्बे काल तक चिन्तन किया है, तपस्या की है। मैं तो अपने रामराज के सिद्धान्त से सरकार की मदद कर रहा हूँ। नित्य नई समस्याएँ उत्पन्न हो रही हैं। अब यही लें, मिट्टी का तेल, कोयला, सब कुछ बाजार से गायब है। लोग सरकार को गालियाँ दे रहे हैं। अरे बाबा, पत्थर का कोयला, मिट्टी का तेल इनमें लोगों की आदत बिगड़ गई है। हमारे पूर्वजों के समय में न मिट्टी का तेल था, न पत्थर का कोयला था और काम मजे में चलता था। तला-भुना खाने लगे हैं, प्राकृतिक आहार से हट गए हैं, शहर में बिजली जल रही है, गाँवों में लालटेनें जल रही हैं, लोग

आधी-आधी रात तक जागते रहते हैं। यह नहीं कि शाम होते ही सो गए, सुबह तरो-ताजा उठे। कच्ची सब्जियाँ खाईं। स्वस्थ और हृष्ट-पुष्ट आदमी। सरकार को दोष देने के स्थान पर हम लोगों को सरकार का आभारी होना चाहिए।"

मेरे मुख से निकल पड़ा—"गनेसीलाल, तुम धन्य हो ! मेरी समझ में आ गया कि ये अभाव नहीं है, हम लोगों के लिए वरदान हैं ! आप अपने इस राम-राज की परिकल्पना का प्रचार कीजिए !"

"वही कर रहा हूँ।" गनेसीलाल बोले—"यह नागरिक सभ्यता, यह अति का जीवन, ये सब हमारे लिए अभिशाप हैं। मैं कहता हूँ, गाँवों में रहो, कम खाओ, गम खाओ। यह देश लँगोटी लगानेवाले साधु-सन्तों का है। महात्मा गांधी ने इसी लँगोटी के बल पर स्वराज्य जीता है। लेकिन लोगों के पास सूती, रेशमी, ऊनी वस्त्र भरे पड़े हैं, ट्रंकों में, अलमारियों में सड़ रहे हैं। तो कपड़ों का अभाव होगा ही। और जो ये एक के बाद एक चालीस-मंजिली, पचास-मंजिली इमारतें बनती जा रही हैं, बम्बई, कलकत्ता, दिल्ली घूम आइए, आँखें फटी-फटी रह जाएँगी। यह बला लखनऊ में भी आ गई है। तो त्यागीजी, यह सीमेंट और लोहे की इमारतें फौलादी होती हैं। और इधर नित्य फैशन बदलते जा रहे हैं। आज बनी हुई इमारत पचास साल बाद पुराने फैशन की हो जाएगी, तो तोड़ो इन फौलादी इमारतों को ! तुम आज आसमान पर चढ़ रहे हो ! एक एटम युद्ध, भयानक विस्फोट, और कल पाताल में धँसना पड़ेगा, ताकि दुश्मन तुम्हें देख न पाए ! तो सीमेंट, लोहा, यह सब सरकार गायब करती जा रही है। बनाओ कच्चे आरामदेह मकान रहो पर्णकुटी में।

मैंने पूछा—"और जो अनाज महँगा होता जा रहा है, इस पर भी तुमने सोचा है ?"

"हर चीज में सरकार तुम्हारा रुपया बचा रही है, तो कहीं-न-कहीं तुम्हें खर्च करना ही होगा। सोना-चाँदी, हीरा-जवाहरात, इन्हें रखोगे, तो चोर चुरा ले जाएँगे, डाकू लूट ले जाएँगे, इनकम टैक्सवाले छीन ले जाएँगे। तो रुपया तुम्हें खर्च ही करना होगा। और जब खर्च करना है, तब अनाज पर खर्च करो। जो लोग अनाज की बढ़ती कीमतों की शिकायत करते हैं, वह नितान्त अज्ञानी हैं।"

मैंने ताली बजाते हुए कहा—"तुम धन्य हो गनेसीलाल ! मिनिस्टरी कब मिलनेवाली है ?"

गनेसीलाल बोले—"मिनिस्टरी मिलती नहीं, ली जाती है ! इस बार चुनाव-अभियान में हमारी पार्टी केवल मेरी बनाई रामराज की योजना के बल पर ही बहुमत प्राप्त कर सकती है। देखता हूँ कैसे नहीं बनाते हैं मुझे मिनिस्टर !"

मैंने उठते हुए कहा—"गनेसीलाल, इस अभियान में क्षीरसागरजी से तुम्हें सहायता मिलेगी।"

और हम लोगों को विदा करते हुए गनेसीलाल बोले—"हाँ-हाँ, क्षीरसागरजी, कल आप 'रामराज' का डिक्लेरेशन दे दीजिए, अगले महीने से उसका प्रकाशन आरम्भ हो जाय !"

दिल का दौरा

जिस समय पूजागृह से निकलकर श्री गौरमोहन ज्ञानी ने ड्राइंगरूम में प्रवेश किया, वहाँ बैठे हुए तीन पुरुषों ने और एक महिला ने उठकर उनका स्वागत और अभिवादन दोनों ही एक साथ किया। गोरे-चिट्टे औसत कद के आदमी, अवस्था कोई पचपन वर्ष लेकिन नौजवानों की-सी अकड़, शरीर कुछ भरा हुआ, कुछ गठा हुआ, मस्तक पर चन्दन का तिलक, कटि के नीचे पीताम्बर धारण किए, उस पर रेशमी कुर्ता, मुख पर एक मोहक मुस्कान।

"बैठिए-बैठिए !" श्री गौरमोहन ज्ञानी ने अपनी विशेष कुर्सी पर बैठते हुए कहा— "आज पूजा में कुछ विलम्ब हो गया। लंकाकांड तक रामायण कंठस्थ हो गई है—अब उत्तरकांड बाकी है। कहते हैं कि जिसे पूरी रामायण कंठस्थ हो जाती है, वह सिद्ध हो जाता है।" और श्री ज्ञानी हँस पड़े।

"आप धन्य हैं ! आप तो वाल्मीकि की रामायण का पूरा-पूरा पारायण कर चुके हैं।" एक निहायत तगड़े से आदमी ने कहा।

"वाल्मीकि में ज्ञान है, तुलसीदास में मति है। ज्ञान अथाह है, मति में मनुष्य का सम्बल है—अक्षयवरजी ! और गौरमोहन ज्ञानी ने गोल कमरे में रखी एक अलमारी की ओर इशारा किया, वाल्मीकि, माघ, कालिदास, भारवि, भवभूति—यह सब कितने महान हैं, लेकिन जो शक्ति और सुख तुलसीदास में मिला, वह कहीं नहीं मिला। हाँ, यह आपके साथवाली महिला कौन हैं ?"

श्री अक्षयवर त्रिपाठी थे तो गुप्ता एंड वाजपेयी फर्म में हेड क्लर्क, लेकिन राष्ट्रीय एमेच्योर ड्रामेटिक सोसाइटी के डाइरेक्टर, आर्गेनाइजर सब कुछ। अवस्था कोई पैंतालीस-पचास वर्ष के बीच रही होगी। उन्होंने खीसें निपोरते हुए कहा—"यह हमारी ड्रामेटिक सोसाइटी की नई हीरोइन श्रीमती मयूराक्षी बाला हैं। मौलिक प्रतिभा पाई हैं इन्होंने। और आप देख ही रहे हैं..."

श्री अक्षयवर की बात पूरी भी न हो पाई थी कि एक नाटे से और बदशक्ल से आदमी ने उनकी बात पूरी की—"और गजब की सुन्दरता पाई है इन्होंने, यही कहना चाहते हैं आप। हम लोग आपसे मिलकर धन्य हो गए देवीजी। यह आपका सौभाग्य है कि आप ज्ञानीजी के यहाँ पहुँच गईं, बड़े गुणग्राहक और कला के पारखी हैं यह, आपका भविष्य बन जाएगा।"

"आप मुझे क्यों लज्जित करते हैं गुप्ताजी !" मुस्कुराते हुए ज्ञानी ने उत्तर दिया।

श्रीमती मयूराक्षी बाला ने कुछ सिमटकर, कुछ सिकुड़कर, कुछ मुस्कुराकर ज्ञानीजी को हाथ जोड़ दिए।

मयूराक्षी बाला गहरा मेकअप किए थीं, लेकिन उस मेकअप के नीचे वह अपनी अवस्था नहीं छिपा पा रही थीं। गौरमोहन ज्ञानी ने मन-ही-मन अन्दाज लगाया, पैंतीस वर्ष से किसी हालत में उनकी उम्र कम नहीं थी—शायद दो-एक साल अधिक ही हो, लेकिन उनके हाव-भाव बीस-बाईस वर्ष की युवती के थे। मेकअप में तो गोरी-चिट्टी दिखनेवाली लेकिन वास्तव में खुले हुए रंग की और सुन्दर-नाक-नक्शवाली स्त्री थीं। और तभी गौरमोहन ज्ञानी ने अक्षयवर त्रिपाठी से पूछ लिया—"अक्षयवरजी, वह आपकी लड़की...क्या नाम था उसका...याद आ गया...चिदम्बरा—जो उस शोहदे रनवीर के साथ बम्बई भाग गई थी, उसका कुछ पता चला आपको ?"

"उस हरामजादी का नाम न लीजिए ! उसने रनवीर से सिविल मैरेज कर ली है और बम्बई के किसी अस्पताल में नर्स बन गई है। कुल को कलंकित कर दिया है उस हरामजादी ने, उस बढ़ई के बच्चे के साथ शादी करके !"

यकायक तीसरा व्यक्ति, जो अभी तक चुपचाप बैठा था, बोल उठा—"यह जात-पाँत, यह छुआछूत। भारतवर्ष के पतन के मूल में यही सब हैं। क्यों राधेलालजी गुप्त, मैं गलत तो नहीं कहता ? बढ़ई, लुहार, अहीर, नाई, धोबी, चमार—सभी भगवान के बनाए हुए प्राणी हैं तो उनमें भेदभाव कैसा ? और उस व्यक्ति का स्वर अब तेज होता जा रहा था—यह सवर्ण हिन्दू लोग, यह पिछड़ी हुई जातियाँ, यह हरिजन, इन खंडों में विभाजित होकर हिन्दू धर्म नष्ट होता जा रहा है। हम बापू के सन्देश भूलते जा रहे हैं, हम नेहरूजी के आदेशों का उल्लंघन कर रहे हैं यह जातिवाद का विषधर फिर अपना फन फैलाकर खड़ा हो रहा है।"

अगर श्री धनीराम आर्य कांग्रेस के प्रमुख विधायक थे तो श्री राधेलाल गुप्त लोहिया ग्रुप के प्रमुख समाजवादी कार्यकर्ता थे, तो उन्होंने धनीराम आर्य की बात काटते हुए गौरमोहन से कहा—"ज्ञानीजी, आज धनीरामजी कहीं से ओल्ड स्मगलर की एक बोतल मार लाए हैं जो इनके झोले में रखी है, बोतल तो अभी तक खुली नहीं लेकिन नशा अभी से चढ़ने लगा है इन्हें।"

श्री गौरमोहन ज्ञानी की आँखें चमक उठीं—"ओल्ड स्मगलर की बोतल आर्यजी ! क्या कहना है ! स्कॉच व्हिस्की में 'रीगल' का नाम ही भर है, मजा तो इस ओल्ड स्मगलर में है।" और उन्होंने आवाज दी—"जोगेश्वर !"

आवाज लगाते ही मझोले कद का एक तगड़ा सा नौजवान कमरे में आ गया। उसकी उम्र कोई चौबीस-पच्चीस वर्ष की रही होगी और वह गौरमोहन का चपरासी था जिसे उन्होंने छह ही महीने पहले नियुक्त किया था। श्री ज्ञानी ने कहा—"छह गिलास, छह बोतलें सोडा की और फ्रिज से बरफ निकालकर बीचवाली मेज पर सजा दो। और देखो खानसामा से कहना कि शामी कबाब यहाँ रख जाए !"

जोगेश्वर ने गिलास, सोडा की बोतलें और बरफ बीच की मेज पर सजा दीं और धनीराम आर्य ने अपने झोले से ओल्ड स्मगलर की बोतल निकालकर मेज पर रख दी। चूँकि जोगेश्वर निरामिषभोजी था, शामी कबाब खानसामा मौलाबख्श रख गया।

गौरमोहन ज्ञानी ने अब मयूराक्षी बाला को देखा—"हम लोगों के बीच अब आप आ गई हैं, तब हम लोगों की कमजोरियों को भी बर्दाश्त करना होगा आपको। हम लोगों के इस पीने-पिलाने पर आपको कोई आपत्ति तो नहीं है ?"

मयूराक्षी बाला ने उठते हुए कहा—"कमजोरियाँ किसमें नहीं होतीं ? जिन लोगों में कमजोरियाँ नहीं हैं, उनसे मुझे बड़ा डर लगता है। आप लोगों के जाम भी मैं भरूँगी। और मयूराक्षी बाला ने पाँच गिलासों में बराबर-बराबर एक-एक पेग व्हिस्की भरी।"

राधेलाल गुप्त ने हँसते हुए कहा—"आप तो बड़ी पहुँची हुई दिखती हैं !"

मयूराक्षी बाला अपना उत्तर नहीं दे पाईं कि जोगेश्वर ने दौड़ते हुए प्रवेश किया—"साहेब ! मन्त्रीजी का फोन है, वह आपसे बात करना चाहते हैं।"

"उनसे कह दो कि सर में बड़ी जोर का दर्द है, चक्कर आ गया था। और यह भी कह देना कि साहब ने आपका काम कर दिया है, आज ऑर्डर्स निकल गए हैं कल ग्यारह बजे मैं मिल लूँगा।" जोगेश्वर के जाने के बाद गौरमोहन ज्ञानी ने जोर से हँसकर कहा—"पाँच बजे शाम के बाद ज्ञानी के ठेंगे पर हैं ये साले मिनिस्टर ! तब तो ज्ञानी अपने दोस्तों और साथियों का गुलाम है। और ज्ञानी ने गिलास मुँह में लगाया उनके साथ ही सब लोगों ने अपने-अपने गिलास उठा लिये।"

अक्षयवर त्रिपाठी ने एक लम्बा घूँट पीकर अपना गिलास मेज पर रखा और उठकर गौरमोहन ज्ञानी के चरण छुए—"आप वास्तव में देवता हैं, आपका सान्निध्य प्राप्त करके मैं धन्य हो गया।"

जोगेश्वर इस समय तक मन्त्रीजी को फोन का उत्तर देकर कमरे में खड़ा हो गया था। उसने अक्षयवर के कान में कहा—"तुम्हार बिटिया साहेब का सान्निध्य पाय के भाग गई—ई न भूलो।" और वह घूमकर कमरे के बाहर हो गया।

जाम चल रहे थे, तभी राधेलाल गुप्त ने कहा—"ज्ञानीजी, बरेली में एक बस का परमिट आर्यजी ने अपने भाई के नाम माँगा था।"

धनीराम ने राधेलाल को डाँटा—"यह भी कोई इस बात के कहने का समय है ?"

ज्ञानीजी ने मुस्कुराते हुए कहा—"वह परमिट इनके भाई के पास अब तक पहुँच गया होगा। मैंने ट्रांसपोर्ट कमिश्नर से कहकर इनके साले के नाम देहरादून में भी बस का परमिट दिला दिया है।"

धनीराम आर्य ने अब खड़े होकर जोश में कहा—"आप न्यायमूर्ति हैं, आप पिछड़ी हुई जातियों के परवरिश करनेवाले हैं। मैं मुख्यमन्त्री से स्वयं कहूँगा कि चीफ सेक्रेटरी माथुर के रिटायर होने पर वह आपको चीफ सेक्रेटरी बनावें।"

"अरे, इस चीफ सेक्रेटरीशिप पर मैं लात मारता हूँ। यह मौज-मजे की जिन्दगी बीतती जाय, यही क्या कम है !" और जैसे उन्हें कोई बात याद आ गई हो, उन्होंने

अक्षयवर से पूछा—"अक्षयवर, आज शायद तुम्हारी कम्पनी के हीरो ज्ञानदेव अपनी नव-विवाहिता पत्नी के साथ मेरा आशीर्वाद लेने आनेवाले थे ?"

"जी हाँ, लेकिन उनकी पत्नी को दोपहर के समय बुखार आ गया, ज्ञानदेव उसे डॉक्टर के यहाँ ले जा रहा था।"

"झूठ बोलता है हरामजादा !" एकाएक ज्ञानीजी गरज उठे।

तभी एक अधेड़ से चपरासी ने कमरे में प्रवेश किया—"सरकार, हमें याद कीन्हिन है ?"

"अरे रामदीन, तुम ! कब लौटे ?"

"अबहीं थोड़े देर भई सरकार। अरे सरकार, रवाना करके हम खिदमत में हाजिर हो गए। वह धरम-करमवाला आदमी ठहरा।"

ज्ञानीजी ने कुछ देर तक रामदीन को देखते हुए कहा—"तो अब तुम अकेले रह गए, क्या उम्र थी तुम्हारी घरवाली की ?"

"हमसे दस बरीस बड़ी रही, बड़े भाई के मरे के बाद हमरे गले मढ़ गई। हमार सेवा करे की जगह जिन्दगी-भर हमसे सेवा कराएस।"

"अब तुम किसी नौजवान बीवी से बियाह करो तो तुम्हारी सेवा करे," मुस्कुराते हुए ज्ञानीजी ने कहा—"है कोई नजर में ?"

"आप तो सरकार...मुला हम भए पैंतालीस, और वह अठारह बरस की पठिया। देखि के मुँह मा पानी भरि आवा तो ओकर बाप हजार रुपया माँगत है। पाँच-छः सौ रुपया मँ राजी हुई जाई।"

"कोई बात नहीं, मुझसे छह सौ रुपया ले लो। तुम्हारी पन्द्रह दिन की छुट्टी और बढ़ाए देता हूँ। और ब्याह के अपनी जोरू को अपने साथ ले आओ।"

रामदीन ने गौरमोहन ज्ञानी के चरण छुए और एक कोने में खड़ा हो गया।

ओल्ड स्मगलर की बोतल खत्म हो गई थी और घड़ी में साढ़े नौ बज रहे थे। ज्ञानीजी ने उठते हुए कहा—"मजा आ गया इस स्मगलर की बोतल से, आर्यजी !"

ज्ञानीजी के उठते ही सब लोग उठ खड़े हुए। ज्ञानीजी ने अक्षयवर के कन्धे पर हाथ रखते हुए, उनके कान में कहा—"उम्र कुछ ज्यादा है, महीना-पन्द्रह दिन चल जाएगा। कोई नई तलाश करना।" और वह लौटकर मयूराक्षी के पास खड़े हो गए—"तुम खाना खाकर जाना। मैं तुम्हें अपनी मोटर से तुम्हारे घर छुड़वा दूँगा। क्यों अक्षयवर ? या तुम इन्हें अपने साथ ले जाओगे ?"

"जी, आप ही इन्हें पहुँचा दीजिएगा। घर में लोग मेरा इन्तजार कर रहे होंगे।"

करीब दो बजे रात को ज्ञानीजी ने अपने ड्राइवर से मयूराक्षी को उसके घर पहुँचा दिया।

भावना और बुद्धि का सन्तुलन ही मनुष्य को एक सफल व्यक्ति बनाता है, और श्री गौरमोहन ज्ञानी इस सन्तुलन और सफलता के जीवन्त उदाहरण हैं। गम्भीर और प्रभावशाली व्यक्तित्व व नपे-तुले और तर्क-संगत शब्द, चीजों को तत्काल देखने और समझ सकने की क्षमता। सही को गलत और गलत को सही साबित करने की दक्षता, किसी के आगे न झुकने और किसी से न दबनेवाला आत्मविश्वास से भरा अहम। श्री गौरमोहन ज्ञानी अपने जीवन में सफल व्यक्ति कहे जा सकते हैं, यदि सफलता शब्द की परिभाषा में सड़ी-गली नैतिकता की दुहाई निकाल दी जाय। जहाँ तक नैतिकता शब्द का प्रश्न है, वह धर्म के साथ जुड़ा हुआ है और गौरमोहन ज्ञानी की धर्म पर आस्था पर किसी को शंका नहीं हो सकती। नित्य शाम के समय ऑफिस से लौटने के बाद वह स्नान करते और गर्मी में रेशमी तथा जाड़ों में ऊनी परिधान पहनकर पूरे दो घंटे विष्णु भगवान के राम और कृष्ण के रूपों की पूजा करते थे। पूजा करने के अर्थ होते हैं—भगवान से अपने पापों को क्षमा कराना। लेकिन अगर पाप ही न हों तो भगवान क्षमा क्या करेंगे ? इसलिए सात-आठ बजे के बाद वह पाप-पुण्य का विचार ही छोड़ देते थे।

एक पुत्र था जो बैंकाक में यूनेस्को के किसी ऊँचे पद पर नियुक्त था और एक थायी लड़की से विवाह करके वहीं पर बस-सा गया था। एक लड़की थी जो अमरीका पढ़ने गई थी और उसने वहीं किसी नार्वेजियन चित्रकार से विवाह कर लिया था तथा वहीं बस गई थी। रही उनकी पत्नी, वह दो वर्ष पहले इनकी हरकतों से ऊबकर काशी में इनके पैतृक मकान में रहकर नित्यप्रति गंगास्नान करने लगी थी।

श्री गौरमोहन ज्ञानी परिवहन विभाग के सचिव थे। उनके मन्त्री श्री रूपलाल मुबलिग अँगूठा छाप मन्त्री थे और राजनीति में इस कदर उलझे हुए थे कि उन्होंने अपना पूरा विभाग ही ज्ञानीजी को सौंप दिया था और जहाँ तक गौरमोहन ज्ञानी का प्रश्न है, मजाल है कि उनका आज का काम कल के लिए रह जाय !

ठीक पन्द्रह दिन बाद गौरमोहन ज्ञानी का खिदमतगार रामदीन अपना ब्याह करके तथा अपनी पत्नी दुर्गा को साथ लेकर वापस लौट आया। रविवार का दिन था। श्रीगौरमोहन ज्ञानी बरामदे में बैठे अमरीकी 'न्यूज वीकली' पढ़ रहे थे कि रामदीन अपने क्वार्टर में अपना असबाब रखकर अपनी पत्नी के साथ ज्ञानीजी के सामने उपस्थित हुआ। उसने गौरमोहन ज्ञानी के चरण छुए और जबर्दस्ती अपनी पत्नी दुर्गा को उनके पैरों पर ढकेलकर यह कहते हुए कि 'सरकार हमार माई-बाप आँय—इनके पैर छू', ज्ञानीजी के चरण छुआए।

दुर्गा चरण छूकर, चुपचाप कुछ सहमी सी खड़ी हो गई।

गौरमोहन ज्ञानी ने दुर्गा को सर से पैर तक देखा। गठे शरीर की और औसत से कुछ लम्बी गेहुँए रंग की एक अल्हड़ युवती, मुख पर अजीब तरह का सलोनापन। उन्हें

लगा कि ग्रामीण सौन्दर्य का एक सजीव मॉडेल उनके सामने खड़ा है। पुलककर उन्होंने दुर्गा के सर पर हाथ रखके आशीर्वाद दिया। फिर उन्होंने रामदीन से कहा—"इसे पाकर तुम्हारे भाग्य खुल गए। इसे अच्छी तरह खिलाना-पिलाना, इसे मारना-पीटना मत।"

"अरे सरकार ! हम ईका मारिब-पीटिब ? ई हरामजादी हमार हाथ-गोड़ तोड़के रखि देई। बारह दिन भए बियाह किए, सब करम बनाय दीहिस है हमार।" और वह हँसता हुआ दुर्गा का हाथ पकड़कर चला गया।

जब से रामदीन दुर्गा को ब्याह के लाया तब से ज्ञानीजी का बँगला साफ-सुथरा रहने लगा। हरेक चीज करीने से अपनी जगह, कभी रत्ती-भर धूल नहीं और इस तरह एक हफ्ता बीत गया।

दूसरा रविवार आया। और उस दिन भी गौरमोहन ज्ञानी अपने घर में ही आराम करते रहे। दोपहर के समय भोजन करने के बाद वह ड्राइंगरूम में किताब लेकर बैठ गए और तभी उन्हें अपने घर की सुव्यवस्था के रहस्य का पता चला। रामदीन की पत्नी दुर्गा उनके कमरों में झाड़ू दे रही थी और सफाई कर रही थी, सब कमरों की सफाई करके वह ड्राइंग-रूम में आई और बिना इस बात की चिन्ता किए हुए कि साहेब कमरे में बैठे हैं, वह कमरे की सफाई करने लगी।

पढ़ने से ज्ञानीजी का ध्यान उचट गया, एकटक वह दुर्गा को देखने लगे। आज इस रूप में वह उन्हें अत्यन्त सुन्दर दीख रही थी। थोड़ी देर तक उसे देखने के बाद उन्होंने दुर्गा से कहा—"इधर आओ !"

दुर्गा हाथ जोड़कर और सकपकाकर ज्ञानीजी के सामने खड़ी हो गई।

ज्ञानीजी ने कहा—"तुम बहुत अच्छा काम करती हो, हम तुमसे बहुत खुश हैं। और फिर उन्होंने अपनी पर्स से सौ रुपए का एक नोट निकाला, रामदीन के साथ जाकर तुम बाजार से दो अच्छी सी साड़ियाँ ले आओ। मैं इतनी अच्छी औरत को गन्दे कपड़ों में नहीं देखना चाहता हूँ।"

दुर्गा ने सौ रुपए का नोट लेकर ज्ञानीजी के चरण छुए।

ज्ञानीजी ने दुर्गा को अपने चरणों से उठाते हुए कहा—"यह पैर छूना गलत बात है। तुम जाओ और अभी रामदीन के साथ जाकर साड़ियाँ ले आओ। आज शाम को साड़ी पहनना।"

प्रसन्न मन मुस्कुराती हुई दुर्गा वहाँ से चली गई।

गौरमोहन इत्मीनान के साथ सोफे पर लेट गए। वह मन-ही-मन बड़े सन्तुष्ट और प्रसन्न थे।

उस दिन उनकी पूजा कुछ औपचारिक ही रही। आध घंटे पहले ही वह पूजागृह से निकल आए और ड्राइंग-रूम में बैठकर अपने मित्रों की प्रतीक्षा करने लगे। समय काटे नहीं कट रहा था तो उन्होंने आवाज दी—"रामदीन !"

रामदीन हाथ जोड़कर सामने खड़ा हो गया—"आय गए सरकार बाजार से। दुई साड़ी खरीदिए हैं, नब्बे रुपया माँ—दस बचा है।"

ज्ञानीजी ने कहा—"रामदीन तुम, रात के शो में सनीमा जाना चाहते थे न ? वह 'चालाक चोर' वाली पिक्चर लगी है।"

"हाँ सरकार। बड़े मजेदार गाना है ऊमाँ। मुला सरकार की खिदमत से फुर्सत नाहीं मिलत हैं।"

"तो आज दूसरे शो में तुम वह पिक्चर देख आना, नौ बजे के बाद तुम्हारी छुट्टी।"

"नहीं सरकार, रात मा सब लोगन के जाय के बाद कमरा की सफाई कौन करि है ?"

"वह तुम कल सुबह कर लेना, नहीं तो रात में अपनी घरवाली को भेज देना। अकेले जाओगे न ?"

"हाँ सरकार, अकेले ही जइबे। दुर्गा से कहि देब।" रामदीन मुस्कुराया।

"मुला सरकार कुछ सावधानी बरतें, थोड़ी सी हठछुट आय।"

पता नहीं ज्ञानीजी ने रामदीन की चेतावनी सुनी या नहीं क्योंकि उसी समय अक्षयवर और राधेलाल गुप्त ने कमरे में प्रवेश किया और रामदीन बाहर चला गया।

उस दिन खंजर शायर और कवि शील की कविताओं का कार्यक्रम था—चार-पाँच लोग और आ गए थे। साथ में व्हिस्की की जगह रम के दौर चलते जाते थे। लेकिन ज्ञानीजी को कविताओं में रस नहीं आ रहा था। सवा नौ बजे गौरमोहन ज्ञानी ने घड़ी देखी—"अब बस किया जाए। सर में कुछ-कुछ दर्द है।"

मेहमान विदा हुए और ज्ञानीजी ने अब व्हिस्की की बोतल निकालकर खुद अपने लिए बड़ा पेग बनाया। इतने में दुर्गा ने गिलास-विलास उठाने और कमरा साफ करने के लिए प्रवेश किया। चटकीले रंग के फूलोंवाली हैंडलूम की नई साड़ी पहने थी।

ज्ञानीजी ने खड़े होकर कहा—"वाह ! क्या साड़ी है, बड़ी सुन्दर दिख रही हो। दुर्गा ने भक्तिभाव से हाथ जोड़ दिए और गिलास उठाने लगी।"

गौरमोहन ने उठकर दुर्गा का हाथ पकड़ा—"यह सब बाद में करना, अभी मेरे कमरे में चलो।" उन्होंने दुर्गा को अपनी तरफ खींचा।

दुर्गा ने ज्ञानीजी का हाथ झटकते हुए कहा—"ई पाप की बात न करें साहेब ! दारू पी बौराय गए हैं !"

ज्ञानीजी ने फिर दुर्गा का हाथ पकड़ा। उस समय उनकी आँखें जलने लगी थीं, चेहरा बुरी तरह तमतमा उठा था। उनके हाथ की पकड़ कसती जा रही थी।

दुर्गा ने अपने खाली बाएँ हाथ से एक भरपूर तमाचा ज्ञानीजी के दाएँ गाल पर रसीद कर दिया और ज्ञानीजी कुछ लड़खड़ा गए। हाथ की पकड़ ढीली पड़ गई और

दुर्गा हाथ छुड़ाकर तेजी से कमरे के बाहर चल दी।

दुर्गा का तमाचा खाकर गौरमोहन तिलमिला उठे। झपटकर उन्होंने दुर्गा का पीछा किया। दुर्गा अपने क्वार्टर पहुँचकर अन्दर से किवाड़ बन्द करने ही वाली थी कि ज्ञानीजी ने किवाड़ को धक्का दिया और कमरे में घुस आए।

दुर्गा भय से काँप उठी। उसे लगा कि एक भूखा भेड़िया उसके कमरे में घुस आया है। और भी उसे याद आ गया कि कुछ साल पहले वह एक भेड़िए से निपट चुकी है जब वह लकड़ी काटने के लिए गाँव के बाहर जंगल में गई थी। एक हँसिया थी उस समय उसके हाथ में और उस हँसिया से उसने भेड़िए का काम तमाम कर दिया था।

ज्ञानीजी ने उसका हाथ पकड़ा—"रामदीन तुझे मेरे हाथ सिपुर्द करके सिनेमा गया है। तुझे कोई नहीं बचा सकता !"

दुर्गा ने समस्त बल लगाकर अपना हाथ ज्ञानीजी से छुड़ाया और तभी उसकी नजर सिरहाने रखे लकड़ी चीरनेवाले कुल्हाड़े पर पड़ी। बिजली की गति से झपटकर उसने कुल्हाड़ा हाथ में उठा लिया और बोली—"साहेब, एक भेड़िया जंगल में मार चुकी हन, अब दूसर भेड़िया शहर माँ मार रही हन !" और कुल्हाड़ा तानकर वह ज्ञानीजी की ओर बढ़ी।

ज्ञानीजी ने देखा कि कुल्हाड़ा चमक रहा है और दुर्गा सधे हुए कदमों से उनकी ओर बढ़ रही है। एकाएक उनके अन्दर भयानक भय समा गया। उन्होंने भागना चाहा, लेकिन उन्हें लगा कि उनके पैरों में वजनी पत्थर बँधे हुए हैं। साक्षात् चंडी उनके प्राण लेने को उतर आई है, और एकाएक दुर्गा के पैरों पर गिर पड़े—"क्षमा करो देवी ! क्षमा करो ! मैं बड़ा पापी हूँ।"

दुर्गा को लगा ज्ञानीजी बेहोश होनेवाले हैं। उसने कुल्हाड़ा नीचा कर ज्ञानीजी को एक लात मारी—"जा, छोड़ दिया तुझे ! निकल इस कोठरी से !"

लड़खड़ाते कदमों से ज्ञानीजी अपने कमरे में दाखिल हुए।

सारा नशा गायब हो चुका था, उनका व्हिस्की से भरा गिलास वैसा-का-वैसा रखा था। एक घूँट में उन्होंने गिलास खाली किया और जैसे एक नई चेतना लौट आई उनमें। उन्हें लगा कि उनके ज्ञानचक्षु सहसा खुल गए। एक वैष्णव गौरमोहन ज्ञानी को साक्षात् शक्ति के दर्शन हुए। उन्होंने अलमारी से दुर्गा सप्तशती का गुटका निकाला और पाठ करने बैठ गए।

पाठ करके जब वह उठे, उनका मन अतिशय शप्त था। अब अपने पापों का प्रक्षालन करने के लिए अपने जीवन की धारा बदलने का संकल्प करके वह सो गए।

दूसरे दिन सुबह दस बजे खानसामा मौलाबख्श ने उन्हें जगाया। ज्ञानीजी ने घड़ी देखी—अरे इतनी देर हो गई, रामदीन ने मुझे जगाया क्यों नहीं ?

मौलाबख्श बोला–"रामदीन अपनी बीवी को ढूँढ़ने गया है।"

ज्ञानीजी को जैसे अपने कानों पर विश्वास नहीं हुआ–"अपनी बीवी को ढूँढ़ने गया है–रात में तो वह यहीं थी।"

"हाँ सरकार, लेकिन उसके लच्छन बिगड़े हुए थे। जागेश्वर के साथ खुसर-फुसर चल रही थी उसकी। आज सुबह के वक्त अपना कपड़ा जेवर और नकदी लेकर वह जोगेश्वर के साथ भाग गई। जोगेश्वर की कोठरी भी खाली पड़ी है।"

फटी-फटी आँखों से गौरमोहन ज्ञानी ने मौलाबख्श को देखा–"तुम सच कह रहे हो ?"

"हाँ सरकार ! अब उठें, बहुत देर हो गई !"

ज्ञानीजी ने उठने की कोशिश की, लेकिन अपना दिल थामकर वह बेहोश हो गए।

डॉक्टरों का कहना है कि उन्हें दिल का दौरा पड़ा है और वह मेडिकल कॉलेज में भरती कर दिए गए हैं।

जबरा मारे रोने न दे

श्री जयेन्द्र जौहरी को लखनऊ के पत्रकारों का बादशाह कहा जाना चाहिए। निहायत दरियादिल आदमी, खाना-खिलाना, पीना-पिलाना—इनमें चाक-चौबन्द, कलम में बला की ताकत, चाहें तो किसी को बना दें, चाहें तो किसी को मिटा दें। तो श्री जयेन्द्र जौहरी के यहाँ सरदार ब्रिवरी के मालिक श्री सीताराम रस्तोगी ने अपने यहाँ की व्हिस्की का एक क्रेट भिजवा दिया था, इसलिए कि संरदार ब्रिवरी पर जो मुकदमा चल रहा था, उसकी खबरें देश के प्रमुख पत्रों में न छपने पाएँ, और अगर छपें भी तो कुछ दबी हुई, कुछ तोड़ी-मोड़ी हुई वरना सीताराम जौहरी तबाह हो जाएँगे।

जयेन्द्र जौहरी खबरों को दबाने का पुण्य या पाप अकेले नहीं ओढ़ना चाहते थे, लिहाजा उन्होंने वह क्रेट प्रेस क्लब भिजवा दिया कि इस पुण्य अथवा पाप को लखनऊ के सब पत्रकार बराबर-बराबर बाँट लें। दूसरे दिन शाम के लिए उन्होंने अपने सब पत्रकार मित्रों को व्हिस्की पीने की दावत बोल दी। शनिवार का दिन था, नौ बजे रात तक सब पत्रकार अपना-अपना काम समाप्त करके प्रेस क्लब में आ जुटे। बारह बजे रात तक जश्न चलता रहा, और बारह बजे रात के बाद महफिल उखड़ने लगी।

सब मित्रों को विदा करके जयेन्द्र जौहरी ने हिसाब लगाया, आठ बोतलें ख़ाली हो चुकी थीं, नौवीं से कुल दो पेग ही पिये गए थे। उन्होंने घड़ी देखी, उस समय साढ़े बारह बज रहे थे। जनवरी का प्रथम सप्ताह था, वैसे भी मद्दर सर्दी की रात, उस पर नैनीताल में बर्फ गिरने के कारण शीतलहरी का दौरा आ गया था। प्रेस क्लब का चपरासी बाबूलाल घर चला गया था, चौकीदार जयदयाल उन लोगों की आँख बचाकर एक-आध पेग चढ़ाता हुआ बड़ी लगन के साथ साक़ी का काम अदा कर रहा था। जयेन्द्र जौहरी ने अंग्रेजी के फिकरे—"वन फॉर दि रोड" यानी रास्ते के लिए एक पेग और—के अनुसार एक बड़ा पेग ढाला, पाँच मिनट के अन्दर ही उसे गले के नीचे उतारकर वह क्लब के बाहर निकले। उन्हें लगा कि रात की हवा कटार का पैनापन लिये हुए है, कसकर उन्होंने अपना ओवरकोट लपेटा, स्कूटर पर सवार हुए और अपने घर की ओर चल पड़े।

या तो करीब पाँच पेगों का नशा, या फिर जनवरी के प्रथम सप्ताहवाली शीतलहरी की सर्दी, उनका स्कूटर कभी बाएँ, कभी दाहिने जाता था। लेकिन यह तय था कि स्कूटर उनके घर की ओर ही बढ़ रहा था। आधी रात बीत चुकी थी, सड़क पर न आदमी,

न आदमजात, यानी दुर्घटना की कोई सम्भावना नहीं। और वह सड़क भी ट्रकों की पकड़ से बहुत दूर। तभी उन्हें एक लैम्पपोस्ट के नीचे दो छायाएँ सी दिखीं। उन छायाओं पर ध्यान देने की उन्हें कोई आवश्यकता नहीं प्रतीत हुई; वह आगे बढ़े।

एकाएक उनके स्कूटर ने दाईं ओर से हटकर बाईं ओर को झटका दिया और जयेन्द्र जौहरी अपने को सँभालें कि तभी उन छायाओं ने मनुष्यों का आकार धारण किया। उनके सामने खाकी ओवरकोटों में लिपटे हुए गश्ती सिपाही बुन्दू खाँ और रामाधार खड़े हुए सलाम कर रहे थे–"साहब, मौज में हो ?"

जयेन्द्र जौहरी ने कुछ मुस्कुराने का प्रयत्न करते हुए कहा–"बड़ी मौज में दोस्तो। देख रहे हो, कितनी सर्दी है !"

रामाधार ने सर्दी को एक भद्दी सी गाली देते हुए कहा–"साहेब मौज तो तुम्हारी है, यहाँ तो रात-भर ठिठुरना ही बदा है।"

जयेन्द्र जौहरी के अन्दरवाला सहृदय कलाकार अनायास ही जाग उठा–"तुम लोग भी पियोगे ?"

बुन्दू खाँ ने कहा–"अहाहा, क्या बात कही साहेब ! इस हरामजादी सर्दी में अगर साहेब पिला दें तो बस मजा आ जाए !"

"तो चलो हमारे साथ।" और जयेन्द्र जौहरी दोनों सिपाहियों को साथ लेकर प्रेस क्लब की ओर मुड़े।

जयदयाल चौकीदार क्लब का दरवाजा बन्द करके इस उधेड़बुन में खड़ा था कि नौवीं बोतल से एक पेग और पिया जाय या नहीं क्योंकि वह उस समय तक ढाई पेग ही पी पाया था, तभी उसे किवाड़ भड़भड़ाने की आवाज सुनाई दी। उसने दरवाजा खोला, सामने जयेन्द्र जौहरी, रामाधार और बुन्दू खाँ के साथ खड़े थे। सहमकर उसने कहा–"सरकार हम पी नहीं रहे थे, बोतलें रख रहे थे।"

बुन्दू खाँ ने कहा–"हम तुम्हारे बाप आ गए हैं। साले बेतहाशा पिये हुए हो, और अकेले-अकेले..."

जयेन्द्र जौहरी ने बुन्दू खाँ की बात काटी–"जयदयाल यह हमारे साथी, हमारे जिगरी दोस्त, क्या नाम है तुम लोगों का ?"

एक ने उत्तर दिया–"बुन्दू खाँ।" दूसरे ने उत्तर दिया–"रामाधार।"

आँख मिचमिचाते हुए जयेन्द्र जौहरी ने कहा–"यह बुन्दू खाँ, यह रामाधार–देख रहे हो इन्हें ? यह हमारे जिगरी दोस्त हैं। तो यह बोतल जो तुम पकड़े हो, ये लोग खाली करेंगे–क्या समझे ! तीन-चौथाई से ज्यादा है। तो एक पेग हम, आधा पेग तुम्हें, बाकी ये सब हमारे दोस्त व मेहमान !"

और आध घंटे में बोतल खाली हो गई। तीनों बाहर निकले और जयदयाल ने अन्दर से दरवाजा बन्द कर लिया।

बुन्दू खाँ ने जयेन्द्र जौहरी को सैल्यूट मारा–"साहेब, हम तुम्हारे गुलाम, तुम बादशाह। कुछ हुकुम करो !"

एकाएक जयेन्द्र जौहरी को याद हो आई कि करीब दो घंटे से उनका सिगरेटकेस खाली है और स्कूटर के दाएँ-बाएँ बहकने का कारण उनके पास सिगरेटों का अभाव है। वह बोले—"दोस्तो, जेब की सिगरेट खतम हो चुकी हैं। जयदयाल खाली हाथ लौट आया, सब दूकानें बन्द हैं। यह साली सर्दी—इसे आज ही पड़ना था। सिगरेट मिल जाए तो मजा आ जाए।"

रामाधार ने सीना तानकर कहा—"सिगरेट, सिगरेट साहेब अभी लें। इतनी अदना सी चीज की माँग की है सरकार ने, चलिए।"

करीब सौ कदम की दूरी पर रग्घू पानवाले की दूकान थी। एक लकड़ी की गुमटी फुटपाथ पर। उसी दूकान में वह रहता था और सोता था। वैसे रग्घू की दूकान ग्यारह-बारह बजे रात तक खुली रहती थी, लेकिन उस रोज सर्दी से त्रस्त होकर वह करीब नौ बजे ही दूकान बढ़ाकर रजाई के अन्दर घुस गया था। दूकान के पास पहुँचकर बुन्दू खाँ ने कहा—"कौन सी सिगरेट चाहिए साहेब ?"

जयेन्द्र जौहरी ने दस रुपए का नोट बुन्दू खाँ को पकड़ाते हुए कहा—"विल्स !"

नोट लेकर बुन्दू खाँ ने कहा—"सरकार, यहीं पेड़ के नीचे खड़े हो जाएँ, हम सिगरेट लाते हैं।" और रामाधार के साथ बुन्दू खाँ रग्घू की दूकान के सामने पहुँचा। रामाधार ने रग्घू की दूकान के दरवाजे पर लाठी से प्रहार किया—"अबे ओ पानवाले, दूकान खोल !"

रग्घू उस समय सपना देख रहा था। दस सेकेंड बाद बुन्दू खाँ ने अपनी लाठी का प्रहार दरवाजे पर किया—"खोलता है साले कि नहीं ?"

रग्घू का सपना टूट गया, उसने रजाई के अन्दर से ही जवाब दिया—"हम सो रहे हैं, नहीं खोलेंगे।"

रामाधार एकाएक उबल पड़ा—"नहीं खोलेगा साले..." और उसने पुलिसवालों के मुख को शोभित करनेवाली गालियों का एक गुच्छा उगलते हुए अपनी लाठी का भरपूर वार उसके दरवाजे पर किया। तभी बुन्दू खाँ गरज उठा—"एक मिनट का वक्त देते हैं, फिर हम दूकान में आग लगा देंगे।"

रग्घू पानवाले ने खतरे को ताड़ लिया, उसने दरवाजा खोलते हुए कहा—"तुम पुलिसवाले नहीं हो, डाकू हो। क्या काम है ?"

"साहेब को सिगरेट चाहिए।" रामाधार ने पेड़ के नीचे खड़े जयेन्द्र जौहरी की छाया की ओर संकेत किया—"साहेब बादशाह हैं, मुँहमाँगा दाम देंगे। एक पैकेट विल्स की सिगरेट चाहिए।"

रग्घू पानवाला भी जीवट का आदमी था और गुंडों के एक गिरोह का साधारण सदस्य भी था। उसने अकड़कर कहा—"साहेब हरामी का पिल्ला है, रात को डाका डलवाता है, हम नहीं बेचते सिगरेट।"

"हद हो गई," बुन्दू खाँ ने आगे बढ़कर एक भरपूर तमाचा रग्घू के गाल पर जड़ते हुए कहा—"साले, हमारे बादशाह को गाली देता है, हम तेरी जान ले लेंगे। देता है

सिगरेट या नहीं ?" और रामाधार ने अपनी टॉर्च का प्रकाश डालकर विल्स सिगरेट का एक पैकेट निकाल लिया और जयेन्द्र जौहरी की ओर बढ़ा दिया।

रग्घू रामाधार को पकड़ने को उसकी ओर बढ़ा तभी बुन्दू खाँ ने उसके पैरों से अपनी लाठी अड़ा दी जिससे रग्घू मुँह के बल जमीन पर गिर पड़ा। अब रग्घू ने जोर-जोर से गालियाँ देना आरम्भ कर दिया।

दैनिक 'युगचेतना' के सहायक सम्पादक पंडित दीनबन्धु पाठक रात की ड्यूटी समाप्त करके वापस लौट रहे थे। मझोले कद के दुबले से सात्विक प्रवृत्ति के आदमी, कुछ सत्याग्रही किस्म के, असीम आत्मिक बल, लेखनी में शक्ति, एक साल बाद जब उनके सम्पादक श्री विश्वम्भर उपाध्याय रिटायर होंगे तब वही 'युगचेतना' के मुख्य सम्पादक बनाए जाएँगे। और इसलिए उनके अस्तित्व में एक अजीब तरह की ऐंठ थी। ईमानदार और कर्मठ व्यक्ति, उनको जाननेवाले बिना उनका आदर किए नहीं रह सकते थे। उस दिन उनकी साइकिल में पंक्चर हो गया था तो अपनी साइकिल ऑफिस में ही छोड़कर वह घर की ओर रवाना हो लिये, गांधी आश्रम के मोटे कम्बलनुमा ऊनी शाल में लिपटे हुए।

रात को एक बजे सुनसान सड़क पर गालीगलौज और शोरशराबा की आवाज सुनकर वह उस ओर लपके, और उन्होंने देखा कि रग्घू पानवाला जमीन पर पड़ा हुआ गालियाँ दे रहा है और दो पुलिसवाले उसे लतिया रहे हैं। उन्होंने कड़कदार आवाज में सिपाहियों को डाँटा—"क्या मामला है ? इस आदमी को तुम लोग क्यों मार रहे हो ?"

"मारेंगे नहीं साले को, तो क्या इसकी पूजा करेंगे ?" पुलिसवालों ने उत्तर दिया।

जयेन्द्र जौहरी के हाथ में सिगरेट का पैकेट था और वह सिगरेट सुलगा रहे थे, जब उन्हें दीनबन्धु पाठक की आवाज सुनाई पड़ी। उन्हें दीनबन्धु पाठक की शक्ल तो साफ-साफ नहीं दिखाई दी, लेकिन आवाज से वह पाठकजी को पहचान गए। जयेन्द्र जौहरी अगर डरते थे तो दीनबन्धु पाठक ऐसे सत्याग्राही किस्म के आदमी से। दीनबन्धु पाठक की आवाज सुनते ही उन्होंने अपनी स्कूटर स्टॉर्ट की और रवाना हो गए।

दीनबन्धु पाठक ने बढ़कर रग्घू को उठाया, फिर उन्होंने पुलिसवालों से पूछा—"कहाँ हैं तुम्हारे बादशाह ?"

बुन्दू खाँ ने उत्तर दिया—"अन्धे हो गए हो, जो देखते नहीं ? वह देखो..." और बुन्दू खाँ ने चौंककर कहा—"अरे, वह तो गायब हो गए तुम्हारे आते ही ! साले, हमारे बादशाह को तुमने भगा दिया।"

दीनबन्धु पाठक ने डाँटकर कहा—"तमीज से बात करो। इस दूकानदार को मार क्यों रहे थे ?"

अब रामाधार ने दीनबन्धु का मुकाबिला किया—"तुम कौन हो जो पुलिसवालों से दखलन्दाजी कर रहे हो ? यहाँ आधी रात के वक्त घूम रहे हो। बुन्दू खाँ, मुझे तो यह

आदमी उचक्का मालूम होता है, कहीं से यह लोई मार लाया है।''

''अब कहीं सेंध काटेगा जाकर !'' बुन्दू खाँ ने कहा।

दीनबन्धु पाठक का पारा चढ़ता जा रहा था। वह उबल पड़े—''मैं तुम लोगों की शिकायत तुम्हारे अफसरों से करूँगा। एक का नाम मालूम हो गया है बुन्दू खाँ, तुम्हारा नाम क्या है ?'' उन्होंने रामाधार से पूछा।

रामाधार के स्थान पर उत्तर बुन्दू खाँ ने दिया—''सुन रहे हो रामाधार ! यह साला हम लोगों को फाँसी पर लटकवा देगा। साले चोरी करते हैं, सेंध काटते हैं, और धौंस दिखाते हैं ऊपर से।'' और बढ़कर उसने दीनबन्धु पाठक से कहा—''हमारे साथ थाने चलो, वहाँ हमारी शिकायत कर देना।''

दीनबन्धु पाठक ने अकड़ के साथ कहा—''हाँ-हाँ, उधर ही मुझे भी जाना है। मैं तुम्हारी रिपोर्ट अभी इस वक्त करूँगा।'' और वह रामाधार तथा बुन्दू खाँ के साथ चल पड़े।

आधी रात की उस सर्दी में थानेवाले सो रहे थे। दीनबन्धु बोले—''कल सुबह शिकायत करूँगा तुम दोनों की। यहाँ ड्यूटी पर भी कोई नहीं है, परसों के 'युगचेतना' में तुम सब कुछ पढ़ लेना। मैं 'युगचेतना' का सम्पादक दीनबन्धु पाठक हूँ।''

और यह कहकर वह चलने को घूमे कि बुन्दू खाँ ने उनका हाथ पकड़ लिया—''जा कहाँ रहे हो? अभी रात-भर तो हवालात में आराम करो—सुबह थानेदार साहेब से कहके हमें फाँसी पर लटकवा देना।'' और दोनों ने जबर्दस्ती दीनबन्धु पाठक को हवालात में बन्द कर दिया। दीनबन्धु पाठक चिल्लाते और धमकाते ही रह गए।

थाने के मुंशी रामनारायण ने थानेदार थम्मनसिंह को साढ़े छह बजे ही जगाया। उस समय अँधेरा छाया हुआ था। थम्मनसिंह मुंशी को गालियाँ देते हुए रजाई के बाहर निकले। मुंशी ने बड़े घबराए स्वर में कहा—''सरकार, गजब हो गया ! बुन्दू खाँ और रामाधार ने रात दो बजे 'युगचेतना' के सम्पादक दीनबन्धु पाठक को हवालात में बन्द कर दिया। यह समझकर, कि वह मुश्तवा हालत में पिये हुए आवारागर्दी कर रहे हैं, और जब इन लोगों ने सम्पादक साहब से पूछताछ की तब वह इन्हें गालियाँ देने लगे।''

घबराए हुए स्वर में थम्मनसिंह ने पूछा—''दीनबन्धु पाठक हैं, तुम उन्हें पहचानते हो ?''

''हाँ सरकार, रात में तो मैंने उन्हें नहीं पहचाना, सुबह उनकी शक्ल देखी, तो कलेजा धक् से रह गया। पूछने पर उन्होंने बताया कि नाइट ड्यूटी करके वापस लौट रहे थे तो प्रेस क्लब के पास उन्होंने इन दोनों को रग्घू पानवाले को पीटते हुए देखा। उन्होंने इन दोनों को रोका तो इन्होंने उन्हें हवालात में बन्द कर दिया।''

ठाकुर थम्मनसिंह ने तत्काल स्थिति भाँप ली, पाँच रुपए का एक नोट मुंशी रामनारायण को थमाते हुए उन्होंने कहा—''उन्हें इसी वक्त हवालात से बाहर करके मेरे

ऑफिस में बिठाओ और गरमागरम जलेबियाँ, समोसे और चाय मँगाकर नाश्ता-पानी करवाओ। मैं अभी तैयार होकर उनसे माफी माँगने आता हूँ। और उन हरामजादो, बुन्दू खाँ और रामाधार से कह देना कि चौबीस घंटे के लिए मुझे अपना मुँह न दिखाएँ।

"जैसा हुक्म सरकार का !" और मुंशी रामनारायण ने थानेदार थम्मन सिंह के आदेश का पालन किया। ठाकुर थम्मनसिंह पन्द्रह मिनट के अन्दर ही अपनी वर्दी पहनकर अपने दफ्तर में पधारे। उन्होंने देखा कि पंडित दीनबन्धु पाठक रामनारायण द्वारा रखवाई अँगीठी के सामने बैठे अपने ठिठुरे हुए हाथ-पैरों की सर्दी दूर कर रहे हैं। सामने गरमागरम जलेबियाँ और ताजे समोसे दो प्लेटों में रखे हैं–टी पॉट में चाय के साथ दो प्याले रखे हैं। लेकिन दीनबन्धु पाठक इन्हें छू तक न रहे थे, केवल उधर देखकर अपनी आँखें फेर लेते थे। मुंशी रामनारायण खड़े हुए उनसे चाय पीने और नाश्ता करने का अनुरोध कर रहे थे।

ठाकुर थम्मनसिंह ने आते ही बड़ी भक्ति के साथ पंडित दीनबन्धु पाठक को प्रणाम किया–"अरे पंडितजी ! आपको पकड़ लाए यह साले ! पिये हुए थे, मैं उन्हें लाइन हाजिर करवाए देता हूँ। और उन लोगों की ओर से मैं आपसे माफी माँगता हूँ।"

और दीनबन्धु पाठक के सामने बैठते हुए उन्होंने मुंशी रामनारायण से कहा–"पंडितजी के लिए और मेरे लिए चाय बनाओ।" फिर दीनबन्धु पाठक से बोले–"कुछ नाश्ता कर लीजिए, चाय पी लीजिए ! आपको इतना कष्ट हुआ, मैं बड़ा लज्जित हूँ। आप मुझे जो चाहे सजा दीजिए।"

इस विनय और शिष्टता के आगे दीनबन्धु पाठक का आक्रोश कायम न रह सका। उन्होंने केवल इतना कहा–"इतना अन्याय और अत्याचार ! इतनी बर्बरता ! इन्हें बर्खास्त कर देना चाहिए।"

ठाकुर थम्मनसिंह ने मुस्कुराते हुए उत्तर दिया–"पंडितजी तब तो जितने भी पुलिस के सिपाही हैं, उन सबको बर्खास्त कर देना पड़ेगा। गुंडों और बदमाशों के साथ बिना बर्बरता के काम नहीं चलता। हाँ, शराब पीना गलत है, चाहे जितनी भी सर्दी हो क्योंकि शराब पीकर मनुष्य में सत्य-असत्य का ध्यान नहीं रहता। तो इन लोगों को सजा मिलेगी। मैं आपको विश्वास दिलाता हूँ। अब आप कुछ नाश्ता कर लीजिए और गरमागरम चाय पीजिए वरना मुझे हार्दिक क्लेश होगा।"

और ठाकुर थम्मनसिंह को हार्दिक क्लेश न हो, इसलिए पंडित दीनबन्धु ने भरपेट नाश्ता किया और दो प्याले गरमागरम चाय पी। पंडित दीनबन्धु पाठक को विदा करते हुए ठाकुर थम्मनसिंह ने कहा–"पंडितजी, इस घटना को अब आप भूल जाइए, इसका जिक्र किसी से न कीजिएगा। मैं बड़ा शर्मिन्दा हूँ।"

लेकिन न जाने कैसे यह खबर 'युगचेतना' के प्रधान सम्पादक पंडित विश्वम्भर उपाध्याय के कानों में पहुँच गई कि पुलिसवालों ने पंडित दीनबन्धु पाठक को रात-भर–और वह भी जाड़े की रात-भर–हवालात में बन्द करके रखा। पंडित विश्वम्भर उपाध्याय मुख्यमन्त्री के मित्र, समर्थक, कृपापात्र सब कुछ थे। उन्होंने पंडित दीनबन्धु

पाठक को बुलाकर पहले तो एक डाँट पिलाई, फिर उन्होंने उस घटना को लेकर एक कड़ा सम्पादकीय लिख डाला, जिसमें उन्होंने पुलिस के अत्याचारों और अनाचारों की निन्दा की।

इस सम्पादकीय के निकलते ही सरकारी क्षेत्रों में एक सनसनी फैल गई। मुख्यमन्त्री ने आई.जी. पुलिस मिस्टर सुरेन्द्रमोहन को डाँटा, आई.जी. पुलिस ने डी.आई.जी. पुलिस सरदार जोगेन्द्र सिंह को डाँटा, डी.आई.जी. पुलिस ने एस.एस.पी. चौधरी अतहर हुसेन को डाँटा, और चौधरी अतहर हुसेन ने थानेदार थम्मनसिंह को अपने यहाँ बुलाकर ऐसी डाँट पिलाई कि ठाकुर थम्मनसिंह तिलमिला उठे। पौन घंटा तक लगातार डाँट खाने के बाद ठाकुर थम्मनसिंह ने फरमाने की हिम्मत की–सर ! ये पत्रकार छँटे हुए हरामखोर गुंडे होते हैं। बेतहाशा शराब पीते हैं, बहकते हैं। और जो सामने पड़ जाय उसे गालियाँ देते हैं। यह दीनबन्धु पाठक बेतहाशा पिये हुए था और मुश्तवा हालत में चल रहा था। कहीं कोई हादसा न हो जाए, इस कदर बेहोशी की हालत में था, तो इन लोगों ने उसे हवालात में बन्द कर दिया। इन नाख्वान्दा कांस्टेबलों ने उसे पहचाना ही नहीं, उन्होंने तो अपनी समझ में फर्ज़ अदायगी की। सुबह जब मैंने उसे पहचाना तो उसकी खातिर-तवाजा करके उससे माफी भी माँग ली। लेकिन इन अखबारनवीसों का तो पेशा ही है, हम पुलिसवालों को गालियाँ देना।

सर हिलाते हुए चौधरी अतहर हुसेन ने कहा–"यह सब तो ठीक है, लेकिन हम लोगों से ऐसी गलतियाँ न होनी चाहिए। ये अखबारनवीस–इन सालों ने अपनी एक सल्तनत कायम कर रखी है–बड़े खतरनाक लोग हैं ये ! सोच-समझकर इनके साथ पेश आना होगा।"

"यस सर ! आगे से बहुत सोच-समझकर इनके साथ पेश आने की ताकीद कर दूँगा। आप इत्मीनान रखिए, अब किसी तरह की चूक नहीं होने पाएगी।"

दो महीने के बाद ही मुख्यमन्त्री की असीम कृपा से और अपनी शक्तिशाली लेखनी के प्रभाव से 'युगचेतना' के प्रधान सम्पादक श्री विश्वम्भर उपाध्याय अन्तर्राष्ट्रीय भ्रातृभाव के एक डेलीगेशन के नेता के रूप में छह महीने के लिए विश्वभ्रमण के लिए आमन्त्रित किए गए। श्री विश्वम्भर उपाध्याय ने अपने अखबार के दफ्तर में यह घोषित कर दिया कि अब उनका क्षेत्र अन्तर्राष्ट्रीय हो गया है, विश्व-भ्रमण से लौटकर वह लखनऊ में अपने मुख्यमन्त्री मित्र की सेवा से विमुख होकर दिल्ली में प्रधानमन्त्री की सहायता और सेवा करेंगे यानी रिटायर होने की तैयारी में एक वर्ष की छुट्टी पर वह जा रहे हैं और अब लखनऊ वापस न लौटेंगे।

उनके स्थान पर अब पंडित दीनबन्धु पाठक एक वर्ष तक सम्पादक रहकर प्रधान सम्पादक बना दिए जाएँगे और उनके वेतन में ढाई सौ रुपयों की वृद्धि कर दी गई।

पंडित विश्वम्भर उपाध्याय को भावभीनी विदाई के उपलक्ष्य में 'युगचेतना' के

सम्पादकीय विभाग के नौ सदस्य जब उन्हें एयरोड्रॉम में विमान पर चढ़ाकर ऑफिस लौटे, तो आठ सदस्यों ने पंडित दीनबन्धु पाठक को घेर लिया। एक स्वर में सब लोगों ने कहा—''पाठकजी ! अब तो हम लोगों को एक दावत दे ही डालिए, हम लोग आपको छोड़ेंगे नहीं !'' और एक स्वर में उन्होंने नारा लगाया—पाठकजी जिन्दाबाद !

अत्यन्त गद्गद होकर पंडित दीनबन्धु पाठक ने कहा—''हाँ-हाँ, रविवार के दिन दोपहर के समय आप सब लोग मेरे यहाँ जूठन बिखारने की कृपा करें। आज गुरुवार है, तीन दिन बाद।''

घर लौटकर पंडित दीनबन्धु ने पंडिताइन को यह सुसंवाद सुनाया कि वह 'युगचेतना' के प्रधान सम्पादक बन गए हैं और उनके वेतन में ढाई सौ रुपए महीने की वृद्धि हो गई है।

पंडिताइन उछलकर खड़ी हो गईं—''सत्यनारायण बाबा का प्रताप, अब इतवार के दिन सत्यनारायण की कथा हो जाए पंडितजी।''

दीनबन्धु पाठक के मुख पर मुस्कान आई—''अति उत्तम ! तो रविवार के दिन मैं अपने विभाग के आठ लोगों को दावत दिए देता हूँ। लेकिन यह सब प्रबन्ध कैसे होगा ?''

''सब कुछ आनन-फानन हो जाएगा। पड़ोसिन-मिसराइन चाची और उनकी दोनों लड़कियाँ, सरस्वती और कौशल्या आ जाएँगी। पूड़ी, कचौड़ी, तीन तरह के साग, दही, चरणामृत—सब कुछ हो जाएगा। रबड़ी मँगा लेना।''

एकाएक पंडित दीनबन्धु पाठक के मुख पर धुँधलापन घिर आया—''लेकिन उन लोगों को क्या पत्तल में भोजन कराएँगे ? हमारे पास तो गत के बर्तन भी नहीं हैं।''

पंडिताइन तमककर बोलीं—''हम तुमसे कब से कह रही हैं कि स्टेनलेस स्टील के बर्तनों के छह सेट मोल ले लो। तो अब यह अवसर आ गया है। प्रधान सम्पादक बन गए हो तो घर में कुछ सुधार कर डालो।''

''इतना महँगा हो गया है स्टेनलेस स्टील, छह सेट बर्तनों की कीमत चार-पाँच सौ रुपया हो जाएगी।''

''तो तुम्हारी तनख्वाह भी तो ढाई सौ रुपया महीना बढ़ गई है। हमने कतर-ब्योंत करके छह सौ रुपया बचाए हैं, तो बर्तन आ जाएँ, सत्यनारायण की कथा हो जाए और दावत हो जाए।''

''ठीक, तो निकालो रुपया ! बर्तन आ जाएँ आज ही, हम सम्पादक हो गए हैं।'' हँसते हुए दीनबन्धु पाठक ने उत्तर दिया।

सत्यनारायण की कथा हुई। उसके बाद दावत हुई। चमचमाते हुए स्टेनलेस स्टील के बर्तन, और उन बर्तनों में स्वादिष्ट भोजन। दीनबन्धु के सहकारी बनवारीलाल ने जयन्त सिनेमा से तीन बजे दोपहर के शो के बारह पास वसूल किए 'युगचेतना' के सम्पादकीय

विभाग के लिए। भोजन करके सब लोग पिक्चर देखने चले। पंडिताइन को भी अपने दोनों बच्चों के साथ पिक्चर देखने जाना पड़ा।

पिक्चर देखकर जब पंडित दीनबन्धु पाठक मयपंडिताइन और बच्चों के घर लौटे तब जैसे ऊपर से बज्रपात हुआ। बात यह हुई कि जूठे बर्तन वह आँगन में ही छोड़ गए थे, और वह सब-के-सब गायब थे। थाली, कटोरा, गिलास, बटलोई—यहाँ तक कि चोरों ने चम्मच और चिमटे तक नहीं छोड़े थे। चोर पीछे की दीवार लाँघकर घुसे थे और भीतर से पीछे का दरवाजा खोलकर सब बर्तनों को लिये हुए चले गए थे।

बिजली की तरह मोहल्ले-भर में खबर फैल गई कि सम्पादक के बर्तनों की चोरी हो गई। पड़ोसियों के साथ दीनबन्धु पाठक इस चोरी की रिपोर्ट लिखाने थाने पहुँचे। थानेदार थम्मनसिंह ने उठकर दीनबन्धु का स्वागत किया। बड़ी विनय के साथ पाठकजी का अभिवादन करके बोले—"कहिए श्रीमानजी, कैसे कष्ट उठाया ? क्या सेवा कर सकता हूँ ?"

दीनबन्धु पाठक उबल पड़े—"हद हो गई। नरही ऐसे घने मोहल्ले में दिन-दहाड़े तीसरे पहर चोर दीवार फाँदकर घर के आँगन में घुसें और बर्तन चुराकर ले जाएँ।"

आश्चर्य से मुँह बाकर ठाकुर थम्मनसिंह ने कहा—"किसके यहाँ चोरी हुई—कुछ बतलाइए तो ?"

दीनबन्धु पाठक ने चोरी का पूरा विवरण दे डाला।

"आपके बर्तन चोरी गए ? मुंशीजी, इसी वक्त रिपोर्ट दर्ज करो। मेरे इलाके में यह चोरी हो जाए—मेरे लिए डूब मरने की बात है। पाठकजी, आप इत्मीनान रखिए, दो-तीन दिन के अन्दर ही चोरों को गिरफ्तार किया जाएगा। और अगर भगवान की कृपा हुई तो आपके बर्तन भी बरामद कर लिये जाएँगे। इन सालों ने थानेदार थम्मनसिंह को समझ क्या रखा है !"

मुंशी रामनारायण ने रिपोर्ट लिख ली। रिपोर्ट लिखाकर पंडित दीनबन्धु पाठक, जैसे ही थाने के बाहर निकले, उन्हें बुन्दू खाँ और रामाधार के दर्शन हुए और उन्हें लगा कि दोनों मुँह फेरे हुए मुस्कुरा रहे हैं।

पंडित दीनबन्धु पाठक दाँत किचकिचाकर रह गए। इन दोनों से निपटना ही पड़ेगा।

दूसरे दिन 'युगचेतना' के मुखपृष्ठ पर ही सम्पादक दीनबन्धु पाठक के घर के बर्तनों की चोरी का समाचार छपा।

पंडित दीनबन्धु पाठक एक हफ्ते तक चोर के पकड़े जाने तथा माल के बरामद होने की प्रतीक्षा करते रहे, लेकिन जैसे थानेवालों ने चुप्पी साध ली। आठवें दिन 'युगचेतना' में पुलिस की अकर्मण्यता पर एक बड़ा सम्पादकीय लेख छपा। उसी दिन गृहसचिव ने एस.एस.पी. को फोन मिलाया कि अभी तक कोई कार्रवाई क्यों नहीं हुई, पुलिस इस मामले में क्या कर रही है। उत्तर मिला कि बड़ी सरगर्मी के साथ चोरों

की तलाश हो रही है।

पंडित विश्वम्भर उपाध्याय की अनुपस्थिति में अब चीफ मिनिस्टर के सलाहकारों एवं समर्थकों में पंडित दीनबन्धु पाठक ने अपना स्थान बनाना आरम्भ कर दिया था। तीसरे हफ्ते मुख्यमन्त्री ने किसी गम्भीर विषय पर परामर्श के लिए दीनबन्धु पाठक को बुलाया। संयोग की बात कि आई.जी. पुलिस श्री सुरेन्द्रमोहन उस समय चीफ मिनिस्टर के घर पर ही थे। मौका अच्छा था, दीनबन्धु पाठक ने अपने बर्तनों के दिनदहाड़े चोरी चले जाने की बात चलाई। मुख्यमन्त्री ने तत्काल कड़े शब्दों में आई.जी. पुलिस से जवाब-तलब किया। आई.जी. पुलिस झल्लाए हुए अपने ऑफिस में आए, टेलीफोन पर उन्होंने तत्काल चौधरी अतहर हुसेन को एक कड़ी डाँट पिलाई।

चौधरी अतहर हुसेन अनुभवी आदमी थे, थानेदारी से सीढ़ियाँ फाँदते हुए एस.एस. पी. बने थे। वह सीधे दीनबन्धु पाठक की सेवा में उपस्थित हुए और उन्हें साथ लेकर थाने पहुँचे। उस समय ठाकुर थम्मनसिंह बड़े मजे में पैर फैलाए इत्मीनान के साथ नियमित रूप से गालीगलौज कर रहे थे। इन दोनों को देखते ही वह उठ खड़े हुए। बड़ी विनय के साथ इन लोगों का स्वागत करते हुए उन्हें बिठलाया, और तभी चौधरी अतहर बरस पड़े—अभी तक पाठकजी के बर्तनों की चोरी का पता नहीं चला—बड़े शर्म की बात है। मुख्यमन्त्री बेतरह बिगड़ रहे थे। अगर इस मामले में कोई कार्रवाई नहीं होती तो मैं आपके खिलाफ कड़ा कदम उठाऊँगा।

यह बात चौधरी अतहर हुसेन ने इतने ऊँचे स्वर में कही थी कि सारा थाना थर्रा उठा था। ठाकुर थम्मनसिंह ने बड़ी विनय के साथ कहा—"हुजूर, बड़ी सरगर्मी के साथ चोर का पता लगाया जा रहा है। लेकिन चोर ठहरा इंसान, कभी मिला, कभी फरार हो गया, कंकड़-पत्थर तो है नहीं कि गए और उठा लाए। रोज नए-नए चोर पैदा हो रहे हैं आज के निजाम में, लेकिन आप इत्मीनान रखिए।"

चौधरी अतहर हुसेन ने मेज पर एक घूँसा मारते हुए कहा—"इत्मीनान-इत्मीनान ! दिन-दहाड़े चोरी हो जाए और वह भी नरही ऐसे घने मोहल्ले में। मैं एक हफ्ते का वक्त देता हूँ, चोर को गिरफ्तार ही होना चाहिए वरना..."

चौधरी साहब अपनी बात पूरी भी न कर पाए थे कि दौड़ते हुए रामाधार ने थानेदार के कमरे में प्रवेश किया। उसने सैल्यूट दागते हुए ठाकुर थम्मनसिंह से कहा—"चोरी का पता चल गया है, और हुजूर, चोर गिरफ्तार कर लिया गया है।"

इसके पहले कि ठाकुर थम्मनसिंह कुछ कहें, चौधरी अतहर हुसेन ने पूछा—"माल बरामद हुआ है या नहीं ?"

तब तक बुन्दू खाँ निहायत पुराना और घिसा हुआ अलम्यूनियम का एक लोटा लिये हाजिर हुआ—"हुजूर, माल तो उसने किसी कबाड़ी के हाथ बेच दिया जिसका पता वह नहीं जानता, सिर्फ यह लोटा उसके पास बचा है, कबाड़ी ने इसे खरीदने से इनकार कर दिया था।"

"यह लोटा मेरा नहीं है।" रूखे स्वर में दीनबन्धु पाठक ने कहा।

बिना दीनबन्धु पाठक की ओर देखे हुए बुन्दू खाँ ने कहा—''हुजूर, सम्पादकजी ने यह लोटा बर्तनों की फेहरिस्त में दर्ज नहीं कराया था, लेकिन मुलजिम का कहना है कि यह लोटा उसने सम्पादकजी के घर से ही चुराया है—पाखाने का लोटा मालूम होता है।''

दीनबन्धु पाठक क्रोध में उबल पड़े—''वह झूठ बोलता है, यह लोटा मेरा नहीं है।''

रामाधार ने कहा—''हुजूर, चोर ने इकबाल किया है कि यह लोटा सम्पादकजी के घर पर ही था।''

ठाकुर थम्मनसिंह ने पूछा—''चोर कहाँ है ?''

''हुजूर, आलमनगर के थाने की हवालात में बन्द है।''

एस.एस.पी. अतहर हुसेन ने उठते हुए दीनबन्धु पाठक से कहा—''यह लोटा आपका है या नहीं—यह तो छोटी सी बात है, चोरी का पता चल गया और चोर गिरफ्तार हो गया, असल बात तो यह है। मुझे अफसोस है कि माल बरामद नहीं हो सका। अब आपको कोई शिकायत नहीं होनी चाहिए।''

पंडित दीनबन्धु पाठक बुझे-बुझे से उठ खड़े हुए।

गुन न हिरानो, गुनगाहक हिरानो है

हिस्ट्री कांग्रेस का शानदार अधिवेशन समाप्त हुआ और उस अधिवेशन में दिल्ली से आए हुए डॉक्टर श्यामनाथ वर्मा के पेपर की धूम थी। इस कांग्रेस के संयोजक थे—इतिहास विभाग के अध्यक्ष डॉक्टर जयदयाल शर्मा, और डॉक्टर जयदयाल शर्मा डॉक्टर श्यामनाथ के पुराने मित्र थे, तो डॉक्टर शर्मा ने डॉक्टर वर्मा को उस दिन शाम के समय अपने यहाँ भोजन के लिए आमन्त्रित कर दिया।

अकेले एक आदमी की दावत निहायत मनहूस होती है, जयदयाल की पंडितानी ने बताया तो श्री जयदयाल शर्मा ने राजनीति विभाग के अध्यक्ष और अपने पड़ोसी डॉक्टर राधेश्याम चौरसिया को भी निमन्त्रित कर दिया, और उधर डॉक्टर श्यामनाथ वर्मा अपने साथ आए हुए यूनिवर्सिटी ग्रांट कमीशन के वरिष्ठ अधिकारी सरदार भूपेन्दरसिंह को लेते आए।

आधुनिक शिष्टाचार के नियमों का पालन करने के क्रम में डॉक्टर जयदयाल शर्मा ने चार गिलासों में व्हिस्की डाली और बातचीत करने बैठ गए। डॉक्टर श्यामनाथ वर्मा ने कुछ मजे में आते ही पूछा—"अरे शर्मा, वह शास्त्री यूनिवर्सिटी का अविनाशचन्द्र नहीं दिखाई दिया !"

कड़ुवा सा मुँह बनाते हुए डॉक्टर जयदयाल शर्मा ने उत्तर दिया—"भई वर्मा, तकदीर का सिकन्दर जिसे हम कह सकते हैं, वह उसे समझो। न जाने कैसे उसने मिडिल ईस्ट के विश्वविद्यालयों का निमन्त्रण पटा लिया। काबुल, तेहरान, अंकारा और एथेंस यूनिवर्सिटियों के तीन महीने के भारतीय इतिहास के लेक्चर टूर पर निकल गया है।...वहाँ मौज कर रहा होगा !"

और तभी सरदार भूपेन्दरसिंह बोल उठे—"अरे, वह शास्तरी यूनिवर्सिटी का अविनाशचन्दर, क्या कहा ? लेक्चर टूर पर गया है ? तभी उसके खिलाफ जो इन्क्वायरी चल रही थी, वह रुक गई।"

राधेश्याम चौरसिया चौंक उठे—"कैसी इन्क्वायरी सरदारजी ?"

"अजी उसके खिलाफ किसी ने शिकायत कर दी। वह तो एम.ए. भी नहीं पास है, यूरोप से जाली डाक्टरेट खरीद लाया है और साँठ-गाँठ लगाके शास्तरी यूनिवर्सिटी में हिस्ट्री का प्रोफेसर बन गया। इस मुल्क को क्या हो गया है जी ?"

डॉक्टर श्यामनाथ की आँखें चमक उठीं—"इस देश में हमेशा से यही चलता आया

है सरदारजी ! पिछले दिनों मध्य प्रदेश के इतिहास की खोज करते हुए मेरे सामने एक बड़ी दिलचस्प घटना आई। मैं सोच रहा हूँ कि उस घटना का इतिहास में उल्लेख किया जाय या न किया जाय—कुछ समझ में नहीं आ रहा।''

''जरा हम लोग भी सुनें, एक की अपेक्षा अनेक रायों का अधिक महत्त्व होता है।'' डॉक्टर राधेश्याम चौरसिया बोले।

कुछ गला साफ करके डॉक्टर वर्मा ने कहानी आरम्भ की।

पूना से सदाशिव यशवन्त सेने नामक एक युवा ब्राह्मण अपने पिता की मृत्यु के बाद रोजी-रोटी की तलाश में उत्तर दिशा की ओर रवाना हुआ। निश्चित सन्-संवत् का तो पता नहीं चल सका, लेकिन घटना 1860 के आसपास की होनी चाहिए। भारतवर्ष पूरी तौर से अंग्रेजों की चपेट में आ गया था। बड़ी-बड़ी देशी रियासतें तो कायम थीं, वे सब अंग्रेजों की छत्रछाया में आ गई थीं।

वह युवा ब्राह्मण विद्या-बुद्धि से युक्त था, उच्च कुल का आभिजात्य, मुख पर एक प्रकार का तेज, चरित्रवान, लेकिन निपट दरिद्र। पास-पड़ोस से माँग-जाँचकर उसने कुछ द्रव्य एकत्रित किया और चल पड़ा भगवान के भरोसे।

उसने सुन रखा था कि उत्तर में ग्वालियर नाम की एक अति सम्पन्न रियासत है जहाँ उसके मामा रहते हैं। वहाँ के बड़े महाराज तेजस्वी और गुणग्राही हैं, पंडितों और विद्वानों का आदर करते हैं तो उन दिनों न रेल थी, न मोटर थी, न हवाई जहाज थे। सड़कें कच्ची, ऊबड़-खाबड़ कहीं-कहीं कंकड़ या पत्थर कुटे हुए। सवारी के नाम पर पालकी, घोड़े, ऊँट, हाथी और कहीं-कहीं बैलगाड़ियाँ तथा रथ। इन सवारियों पर खर्च लम्बा पड़ता था, किराए पर मिलती नहीं थीं, गति बड़ी धीमी थी, तो लोगबाग पैदल ही रास्ता तय करते थे। सदाशिव यशवन्त सेने ने पैदल ही रास्ता नापा।

रास्ते में कथा बाँचते, उपदेश देते, माँगते-खाते, लड़ते-झगड़ते वह छह महीने में ग्वालियर पहुँचा। पूछताछ कर उसने अपने मामा के घर का पता लगाया। मामा बालकृष्ण हरिहर आपटे पक्षाघात से पीड़ित कराह रहे थे। रियासत से पाँच रुपए महीना दक्षिणा के रूप में बँधे थे। उनसे ही मामी यमुनाबाई अपने चार बच्चों और अपने पति का उदर भरती थीं। सदाशिव को देखते ही बालकृष्ण की आँखों से जलधारा प्रवाहित हो उठी। यह आँसू आनन्द और हर्ष के आँसू थे क्योंकि उनके घर में एक सहारे के रूप में सदाशिव सेने का उदय हुआ था। उनकी बहन अर्थात् सदाशिव की माता का देहान्त तो दस वर्ष पहले हो ही चुका था। अपने बहनोई की मृत्यु का समाचार सुनकर उन्होंने वेदान्त की मुद्रा में शोक प्रकट किया। फिर उन्होंने बतलाया कि महाराज तो बड़े गुणग्राही हैं। लेकिन महाराज के दरबार में एक-से-एक धूर्त लोगों का प्रभाव है जो योग्य व्यक्तियों को महाराज के सम्मुख आने ही नहीं देते। यानी सदाशिव ने जो पूना से ग्वालियर आने का कष्ट उठाया, वह बहुत सम्भव है व्यर्थ जाए। फिर भी, मामा प्रसन्न

थे कि उन्हें एक सहारा तो मिला, कभी-न-कभी सदाशिव को मौका मिल ही जाएगा। और मामी ने बड़े प्रेम के साथ सदाशिव को भोजन कराया।

सदाशिव धुन का पक्का था। उसकी अंटी में दस स्वर्णमुद्राएँ थीं तो एक बेचकर उसने वस्त्र खरीदे, कुछ पुस्तकें एकत्रित कीं, तिलक-चन्दन का उसने प्रबन्ध किया और तीसरे दिन धवल वस्त्र धारण करके एक पगड़ी बाँधकर वह महाराज के राजभवन की ओर रवाना हुआ। राजभवन के फाटक पर दरबान ने उसे रोका—महाराज से मिलने के लिए प्रार्थनापत्र देना होता है, पंडित आनन्द गोपाल मेडे की सिफारिश ही से महाराज पंडितों को समय देते हैं—तो उनसे मिलना होगा।

सदाशिव पंडित आनन्द मेडे के दरबार में हाजिर हुआ। आनन्द मेडे उस समय मुख में खैनी दबाकर ऊँघ रहे थे। आँखें बन्द किए हुए ही उन्होंने कहा—साला पंडित महाराज का दर्शन करेगा ! महाराज का दर्शन साक्षात् भगवान का दर्शन, फीस पाँच स्वर्णमुद्रा, तब दर्शन की व्यवस्था हो।"

बड़ी विनय के साथ सदाशिव ने कहा—"मैं साहित्याचार्य हूँ, मैंने वेदान्त और सांख्य का तुलनात्मक अध्ययन किया है, अति दीन और दरिद्र ब्राह्मण हूँ। पाँच स्वर्णमुद्राएँ कहाँ से लाऊँ ?"

आनन्द मेडे ने आँखें खोलीं, लेकिन उन आँखों को अधखुली ही कहा जा सकता था। एक मुस्कान के साथ उन्होंने कहा—"राज में साहित्य, वेदान्त और सांख्य नहीं चलता। यहाँ चलता है सोना-चाँदी। पाँच स्वर्णमुद्राएँ तो देनी ही होंगी। उधार लाओ।"

"उधार मुझे कोई देगा नहीं, मैं पूना से आ रहा हूँ, मुझे कोई जानता नहीं।"

"तो भीख माँगकर लाओ। कहकर पंडित आनन्द मेडे ने आँखें बन्द कर लीं।"

"मेरे ऐसे हट्टे-कट्टे आदमी को कोई भीख नहीं देगा।"

"तो फिर चोरी करो !" और पंडित आनन्द मेडे खर्राटे भरने लगे।

सदाशिव का खून खौल उठा। तबीयत हुई कि आनन्द मेडे का गला दबोच दे, लेकिन भावना पर बुद्धि ने विजय पाई, एक दर्जन नौकर-चाकर आनन्द मेडे की रक्षा करने के लिए इधर-उधर घूमते दिखाई दिए उसे।

ग्वालियर के महाराज अत्यन्त न्यायप्रिय, कुशल और सहृदय प्रशासक थे, लेकिन उनमें केवल एक कमजोरी थी। वह अपने कृपा-पात्रों के अवगुण देखने से कतई इनकार कर देते थे। सदाशिव ने दो-एक सामन्तों की शरण चाही, लेकिन वह किसी के पास पहुँच नहीं पाया। हरेक आदमी ने आनन्द मेडे का गुणगान किया।

महाराज ने राजभवन के फाटक पर एक पेटी रखवा दी थी जिसमें जनता अपने दुख-दर्द की कहानी तथा अपनी शिकायतों की दरख्वास्तें डाल दे। इन दरख्वास्तों को स्वयं महाराज पढ़ते थे और अपना निर्णय देते थे। हारकर सदाशिव ने एक दरख्वास्त लिखी, जिसमें उसने पंडित आनन्द मेडे को बेतहाशा गालियाँ दीं, चार-पाँच सामन्तों को गदहा बताया, और अन्त में उसने लिखा—श्रीमन्त का जो न्यायप्रिय और कुशल-शासक होने का यश है, वह नितान्त झूठा है। महाराज के शासन में ऊपर से नीचे तक हर

तरफ पोल-ही-पोल है।

महाराज ने दरख्वास्त पढ़ी और उन्हें दरख्वास्त देनेवाले पर बेतहाशा क्रोध आया। फिर एकाएक उनके मुख पर एक मुस्कान आई। उन्होंने उस दरख्वास्त पर अपने हाथ से लिखा—तू भी उस पोल में घुस जा, और उस दरख्वास्त पर अपनी मुहर लगाकर, लिखे पते पर वापस करा दी।

सदाशिव सेने ने महाराज का उत्तर पढ़ा और इसके बाद उसने महाराज के उत्तर-सहित उस पत्र को सहेजकर रख लिया। रात में उसने अपनी समस्या पर विचार किया और एकाएक उसकी आँखें चमक उठीं। एक योजना की रूपरेखा बनाकर वह सो गया।

प्रातः होते ही सदाशिव अपनी योजना को कार्यान्वित करने में जुट गया। सबसे पहले उसने ग्वालियर राज की भौगोलिक स्थिति का अध्ययन किया। ग्वालियर राज्य युक्त प्रान्त में इटावा, आगरा और झाँसी की सीमाओं से लेकर मालवा और राजस्थान के इलाकों को पार करता हुआ गुजरात की सीमा तक फैला हुआ था। पूरा राज्य कई सूबों में विभाजित था और हरेक का प्रशासक सूबेदार अथवा सूबा कहलाता था। बीच-बीच में कई छोटी-छोटी रियासतें भी थीं, कुछ बड़ी रियासतों के भाग भी आ जाते थे। यात्रा की असुविधा तथा पहाड़ियों और घाटियों की दुर्गमताओं के कारण कुछ सूबों का सम्पर्क राजधानी ग्वालियर के साथ नहीं के बराबर था। साल में एक-दो बार सूबेदार सूबे का कर भिजवा देता था या स्वयं ही दरबार के समय महाराज के सामने उपस्थित होता था। बाकी सूबेदार स्वयं ही सूबे पर हुक्म चलाता था।

पता लगाने पर मालूम हुआ कि ग्वालियर से प्रायः दो सौ मील की दूरी पर अंजोर नाम के सूबे का सूबेदार अति वृद्ध और निःसन्तान है। सुदूर गुजरात और राजस्थान की सीमाओं से मिला यह सूबा निहायत बीहड़ और दुर्गम है। किसी तरह सूबेदार अपना काम चलाए जा रहा था। इधर कई वर्षों से वह महाराज के दरबार में स्वयं न आकर अपने मातहतों से आधा 'पर्दा कर' भिजवा देता था।

सदाशिव सेने ने पास की मुहरें बेचीं, अपनी मामी से कुछ रुपया प्राप्त किया और उसने एक राज्य-पत्रक तैयार किया—श्रीमन्त ग्वालियर के महाराज की राजाज्ञा से अंजोर के सूबेदार गजानन महाजी धमधड़े की वृद्धावस्था को ध्यान में रखकर सदाशिव यशवन्त सेने को अंजोर का सूबेदार नियुक्त किया जाता है और सदाशिव यशवन्त सेने को आज्ञा दी जाती है कि वह तत्काल जाकर सूबेदार का पद सँभाल लें। सूबेदार गजानन महाजी धमधड़े की सेवाओं को ध्यान में रखकर सदाशिव यशवन्त सेने को आदेश दिया जाता है कि वह गजानन महाजी धमधड़े को एक हजार रुपया महीना उसके जीवनपर्यन्त सूबे की आय से देता रहे, और सूबे के प्रबन्ध में उससे आवश्यक परामर्श लेता रहे। इस राज्य-पत्रक पर सदाशिव सेने ने जाली मुहर लगाई, और दो सौ रुपए लेकर अंजोर की ओर रवाना हो गया।

रास्ते में घुड़सवारों को पाँच-पाँच रुपए देकर नौकर रखा, और चालीस रुपयों में एक अरबी नस्ल का घोड़ा खरीदकर उस पर सवार हुआ। ठाठ के साथ उसने अंजोर में प्रवेश किया और राज्य-पत्रक अंजोर के सूबेदार गजानन महाजी धमधड़े के हाथ में रखकर उसने बड़ी विनय के साथ उनका अभिवादन किया। सदाशिव यशवन्त सेने की शालीनता से गद्‌गद होकर धमधड़े ने तत्काल सूबेदार का पद सदाशिव सेने को सौंप दिया और चैन की साँस ली।

धमधड़े के शासनकाल के अन्तिम चरण में उनकी वृद्धावस्था के कारण अंजोर सूबा की हालत बेहद बिगड़ गई थी। न रियाया धमधड़े को कर देती थी, न उनसे दबती थी। सदाशिव सेने ने तत्परता के साथ शासन की बागडोर सँभाली और छह महीने के अन्दर उसने सूबे की कायापलट कर दी। बदमाशों और लुटेरों का उसने सफाया किया, प्रजा सम्पन्न और समृद्ध होने लगी। निर्धारित समय पर महाराजा ग्वालियर के पास निर्धारित कर की राशि तथा अनेक उपहार पहुँचने लगे। अपने मामा-मामी को भी उसने अंजोर बुलवा लिया।

पाँच वर्ष बीत गए। ग्वालियर के महाराज अंजोर सूबे की आर्थिक व्यवस्था के प्रति सन्तुष्ट और प्रसन्न थे। एक दिन अंग्रेज रेजीडेंट देशी रियासतों का दौरा करते हुए ग्वालियर पहुँचा। उसने महाराज से अंजोर के नए सूबेदार की कार्यकुशलता तथा उनके आतिथ्य-सत्कार की बड़ी प्रशंसा की। महाराज का माथा ठनका। यह कौन सा और कैसा नया सूबेदार ? महाराज ने तो अंजोर में कोई नया सूबेदार नियुक्त नहीं किया था। उन्होंने पता लगाया तो यह मालूम हुआ कि राज्य से कोई नियुक्ति नहीं हुई है। हाँ, पिछले चार-पाँच वर्ष से अंजोर से नियमित रूप से रुपया आने लगा है। महाराज चक्कर में। यह क्या रहस्य है ? और महाराज ने अंजोर के सूबेदार को ग्वालियर तलब किया।

सूबेदार सदाशिव सेने बड़े ठाठ के साथ लाव-लश्कर लेकर ग्वालियर के लिए रवाना हुए। आगे-आगे तुरही और नगाड़ेवाले, उनके पीछे बीस घुड़सवार सैनिक, उनके पीछे पालकी पर सवार सूबेदार सदाशिव यशवन्त सेने, उनके पीछे हाथी पर महाराज ग्वालियर का चित्र और एक हाथी पर चारणों तथा वेदवाणी ब्राह्मणों का दल, उसके बाद दस ऊँटों पर महाराज के लिए एक लाख रुपयों की थैलियाँ तथा उपहार के लिए वस्त्राभूषण, यात्रा की रसद और उनके पीछे फिर बीस घुड़सवार सैनिक। एक-एक घड़ी के बाद महाराज की जयजयकार के नारे।

ग्वालियर से जब यह दल दस कोस की दूरी पर आ गया, तब महाराज के गुप्तचर हरकारों ने अंजोर के सूबेदार के ठाट-बाट और शान-शौकत की सूचना महाराज को दी। इतनी शान के साथ राज्य का कोई सूबेदार ग्वालियर नहीं आया था। महाराज ने शहर-पनाह के बाहर ही यह काफिला रुकवा दिया। सूबेदार सदाशिव यशवन्त सेने ने शहर-पनाह के बाहर ही खेमे गाड़ दिए। एक मेला सा लग गया। महाराज के नाम का कीर्तन आरम्भ हो

गया, ब्राह्मणों को दान-दक्षिणा बँटने लगी, भिखारियों को भीख मिलनी आरम्भ हो गई।

खबर पाकर महाराज चक्कर में। एक सप्ताह तक काफिला नगर के बाहर रुका रहा। फिर महाराज की आज्ञा हुई कि सूबेदार अपने लश्कर के साथ नगर में प्रवेश करे। सूबेदारों की अतिथिशाला में सूबेदार के ठहरने की व्यवस्था हुई, और फिर से महाराज के नाम के कीर्तन, वेदपाठ, दान-छक्षिणा का क्रम चलने लगा।

इस तरह एक सप्ताह और बीता और महाराज ने सूबेदार को दरबार में उपस्थित होने का आदेश दिया। एक लाख रुपयों की थैलियाँ लदवाए हुए, वस्त्राभूषणों के उपहार के साथ सदाशिव यशवन्त सेने महाराज के सम्मुख उपस्थित हुए। उन्होंने स्वयं महाराज की आरती उतारी और हाथ जोड़कर दीनभाव के साथ महाराज के सम्मुख खड़े हो गए।

महाराज ने गौर से सदाशिव यशवन्त सेने को देखा, एक नितान्त अनजाना और अपरिचित चेहरा, जिसे उन्होंने पहले कभी भी न देखा था। वह कुछ देर तक सोचते रहे, फिर बड़े धीमे स्वर में जिसे इर्द-गिर्द के लोग न सुन सकें, उन्होंने कहा—मैंने तुम्हें कब अंजोर का सूबेदार नियुक्त किया ? मैंने तो तुम्हें पहले कभी देखा ही नहीं।

सदाशिव यशवन्त सेने ने अपने अँगरखे से वह अपना शिकायतवाला पत्र निकाला जो उन्होंने पाँच वर्ष पहले लिखा था और जिस पर महाराज ने अपने हाथ से आज्ञा दी थी—"तू भी उस पोल में घुस जा।" और उसे महाराज के सामने बढ़ा दिया।

महाराज ने आदि से अन्त तक वह पत्र पढ़ा। उन्होंने अपनी आज्ञा देखी। उनकी भँवें तन गईं और वह बेतरह गम्भीर हो गए। दरबारी काँप उठे कि क्या होनेवाला है। सदाशिव यशवन्त सेने हाथ जोड़े उसी तरह अविचलित खड़े रहे, चेहरे पर शिकन नहीं। लेकिन वाह रे महाराज, एक हल्की सी मुस्कान उनके मुख पर आई, उस पत्र के टुकड़े-टुकड़े करते हुए उन्होंने कहा—हाँ, मैंने तुम्हें नियुक्त किया था। और घूमकर उन्होंने दीवान से कहा—सूबेदार के स्वागत में कल राज्यभोज हो और इस सूबेदार का स्थान मेरी बगल में होगा। और उन्होंने सदाशिव यशवन्त सेने को अपना स्थान ग्रहण करने का संकेत किया।

चारों के गिलास खाली हो गए थे, डॉक्टर जयदयाल शर्मा ने फिर से दौर मारे, फिर उन्होंने कहा—"अगर आप इस घटना का इतिहास में उल्लेख न करें डॉक्टर वर्मा, तो बड़ा अच्छा हो।"

"क्यों जी, यह तो बड़ी मजेदार कहानी है ! अपने देश में बड़े-बड़े गुनी लोग होते रहे हैं।" सरदार भूपेन्दरसिंह बोले।

"जी हाँ, सरदारजी, तब गुनगाहक भी होते थे। अब देखिए, कि सदाशिव यशवन्त ऐसे गुनी थे तो महाराज ग्वालियर ऐसे गुनगाहक थे। लेकिन आज का युग बदल गया है। कोई दूसरों के गुणों को ग्रहण करनेवाला दिखता ही नहीं, हरेक आदमी स्वयं गुनी बन गया है। इसका एक उदाहरण मुझे अपने प्रदेश में ही देखने को मिला।" राधेश्याम

चौरसिया ने कहा।

"आपके प्रदेश में ही मिला जी, जरा हम भी सुनें।" सरदार भूपेन्दरसिंह बोले।

कुछ संकोच के साथ डॉक्टर राधेश्याम चौरसिया बोले—"लेकिन इसका जिक्र इतिहास में न किया जाएगा, पहले डॉक्टर जयदयाल शर्मा और श्यामनाथ वर्मा मुझे यह वचन दे दें।"

दोनों ने अपने वचन दे दिए।

व्हिस्की का एक लम्बा घूँट गले के नीचे उतारकर डॉक्टर राधेश्याम चौरसिया ने आराम किया।

हमारे नगर का एक नागरिक है रत्नकुमार। रत्नकुमार के पिता रामकुमार बहुत बड़े व्यापारी हैं, करोड़पति आदमी समझिए। उन्हीं रत्नाकर के दो भाई अपने पिता के साथ सब काम-काज भी सँभालते हैं, ब्लैकमार्केटिंग, मुनाफाखोरी में दक्ष। अकेले रत्नकुमार ही कोई कामकाज नहीं करता, वह केवल राजनीतिक हरकतों में ही भाग लेता रहता है। शिक्षा के नाम पर मुबलिक हाईस्कूल फेल, भगवान ने बुद्धि तो दी ही है लेकिन बुद्धि के संचालन से उन्हें कोरा रखा है। लम्बे से, गोरे से स्वस्थ नौजवान, प्रभावशाली व्यक्तित्व से युक्त, वह सब तब तक जब तक वह आपसे बात न करें। वैसे बात भी बड़े रंग से आरम्भ करते हैं। ऐसा लगता है कि वह एक पहुँचे हुए राजनीतिज्ञ हैं, एक बहुत बड़ा विद्वान आपसे बात कर रहा है—आपको ऐसा लगेगा। लेकिन चार-पाँच मिनट के अन्दर ही बातों का सन्तुलन गड़बड़ा जाता है। उनके इसी सन्तुलन के कारण उनके परिवारवालों ने उन्हें राजनीति में पूरी छूट दी है।

कुछ मन्त्रियों से, कुछ उच्च कांग्रेस-नेताओं से पारिवारिक सम्बन्ध होने से रत्नकुमार की गणना नगर के महत्त्वपूर्ण लोगों में होती है। सभी राजनीतिक पार्टियों में उनकी पहुँच है, कांग्रेस के तो वह सदस्य हैं। प्रायः हरेक मन्त्री या नेता की बगल में खड़े हुए उनके फोटोग्रॉफ परिवार के दफ्तरों की शोभा बढ़ाते हैं जिनके बल पर रत्नकुमार के पारिवारिक धन्धे चमक रहे हैं।

तो हुआ ऐसा कि प्रदेश के मुख्यमन्त्री की नियुक्ति हुई यानी वह चुने नहीं गए बल्कि तत्कालीन मुख्यमन्त्री के त्यागपत्र देने के बाद केन्द्रीय सरकार द्वारा नियुक्त करके भेजे गए। अस्थायी रूप से उनका विधिवत चुनाव उनके कार्यभार सँभालने के बाद होने को था। तो नगर में आने पर स्टेशन पर उनका भव्य स्वागत हो, प्रदेशीय नेतृत्व ने इसकी योजना बनाई। हजारों आदमी फूल-मालाएँ लेकर उनकी जयजयकार करते हुए स्टेशन पर उपस्थित हुए।

मुख्यमन्त्री के ट्रेन से उतरते ही भीड़ में रेल-पेल आरम्भ हुई उन्हें हार पहनाने के लिए। और रत्नकुमार ने लोगों को धक्का देते, गिराते हुए सबसे पहले मुख्यमन्त्री को एक निहायत शानदार और कीमतो गजरा पहनाया जिसे उन्होंने पन्द्रह रुपया खर्च करके

विशेष रूप से बनवाया था। कांग्रेस के अध्यक्ष, कांग्रेस के मन्त्रीगण सबों के गजरे उसके मुकाबले में तुच्छ थे। बड़े प्रेम के साथ मुख्यमन्त्री ने रत्नकुमार से हाथ मिलाया, और तत्काल उस मुद्रा में उनके अनगिनती फोटो खिंच गए। अब रत्नकुमार मुख्यमन्त्री की बगल में लग गए।

स्टेशन के बाहर यह व्यवस्था थी कि एक खुली जीप पर मुख्यमन्त्री की सवारी निकले। जीप पर खड़े होकर वह लोगों का अभिवादन करेंगे, लोगों की फूल-मालाएँ ग्रहण करेंगे, लोगों को दर्शन देंगे और जनता का जय-जयकार स्वीकार करेंगे। कांग्रेस पार्टी के मन्त्री श्री नत्थूलाल गुप्त की निजी जीप, जो एकदम नई थी, मुख्यमन्त्री की सवारी के लिए चुनी गई।

स्टेशन से बाहर निकलते ही मुख्यमन्त्री उचककर जीप पर खड़े होकर ड्राइवर की बगल में खड़े हो गए। उनकी बगल में कांग्रेस के अध्यक्ष बैठ गए। पीछे बैठने के लिए धक्कम-धक्का आरम्भ हुआ और श्री नत्थूलाल गुप्त को धक्का देकर श्री रत्नकुमार ठीक मुख्यमन्त्री के पीछे खड़े हो गए। कांग्रेस का एक कार्यकर्ता और चढ़ पाया, तब तक जीप चल पड़ी। हाथ जोड़े हुए मुख पर मधुर मुस्कान धारण किए हुए मुख्यमन्त्री खड़े थे, और उनको मालाएँ भेंट की जा रही थीं।

जब-जब मुख्यमन्त्री के गले में मालाओं का बोझ अधिक हो जाता था, तब-तब रत्नकुमार उन्हें लेकर साथवाले कांग्रेस कार्यकर्ताओं को दे देते थे। इस तरह मुख्यमन्त्री का जुलूस उनके अस्थायी निवास-स्थान पर पहुँचा। अपने निवास-स्थान पर पहुँचकर मुख्यमन्त्री ने बड़े प्रेम से रत्नकुमार का नाम और पता पूछा, फिर 'मिलते रहना' का निमन्त्रण देकर वह विश्राम करने चले गए।

एक सप्ताह बाद कांग्रेस पार्टी के मन्त्री नत्थूलाल गुप्त मुख्यमन्त्री के घर पर पार्टी के सम्बन्ध में कुछ परामर्श करने के लिए पहुँचे। उन्होंने देखा कि मुख्यमन्त्री रत्नकुमार के साथ बैठे चाय पी रहे हैं और घुल-घुलकर बातें कर रहे हैं। एकाएक नत्थूलाल गुप्त चौंक उठे। लेकिन मुख्यमन्त्री के साथ रत्नकुमार की आत्मीयता देखकर वह जैसे खून का घूँट पीकर रह गए। कुछ औपचारिक बातें करके मुख्यमन्त्री ने रत्नकुमार को विदा किया।

बातचीत समाप्त होने पर श्री नत्थूलाल गुप्त को लगा कि मुख्यमन्त्री का मूड अच्छा है। उन्होंने हिम्मत करके कहा—"मुझे नहीं मालूम था कि इन रत्नकुमार से आपकी घनिष्ठता और आत्मीयता है, आपके पुराने परिचित मालूम होते हैं।"

मुख्यमन्त्री मुस्कुराए—"इससे मेरा परिचय तो एक हफ्ता पहले जब मैं लखनऊ आया था तभी हुआ, लेकिन बड़ा बुद्धिमान और सज्जन मालूम होता है। हरेक काम में मेरी सहायता को तत्पर रहता है। शायद कांग्रेस का कोई प्रभावशाली नेता है।"

नत्थूलाल गुप्त की अब हिम्मत खुली—"नेता क्या निहायत निठल्ला और आवारा किस्म का आदमी है ! हर जगह जबर्दस्ती घुस जाता है।"

"तो क्या यह रत्नकुमार कांग्रेस का कार्यकर्ता नहीं है !"

"श्रीमान, कैसा कार्यकर्ता और कहाँ का कार्यकर्ता ! बहुत सम्भव है कांग्रेस का साधारण सदस्य हो, मुझे तो पता नहीं। इस आदमी के कारण आपकी बदनामी फैलने का डर है।"

मुख्यमन्त्री गम्भीर हो गए। अभी तक वह न जाने कितने लोगों को उल्लू बना चुके थे, एक साधारण आदमी उन्हें उल्लू बना रहा है, यह उन्हें अखर गया। उठते हुए उन्होंने केवल इतना कहा—"हूँ, अच्छा जाइए। आपने मुझे सतर्क कर दिया—धन्यवाद !"

और छाती फुलाए हुए नत्थूलाल गुप्त चले गए।

मुख्यमन्त्री ने अपने पी.ए. को बुलाकर आदेश दिया कि रत्नकुमार को अब उनके सामने न आने दिया जाय।

नत्थूलाल गुप्त ने लौटते ही ऑफिस में यह आदेश दिया कि रत्नकुमार को कांग्रेस की किसी संस्था में अब स्थान न मिले। जहाँ-जहाँ उन्हें स्थान मिल गया है, वहाँ से वह निकाल बाहर किए जाएँ।

और तीसरे दिन जब रत्नकुमार मुख्यमन्त्री की कुशलक्षेम पूछने तथा उनका दर्शन करने उनके बँगले पर पहुँचे, तब चपरासी ने उनसे कहा—"मुख्यमन्त्रीजी को फुर्सत नहीं है।"

रत्नकुमार बोले—"हम जानते हैं, केवल दर्शन करने और प्रणाम करने हम आए हैं।"

चपरासी ने कड़े स्वर में कहा—"कह तो दिया कि फुर्सत नहीं है। अब आगे से यहाँ मत आना। मुख्यमन्त्री ने आदेश दे दिया है।"

"ऐं-ऐं, क्या बात है, किस बात पर नाराज हो गए हैं ?"

चपरासी तेवर बदलकर कहा—"जाते हो कि धक्का देकर तुम्हें यहाँ से भेजा जाय ?"

और रत्नकुमार मुँह लटकाए हुए वापस चला गया।

सरदार भूपेन्दरसिंह ने हँसते हुए कहा—"मुझे तो इस रत्नकुमार के साथ हमदर्दी है जी। डॉक्टर वर्मा, वह तुम्हारे सदाशिव यशवन्त सेने से कुछ ऊँचा ही बैठता है, क्योंकि सेने तो अक्लमन्द और पढ़ा-लिखा आदमी था और यह रत्नकुमार ठेठ किस्म का आदमी।"

डॉक्टर राधेश्याम चौरसिया बोले—"यह उस नत्थूलाल गुप्त की बदमाशी थी।"

डॉक्टर श्यामनाथ ने कहा—"नहीं, यह मुख्यमन्त्री की नाकाबलियत थी कि उन्होंने रत्नकुमार के गुण की दाद नहीं दी।"

और डॉक्टर जयदयाल शर्मा ने उठते हुए कहा—"न किसी की नाकाबलियत, न किसी की बदमाशी ! हमारे यहाँ किसी कवि ने कहा है—गुन न हिरानो, गुनगाहक हिरानो है। लेकिन आज के युग में सब गुनी बन गए हैं गुनगाहक कोई दिखता ही नहीं। अच्छा चलिए, अब खाना खा लिया जाय।"

मोर्चाबन्दी

यह अपने ढंग का अनोखा युद्ध है और इस युद्ध की अपने ढंग की अनोखी मोर्चाबन्दी है।

युद्ध-क्षेत्र है लखनऊ की छोटी सी संजीवन कॉलोनी, जो प्रमुखतः छोटे-छोटे अफसरों, राजकर्मचारियों एवं व्यापारियों की बस्ती है। पढ़े-लिखे सम्पन्न लोग, ऊपर से आधुनिक युग के प्रगतिशील, लेकिन अन्दर से बड़े धार्मिक, असीम आस्था और विश्वास रखनेवाले। बुद्धिमत्ता, तिकड़म, सरलता और दाँव-पेंच का विचित्र योग।

यह युद्ध कैसे ठन गया, किन लोगों में ठन गया, इसे समझने के पहले संजीवन कॉलोनी का इतिहास जान लेना आवश्यक होगा।

इस प्रदेश की राजधानी इलाहाबाद से हटकर लखनऊ आई थी, घुमरा ताल्लुके के ताल्लुकेदार राजा चन्द्रभूषणसिंह ने गोमती के किनारे पाँच एकड़ जमीन खरीदकर उसके बीचोबीच एक निहायत शानदार कोठी बनवाई थी जिसके चारों ओर फलों और फूलों के बाग और लम्बे-चौड़े लॉन थे।

राजा साहेब शौकीन-मिजाज आदमी थे, उनके पास हाथी थे, घोड़े थे; फिटन थी, मोटर थी—दर्जनों नौकर-चाकर थे। इस कोठी का नाम था घुमरा हाउस और घुमरा हाउस के चारों ओर एक ऊँची चहारदीवारी थी।

तय बात है कि इन लम्बे खर्चों के कारण राजा चन्द्रभूषणसिंह करीब-करीब दिवालिए हो गए थे। उनके मरने के बाद जब रियासत उनके पुत्र सूर्यभानसिंह को मिली, उन्होंने खर्चों में कटौती की। हाथी-घोड़े बेचकर कर्ज चुकाया गया, घुमरा हाउस के नौकर-चाकर रियासत भेज दिए गए और घुमरा हाउस में ताला लटका दिया गया। सूर्यभानसिंह संयत आदमी थे, समय की धारा वह पहचानते थे। उन्होंने अपने पुत्रों को शिक्षा दिलाई।

सन् 1948 में जमींदारी उन्मूलन एक्ट के बाद ताल्लुकेदारी समाप्त हो गई। जमींदारी समाप्त होने के सदमे से चार-पाँच वर्षों में ही सूर्यभानसिंह की मृत्यु हो गई। उनके दो पुत्र थे, बड़े का नाम सिंहासनसिंह, छोटे का नाम संजीवनसिंह। सिंहासनसिंह ने कृषि विद्यालय का डिप्लोमा प्राप्त किया, और वह राज का उत्तराधिकारी होने के नाते अपना डेढ़ हजार एकड़ का फार्म सँभालता हुआ घुमरा के महल में रहने लगा। छोटे लड़के संजीवनसिंह ने लखनऊ विश्वविद्यालय से राजनीतिशास्त्र में एम.ए. पास किया,

और लखनऊ के एक डिग्री कॉलेज में लेक्चरर हो गया।

लाल संजीवनसिंह लम्बे से रौबदार आदमी थे, शान्त और गम्भीर। किसी कदर कलाप्रेमी। म्यूजिक कॉलेज में उन्होंने कुछ दिन संगीत का अभ्यास किया, मुशायरों और कवि-सम्मेलनों में उन्हें बेहद दिलचस्पी थी। राजा सूर्यभानसिंह ने लखनऊवाला घुमरा हाउस अपने छोटे पुत्र के नाम कर दिया था, और लाल संजीवनसिंह सन्तुष्ट थे। लेकिन उनके गम्भीर और शान्त व्यक्तित्व के भीतर छिपा हुआ एक अत्यन्त जिद्दी और उग्र व्यक्तित्व भी था जो प्रकट होते ही विस्फोट कर रूप धारण कर लेता था। शायद इसीलिए लाल संजीवनसिंह ने अपनी शादी करने से इनकार कर दिया था, और राजा सूर्यभानसिंह अपने इस छोटे पुत्र से इस कदर डरते थे कि उन्होंने संजीवनसिंह पर विवाह करने के लिए अधिक जोर भी नहीं दिया। लाल संजीवन ने घुमरा हाउस को फिर से आबाद करने की कोशिश की, लेकिन अकेले आदमी—साथ में रामसिंह रावत, उनका खिदमतगार, उनका अंगरक्षक, उनका रसोइया—यानी उनकी गृहस्थी का मालिक। कहावत है कि बिन घरनी घर भूत का डेरा, तो एक-एक घुमरा हाउस के कमरे गिरते गए और लाल संजीवनसिंह उनका मलबा बेचते रहे।

कामकाज ठीक तरह से चल रहा था कि एक दिन कॉलेज के प्रिंसिपल से उनकी कुछ कहासुनी हो गई। कॉलेज के प्रिंसिपल मिस्टर जैकब तानाशाह किस्म के आदमी थे। गाली बकने और धौंस जमाने में माहिर। चारों ओर उनकी धाक थी। कहासुनी ने उग्र रूप धारण किया और मिस्टर जैकब ने आदत के अनुसार लाल संजीवनसिंह को गाली दी। उसे लाल साहब के अन्दर अनेक पर्तों में दबे हुए विस्फोटक व्यक्तित्व का पता नहीं था। और तभी लाल साहब ने आव देखा न ताव, मिस्टर जैकब को धर पटका और उनकी इतनी पिटाई की कि चार दिन तक मिस्टर जेकब की मरहमपट्टी होती रही। तहलका मच गया कॉलेज में, और लाल साहब कॉलेज से बर्खास्त कर दिए गए।

कॉलेज की नौकरी छोड़कर उन्होंने अपने बँगले में संगीत विद्यालय स्थापित करने का प्रयत्न किया, लेकिन एक तो बँगला शहर से दूर, फिर मिरासियों से वह आजिज आ गए, विश्वविद्यालय बन्द हो गया। बड़े भाई सिंहासनसिंह समय-समय पर उनकी थोड़ी-बहुत आर्थिक सहायता कर देते थे, लेकिन किसी पर अवलम्बित रहना उन्हें अच्छा न लगता था। सहसा उनकी मुलाकात बाबू चिरंजीलाल बंसल से हो गई जो ओवरसियरी के लम्बे अनुभव के बाद तीन-चार साल तक पी.डब्ल्यू.डी. के असिस्टेंट इंजीनियर का पद सुशोभित करने के बाद रिटायर हो रहे थे। निहायत घिसे हुए आदमी, तो उन्होंने लाल साहब को घुमरा हाउस के प्लाट बनाकर बेचने की सलाह दी। उन्होंने इस योजना का ब्ल्यू-प्रिंट बना दिया। चालीस प्लाट बने, हरेक प्लाट की कीमत छह हजार रुपया। दो लाख चालीस हजार रुपयों में दो लाख रुपए लाल साहब ने बैंक में जमा कर दिए, चालीस हजार रुपयों में इस कॉलोनी के एक किनारे चार कमरों का आधुनिक ढंग का एक कॉटेज बनवा लिया और उस कॉलोनी का नाम पड़ा संजीवन कॉलोनी। आउट हाउसेज तुड़वा दिए गए थे, पुराने नौकरों में चार वहाँ रह रहे थे, तो दो-दो कोठरियों

के चार मकान बनाकर उन पुराने नौकरों को उनकी सेवाओं के पुरस्कार में दिए गए। लेकिन उस समय न नौकरों के दिमाग में यह बात आई और न लाल साहब के दिमाग में यह बात आई कि उन कोठरियों की लिखा-पढ़ी हो जाए। दान तो दान ठहरा।

संजीवन कॉलोनी आदर्श कॉलोनी थी। सभी मध्यवर्ग के आदमी, शान्तिप्रिय, धार्मिक और आस्थावान। कहीं कोई टंटा-बखेड़ा नहीं, आपस में भ्रातृ-भाव। बाबू चिरंजीलाल बंसल उस कॉलोनी के मुखिया, सरपंच सभी कुछ थे। और लाल संजीवनसिंह राजा की तरह अपने बँगले में रहते थे। उनके यहाँ संगीत पार्टियाँ जमती थीं। कवि-सम्मेलन या मुशायरे होते थे और लाल संजीवनसिंह की जिन्दगी मौज में बीत रही थी। संजीवन कॉलोनी को बने दस वर्ष से अधिक बीत गए, लेकिन किसी को लाल सिंह के चरित्र के विस्फोटक पहलू का पता नहीं चल पाया।

एक कहावत है—ना जाने किस भेस में नारायण मिल जाएँ। तो उस कहावत के अनुसार लाल साहब के चरित्र का विस्फोटक रूप एक अति साधारण घटना को लेकर प्रकट हुआ।

बाबू चिरंजीलाल को कॉलोनीवाले इंजीनियर बाबू कहते थे। बड़े रौबदाब के आदमी, उम्र कोई पैंसठ वर्ष, लेकिन हाव-भाव में, चाल-ढाल में तथा व्यवहार में नौजवानों का उत्साह। तो उस दिन उनके पुत्र रामबिहारी की कथा में कॉलोनी के निवासियों को निमन्त्रण था। लाल संजीवनसिंह को बाबू चिरंजीलाल स्वयं जाकर आमन्त्रित कर आए थे।

सत्यनारायण की कथा बाँच रहे थे, चन्द्रिकाप्रसाद अवस्थी उर्फ चन्द्रिका महाराज। चन्द्रिका महाराज राजा सूर्यभानसिंह के पुरोहित शिवाधार अवस्थी के पुत्र थे और लाल संजीवनसिंह ने अपने आउट हाउस में बना दो कोठरियोंवाला एक हिस्सा उन्हें मुफ्त दे रखा था। आजीविका के लिए चन्द्रिका महाराज स्टेट बैंक में चपरासी की सीढ़ियाँ पार करते हुए जमादार बन गए थे। अवस्था कोई पचासी वर्ष की, बड़ी-बड़ी घनी मूँछें चेहरे का रौब बढ़ा रही थीं। हेड जमादार बनने की जितनी योग्यताएँ होनी चाहिए, उनमें सब थीं। कानून का अधकचरा ज्ञान, जिद पर अड़ जाना, यूनियन के बल पर अपनी माँगें मनवा लेना, जनतन्त्र के इस युग में बड़े-बड़े अफसरों को चुनौती दे देना आदि-आदि।

मोटी और भद्दी आवाज जो लगातार गाली-गलौज करने के कारण और भी भद्दी और मोटी हो गई थी, मिडिल स्कूल तक पढ़ी हिन्दी और संस्कृत का कच्चा-पक्का ज्ञान, लेकिन कथा बाँचने में सिद्धहस्त थे। जैसे-तैसे उठते-बैठते, घूमते-फिरते लाल संजीवनसिंह कथा के अन्त तक बैठे रहे, लेकिन कथा समाप्त होने के बाद बाबू चिरंजीलाल बंसल ने खड़े होकर मध्यवर्गीय घरों में प्रचलित 'जय जगदीश हरे' की आरती आरम्भ की। और देखा-देखी वहाँ उपस्थित पुरुषों, महिलाओं तथा बच्चों ने खड़े होकर आरती के कीर्तन में योग दिया। लाल संजीवनसिंह को भी शिष्टतावश हाथ जोड़कर खड़ा होना पड़ा।

और तभी लाल संजीवनसिंह को अनुभव हुआ कि वह किसी ऐसे माहौल में आ

फँसे हों जहाँ हरेक व्यक्ति चीख रहा था, चाहे वह स्त्री हो, चाहे पुरुष हो। कहीं भैंस रँभा रही थी, कहीं कौवा काँव-काँव कर रहा था, कहीं गधा रेंक रहा था, कहीं बकरी मिमिया रही थी। उन्हें लगा कि उनके कान के परदे छिलने लगे हैं और जल्दी ही ये पर्दे फट भी जाएँगे। घबराकर उन्होंने इधर-उधर देखा और फिर घूमकर वह तेजी के साथ वहाँ से भागे। उनका भागना किसी ने देखा, किसी ने नहीं देखा। लेकिन इस आरती-गायन में लोग इस कदर व्यस्त थे कि किसी ने उन्हें रोका नहीं।

आरतीवाला कीर्तन समाप्त हुआ, और प्रसाद बँटना आरम्भ हुआ। अब बाबू चिरंजीलाल को यह भास हुआ कि संजीवनसिंह बिना प्रसाद लिये ही चले गए हैं। प्रसाद, जैसा एक सम्पन्न वैश्यकुलीन इंजीनियर के घर पर मँगनी के बादवाली कथा का होना था, वैसा ही था। पँजीरी तो औपचारिक थी, उसके साथ एक पाववाले दोने में खोए की मिठाइयाँ तथा कटे हुए फल थे। एक-एक कुल्हड़ बादाम, किशमिश और चिरौंजी पड़ा हुआ दही के साथ अधऔंटे दूध का चरणामृत। सब लोगों को प्रसाद बाँटकर बाबू चिरंजीलाल ने चन्द्रिका महाराज से कहा—"चन्द्रिका महाराज, लाल साहेब तो बिना परसाद पाए चले गए।"

"हाँ बाबू, इहाँ तो आखिर बखत तक रहे, बड़े ध्यान से कथा सुनिन। जब आरती गाय रहे न तबहू रहें। तौन कुछ तबीयत खराब हुई गई हई, बड़कवा मनई आएँ।"

"राम जाने।" बाबू चिरंजीलाल बोले—"लेकिन सत्यनारायण बाबा का परसाद तो उन्हें मिलना चाहिए।"

"हाँ बाबू ! ई माँमला कौनो सकआम ! हम उनका परसाद दिए आइत आय, मुला तुमहूँ साथ चलो। मिजाज-पुरसी करि लेब चलिके !" और चन्द्रिका महाराज हँस पड़े।

एक अधसेरे दोने में प्रसाद भरवाकर बाबू चिरंजीलाल ने लिया, एक अधसेरे गिलास में चरणामृत चन्द्रिका महाराज ने पकड़ा। दोनों लाल साहब के कॉटेज की ओर रवाना हो गए।

लाल संजीवनसिंह बाबू चिरंजीलाल के यहाँ से जो भागे तो अपने ड्राइंगरूम में पहुँचकर उन्होंने दम लिया। ड्राइंगरूम का दरवाजा उन्होंने अन्दर से बन्द कर लिया, फिर कुछ देर तक बेचैनी के साथ ड्राइंग-रूम में ही चहल-कदमी करते रहे। लेकिन कीर्तन का कौवारोर उनके कानों में लगातार गूँज रहा था। एकाएक उन्हें एक खयाल आया। लपककर उन्होंने अपने ग्रामोफोन के रिकॉर्डों का कैबिनेट खोला, और वैसे ही प्रसिद्ध ठुमरी गायिका मेहरुन्निसा का ठुमरी का रिकॉर्ड उनके हाथ में आ गया। तत्काल उन्होंने रिकॉर्ड रिकॉर्डप्लेयर पर चढ़ा दिया, और सोफा पर इत्मीनान के साथ पैर फैलाकर ठुमरी के संगीत में लय हो गए।

मुश्किल से दो-तीन मिनट ही बीते होंगे कि उनके काल-बेल की घंटी बोल उठी। उठकर उन्होंने दरवाजा खोला, दरवाजा खोलते ही प्रसाद हाथ में लिये हुए चिरंजीलाल

और चन्द्रिका महाराज ड्राइंग-रूम में घुस आए। चरणामृत का गिलास मेज पर रखते हुए उन्होंने चिरंजीलाल से कहा—"बाबू, लाल साहेब की तबीयत तो ठीकै आय। कइसे मगन भाव से गाना सुन रहे आय !"

बाबू चिरंजीलाल ने भी प्रसाद का दोना मेज पर रख दिया। कुछ मुस्कुराते हुए वह लाल साहब से बोले—"मैंने तो समझा था कि आपकी तबीयत कुछ खराब हो गई जो आप बिना कुछ कहे एकाएक चले आए। सत्यनारायण बाबा को धन्यवाद कि आप भले-चंगे हैं।"

"धन्यवाद सत्यनारायण बाबा को नहीं बल्कि मेहरुन्निसा बेगम के संगीत को है जो कानों में कुछ राहत मिली।"

"जी राहत मिली। मैं आपका मतलब नहीं समझा। कौन सी तकलीफ हो गई थी आपको ?" चिरंजीलाल ने पूछा।

एकाएक लाल संजीवनसिंह अपना संयम खो बैठे, गुर्राकर बोले—"कान के परदे फटते-फटते बच गए। निहायत भोंड़ी आवाज में और अशुद्ध भाषा में सत्यनारायण की कथा, और उसके बाद वह कीर्तन। हद हो गई। एक से एक मोटी, भद्दी और बेसुरी आवाजों का सम्मिश्रण... ।"

लाल साहब अभी अपनी बात पूरी भी न कर पाए थे कि चन्द्रिका महाराज ने तमककर कहा—"भगवान के कीर्तन से कान केर परदा फाटत आय और पतुरिया के गाना पुरखन की आत्मा तार रहे हैं।"

चन्द्रिका महाराज का इतना कहना था कि लाल साहब तमककर उठ बैठे—"क्यों बे हरामजादे, गाली देता है।" और इसके पहले कि लाल साहब हमला बोलें, चन्द्रिका महाराज उलटे पैर भागे। लाल साहब ने मुड़कर चिरंजीलाल से कहा—"खैरियत इसी में है कि आप इसी समय यहाँ से मुँह काला करें, वरना मैं आपके हाथ-पैर तोड़कर रख दूँगा।"

चिरंजीलाल चुपचाप सर झुकाए हुए चल दिए। उनका हृदय प्रतिहिंसा से जल रहा था। इस तरह उन्हें किसी ने कमरे से नहीं निकाला था। घर लौटकर उन्होंने देखा कि चन्द्रिका महाराज भरे बैठे हैं, चिरंजीलाल के घर पहुँचते ही वह बोले—"बाबू, तुम्हारे कारण हम खून का घूँट पीके रहि गयेन, नाही तो चन्द्रिका महाराज के हाथन आज एक हत्या हुई गई होत। तुम्हारी पद-मर्जादा केर भी खयाल नहीं कीन्हिस !"

चिरंजीलाल ने दाँत किटकिटाते हुए कहा—"उस बदमाश ने हम लोगों का नहीं, भगवान का अपमान किया है।"

"तो भगवान उससे बदला लेहिएँ, ऊका नष्ट करिके रख देहिएँ।"

चिरंजीलाल धीरे-धीरे संयत हो रहे थे, कुछ सोचकर उन्होंने कहा—"भगवान खुद बदला लेने को अवतार लेंगे नहीं, दसवाँ कल्कि अवतार जब होगा, तब होगा, इस लाल से तो बदला हमें लेना होगा, हमें !"

चन्द्रिका महाराज इस बात से उत्साहित नहीं हुए—"बाबू, हाथ-पैर से तो हम लोग

ई लाल साहब से बदला लै ना पाइब। लम्बे-तड़ंगे आदमी। फिर उनके पास तमंचा है, राइफल है। और उनके खिदमतगार रामसिंह। पूरे भेड़िया समझौ ऊका ! तौन कौनो जुगत भिड़ावै का पड़ी, तुमही सोचो।''

चिरंजीलाल कुछ देर तक सोचते रहे, फिर एकाएक उछल पड़े—''आ गया समझ में। बड़ा साला कलावन्त बनता है। अखंड कीर्तन होना चाहिए चन्द्रिका महाराज, एक हफ्ते का। भगवान अपने गुणगान कराके बदला लें।''

''आप कीर्तन करहियो तो लाल साहब का रूप तो आज और देख चुके, आप जान जोखिम माँ समझिए लेंय।''

''अरे, मैं इतना बेवकूफ नहीं हूँ कि अपने घर में अखंड कीर्तन कराऊँ।''

''तो बाबू, हमहूँ ऐसा गदहा न आन कि हम अपने घर माँ कीर्तन बैठाई। नाहीं, यू ना चली।''

''चलेगा तो कीर्तन ही।'' चिरंजीलाल बोले—''ध्यान से मेरी बात सुनो। वह जो लाल साहेब के कॉटेज के पास छोटी सी मढ़िया पड़ी है, उसका उद्धार होना चाहिए। तो वह तो मुझसे सौ रुपया, कालोनीवालों से चन्दा करके हजार-डेढ़ हजार रुपया इकट्ठा कर लो। थोड़ी-बहुत टीप-टाप करके नई मूर्ति की स्थापना हो और मूर्ति की स्थापना के उपलक्ष्य में अखंड कीर्तन करा डालो। लेकिन अभी नहीं, तीन-चार महीना चुप रहो, वरना यह लाल कुछ बवाल पैदा कर देगा।''

''वह बाबू, का बात कहेस ! रूपिया आनन-फानन इकट्ठा और अखंड कीर्तन के लिए एक-से-एक जवाँमर्द आदमी बाहर से आय जइहें। मान गए न तुम्हारी बुद्धि का।''

तीन महीने बीत गए और इन तीन महीनों में यह घटना आई-गई हो गई। कॉलोनीवालों के दिन हँसी-खुशी में बीत रहे थे। और तीन महीने बाद एक दिन चन्द्रिका महाराज हाथ जोड़कर लाल साहब के सम्मुख उपस्थित हुए—''लाल साहेब, अपने पितामह की बनाई भगवान की मढ़िया टूट गई आय तो हम सोचा कि ई केर मरम्मत हुई जाय और मूरती की स्थापनौ हुई जाय !''

''हाँ-हाँ, लेकिन...लेकिन,'' लाल साहब कहते-कहते रुक गए।

''अरे खरिचा की कौनो चिन्ता न करें लाल साहेब, मन्दिर का उद्धार कारण तो कॉलोनी के निवासियों का धरम समझौ। तौन हम कॉलोनीवालों से चन्दा करिलीन हव। चौदह सौ रुपया हुई गए हैं। एक मन्दिर उद्धार कारण कमेटी बनाय दीन है। तौन आपसे विनय आय कि आप सौ रुपया दै के डेढ़ हजार पूरा करि देव और कमेटी के अध्यक्ष बन जायँ। बाकी आपके काम करें की कौनो आवश्यकता नाहीं—हम पंच करि लेइब।''

लाल साहब ने तत्काल सौ रुपए दिए, अध्यक्ष बन गए।

मन्दिर की मरम्मत में चार-पाँच दिन लगे। इस बीच लखनऊ म्यूजियम के दरबान

को दस रुपया देकर चन्द्रिका महाराज वहाँ से विष्णु भगवान की एक पत्थर की मूर्ति उठा लाए, एक कुम्हार से उन्होंने उसे इस तरह रँगाया कि कोई उस म्यूजियमवाली मूर्ति को पहचान न सके। रामनवमी के दिन ठीक बारह बजे दोपहर को जब भगवान राम का जनम हुआ था, बद्रीनाथ ट्रस्ट एवं अन्य मन्दिरों के प्रबन्धवाले प्रदेश के मन्त्री श्री वर्मा के करकमलों से मूर्ति की स्थापना हो गई।

इस अवसर पर कॉलोनी के सब निवासी मौजूद थे। उत्सव की अध्यक्षता स्वयं लाल संजीवनसिंह ने की। बड़ा शानदार उत्सव था। लाल साहब प्रसन्न-मन वापस लौटे। भोजन करके उन्होंने अपनी दोपहरवाली नींद पूरी की। शाम के समय वह घूमने निकले। आठ बजे रात को जब वह घूम-फिरकर वापस लौटे, उन्हें लगा जैसे कॉलोनी में एक हंगामा सा मचा हुआ है। लाउडस्पीकर से निहायत बेसुरी चीख और चिल्लाहट की आवाजें निकलकर कॉलोनी के शान्त वातावरण में एक बवंडर सा ढाए हुए हैं। यह आवाजें मन्दिर से आ रही थीं। लाल साहब ने अपने खिदमतगार रामसिंह रावत को देखने भेजा कि यह हंगामा कहाँ और कैसे मच गया है। उसने लौटकर बतलाया—सरकार, मन्दिर में आठ-दस आदमी ढोलक और मजीरा लिये कीर्तन कर रहे हैं। चन्द्रिका महाराज को तो हम पहचानते हैं। बाकी आदमी कॉलोनी के बाहर के हैं।

लाल साहब करीब आधे घंटे तक प्रतीक्षा करते रहे कि कीर्तन बन्द हो और उन्हें चैन मिले, लेकिन कीर्तन बन्द होने के स्थान पर जोर पकड़ता जा रहा था। आखिर लाल संजीवनसिंह स्वयं उठे। उन्होंने मढ़ियानुमा मन्दिर में जाकर देखा—दस आदमी गला फाड़-फाड़कर रामायण का पाठ कर रहे हैं। न कहीं सुर, न ताल। ढोलक कहीं जा रही है, मजीरा कहीं जा रहा है। माइक्रोफोन लगा हुआ है और लाउडस्पीकर का रुख ठीक उनके बँगले की तरफ है। लाल साहब चुपचाप विमूढ़-से कुछ समय तक यह दृश्य देखते रहे, किसी ने जैसे लाल साहब को पहचाना तक नहीं। उन्होंने अन्दाजा कि वहाँ एकत्र लोग बैंकों या सरकारी दफ्तरों के चपरासी या दरबान हैं, हट्टे-कट्टे, लम्बे-तड़ंगे आदमी। हारकर लाल साहब को पूछना पड़ा—''यह क्या हंगामा मचा रखा है तुम लोगों ने ?''

कीर्तन चलता रहा, उत्तर चन्द्रिका महाराज ने दिया—''ई हंगामा दिखत है लाल साहेब ! ई कीर्तन, भगवान की पूजा !''

लाल साहब ने अपने को दबाते हुए कहा—''भगवान की पूजा इस शोर-शराबे से की जाती है ?'' और चन्द्रिका महाराज बोले—''भगवान की पूजा पतुरिया और भाँड़न के गाना से तो नाही होत है।''

बिजली की तरह तीन-चार महीने पहलेवाली बात लाल संजीवनसिंह के मस्तिष्क में कौंध गई, जब चन्द्रिका महाराज के पीछे वह दौड़े थे। इस बीच कॉलोनीवाले कुछ लोग इकट्ठा हो गए थे। एकाएक लाल साहब गरज उठे—''बन्द करो यह कीर्तन-वीर्तन ! नहीं तो मैं लाउडस्पीकर फेंक दूँगा।'' चन्द्रिका महाराज के दो तगड़े शिष्यों ने आगे बढ़कर कहा—''लाउडस्पीकर में हाथ न लगे, समुझ लेव, ई धरम का

मामला आय। खून-खराबा हुइ जाई।''

तभी चन्द्रिका महाराज ने आगे बढ़कर कॉलोनी-निवासियों की भीड़ से पूछा—''आप लोगन का तो भगवान के कीर्तन माँ कौनो आपत्ति न आय ?''

कॉलोनी-निवासियों की भीड़ की ओर से बाबू चिरंजीलाल ने उत्तर दिया—''भला भगवान के कीर्तन से किसी को कोई एतराज हो सकता है, महाराज ?'' और उन्होंने संजीवनसिंह से कहा—''आपके ही मन्दिर में यह कीर्तन हो रहा है, आप इस कमेटी के अध्यक्ष हैं। आपको अगर कुछ असुविधा हो तो सहन कीजिए।''

लाल साहब ने स्थिति ताड़ी, उनके मुकाबले आठ-दस आदमियों का दल। हट्टे-कट्टे और लड़ाकू, फिर कॉलोनी का जनमत उनके विरुद्ध। वह चुपचाप वापस लौट आए। उन्होंने कार निकाली और अपने मित्र चौधरी नईम हैदर के यहाँ सोने के लिए चले गए। यह चौधरी नईम हैदर भी पुराने रईस थे—करीब आध मील की दूरी पर उनका बँगला था। लाल साहब के बचपन के साथी।

दूसरे दिन करीब ग्यारह बजे दिन में लाल साहब अपने यहाँ वापस लौटे। कीर्तन बदस्तूर चल रहा था। उन्होंने फिर रामसिंह रावत को पता लगाने भेजा, उसने लौटकर बताया कि चन्द्रिका महाराज सो रहे हैं, रातवाले आदमी चले गए हैं, कीर्तन करनेवालों का एक नया दल आ गया है। यह दल दफ्तरों और बैंकों के चौकीदारों का है जो रात की ड्यूटी करके कीर्तन करने आए हैं।

झुँझलाकर लाल साहब उठे। उन्होंने जाकर चन्द्रिका महाराज को जगाया। बड़े शान्त भाव से उन्होंने पूछा—''चन्द्रिका महाराज ! कब तक यह हंगामा चलता रहेगा ?''

उसी तरह शान्त भाव से चन्द्रिका महाराज बोले—''राम-राम लाल साहेब ! आप ई का हंगामा कहत आय ? यू तो अखंड कीर्तन आय...एक हफ्ता समझौ आप, भगवान की महिमा बखान हुई रहा है।''

लाल संजीवनसिंह उबल पड़े—''कान के परदे फटे जाते हैं, नींद हराम है।''

''अरे लाल साहेब, हम तो बड़े सुख की नींद सोय के उठे आन। तौन धरम-करम माँ मन लगाओ, हफ्ता की तो बात आय ! तौन कीर्तन तो चलिहे !''

''यह कीर्तन नहीं चल पाएगा।'' कहते हुए लाल साहब घूम पड़े। घर पहुँचकर उन्होंने थाने में फोन मिलाया। थानेदार धरम-करम के मामले में दखलन्दाजी करने के सम्बन्ध में अपनी विवशता बतलाई। उन्होंने सुपरिंटेंडेंट पुलिस को फोन मिलाया। वहाँ से भी यही उत्तर मिला कि लाउडस्पीकर लगाकर ईश्वर की उपासना या उसका गुणगान करना मनुष्य का जन्मसिद्ध अधिकार है।

''जन्मसिद्ध अधिकार है, धर्मसिद्ध अधिकार है !'' किटकिटाते हुए उन्होंने रिसीवर पटक दिया।

दोपहर के शोर-शराबे में घर के दरवाजे और खिड़कियाँ बन्द कर लेने के कारण कीर्तन के स्वरों का अधिक प्रभाव नहीं पड़ा। लाल साहब ने बियर की दो बोतलें चढ़ाईं और भोजन करके सो गए, लेकिन शाम के समय जब उनकी नींद खुली, कीर्तन चल

रहा था। उन्होंने दूसरी रात भी चौधरी नईम हैदर के यहाँ बिताने का संकल्प किया, और तैयारी करने लगे। तब तक कॉलोनी के एक दर्जन आदमियों का एक शिष्टमंडल लाल साहब के यहाँ पहुँचा। सेल्स टैक्स इंस्पेक्टर बाबू संकटाप्रसाद, सेक्रेटेरिएट में सुपरिंटेंडेंट पंडित शिवराम पांडे, कपड़े के व्यापारी लाला गिरधारीलाल, कांग्रेस कमेटी के सचिव श्री रामाधार आदि।

लाला गिरधारीलाल ने बड़े विनम्र भाव से कहा—"लाल साहब, आपसे विनम्र निवेदन है। आपने एक दिन सत्यनारायण की कथा में चन्द्रिका महाराज और बाबू चिरंजीलाल का अपमान कर दिया था। आपको याद होगा।"

आँखें फाड़कर लाल संजीवनसिंह ने उस शिष्टमंडल को देखा। फिर बोले—"मैंने अपमान कब किया था ? बेसुरे चन्द्रिका दीक्षित के बेसुरेपन की बात कही थी कि उसने गाली दी, तो मुझे क्रोध आ गया था।"

अब रामाधार यादव बोले—"इस अखंड कीर्तन से आप कितने परेशान हैं, यह हमको मालूम है। हमने चन्द्रिका महाराज से कहा तो वह बोले कि अगर लाल साहेब धर्म के सम्बन्ध में अपने अपशब्दों पर खेद प्रकट करें तो कीर्तन बन्द हो जाए।"

लाल साहब भड़क उठे—"तो आप लोगों का मतलब है कि मैं उस हरामखोर से माफी माँगूँ ?"

बाबू संकटाप्रसाद ने लाल साहब को शान्त करने का प्रयत्न किया—"इस तरह गाली देना आपको शोभा नहीं देता। चन्द्रिका महाराज ब्राह्मण हैं, स्टेट बैंक के हेड जमादार हैं।"

लेकिन लाल साहब का पारा चढ़ता जा रहा था—वह साला हमारे बाप-दादा के टुकड़ों पर पला है। मैंने उसे अपनी परजा समझकर उसे सर्वेंट क्वार्टर में कोठरियाँ दे दी हैं, अब साले की इतनी हिम्मत हो गई कि वह मुझसे माफी मँगवाए। उससे कह दीजिए कि कीर्तन बन्द कर देने में ही उसका भला है, वरना मैं उसे इन कोठरियों से निकाल बाहर करूँगा। माफी माँगे मेरी बला, वही मुझसे माँगे। मैं अपने दोस्त चौधरी नईम हैदर के यहाँ जा रहा हूँ। वहीं वह आ जाए। और लाल साहब उठकर चौधरी नईम हैदर के यहाँ रवाना हो गए।

सब लोगों ने एक-दूसरे का मुँह देखा, तभी बाबू चिरंजीलाल आ गए। उन्होंने ही यह शिष्टमंडल भिजवाया था। इस शिष्टमंडल के साथ वह चन्द्रिका महाराज के यहाँ पहुँचे। उन्हें सब बातें बतलाई गईं। चन्द्रिका महाराज ने कड़क के साथ कहा—"देखी कौन ससुर हमें निकालत है आय के, हम आन चन्द्रिका महाराज, ई लाल से हम घुटना टिकवाय के रहिबे।"

लाल साहब चन्द्रिका महाराज की प्रतीक्षा करते रहे, लेकिन वह नहीं आए। सोने से पहले लाल साहब ने चौधरी नईम हैदर से पूछा—"चौधरी साहेब, क्या कव्वाली मुसलमानों का

धार्मिक संगीत है ?"

"सौ फीसदी धार्मिक। क्यों, क्या बात है ?"

"सोच रहा हूँ कल से एक हफ्ता के लिए अपने घर पर ही कव्वाली की महफिल कराऊँ। कोई कव्वाल-पार्टी है आपकी नजर में ? कितना खर्च लगेगा ?"

"अरे अर्च-खर्च की बात नहीं। वह जुम्मन कव्वाल अपने ही बावर्ची का बेटा है। पाँच-छह आदमियों की पार्टी है। पचीस-तीस रुपयों पर एक रात के लिए राजी कर दूँगा।

"तो फिर कल शाम से ही वह कव्वाली का प्रोग्राम होना चाहिए।"

"जी हाँ, इन्तजाम हो जाएगा। लेकिन लाल साहब, कम्यूनल रॉयट हो जाने का खतरा है। इन लोगों की जान की जिम्मेदारी कौन लेगा ?"

सीना तानकर लाल साहब ने कहा—"उसकी जिम्मेदारी मुझ पर। रघुकुल रीति सदा चलि आई, प्राण जाय पै बचन न जाई।"

दूसरे दिन लाल साहब ने चन्द्रिका महाराज पर बेदखली और ट्रेसपासिंग का मुकदमा दायर कर दिया। शाम के समय वह कव्वाली की पार्टी लेकर अपने घर लौटे, एक जबर्दस्त माइक्रोफोन और उससे भी जबर्दस्त लाउडस्पीकर वह साथ में लेते आए।

रात आठ बजे कीर्तन की पाली बदली और उसी समय लाल साहब के बँगले में कव्वाली का कार्यक्रम शुरू हुआ। कॉलोनीवालों को थोड़ी देर तक तो यह पता ही नहीं चला कि यह सब क्या और कैसे हो रहा है, और फिर कीर्तन और कव्वाली में घमासान युद्ध छिड़ गया। दोनों लाउडस्पीकर पूरी ताकत के साथ खोल दिए गए। घंटे-दो घंटे तो कॉलोनीवाले तमाशा देखते रहे, फिर धीरे-धीरे मन्दिर के आसपास लोग इकट्ठा होने लगे। करीब बारह बजे रात तक चन्द्रिका महाराज ने चालीस-पचास आदमियों को इकट्ठा किया। लाठियाँ लिये हुए इस भीड़ ने लाल साहब के बँगले को घेर लिया और चन्द्रिका महाराज ने कड़े स्वर में आवाज लगाई—"लाल साहेब, यू मुसलमानी कव्वाली बन्द करो—भगवान के कीर्तन माँ बाधा पड़त आय !"

"यह भी खुदा की परस्तिश है !" लाल साहब ने बरामदे में निकलकर कहा—"और खुदा की परस्तिश मैं करवा रहा हूँ। जो इसमें दखल देगा, उसे जान से हाथ धोना पड़ेगा।" और लोगों ने देखा कि लाल साहब के हाथ में रिवॉल्वर है और उनकी बगल में खड़े रामसिंह रावत के हाथ में राइफल है।

चन्द्रिका महाराज गरजे—"हम ई कौवालन को आगाह किए देत हैं कि इनकी जान की खैर नहीं आय ! आपन कल्याण चाहत हो तो उलटे पैर अबहीं वापस जाओ, नाहीं तो दंगा हुई जाई।"

लाल साहब ने भी आवाज लगाई—"कौन साला दंगा करने आया है ? जरा दंगा करके तो दिखाए ? मैं हूँ लाल संजीवनसिंह।" और उन्होंने अपने रिवॉल्वर से हवाई

फायर कर दिया।

भगदड़ मच गई। चन्द्रिका महाराज ने बाबू चिरंजीलाल से कहा—"बाबू, अब कुछ करौ।"

बाबू चिरंजीलाल ने कांग्रेस कमेटी के सचिव रामाधार यादव से कहा—"यादवजी, आन का मामला है।"

चिरंजीलाल के साथ रामाधार यादव थाने पहुँचे। खबर एस.एस.पी. को दी गई। गृहमन्त्री सो रहे थे। उन्हें जगाया गया। स्थिति भयानक रूप से गम्भीर हो गई थी। उसी समय पी.ए.सी. का एक सशस्त्र दस्ता संजीवन कॉलोनी में तैनात कर दिया गया। रात जैसे-तैसे बीती।

दूसरे दिन सुबह के समय गृहमन्त्री स्वयं संजीवन कॉलोनी में आए। अखंड कीर्तन और कव्वाली में घमासान मचा हुआ था। समस्त कॉलोनी लाल साहब के विरुद्ध हो गई थी, क्योंकि वह विशुद्ध हिन्दू कॉलोनी थी और वह इस हिन्दू कॉलोनी में मुसलमानों को बुला लाए थे और साम्प्रदायिक दंगा करवाने पर तुले हुए थे।

गृहमन्त्री ने दोनों ओर के तर्क सुने। बहुत सोच-विचारकर उन्होंने निर्णय दिया—कीर्तन और कव्वाली, दोनों ही भगवान के गुणगान हैं। उन पर प्रतिबन्ध नहीं लगाया जा सकता। लेकिन इस कॉलोनी में बाहरवाले लोगों के आने से, विशेष रूप से शुद्ध हिन्दू कॉलोनी में मुसलमानों के आने से शान्ति भंग हो रही है, इसलिए इन कव्वालों को कॉलोनी से बाहर कर दिया जाए।

लोगों ने हर्षध्वनि की, चन्द्रिका महाराज ने नारा लगाया—"गृहमन्त्री जिन्दाबाद !"

अपमानित और पराजित लाल संजीवन सिंह ने बड़ी हिकारत की नजर से गृहमन्त्री को देखते हुए कहा—"आपने कहा है कि कव्वाली और कीर्तन पर कोई प्रतिबन्ध नहीं लगाया जाएगा, केवल व्यक्तियों पर प्रतिबन्ध लग सकता है।"

गृहमन्त्री ने उत्तर दिया—"बिल्कुल यही बात कही है मैंने।"

"तो फिर यह जो कॉलोनी के बाहर से कीर्तन करनेवाले आए हैं, उनके सम्बन्ध में आपको क्या कहना है ?"

गृहमन्त्री ने चन्द्रिका महाराज को देखा और चन्द्रिका महाराज ने कहा—"ई हमार नाते-रिश्तेदार आय। भाई-भतीजा पर तो रोक नहीं लगा सकते हैं ?"

"ठीक है, लेकिन जो लोग रिश्तेदार न हों, वे भी यहाँ से चले जाएँ।" गृहमन्त्री ने आज्ञा दी।

लाल साहब ने कव्वालों को विदा किया, चन्द्रिका महाराज ने गैर-रिश्तेदारों को। कॉलोनी के ही चार आदमी अब कीर्तन में शामिल हो गए। अखंड कीर्तन को टूटने के पाप से

बचाने के लिए। गृहमन्त्री चले गए।

कॉलोनी के निवासियों ने सन्तोष की गहरी साँस ली।

लेकिन शाम के समय जब कीर्तन बाकायदा चल रहा था, लाल साहब के यहाँ कव्वाली का कार्यक्रम आरम्भ हो गया। हुआ यह कि दिन में लाल साहब एक दर्जन ग्रामोफोन रेकॉर्ड खरीद लाए और उन्होंने अपने इलाके से रामसिंह के छोटे भाई श्यामसिंह रावत को बुलवाकर लगातार रिकॉर्ड बजाने की ड्यूटी पर लगा दिया।

लाल साहब रिवॉल्वर लेकर बैठ गए, और लाउडस्पीकर तेज कर दिया गया।

नोट : कल से लगातार तार आ रहे हैं कि कहानी भेजो, तो आज तक की कहानी इतनी ही है—आगे क्या होगा, कहा नहीं जा सकता। इतना तय है कि दंगा नहीं होगा—यह मोर्चाबन्दी भी कुछ दिनों की है। सुलह हो ही जाएगी। लेकिन चन्द्रिका महाराज पर जो मुकदमा दायर कर दिया गया है, वह बरसों चलेगा।

●●●